U0929941

上海道路交通指南

SHANGHAI ROAD DIRECTORY

上 海 市 测 绘 院　编制

上海科学技术文献出版社　出版

图书在版编目（CIP）数据

上海道路交通指南. 2017/ 上海市测绘院编制. — 上海 ：上海科学技术文献出版社，2017

ISBN 978-7-5439-7340-4

Ⅰ. ①上… Ⅱ. ①上… Ⅲ. ①交通图-上海-地图集 Ⅳ. ①F512.99-64

中国版本图书馆CIP数据核字（2017）第042807号

审图号：沪S（2016）053号

责任编辑:王明海
钱 珏

上海道路交通指南 2017

上海市测绘院 编制

上海科学技术文献出版社 出版发行

地址:上海市长乐路746号 http://www.sstlp.com
邮政编码:200040
经销:全国新华书店
印刷:上海市测绘院印刷厂
开本 889×1194 1/16 印张 20
字数：700千字
2017年3月第1版
2017年3月第1次印刷
ISBN 978-7-5439-7340-4

定价：150.00元

编辑说明

20世纪90年代以来，特别是进入21世纪，上海以建设“四个中心”和社会主义现代化国际大都市为目标，坚持以改革创新统领全局、聚焦创新驱动，城市面貌和人居环境进一步改善，一大批重大工程建设根据上海城市发展总体规划和目标，科学统筹、加快推进，城市建设日新月异。

编制一本覆盖全市、现势性强、道路全、信息量大的城市道路交通图集，不仅可为政府各部门及管理机构进行规划、开发、建设等决策与管理提供依据，也可为国内外企事业单位进行投资及管理提供方便的参考资料，同时给广大读者提供一份生动、实用的参考工具书，尤其对驾驶员来说是一份随身携带的重要行车指南。

本《图集》以上海市所辖行政区域为制图区域，遍及16个区，由序图、分幅地图、道路名称索引三大部分组成。序图通过长三角区域图、上海市简图、上海市高架道路、高速公路出入口信息、交通信息概览、轨道交通、四大交通枢纽等专题，反映了上海交通概况。分幅地图采用连续分幅的方式，地图除表示道路、河流、行政区划、居民地等基本要素外，还表示了医院、学校、宾馆、商场、旅游景点、长途汽车站、领事馆、图书馆、邮政局、旅游咨询服务中心等专题要素。为配合市政府实施的“排堵保畅”工程，着重表示了道路交通管理信息、加油站、停车场、门牌号、公共厕所等与驾驶员、行车密切相关的信息。

本《图集》中各类道路交通管理信息由上海市公安局交通警察总队提供，资料截止日期为2017年1月。本《图集》仅表示与机动车有关的道路交通管理信息。由于道路交通管理信息经常进行调整，图上各类信息仅供参考，敬请驾驶员行驶时以实地道路交通管理措施为准。

本《图集》地理信息资料截止日期为2017年2月。

本《图集》各图幅根据地图比例尺不同，表示内容存在不同之处，道路门牌、停车场、公共厕所等要素根据不同比例尺有所取舍。本《图集》仅表示针对机动车辆的交通管理信息，同时高架路匝道、高速公路出入口增加表示了车辆行驶方向，以方便驾驶员读图。

本《图集》编制过程中在上海市规划和国土资源管理局的支持下，得到了上海市交通委员会、上海市发展和改革委员会、上海市住房和城乡建设管理委员会、上海市教育委员会、上海市国家保密局、上海市公安局交通警察总队、上海市绿化和市容管理局、上海市卫生和计划生育委员会、上海市旅游局、中国石油天然气股份有限公司上海销售分公司等单位的大力协助，在此表示衷心的感谢！

本图集自2006年1月首次出版，以后每年进行修编，至今已进行了11次改版，2009年1月第三次修编并调整为中英文版，在2010年上海世博会期间，图集编制出版为提升上海城市形象起到了积极的作用。随着计算机技术的发展，“互联网+”正在成为产业发展的新常态，为满足读者多样化的需求，2016年改版对《图集》进行了深度优化，丰富了地图交通出行信息，地图调整为中文大字版的形式，增加大地名目录，更好满足纸媒读者读图需求。同时研制配套的《上海道路交通指南》电子地图版，为读者提供轻松的移动地图服务。

由于所表示地图要素种类繁多，内容详细，资料收集与核实时间仓促，《图集》内容难免存在疏漏之处，敬请读者谅解。为保护知识产权，在不影响读者使用的前提下，我们对部分地理信息进行了技术处理。《图集》内容仅供参考，如有疑问，欢迎拨打地图服务电话：021-62540884，或发E-mail：xinxi@shsmi.cn。

《上海道路交通指南》编辑部

2017年2月

编委会

主　任

陈　寅

副主任

孙继伟

委　员

王训国　王扣柱　魏子新　刘　军　王志伟　徐　静　尹建岗　唐家富
章　雄　程梅红　白雪茹　左　志　陈春和　顾建祥　戴敦伟　杨德有

主管单位

上海市规划和国土资源管理局

主编单位

上海市测绘院

参编单位（排名不分先后）

上海市交通委员会
上海市发展和改革委员会
上海市住房和城乡建设管理委员会
上海市教育委员会
上海市国家保密局
上海市公安局交通警察总队
上海市绿化和市容管理局
上海市卫生和计划生育委员会
上海市旅游局
中国石油天然气股份有限公司上海销售分公司

编辑部

主　任

顾建祥

副主任

姚文强

顾　问

郭容寰　刘德阳　傅晓明　余美义　赵　峰

责任编辑

刘美兰　吴宏达　钱晓敏　顾丽敏　施晓文　陆爱军　余晨曦　杨　珩

审　校

李乃良　曹　霞　陈仪女　程　涛　陈四平　陈其宏

参编人员

王　琪　王鼎平　车天驰　叶　草　齐　峰　向　鑫　刘付春　刘慧文
李　响　李　晨　杨仁雷　肖　滨　何嘉樑　冷　杰　汪　敏　沈　超
陈　祥　陈斯嘉　周小鹏　周贤骏　郑　洁　俞一鸣　洪蓓婷　顾晨兰
徐艳冰　梁华军

为了让您能够更快地了解《上海道路交通指南》地图集的使用，特编写本读图指南，就使用本图集的有关问题进行一些说明。本读图指南主要分为“序图的专题信息查询”、“分幅地图查找”、“道路名称索引的编排及查询”、“交通管理信息的表示”、“其他”五大部分。

一、序图的专题信息查询

本图集的序图部分共配置了12幅不同功能的专题信息地图，供读者快速查询各类专题信息。包含长三角区域图、上海市简图、内环高架路、中环路出入口示意图、外环高速、其它高架路出入口示意图、上海市道路交通信息概览图、上海市轨道交通示意图、四大交通枢纽、以及上海市旅游景点分布和上海市主要购物场所分布。读者可以根据这些专题信息图找到自己需要查询的信息，快速进行定位并找到相应区域的分幅地图进行详细查询。

二、分幅地图查找

本图集提供两种方法供读者查找分幅地图：

1. 根据“分幅地图索引”查找分幅地图。“分幅地图索引”分A（市郊）和B（城区）两部分。为方便读者使用“分幅地图索引”表示了道路框架及主要地名，并表示了分幅地图分幅线以及分幅地图页码，根据页码可以方便地找到对应分幅地图。例如：您想查找“城桥镇”所在图幅，该镇位于崇明区，应在“分幅地图索引（A）”图上查找，该镇所在图幅页码为“254”，根据该页码可以找到对应分幅地图。

2. 根据“道路名称索引”查找对应分幅地图。如果通过第1种方法，您无法查找到对应分幅地图，应当采用本办法。例如：您想找“芝川路”在哪一幅图上，而您对该路在什么位置所知甚少，这时您可以根据本图集所提供的信息索引表中的道路名称索引栏目，根据拼音查找到“芝川路”，该索引栏目中列出“芝川路　P57 C2-B4”，其中P57表示该路所在分幅地图的页码，根据页码可以找到对应分幅地图。

三、道路名称索引的编排及查询

本图集的“道路名称索引”按拼音排序，根据拼音进行查询。编排的“道路名称索引”统一格式如下：**“名称　页码　索引格”**，例如：在索引表中“芝川路　P57　C2-B4”，“芝川路”为道路名称，“P57”为所在页码，“C2-B4”为所在索引格。

四、交通管理信息的表示

一条完整的交通管理信息应当包括“禁行路段、禁行车辆、禁行时段”三个方面内容。本图集以符号结合文字说明的方法把一条交通管理信息较为完整地表示出来。

当图上表示的某条交通管理信息，未表示车辆类型，则表示所有车辆禁止通行；表示了车辆类型，则表示仅禁止该类车辆通行。

当图上表示的某条交通管理信息，未表示禁行时段，则表示24小时禁止车辆通行；表示了禁行时间，则表示在该时段内禁止车辆通行。

图中所表示“机动车单向通行道路”与“机动车限制性单向通行道路”，其区别在于前者指所有机动车辆全天单向通行，后者仅指机动车辆在限定时段内单向通行。

交通管理信息的具体表示方法详见图例。

五、其他（见下图）

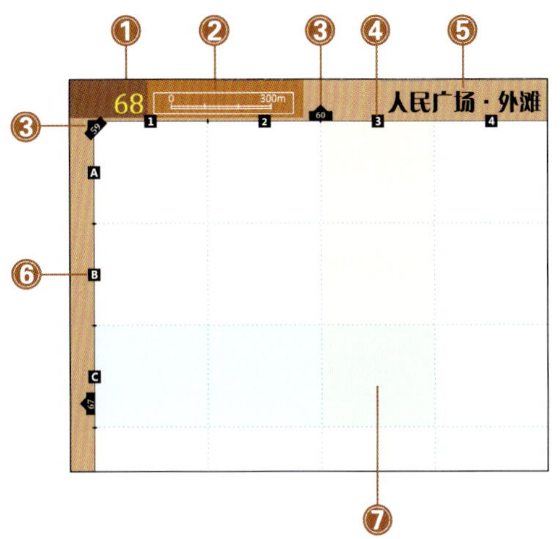

① **本图幅页码**

② **线型比例尺：**用于距离量算。

③ **相邻图幅页码：**根据相邻图幅页码可以方便地找到相邻分幅地图。

④ **索引格数字编号**

⑤ **本图幅名称**

⑥ **索引格字母编号**

⑦ **该格的索引格编号为“C3”**

图例

通行方向
高架路、城市快速路及匝道
通行方向
G40
编号
华亭收费站
高速公路及编号、出入口、收费站
G2
编号
国道及编号
门牌号
100
大门
道路、大门及门牌号
铁路及车站
出入口及编号
轨道交通、车站、出入口及编号
通车桥梁
人行桥梁
通车隧道
省、直辖市界
区界
禁止机动车通行道路
机动车通行方向
机动车单向通行道路
7:00-20:00
禁止通行时间
机动车通行方向
机动车限制性单向通行道路
步行街
禁止直行
禁止左转
禁止右转
禁止调头
禁止调头
禁止直行、禁止左转、禁止右转、禁止调头
停车场
路边停车场
停车场

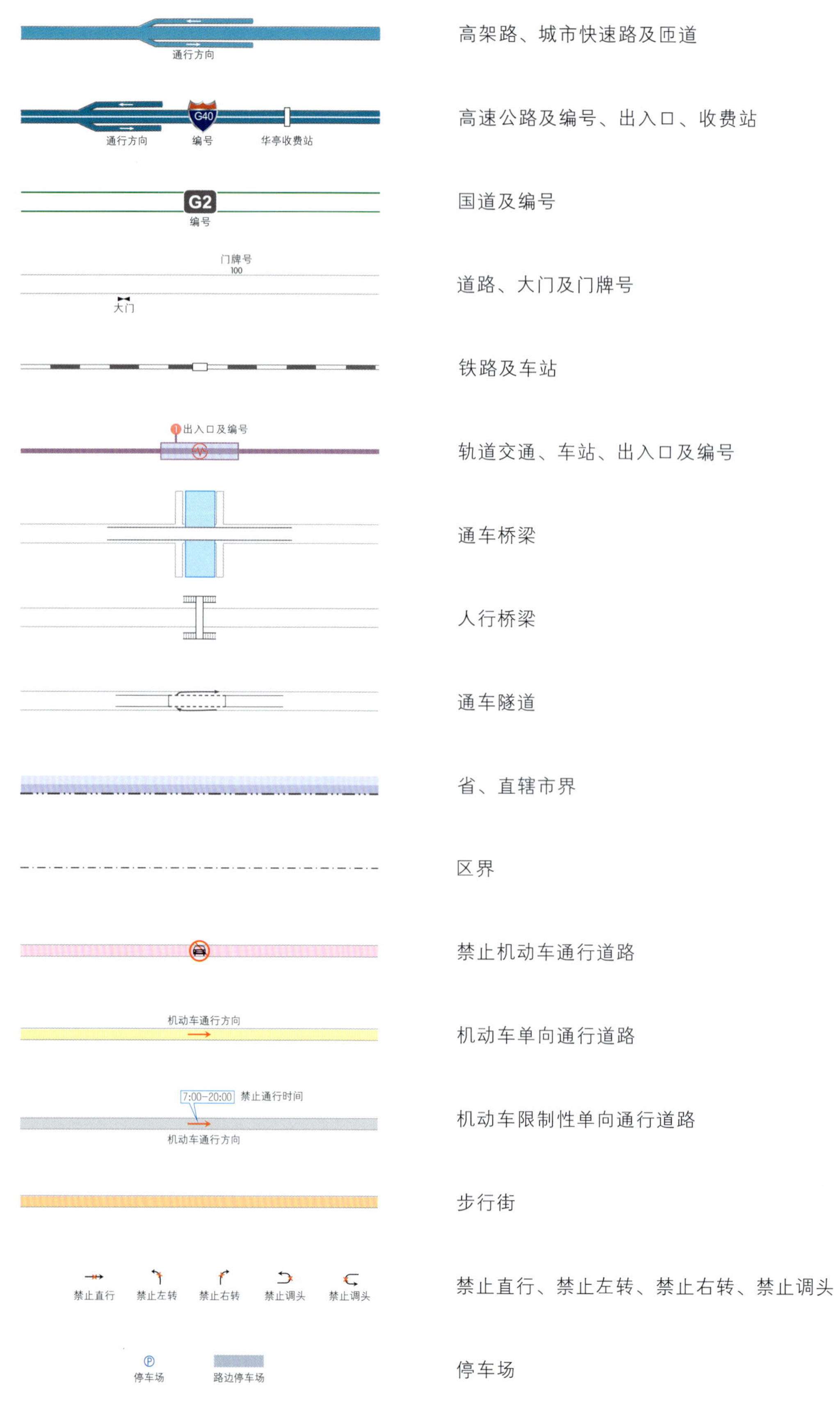

图例

图例	说明	图例	说明
	市人大、市政府		农贸市场
	区政府		加油站
	镇（乡）政府、街道办事处		长途汽车站
	政府机关		邮政
	公安局、派出所、交警队		山峰
	企事业单位		公共厕所
	博物馆、展览场馆		高速公路服务区
	宾馆		公墓
	商厦	花木 严桥	区片名、集镇、农场
	大型卖场、市场	曹杨新村 曹杨一村 曹杨华庭	居住区
	医院	金茂大厦 华东电力大楼	大厦
	社区卫生服务中心	朱家宅	村庄
	学校		河流、湖泊
	图书馆、书店		货、客运码头及轮渡线
	影剧院		公园绿地、大门及编号
	体育场		高尔夫球场
	旅游咨询服务中心		高层建筑
	旅游景点、纪念地		建筑物
	文化设施	宝山工业区	开发区
	宗教场所		
	领事馆		
	养老院		

产品标识：ZG—KW—JT—QS—D16K(J)—17.01.24

序图 2-19

长三角区域图 2
上海市简图 3
内环高架路、中环路出入口示意图 4-5
外环高速、其它高架路出入口示意图......6-7
上海市道路交通信息概览图......8-9
上海轨道交通示意图......10-11
虹桥综合交通枢纽......12
浦东国际机场 13
上海站......14
上海南站......15
上海市旅游景点分布 16-17
上海市购物场所分布 18-19

分幅地图......20-273

分幅地图索引......20-23
刘行・顾村公园 24-25
顾村镇・杨行镇 26-27
吴淞・淞南镇......28-29
凌桥・高桥镇......30-31
陈家行・上海大学 32-33
庙行镇・彭浦新村 34-35
高境镇・新江湾城 36-37
共青国家森林公园・高南......38-39
桃浦镇 40-41
大场镇・上海马戏城......42-43
大柏树・五角场 44-45
复兴岛・庆宁寺 46-47
高行镇・金桥镇 48-49
江桥镇・长征镇 50-51
虹桥国际机场・北新泾 52-53
七宝镇・虹桥镇 54-55
真如・甘泉新村 56-57
中远两湾城・上海站......58-59
北站・三角地......60-61
提篮桥・上海港国际客运中心 62-63
华东师范大学・曹杨新村......64-65
曹家渡・南京西路 66-67
人民广场・外滩 68-69
十六铺・陆家嘴 70-71
长风公园・中山公园 72-73
静安寺・上海图书馆......74-75
复兴公园・老西门 76-77
董家渡・塘桥......78-79
虹桥经济技术开发区・古北新区......80-81
上海交通大学・徐家汇 82-83
打浦桥・卢浦大桥 84-85
白莲泾・南码头 86-87
漕河泾开发区・田林新村......88-89
上海体育馆・龙华 90-91
后滩・上钢新村 92-93
中华艺术宫・艾镇 94-95
万源城・上海师范大学 96-97
上海植物园・上海南站 98-99
前滩・龙耀路隧道 100-101
杨思・恒大翰城 102-103
洋泾・金桥 104-105
金桥开发区・陆行 106-107
世纪公园・张江高科......108-109
张江镇・唐镇......110-111
北蔡镇・御桥......112-113
康桥镇・孙桥......114-115
九亭镇・莘庄镇 116-117
梅陇・华泾镇......118-119
三林 120-121

周浦镇 122–123
莘庄 124–125
梅陇镇・曹行 126–127
陈行・浦江镇 128–129
沈庄・鹤沙航城 130–131
华亭镇・洋桥 132–133
罗泾镇・陈行 134–135
竹桥・葛隆 136–137
嘉定城区・徐行镇 138–139
罗店・月浦 140–141
淞宝地区 142–143
外冈・望仙桥 144–145
嘉定新城・马陆 146–147
白鹤・安亭 148–149
华新镇・南翔 150–151
青浦・重固镇 152–153
徐泾镇・华漕镇 154–155
商榻・上海大观园 156–157
东方绿舟・朱家角镇 158–159
朱家角・青浦・天马山 160–161
佘山・泗泾镇 162–163
高东镇・长兴岛 164–165
曹路镇・合庆镇 166–167
川沙 168–169
黄楼・六团 170–171
江镇・浦东国际机场 172–173
迪士尼・六灶 174–175
祝桥・东海 176–177
金泽镇・练塘 178–179
小昆山・大港 180–181
松江・车墩镇 182–183
莘庄工业区 184–185
颛桥・吴泾镇 186–187
闵行开发区 188–189
闵行・上海交大 190–191
闵浦大桥・航头镇 192–193
新场・宣桥 194–195
惠南镇・老港镇 196–197
滨海 198–199
蒸淀 200–201
新浜镇・石湖荡镇 202–203
泖港镇・叶榭镇 204–205
叶榭・西渡 206–207
金汇镇・青村镇 208–209
头桥・四团镇 210–211
大团镇・万祥镇 212–213
书院镇・东海农场 214–215
枫泾镇 216–217
兴塔・朱泾镇 218–219
松隐・亭林镇 220–221
朱行・庄行镇 222–223
南桥・海湾镇 224–225
奉城镇・海湾国家森林公园 226–227
泥城镇・芦潮港 228–229
南汇新城镇 230–231
吕巷镇・廊下郊野公园 232–233
廊下镇・张堰镇 234–235
漕泾镇・胡桥 236–237
柘林镇・奉新 238–239
金山卫镇 240–241
山阳镇・石化 242–243
跃进农场・新海镇 244–245
新村・红星农场 246–247
绿华镇・三星镇 248–249
庙镇・港西镇 250–251
东平镇・长江农场 252–253
城桥镇・建设镇 254–255
竖新镇・港沿镇 256–257
竖新・堡镇 258–259
合兴・永隆 260–261
牛棚・前哨农场 262–263
向化镇・陈家镇 264–265
崇明东滩 266–267
长兴岛 268–269
圆沙・横沙岛 270–271
洋山深水港 272–273

道路名称索引 274–312

2 长三角区域图

高速公路及编号
国道及编号
铁路
省、直辖市行政中心
省辖市行政中心
县、市、区行政中心

金湖
盱眙
兴化市
东台市
高邮市
天长市
安徽省
江苏省
泰州市
姜堰区
海安
扬州市
江都区
来安
如皋市
如东
六合区
仪征市
高港区
扬中市
镇江市
泰兴市
靖江市
南通市
通州区
栖霞区
浦口区
南京市
江宁区
句容市
丹阳市
江阴市
张家港市
海门市
启东市
新北区
常州市
戚墅堰区
武进区
惠山区
锡山区
茅山
金坛市
马鞍山市
溧水区
崇明区
当涂
无锡市
滨湖区
常熟市
太仓市
昆山市
嘉定区
宝山区
长兴岛
横沙岛
长江口
佘山岛
崇明岛
溧阳市
相城区
苏州市
吴中区
芜湖市
宜兴市
高淳区
上海市
浦东新区
闵行区
芜湖
郎溪
太湖
吴江区
青浦区
松江区
长兴
宣城市
奉贤区
广德
湖州市
南浔区
嘉善
嘉兴市
平湖市
金山区
黄海
东海
泾县
宁国市
莫干山
安吉
德清
桐乡市
滩浒山
大洋山
小洋山
嵊泗
马鞍列岛
嵊泗列岛
衢山岛
岱山岛
岱山
舟山群岛
海宁市
海盐
余杭区
杭州湾
杭州湾跨海大桥
嘉绍大桥
西天目山
旌德
临安市
杭州市
滨江区
萧山区
慈溪市
金塘岛
舟山岛
舟山市
普陀山
清凉峰
绩溪
富阳市
柯桥区
绍兴市
越城区
上虞市
余姚市
镇海区
宁波市
北仑区
普陀区
朱家尖岛
歙县
桐庐
鄞州区
奉化市
桃花岛
虾峙岛
六横岛
诸暨市
淳安
建德市
四明山
嵊州市
梅散列岛
新安江水库
浦江
新昌
象山
韭山列岛
浙江省
义乌市
东阳市
宁海
兰溪市
金东区
金华市
婺城区
龙游
磐安
天台
三门
南田岛
半招列岛
衢州市
衢江区
常山
武义
永康市
仙居
临海市
括苍山
东矶列岛
渔山列岛
江山市
缙云
黄岩区
台州市
椒江区
路桥区
台州列岛
遂昌
丽水市
松阳
雁荡山
温岭市
九龙山
龙泉市
云和
青田
永嘉
乐清市
玉环
福建省
紧水滩水库

沪陕高速
京沪高速
宁洛高速
长深高速
盐靖高速
沈海高速
通洋高速
沪蓉高速
江宜高速
宁宣高速
常合高速
扬溧高速
沪宜高速
苏绍高速
沪常高速
常嘉高速
沪渝高速
申嘉湖高速
乍嘉苏高速
杭长高速
练杭高速
杭州湾环线高速
沪昆高速
杭瑞高速
杭新景高速
绍诸高速
甬金高速
沿海高速
诸永高速
常台高速
台金高速
龙丽高速
京台高速
温丽高速
宣桐高速
长江
太湖

上海市简图

高速公路及编号
高架道路
国道及编号
铁路及车站
市人大、市政府
区政府
镇、乡政府
立交桥

4 内环高架路、中环路出入口示意图

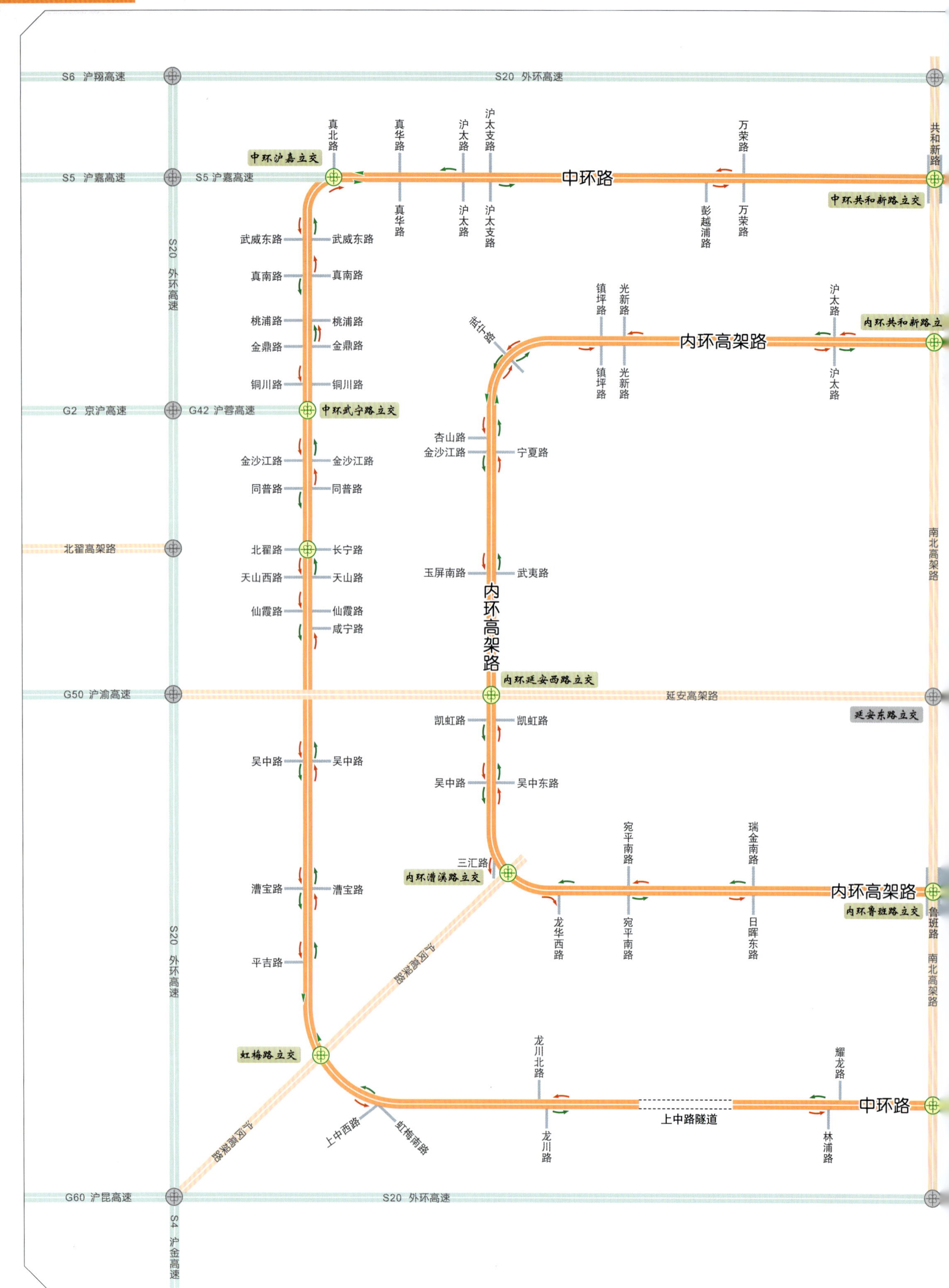

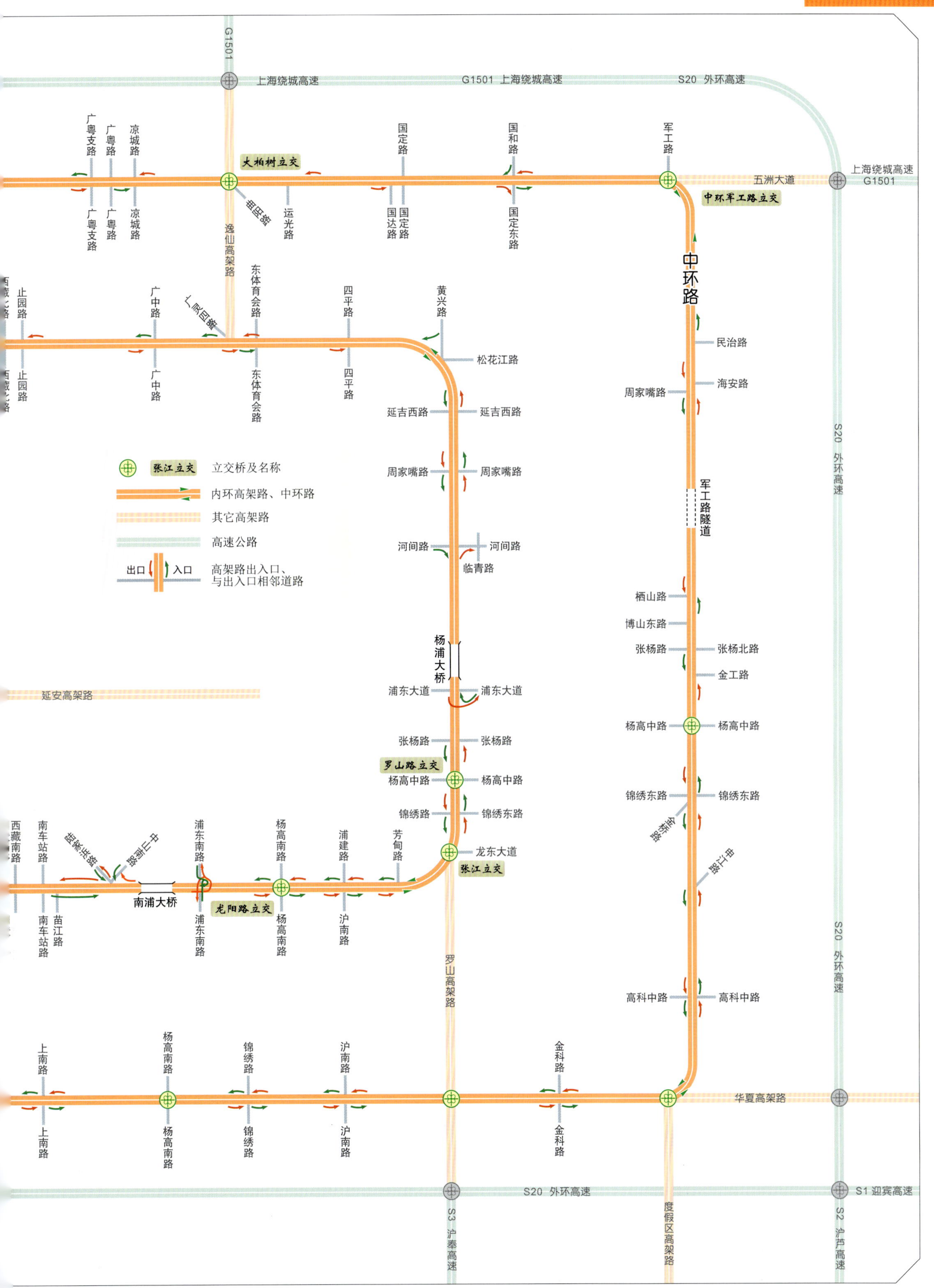
G1501
上海绕城高速
G1501 上海绕城高速
S20 外环高速
上海绕城高速 G1501
大柏树立交
中环军工路立交
五洲大道
广粤支路
广粤路
凉城路
国定路
国达路
国和路
国定东路
军工路
运光路
曲阳路
逸仙高架路
中环路
东体育会路
四平路
黄兴路
止园路
广中路
松花江路
民治路
海安路
周家嘴路
延吉西路
S20 外环高速
张江立交 立交桥及名称
内环高架路、中环路
其它高架路
高速公路
出口 入口 高架路出入口、与出入口相邻道路
河间路
临青路
军工路隧道
栖山路
博山东路
张杨路
张杨北路
金工路
杨浦大桥
浦东大道
延安高架路
杨高中路
罗山路立交
锦绣路
锦绣东路
金桥路
申江路
龙东大道
张江立交
西藏南路
南车站路
陆家浜路
中山南路
浦东南路
杨高南路
浦建路
芳甸路
南浦大桥
龙阳路立交
苗江路
沪南路
罗山高架路
高科中路
上南路
金科路
华夏高架路
S20 外环高速
S1 迎宾高速
S3 沪奉高速
度假区高架路
S2 沪芦高速

6 外环高速、其它高架路出入口示意图

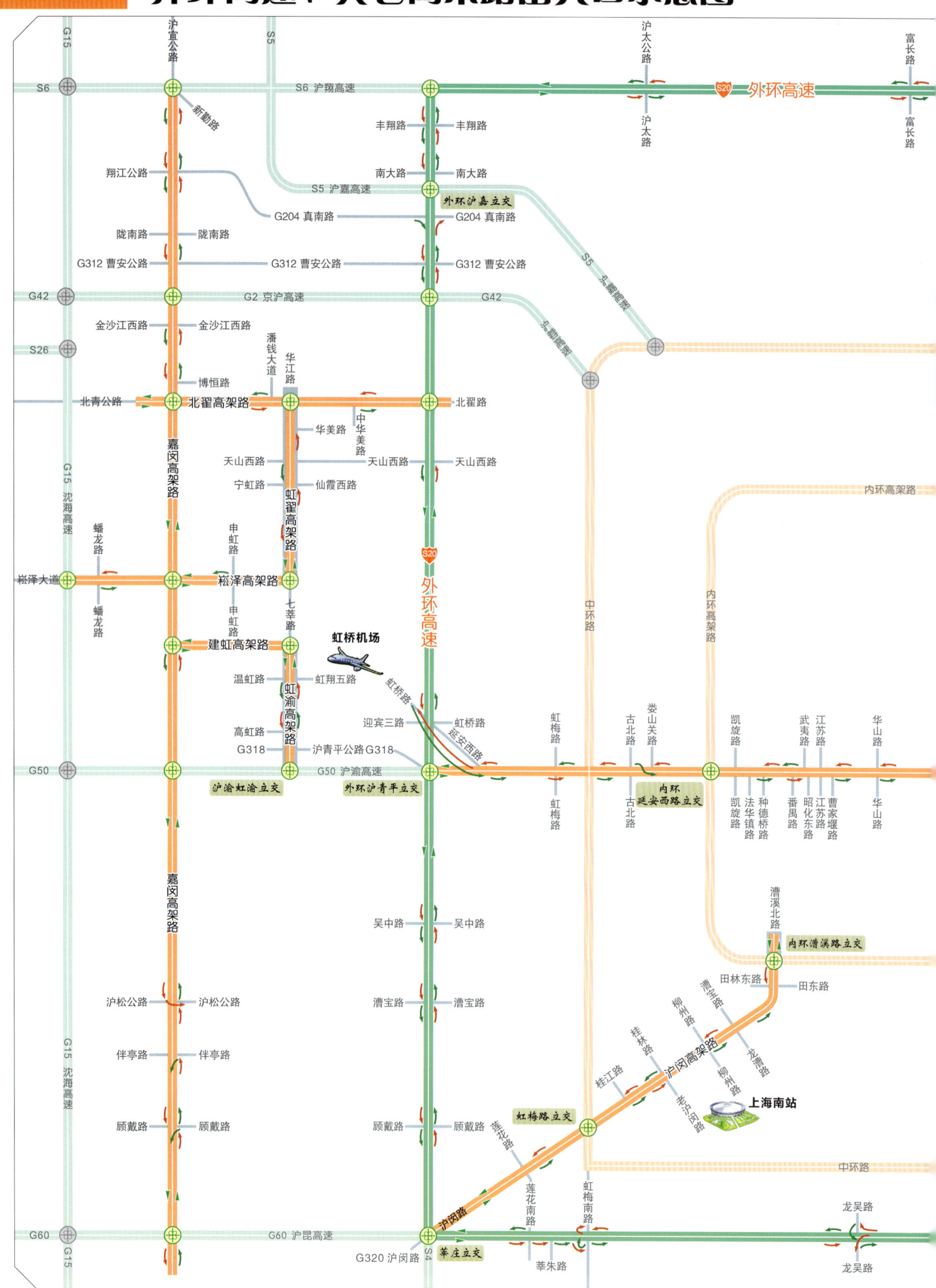

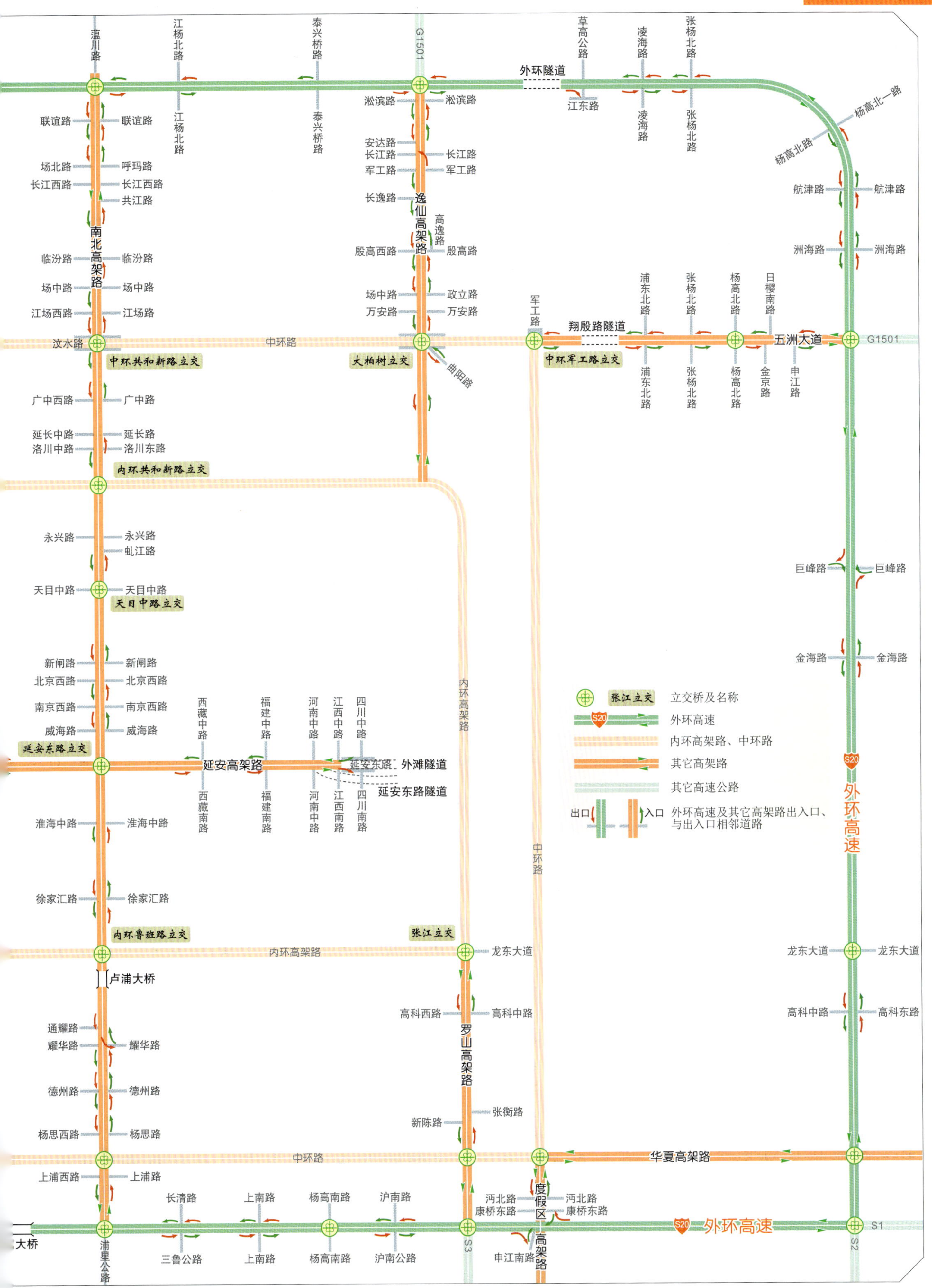

外环隧道
翔殷路隧道
五洲大道
南北高架路
逸仙高架路
中环共和新路立交
大柏树立交
中环军工路立交
内环共和新路立交
天目中路立交
延安东路立交
延安高架路
外滩隧道
延安东路隧道
内环鲁班路立交
张江立交
卢浦大桥
罗山高架路
华夏高架路
度假区高架路
外环高速
中环路
内环高架路
G1501
S20
S1
S2
S3
张江立交 立交桥及名称
外环高速
内环高架路、中环路
其它高架路
其它高速公路
出口 入口 外环高速及其它高架路出入口、与出入口相邻道路

上海市道路交通信息概览图

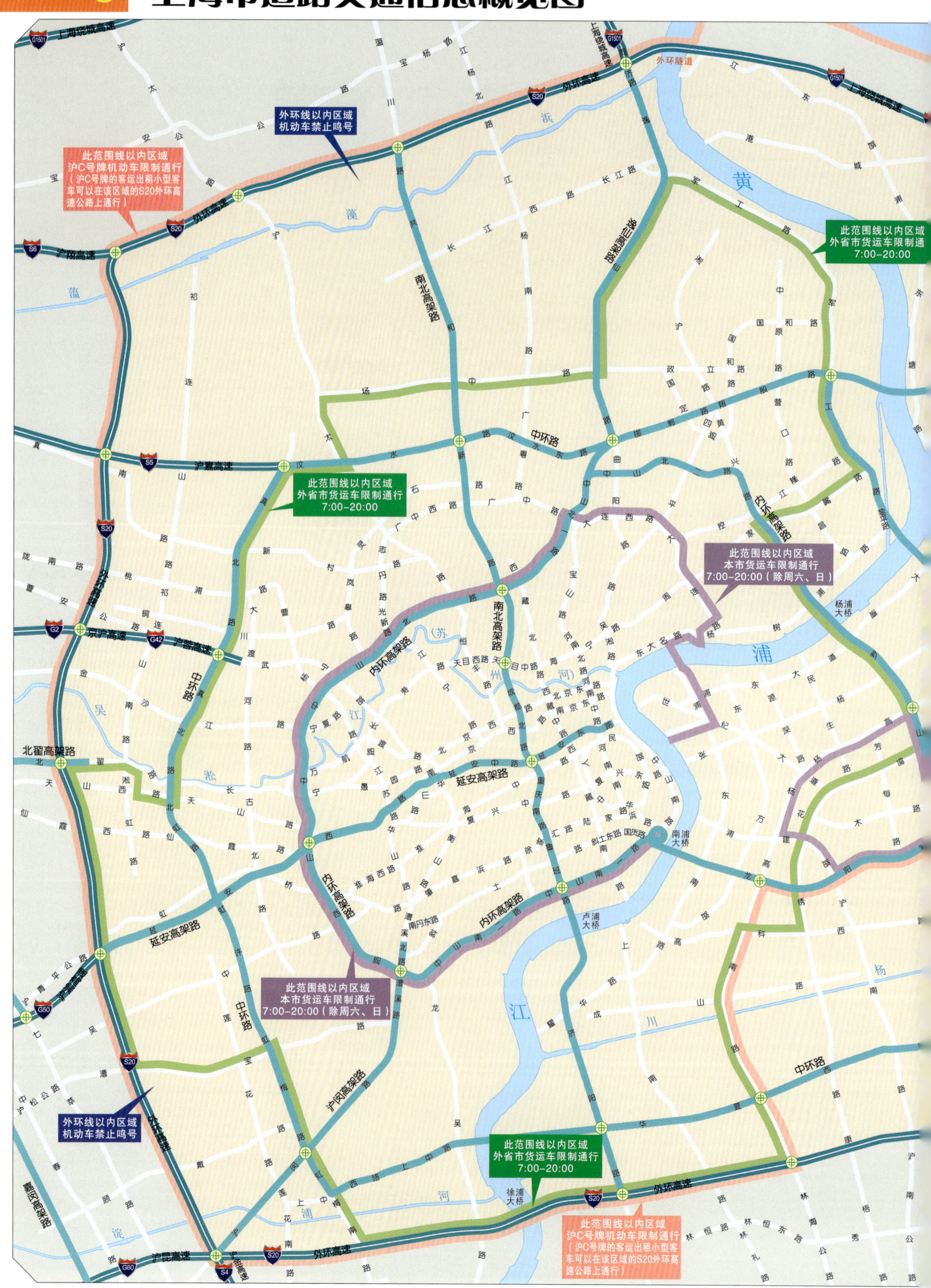

7:00-10:00
15:00-20:00
外省市号牌
出租空车
实 习 车
临时号牌
除周六、日及法定假日外

每日7时至10时、15时至20时，以下道路禁止悬挂外省市号牌小客车、未载客的出租车以及实习期驾驶员驾驶的小客车通行（周六、周日和国定假日除外）：

延安高架路、南北高架路（鲁班路立交至中环路共和新立交段）、内环高架路(内圈中山北二路上匝道至锦锈路下匝道，杨高南路至董家渡路、南车站路、陆家浜路出口；外圈罗山路立交至黄兴路下匝道，董家渡路、南车站路、陆家浜路入口至杨高南路段除外)、逸仙高架路（北向南场中路下匝道至内环线高架路段）、沪闵高架路、中环路、华夏高架路。

7:00-20:00
周六,周日除外
持通行证除外

每日7时至20时（周六、周日除外），悬挂本市号牌的货运机动车禁止在下列道路上通行（持有各类货运汽车通行证以及悬挂“沪B-H”号牌、私人货运机动车“X”专段号牌、工程抢险车、邮政车、环卫车和军队、武警、警字号牌的货运机动车除外）：

沿惠民路（大连路以西段）－大连路－大连西路－广中路（大连西路至中山北一路段）－中山北一路（广中路至西宝兴路段）－中山北路－中山西路－中山南二路－中山南一路－中山南路－陆家浜路（中山南路以东段）与黄浦江边线所围合区域内的道路（含上述道路）以及控江路（大连路至黄兴路段）。

外 省 市
7:00-20:00

每日7时至20时，悬挂外省市号牌的货运机动车禁止在以下区域内的道路上通行：

沿杨浦大桥及其地面道路－周家嘴路－军工路－逸仙路－场中路－沪太路－汶水路－真北路－天山西路－剑河路－北翟路－S20外环高速公路（北翟路至漕宝路段）－漕宝路－虹梅路－梅陇立交－虹梅南路－S20外环高速公路（虹梅南路至徐浦大桥段）－徐浦大桥及其地面道路－S20外环高速公路（徐浦大桥至杨高南路立交段）－杨高南路立交－杨高南路－高科西路－锦绣路－罗山路－罗山路立交所围合的区域（不含上述道路）。

沪 C 号 牌
沪C号牌出租车
S20 除 外

悬挂“沪C”号牌的机动车禁止在中环路（杨高南路立交桥至华夏高架路）、华夏高架路以及以下区域内的道路上通行：

沿外环隧道（含两侧地面泰和路）－S20外环高速公路（外环隧道以西至杨高南路立交桥，含两侧地面泰和路、泰和西路至顾太路）－杨高南路－龙阳路立交－龙阳路－龙东大道－金桥路－金桥立交桥－杨高中路－杨高北路－杨高北一路以及长江边线、黄浦江边线所围合的区域（含上述道路）。

悬挂“沪C”号牌的客运出租小型客车可以在上述区域内的S20外环高速公路上通行。

国Ⅲ柴油车
6:00至次日1:00

2015年11月1日起调减本市中环以内国Ⅲ柴油货车的通行时间，即每天凌晨1:00——6:00之间允许通行(含双休日、节假日)，其他时间段禁止国Ⅲ柴油货车在中环以内通行。

上海市外环线以内区域全天禁止机动车、非机动车（指电动自行车、助动自行车）鸣喇叭，违者最高将处200元罚款。外环线以外的其他道路，每日22时至次日6时禁止鸣喇叭，警车、消防车、工程救险车、救护车以及经部队车辆管理部门核准安装警报器的悬挂部队号牌的车辆，每日22时至次日6时不得使用警报器，其他时段在执行非紧急任务时不得使用警报器。

警 方 提 示
出发层禁止
未载客车辆驶入
违者罚款200 元记3分

警 方 提 示
机场出发层禁止
未载客车辆驶入
违者罚款200 元记3分

上海虹桥国际机场、浦东国际机场、虹桥综合交通枢纽和上海南站出发层禁止未载客车辆驶入，违者罚款200元、记3分。

具体管理措施以实地交通标志为准

上海轨道交通示意图

嘉定北
嘉定西
白银路
嘉定新城
马陆
南翔
花桥
光明路
兆丰路
安亭
上海汽车城
昌吉东路
上海赛车场
桃浦新村
武威路
祁连山路
李子园
上海西站
真如
枫桥路
曹杨路
隆德路
江苏路
美兰湖
罗南新村
潘广路
刘行
顾村公园
祁华路
上海大学
南陈路
上大路
场中路
大场镇
行知路
大华三路
新村路
岚皋路
镇坪路
中潭路
上海火车站
长寿路
武宁路
昌平路
江宁路
汉中路
静安寺
南京西路
自然博物馆
常熟路
淮海中路
陕西南路
黄陂
新天地
肇嘉浜路
嘉善路
打浦桥
鲁班路
东安路
上海体育场
龙华中路
大木桥路
世博会博物馆
后滩
世博大道
长清路
耀华
东方体育中心
杨思
灵岩
凌兆新村
芦恒路
浦江镇
江月路
联航路
沈杜公路
金运路
金沙江西路
丰庄
祁连山南路
真北路
大渡河路
金沙江路
虹桥2号航站楼
北新泾
威宁路
淞虹路
徐泾东
虹桥火车站
中山公园
娄山关路
虹桥2号航站楼
虹桥1号航站楼
上海动物园
虹桥国际机场
（虹桥枢纽）
延安西路
上海图书馆
交通大学
虹桥路
宋园路
航中路
紫藤路
龙柏新村
龙溪路
水城路
伊犁路
漕河泾开发区
上海体育馆
衡山路
徐家汇
宜山路
泗泾
九亭
中春路
七宝
星中路
合川路
桂林路
佘山
洞泾
松江大学城
松江新城
松江体育中心
醉白池
松江南站
上海游泳馆
漕溪路
七莘路
虹莘路
顾戴路
东兰路
虹梅路
虹漕路
桂林公园
漕宝路
龙漕路
龙华
云锦路
龙耀路
上海南站
石龙路
锦江乐园
莲花路
外环路
莘庄
春申路
银都路
颛桥
北桥
剑川路
东川路
闵行开发区
文井路
华宁路
金平路
江

富锦路
友谊西路
宝安公路
共富新村
呼兰路
通河新村
共康路
彭浦新村
汶水路
上海马戏城
延长路
江杨北路
铁力路
友谊路
宝杨路
水产路
淞滨路
张华浜
淞发路
长江南路
殷高西路
江湾镇
大柏树
赤峰路
虹口足球场
西藏北路
曲阳路
四平路
东宝兴路
中兴路
宝山路
邮电新村
临平路
四川北路
海伦路
大连路
天潼路
新江湾城
殷高东路
三门路
江湾体育场
五角场
国权路
同济大学
鞍山新村
江浦路
黄兴路
市光路
嫩江路
翔殷路
黄兴公园
延吉中路
黄
港城路
外高桥保税区北
航津路
外高桥保税区南
洲海路
五洲大道
东靖路
巨峰路
杨树浦路
江浦公园
宁国路
隆昌路
爱国路
复兴岛
东陆路
五莲路
杨高北路
金京路
申江路
金海路
国际客运中心
提篮桥
浦东大道
南京东路
陆家嘴
东昌路
世纪大道
源深体育中心
民生路
北洋泾路
德平路
云山路
金桥路
博兴路
浦
豫园
商城路
杨高中路
浦电路
浦电路
上海科技馆
小南门
蓝村路
世纪公园
塘桥
南浦大桥
上海儿童医学中心
花木路
张江高科
金科路
广兰路
唐镇
芳华路
龙阳路
龙阳路
临沂新村
高科西路
东明路
高青路
华夏西路
云台路
杨高南路
锦绣路
磁浮
创新中路
华夏东路
川沙
凌空路
远东大道
海天三路
浦东国际机场
华夏中路
三林
三林东
浦三路
御桥
罗山路
浦东国际机场
秀沿路
康新公路
迪士尼
浦东国际机场
周浦东
鹤沙航城
航头东
新场
野生动物园
惠南
惠南东
书院
临港大道
滴水湖
图 例
轨道交通站点
轨道交通换乘站点
地铁服务热线 64370000

12 虹桥综合交通枢纽

禁止机动车通行
机动车限制性单向通行道路
机动车单向通行道路
主要停车场
主要停车场入口
主要停车场出口
主要停车场出入方向
停车场
加油站
上海虹桥国际机场
虹桥国际机场2号航站楼
虹桥国际机场1号航站楼
虹桥站
虹桥火车站站
虹桥2号航站楼站
虹桥1号航站楼站
长途西站
国家会展中心(上海)
华漕
新虹街道
北翟路出入口
天山西路出入口
外环沪青平立交桥
沪渝虹渝立交桥
北翟高架路
嘉闵高架路
松泽高架路
建虹高架路
虹翟高架路
虹渝高架路
沪宁城际铁路
京沪高速铁路
沪昆高速铁路
沪昆铁路外环线
外环高速
沪渝高速
轨道交通2号线
轨道交通10号线
天山西路地道
仙霞西路地道
宁虹路地道
润虹路地道
申贵路地道
松泽大道
北翟路
天山西路
虹桥路
建虹路
沪青平公路
盈港东路
P9大型、小型车
P10大型、小型车
P5大型车
P6小型车
P7小型车
P8大型车
入口
出口
中航泊悦酒店
航华公园
大都会国际高尔夫俱乐部
上海市农业科学院(华漕院区)
上海市农业生物基因中心
国贸天地城
周六、周日、国定假日8:00

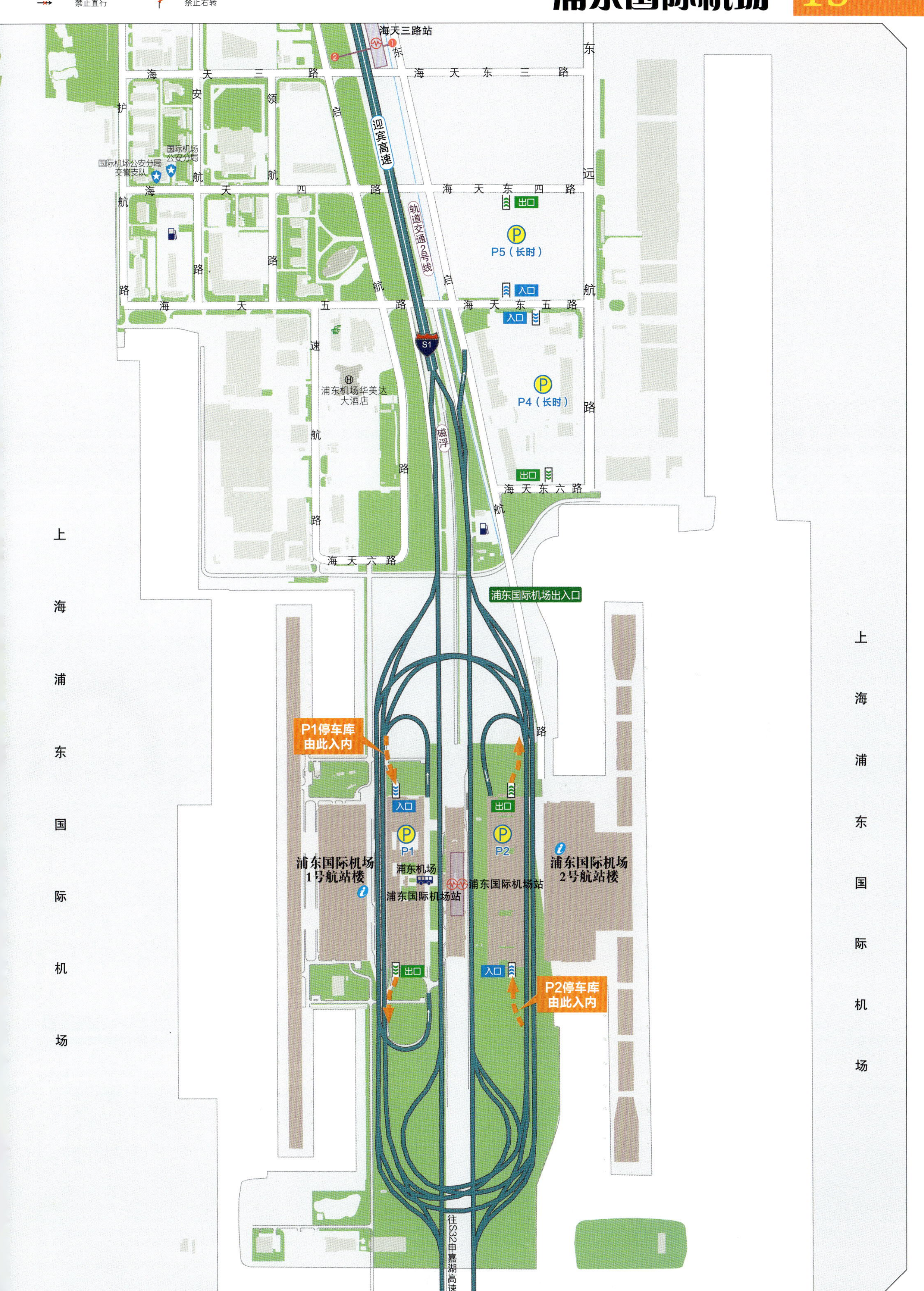
禁止调头
禁止直行
禁止左转
禁止右转
海天三路站
海天三路
海天东三路
迎宾高速
国际机场公安分局交警支队
国际机场公安分局
海天四路
海天东四路
轨道交通2号线
P5（长时）
出口
入口
海天五路
海天东五路
S1
浦东机场华美达大酒店
P4（长时）
磁浮
海天东六路
海天六路
浦东国际机场出入口
P1停车库由此入内
P2停车库由此入内
P1
P2
浦东国际机场1号航站楼
浦东国际机场2号航站楼
浦东机场
浦东国际机场站
往S32申嘉湖高速
上海浦东国际机场

上海站

禁止机动车通行
机动车限制性单向通行道路
机动车单向通行道路
主要停车场
主要停车场入口
主要停车场出口
主要停车场出入方向
停车场
加油站
上海站
上海站北广场
上海站南广场
长途总站停车库由此入内
北广场停车库由此入内
南广场停车库由此入内
上海火车站站
上海长途汽车客运总站
轨道交通1号线
轨道交通3、4号线
轨道交通13号线
中华新路
恒丰北路
中兴路
太阳山路
天目西路
恒丰路
秣陵路
梅园路
长安路
大统路
共和新路
吴淞江（苏州河）
不夜城绿地
天目花园

禁止调头 禁止左转
禁止直行 禁止右转

上海市旅游景点分布

上海国际旅游度假区简图

上海国际旅游度假区位于上海浦东中部地区，北至S1迎宾高速公路，东至南六公路，南至周祝公路，西至S2沪芦高速公路沿线以西约1千米，规划面积约24.7平方千米。度假区距离人民广场约21千米，距离陆家嘴金融中心约18千米，距离浦东国际机场约12千米，距离虹桥交通枢纽约30千米，区域地理位置优越，交通便捷。上海国际旅游度假区以核心区和发展功能区为基础，核心区重点开发上海迪士尼度假区，包括上海迪士尼乐园、两座迪士尼主题酒店、迪士尼小镇、星愿公园、星愿湖、以及停车场、公共交通枢纽等。

主要旅游景点和历史文化风貌区分布
"5A"级景点
"4A"级景点
"3A"级景点
历史文化风貌区
郊野公园
瑞华果园
崇明草棚村
明珠湖公园
西沙国家湿地公园
江南三民文化村
前卫生态村
高家庄园
东平国家森林公园
紫海鹭缘浪漫爱情主题公园
崇明区
堡镇光明街
瀛东生态村
长兴岛郊野公园
华亭人家
毛桥生态村
娄塘
罗店
东方假日田园
嘉定州桥老街
嘉定州桥
嘉定区
上海马陆葡萄艺术村
嘉定西门
上海长江河口科技馆
吴淞炮台湾湿地森林公园
宝山区
上海玻璃博物馆
浦东高桥老街
上海奥迪国际赛车场
顾村公园
上海宝山国际民间艺术博览馆
详见左下角地图
南翔古镇
南翔古猗园
南翔双塔
古猗园
青浦白鹤港
福泉山古文化遗址
重固老通波塘
青浦老城厢
徐泾蟠龙
青浦区
人然合一现代农业生态园
七宝老街
闵行体育公园
锦江乐园
上海植物园
南汇横沔老街
上海国际旅游度假区
详见左上角地图
川沙中市街
上海地质科普馆
朱家角古镇
联怡枇杷生态园
朱家角
泗泾下塘
上海月湖雕塑公园
佘山国家森林公园
上海欢乐谷
上海辰山植物园
闵行区
南汇六灶巷
召稼楼古镇
浦江召楼老街
航头下沙老街
上海野生动物园
南汇桃花村
太阳岛国际俱乐部
松江府城
松江区
上海影视乐园
新场古镇
新场
滨海世外桃源
醉白池公园
方塔园
松江仓城
韩湘水博园
渔乐湾生态园
大团桃园
大团北大街
多利农庄生态园
葵园
上海滨海森林公园
书院人家
上海鲜花港
上海之根雪浪湖度假村
东林寺
枫泾古镇
庄行南桥塘
奉贤区
玉穗绿苑
申隆生态园
奉贤青春港
奉城老城厢
花米庄行
都市菜园
上海海湾国家森林公园
中国航海博物馆
碧海金沙水上乐园
廊下郊野公园
廊下生态园
南社纪念馆（姚光故居）
张堰
金山区
金山嘴渔村
金山城市沙滩
小金山岛
大金山岛
浮山岛
杭州湾
长江
九段沙
上海是一座极具现代化而又不失中国传统特色的国际大都市，拥有着深厚的文化底蕴和众多的历史和现代建筑、自然佳地、人文古迹等。上海共有A级景点99家，其中5A级景点3家、4A级景点51家、3A级景点45家。

上海市购物场所分布

中心城区购物场所分布
徐家汇 热点商圈名
购物场所
购物商场分布说明:
稀疏 一般 密集
顾村
杨行
淞南新村
祁连
共康新村
五角场
南翔
永和新村
桃浦新村
大华
大宁
鞍山新村
江桥
四川北路
上海站
中环(真北)
长寿路
南京东路
小陆家嘴-张杨路
曹杨新村
南京西路
长风公园
曹家渡
中山公园
豫园商城
新虹桥-天山
淮海中路
塘桥
虹桥商务区
徐家汇
龙柏新村
上南新村
七宝
康健新村
三林
九亭
古美
梅陇
莘庄
普陀区
静安区
长宁区
黄浦区
虹口区
杨浦区
徐汇区
闵行区
虹桥国际机场
上海绕城高速
外环高速
沪嘉高速
京沪高速
沪蓉高速
沪渝高速
沪昆高速
沪闵高速
沪宁城际铁路

上海市购物场所分布
详见中心城区图
上海国际旅游度假区
浦东国际机场

分幅地图索引 A

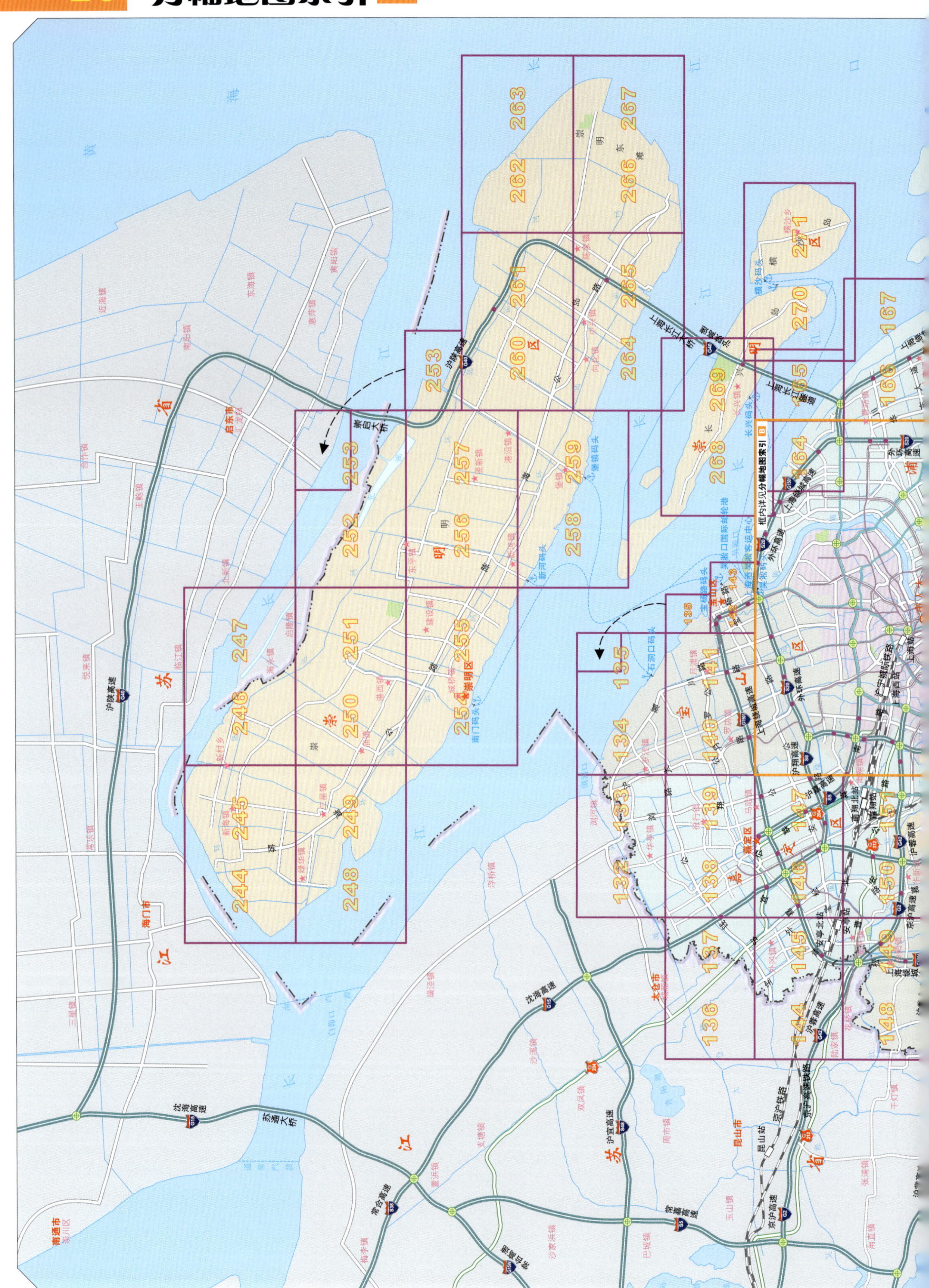

高速公路及编号
高架路、城市快速路
国道及编号
铁路及车站
轨道交通
市人大、市政府
区政府
镇、乡政府
立交桥
高速公路出入口
客运码头

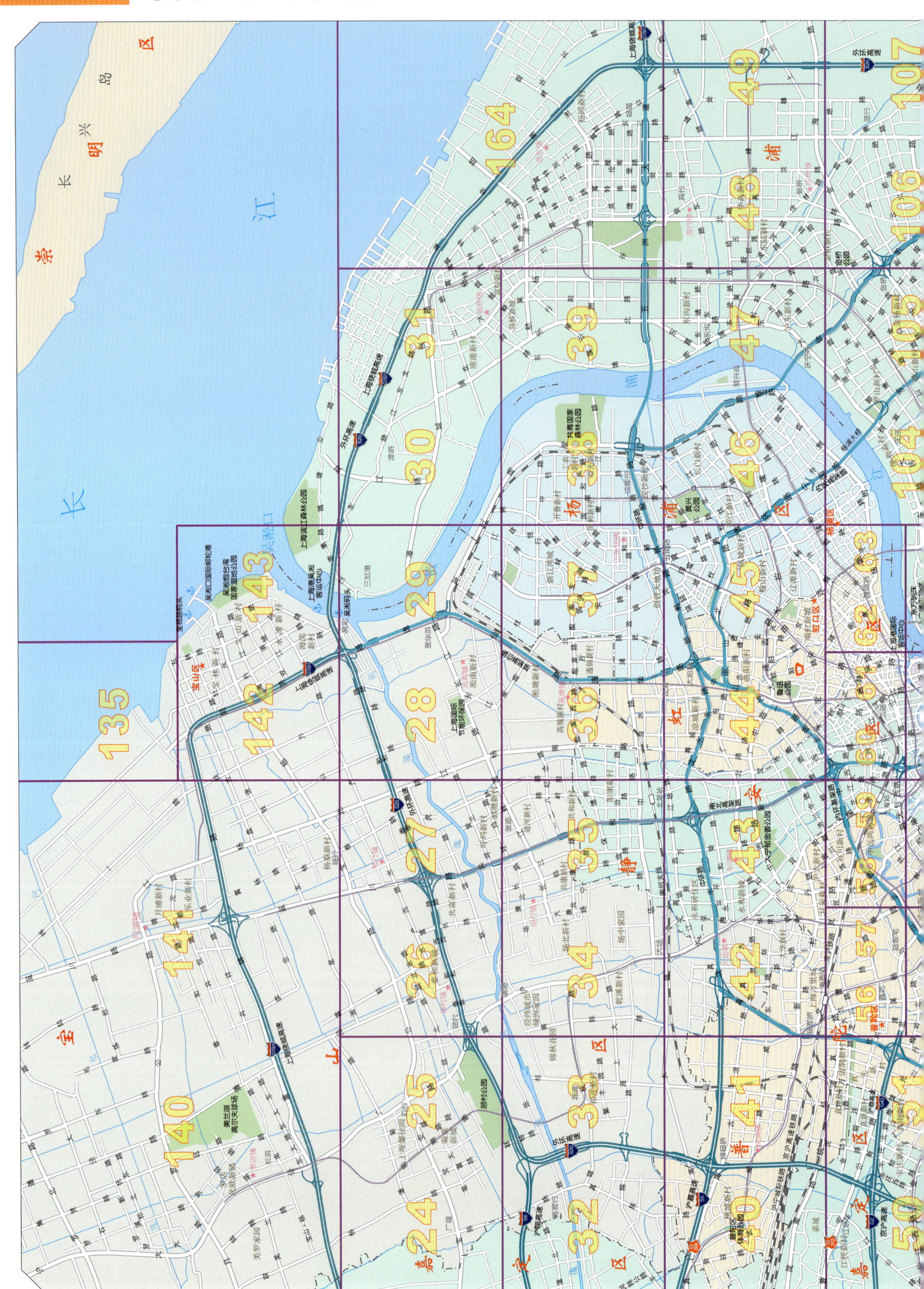
长江
崇明区
长兴岛
宝山区
杨浦区
虹口区
静安区
普陀区
嘉定区
外环高速
上海绕城高速
吴淞口
135
140
141
142
143
164
24
25
26
27
28
29
30
31
32
33
34
35
36
37
38
39
40
41
42
43
44
45
46
47
48
49
50
51
56
57
58
59
60
61
62
63
104
105
106
107

高速公路、出入口及编号
高架路、城市快速路及匝道
国道及编号
铁路及车站
轨道交通
市人大、市政府
区政府
镇、乡政府
客运码头

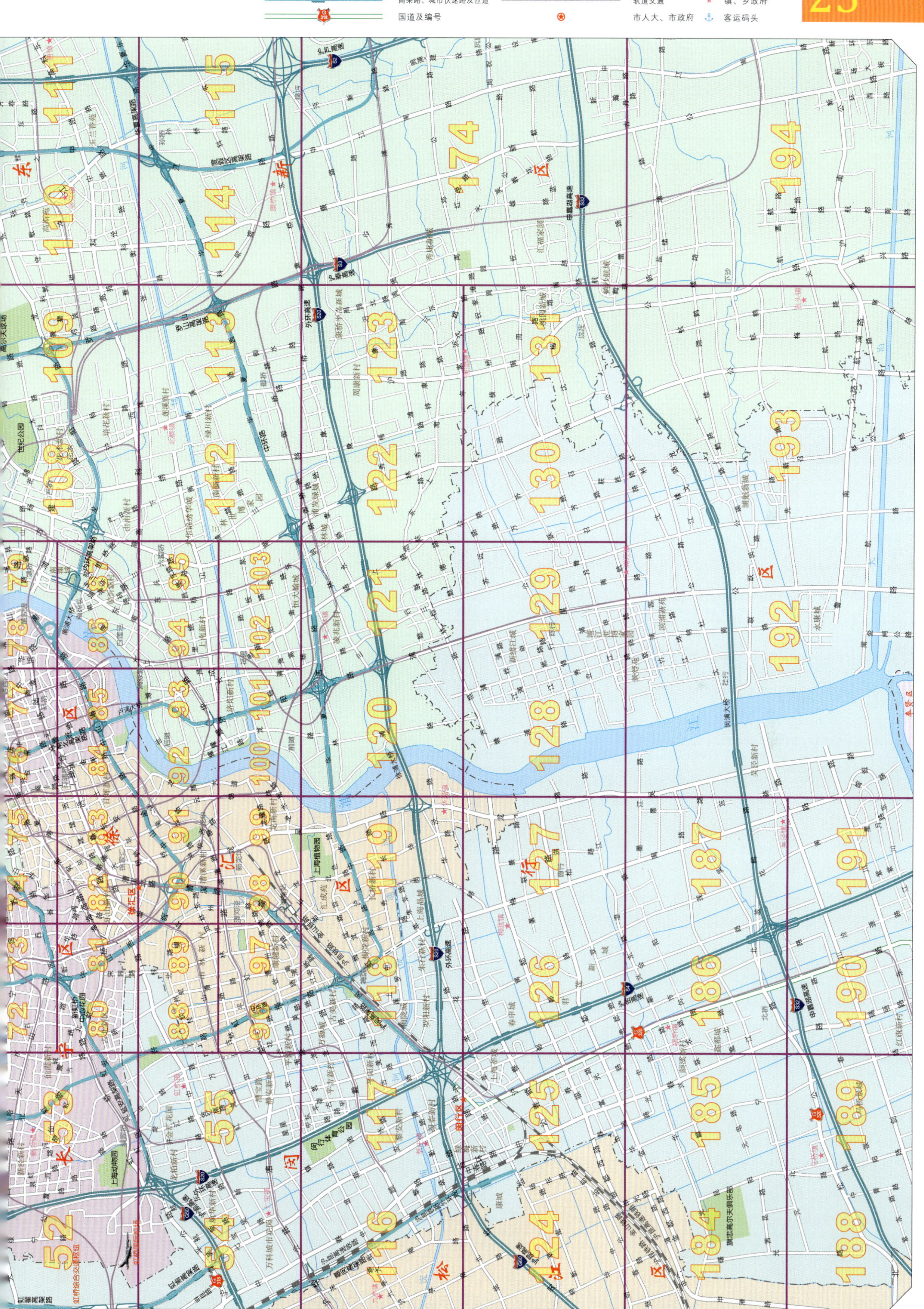

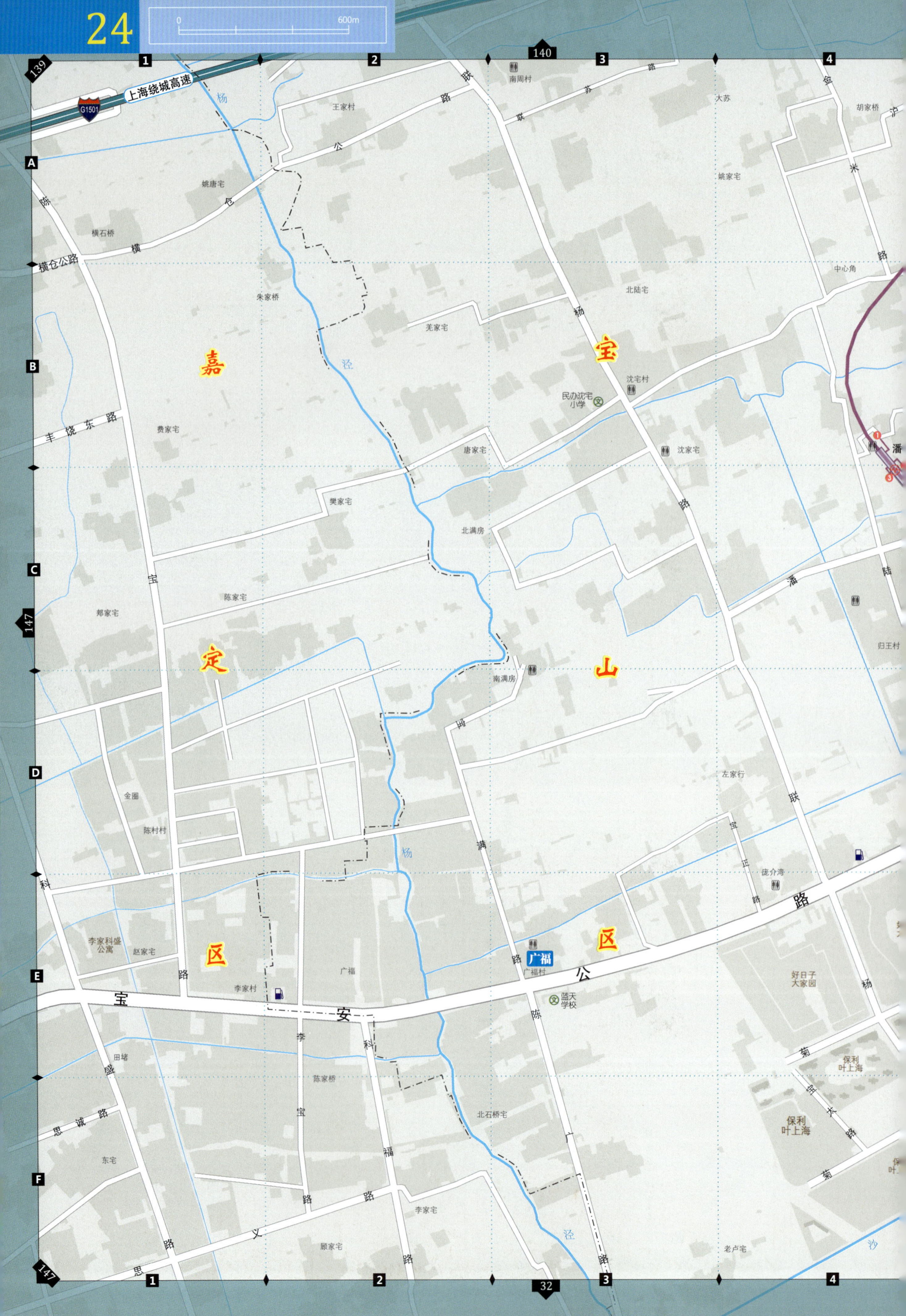
上海绕城高速
G1501
嘉
定
区
宝
山
区
横仓公路
丰饶东路
宝安公路
思诚路
思义路
广福
王家村
南周村
大苏
胡家桥
姚唐宅
横石桥
姚家宅
中心角
朱家桥
北陆宅
羌家宅
沈宅村
民办沈宅小学
费家宅
唐家宅
沈家宅
樊家宅
北满房
陈家宅
郑家宅
南满房
归王村
金圈
陈村村
左家行
庞介湾
李家科盛公寓
赵家宅
李家村
广福村
蓝天学校
好日子大家园
田墙
陈家桥
保利叶上海
北石桥宅
东宅
李家宅
顾家宅
老卢宅
潘
0
600m

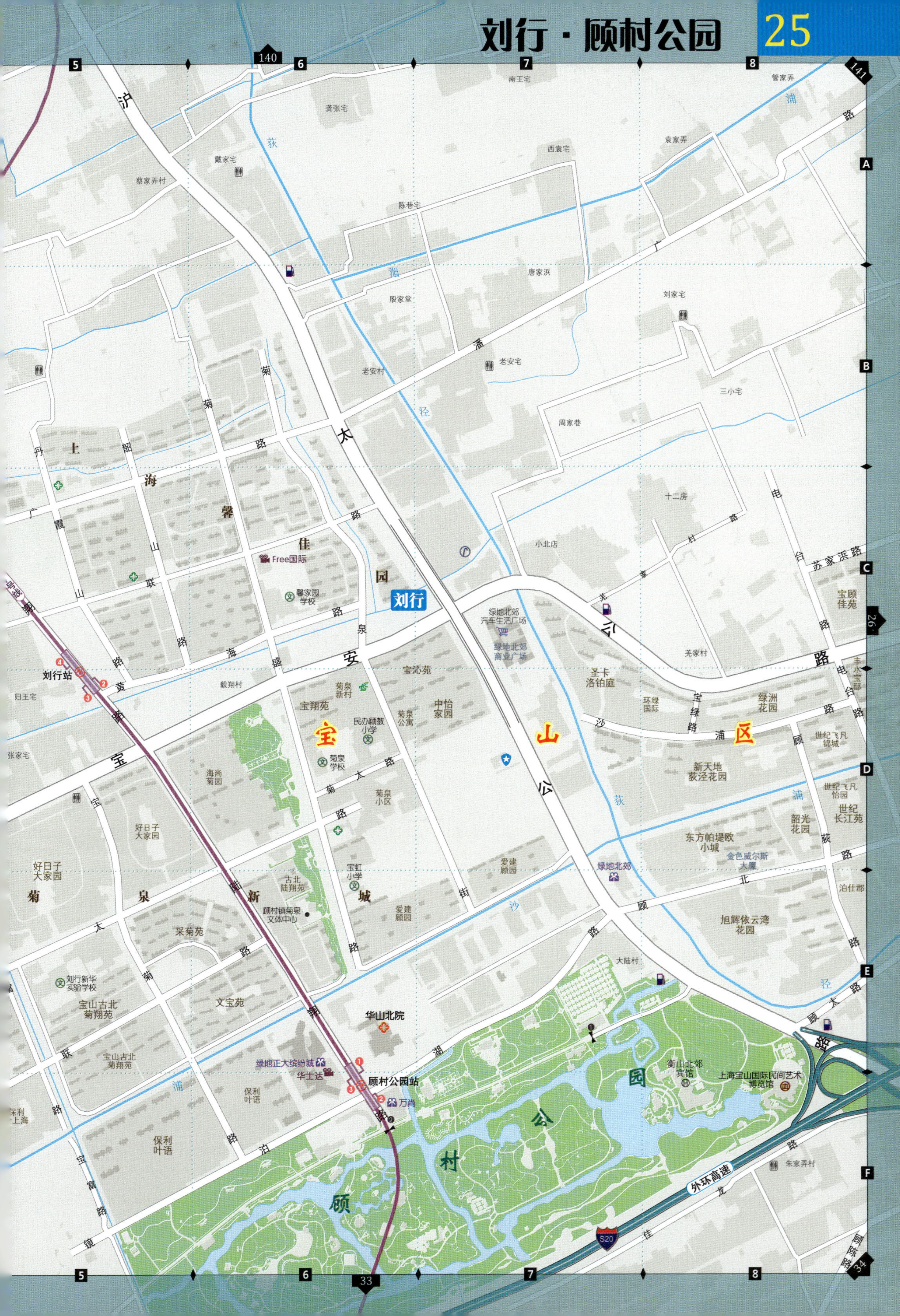
140
141
26
33
34
5
6
7
8
A
B
C
D
E
F
南王宅
管家弄
龚张宅
戴家宅
蔡家弄村
西袁宅
袁家弄
陈巷宅
唐家浜
殷家堂
刘家宅
老安村
老安宅
三小宅
周家巷
十二房
小北店
Free国际
馨家园学校
刘行
绿地北郊汽车生活广场
绿地北郊商业广场
宝顾佳苑
苏家浜路
刘行站
归王宅
毅翔村
宝沁苑
菊泉新村
宝翔苑
民办融教小学
菊泉公寓
中怡家园
圣卡洛铂庭
环绿国际
绿洲花园
羌家村
张家宅
海尚菊园
菊泉学校
菊泉小区
新天地荻泾花园
世纪飞凡锦城
世纪飞凡怡园
世纪长江苑
韶光花园
好日子大家园
东方帕堤欧小城
金色威尔斯大厦
绿地北郊
泊仕郡
古北陆翔苑
宝虹小学
爱建颐园
旭辉依云湾花园
顾村镇菊泉文体中心
采菊苑
大陆村
刘行新华实验学校
宝山古北菊翔苑
文宝苑
华山北院
绿地正大缤纷城
华士达
顾村公园站
万尚
衡山北郊宾馆
上海宝山国际民间艺术博览馆
保利叶语
保利上海
朱家弄村
外环高速
S20
宝山区
顾村公园

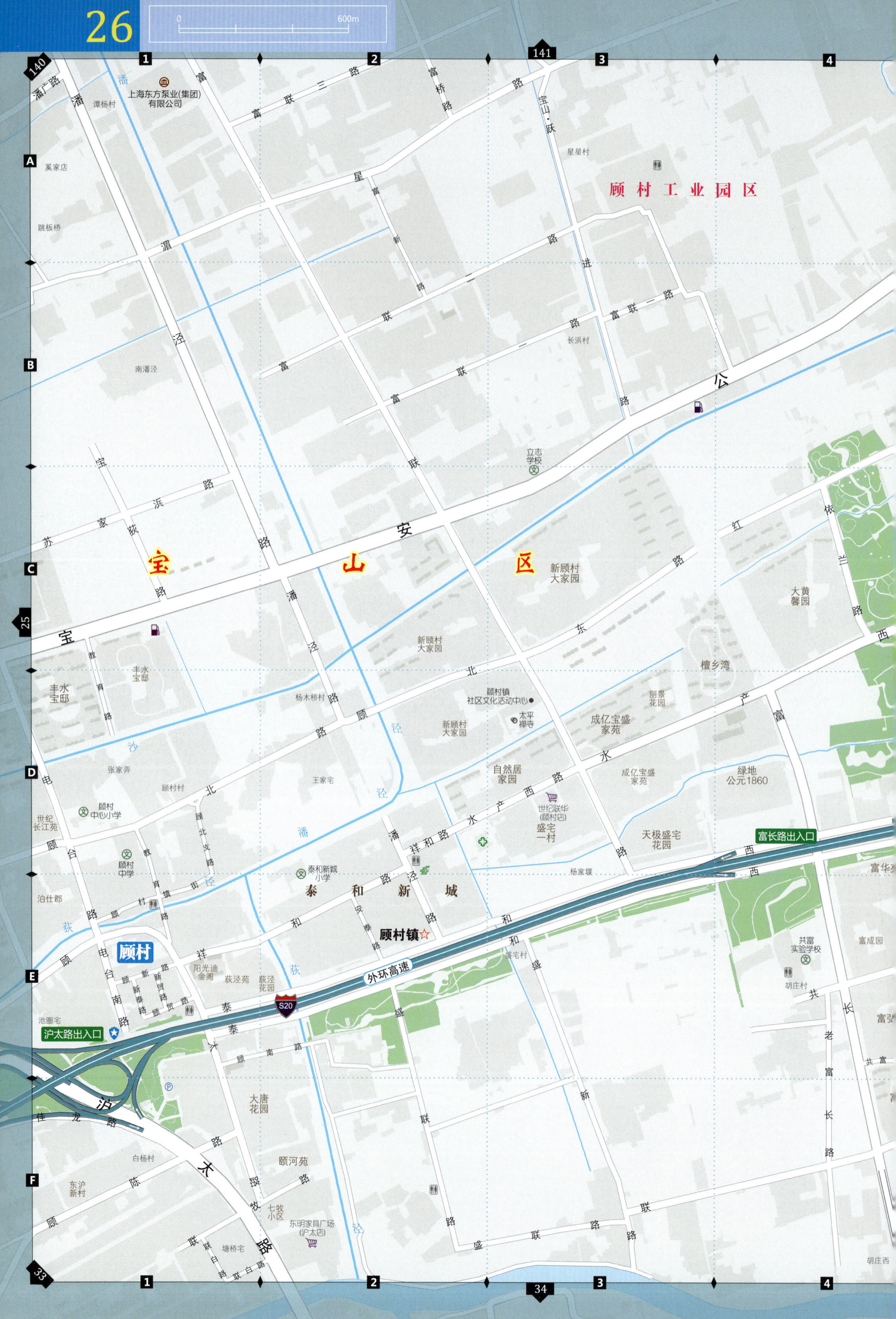

0
600m
140
141
25
33
34
A
B
C
D
E
F
1
2
3
4
上海东方泵业(集团)有限公司
顾村工业园区
宝山区
泰和新城
顾村镇
顾村
外环高速
S20
沪太路出入口
富长路出入口
潘广路
富联三路
富桥路
宝山·跃进路
星星村
星富新路
富联一路
富联二路
长浜村
潘泾路
泾
公
安
路
宝家浜路
苏家荻路
立志学校
新顾村大家园
红
东
北
顾
依
兰
大黄馨园
檀乡湾
丽景花园
成亿宝盛家苑
自然居家园
世纪联华(顾村店)
盛宅一村
天极盛宅花园
绿地公元1860
顾村镇社区文化活动中心
太平禅寺
丰水宝邸
杨木桥村
张家弄
顾村村
顾村中心小学
世纪长江苑
顾村中学
泊仕郡
王家宅
泰和新城小学
阳光迪金阁
荻泾苑
荻泾花园
池圈宅
大唐花园
颐河苑
七牧小区
东明家具广场(沪太店)
白杨村
东沪新村
塘桥宅
共富实验学校
胡庄村
富成园
富华
杨家堰
盛宅村
潭杨村
奚家店
跳板桥
南潘泾

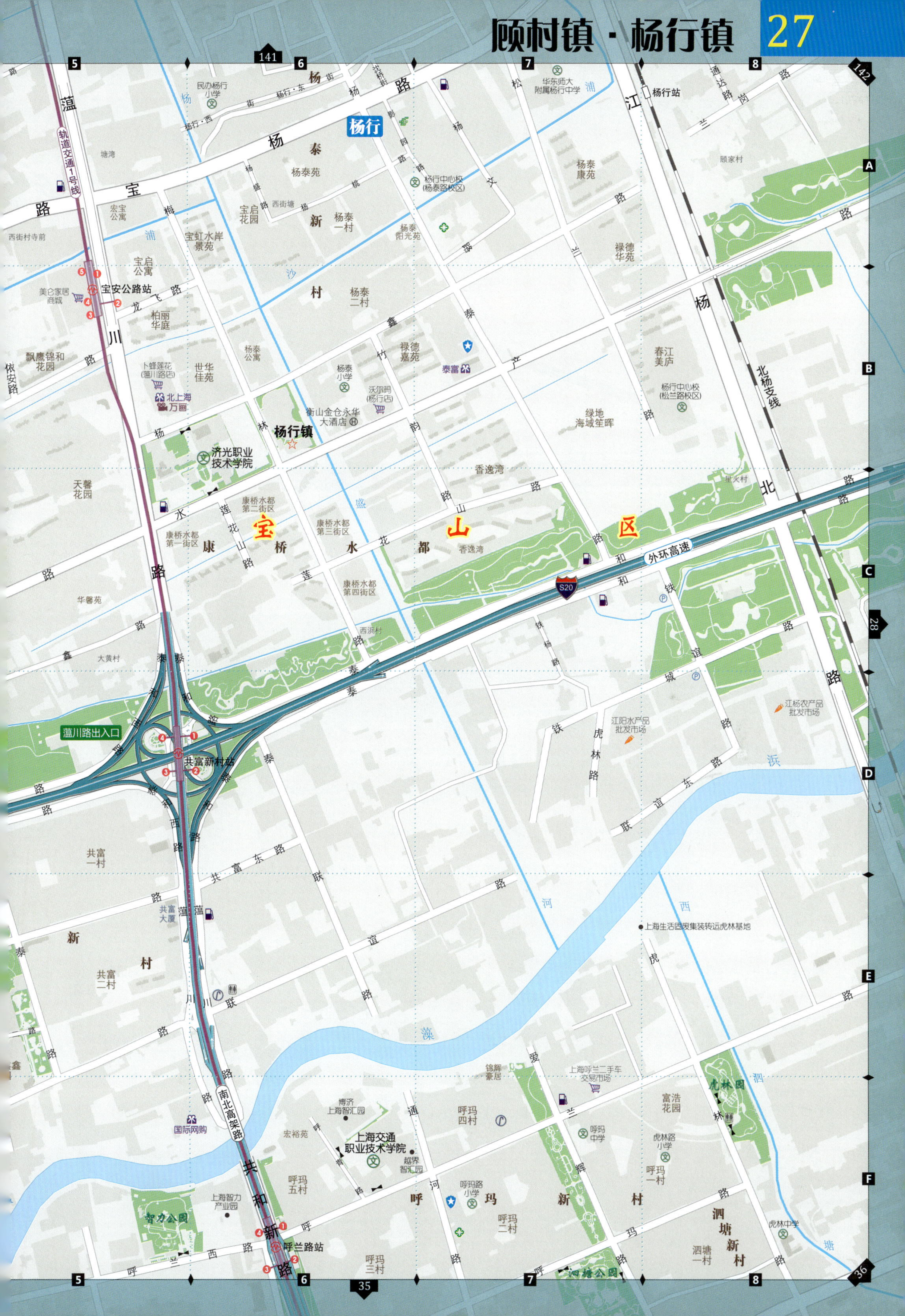
杨行
杨行站
杨行镇
宝安公路站
共富新村站
呼兰路站
蕰川路出入口
外环高速
S20
轨道交通1号线
宝山区
杨泰新村
康桥水都
共富新村
呼玛新村
泗塘新村
杨泰苑
杨泰一村
杨泰二村
杨泰康苑
杨泰阳光苑
杨泰公寓
杨泰小学
杨行中心校(杨泰路校区)
杨行中心校(松兰路校区)
华东师大附属杨行中学
民办杨行小学
宝启花园
宝启公寓
宝宝公寓
宝虹水岸景苑
柏丽华庭
世华佳苑
美仑家居商城
飘鹰锦和花园
卜蜂莲花(蕰川路店)
北上海万画
济光职业技术学院
衡山金仓永华大酒店
沃尔玛(杨行店)
泰富
禄德嘉苑
禄德华苑
春江美庐
绿地海域笙晖
香逸湾
天馨花园
康桥水都第一街区
康桥水都第二街区
康桥水都第三街区
康桥水都第四街区
华馨苑
大黄村
西浜村
塘湾
顾家村
西街村寺前
星火村
江阳水产品批发市场
江杨农产品批发市场
上海生活固废集装转运虎林基地
共富一村
共富二村
共富大厦
国际网购
智力公园
上海智力产业园
博济上海智汇园
宏裕苑
上海交通职业技术学院
越界智汇园
呼玛五村
呼玛四村
呼玛二村
呼玛三村
呼玛路小学
锦辉豪居
上海呼兰二手车交易市场
呼玛中学
富浩花园
虎林园
虎林路小学
呼玛一村
泗塘一村
泗塘公园
虎林中学
杨行·东
杨行·西
西街塘
蕰川路
宝杨路
杨泰路
杨盛路
杨鑫路
杨桃路
杨文路
松兰路
江杨北路
北杨支线
水产路
莲花山路
鑫竹路
韵山路
铁山路
和泰路
铁城路
铁峰路
虎林路
联谊路
联谊东路
共富东路
共富西路
共和新路
南北高架路
呼兰西路
呼兰路
呼玛路
通河路
辉路
西泗塘
沙浦
盛桥
盛河
沃
杨
飞龙路
依安路
5
6
7
8
A
B
C
D
E
F
141
142
28
35
36

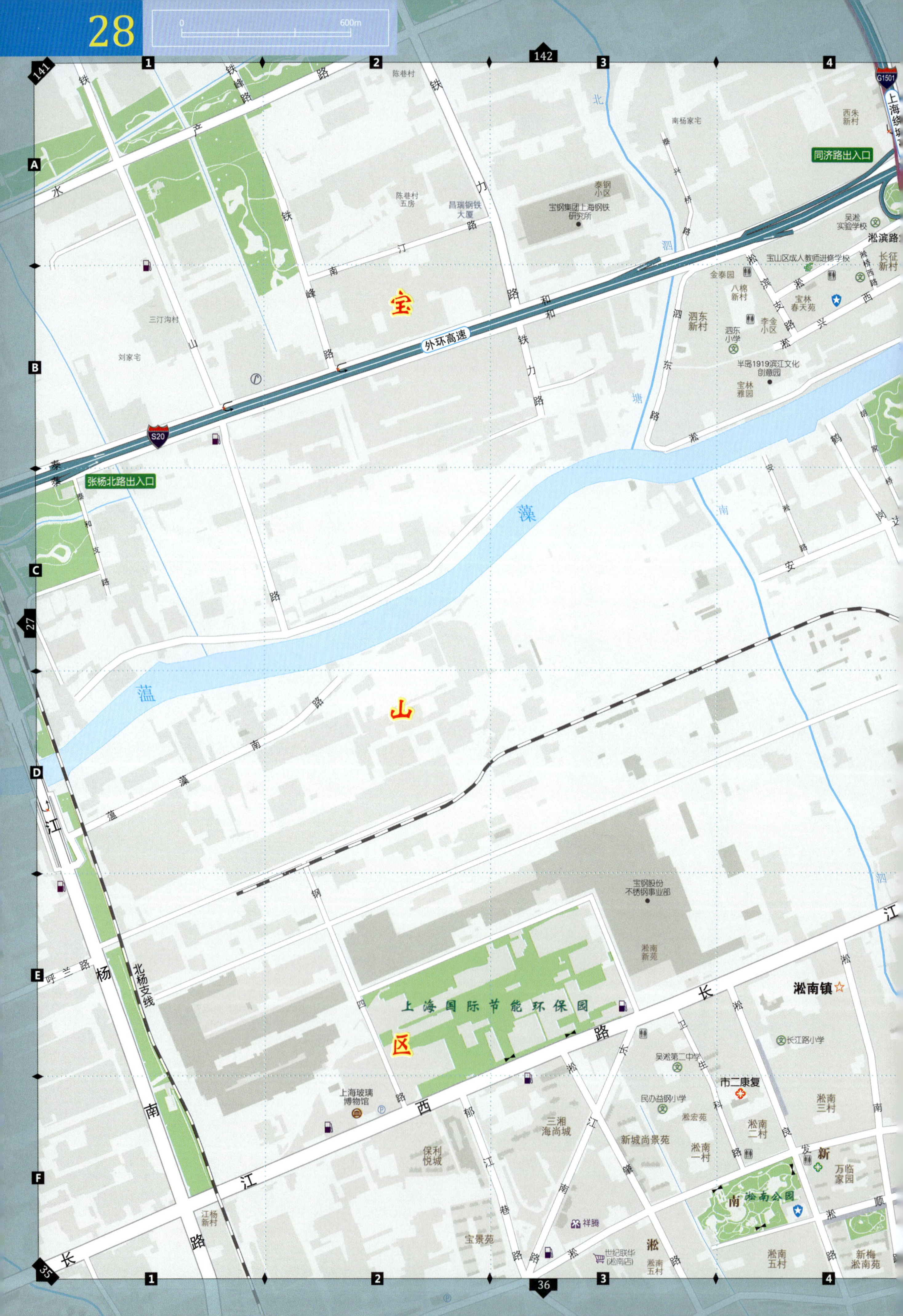

141
142
27
35
36

黄
浦
江
三岔港
吴淞
街道
吴淞码头
吴淞开埠纪念广场
上海绕城高速/外环高速
外环隧道
江东路出口
浦
东
新
区
宝
山
区
张华浜
张华浜站
淞发路站
何家湾站
长江路隧道
港城路
逸仙高架路
轨道交通3号线
何杨支线
杨
浦
区
复旦大学（江湾校区）
上海集装箱码头有限公司
上港集团张华浜分公司
东海航运大厦
张华浜小区
福尔大厦
复地国际汽车商务园
逸兴公寓
逸兴家园
新逸仙公寓
华浜二村
鑫园中星新城
上海陶瓷科技艺术馆
上海巴士第一公共交通有限公司
上海港集装箱股份有限公司
上海集发物流有限公司
合生江湾国际公寓
华润新江湾九里
淞沪路
政和路
江湾城路
淞发大道
淞行路
军工路
国权北路
江心沙路
高桥·中心
高桥·国栋路
园林西路
园林东路
高浦港路
西仓房港环路
仓房港环路
尖角圩
仓房村
金家宅
南沟头
丁家浜
丁家浜路
东丁家浜路
丁龙路
凌河路
凌河路
龙叶村
民办竹林小学
三岔港村
外环隧道
崇景路
G1501
S20
吴淞中学
淞兴路第一小学
吴淞新城
吴淞三村
同泰北路
化成路

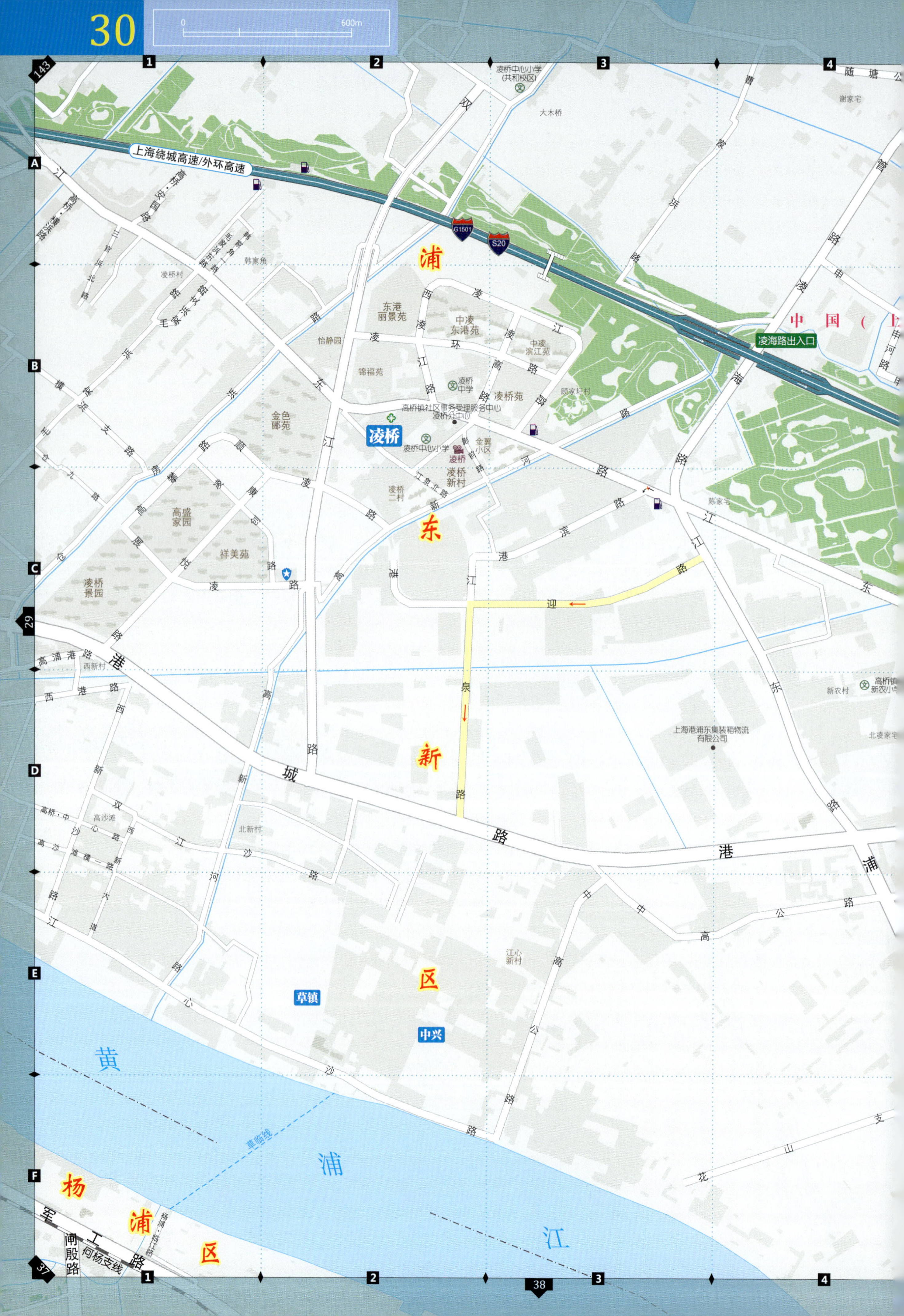
0
600m
143
29
37
38
上海绕城高速/外环高速
G1501
S20
凌桥中心小学
(共和校区)
大木桥
谢家宅
随塘公
浦
东
新
区
东港
丽景苑
中凌
东港苑
中凌
滨江苑
怡静园
锦福苑
凌桥
中学
凌桥苑
顾家圩村
高桥镇社区事务受理服务中心
凌桥分中心
金色
郦苑
凌桥
凌桥中心小学
金翼
小区
凌桥
新村
凌桥
二村
高盛
家园
祥美苑
凌桥
景园
凌桥村
韩家角
中国（上
凌海路出入口
陈家宅
西新村
新农村
上海港浦东集装箱物流
有限公司
北凌家宅
北新村
高沙滩
江心
新村
草镇
中兴
黄
浦
江
草临线
杨
浦
区
军工路
闸殷路
何杨支线
杨浦·临江路

长江
外高桥港区
浦东新区
自由贸易试验区
中国(上海)自由贸易试验区
上海港集装箱股份有限公司外高桥码头分公司
上海浦东国际集装箱码头有限公司
老宝山城遗址
张杨北路出入口
杨高北路出入口
上海绕城高速/外环高速
高桥烈士陵园
高桥港城绿地
民办外高桥中学
轨道交通6号线
港城路站
外高桥保税区北站
高桥公园
高桥历史文化陈列馆(仰贤堂)
高桥镇
高桥
太平天国烈士墓
和祥佳园
名扬佳园
港城新苑
怡心苑
和龙新苑
海高二村
海高一村
高桥锦悦苑
外高桥大厦
国际信贸大厦
汤臣国际贸易大厦
东华金融大厦
高帆大厦
丰泽大厦
联安大厦
高桥东街名庭
学前一村
学前二村
学前公寓
高桥中学
高桥镇小学
花山锦地苑
花山名苑
高桥红坊
鸿纳国际
科雅国际大酒店
世纪联华(高桥店)
创昕大厦
高桥门球场
高桥镇社区文化活动中心
高桥镇社区事务受理服务中心
育民中学
胡家街小学
高南新村
新高桥春晖苑
外高桥体育馆
富特四村
富特新村
奥吉大厦
金港大厦
中国石化物资大厦
上海JVC电器有限公司
航天长城大厦
凯兴酒店公寓
外高桥皇冠假日酒店
杨高北路
张杨北路
港城路
高桥物流有限公司

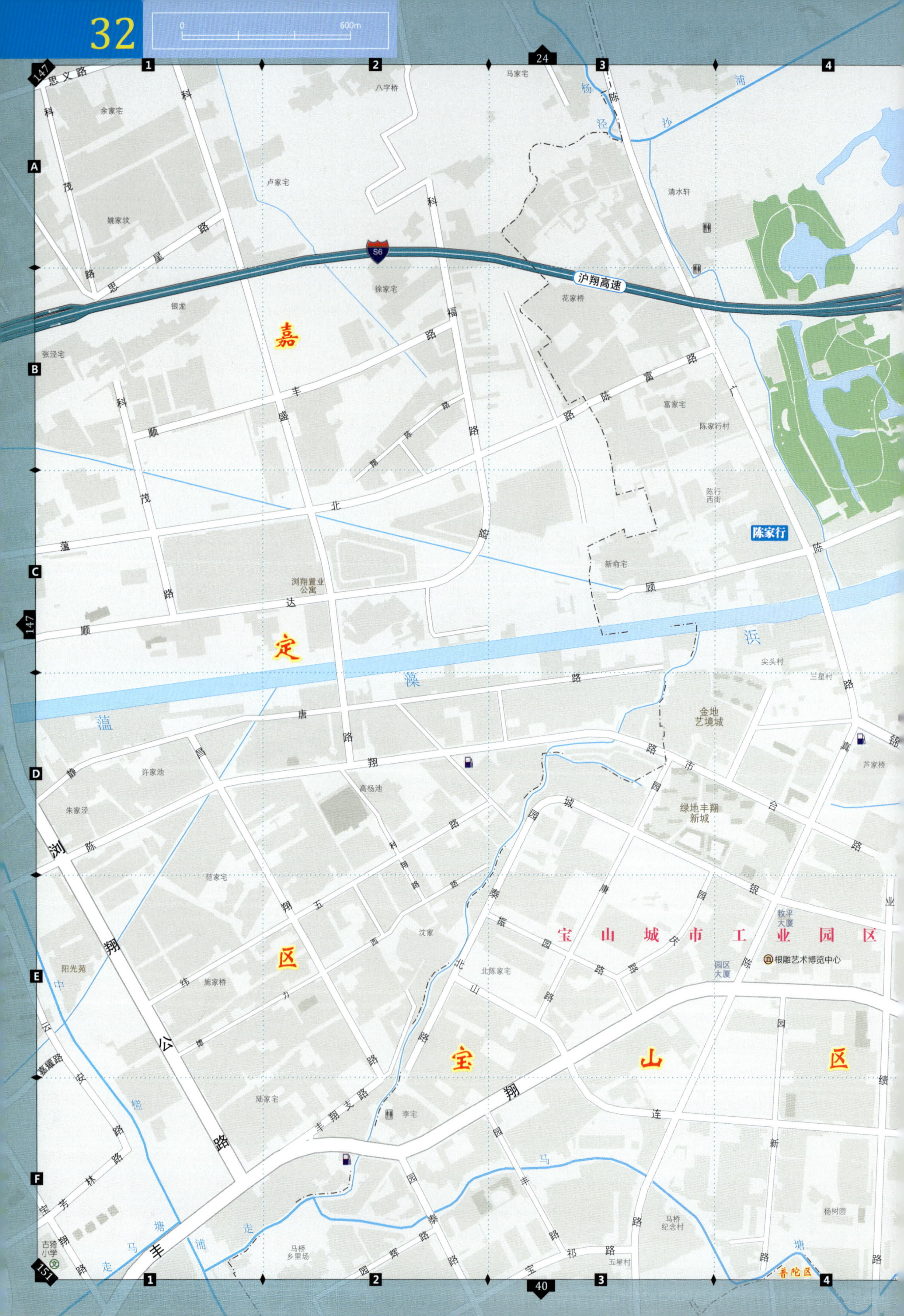
0
600m
嘉
定
区
宝
山
区
宝山城市工业园区
沪翔高速
S6
陈家行
余家宅
卢家宅
姚家坟
银龙
张泾宅
徐家宅
八字桥
马家宅
花家桥
清水轩
富家宅
陈家行村
陈行西街
新俞宅
浏翔置业公寓
尖头村
三星村
金地艺境城
芦家桥
绿地丰翔新城
许家池
高杨池
朱家泾
范家宅
沈家
北陈家宅
施家桥
阳光苑
牧平大厦
根雕艺术博览中心
园区大厦
陆家宅
李宅
马桥纪念村
马桥乡里场
五星村
杨树园
古猗小学
普陀区
思文路
科茂路
思星路
丰盛路
科福路
陈翔路
丰富路
陈富路
顺达路
蕰北路
唐翔路
藻浜
蕰藻浜
杨泾
沙浦
浏翔公路
城园路
丰翔支路
丰翔路
连新路
马陆塘
走马塘
嘉罗路
宝芳路
静陈路
昌翔路
五力路
德路
纬路
振园路
庆路
康路
银路
合路
北山路
泰路
西路
辉路
宝祁路
园路
广陈路
真路
业路
绩路
147
151
24
40
1
2
3
4
A
B
C
D
E
F

顾村公园
外环高速
轨道交通7号线
佳龙路
将家文
戴巷宅
沈杨村
西家宅
连家宅
环北新苑
郭家桥宅
水圈兜
西六房
姚家弄
杨家宅
王家宅
宝
山
区
朱家宅
保利叶之林
莳润华庭
锦秋花园
汇枫景苑
祁华路站
朗香花园
上海大学站
锦秋新天地
锦秋学校
祁连
天缕华城
大华朗香
祁连二村
瑞丰园
祁连四村
当代高邸
上海大学
祁连中心校
锦泰苑
沃尔玛(祁连店)
弘基文化
聚丰
大地
祁连二村
星福家园
祁连新村
学林苑
锦龙苑
祁连一村
祁连家园
上海大学附属学校(西校区)
祁连欣苑
祁连三村
民办山海小学
上海大学附属学校(东校区)
聚丰景都
锦龙苑
祁连花园
丰明村
上海大学附属中学
丰翔小区
上大聚丰园
丰收村
丰翔路出入口
丰翔路
环镇北路
中裕豪庭
聚丰福邸
大场
同瓴佳苑
宝凤新园
蛮洞宅
丰收支路
丰收东路
走马塘
张家宅
北章村
石桥头
陀区
制革路
蕰藻浜
祁连山路
上大路

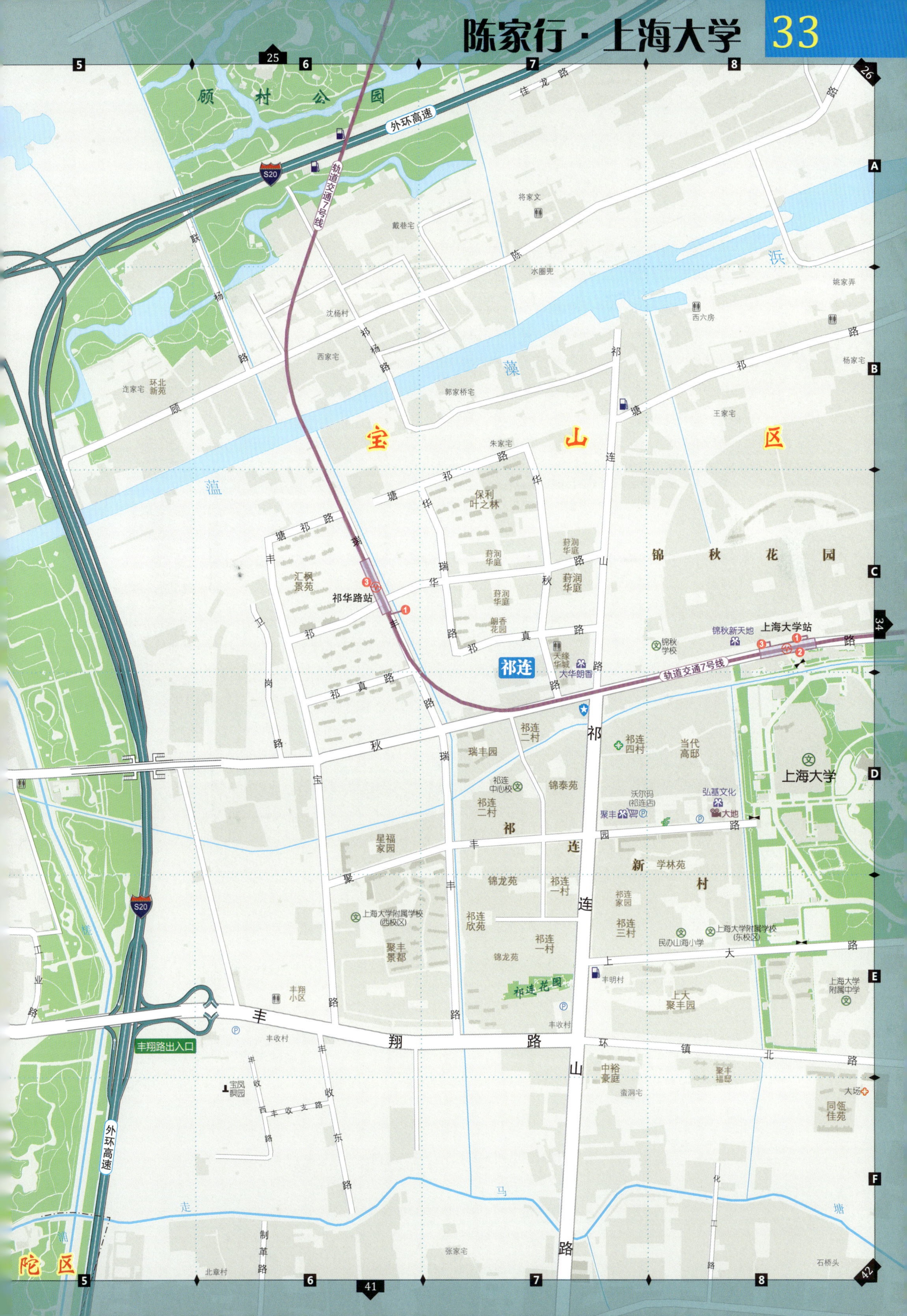

25 26 34 41 42

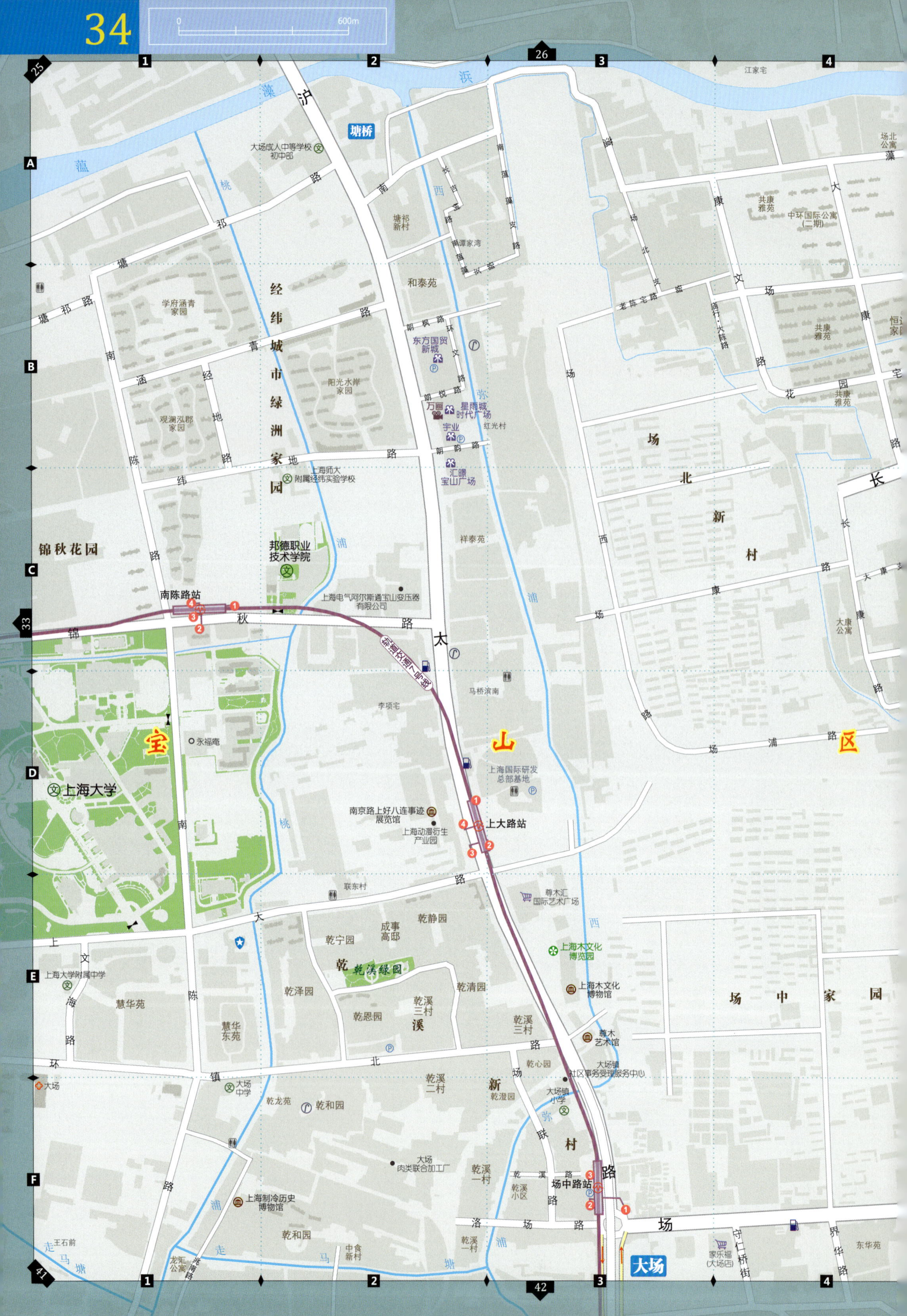
0
600m
25
26
33
41
42
塘桥
大场成人中等学校初中部
和泰苑
东方国贸新城
万画
星雨城时代广场
宇业
红光村
汇鼎宝山广场
祥泰苑
学府涵青家园
阳光水岸家园
观澜泓郡家园
经纬城市绿洲家园
上海师大附属经纬实验学校
邦德职业技术学院
锦秋花园
南陈路站
上海电气阿尔斯通宝山变压器有限公司
马桥滨南
李项宅
永福庵
上海大学
宝
山
区
上海国际研发总部基地
南京路上好八连事迹展览馆
上海动漫衍生产业园
上大路站
联东村
尊木汇国际艺术广场
上海木文化博览园
上海木文化博物馆
尊木艺术馆
乾静园
成事高邸
乾宁园
乾溪绿园
乾泽园
乾清园
乾恩园
乾溪三村
乾溪二村
乾溪一村
乾溪小区
乾心园
乾澄园
乾龙苑
乾和园
大场镇社区事务受理服务中心
大场镇小学
大场中学
大场
慧华苑
慧华东苑
上海大学附属中学
大场肉类联合加工厂
上海制冷历史博物馆
场中路站
中食新村
龙汇公寓
王石前
大场
家乐福(大场店)
东华苑
江家宅
场北公寓
共康雅苑
中环国际公寓(二期)
恒远家
场北新村
场中家园
大康公寓
塘祁新村
南潭家湾
新村
沪太路
蕰藻浜
锦秋路
塘祁路
南陈路
青年路
经地路
纬地路
上大路
场中路
洛场路
环镇北路
康文场
场北文路
西泗塘
走马塘
桃浦
老陈宅路
唐行大陈路
大康路
长江西路
轨道交通7号线
守仁桥街
界华路

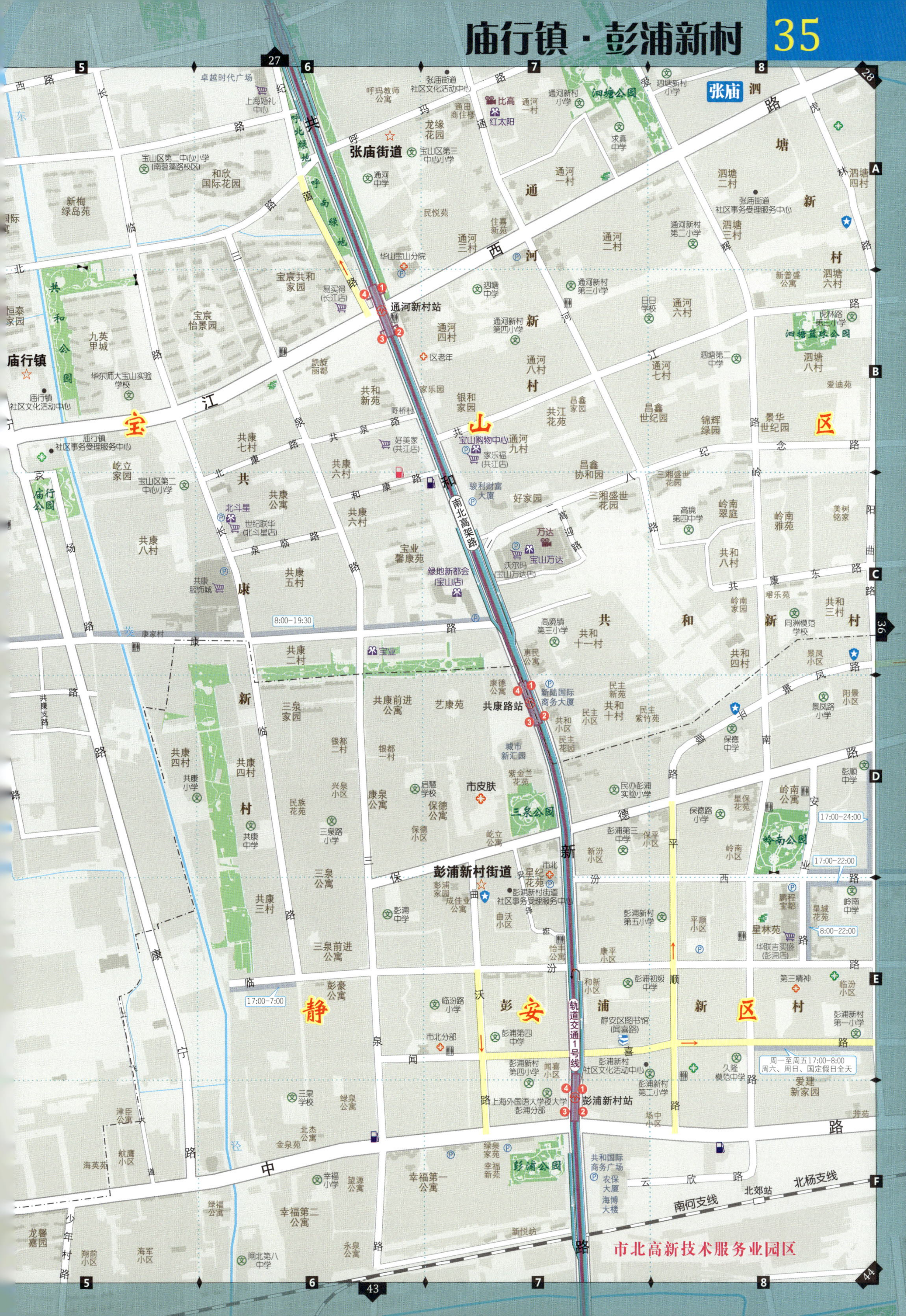

庙行镇·彭浦新村
35
张庙街道
彭浦新村街道
庙行镇
宝
山
区
静
安
区
通河新村站
共康路站
彭浦新村站
南北高架路
轨道交通1号线
泗塘公园
泗塘蓝球公园
共和公园
庙行公园
三泉公园
岭南公园
彭浦公园
呼南绿地
呼北绿地
卓越时代广场
上海婚礼中心
呼玛教师公寓
张庙街道社区文化活动中心
比高
红太阳
通河新村小学
泗塘新村小学
龙缘花园
宝山区第三中心小学
通河中学
宝山区第二中心小学(南蕴藻路校区)
和欣国际花园
新梅绿岛苑
民悦苑
通河三村
住嘉新苑
华山宝山分院
宝宸共和家园
宝宸怡景园
易买得(长江店)
九英里城
华东师大宝山实验学校
庙行镇社区文化活动中心
庙行镇社区事务受理服务中心
岂立家园
宝山区第二中心小学
北斗星
世纪联华(北斗星店)
共康八村
共康服饰城
共康七村
共康公寓
共康六村
共康五村
共康二村
共康四村
共康三村
共康中学
共康小学
凯旋丽都
共和新苑
好美家(共江店)
家乐福(共江店)
宝山购物中心
骏利财富大厦
好家园
万达
宝山万达
沃尔玛(宝山万达店)
宝业馨康苑
绿地新都会(宝山店)
宝业
三泉家园
共康前进公寓
艺康苑
康德公寓
新黄国际商务大厦
城市新汇园
银都二村
银都一村
兴泉小区
康泉公寓
启慧学校
保德公寓
市皮肤
三泉路小学
民族花苑
三泉公寓
三泉前进公寓
彭豪公寓
临汾路小学
市北分部
彭浦第四中学
彭浦新村第四小学
上海外国语大学附属大学彭浦分部
三泉学校
绿泉公寓
北杰公寓
金泉苑
幸福小学
望源公寓
幸福第一公寓
幸福第二公寓
绿福公寓
永泉公寓
闸北第八中学
海军小区
翔前小区
龙馨嘉园
航康小区
海英苑
津臣公寓
彭浦中学
彭浦家园
成佳业公寓
曲沃小区
彭浦新村街道社区事务受理服务中心
彭浦新村第五小学
平顺小区
彭浦初级中学
静安区图书馆(闻喜路)
彭浦新村社区文化活动中心
彭浦新村第二小学
久隆模范中学
爱建新家园
第三精神
彭浦新村第一小学
临汾小区
共和国际商务广场
农保大厦
海博大楼
北郊站
南何支线
北杨支线
市北高新技术服务业园区
通河一村
通河二村
通河四村
通河五村
通河六村
通河七村
通河八村
通河九村
求真中学
泗塘二村
泗塘三村
泗塘四村
泗塘六村
泗塘八村
张庙街道社区事务受理服务中心
通河新村第二小学
通河新村第三小学
通河新村第四小学
泗塘中学
泗塘第二中学
日日学校
区老年
家乐园
银和家园
共江花苑
昌鑫家园
昌鑫世纪园
昌鑫协和园
锦辉绿园
景华世纪园
爱迪苑
三湘盛世花园
高境第四中学
岭南翠庭
岭南雅苑
美树铭家
共和八村
共和三村
共和四村
共和十村
共和十一村
高境镇第三小学
惠民公寓
民主新苑
民主紫竹苑
民主小区
共和小区
民主小区
景凤公寓
景凤路小学
同洲模范学校
阳景小区
保德中学
民办彭浦实验小学
彭浦第三中学
保平小区
新汾小区
保德路小学
星保花苑
岭南小区
岭南公寓
彭顺中学
鹏程宝都
星林苑
华联吉买盛(彭浦店)
星城花苑
岭南中学
恰丰公寓
康平小区
和新小区
场中小区
芳苑
8:00-19:30
17:00-7:00
17:00-24:00
17:00-22:00
8:00-22:00
周一至周五17:00-8:00 周六、周日、国定假日全天

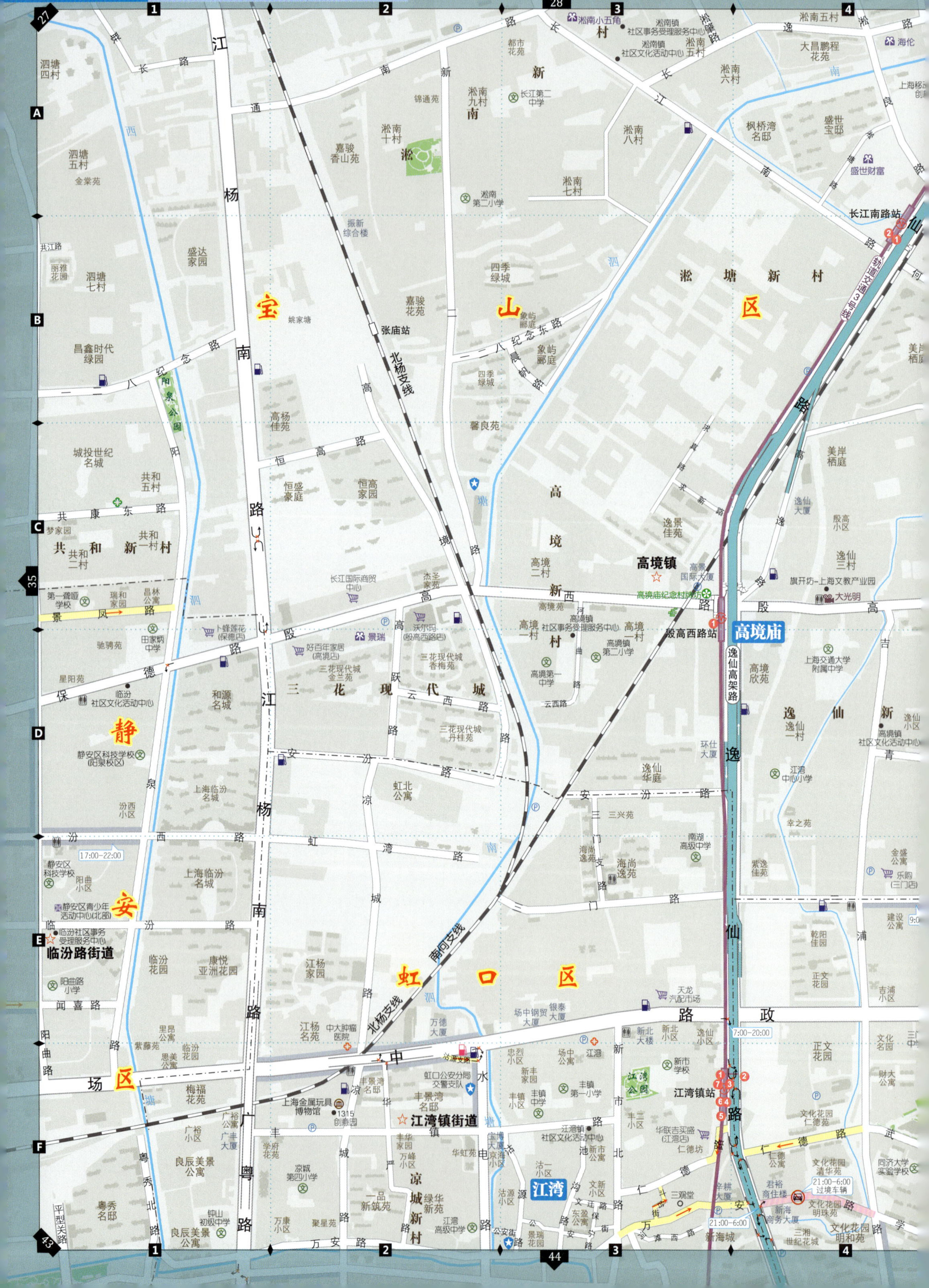

0 600m

宝 山 区

静 安 区

虹 口 区

淞塘新村

高境镇

江湾镇街道

临汾路街道

长江南路站

张庙站

殷高西路站

江湾镇站

高境庙

江湾

江杨南路

逸仙路

共和新村

三花现代城

凉城新村

场中路

水电路

走路

汶水东路

共康东路

保德路

汾西路

闻喜路

广粤路

殷高西路

逸仙高架路

北杨支线

南何支线

长江南路

淞南新村

海伦

上海移动创意

嘉骏香山苑

恒盛豪庭

恒高家园

和源名城

上海临汾名城

上海金属玩具博物馆

上海交通大学附属中学

静安区科技学校

江湾中心小学

万德大厦

忠烈小区

丰镇第一小学

文化花园明华苑

新海城

同济大学实验学校

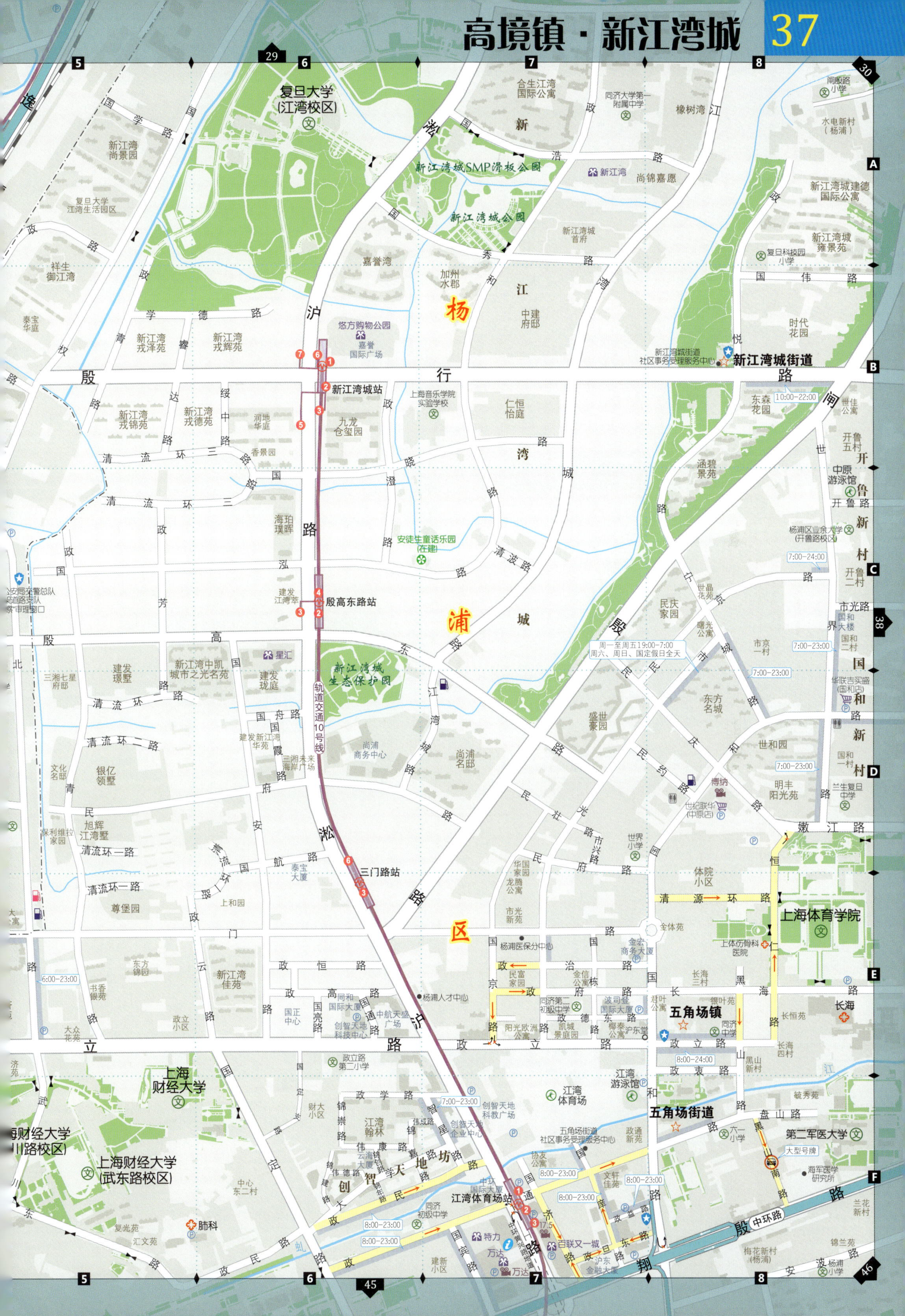
复旦大学
(江湾校区)
新江湾城SMP滑板公园
新江湾城公园
杨
浦
区
新江湾城站
殷高东路站
三门路站
江湾体育场站
新江湾城生态保护园
轨道交通10号线
新江湾城街道
五角场镇
五角场街道
上海体育学院
上海财经大学
上海财经大学
(武东路校区)
第二军医大学
殷行路
淞沪路
中环路

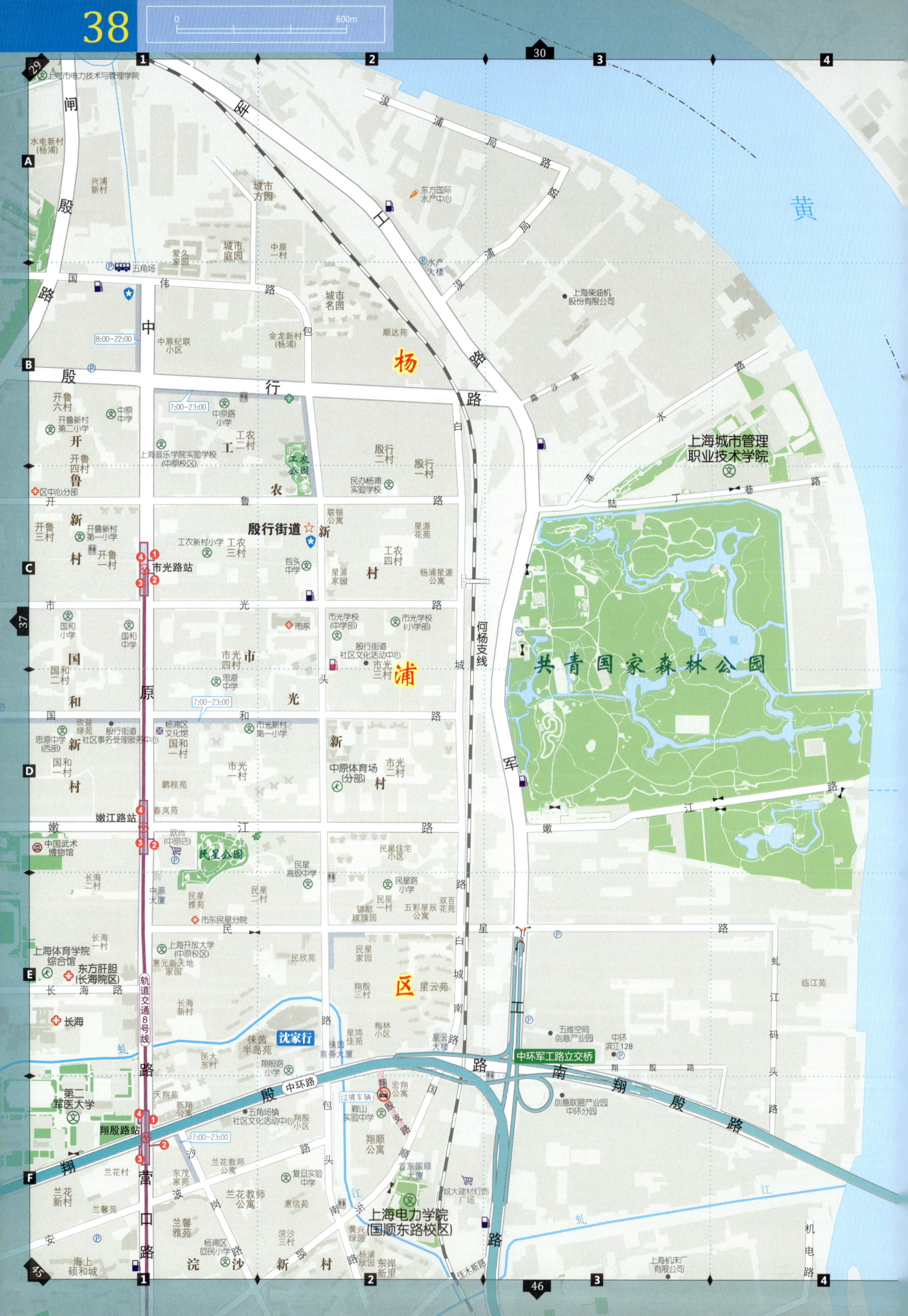

0
600m
30
29
37
45
46
上海市电力技术与管理学院
闸殷路
水电新村(杨浦)
兴浦新村
城市方园
浚浦局路
东方国际水产中心
黄
军工路
爱久家园
城市庭园
中原一村
水产大楼
五角场
国伟路
上海柴油机股份有限公司
城市名园
金龙新村(杨浦)
中原纪联小区
8:00-22:00
顺达苑
杨
殷行路
包头路
开鲁六村
开鲁新村第二小学
中原中学
7:00-23:00
中原路小学
工农二村
上海音乐学院实验学校(中原校区)
工农公园
殷行二村
殷行一村
民办杨浦实验学校
上海城市管理职业技术学院
开鲁四村
区中心分部
开鲁路
黎平路
丁陆巷路
开鲁三村
开鲁新村第一小学
开鲁一村
工农新村小学
工农三村
殷行街道
联银公寓
星源花苑
工农四村
包头中学
星源家园
杨浦星源公寓
市光路站
何杨支线
市光路
国和小学
国和中学
市东
市光学校(中学部)
市光学校(小学部)
殷行街道社区文化活动中心
市光三村
市光四村
思源中学
浦
共青国家森林公园
国和二村
7:00-23:00
国和路
欣益绿苑
殷行街道社区事务受理服务中心
思源中学(西部)
杨浦区文化馆
市光新村第一小学
国和一村
市光一村
中原体育场(分部)
市光二村
鹏程苑
春岚苑
嫩江路站
嫩江路
中国武术博物馆
欧尚(中原店)
民星公园
民星佳宅小区
长海二村
民星高级中学
民星路小学
中原大厦
民星雅苑
民星二村
民星一村
锦都玫瑰园
五彩星辰公寓
双百花苑
市东民星分院
民星路
长海一村
上海开放大学(中原校区)
民欣苑
民星家园
上海体育学院综合馆
东方肝胆(长海院区)
惠元新天地家园
长海路
轨道交通8号线
长海新村
翔殷三村
区
星云苑
临江苑
长海
沈家行
徕茵半岛苑
梅林小区
星鸿佳苑
徕茵商务大厦
星云大楼
中环军工路立交桥
五维空间创意产业园
中环滨江128
虬江码头路
医大东村
翔殷路小学
中环路
过境车辆
宏翔公寓
第二军医大学
天翔苑
新翔公寓
五角场镇社区文化活动中心
翔殷小区
鞍山实验中学
创意联盟产业园中环分园
翔殷路
翔殷路站
7:00-23:00
国顺路
顺翔公寓
兰花村
兰花教师公寓
复旦实验中学
音乐国顺大厦
兰花新村
兰馨苑
兰花教师公寓
惠信苑
红星美凯龙建材灯饰广场
上海电力学院(国顺东路校区)
兰馨雅苑
浣沙三村
黄兴绿园
机电路
海上硕和城
杨浦区回民小学
浣沙新村
杨浦家园
东岸新里
佳木斯路
上海机床厂有限公司
黄兴路
虬江
殷高东路
国顺东路
嫩江路
营口路

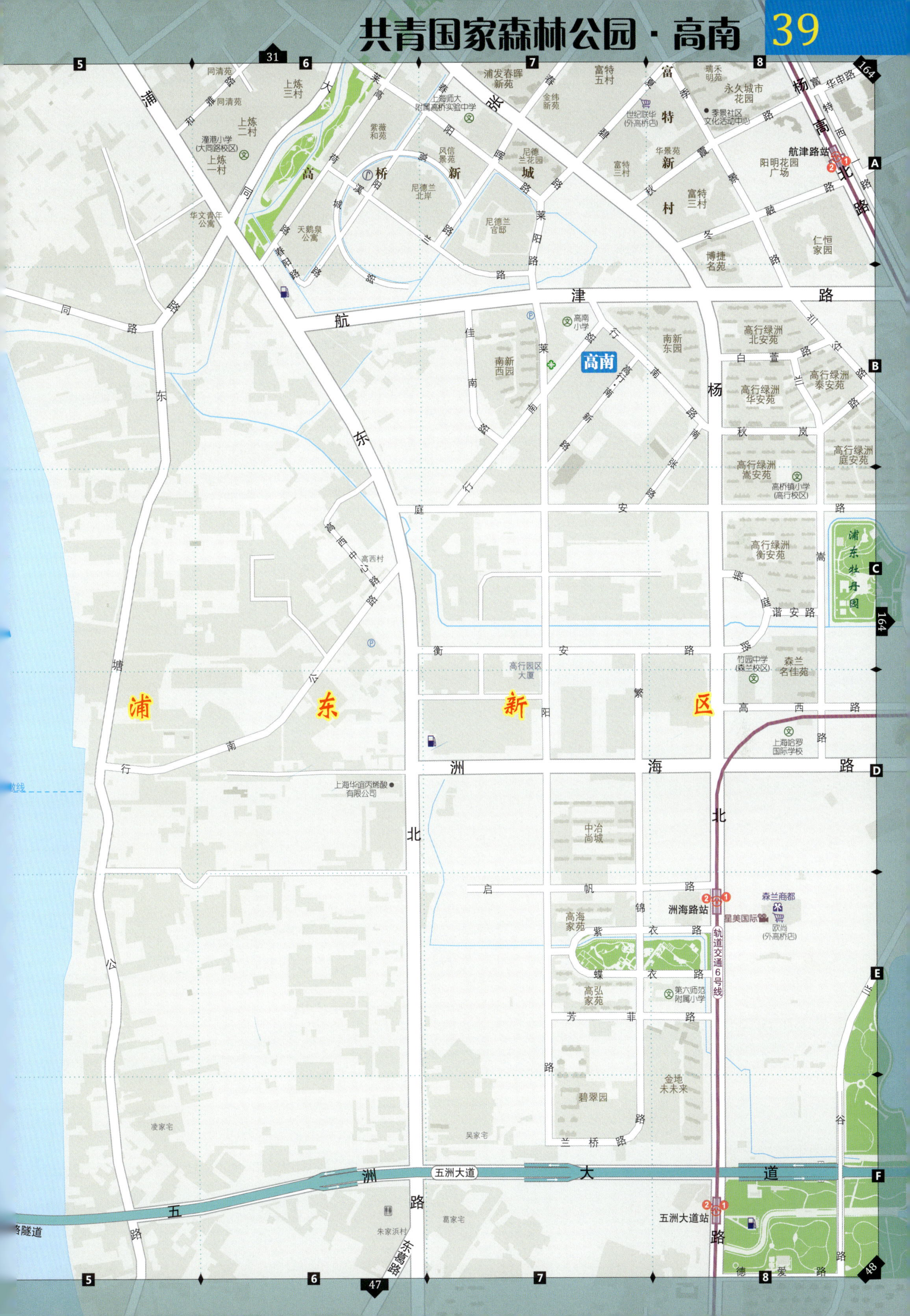
同清苑
上炼三村
上炼二村
上炼一村
灌港小学(大同路校区)
华文青年公寓
紫薇和苑
上海师大附属高桥实验中学
浦发春晖新苑
金纬新苑
富特五村
世纪联华(外高桥店)
瑞禾明苑
永久城市花园
季景社区文化活动中心
航津路站
阳明花园广场
风信景苑
尼德兰花园
尼德兰北岸
尼德兰官邸
天鹅泉公寓
华景苑
富特三村
仁恒家园
博捷名苑
高桥新城
富特新村
高南小学
高南
南新西园
南新东园
高行绿洲北安苑
高行绿洲华安苑
高行绿洲泰安苑
高行绿洲庭安苑
高行绿洲嵩安苑
高桥镇小学(高行校区)
高行绿洲衡安苑
浦东牡丹园
高西村
高行园区大厦
竹园中学(森兰校区)
森兰名佳苑
上海哈罗国际学校
上海华谊丙烯酸有限公司
浦东新区
中冶尚城
洲海路站
森兰商都
星美国际
欧尚(外高桥店)
轨道交通6号线
高海家苑
高弘家苑
第六师范附属小学
金地未来
碧翠园
凌家宅
吴家宅
朱家浜村
葛家宅
五洲大道
五洲大道站
航津路
同路
东塘路
高桥镇
高行南路
东靖路
庭安路
衡安路
洲海路
杨高北路
张杨北路
启帆路
紫衣路
芳菲路
兰桥路
高西路
诺安路
秋岚路
白莲路
德爱路
五洲大道
东葛路
塘公路
5
6
7
8
31
47
48
164
A
B
C
D
E
F

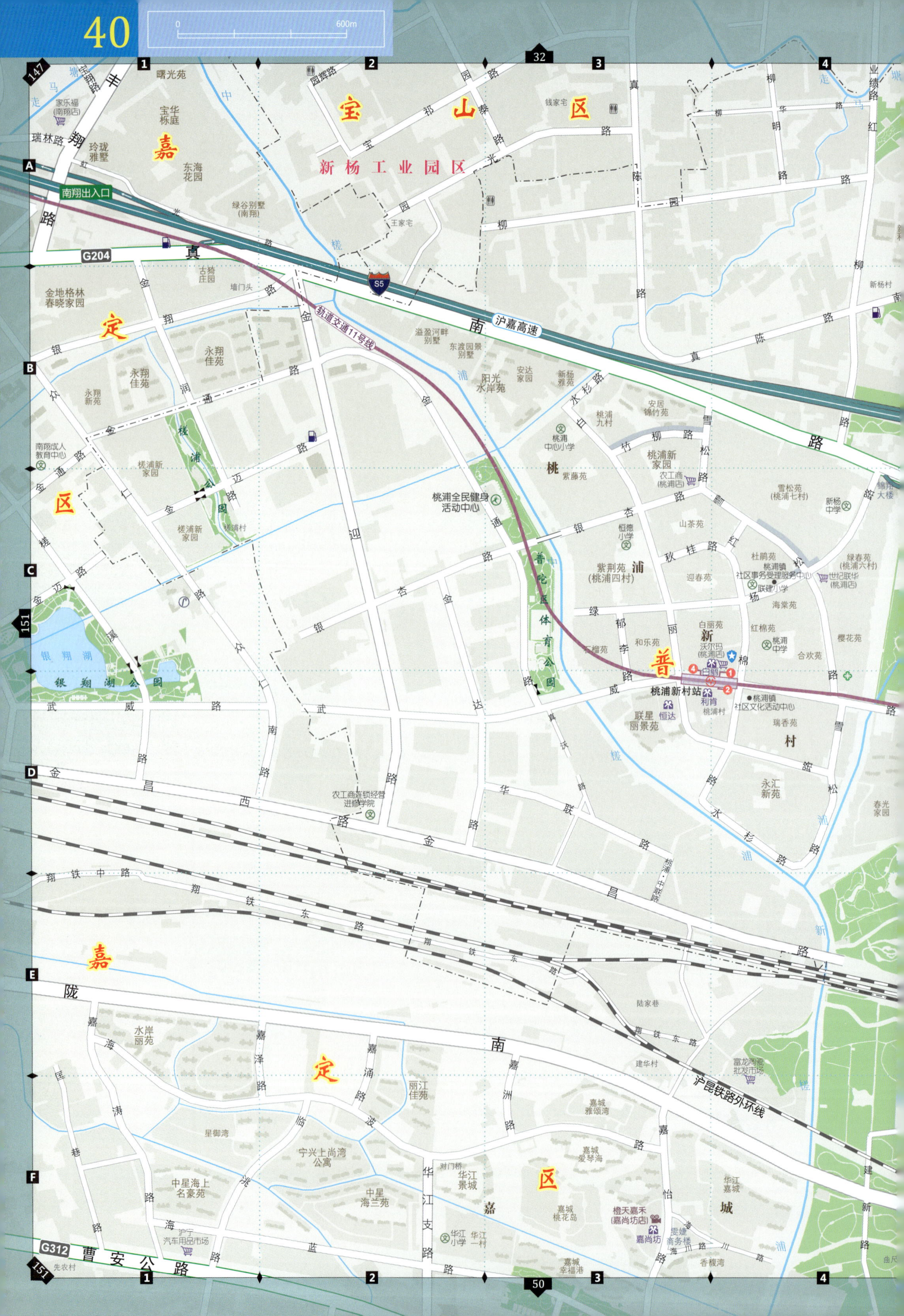

40
0
600m
32
50
147
151
宝山区
新杨工业园区
嘉定区
桃浦新村
普陀区体育公园
桃浦全民健身活动中心
沪嘉高速
南翔出入口
G204
S5
轨道交通11号线
桃浦新村站
沪昆铁路外环线
G312
曹安公路
真南路
银翔湖
银翔湖公园
槎浦公园
武威路
金昌西路
翔铁中路
翔铁东路
陇南路
嘉城
曙光苑
宝华栎庭
玲珑雅墅
东海花园
绿谷别墅(南翔)
家乐福(南翔店)
瑞林路
钱家宅
王家宅
古猗庄园
墙门头
金地格林春晓家园
永翔佳苑
永翔新苑
南翔成人教育中心
槎浦新家园
溢盈河畔别墅
东渡园景别墅
阳光水岸苑
安达家园
新杨雅苑
桃浦九村
安居锦竹苑
桃浦中心小学
紫藤苑
桃浦新家园
农工商(桃浦店)
雪松苑(桃浦七村)
新杨中学
锦翔大楼
新杨村
山茶苑
恒德小学
紫荆苑(桃浦四村)
迎春苑
杜鹃苑
桃浦镇社区事务受理服务中心
联建小学
绿春苑(桃浦六村)
世纪联华(桃浦店)
海棠苑
红棉苑
桃浦中学
樱花苑
合欢苑
白丽苑
沃尔玛(桃浦店)
和乐苑
石榴苑
联星丽景苑
恒达
利肯
桃浦村
桃浦镇社区文化活动中心
瑞香苑
永汇新苑
春光家园
农工商连锁经营进修学院
陆家巷
建华村
富龙农副批发市场
水岸丽苑
丽江佳苑
星御湾
宁兴上尚湾公寓
嘉城雅颂湾
嘉城爱琴海
中星海上名豪苑
中星海三苑
对门桥
华江景城
华江小学
华江一村
嘉城桃花岛
橙天嘉禾(嘉尚坊店)
嘉尚坊
昊娅商务楼
华江嘉城
嘉城幸福港
香馥湾
护宁汽车用品市场
先农村

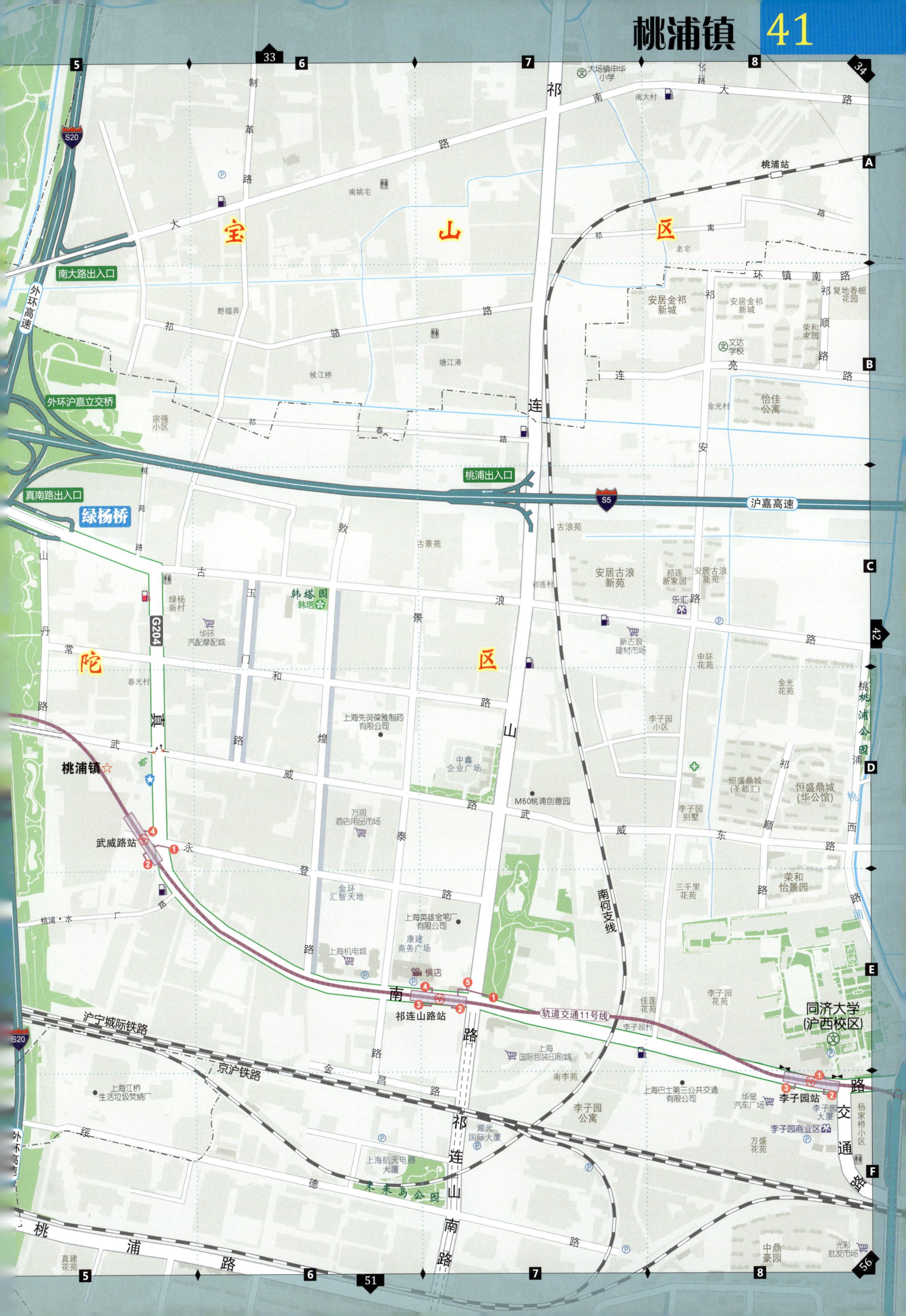
宝
山
区
陀
区
祁连山南路
祁连山路
沪嘉高速
S5
S20
G204
外环高速
南大路出入口
外环沪嘉立交桥
真南路出入口
桃浦出入口
绿杨桥
桃浦镇
武威路站
祁连山路站
李子园站
桃浦站
轨道交通11号线
沪宁城际铁路
京沪铁路
南何支线
南大路
祁连山南路
祁骆路
环镇南路
祁顺路
亮连路
祁安路
祁春路
桃苑路
古浪路
敦煌路
景泰路
常和路
武威路
武威东路
永登路
真南路
丹山路
金昌路
绥德路
桃浦路
玉门路
制革路
化学路
乐汇路
交通路
桃浦西路
杨家桥小区
大场镇中华小学
南大村
南姚宅
老宅
野猫弄
侯江桥
塘江港
宗强小区
安居金祁新城
文达学校
荣和家园
复地香榭花园
怡佳公寓
金光村
古浪苑
古景苑
韩塔园
绿杨新村
华环汽配摩配城
安居古浪新苑
祁连新家园
祁连村
新古浪建材市场
申环花苑
金光花苑
春光村
上海先灵葆雅制药有限公司
中鑫企业广场
M50桃浦创意园
李子园小区
恒盛鼎城(圣都汇)
恒盛鼎城(华公馆)
李子园别墅
荣和怡景园
三千里花苑
万润酒店用品市场
金环汇智天地
上海英雄金笔厂有限公司
康建商务广场
上海机电城
横店
同济大学(沪西校区)
李子园花苑
佳莲花苑
李子园村
上海国际包装印刷城
南李苑
上海巴士第三公共交通有限公司
华星汽车广场
李子园大厦
李子园商业区
万盛花苑
李子园公寓
耀光国际大厦
上海航天电器大厦
未来岛公园
上海江桥生活垃圾焚烧厂
真建花苑
中鼎豪园
光彩批发市场
A
B
C
D
E
F
5
6
7
8
33
34
42
51
56

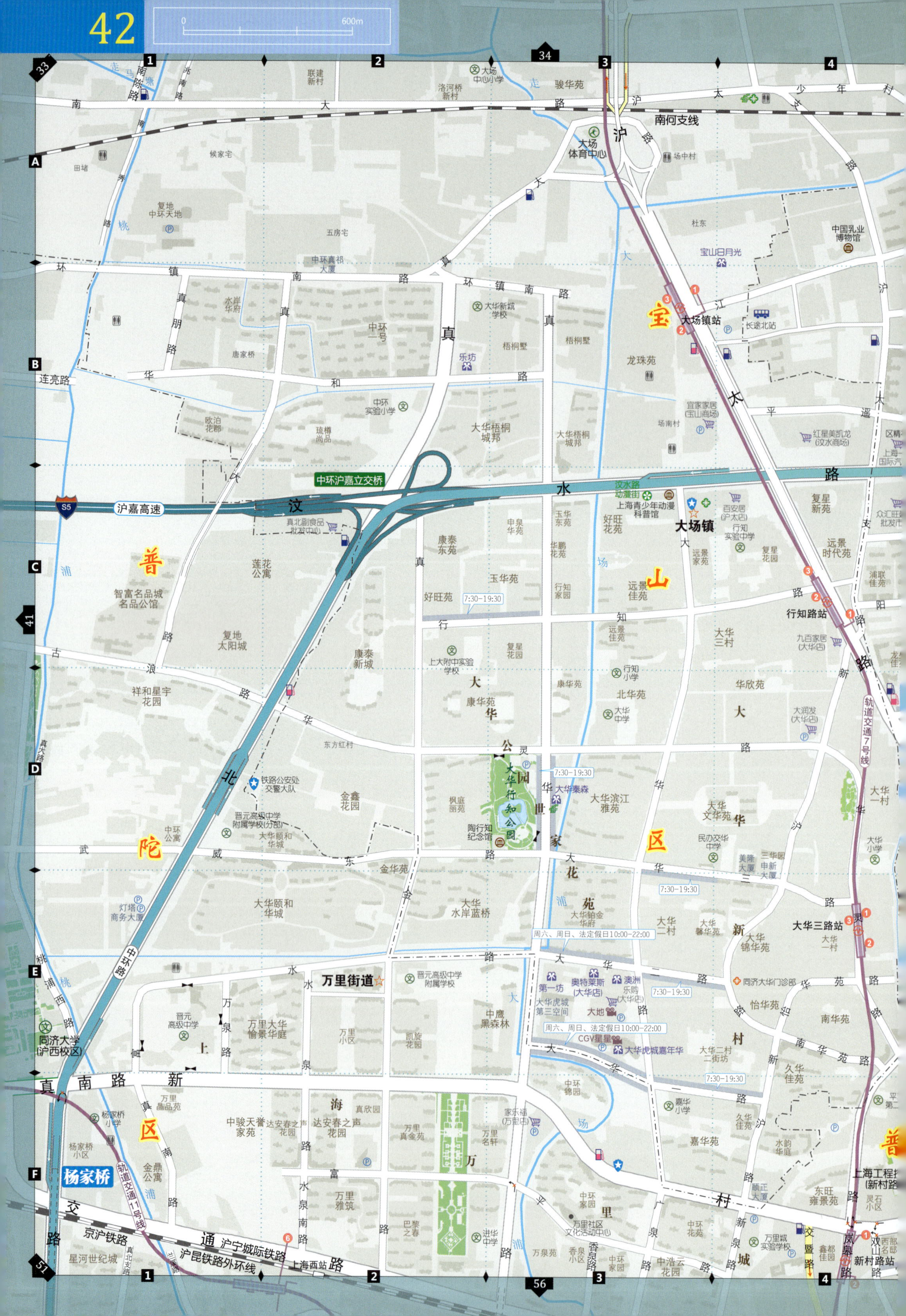
0
600m
34
33
41
51
56
南何支线
大场体育中心
大场中心小学
骏华苑
洛河桥新村
联建新村
侯家宅
田墙
复地中环天地
五房宅
中环真祥大厦
杜东
中国乳业博物馆
宝山日月光
大场镇站
长途北站
大华新城学校
中环一号
梧桐墅
唐家桥
乐坊
龙珠苑
连亮路
中环实验小学
欧泊花郡
琉樽尚品
大华梧桐城邦
宜家家居(宝山商场)
场南村
红星美凯龙(汶水商场)
中环沪嘉立交桥
沪嘉高速
S5
汶水路动漫街
上海青少年动漫科普馆
大场镇
真北副食品批发中心
康泰东苑
中泉华苑
玉华苑
好旺花苑
复星新苑
远景时代苑
浦联佳苑
行知实验中学
复星花园
莲花公寓
智富名品城名品公馆
好旺苑
7:30–19:30
远景佳苑
行知路站
九百家居(大华店)
复地太阳城
康泰新城
上大附中实验学校
复星花园
远景佳苑
行知小学
大华三村
祥和星宇花园
康华苑
北华苑
华欣苑
大华中学
大润发(大华店)
东方红村
铁路公安处交警大队
晋元高级中学附属学校(分部)
金鑫花园
枫庭丽苑
大华行知公园
大华秦森
大华滨江雅苑
大华文华苑
民办交华中学
陶行知纪念馆
中环公寓
大华颐和华城
金华苑
大华水岸蓝桥
大华铂金华府
美龄大厦
三华园
申新大厦
灯塔商务大厦
大华二村
大华馨华苑
大华锦华苑
大华三路站
大华一村
周六、周日、法定假日10:00–22:00
万里街道
晋元高级中学附属学校
第一坊
奥特莱斯(大华店)
澳洲乐园(大华店)
同济大学门诊部
大华虎城第三空间
大地
恰华苑
南华苑
晋元高级中学
万里大华愉景华庭
万里小区
凯旋花园
中鹰黑森林
CGV星星
大华虎城嘉年华
大华二村二街坊
同济大学(沪西校区)
久华佳苑
中环锦园
万里晶品苑
杨家桥小学
中骏天誉家苑
达安春之声花园
真欣园
万里真金苑
万里名轩
家乐福(万里店)
嘉华小学
久华佳苑
嘉华苑
水韵华庭
杨家桥小区
金鼎公寓
杨家桥
轨道交通11号线
万里雅筑
巴黎之春
进华中学
中环家园
万里社区文化活动中心
中环花苑
颐正大厦
东旺雍景苑
上海工程技(新村路)
万里城实验学校
鑫都佳园
新村路站
京沪铁路
沪宁城际铁路
沪昆铁路外环线
上海西站
星河世纪城
香泉小区
万泉苑
中环家园
中浩云花园
轨道交通7号线
南大路
沪太路
环镇南路
真华路
汶水路
华和路
真北路
大华路
古浪路
武威东路
真南路
交通路
新村路
行知路
灵石路
大场

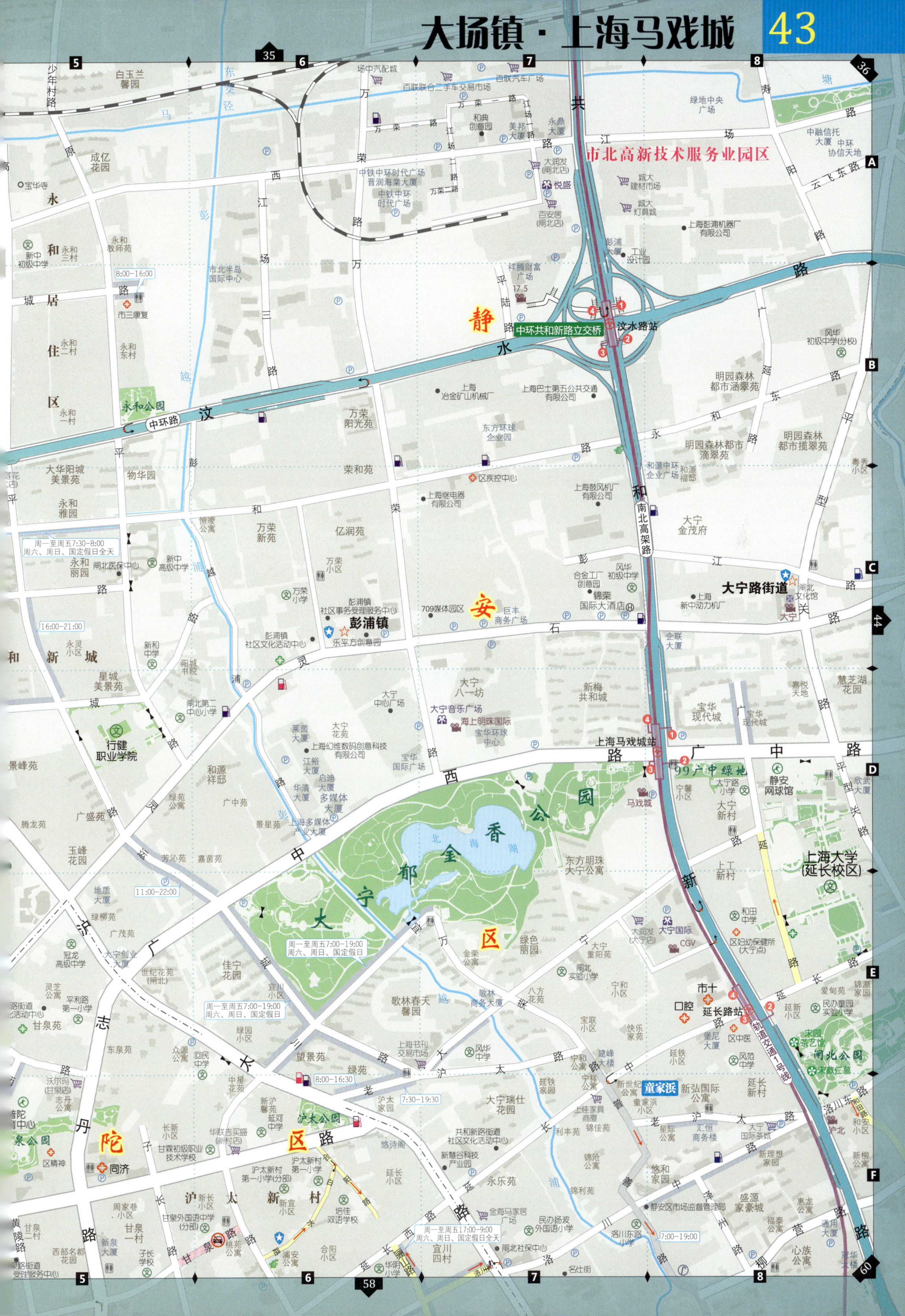

市北高新技术服务业园区
中环共和新路立交桥
汶水路站
静
安
区
彭浦镇
大宁路街道
上海马戏城站
上海马戏城
大宁郁金香公园
北海
99广中绿地
上海大学(延长校区)
延长路站
童家浜
闸北公园
永和公园
行健职业学院
沪太公园
普
陀
区
永和居住区
和新城
汶水路
中环路
共和新路
南北高架路
广中西路
平型关路
大宁路
延长路
洛川东路
万荣路
江场三路
场中路
永和路
彭江路
灵石路
沪太路
志丹路
市北半岛国际中心
上海巴士第五公共交通有限公司
明园森林都市涌翠苑
明园森林都市滴翠苑
明园森林都市揽翠苑
大宁金茂府
上海新中动力机厂
709媒体园区
巨丰商务广场
大宁音乐广场
海上明珠国际
宝华环球中心
大宁八一坊
新梅共和城
宝华现代城
大宁中心广场
上海多媒体产业大厦
东方明珠大宁公寓
大宁国际
CGV
区妇幼保健所(大宁点)
大宁瑞仕花园
共和新路街道社区文化活动中心
新慧谷科技产业园
静安区市场监督管理局
盛源家豪城
心族公寓
金玛马家居广场
闸北社保中心
宜川四村
沪太新村
华东政法大学
同济
甘泉苑
周一至周五7:30-8:00 周六、周日、国定假日全天
周一至周五7:00-19:00 周六、周日、国定假日全天
周一至周五7:00-19:00 周六、周日、国定假日
周一至周五17:00-9:00 周六、周日、国定假日全天
8:00-16:00
16:00-21:00
11:00-22:00
8:00-16:30
7:30-19:30
7:00-19:00
轨道交通1号线
5 6 7 8
35 36 44 58 60
A B C D E F

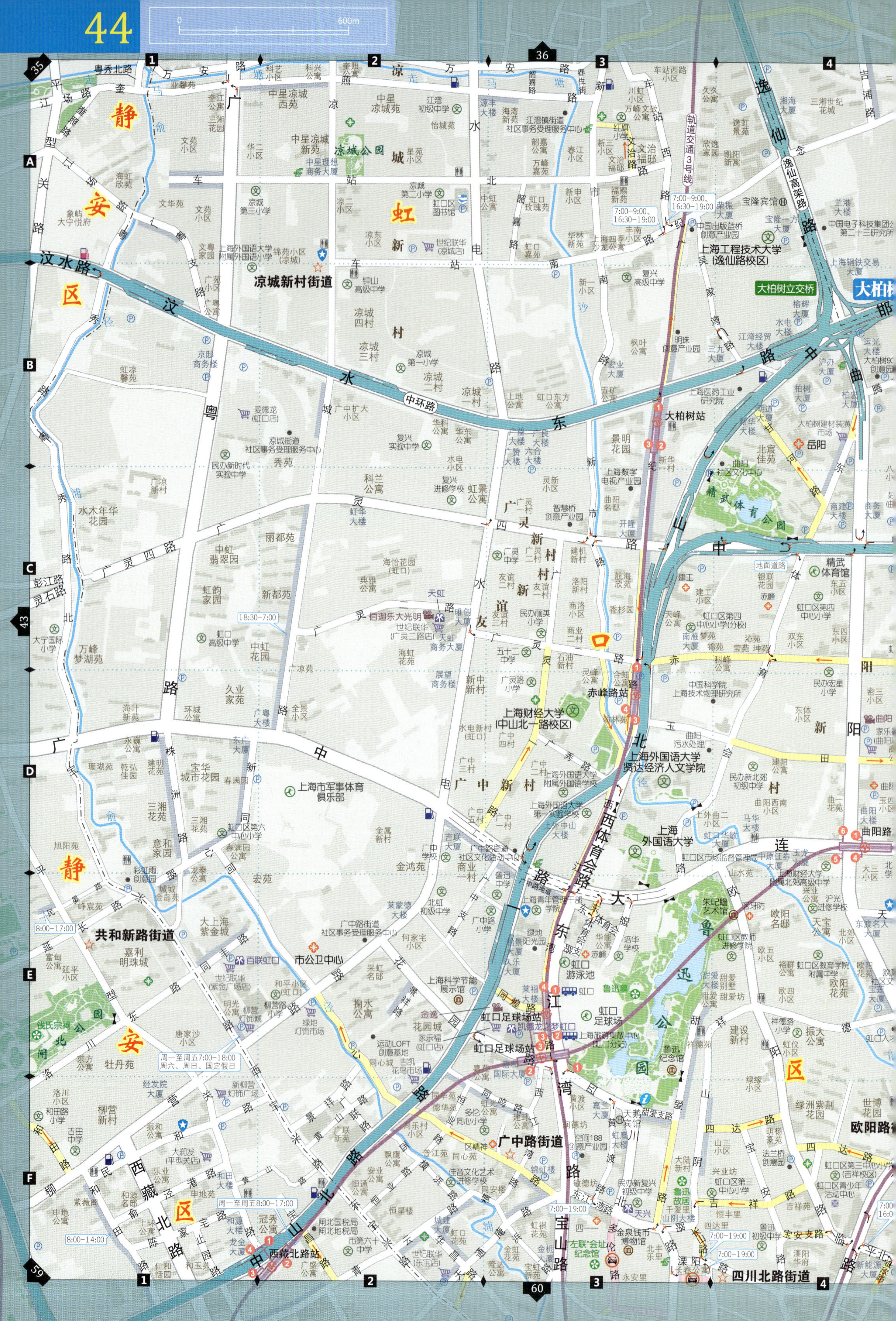
0
600m
凉城新村街道
共和新路街道
广中路街道
四川北路街道
上海财经大学(中山北一路校区)
上海外国语大学
上海工程技术大学(逸仙路校区)
大柏树站
赤峰路站
虹口足球场站
西藏北路站
大柏树立交桥
静安区
虹口区

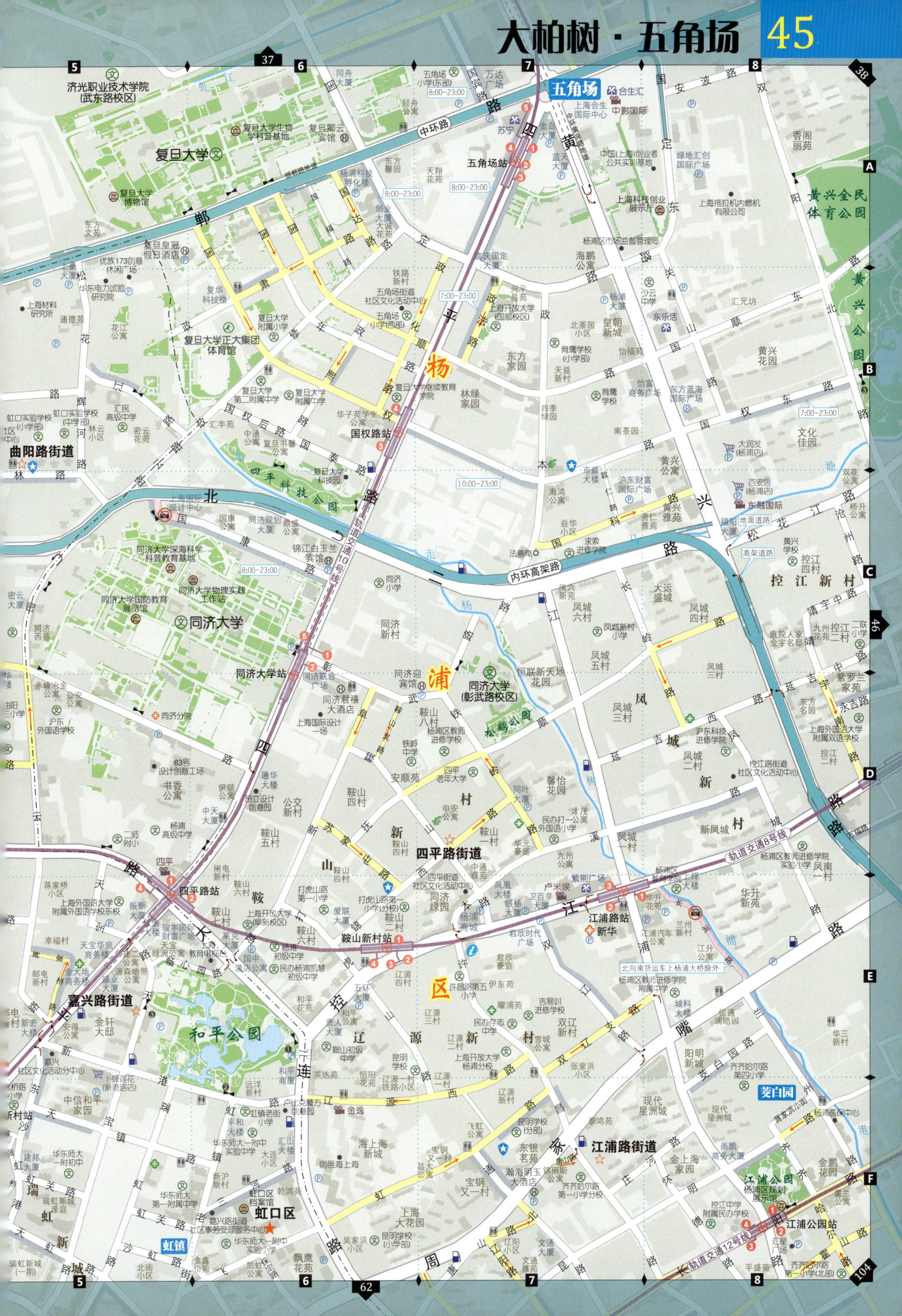
五角场
复旦大学
复旦大学博物馆
济光职业技术学院（武东路校区）
复旦大学正大集团体育馆
五角场站
中环路
国权路站
四平科技公园
同济大学
同济大学站
同济大学（彰武路校区）
杨浦
四平路街道
鞍山新村站
四平路站
嘉兴路街道
和平公园
虹口区
虹镇
江浦路站
江浦路街道
江浦公园
江浦公园站
菱白园
黄兴全民体育公园
黄兴公园
控江新村
凤城新村
内环高架路
轨道交通8号线
轨道交通10号线
轨道交通12号线
辽源新村
曲阳路街道
新华
上海科技创业展示厅
合生汇
中原路
黄兴路
杨浦区
控江路街道社区文化活动中心
五角场街道社区文化活动中心
四平路街道社区文化活动中心

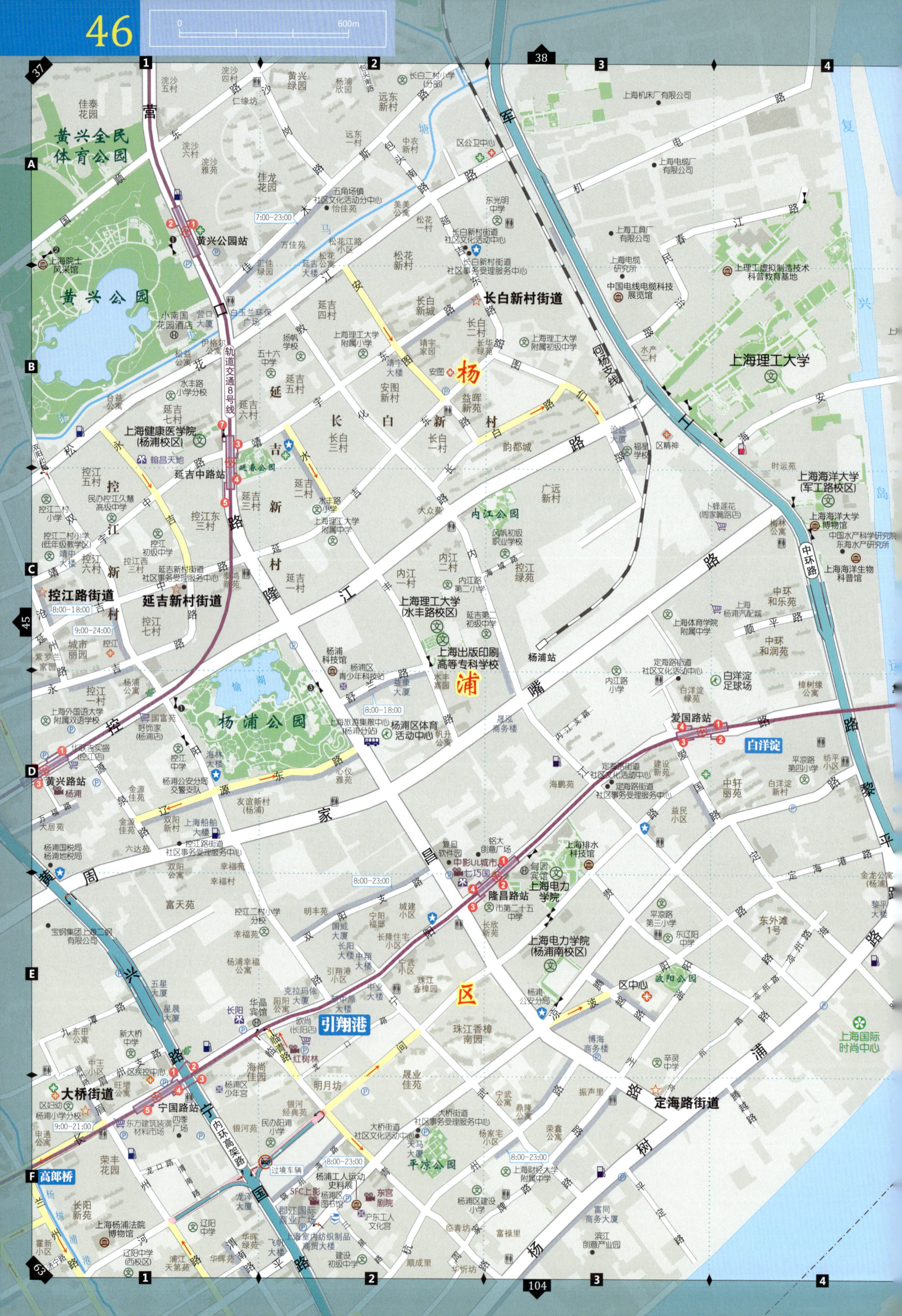
0
600m
37
38
45
63
104
黄兴全民体育公园
黄兴公园
黄兴公园站
上海院士风采馆
黄兴绿园
佳泰花园
浣沙五村
浣沙四村
浣沙六村
浣沙雅苑
仁德坊
佳龙花园
杨浦欣园
远东新村
远东一村
中农新村
长白二村小学(分部)
区公卫中心
五角场镇社区文化活动中心
怡佳苑
美美公寓
松花一村
东光明中学
长白新村街道社区文化活动中心
长白新村街道社区事务受理服务中心
松花新村
松花江路小区
万佳苑
汇佳苑
长白新村街道
延吉四村
长白新城
长白二村
上海理工大学附属小学
上海理工大学附属初级中学
扬帆学校
五十六中学
延吉五村
延吉六村
延吉七村
小南国花园酒店
伊格尔公寓
白玉兰环保广场
轨道交通8号线
水丰路小学分校
上海健康医学院(杨浦校区)
延吉中路站
延吉新村
杨
长白新村
长白三村
长白一村
安图新村
靖宇家园
益晖新苑
韵都城
广远新村
内江公园
大众菜
控江五村
控江二村小学
控江二村小学(低年级教学区)
控江四村
控江六村
控江西三村
控江初级中学
延吉新村街道社区事务受理服务中心
控江路街道
延吉新村街道
控江七村
延吉二村
延吉三村
延吉一村
控江东三村
上海理工大学附属中学
上海理工大学(水丰路校区)
上海出版印刷高等专科学校
内江一村
内江二村
内江路第二小学
延吉第二初级中学
控江绿苑
风帆初级职业学校
杨浦站
城市丽园
紫罗兰家园
控江一村
上海外国语大学附属双语学校
杨浦公园
杨浦科技馆
杨浦区青少年科技站
上海旅游集散中心(杨浦分站)
杨浦区体育活动中心
浦
国富苑
好饰家(杨浦店)
控江路站
黄兴路站
杨浦区公安局交警支队
友谊新村(杨浦)
心仪雅苑
家
上海船舶大楼
控江路街道社区事务受理服务中心
大居苑
杨浦国税局
杨浦地税局
六达苑
双阳新村
双阳公寓
幸福苑
幸福村
富天苑
宝钢集团上海二钢有限公司
控江二村小学分校
明丰苑
复旦软件园
中影UL城市影院
七巧国
隆昌路站
上海电力学院
上海电力学院(杨浦南校区)
市第二十五中学
长欣新苑
宁阳福邸
国威大厦
长阳大楼
中翔大楼
引翔港小区
宁武小区
珠江香樟园
珠江香樟南园
区
杨浦公安分局
区中心
波阳公园
克拉玛依大厦
阳晨公寓
长阳
引翔港
红树林
九东田公寓
新大桥中学
大桥街道
宁国路站
长阳宾馆
海尚佳园
杨浦区少年宫
明月坊
银河经典苑
晟业佳苑
大桥街道社区文化活动中心
大桥街道社区事务受理服务中心
宁武公寓
杨家宅小区
平凉公园
天马大厦
上海财经大学附属中学
高郎桥
荣丰花园
长阳新苑
上海杨浦法院博物馆
辽阳中学
辽阳中学(西校区)
浦江天第苑
华晖苑
杨浦工人运动史料展
SFC上影
杨浦区图书馆
东宫剧院
沪东工人文化宫
郡江国际商业广场
上海室内纺织制品商贸大楼
建设初级中学
杨浦区建设小学
临青坊
富禄里
顺成里
华忻坊
富阳商务大厦
滨江创意产业园
博海商务楼
辛灵中学
振声里
定海路街道
荣鑫公寓
上海国际时尚中心
东外滩1号
黎平大楼
金龙公寓(杨浦)
平凉路第三小学
东辽阳中学
上海排水科技馆
上海机床厂有限公司
上海电缆厂有限公司
上海工具厂有限公司
上海电缆研究所
中国电线电缆科技展览馆
上理工虚拟制造技术科普教育基地
上海理工大学
水产二村
区精神
沧远大厦
福星学校
何杨支线
时运苑
上海海洋大学(军工路校区)
上海海洋大学博物馆
中国水产科学研究院东海水产研究所
上海海洋生物科普馆
梅林公寓
中环和乐苑
中环和润苑
上海体育学院附属中学
上海杨浦汽配城
卜蜂莲花(周家嘴路店)
定海路街道社区文化活动中心
白洋淀足球场
白洋淀绿化
樟树缘公寓
内江路小学
爱国路站
白洋淀
平凉路第四小学
纺平小区
白洋淀新村
中轩丽苑
定海路街道社区事务受理服务中心
益民小区
建设新苑
海鹏苑
东
军工路
中环路
复兴岛
周家嘴路
长阳路
杨树浦路
平凉路
控江路
隆昌路
内环高架路
7:00–23:00
8:00–18:00
9:00–24:00
8:00–23:00
9:00–21:00
过境车辆
A
B
C
D
E
F
1
2
3
4

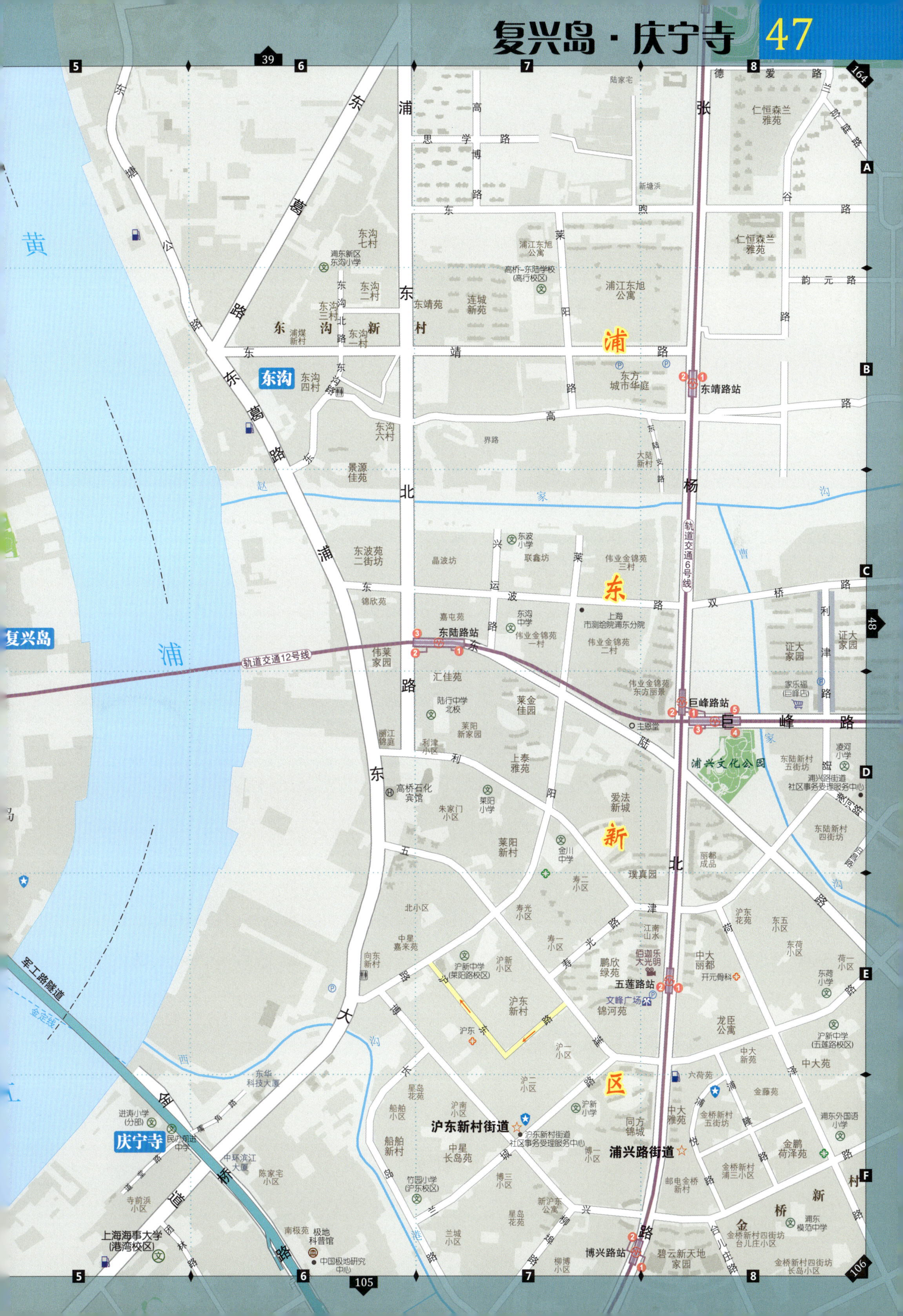

复兴岛
庆宁寺
东沟
黄浦江
浦东新区
东陆路站
东靖路站
巨峰路站
五莲路站
博兴路站
轨道交通12号线
轨道交通6号线
东靖路
东陆路
巨峰路
东波路
高思路
高博路
东塘公路
东葛路
浦东北路
莱阳路
张杨北路
德爱路
东沟七村
东沟二村
东沟三村
东沟一村
东沟四村
东沟六村
东沟新村
浦东新区东沟小学
浦江东旭公寓
高桥-东陆学校(高行校区)
连城新苑
东靖苑
浦煤新村
东方城市华庭
景源佳苑
东波苑二街坊
晶波坊
东波小学
联鑫坊
伟业金锦苑三村
锦欣苑
伟莱家园
嘉屯苑
东沟中学
伟业金锦苑一村
上海市测绘院浦东分院
伟业金锦苑二村
伟业金锦苑东方丽景
汇佳苑
陆行中学北校
莱阳新家园
莱金佳园
丽江锦庭
利津小区
上泰雅苑
高桥石化宾馆
朱家门小区
莱阳小学
莱阳新村
爱法新城
金川中学
寿三小区
寿光小区
寿一小区
北小区
中星嘉来苑
向东新村
沪新中学(莱阳路校区)
沪新小区
沪东新村
沪东
鹏欣绿苑
江南山水
佰迦乐大光明
文峰广场
锦河苑
龙臣公寓
中大丽都
开元骨科
中大新苑
中大苑
丽都成品
璞真园
浦兴文化公园
东陆新村五街坊
浦兴路街道社区事务受理服务中心
东陆新村四街坊
凌河小学
沪东花苑
东五小区
东荷小区
荷一小区
东荷小学
沪新中学(五莲路校区)
仁恒森兰雅苑
韵元路
新塘浜
陆家宅
大陆新村
证大家园
家乐福(巨峰店)
双桥路
利津路
金桥新村五街坊
金藤苑
浦东外国语小学
金鹏荷泽苑
金桥新村浦三小区
中大雅苑
六荷苑
同方锦城
浦兴路街道
沪东新村街道
沪东新村街道社区事务受理服务中心
沪一小区
沪二小区
沪新小学
沪南小区
博一小区
星岛花苑
船舶小区
船舶新村
中星长岛苑
博三小区
竹园小学(沪东校区)
新沪东公寓
星岛花苑
兰城小区
柳博小区
碧云新天地家园
邮电金桥新村
金桥新村四街坊台儿庄小区
浦东模范中学
金桥新村四街坊长岛小区
金桥新村
东华科技大厦
进涛小学(分部)
民办前进中学
中环滨江大厦
陈家宅小区
寺前浜小区
上海海事大学(港湾校区)
南极苑
极地科普馆
中国极地研究中心
军工路隧道
金定线

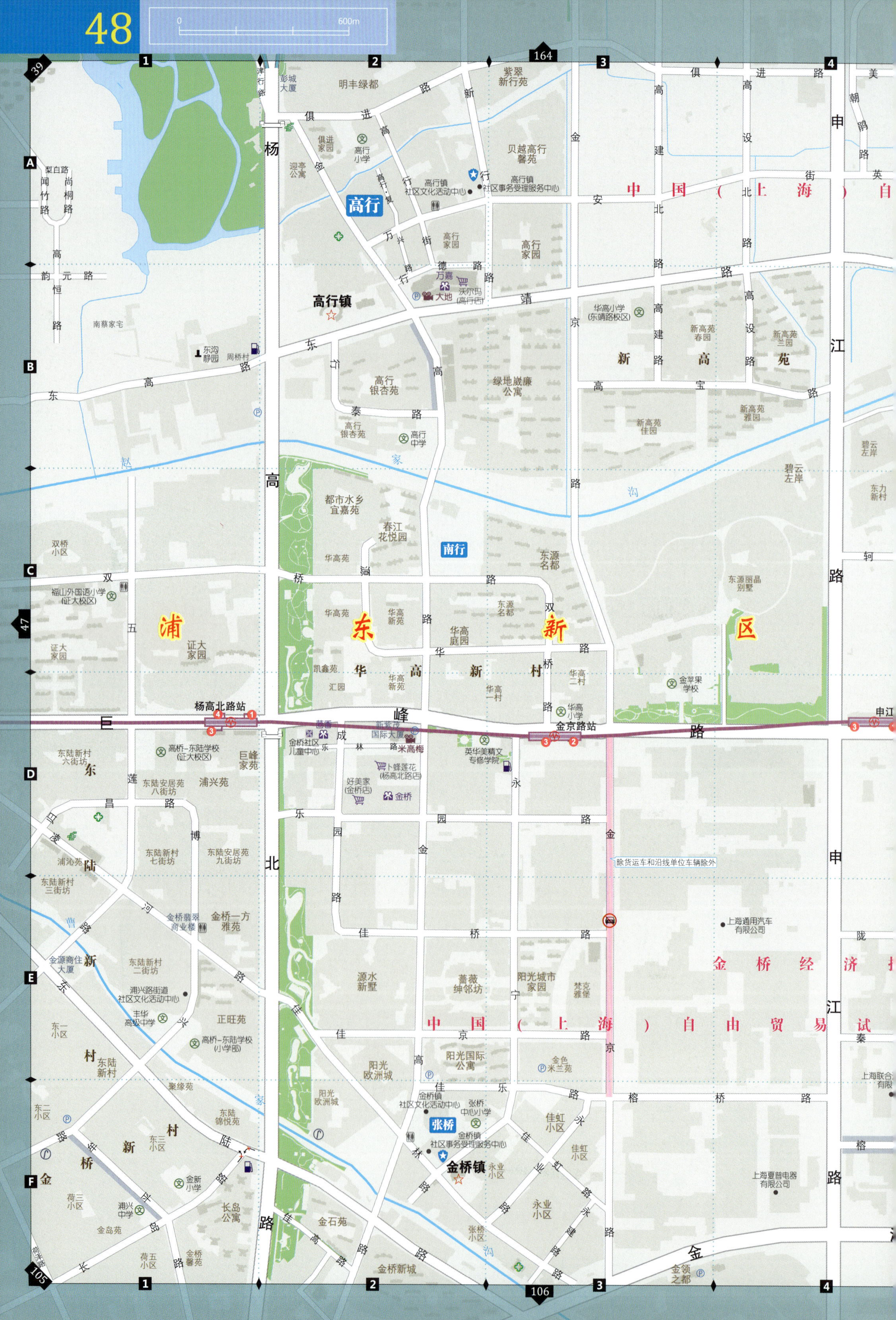

0
600m
高行
高行镇
南行
张桥
金桥镇
浦
东
新
区
杨高北路站
金京路站
申江
巨峰路
中国（上海）自由贸易试
金桥经济
明丰绿都
紫翠新行苑
贝越高行馨苑
高行小学
高行家园
沃尔玛（高行店）
高行银杏苑
绿地崴廉公寓
高行中学
都市水乡宜嘉苑
春江花悦园
东源名都
华高苑
华高新苑
华高庭园
华高二村
华高一村
华高小学
东源丽晶别墅
金苹果学校
碧云左岸
东力新村
华高小学（东靖路校区）
新高苑春园
新高苑兰园
新高苑雅园
新高苑佳园
双桥小区
福山外国语小学（证大校区）
证大家园
凯鑫苑
汇园
东陆新村六街坊
高桥-东陆学校（证大校区）
巨峰家苑
东陆安居苑八街坊
浦兴苑
东陆新村七街坊
东陆安居苑九街坊
浦沁苑
东陆新村三街坊
金桥翡翠商业楼
金桥一方雅苑
金源商住大厦
东陆新村二街坊
浦兴路街道社区文化活动中心
丰华高级中学
正旺苑
高桥-东陆学校（小学部）
东一小区
东陆新村
聚缘苑
东二小区
东陆锦悦苑
东三小区
金新小学
荷三小区
浦兴中学
金岛苑
长岛公寓
荷五小区
金桥馨苑
金石苑
金桥新城
张桥小区
永业小区
佳虹小区
金色米兰苑
阳光国际公寓
阳光欧洲城
阳光城市家园
蔷薇绅邻坊
源水新墅
禁克雅堡
英华美精文专修学院
卜蜂莲花（杨高北路店）
好美家（金桥店）
金桥
米高梅
新紫茂国际大厦
金桥社区儿童中心
上海通用汽车有限公司
上海联合有限
上海夏普电器有限公司
金领之都
张桥中心小学
金桥镇社区文化活动中心
金桥镇社区事务受理服务中心
高行镇社区文化活动中心
高行镇社区事务受理服务中心
除货运车和沿线单位车辆除外
东沟静园
周桥村
南蔡家宅
彭城大厦
俱进家园
迎亭公寓
万嘉
大地

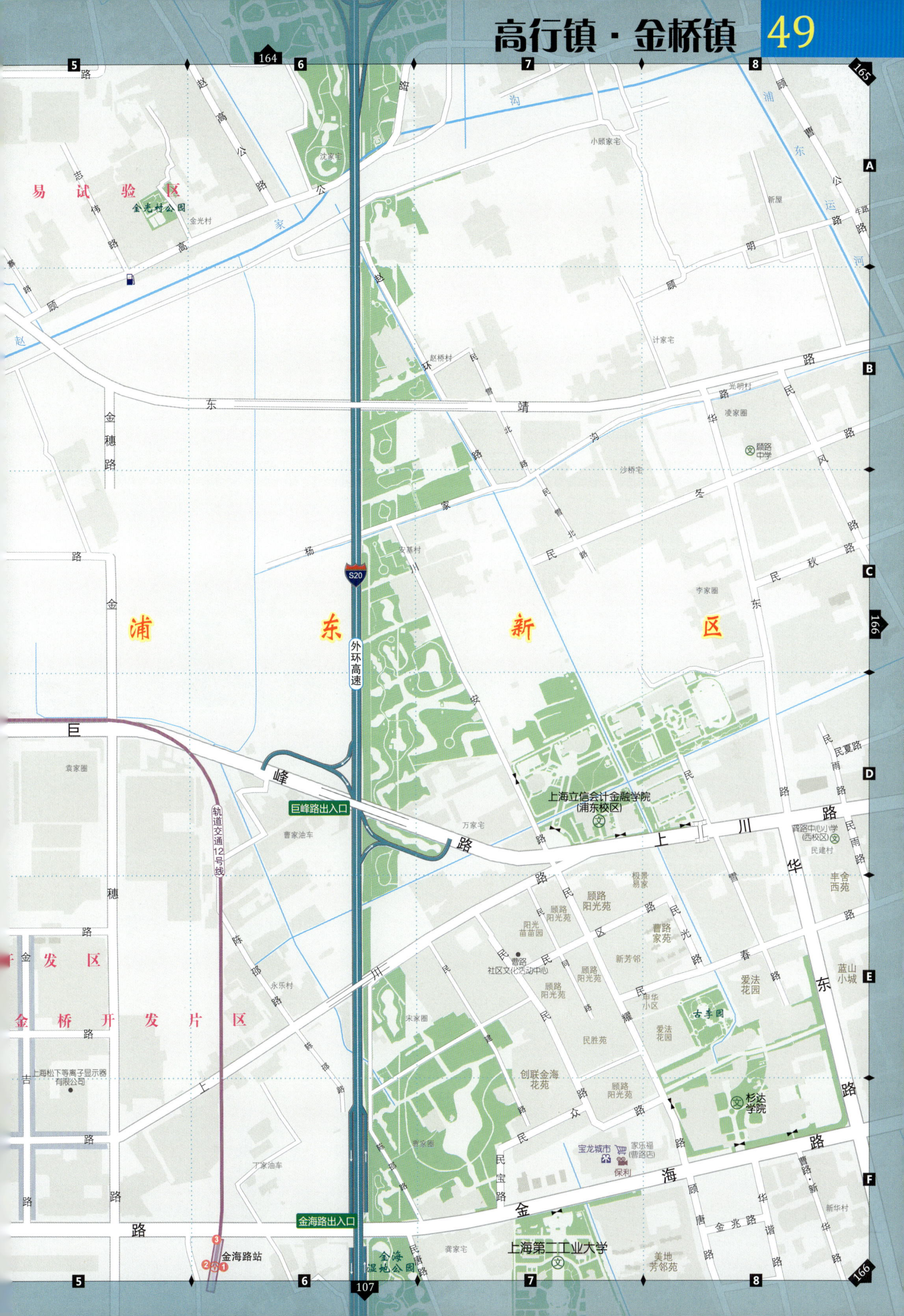
浦东新区
外环高速
S20
巨峰路出入口
金海路出入口
上海立信会计金融学院
(浦东校区)
上海第二工业大学
杉达学院
古丰园
金海湿地公园
金光村公园
易试验区
金桥开发片区
发区
轨道交通12号线
金海路站
东靖路
巨峰路
上川路
金海路
金穗路
赵高公路
高家浜
曹路北路
民冬路
民秋路
民风路
民春路
民夏路
民雨路
民建村
民宝路
民胜苑
华东路
华谐路
金兆路
顾唐路
陈邵路
赵家沟
杨家沟
顾曹公路
川沙路
宝龙城市
家乐福(曹路店)
保利
顾路阳光苑
阳光苗苗园
爱法花园
蓝山小城
丰舍西苑
新芳邻
美地芳邻苑
创联金海花苑
曹路家苑
极景易家
顾路中学
曹路社区文化活动中心
上海松下等离子显示器有限公司
万家宅
曹家油车
丁家油车
袁家圈
永乐村
宋家圈
沈家宅
小顾家宅
计家宅
赵桥村
安基村
沙桥宅
凌家圈
光明村
李家圈
新屋
金光村
新华村
龚家宅
164
165
166
107
5
6
7
8
A
B
C
D
E
F

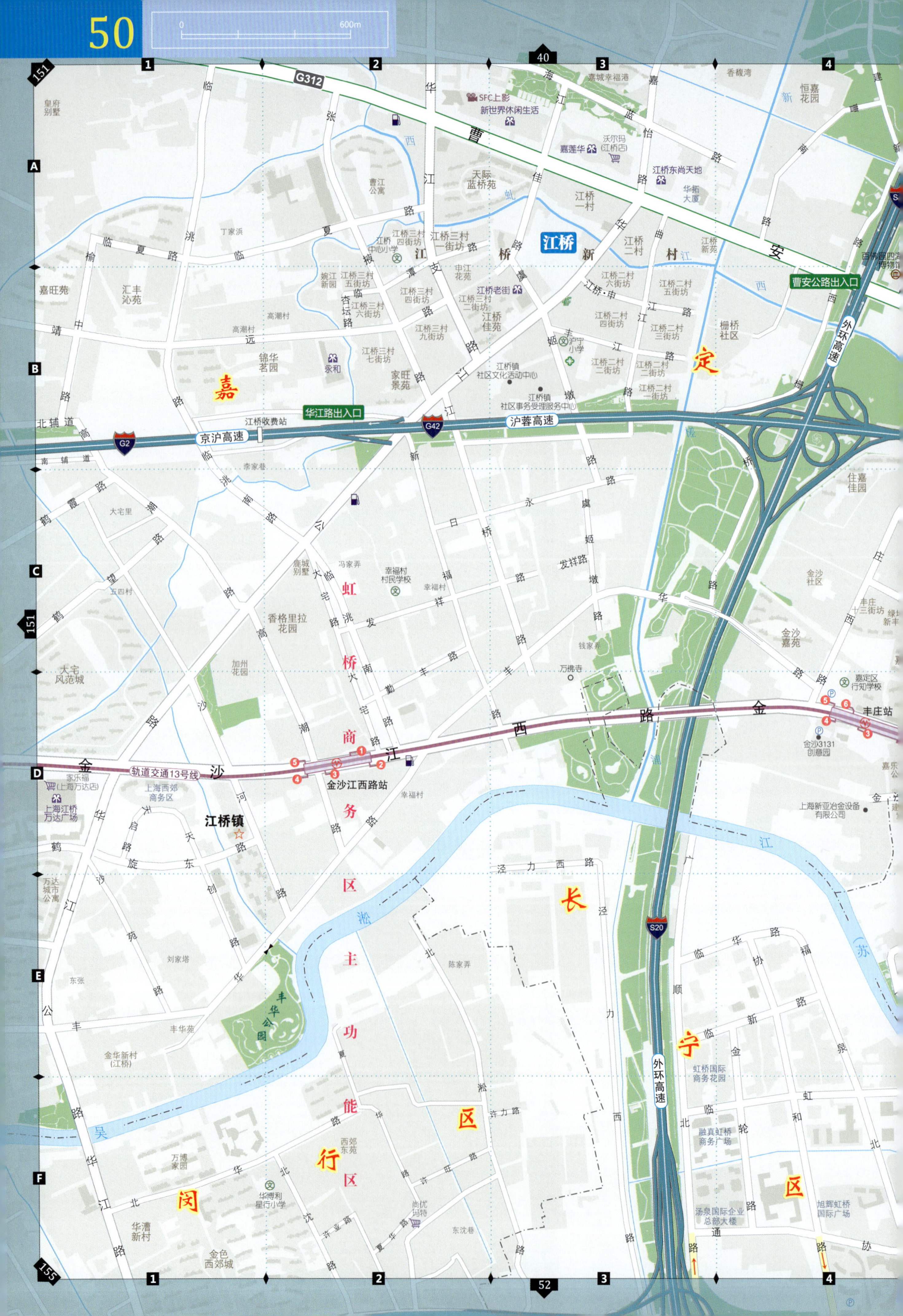

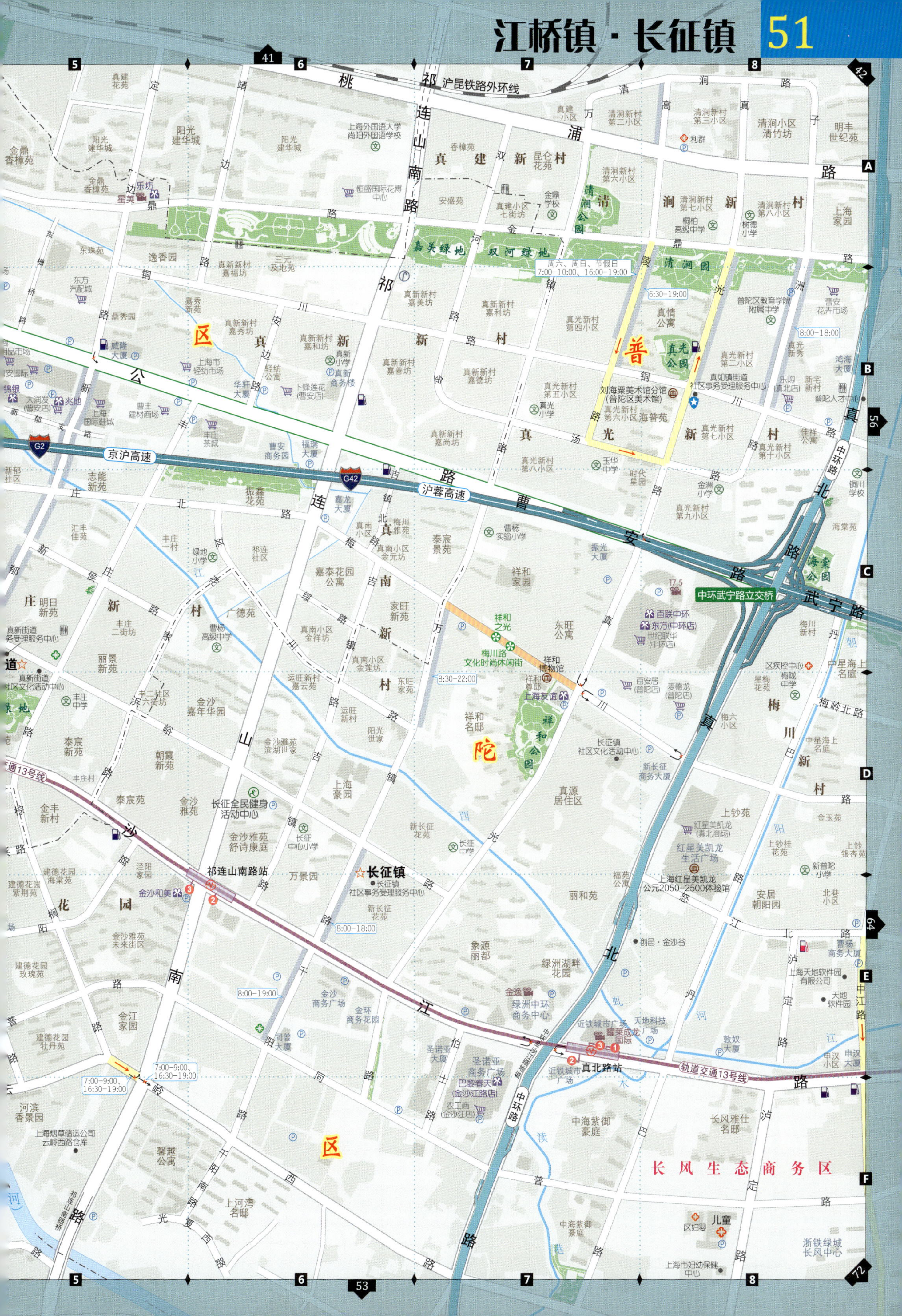
沪昆铁路外环线
桃浦路
祁连山南路
真建
清涧新村第二小区
清涧新村第三小区
清涧小区清竹坊
明丰世纪苑
上海外国语大学尚阳外国语学校
香樟苑
昆仑花苑
阳光建华城
金鼎香樟苑
安盛苑
真建小区七街坊
金鼎学校
清涧公园
清涧新村第六小区
清涧新村第七小区
清涧新村第八小区
上海家园
嘉美绿地
双河绿地
清涧园
逸香园
真新新村嘉福坊
三元及地苑
东方汽配城
真新新村嘉美坊
真新新村嘉利坊
真光新村第四小区
真情公寓
普陀区教育学院附属中学
曹安花卉市场
嘉秀苑
真新新村嘉秀坊
真新新村嘉和坊
真新小学
真新新村嘉善坊
真新新村嘉德坊
真光公园
真光新村第二小区
真如镇街道社区事务受理服务中心
上海市轻纺市场
华轩大厦
卜蜂莲花(曹安店)
真光新村第五小区
刘海粟美术馆分馆(普陀区美术馆)
真光新村第六小区
海普苑
曹丰建材商场
上海国际鞋城
曹安商务园
真新新村嘉尚坊
真光新村第八小区
玉华中学
时代星园
真光新村第七小区
真光新村第十小区
京沪高速
沪蓉高速
G2
G42
志能新苑
振鑫花苑
嘉龙大厦
梅川雅苑
真南小区金元坊
泰宸景苑
曹杨实验小学
振光大厦
金洲小学
真光新村第九小区
海棠苑
海棠公园
中环武宁路立交桥
曹安路
武宁路
汇丰佳苑
丰庄一村
绿地小学
祁连社区
嘉泰花园公寓
家旺新苑
祥和家园
百联中环
东方(中环店)
世纪联华(中环店)
梅川新村
丰庄二街坊
曹杨高级中学
广德苑
真南小区金祥坊
祥和之光
梅川路文化时尚休闲街
祥和博物馆
东旺公寓
区疾控中心
中星海上名庭
梅岭北路
丽景新苑
真新街道社区文化活动中心
运旺新村嘉云坊
真南小区金莲坊
运旺新村
百安居(普陀店)
麦德龙(普陀店)
上海友谊
祥和名邸
祥和公园
长征镇社区文化活动中心
新长征商务大厦
泰宸新苑
丰庄中学
金沙嘉年华园
金沙雅苑滨湖世家
阳光世家
朝霞新苑
金丰新村
泰宸花园
金沙雅苑
长征全民健身活动中心
金沙雅苑舒诗康庭
上海豪园
真源居住区
上钞苑
红星美凯龙(真北商场)
红星美凯龙生活广场
轨道交通13号线
祁连山南路站
长征中心小学
万景园
长征镇
长征镇社区事务受理服务中心
新长征花苑
长征中学
丽和苑
上海红星美凯龙公元2050-2500体验馆
安居朝阳园
金沙和美
建德花园紫荆苑
建德花园海棠苑
金沙雅苑未来街区
象源丽都
绿洲湖畔花园
创邑·金沙谷
曹杨商务大厦
上海天地软件园有限公司
建德花园玫瑰苑
金江家园
金沙商务广场
金环商务花园
绿洲中环商务中心
近铁城市广场
耀莱成龙国际
天地科技广场
敦煌大厦
申汉大厦
建德花园牡丹苑
同普大厦
圣诺亚大厦
圣诺亚商务广场
巴黎春天(金沙江店)
农工商(金沙江店)
真北路站
河滨香景园
上海烟草储运公司云岭西路仓库
馨越公寓
中海紫御豪庭
长风雅仕名邸
长风生态商务区
上河湾名邸
区妇婴
儿童
上海市妇幼保健中心
浙铁绿城长风中心
中环路
真北路
金沙江路
云岭西路
普陀区
真如镇
41
42
53
56
64
72
A
B
C
D
E
F
5
6
7
8

0
600m
50
54
151
155
华漕
北翟高架路
北翟路
虹翟高架路
七莘路
天山路
北翟路出入口
天山西路出入口
S20
外环高速
闵行区
长宁区
虹桥商务区主功能区
虹桥国际机场
仙霞西路
仙霞西路地道
仙霞路
宁虹路
丰虹路
润虹路
联虹路
空港三路
迎宾一路
迎宾三路
迎宾五路
迎宾六路
空港七路
空港八路
虹桥二路
虹桥路
复新路
南石桥路
华江路
北翟社区购物
华漕公园
华漕苑
上海葡萄酒品鉴中心
上海市农业科学院(华漕院区)
富莎商务大厦
龙上农副产品批发市场
凌空SOHO
上影虹桥临空国际
虹桥国际科技广场
文洋大厦
中山国际广场
新泾北苑
新泾家苑
协和家园
上海现代农业综合服务中心
轨道交通2号线
轨道交通10号线
虹桥2号航站楼站
虹桥1号航站楼站
虹桥国际机场2号航站楼
虹桥国际机场1号航站楼
中航泊悦酒店
国际机场宾馆
航友宾馆
华港雅阁酒店
国际机场公安分局虹桥公安处

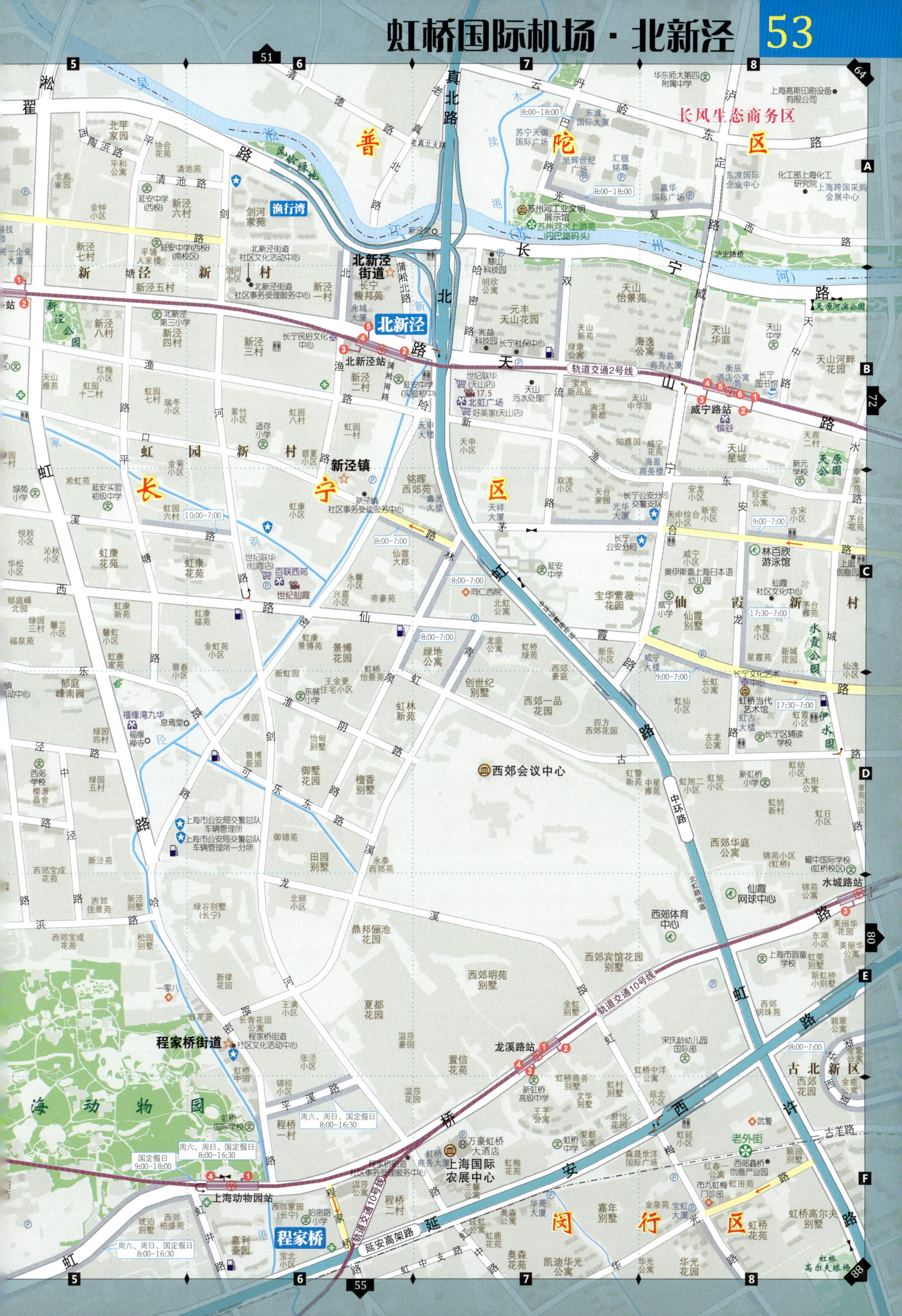
普
陀
区
长风生态商务区
长
宁
区
闵
行
区
古北新区
北新泾
北新泾街道
新泾镇
程家桥街道
程家桥
渔行湾
北新泾站
威宁路站
龙溪路站
上海动物园站
水城路站
轨道交通2号线
轨道交通10号线
西郊会议中心
上海动物园
上海国际农展中心
万豪虹桥大酒店
延安高架路
中环路
吴淞江
苏州河
真北路
天山路
长宁路
仙霞路
虹桥路
剑河路
哈密路
古羊路
老外街
林百欣游泳馆
仙霞网球中心
西郊体育中心
天原公园
水霞公园
伊水园
虹桥当代艺术馆
西郊明珠苑
西郊宾馆花园别墅
西郊华庭公寓
鼎邦俪池花园
夏都花园
百联西郊
世纪联华
北虹广场
好美家(天山店)
延安中学
上海高斯印刷设备有限公司
化工部上海化工研究院
上海跨国采购会展中心
苏州河工业文明展示馆
苏州河水上游览(丹巴路码头)
长宁区辅读学校
虹桥高尔夫球场
51
55
64
72
80
88
5
6
7
8
A
B
C
D
E
F

0
600m
52
155
163
116
虹桥国际机场
长宁区
闵行区
松江区
上海国航大厦
虹桥机场小学
虹桥高登花园
外环沪青平立交桥
G318
G50
虹桥机场新村
田图苑
虹桥旺金苑
航华第一小学
航华公园
沪渝高速
航华新村
沪渝虹渝立交桥
中春路出入口
大都会国际高尔夫俱乐部
大都会和风别墅
第一精神
航中路站
万科城市花园
七宝镇
七宝站
七宝
七宝老街
中春路站
嘉闵高架路
沪昆高速铁路
沪昆铁路外环线
虹渝高架路
七莘路
沪青平公路
华翔路
中春路
吴宝路
漕宝路
沪松公路
百老汇
七宝宝龙城
七宝宝龙广场
张充仁纪念馆
上海奥林匹克花园

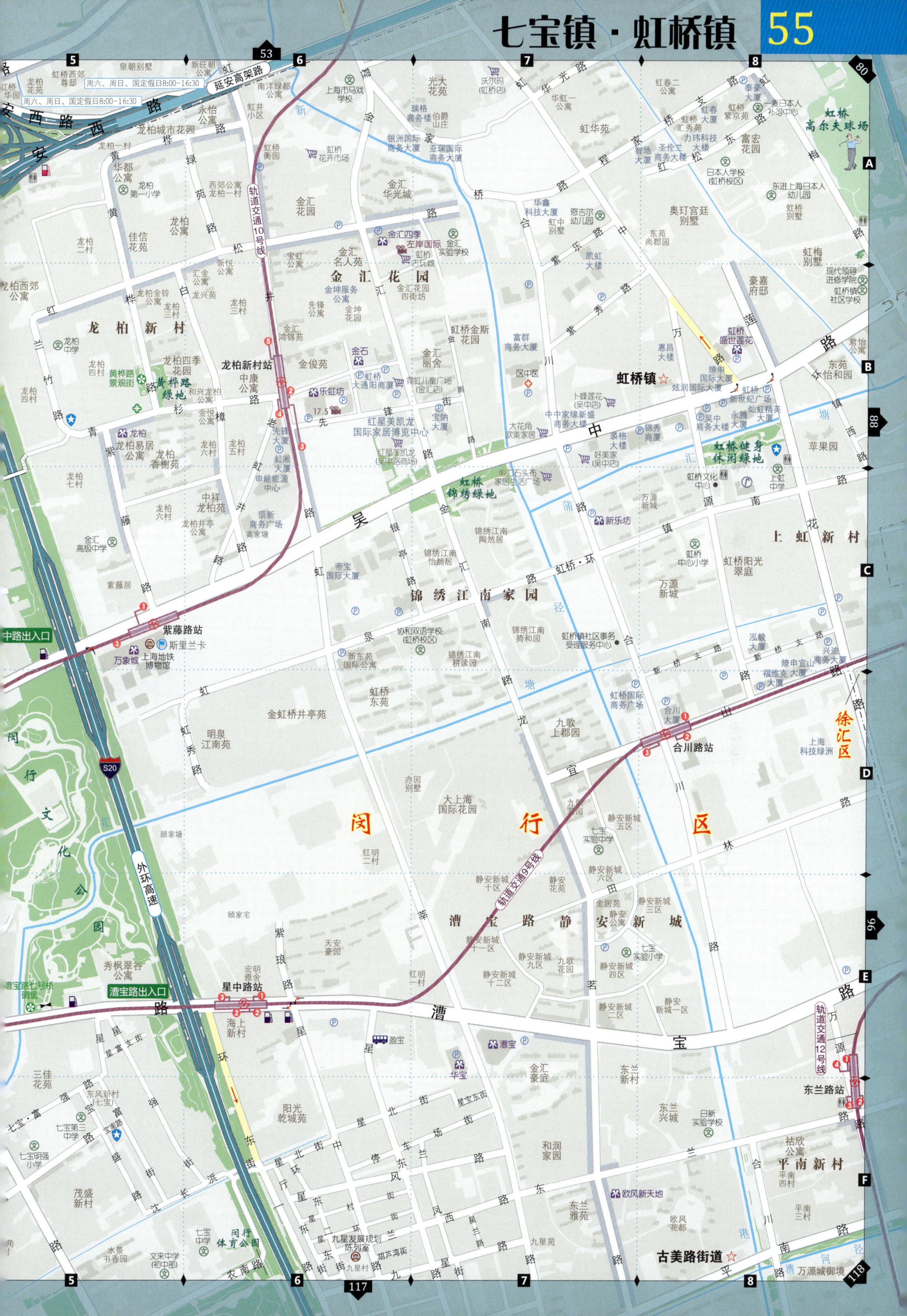

延安高架路
延安西路
虹桥高尔夫球场
龙柏新村
金汇花园
虹桥镇
龙柏新村站
紫藤路站
斯里兰卡
上海地铁博物馆
万象城
中路出入口
虹桥锦绣绿地
虹桥健身休闲绿地
锦绣江南家园
上虹新村
吴中路
合川路站
徐汇区
闵行区
闵行文化公园
外环高速
轨道交通10号线
轨道交通9号线
轨道交通12号线
漕宝路静安新城
星中路站
漕宝路出入口
漕宝路
东兰路站
平南新村
古美路街道
九星发展规划陈列室
闵行体育公园
大上海国际花园

0
300m
上海西站站
上海西站
交通大众
星河世纪城
宏泉丽笙酒店
家乐福(真北店)
车站新村(普陀)
曹杨新苑
恒力锦沧花园
嘉发公寓
中亚公寓
曹杨苑
金纺苑
真北新村二街坊
真北新村一街坊
星河世纪城
真北新村
曹杨家园
芝川新苑
曹杨花园
曹杨花园
明丰小区
真北中学
真如第三小学
真如镇街道
真如镇街道社区文化活动中心
真如镇历史文化陈列馆
天汇广场
真北新村三街坊
绿翡翠家园
上海星光耀广场
渔政大厦
普陀区
普陀公安分局
江桥批发市场曹杨分场
真如公园
上海市体育宫
17:00-23:00
绿洲公寓
普陀区图书馆
阳光新世纪花园
铜川水产批发市场
上海当代作家作品手稿收藏展示馆
真如站
真如塔
普陀区市场监督管理局
阳光商务大厦
普陀区医保中心
真如中学
8:00-17:30
普陀区
真如寺
金鼎花苑
水塘小区
普陀国税局
普陀地税局
樱花苑
真西新苑
真西新苑
真西新村第一小区
16:30-22:30
真如文英中心小学
区中医
真西新村
真如
兰溪苑
曹杨八村
曹杨八村
益达苑
久良财富休闲广场
真如西村
真西新村第二小区
真西驰骋苑
京沪高速
沪蓉高速
G2
G42
梅川公园
上海师大附属第二实验学校
长征
兰溪公寓
曹杨八村
北岭园
中环路
真北路
桃浦路
大渡河路
金鼎路
芝川路
铜川路
北石路
武宁路
曹杨路
真源路
兰溪路
南石路
轨道交通11号线

41
42
51
64

上海万里城
中浩云花园
京沪铁路
沪宁城际铁路
通
甘泉新村
管弄新村
岚皋路站
轨道交通7号线
岚皋路交通路立交桥
石泉路街道
普陀区
品尊国际公寓
普陀公安分局交警支队
府村苑
岚皋馨苑
市政馨苑
牡丹新苑
金盛国际家居(铜川路店)
石泉春晓公寓
宁泉新苑
武宁公园
中山北路
内环高架路
天赐苑
兰田中学
陆家宅小学
普陀区启星学校
管弄新村小学
普陀区教育学院
普陀社保中心
江苏饭店

42 43 57 65 66
A B C D E F
1 2 3 4

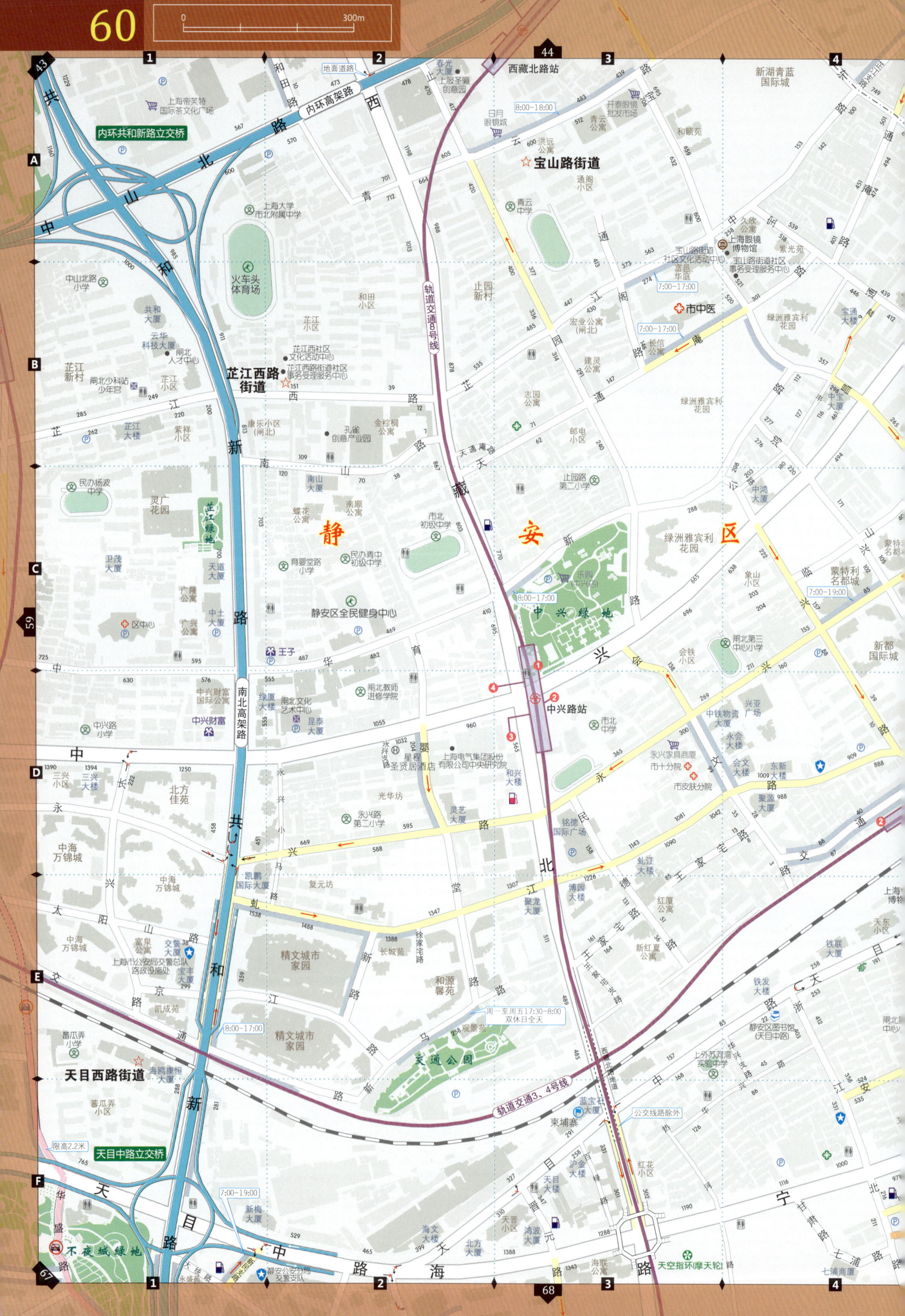

0 300m
西藏北路站
宝山路街道
内环共和新路立交桥
内环高架路
共和新路
中山北路
上海大学市北附属中学
火车头体育场
芷江西路街道
芷江西路
芷江新村
轨道交通8号线
西藏北路
天通庵路
新疆路
上海眼镜博物馆
宝山路街道社区文化活动中心
宝山路街道社区事务受理服务中心
市中医
绿洲雅宾利花园
静安区
静安区全民健身中心
中兴绿地
中兴路站
中兴路
南北高架路
中兴路小学
中兴财富国际公寓
永兴路
中海万锦城
精文城市家园
天目西路街道
天目中路立交桥
天通庵公园
轨道交通3、4号线
天目中路
不夜城绿地
天空指环(摩天轮)
海宁路
七浦路
新湖青蓝国际城
蒙特利名都城
新都国际城
静安区图书馆(天目中路)
限高2.2米

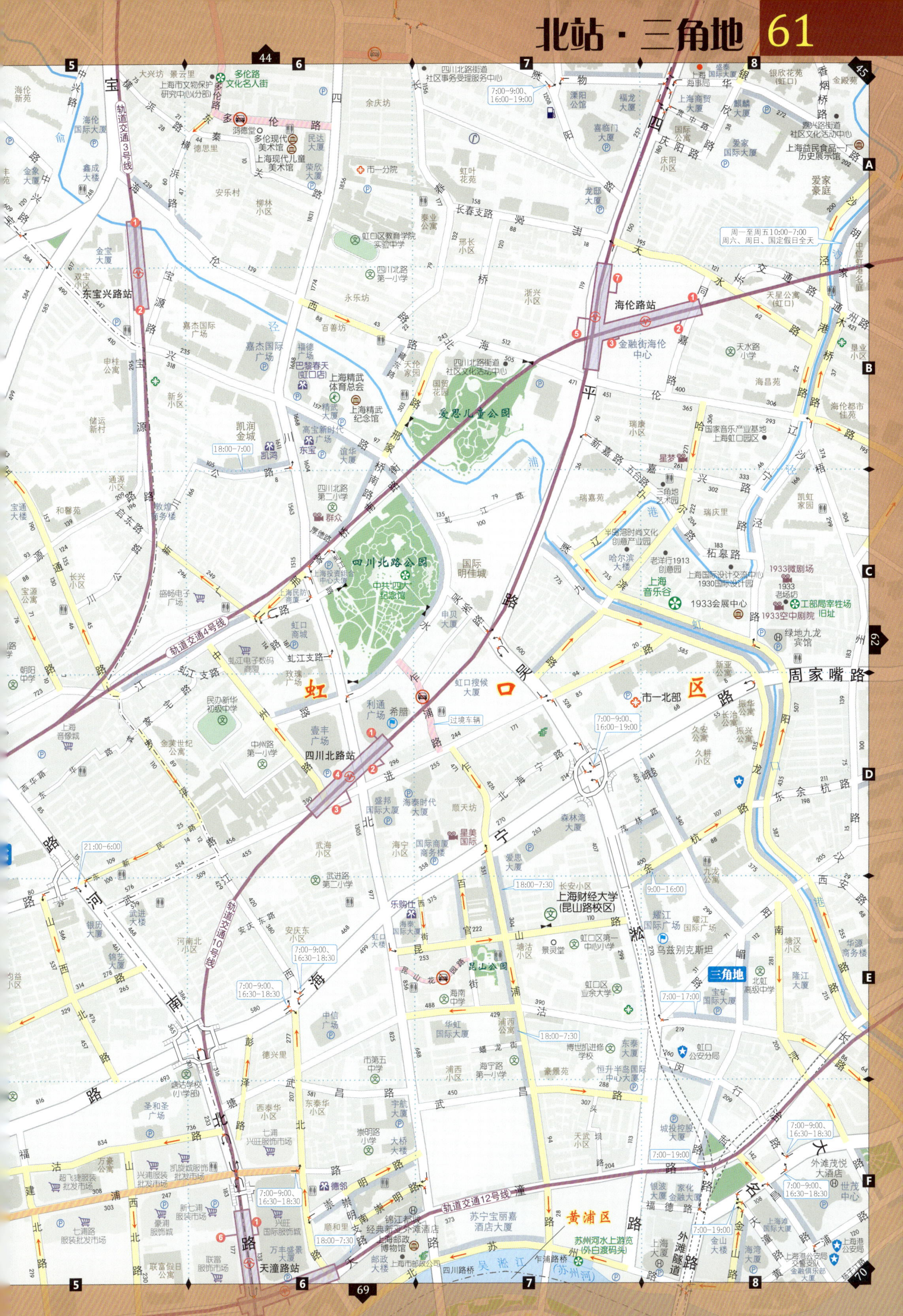

虹口区
黄浦区
四川北路公园
爱思儿童公园
鲁迅公园
昆山公园
海伦路站
四川北路站
东宝兴路站
天潼路站
宝山路
四平路
周家嘴路
溧阳路
轨道交通3号线
轨道交通4号线
轨道交通12号线
上海财经大学(昆山路校区)
多伦路文化名人街
中共“四大”纪念馆
1933老场坊
上海音乐谷
苏州河水上游览(外白渡码头)
三角地

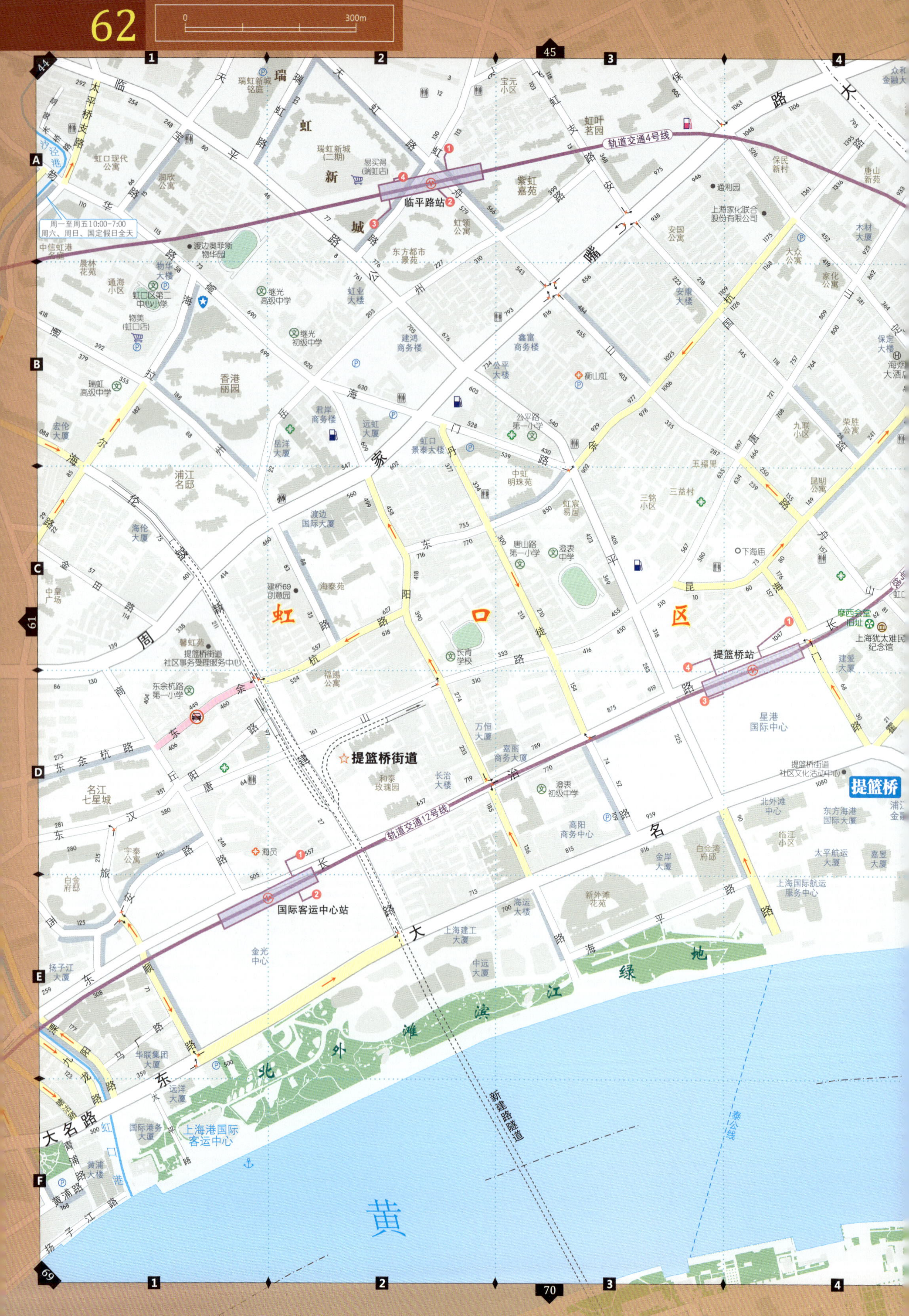

0 300m
虹口区
提篮桥街道
临平路站
提篮桥站
国际客运中心站
轨道交通4号线
轨道交通12号线
瑞虹新城铭庭
瑞虹新城(二期)
虹口现代公寓
香港丽园
浦江名邸
海伦大厦
中皇广场
名江七星城
宇泰公寓
白金府邸
扬子江大厦
华联集团大厦
远洋大厦
国际港务大厦
上海港国际客运中心
黄浦大楼
金光中心
上海建工大厦
中远大厦
海运大楼
新外滩花苑
金岸大厦
白金湾府邸
高阳商务中心
澄衷初级中学
嘉丽商务大厦
万恒大厦
长治大楼
和泰玫瑰园
海员
星港国际中心
提篮桥街道社区文化活动中心
北外滩中心
东方海港国际大厦
临江小区
太平航运大厦
嘉昱大厦
上海国际航运服务中心
摩西会堂旧址
上海犹太难民纪念馆
建爱大厦
下海庙
三铭小区
三益村
五福里
九联小区
荣胜公寓
昆明公寓
虹宸易居
唐山路第一小学
澄衷中学
长青学校
福朗公寓
渡边国际大厦
建桥69创意园
海泰苑
馨虹苑
提篮桥街道社区事务受理服务中心
东余杭路第一小学
虹口景泰大楼
公平路第一小学
中虹明珠苑
远虹大厦
君岸商务楼
岳洋大厦
衡山虹
公平大楼
鑫富商务楼
建鸿商务楼
安康大楼
安国公寓
大众公寓
家化公寓
保定大楼
海烟大酒店
木材大厦
唐山新苑
保民新村
上海家化联合股份有限公司
透利园
虹叶茗园
紫虹嘉苑
宝元小区
虹领公寓
东方都市景苑
易买得(瑞虹店)
渡边奥菲斯物华园
物华大楼
晨林花苑
通海小区
虹口区第二中心小学
物美(虹口店)
继光高级中学
继光初级中学
瑞虹高级中学
宏伦大厦
虹业大楼
中信虹港名庭
周一至周五10:00-7:00
周六、周日、国定假日全天
新建路隧道
秦公线
黄浦江
北外滩滨江绿地
临平路
周家嘴路
长治路
大名路
东大名路
东长治路
杭州路
海门路
丹徒路
唐山路
长阳路
东余杭路
汉阳路
旅顺路
安国路
新建路
溧阳路
瑞虹路
天虹路
大连路
保定路
昆明路
高阳路
商丘路
吴淞路
九龙路
黄浦路
扬子江路
虹口港
海宁路

平凉路街道
杨浦区
惠民公园
大连路绿地
大连路站
杨树浦路站
杨 浦 区
八埭头
浦 江
浦 东 新 区
大连路隧道
轨道交通12号线
轨道交通4号线
中国烟草博物馆
中国现代国之宝艺术馆
国歌展示馆
上海自来水科技馆
黄浦江游览(秦皇岛路码头)
黄浦码头旧址
平凉路图书馆
惠民中学
市东中学
市东小学
杨浦区向阳小学
怀德路第一小学
霍山学校
霍山路小学
平凉社区文化活动中心
建发国际大厦
瑞丰国际大厦
杨树浦路
平凉路
惠民路
长阳路
霍山路
通北路
许昌路
宁国路
隆昌路
临潼路
大连路
秦皇岛路
滨江大道

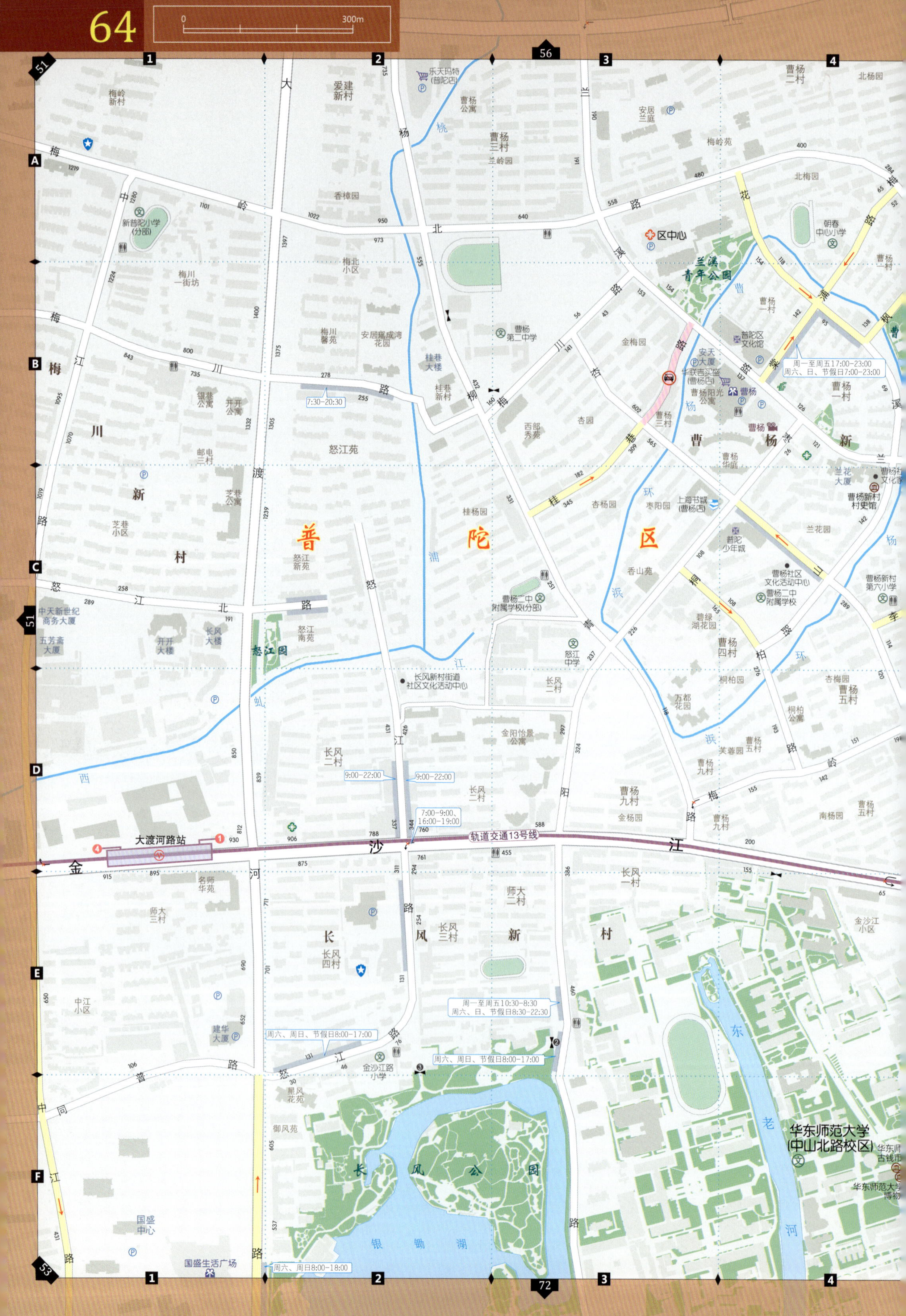
0
300m
普陀区
曹杨新村
梅川新村
长风新村
大渡河路
梅岭北路
梅川路
怒江北路
枣阳路
杨柳青路
兰溪路
桃浦河
桂巷路
花溪路
枫溪路
杨柳青路
金沙江路
同普路
中江路
中宁路
怒江路
长风公园
银锄湖
华东师范大学(中山北路校区)
大渡河路站
轨道交通13号线
兰溪青年公园
怒江园
区中心
曹杨环浜
东老河
梅岭新村
爱建新村
曹杨公寓
曹杨三村
兰岭园
香樟园
新普陀小学(分部)
梅川一街坊
梅北小区
梅川馨苑
安居富成湾花园
桂巷大楼
桂巷新村
曹杨第二中学
银巷公寓
开开公寓
邮电三村
芝巷公寓
芝巷小区
怒江苑
桂杨园
西部秀苑
杏园
金梅园
曹杨一村
普陀区文化馆
安天大厦
华联吉买盛(曹杨店)
曹杨阳光公寓
曹杨三村
曹杨华庭
上海书城(曹杨店)
枣阳园
杏杨园
普陀少年城
曹杨社区文化活动中心
曹杨二中附属学校
香山苑
碧绿湖花园
曹杨四村
桐柏园
万都花园
曹杨五村
芙蓉园
曹杨九村
金杨园
南杨园
杏梅园
桐柏公寓
兰花园
兰花大厦
曹杨新村村史馆
曹杨新村第六小学
曹杨社区文化家
朝春中心小学
北梅园
北杨园
梅岭苑
安居兰庭
乐天玛特(普陀店)
中天新世纪商务大厦
五方斋大厦
开开大楼
长风大楼
怒江南苑
怒江新苑
曹杨二中附属学校(分部)
怒江中学
长风新村街道社区文化活动中心
长风二村
金阳怡景公寓
长风一村
名师华苑
师大三村
师大二村
长风三村
长风四村
金沙江小区
中江小区
建华大厦
金沙江路小学
星风花苑
御风苑
国盛中心
国盛生活广场
华东师范大学博物馆
华东师古钱币
7:30-20:30
9:00-22:00
9:00-22:00
7:00-9:00、16:00-19:00
周一至周五17:00-23:00
周六、日、节假日7:00-23:00
周一至周五10:30-8:30
周六、日、节假日8:30-22:30
周六、周日、节假日8:00-17:00
周六、周日、节假日8:00-17:00
周六、周日8:00-18:00
51
53
56
72
1
2
3
4
A
B
C
D
E
F

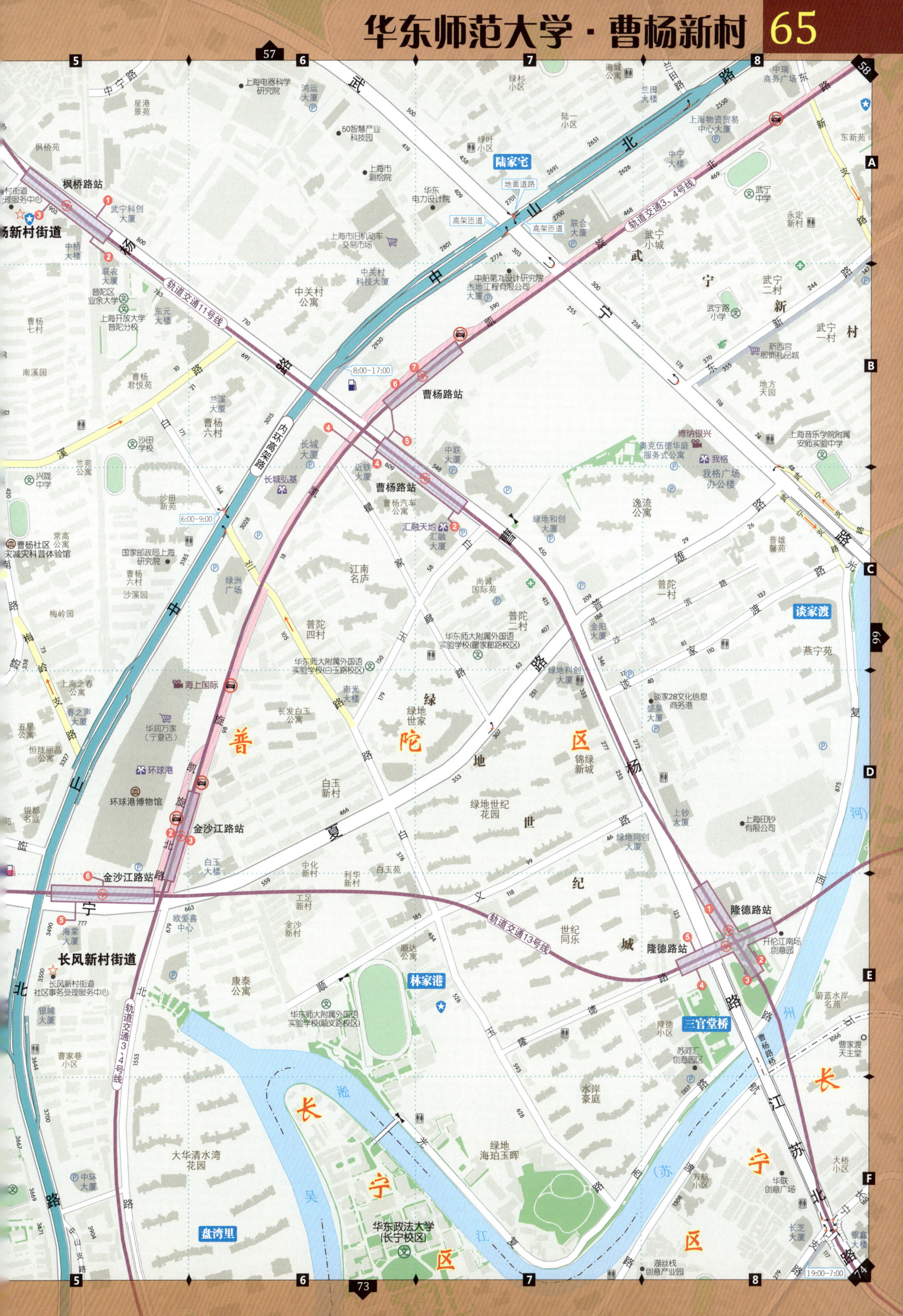
枫桥路站
曹杨路站
金沙江路站
隆德路站
陆家宅
谈家渡
林家港
三官堂桥
盘湾里
长风新村街道
普陀区
长宁区
轨道交通11号线
轨道交通13号线
轨道交通3、4号线
中山北路
武宁路
曹杨路
金沙江路
华东政法大学（长宁校区）
环球港
环球港博物馆
绿地世纪花园
锦绿新城
苏州河
吴淞江

0 300m
普陀区
静安区
长宁区
长寿路街道
曹家渡街道
吴淞江
苏州河
长寿公园
大自鸣钟
药水弄
东新村
叶家宅
曹家渡
忻康里
康家桥
长寿路站
武宁路站
轨道交通7号线
轨道交通13号线
上海第二工业大学(普陀校区)
静安区工人体育场
上海开放大学静安分校
同济大学附属七一中学
上海市公安局
长寿路
武宁路
安远路
延平路
昌平路
常德路
西康路
胶州路
万航渡路
长宁支路
长宁路
康定路
新会路
泰兴路

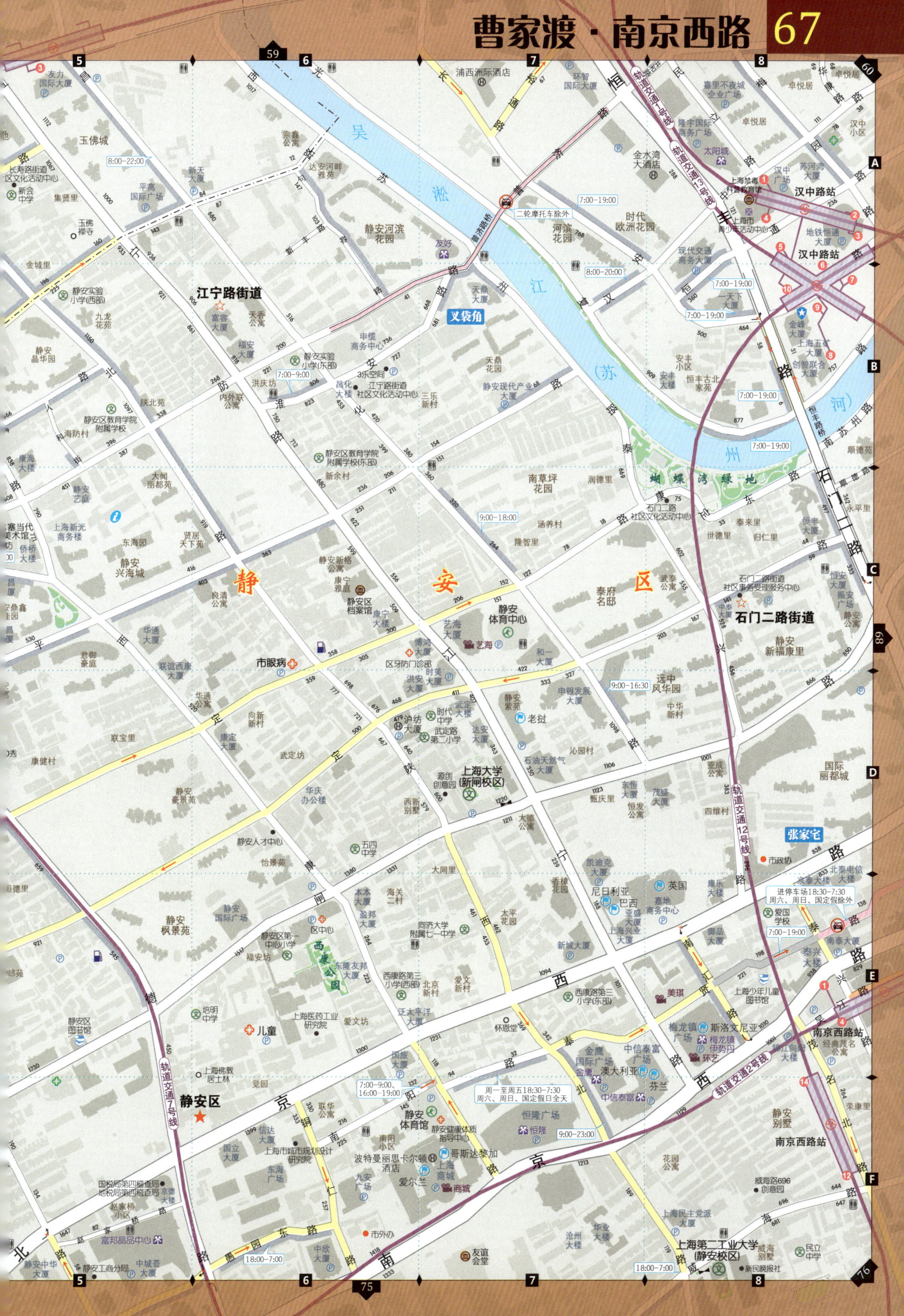

吴淞江
苏州河
梦蝶湾绿地
叉袋角
张家宅
静安区
江宁路街道
石门二路街道
汉中路站
南京西路站
上海大学(新闻校区)
静安体育中心
静安体育馆
西康公园
玉佛城
静安河滨花园
时代欧洲花园
南草坪花园
泰府名邸
远中风华园
静安新福康里
静安枫景苑
静安国际广场
恒隆广场
中信泰富广场
梅龙镇广场
上海商城
波特曼丽思卡尔顿酒店
上海第二工业大学(静安校区)
静安别墅
南京西路站
轨道交通2号线
轨道交通7号线
轨道交通12号线
轨道交通13号线
新闸路
北京西路
南京西路
西康路
陕西北路
江宁路
昌平路
康定路
长寿路
恒丰路
石门二路
泰兴路
南汇路
成都北路

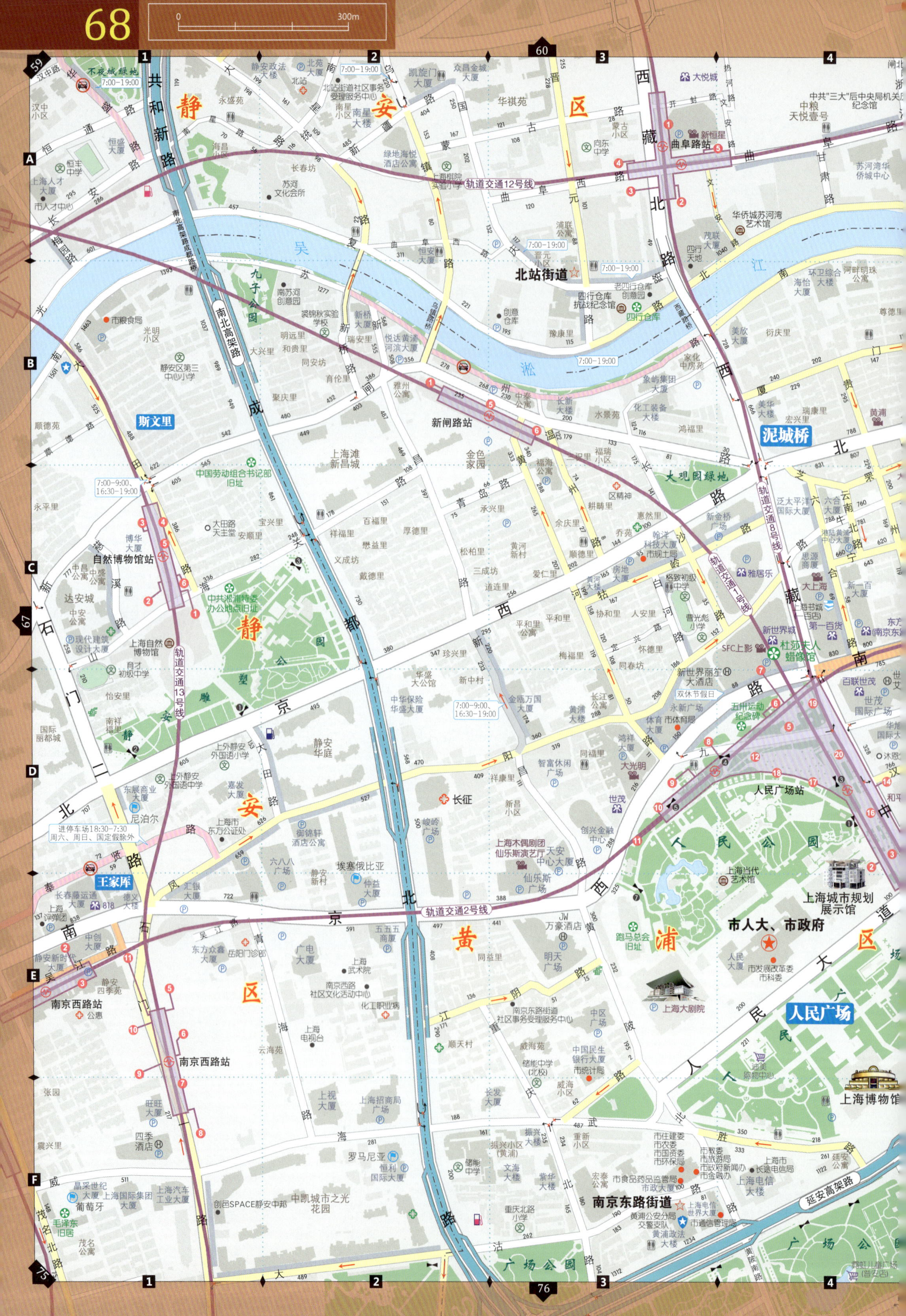

0
300m
60
静安区
不夜城绿地
汉中路
汉中小区
恒通路
恒丰中学
上海人才大厦
市人才中心
梅园路
共和新路
南北高架路
海昌小区
苏河文化会所
长春坊
北站大厦
北站街道事务受理服务中心
南星小区
南星大楼
凯旋门大厦
众昌金城大厦
华祺苑
晋元路
蒙古小区
向东中学
西藏北路
大悦城
中共"三大"后中央局机关旧址纪念馆
中粮天悦壹号
新恒星
曲阜路站
曲阜路
轨道交通12号线
绿地海悦酒店公寓
上海棋院
实验小学
浦联公寓
晋元小区
北站街道
老闸仓库创意园
四行仓库抗战纪念馆
四行仓库
华侨城苏河湾艺术馆
四行天地
苏河湾华侨城中心
环亚综合大楼
海怡大厦
河畔明珠公寓
吴淞江
九子公园
南苏河创意园
市粮食局
光明小区
静安区第三中心小学
大兴里
明远里
和贵里
同安坊
有伦里
聚庆里
新桥大厦
瑞安里
悦达黄浦河滨大厦
雅州公寓
新闸路站
长新大楼
水景苑
象屿集团大厦
化工装备大楼
鸿福里
家化中房苑
泥城桥
美华大楼
宏兴里
瑞康里
黄浦
衍庆里
尊德里
斯文里
顺德苑
永平里
中国劳动组合书记部旧址
上海滩新昌城
金色家园
福海公寓
福瑞小区
区精神
大观园绿地
泛太平洋国际大厦
新金桥广场
自然博物馆站
博华大厦
大田路天主堂
宝兴里
安顺里
祥福里
百福里
懋益里
厚德里
承兴里
黄河新村
松柏里
三成坊
道连里
余庆里
耕余里
顺德里
乔家
翰洋科技大厦
市现土局
惠然里
恪致初级中学
房地大厦
雅居乐
大上海
第一百货
新一百大厦
新世界城
杜莎夫人蜡像馆
SFC上影
南京东路
中共淞浦特委办公地点旧址
静安雕塑公园
达安城
中安公寓
现代建筑设计大厦
上海自然博物馆
育才初级中学
怡安里
南祥福里
国际丽都城
华盛大公馆
中华保险华盛大厦
新中村
金威万国大厦
黄浦大楼
长江公寓
珍兴里
平和里
梅福里
同春坊
怀德里
协和里
人安里
曹光彪小学
新世界丽笙大酒店
百联世茂
世茂国际广场
双休节假日
永新广场
体育大厦
市体育局
五卅运动纪念碑
鸿祥大厦
大光明
人民广场站
人民公园
上海当代艺术馆
上海城市规划展示馆
市人大、市政府
上外静安外国语小学
上外静安外国语中学
静安华庭
东展商业大厦
尼泊尔
嘉发大厦
上海市东方公证处
御锦轩酒店公寓
长征
峻岭广场
同福里
智富休闲广场
祥康里
新昌小区
世茂
创兴金融中心
上海木偶剧团
仙乐斯演艺厅
天安中心大厦
仙乐斯广场
轨道交通2号线
王家库
长春藤运通大厦
上海商城
六八八广场
静安新村
埃塞俄比亚
仲益大厦
JW万豪酒店
黄浦区
人民大厦
市发展改革委
市科委
人民广场
上海博物馆
上海大剧院
跑马总会旧址
南京西路站
中创大厦
静安新时代大厦
静安四季苑
东方众鑫大厦
岳阳门诊部
广电大厦
上海武术院
南京西路社区文化活动中心
五五五商厦
同盛里
明天广场
南京东路街道社区事务受理服务中心
中区广场
中国民生银行大厦
市统计局
储能中学(北校)
威海苑
威海小区
顺天村
上海电视台
云海苑
张园
旺旺大厦
四季酒店
上视大厦
上海招商局广场
长发大楼
振兴小区(黄浦)
振兴大楼
重新小区
罗马尼亚
恒利国际大厦
储能中学
文海大楼
紫华大楼
宏泰大厦
市住建委
市农委
市国资委
市环保局
市教委
市旅游局
市政府新闻办
市侨办
上海电信大楼
市食品药品监督局
南京东路街道
黄浦公安分局交警支队
黄浦法院大楼
市通信管理局
上海电信世界大厦
延安高架路
广场公园
震兴里
晶采世纪大厦
上海国际集团大厦
上海汽车工业大厦
葡萄牙
毛泽东旧居
茂名公寓
创邑SPACE静安中邦
中凯城市之光花园
重庆北路小学
1
2
3
4
A
B
C
D
E
F
59
67
75
76

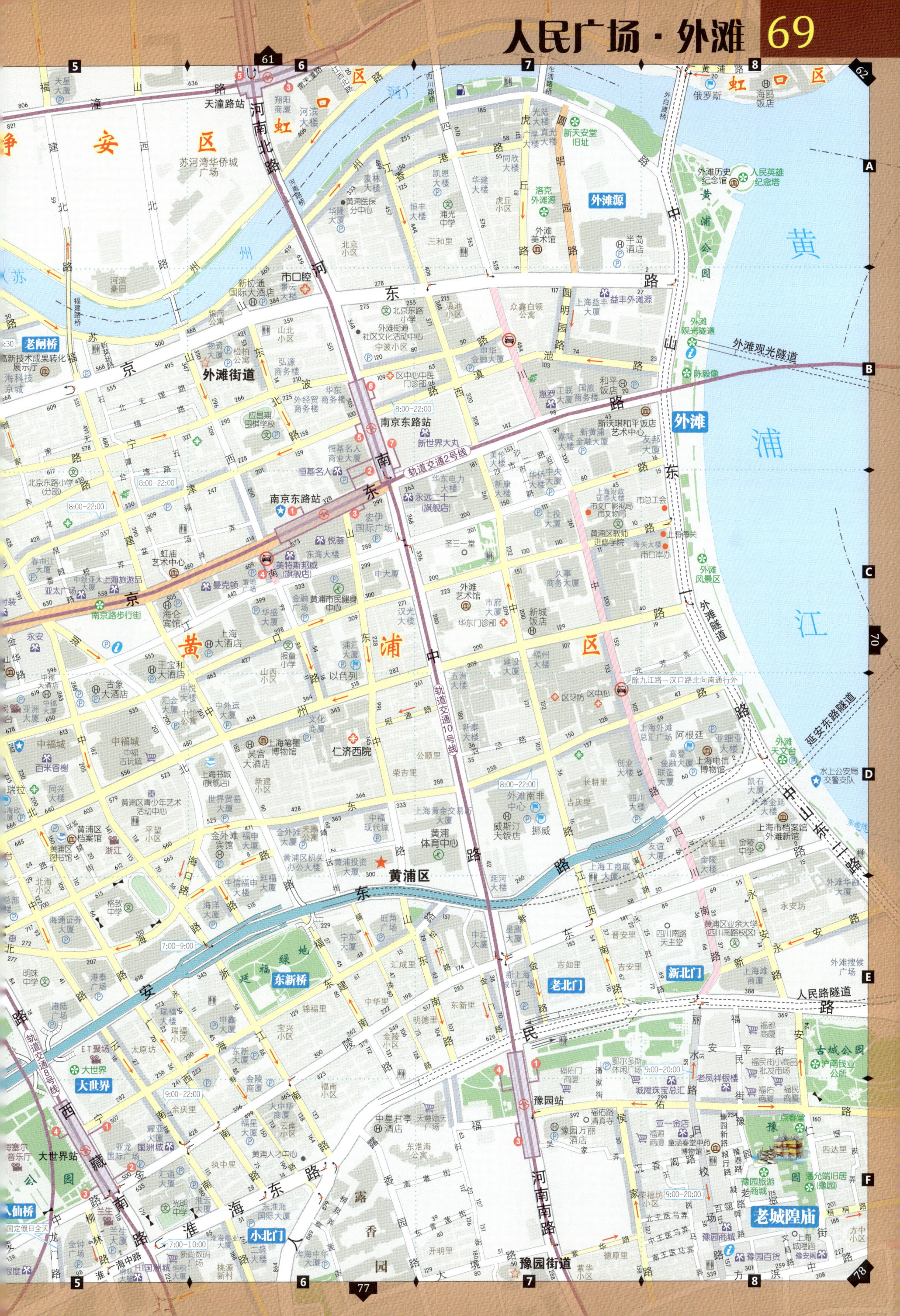
虹口区
静安区
黄浦区
黄浦江
外滩
外滩源
外滩街道
老闸桥
南京东路站
南京路步行街
轨道交通2号线
轨道交通10号线
轨道交通8号线
外滩观光隧道
延安东路隧道
人民路隧道
东新桥
老北门
新北门
小北门
大世界
大世界站
豫园站
老城隍庙
豫园街道
八仙桥
古城公园
人民英雄纪念塔
苏州河

0
300m
虹口区
黄浦区
黄
浦
江
东方明珠广播电视塔
上海海洋水族馆
明珠公园
上海国际会议中心
东方滨江大酒店
大自然野生昆虫馆
上海城市历史发展陈列馆
国际游船码头
港务大厦
陆家嘴景庭
轨道交通2号线
外滩观光隧道
陆家嘴
陆家嘴站
世纪大道
陆家嘴西路
浦东丽思卡尔顿酒店
国金中心
汇丰银行大楼
百丽宫
上海国金中心
正大广场
星美
浦东香格里拉大酒店
未来资产大厦
震旦博物馆
震旦国际大楼
花旗集团大厦
浦东新区
陆家嘴绿地
颖川小筑（陈桂春住宅）
金茂大厦88层观光厅
金茂君悦大酒店
金茂大厦
西班牙
上海环球金融中心
上海环球金融中心观光厅
柏悦酒店
上海中心大厦
观复博物馆
东亚银行金融大厦
太平金融大厦
东方汇经中心
汤臣一品
国金汇大楼
中国(上海)自由贸易试验区
陆家嘴金融片区
盛大金磐花园
中粮海景壹号
仁恒滨江园
财富金融广场
财富海景花园
公交陆外
新开河
人民路隧道
东金线
东复线
黄浦江游览（十六铺码头）
十六铺旅游码头
十六铺
外滩国际金融服务中心
古城公园
中国人保寿险大厦
福佑里
仁安小区
豫园街道社区事务受理服务中心
区中西医门诊部
小东门
杨家渡
延安东路隧道
滨江大道
新建路隧道
浦东大道
招商银行上海大厦
星展银行大厦
中国金融信息大厦
汇亚大厦
黄金置地大厦
时代金融中心
中融碧玉蓝天大厦
农银大厦
浦江双辉广场
建行大厦
民生银行大厦
恒生银行大厦
华夏银行大厦
上海银行大厦
中国平安金融大厦
交银金融大厦
中银大厦
华能联合大厦
历道证券博物馆
新上海国际大厦
世界金融大厦
上海招商局大厦
中国保险大厦
渣打银行大厦
银城中路地道
银城中路
陆家嘴环路
东泰路
花园石桥路
东昌路
浦东南路
东园路
商城路
名商路
海关大楼
万向大厦
滨江大道
丰和路
富城路
明珠塔路
中山东二路
外滩隧道
东门路
方浜中路
福佑路
人民路
丹凤路
梧桐路
中华路

浦东大道站
东昌路站
商城路站
世纪大道站
陆家嘴街道
浦东新区
中国(上海)自由贸易试验区
陆家嘴金融片区
轨道交通2号线
轨道交通4号线
轨道交通9号线
轨道交通6号线
大连路隧道
复兴东路隧道
滨江大道
浦东大道
东昌路
崂山新村
梅园新村
乳山新村
东方路
世纪大道
浦东南路
张杨路
潍坊路
福山路
源深路
即墨路
陆家嘴街道社区事务受理服务中心
陆家嘴街道社区文化活动中心
梅园公园
上海保利广场
良丰大厦
三唐美术馆
荣城花苑
阳升公寓
滨江茗园
裕景国际商务广场
裕景大饭店
浦江茗园
昌邑小区
荣成大厦
浦东文化馆
东海宾馆
海神诺富特大酒店
国际航运金融大厦
上海交通大学附属中学浦东实验高中
梅园三村
梅园小学
世纪金融大厦
上船大楼
永华大厦
东方
崂山六村
崂山一村
华东师大附属东昌中学东校
建工大厦
福山小区
上海开放大学新世界集团分校
崂山五村
崂山二村
新新商务中心
市新小区
梅一小区
建平中学西校(东校区)
三航小区
招远小区
东房地大厦
华东师大附属东昌中学
崂山四村
崂山三村
崂山小学
福山外国语小学(福山校区)
隧成小区
普联大厦
乳山四村
人民日报社上海分社
乳山二村
乳山三村
波特营创意园
民办浦东交中初级中学
乳山五村
市政大楼
东昌大楼
东园公寓
东园一村
世界广场
陆家嘴1885
上海光大大厦
岚桥国际大厦
梅园高层小区
福沈小区
陆家嘴美术馆
东园三村
东园四村
洋泾-菊园实验学校(东园分部)
东泰大楼
乐凯大厦
胜康廖氏大厦
斯米克大厦
银河大厦
东方金融广场
良友大厦
东方书城(商城路店)
内外联大厦
新梅联合广场
大光明丽都
新大陆
721
生命人寿大厦
锦江汤臣洲际大酒店
汤臣金融大厦
摩纳哥
裕安大厦
华申大厦
远东大厦
新上海商业城
福侠达大厦
长航大厦
华都大厦
隆宇大厦
金顶公寓
中融
上海中融大厦
新世纪商厦
第一八佰伴
新世纪
福兴大厦
华诚大厦
泉东一小区
紫金山大酒店
江苏大厦
九六
菊园
SFC上影
鄂尔多斯国际大厦
上海湾
百脑汇(浦东店)
中融恒瑞国际大厦
泉东小区
华润时代广场
华润
新盛大楼
新繁大楼
繁荣昌盛小区
华东师大附属东昌中学南校
新荣大楼
新昌大楼
泉东二小区
宝安大厦
宝安大酒店
众城大厦
齐鲁万怡大酒店
齐鲁大厦
天后宫大楼
新光大楼
新明大楼
华融大厦
明珠实业大楼
浦东新区明珠小学(A区)
中电大厦
中电大酒店
上海潍坊社区科普中心
浦东新区辅读学校
东欣小区
明城花苑
明城大酒店
新开大楼
兰馨悦立方
东南新村(浦东)
浦东南路立交
东方路立交

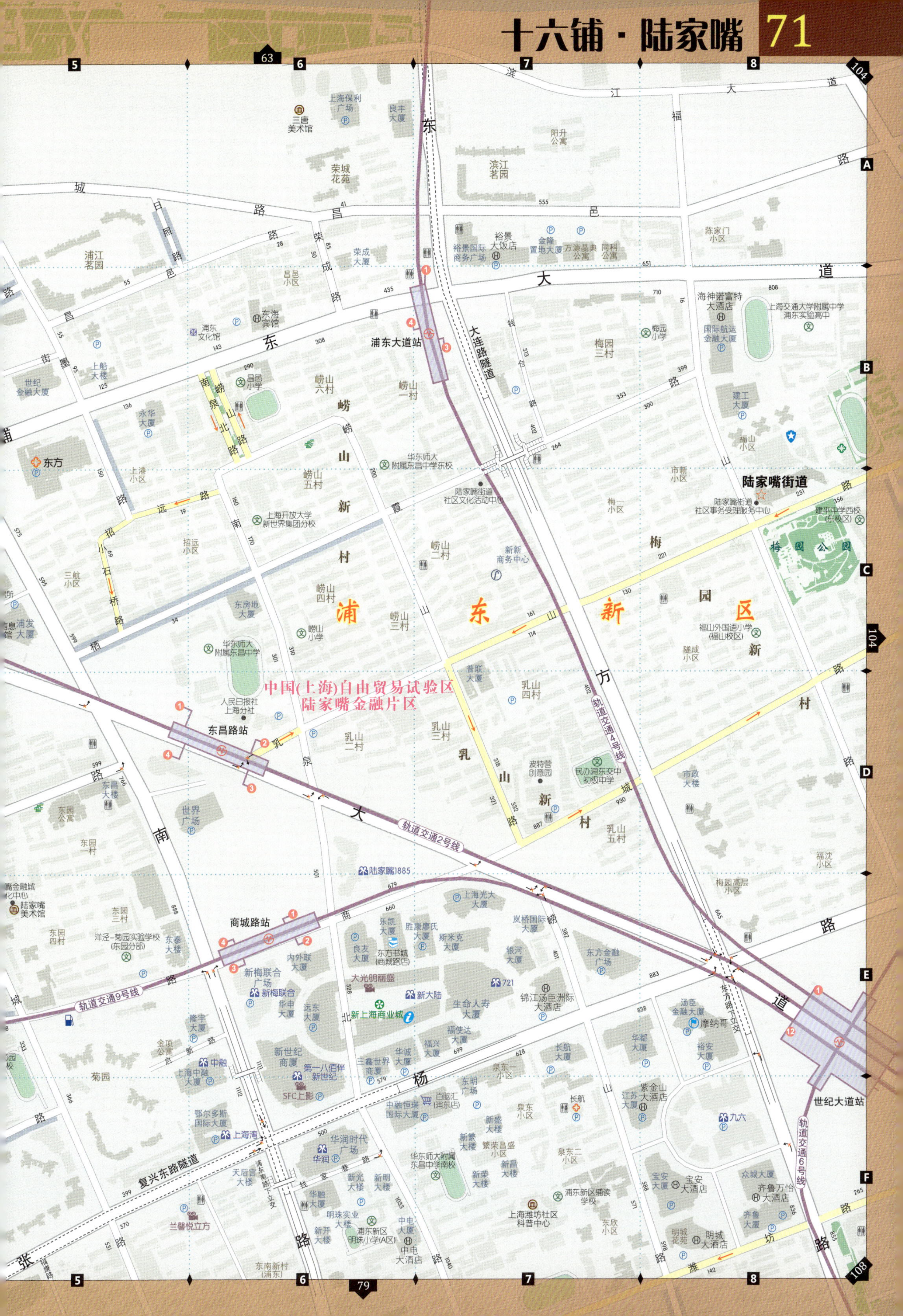

63
104
108
79

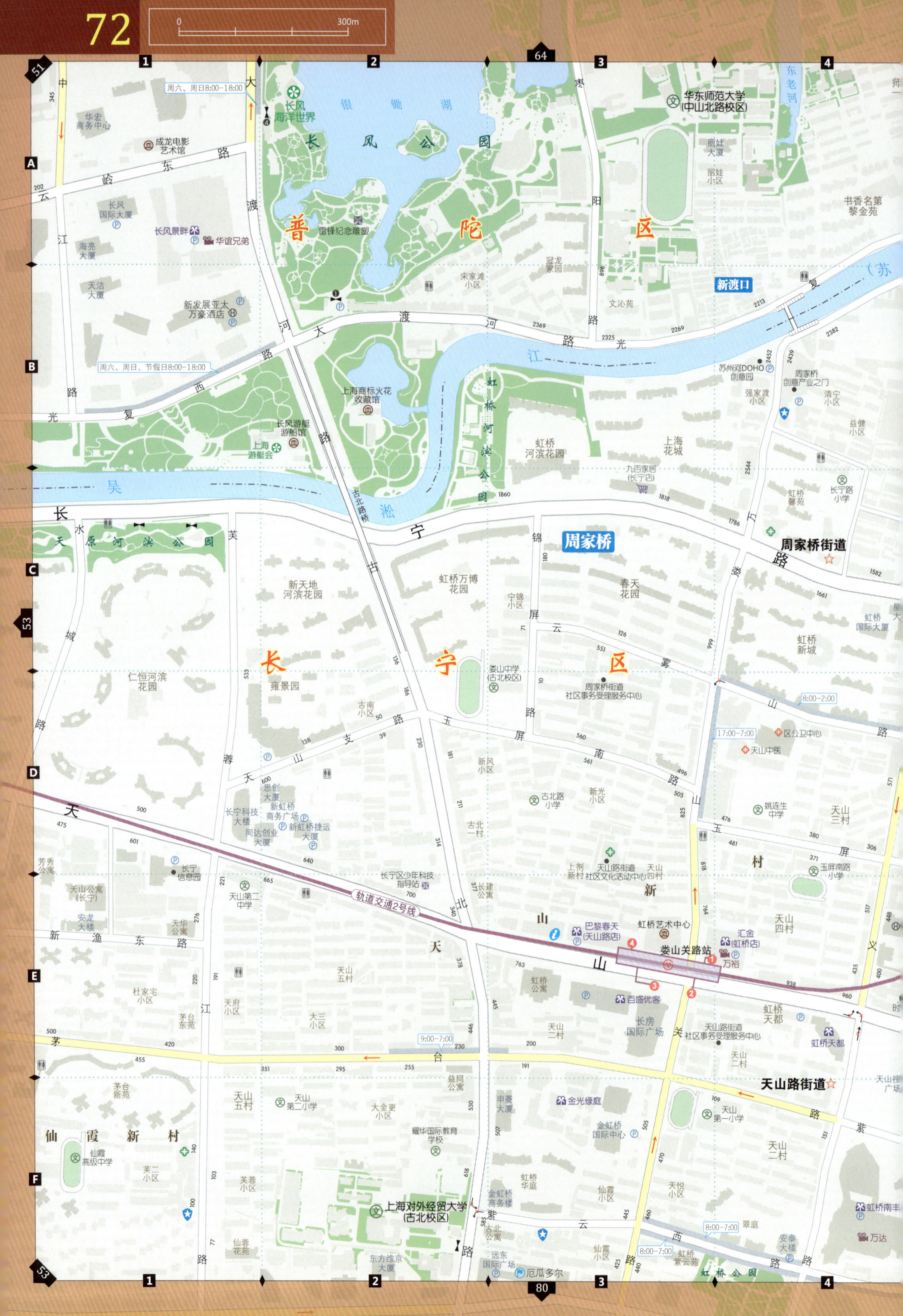
0
300m
64
80
51
53
周六、周日8:00-18:00
周六、周日、节假日8:00-18:00
长风海洋世界
银锄湖
长风公园
普陀区
雷锋纪念雕塑
华东师范大学(中山北路校区)
丽娃大厦
丽娃小区
书香名第黎金苑
华宏商务中心
成龙电影艺术馆
岭东路
云岭东路
长风国际大厦
长风景畔
华谊兄弟
海亮大厦
天洁大厦
新发展亚太万豪酒店
宋家滩小区
冠龙家园
新渡口
文沁苑
大渡河路
光复西路
上海商标火花收藏馆
长风游艇游船馆
上海游艇会
苏州河DOHO创意园
周家桥创意产业之门
强家渡小区
清宁小区
益健小区
虹桥河滨花园
虹桥河滨公园
上海花城
九百家居(长宁店)
虹桥馨苑
长宁路小学
吴淞江
古北路桥
长宁路
天原河滨公园
周家桥
周家桥街道
新天地河滨花园
虹桥万博花园
宁锦小区
春天花园
虹桥国际大厦
虹桥新城
长宁区
仁恒河滨花园
雍景园
娄山中学(古北校区)
周家桥街道社区事务受理服务中心
古南小区
玉屏南路
区公卫中心
天山中医
8:00-2:00
17:00-7:00
天山支路
思创大厦
新虹桥商务广场
新虹桥捷运大厦
长宁科技大楼
同达创业大厦
新风小区
古北路小学
新光小区
姚连生中学
天山三村
古北一村
芳秀公寓
长宁信息园
长宁区少年科技指导站
天山第二中学
长建公寓
上河新村
天山路街道社区文化活动中心
天山四村
天山新村
玉屏南路小学
天山公寓(长宁)
安龙大楼
天华公寓
新渔东路
轨道交通2号线
巴黎春天(天山路店)
虹桥艺术中心
汇金(虹桥店)
娄山关路站
万裕
天山五村
虹桥公寓
百盛优客
杜家宅小区
茅台东苑
天府小区
大三小区
9:00-7:00
长房国际广场
天山二村
虹桥天都
天山路街道社区事务受理服务中心
茅台路
茅台新苑
天山五村
天山第二小学
大金更小区
益同公寓
申菱大厦
金光绿庭
天山路街道
天山第一小学
仙霞新村
仙霞高级中学
芙二小区
耀华国际教育学校
金虹桥国际中心
天山二村
芙蓉小区
上海对外经贸大学(古北校区)
虹桥华庭
金虹桥商务楼
仙霞小区
天悦小区
安泰大楼
虹桥南丰
万达
仙蒂花苑
东方维京大厦
古北公寓
远东国际广场
厄瓜多尔
仙霞小区
8:00-7:00
虹桥紫云苑
翠庭
虹桥公园
云西路
紫云路
娄山关路
古北路
天山路
芙蓉江路
水城路
剑河路

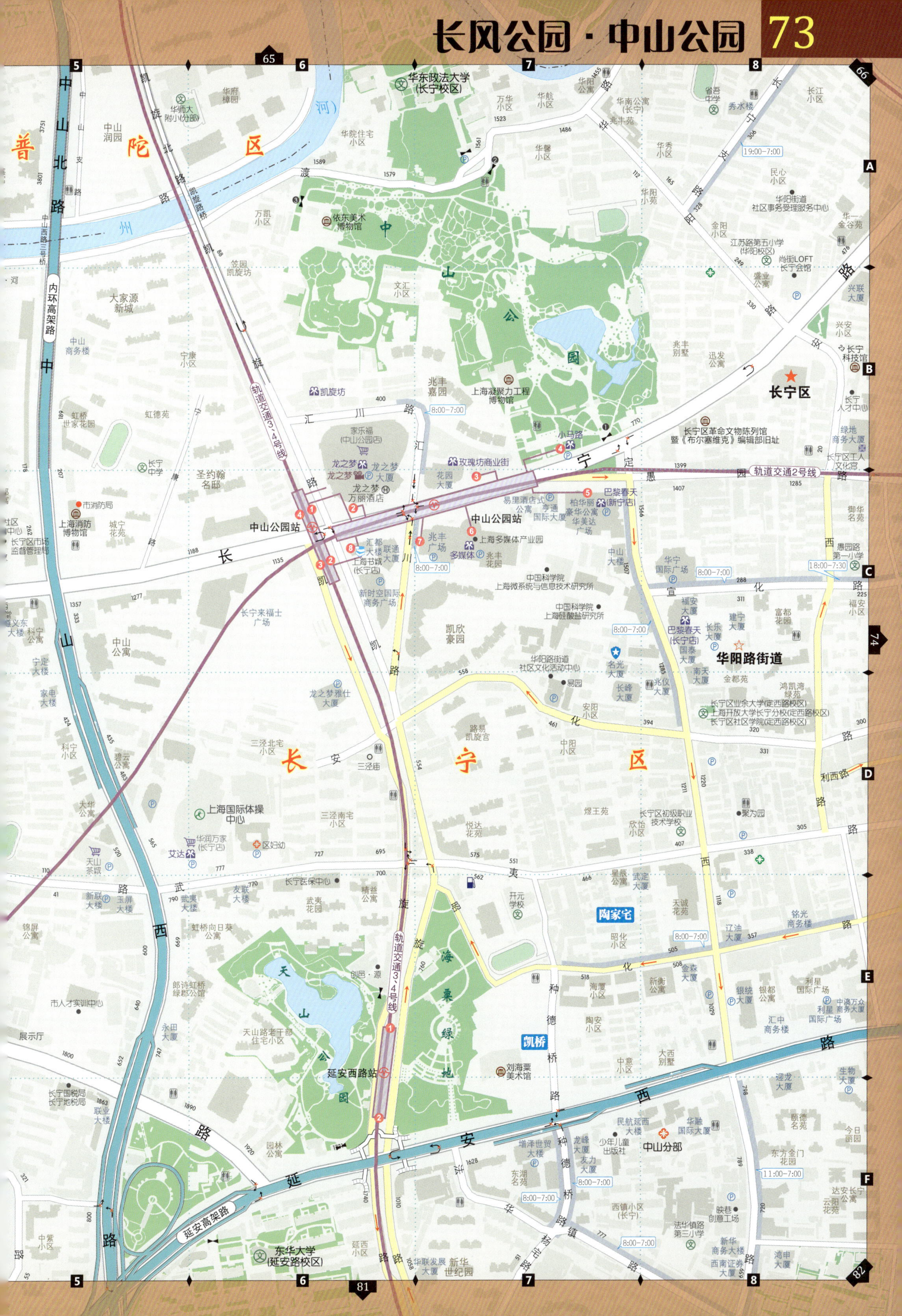
普陀区
长宁区
中山公园
天山公园
海粟绿地
中山公园站
延安西路站
华阳路街道
陶家宅
凯桥
长宁路
延安西路
延安高架路
中山西路
内环高架路
凯旋路
华东政法大学(长宁校区)
东华大学(延安路校区)
轨道交通2号线
轨道交通3、4号线
上海国际体操中心
长宁区
中山分部

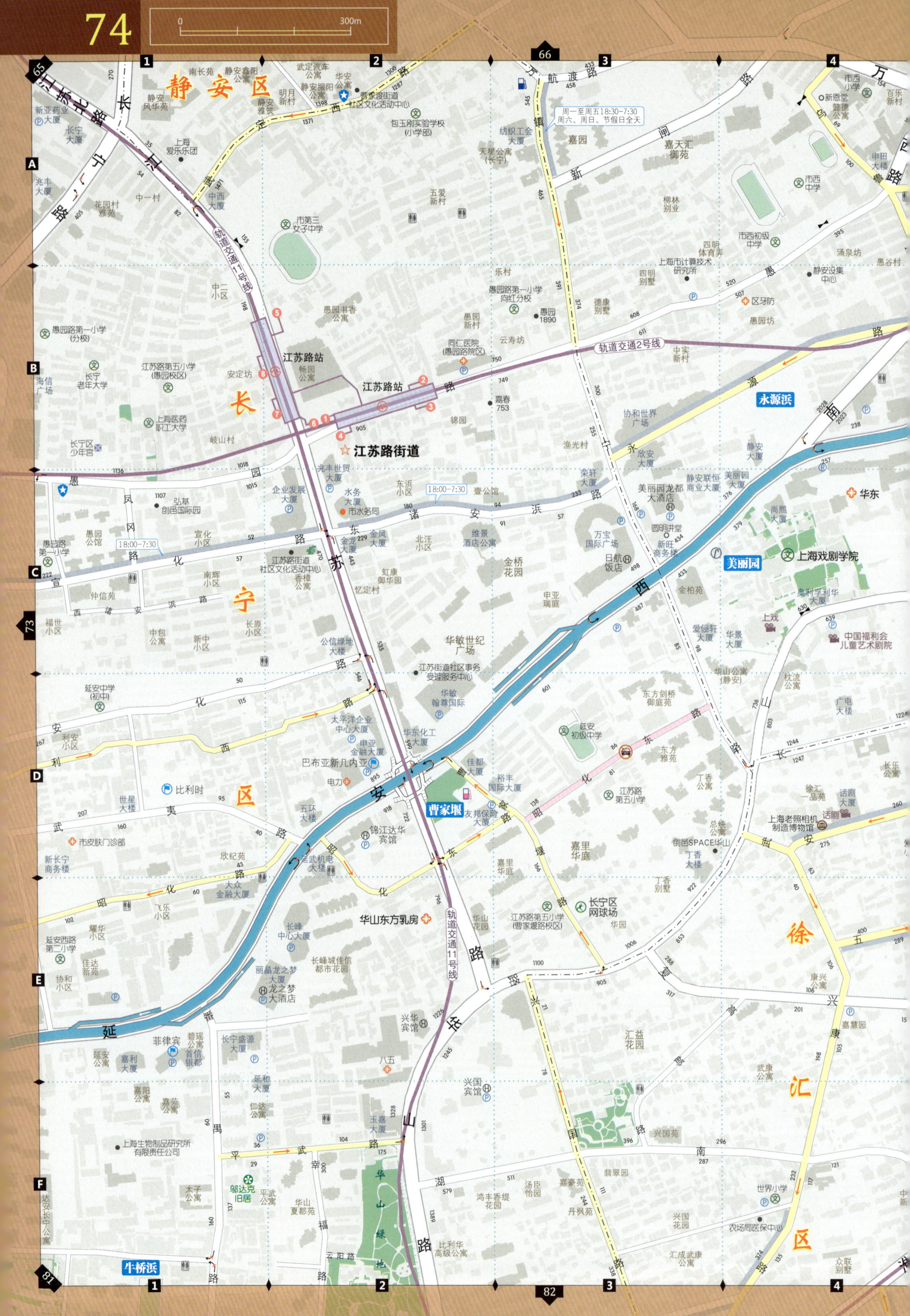

0
300m
静安区
长宁区
徐汇区
江苏路站
江苏路街道
轨道交通2号线
轨道交通11号线
曹家堰
永源浜
美丽园
上海戏剧学院
中国福利会儿童艺术剧院
上海老照相机制造博物馆
长宁区网球场
华山东方乳房
邬达克旧居
华山绿地
比利时
华东
延安西路
长宁路
愚园路
武夷路
安化路
番禺路
江苏路
万航渡路
镇宁路
华山路
新闸路
兴国路
凯旋路
牛桥浜
周一至周五18:30-7:30
周六、周日、节假日全天
18:00-7:30

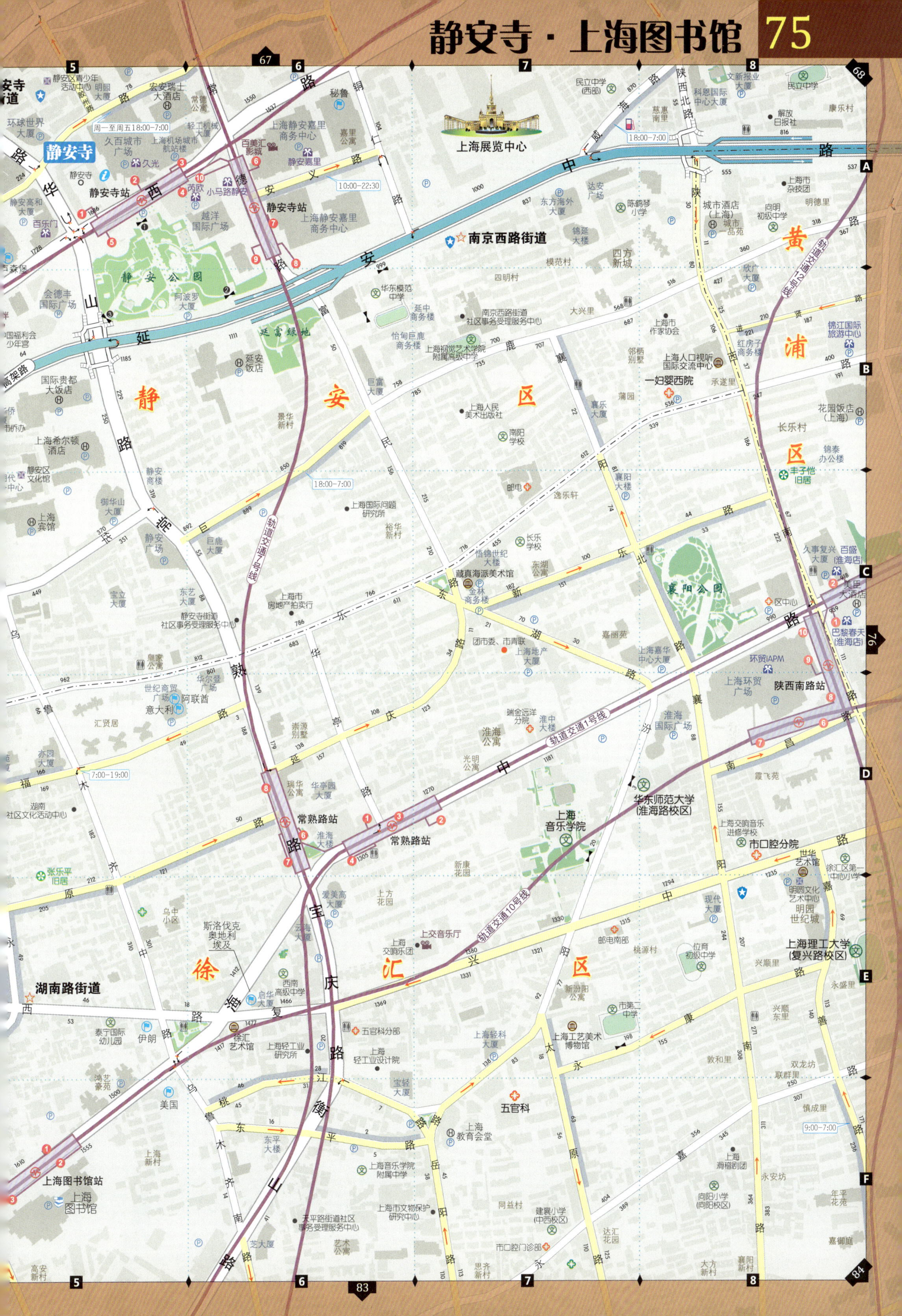

上海展览中心
南京西路街道
静安寺
静安寺站
静安公园
延中绿地
静 安 区
黄浦区
徐 汇 区
襄阳公园
陕西南路站
常熟路站
上海音乐学院
华东师范大学(淮海路校区)
湖南路街道
上海图书馆站
上海图书馆
上海理工大学(复兴路校区)
五官科
市口腔分院
一妇婴西院
轨道交通1号线
轨道交通7号线
轨道交通10号线
轨道交通12号线
延安中路
南京西路
淮海中路
复兴中路
常熟路
华山路
乌鲁木齐中路
陕西北路

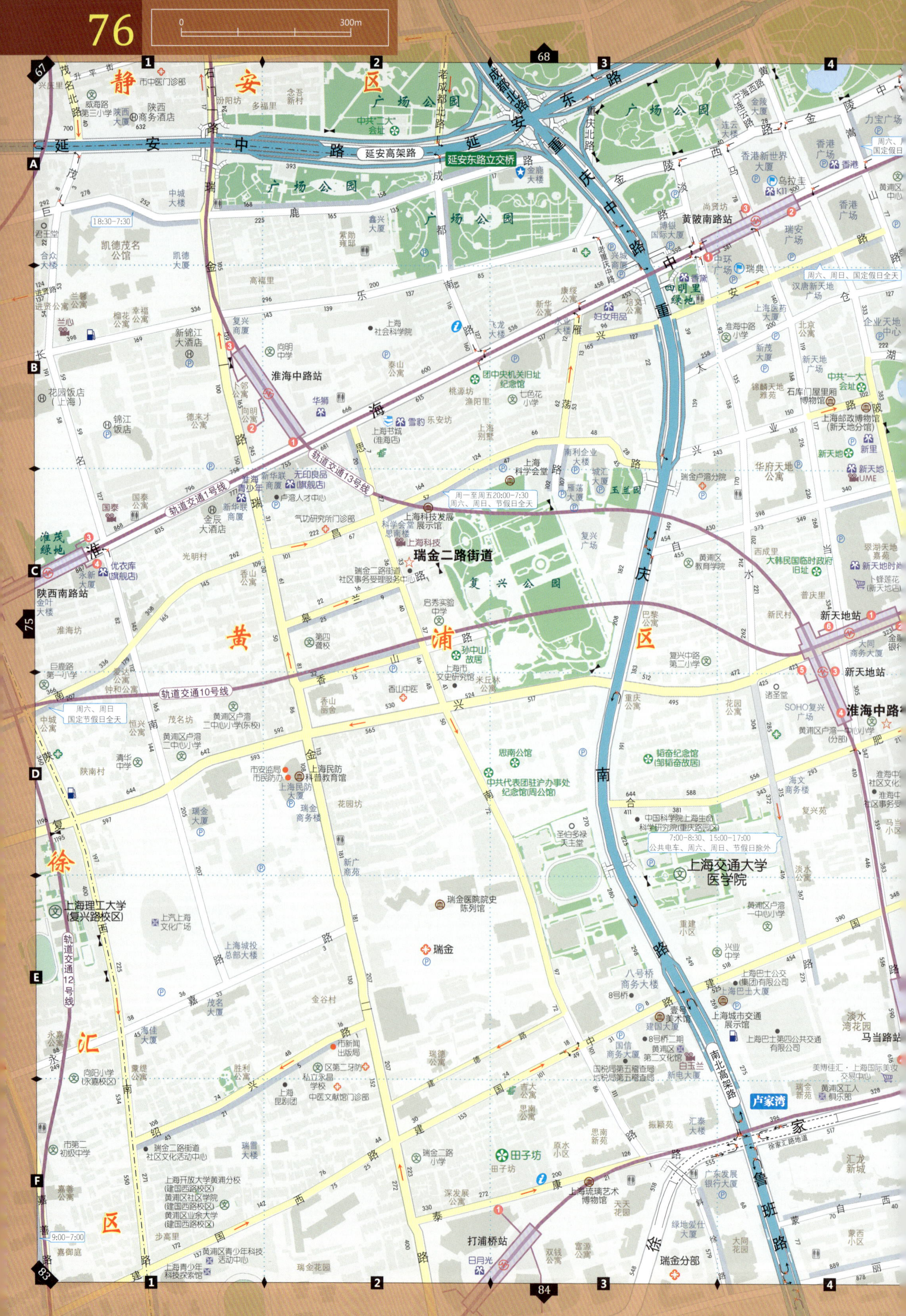
0
300m
静安区
黄浦区
徐汇区
延安中路
延安高架路
延安东路立交桥
广场公园
重庆北路
重庆中路
重庆南路
南北高架路
淮海中路
淮海中路站
黄陂南路站
陕西南路站
新天地站
打浦桥站
卢家湾
瑞金二路街道
复兴公园
上海交通大学医学院
上海理工大学(复兴路校区)
轨道交通1号线
轨道交通10号线
轨道交通13号线
轨道交通12号线
瑞金
孙中山故居
思南公馆
田子坊
日月光
新天地
马当路站
凯德茂名公馆
锦江饭店
花园饭店(上海)
上海科学会堂
上海科技发展展示馆
无印良品(旗舰店)
优衣库(旗舰店)
中共一大会址
大韩民国临时政府旧址
上海琉璃艺术博物馆
瑞金医院院史陈列馆
周一至周五20:00-7:30 周六、周日、节假日全天
7:00-8:30、15:00-17:00 公共电车、周六、周日、节假日除外
18:30-7:30
9:00-7:00
周六、周日 国定假日全天
周六、周日、国定假日全天

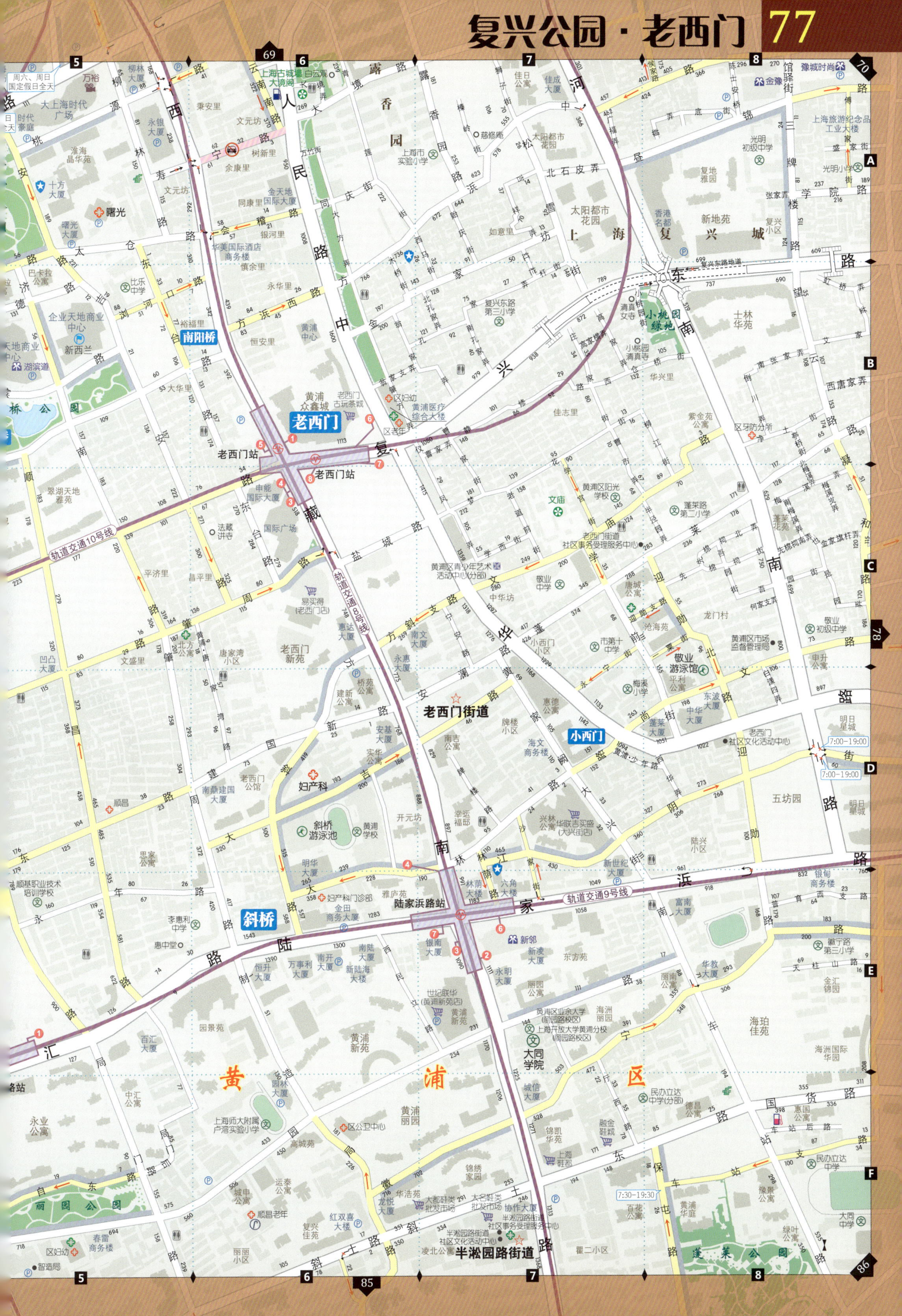

老西门
老西门站
南阳桥
小西门
斜桥
陆家浜路站
轨道交通10号线
轨道交通8号线
轨道交通9号线
老西门街道
半淞园路街道
黄浦区
复兴公园
丽园公园
蓬莱公园
桃源公园
小桃园绿地
人民路
西藏南路
复兴东路
复兴中路
方浜中路
方斜路
中华路
肇周路
建国东路
大林路
陆家浜路
徽宁路
西凌家宅路
河南南路
露香园路
文庙
大境阁
上海古城墙
曙光
万裕
十方大厦
企业天地商业中心
新西兰
湖滨道
大上海时代广场
淮海晶华苑
华美国际酒店商务楼
金天地国际大厦
太阳都市花园
上海新地苑
复兴城
香港名都
光明初级中学
士林华苑
黄浦众鑫城
老西门古玩茶城
黄浦医疗综合大楼
区妇幼
申能国际大厦
国际广场
法藏讲寺
平济里
昌平里
易买得(老西门店)
唐家湾小区
老西门新苑
惠达大厦
南文大厦
永惠大厦
敬业中学
中华坊
敬业游泳馆
龙门村
黄浦区市场监督管理局
敬业初级中学
黄浦区青少年艺术活动中心(分部)
老西门街道社区事务受理服务中心
老西门社区文化活动中心
黄浦区阳光学校
蓬莱路第二小学
妇产科
斜桥游泳池
黄浦学校
开元坊
明世大厦
妇产科门诊部
金田商务大厦
雅庐苑
兴林公寓
华联吉买盛(大兴街店)
新世纪大厦
五坊园
银甸商务楼
新凌大厦
东方苑
新陆海大楼
恒升大厦
万事利大厦
南陆大厦
南开大厦
世纪联华(黄浦新苑店)
黄浦新苑
大同学院
黄浦区业余大学(制造局路校区)
上海开放大学黄浦分校(制造局路校区)
城信大厦
海洲丽园
海珀佳苑
海洲国际华园
民办立达中学(分部)
上海师大附属卢湾实验小学
区公卫中心
黄浦丽园
锦绣家园
华浩苑
大都鞋类批发市场
大名鞋类批发市场
协作大厦
半淞园路街道社区文化活动中心
半淞园路街道社区事务受理服务中心
顺昌老年
春雷商务楼
智造局
惠南中学
顺基职业技术培训学校
李惠利中学
永业公寓
大同中学
民办立达中学
惠国公寓
7:00-19:00
7:30-19:30

0
300m
70
86
69
77
85
轨道交通9号线
轨道交通4号线
复兴东路隧道
内环高架路
大东门
小南门
小南门站
大南门
董家渡
南浦大桥站
小东门街道
黄
浦
区
黄
江
中华路
复兴东路
人民路
陆家浜路
中山南路
外马路
王家码头路
董家渡路
老码头
黄浦江游览(复兴码头)
老码头阳光沙滩
老码头1号库
老码头2号库
老码头3号库
老码头4号库
老码头5号库
上海隧道科技馆
泛海国际公寓
中华路第三小学
上海公益新天地园
上海民政博物馆
上海滩大美术馆
小东门社区公共体育中心
黄浦区工人体育馆
黄浦区工人文化宫
巴富仕游艇会
外码头创意产业园
幸福码头创意园
东江高尔夫会所
周一至周五17:00~7:00
周六、周日、国定假日全天
7:00~19:00
17:00~22:00

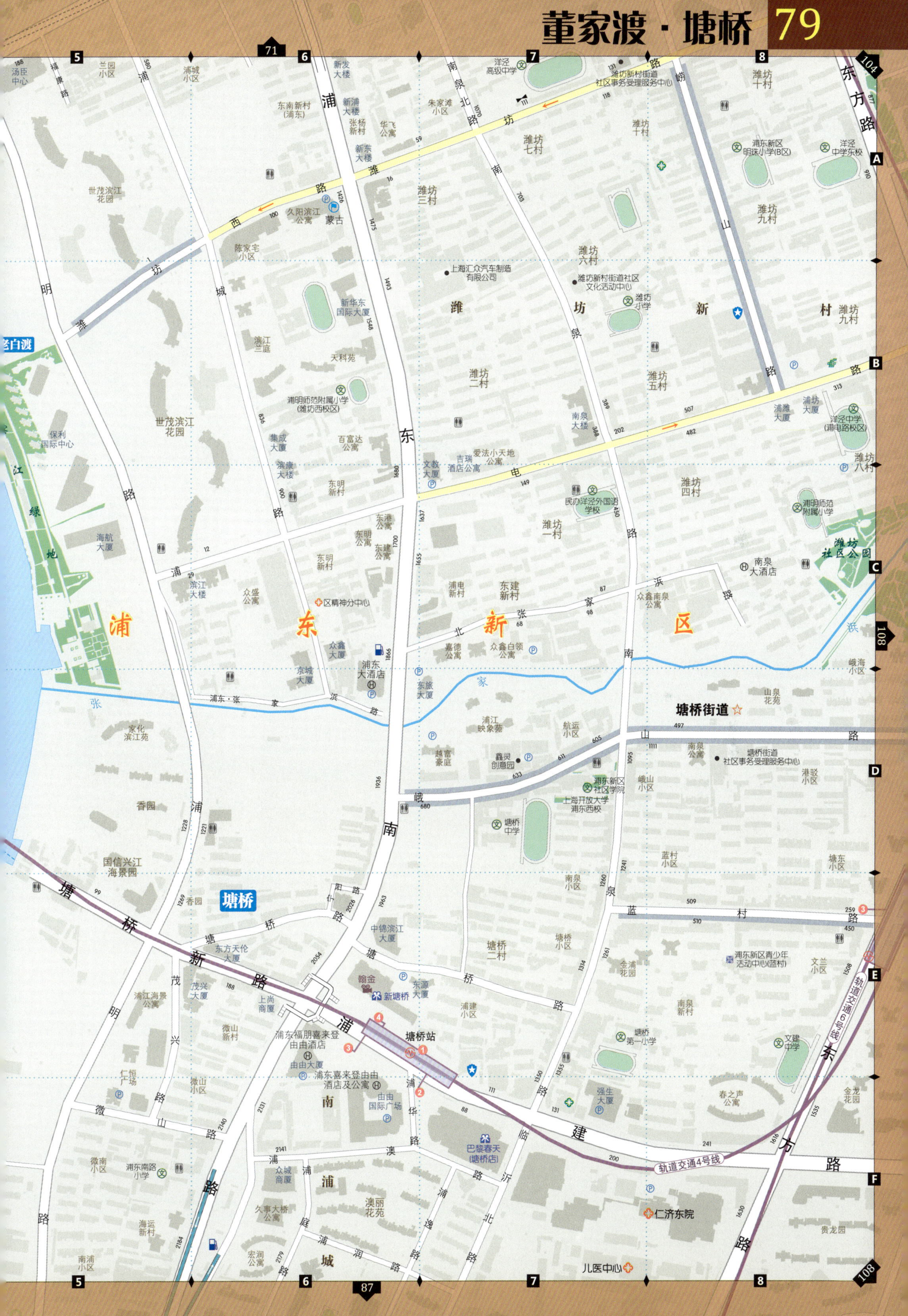

浦东新区
塘桥
塘桥街道
塘桥站
潍坊新村
浦东南路
浦东大道
东方路
崂山路
南泉路
南泉北路
浦电路
张家浜路
浦建路
峨山路
蓝村路
塘桥新路
浦明路
浦城路
潍坊西路
东建路
临沂路
浦东大酒店
仁济东院
儿医中心
巴黎春天(塘桥店)
新塘桥
轨道交通4号线
轨道交通6号线
塘桥中学
上海开放大学浦东西校
浦东新区社区学院
潍坊社区公园
南泉大酒店
世茂滨江花园
国信兴江海景园

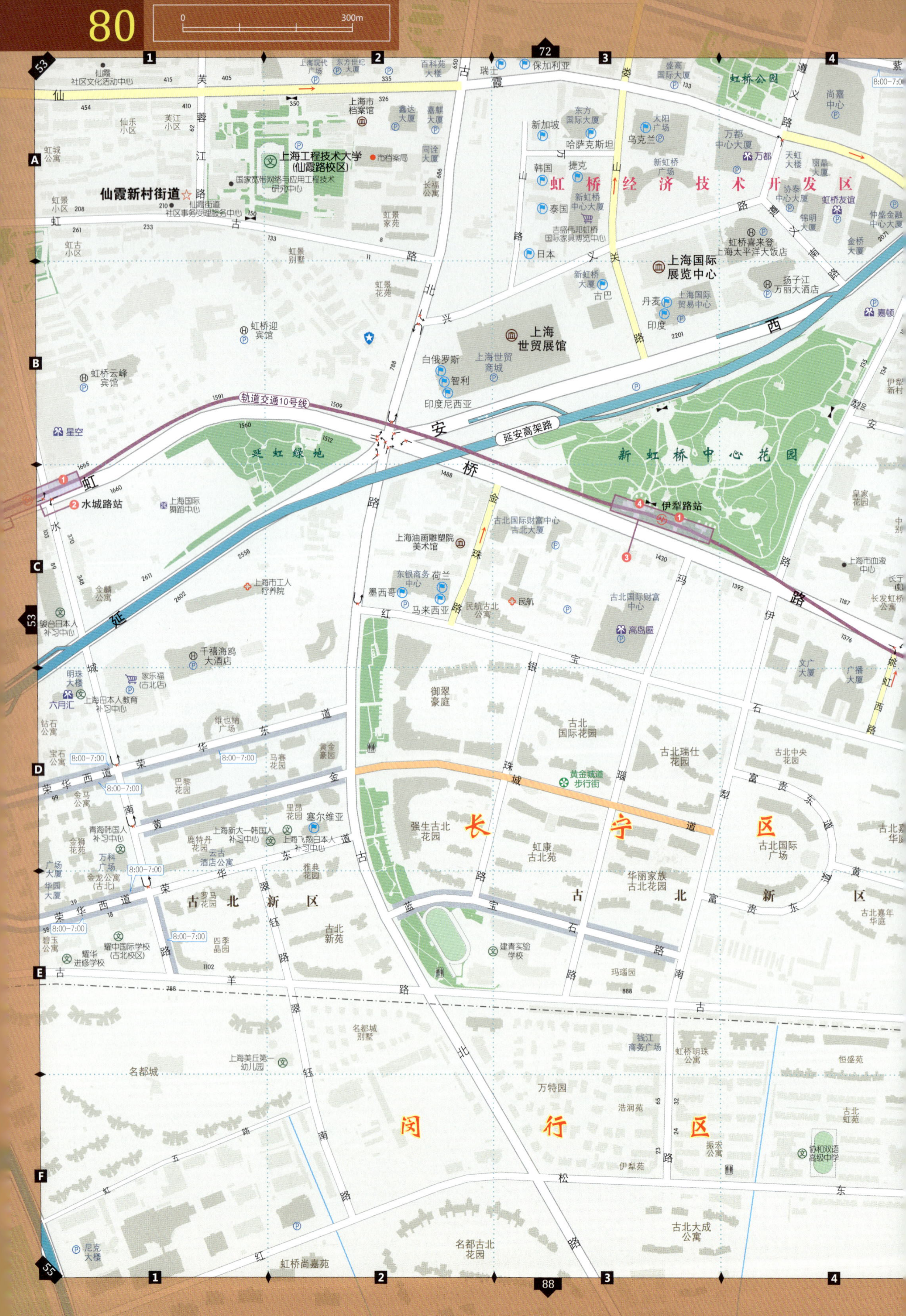
0
300m
72
88
53
55
1
2
3
4
A
B
C
D
E
F
虹桥经济技术开发区
长宁区
闵行区
古北新区
仙霞新村街道
仙霞社区文化活动中心
仙霞街道社区事务受理服务中心
上海工程技术大学(仙霞路校区)
国家宽带网络与应用工程技术研究中心
上海市档案馆
市档案局
上海现代广场
东方世纪大厦
百科苑大楼
瑞士
保加利亚
盛高国际大厦
虹桥公园
尚嘉中心
鑫达大厦
嘉麒大厦
同诠大厦
长福公寓
新加坡
东方国际大厦
哈萨克斯坦
太阳广场
乌克兰
万都中心大厦
万都
天虹大楼
丽晶大厦
协泰中心大厦
虹桥友谊
锦明大厦
仲盛金融中心大厦
金桥大厦
韩国
捷克
新虹桥中心大厦
新虹桥广场
泰国
吉盛伟邦虹桥国际家具博览中心
日本
上海国际展览中心
虹桥喜来登上海太平洋大饭店
扬子江万丽大酒店
嘉顿
新虹桥大厦
古巴
丹麦
上海国际贸易中心
印度
上海世贸展馆
上海世贸商城
白俄罗斯
智利
印度尼西亚
虹景家苑
虹景别墅
虹景花苑
虹桥迎宾馆
虹桥云峰宾馆
星空
虹城公寓
虹景小区
虹古小区
仙乐小区
芙江小区
轨道交通10号线
延安高架路
延虹绿地
新虹桥中心花园
水城路站
伊犁路站
上海国际舞蹈中心
上海油画雕塑院美术馆
古北国际财富中心古北大厦
东银商务中心
荷兰
墨西哥
马来西亚
民航古北公寓
民航
古北国际财富中心
高岛屋
皇家花园
上海市血液中心
长发虹桥公寓
伊犁新村
上海市工人疗养院
金麟公寓
骏台日本人补习中心
千禧海鸥大酒店
家乐福(古北店)
明珠大楼
六月汇
上海日本人教育补习中心
钻石公寓
维也纳广场
马赛花园
黄金豪园
御翠豪庭
古北国际花园
古北瑞仕花园
古北中央花园
文广大厦
广播大厦
宝石公寓
巴黎花园
金马公寓
里昂花园
塞尔维亚
黄金城道步行街
青海韩国人补习中心
上海新大一韩国人补习中心
上海飞翔日本人补习中心
强生古北花园
虹康古北苑
华丽家族古北花园
古北国际广场
金雅花苑
鹿特丹花园
云古酒店公寓
雅典花园
万科广场
广场大厦
金龙公寓(古北)
华园大厦
罗马花园
古北新苑
碧玉公寓
耀中国际学校(古北校区)
耀华进修学校
四季晶园
建青实验学校
玛瑙园
古北嘉年华庭
名都城别墅
钱江商务广场
虹桥明珠公寓
恒盛苑
上海美丘第一幼儿园
名都城
万特园
浩润苑
古北虹苑
协和双语高级中学
振宏公寓
伊犁苑
古北大成公寓
名都古北花园
尼克大楼
虹桥尚嘉苑
仙霞路
芙蓉江路
虹古路
古北路
兴义路
延安西路
娄山关路
遵义路
虹桥路
荣华西道
荣华东道
黄金城道
红宝石路
银珠路
玛瑙路
伊犁路
富贵东道
古羊路
翠钰路
姚虹路
金珠路
水城路
蓝宝石路
古北南路
松虹路
五虹路
红松东路
8:00-7:00

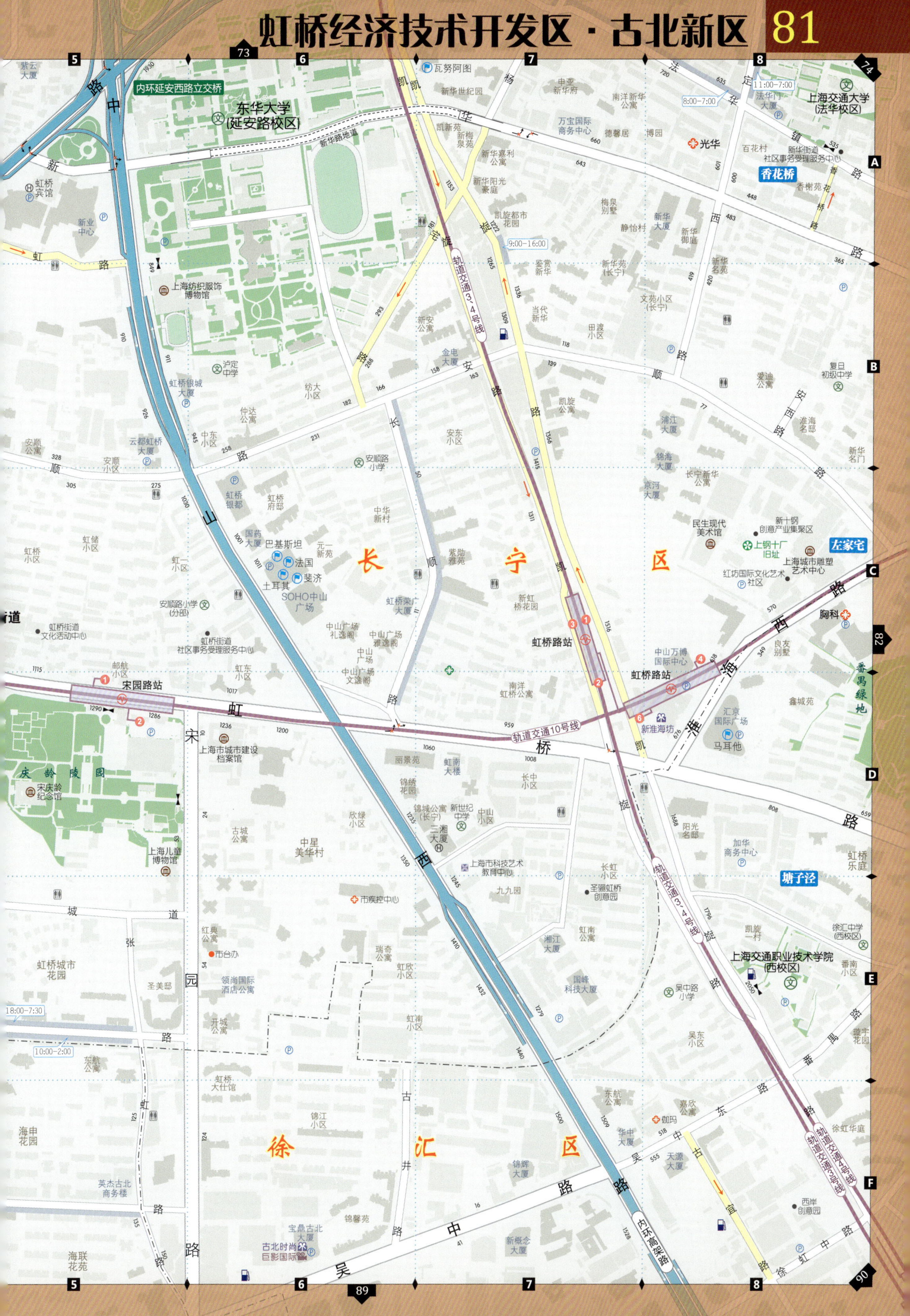
东华大学(延安路校区)
内环延安西路立交桥
上海纺织服饰博物馆
上海交通大学(法华校区)
香花桥
长宁区
虹桥路站
宋园路站
轨道交通10号线
轨道交通3·4号线
庆龄陵园
宋庆龄纪念馆
上海儿童博物馆
上海市城市建设档案馆
上海市科技艺术教育中心
上海交通职业技术学院(西校区)
徐汇区
内环高架路
左家宅
塘子泾
番禺绿地
中山万博国际中心
新淮海坊
马耳他
汇京国际广场
上钢十厂旧址
上海城市雕塑艺术中心
红坊国际文化艺术社区
民生现代美术馆
新十钢创意产业集聚区
古北时尚巨影国际
宝鼎古北大厦
吴中路
古宜路
虹桥路
延安西路
凯旋路
中山西路
淮海西路
安顺路
长顺路
宋园路
城道路
古井路
番禺路
法华镇路
新华路
安化路
定西路
张虹路
东华路
宜山路
徐虹中路

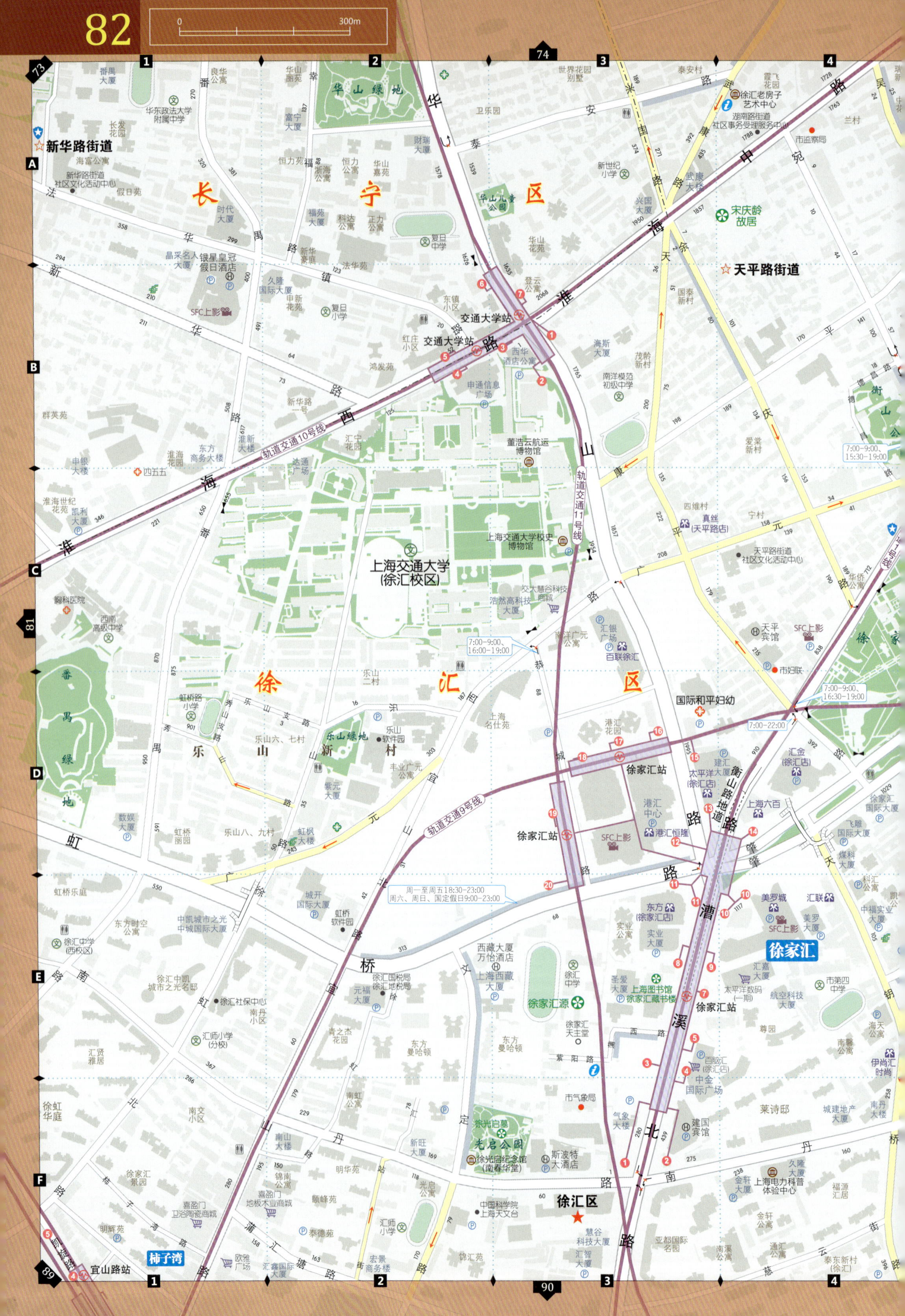
82
0
300m
长宁区
徐汇区
新华路街道
天平路街道
华山绿地
华山儿童公园
宋庆龄故居
上海交通大学（徐汇校区）
上海交通大学校史博物馆
董浩云航运博物馆
交通大学站
轨道交通10号线
轨道交通11号线
轨道交通9号线
徐家汇站
徐家汇
番禺绿地
乐山绿地
徐家汇源
光启公园
徐光启墓
上海图书馆徐家汇藏书楼
徐汇区
柿子湾
宜山路站
衡山路地道
港汇恒隆
太平洋百货
美罗城
上海六百
汇金百货
百联徐汇
国际和平妇幼
市妇联
天平宾馆
徐汇老房子艺术中心
湖南路街道社区事务受理服务中心
华东政法大学附属中学
复旦中学
复旦小学
南洋模范初级中学
西南高级中学
徐汇中学
徐家汇天主堂
市气象局
建国宾馆
上海电力科普体验中心
中国科学院上海天文台
上海西藏大厦
西藏大厦万怡酒店
上海信息广场
新华路街道社区文化活动中心
天平路街道社区文化活动中心
四五五
胸科医院
7:00-9:00、15:30-19:00
7:00-9:00、16:00-19:00
7:00-9:00、16:30-19:00
7:00-22:00
周一至周五18:30-23:00
周六、周日、国定假日9:00-23:00
淮海西路
淮海中路
华山路
番禺路
法华镇路
虹桥路
肇嘉浜路
漕溪北路
南丹路
天平路
广元路
乐山路
宛平路
天钥桥路
吴兴路
兴国路
武康路
康平路
宜山路
漕溪路
73
74
81
89
90

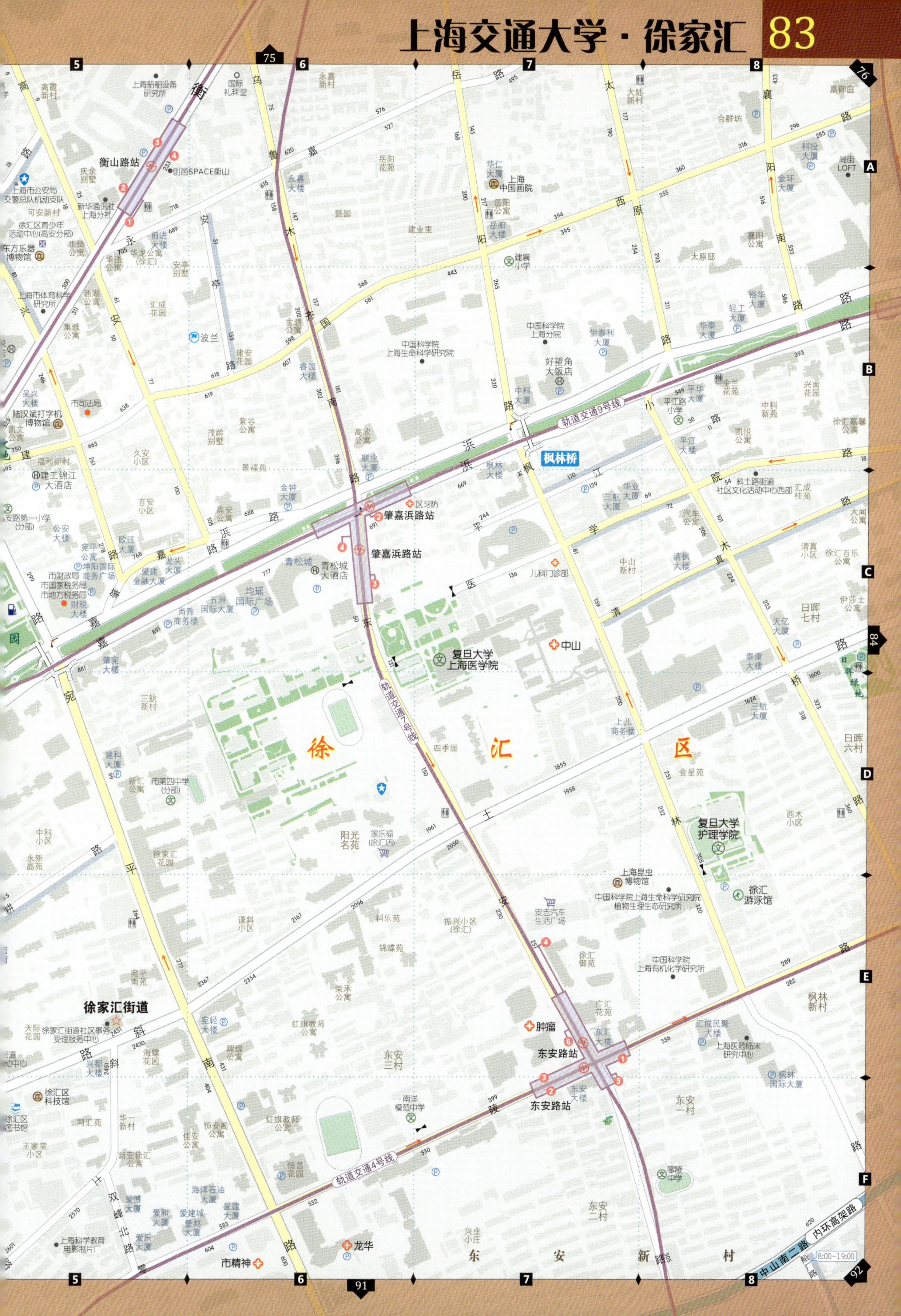
衡山路站
枫林桥
肇嘉浜路站
东安路站
复旦大学上海医学院
复旦大学护理学院
上海昆虫博物馆
徐汇游泳馆
徐家汇街道
徐汇区科技馆
轨道交通9号线
轨道交通7号线
轨道交通4号线
徐 汇 区
东 安 新 村
中山南二路
内环高架路
上海中国画院
好望角大饭店
中国科学院上海生命科学研究院
中国科学院上海有机化学研究所
上海医药临床研究中心
中山
肿瘤
龙华
市精神
青松城大酒店
建工锦江大酒店
上海市体育科学研究所
上海市公安局交警总队机动支队
上海船舶设备研究所
国际礼拜堂
陆汉斌打字机博物馆
东方乐器博物馆
上海科学教育电影制片厂

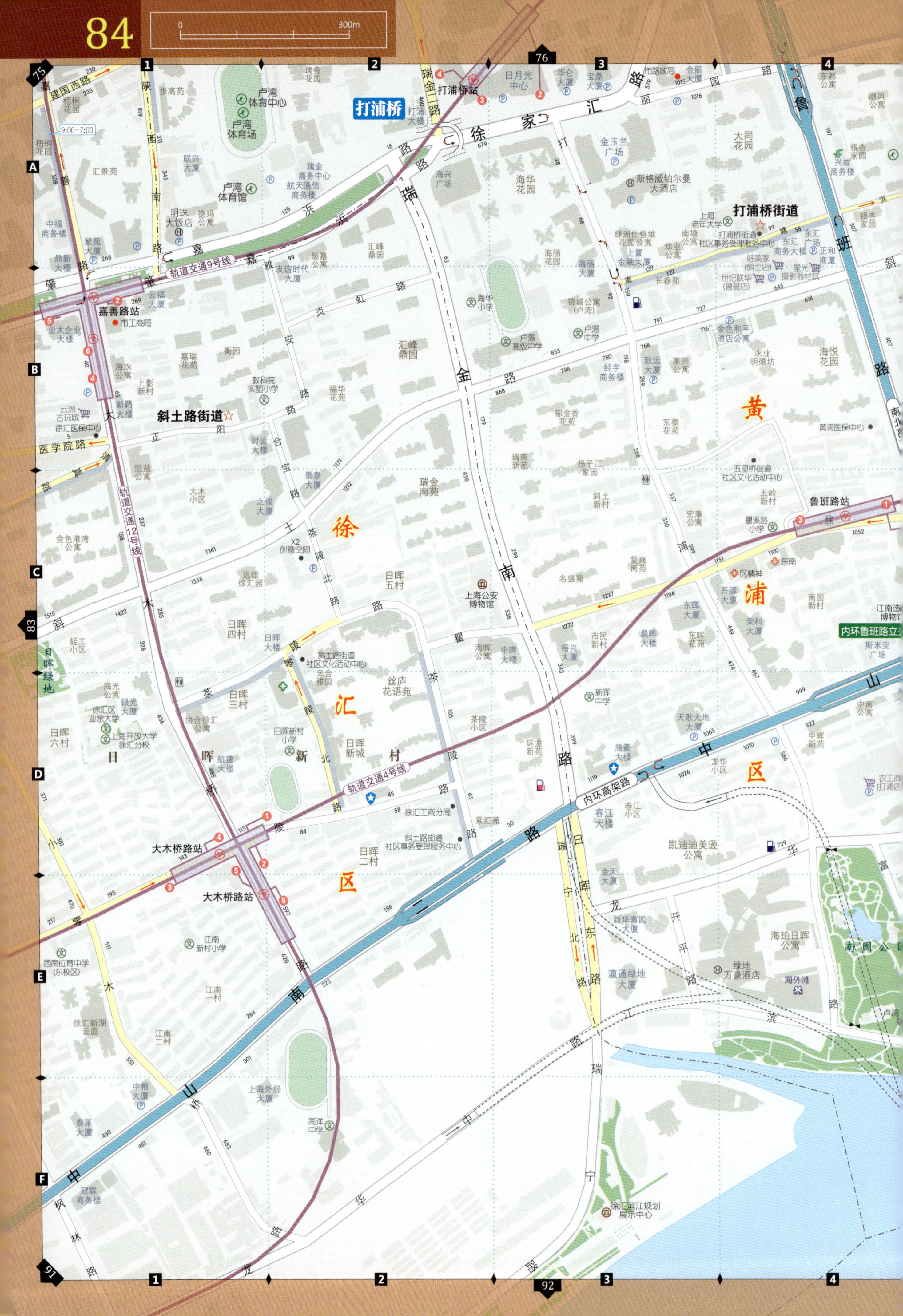
0
300m
打浦桥
打浦桥站
嘉善路站
鲁班路站
大木桥路站
打浦桥街道
斜土路街道
徐
汇
区
黄
浦
区
建国西路
徐家汇路
瑞金二路
陕西南路
肇嘉浜路
嘉善路
斜土路
大木桥路
医学院路
零陵路
中山南二路
内环高架路
瑞宁路
龙华东路
瑞金南路
日晖东路
丽园路
鲁班路
中山南路
轨道交通9号线
轨道交通12号线
轨道交通4号线
内环鲁班路立交
卢湾体育中心
卢湾体育场
卢湾体育馆
斯格威铂尔曼大酒店
上海公安博物馆
徐汇区业余大学
上海开放大学徐汇分校
卢湾高级中学
卢湾中学
海华小学
南洋中学
江南新村小学
日晖新村小学
新晖中学
瞿溪路小学
西南位育中学(东校区)
徐汇医保中心
黄浦医保中心
市工商局
徐汇工商分局
斜土路街道社区文化活动中心
斜土路街道社区事务受理服务中心
五里桥街道社区文化活动中心
打浦桥街道社区事务受理服务中心
日晖绿地
南园公园
徐汇滨江规划展示中心
绿地万豪酒店
海外滩
金玉兰广场
海兴广场
海华花园
日月光中心
瑞金商务中心
航天通信商务楼
明珠大饭店
丝庐花语苑
日晖新城
凯迪迪美逊公寓
海珀日晖公寓
天歌大地大厦
东方大木
上海外经大厦
X2创意空间
9:00-7:00

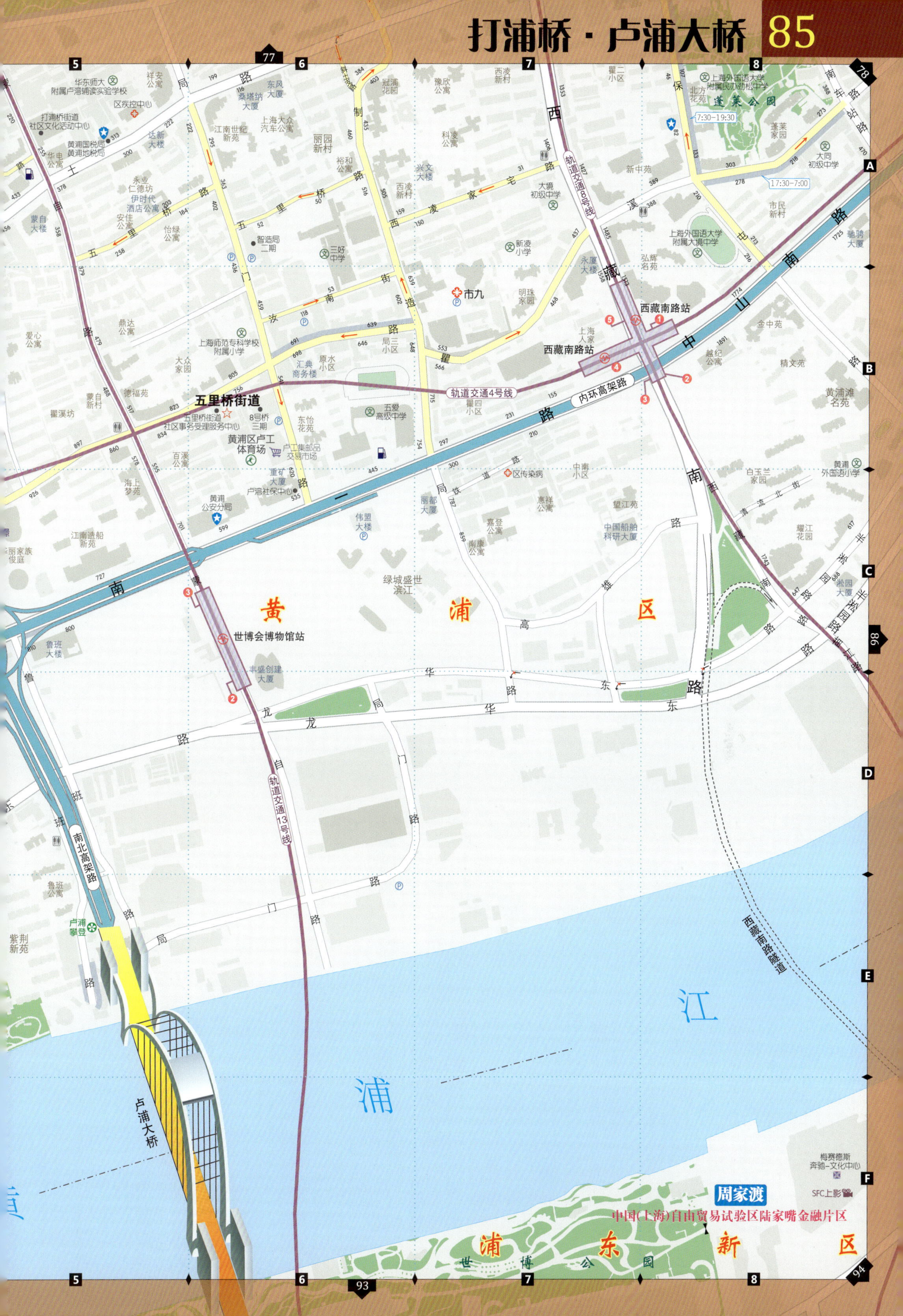
黄浦区
浦东新区
黄浦江
卢浦大桥
世博会博物馆站
西藏南路站
五里桥街道
轨道交通4号线
轨道交通8号线
轨道交通13号线
内环高架路
南北高架路
中山南一路
西藏南路
龙华东路
蓬莱公园
市九
周家渡
中国(上海)自由贸易试验区陆家嘴金融片区
世博公园
西藏南路隧道
黄浦区卢工体育场
梅赛德斯奔驰文化中心
SFC上影
7:30-19:30
17:30-7:00

300m
黄浦区
上海当代艺术博物馆
上海会馆史陈列馆
三山会馆
中山大楼
上海儿童艺术剧场
大光明
黄浦江
南浦大桥
南码头
中国（上海）自由贸易试验区
世博洲际酒店
白莲泾公园
白莲泾
世博公园
浦东新区
陆家嘴金融片区
浦东游泳馆
临沂公园
东江高尔
中山南路
南浦大桥
苗江路
花园港路
半淞园路
望达路
世博大道
博成路
国展路
白莲泾
高科西路
西藏南路隧道
南码头路
临沂路
浦东南路

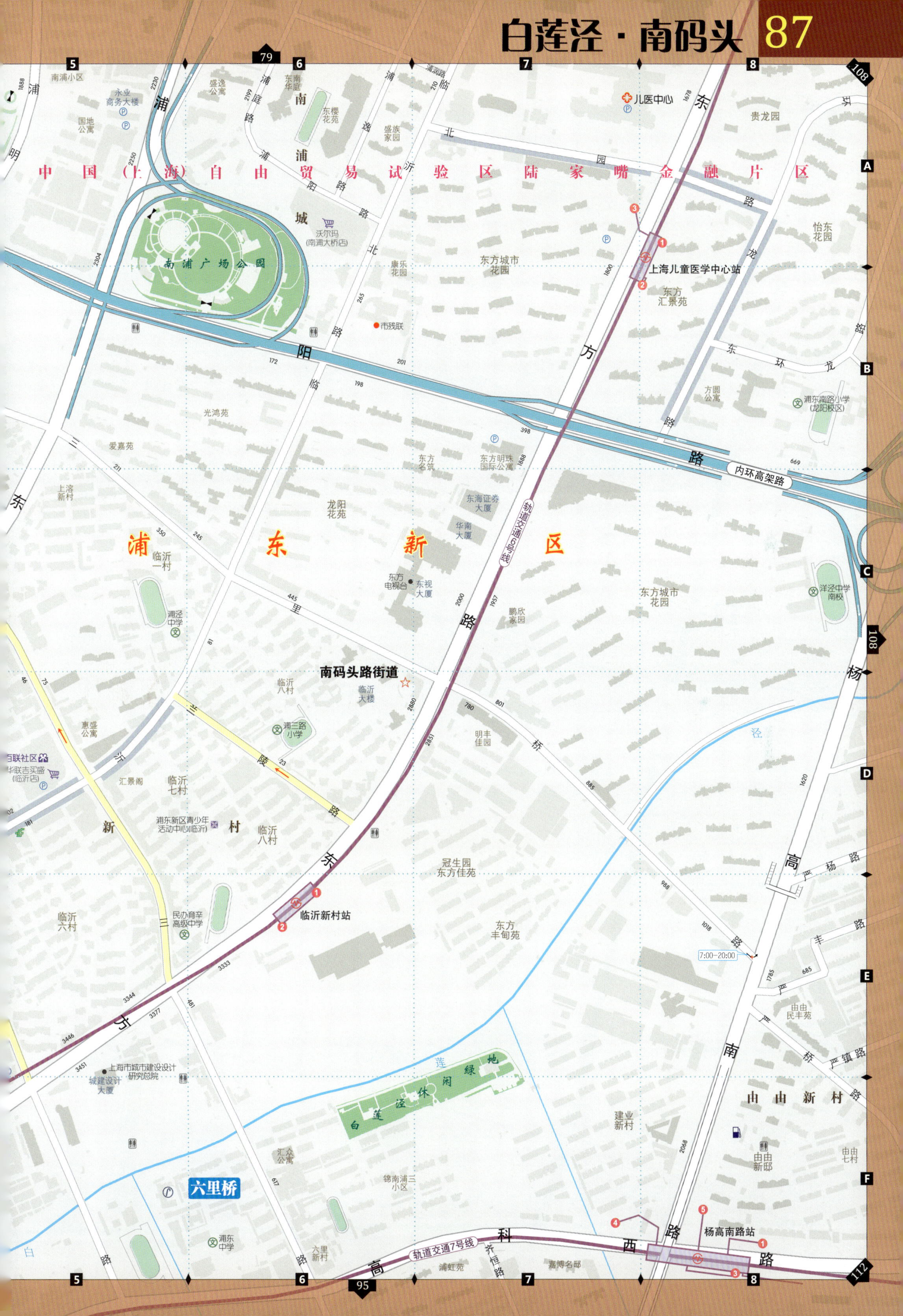
中国（上海）自由贸易试验区陆家嘴金融片区
浦东新区
南浦广场公园
上海儿童医学中心站
临沂新村站
杨高南路站
南码头路街道
东方路
浦东南路
杨高南路
内环高架路
轨道交通6号线
轨道交通7号线
白莲泾休闲绿地
六里桥
由由新村
儿医中心
东方城市花园
东方电视台
东视大厦
华南大厦
东海证券大厦
东方明珠国际公寓
龙阳花苑
临沂八村
临沂七村
临沂六村
冠生园东方佳苑
东方丰甸苑
上海市城市建设设计研究总院
沃尔玛（南浦大桥店）
市残联
浦东南路小学（龙阳校区）
洋泾中学南校
浦东新区青少年活动中心(临沂)
民办育辛高级中学
浦东中学
建业新村
由由新邸
嘉博名邸
贵龙园
怡东花园
东方汇景苑
方圆公寓
光鸿苑
爱嘉苑
上浦新村
明丰佳园
鹏欣家园
惠盛公寓
汇景阁
汇众公寓
锦南浦三小区
浦三路小学
浦泾中学
临沂一村
国地公寓
永业商务大楼
盛逸公寓
东南华庭
东樱花苑
盛族家园
康乐花园
东方名筑
临沂大楼
南浦小区
浦虹苑
齐恒路
六里新村
由由民丰苑
由由七村
7:00-20:00

0 300m
闵行区
徐汇区
漕河泾新兴技术开发区
虹桥高尔夫球场
西上澳塘绿地
漕河泾开发区公园
虹桥
虹梅路街道
上虹新村
名都古北花园
古北大成公寓
古北亚繁国际广场
光明乳业股份有限公司
涵博大厦
虹桥尚嘉苑
虹欣大厦
虹松东路
吴中路
虹许路
中环吴中路地道
天禧嘉福璞缇客酒店
金虹桥商务广场
吴中大厦
金虹大厦
红枫公寓
金枫公寓
古北新城
不列颠英国学校
明申花园
虹镇路
旅专小区
天鸿公寓
虹桥晶典苑
区牙防
怡和
东苑怡和园
虹六小区
蒲汇塘
漕河泾开发区智汇园
漕河泾开发区新汇园
漕河泾软件大厦
桂林路
北钦州路
钦州路
贺阀上路
桂箐路
宜山路
漕溪路
虹兴苑
虹梅小区
虹桥·环镇南路
荣信虹桥世嘉
永兆豪庭
上海先进半导体制造股份有限公司
桂箐园
虹梅路街道社区事务受理服务中心
航天新苑
"今日漕河泾"展示厅
上海漕河泾开发区科技产业化楼
新银大厦
贝岭微电子制造有限公司
新思大楼
中环宜山路地道
民润大厦
漕河泾开发区站
轨道交通9号线
上海齐来工业城
齐来大厦
创新大楼
桂平园
桂中园
桂平路
红梅大楼
远中科研产业大楼
英业达科技有限公司
3M中国有限公司漕河泾工厂
古美路
虹梅路
钦江路
林
莲花
宜州路
港
7:00-19:00
80
96
53
55

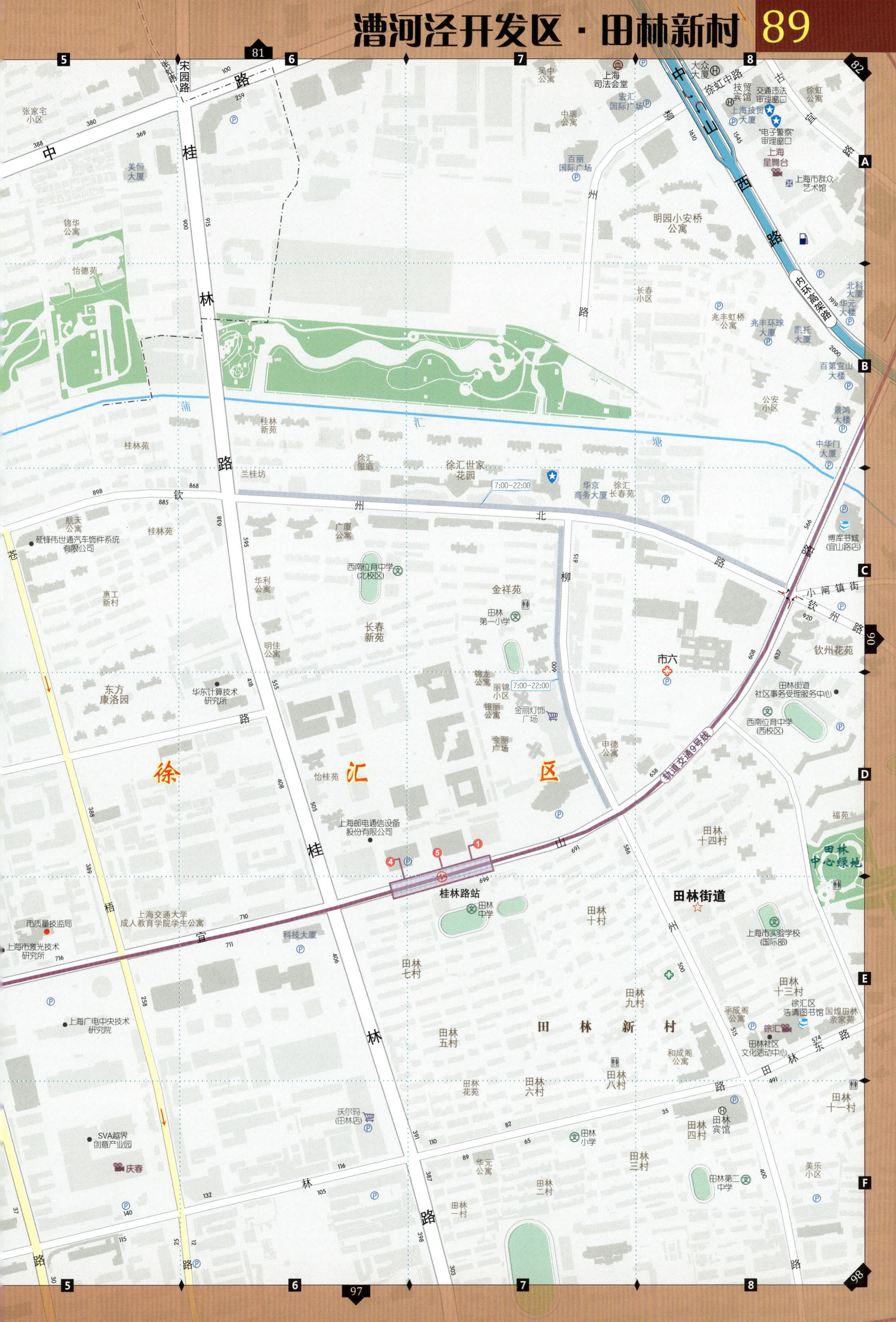

张家宅小区
中山西路
宋园路
桂林路
美恒大厦
锦华公寓
怡德苑
上海司法会堂
宏汇国际广场
中瑞公寓
百丽国际广场
吴中公寓
大众大厦
徐虹中路
技贸宾馆
交通违法审理窗口
上海技贸大厦
"电子警察"审理窗口
上海星舞台
上海市群众艺术馆
徐虹公寓
柳州路
明园小安桥公寓
长春小区
兆丰虹桥公寓
兆丰环球大厦
凯托大厦
北科大厦
华元大楼
内环高架路
百第宜山大楼
公安小区
景鸿大楼
中华门大厦
蒲汇塘
桂林新苑
桂林苑
兰桂坊
徐汇雅庭
徐汇世家花园
7:00-22:00
华京商务大厦
徐汇长春苑
钦州北路
航天公寓
延锋伟世通汽车饰件系统有限公司
桂林苑
广厦公寓
西南位育中学(北校区)
博库书城(宜山路店)
小闸镇街
钦州路
钦州花苑
华利公寓
惠工新村
金祥苑
田林第一小学
长春新苑
明佳公寓
市六
东方康洛园
华东计算技术研究所
锦龙公寓
丽锦小区
银丽公寓
金丽灯饰广场
金丽广场
田林街道社区事务受理服务中心
西南位育中学(西校区)
申德公寓
轨道交通9号线
徐
汇
区
怡桂苑
上海邮电通信设备股份有限公司
福苑
田林中心绿地
田林十四村
宜山路
桂林路站
田林中学
田林十村
田林街道
上海市实验学校(国际部)
市质量技监局
上海交通大学成人教育学院学生公寓
上海市激光技术研究所
科技大厦
田林七村
田林九村
田林十三村
平成阁公寓
徐汇区浩清图书馆
国煌田林亲家苑
上海广电中央技术研究院
田林新村
田林五村
和成阁公寓
田林社区文化活动中心
田林东路
田林花苑
田林六村
田林八村
田林十一村
沃尔玛(田林店)
田林四村
田林宾馆
田林小学
SVA超界创意产业园
庆春
华元公寓
田林三村
美乐小区
田林二村
田林第二中学
田林一村
田林路
漕宝路
桂林路

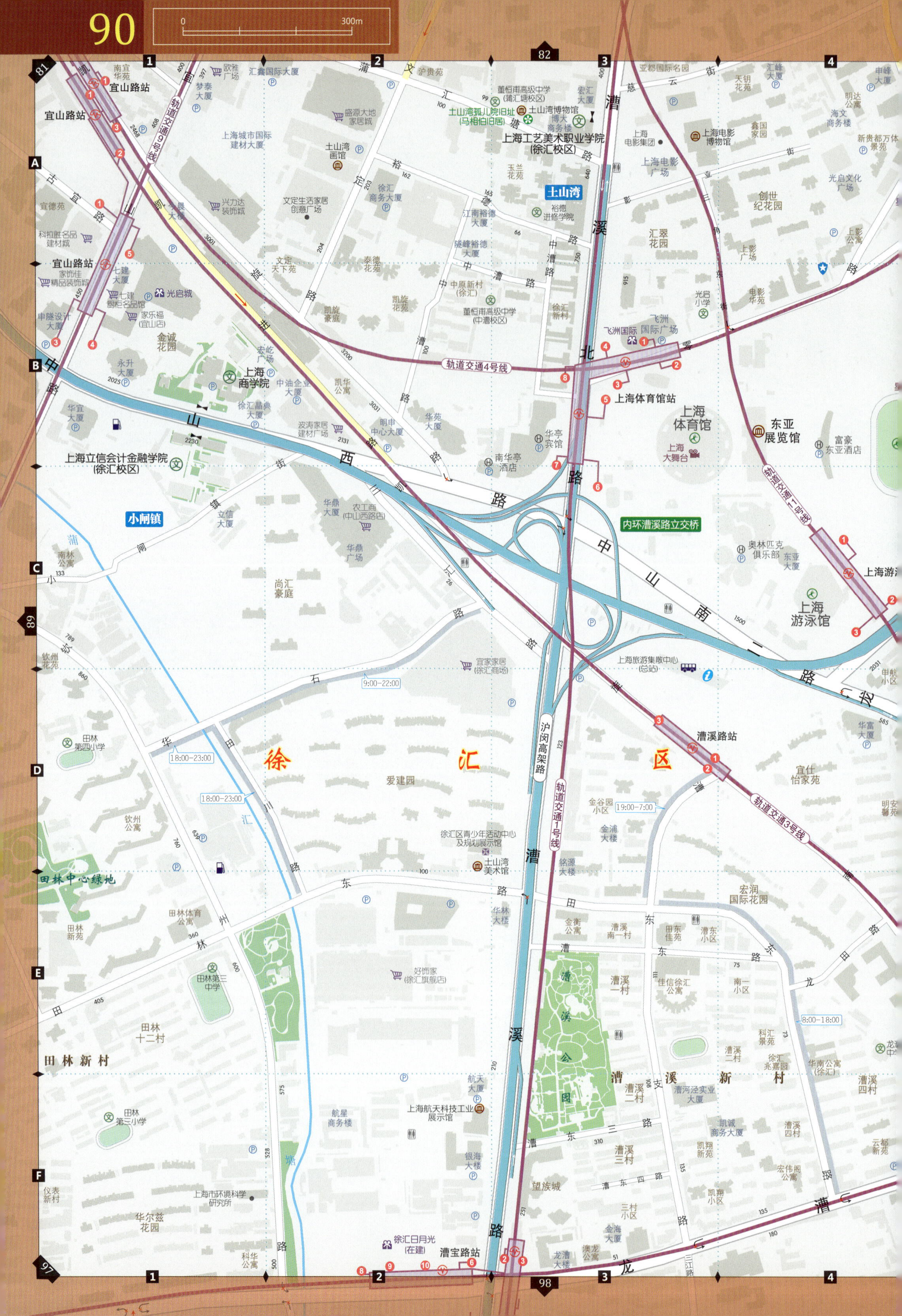
0 300m
宜山路站
轨道交通9号线
轨道交通4号线
轨道交通1号线
轨道交通3号线
上海体育馆站
漕溪路站
漕宝路站
上海游泳馆
上海体育馆
上海大舞台
东亚展览馆
内环漕溪路立交桥
土山湾
小闸镇
徐汇区
漕溪北路
漕溪路
中山西路
中山南二路
沪闵高架路
上海工艺美术职业学院(徐汇校区)
上海商学院
上海立信会计金融学院(徐汇校区)
上海旅游集散中心(总站)
土山湾博物馆
上海电影博物馆
飞洲国际广场
漕溪公园
田林中心绿地
田林新村
漕溪新村
爱建园
上海航天科技工业展示馆
上海市环境科学研究所
徐汇日月光(在建)
好饰家(徐汇旗舰店)
宜家家居(徐汇商场)
光启城
华亭宾馆
南华亭酒店
奥林匹克俱乐部
9:00–22:00
18:00–23:00
19:00–7:00
8:00–18:00

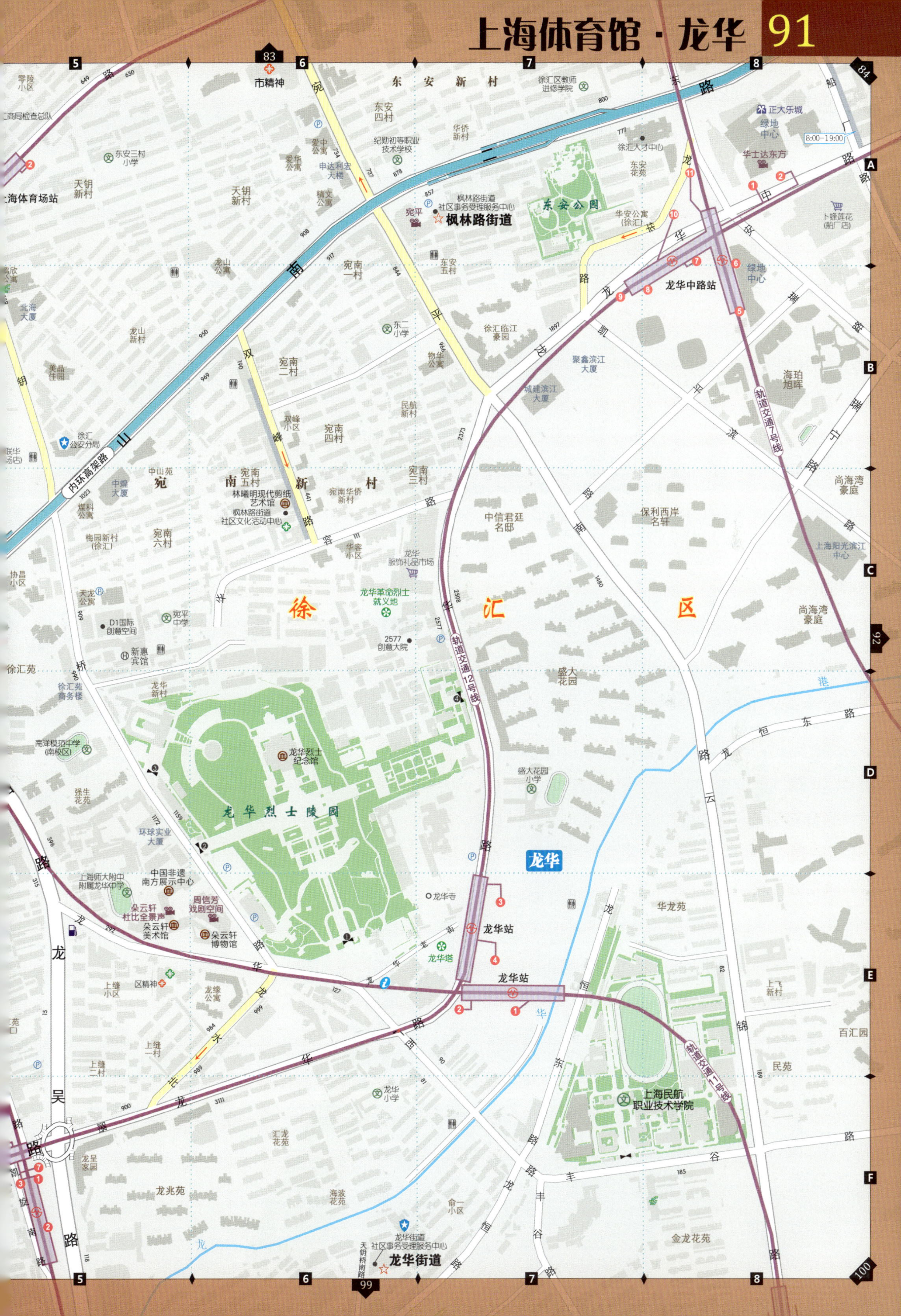
徐汇区
龙华
龙华烈士陵园
龙华烈士纪念馆
龙华革命烈士就义地
龙华寺
龙华塔
龙华站
龙华中路站
东安公园
枫林路街道
龙华街道
宛南新村
东安新村
上海体育场站
上海民航职业技术学院
中信君廷名邸
保利西岸名轩
尚海湾豪庭
盛大花园
龙华苑
龙兆苑
金龙花苑
华龙苑
海珀旭晖
聚鑫滨江大厦
城建滨江大厦
徐汇临江豪园
正大乐城
绿地中心
华士达东方
内环高架路
轨道交通7号线
轨道交通12号线
轨道交通11号线
龙华中路
天钥桥路
龙华西路
龙吴路
龙华路
东安路
宛平南路
丰谷路
龙恒路
龙腾大道

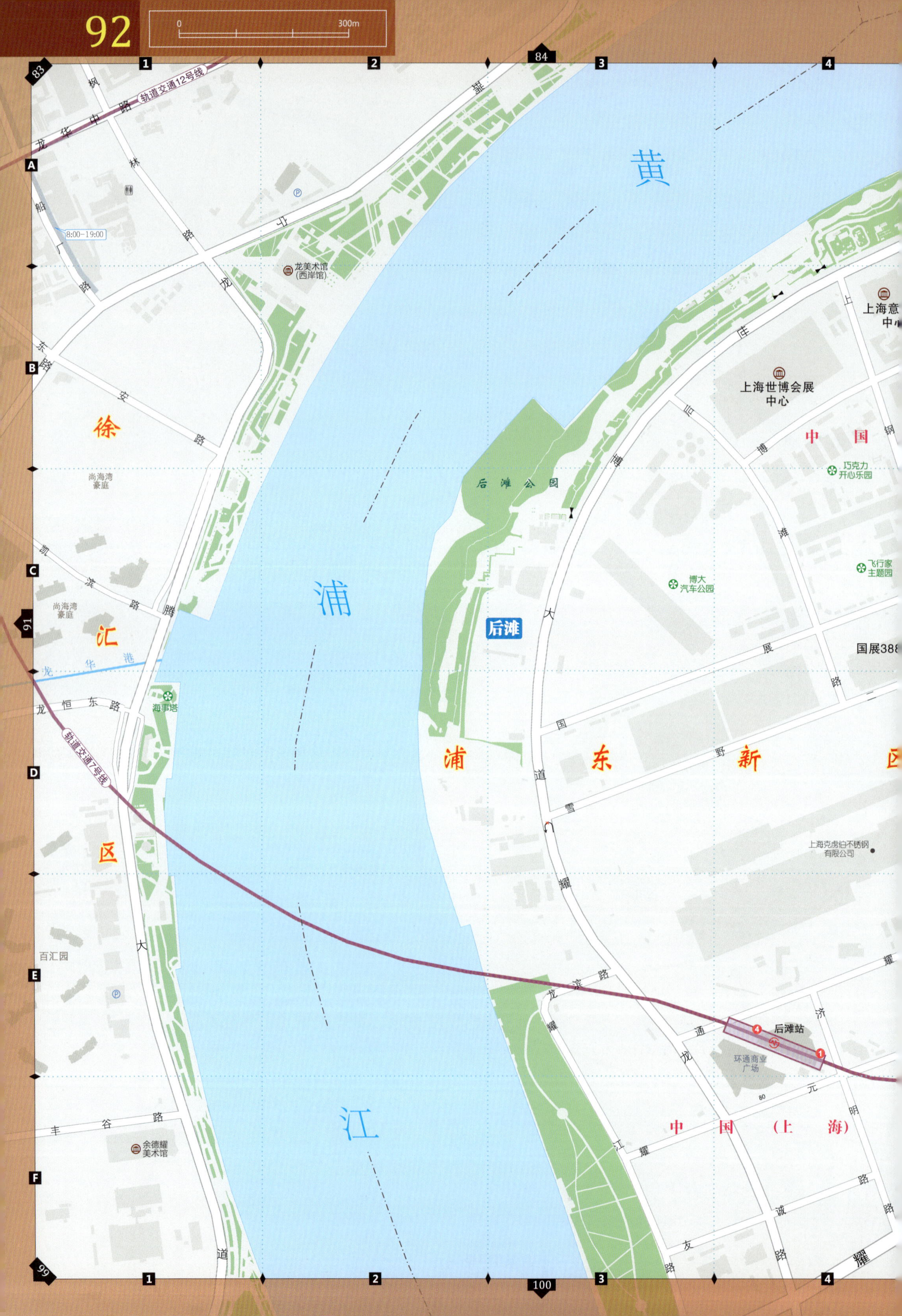

0
300m
83
84
91
99
100
黄
浦
江
徐
汇
区
浦
东
新
区
龙华中路
轨道交通12号线
枫林路
船厂路
8:00-19:00
瑞宁路
龙腾大道
龙美术馆(西岸馆)
东安路
尚海湾豪庭
凯滨路
龙华港
海事塔
龙恒东路
轨道交通7号线
百汇园
丰谷路
余德耀美术馆
后滩公园
后滩
上海世博会展中心
中国
巧克力开心乐园
博大汽车公园
飞行家主题园
国展388
上庄
后博滩路
展路
国展路
雪野路
大道
耀
龙滨路
龙耀路
济明路
后滩站
环通商业广场
中国(上海)
元
江耀路
通龙路
友路
诚路
上海克虏伯不锈钢有限公司

世博公园
世博大舞台
世博中心
卢浦大桥
轨道交通13号线
博大道
上海西班牙中心
上海二十一世纪民生美术馆
世博大道站
上南路
保利
周家渡路
世博源
工银中心
上海世博展览馆
2062新能源主题公园
自由贸易试验区陆家嘴金融片区
世博体育公园
IC运动加空间
花嫁丽舍私人婚礼会所
浦东新区
国展路
雪野路
博成路
清路
长清路
墨西哥艺术中心
世博馆路
上南花城
常青中学
历城路
沿线小区、单位车辆除外
轨道交通7号线
上钢二村
上钢三村
耀高小区
长青公园
长清路站
长清教师公寓
五官科浦东分院
一妇婴南院
新世纪花苑
上钢新村街道社区事务受理服务中心
上钢新村街道社区文化活动中心
上钢五村
浦东(昌里店)
龙华浦东分院
救恩堂
华夏路
昌里路
联城花苑
信建大厦
上钢九村
东方阶梯双语学校
上钢七村
历城中学
上钢四村
上钢一村
上钢新村
上南路小学
浦泾大楼
上钢新村街道
上钢八村
上钢六村
新路达长青社区生活中心
贸易试验区陆家嘴金融片区
济阳路
济阳公园
上钢十村
西营路
济阳新村
济中新村
济阳二村
明珠花苑(浦东)
德州一村小学
成山路
洪山中学(长清路校区)
灵岩路
林家花园
德州新村
德州一村
德州二村
德州三村
德州四村

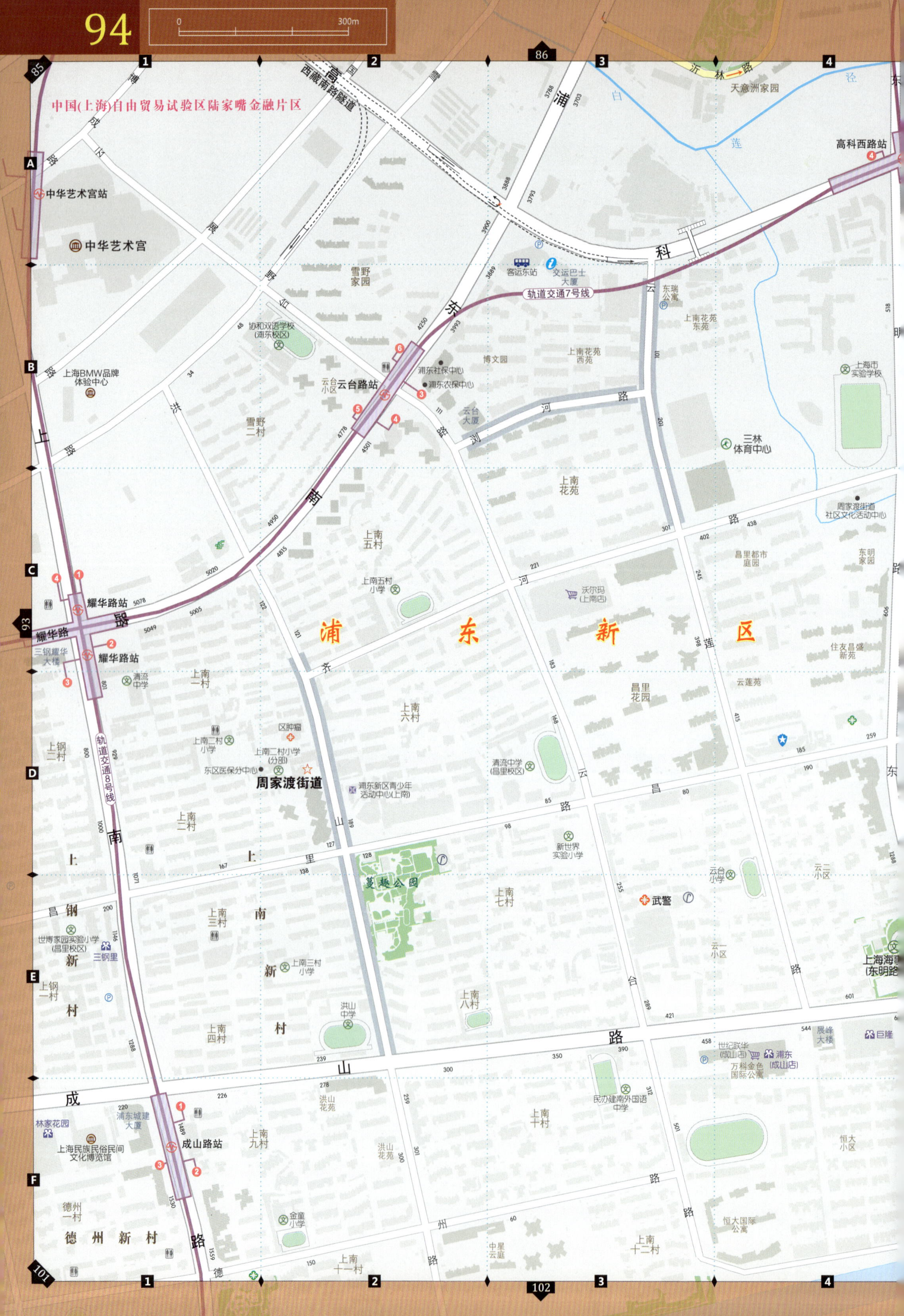
0
300m
中国(上海)自由贸易试验区陆家嘴金融片区
中华艺术宫站
中华艺术宫
上海BMW品牌体验中心
雪野家园
雪野二村
协和双语学校(浦东校区)
云台路站
云台小区
浦东社保中心
浦东农保中心
博文园
云台大厦
客运东站
交运巴士大厦
轨道交通7号线
东瑞公寓
上南花苑东苑
上南花苑西苑
高科西路站
天誉洲家园
上海市实验学校
三林体育中心
上南花苑
周家渡街道社区文化活动中心
耀华路站
三钢耀华大楼
清流中学
上南一村
上南五村
上南五村小学
沃尔玛(上南店)
浦东新区
昌里都市庭园
东明家园
住友昌盛新苑
云莲苑
昌里花园
上南六村
上钢二村
上南二村小学
区肿瘤
上南二村小学(分部)
东区医保分中心
周家渡街道
浦东新区青少年活动中心(上南)
清流中学(昌里校区)
轨道交通8号线
上南三村
新世界实验小学
蔓趣公园
云台小学
云二小区
武警
上南七村
世博家园实验小学(昌里校区)
三钢里
上钢一村
上钢新村
上南新村
上南三村小学
云一小区
上海海事(东明路)
上南八村
洪山中学
上南四村
世纪联华(成山店)
浦东(成山店)
万科金色国际公寓
展峰大楼
巨隆
民办建南外国语中学
洪山花苑
上南十村
林家花园
浦东城建大厦
上海民族民俗民间文化博览馆
成山路站
上南九村
洪山花苑
恒大小区
恒大国际公寓
德州一村
德州新村
金童小学
中星云庭
上南十二村
上南十一村
浦东南路
耀华路
成山路
上南路
昌里路
齐河路
云台路
云莲路
东明路
德州路
上钢新村
高科西路
西藏南路隧道
展野路
博成路
洪山路
沂林路
白莲泾
85
86
93
101
102

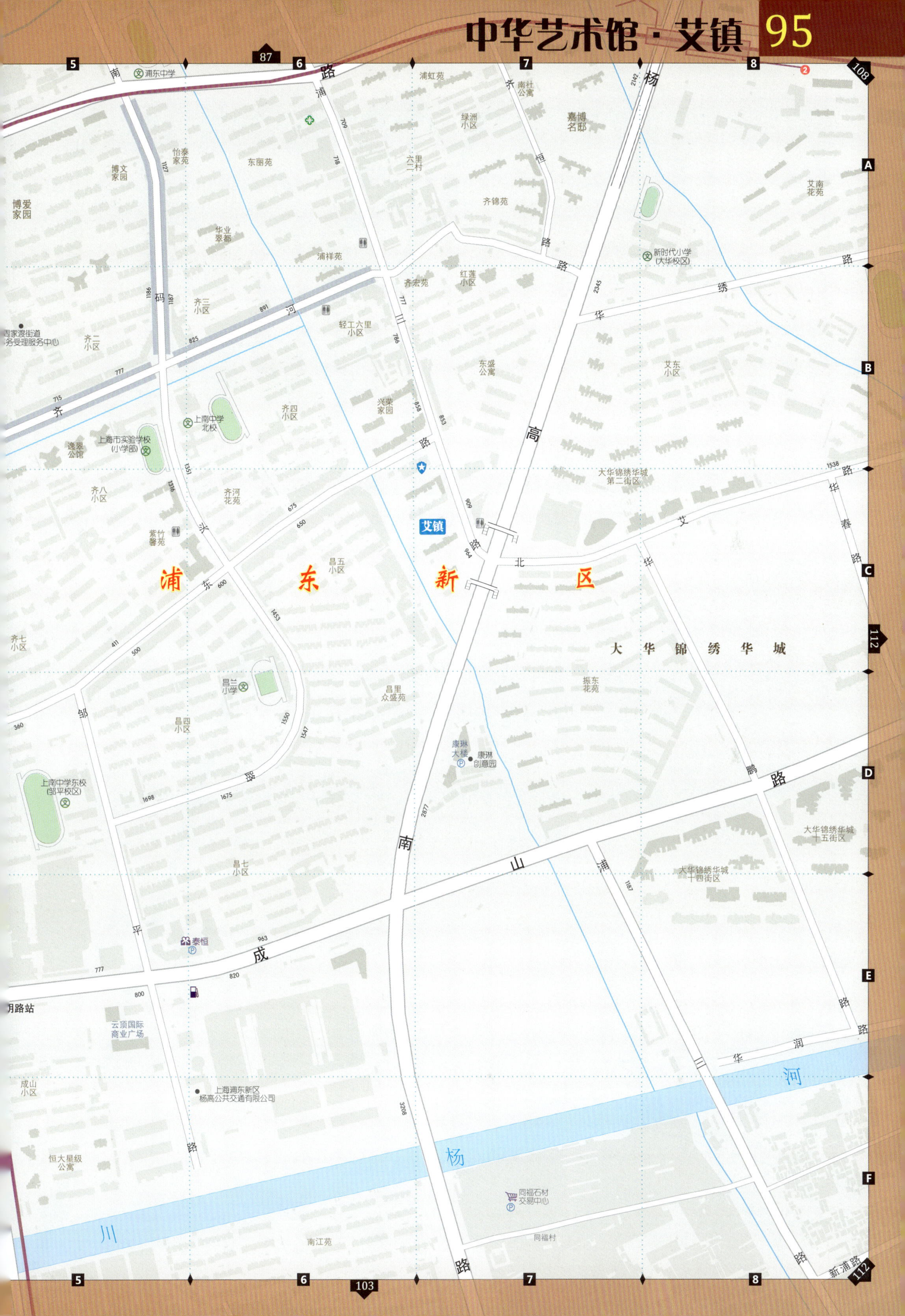

87 103 108 112

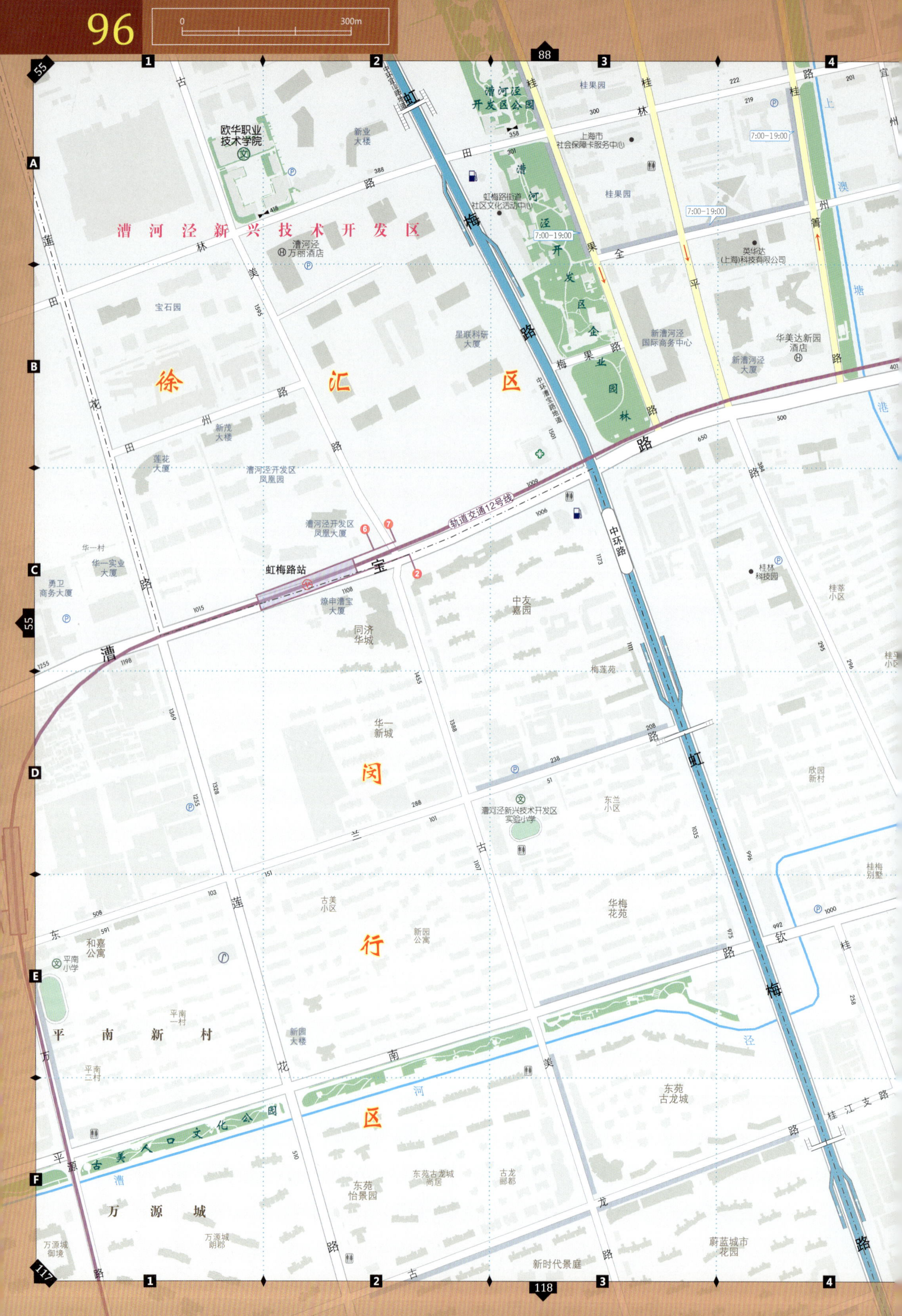
0
300m
欧华职业技术学院
新业大楼
漕河泾开发区公园
桂果园
上海市社会保障卡服务中心
虹梅路街道社区文化活动中心
桂果园
漕河泾新兴技术开发区
漕河泾万丽酒店
英华达(上海)科技有限公司
宝石园
星联科研大厦
新漕河泾国际商务中心
华美达新园酒店
新漕河泾大厦
徐汇区
新茂大楼
莲花大厦
漕河泾开发区凤凰园
轨道交通12号线
漕河泾开发区凤凰大厦
虹梅路站
华一村
华一实业大厦
勇卫商务大厦
燦申漕宝大厦
同济华城
中友嘉园
桂林科技园
桂莘小区
梅莲苑
华一新城
欣园新村
漕河泾新兴技术开发区实验小学
东兰小区
闵行区
古美小区
新园公寓
华梅花苑
桂梅别墅
和嘉公寓
平南小学
平南一村
平南新村
新园大楼
平南二村
东苑古龙城
古美人口文化公园
东苑怡景园
东苑古龙城尚居
古龙郦都
万源城
万源城御境
万源城朗郡
新时代景庭
蔚蓝城市花园
虹梅路
田林路
桂林路
宜州路
漕宝路
莲花路
田州路
钦州路
古美路
虹梅路
兰路
东兰路
莲花路
平南路
万源路
古龙路
桂江支路
中环路
7:00-19:00
88
118
55
117

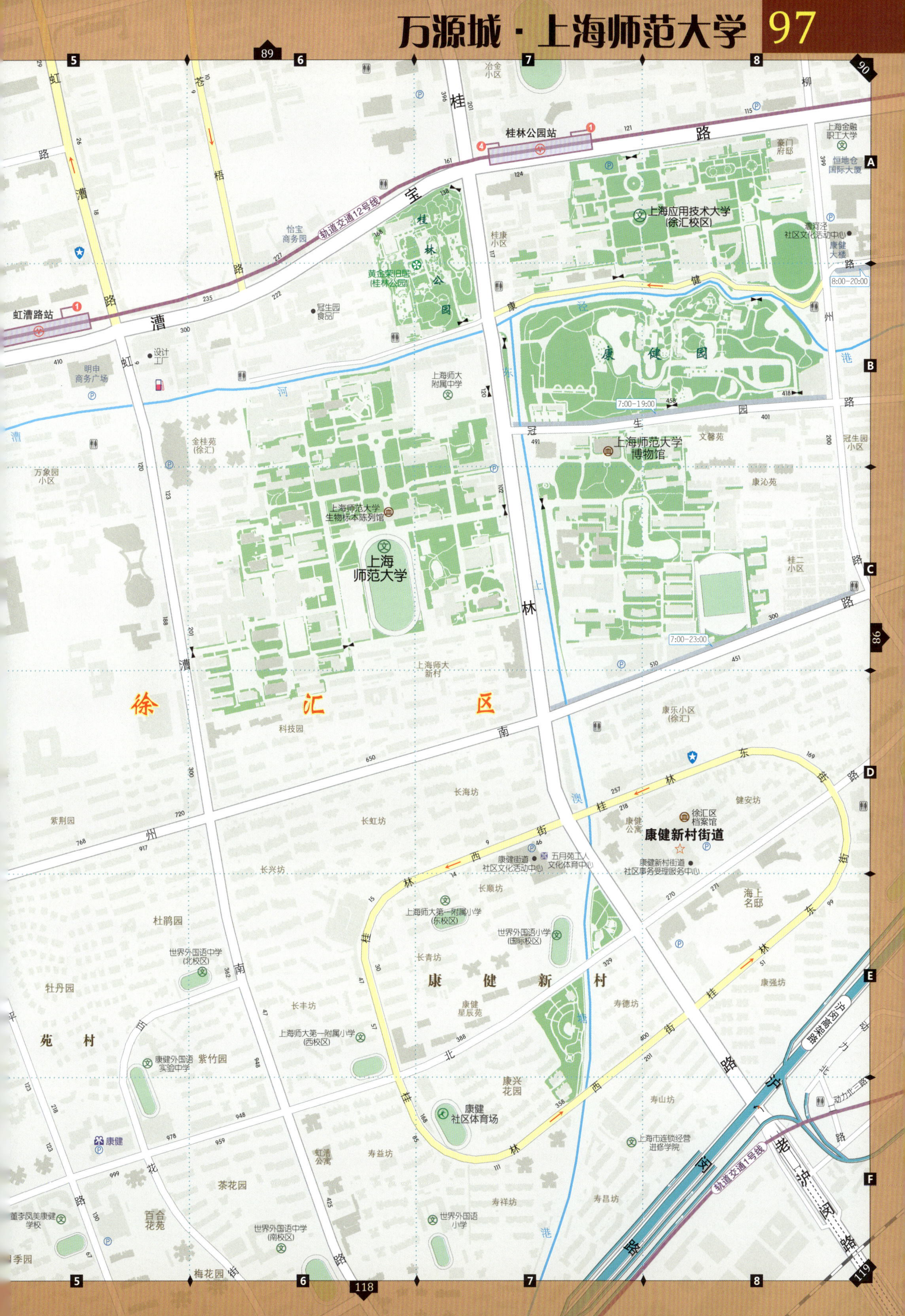

桂林公园站
虹漕路站
轨道交通12号线
桂林公园
黄金荣旧居(桂林公园)
上海应用技术大学(徐汇校区)
康健园
上海师范大学博物馆
上海师范大学生物标本陈列馆
上海师范大学
上海师大附属中学
徐汇区
康健新村街道
徐汇区档案馆
康健新村
康健社区体育场
世界外国语小学(国际校区)
上海师大第一附属小学(东校区)
上海师大第一附属小学(西校区)
世界外国语中学(北校区)
世界外国语中学(南校区)
世界外国语小学
康健外国语实验中学
上海市连锁经营进修学院
轨道交通1号线
沪闵路
沪闵路高架路
桂林路
宜山路
漕宝路
虹漕路
钦州路
冠生园路
桂林东街
桂林西街
漕河泾港
7:00–19:00
7:00–23:00
8:00–20:00

0
300m
漕宝路
漕宝路站
轨道交通12号线
上海光大会展中心（西馆）
上海光大会展中心（东馆）
光大会展中心国际大酒店
漕河泾
漕河泾街道
沪闵高架路
八五分院
嘉萱苑
乾骏园
气象苑
梦蝶苑
保利星苑
乾骏大厦
三江小区
康健路
冠生园路
汇成宾阳苑
上海师大第三附属实验学校
新龙华
上海地产馨逸公寓
科苑新村
中海馨园
逸安商务楼
钦州大厦
徐汇公寓
钦州南路
中国中学（高中部）
上海技术交易所
上海市科技创业中心
海上名门公寓
家乐福（柳州店）
中星城
康馨家园
区妇幼
中国中学（初中部）
康宁坊
康宁科技实验小学
徐汇区市场监督管理局
徐汇区行政服务中心
新龙华站
徐汇区
徐汇万科中心
沪昆铁路、金山铁路
轨道交通1号线
轨道交通3号线
龙华路
上海南站
上海南站站
盛泰
动力南三路
长途南站
动力南一路
动力南二路
动力南五路
动力南六路
动力南四路
石龙路
龙川北路
金牛苑
恒龙苑
汾阳中学
罗城小区
罗城路
汇达苑
春天商务楼
东荡小区
正南花苑
永川路
漕河泾港
钦州路
宾阳路
宾南路
宁安路
柳州路
桂林路
南天公寓
康惠苑
漕河景苑
求知小学
河滨国际公寓
沪华公寓
中海汇之苑
九弄小区
泰成花苑
八五嘉苑
和诚商务大楼
和信商务大楼
华夏宾馆
云悦华尔兹精品酒店
习勤小区
薛家宅小区
冠生园小区
中圃花园
漕河泾街道社区事务受理服务中心
梓树园
出版大楼
圣骊家园
龙漕家园
7:00-9:00
7:00-19:00
8:00-20:00
12:00-23:00
8:30-17:00
动力北一路
动力北二路
动力北三路

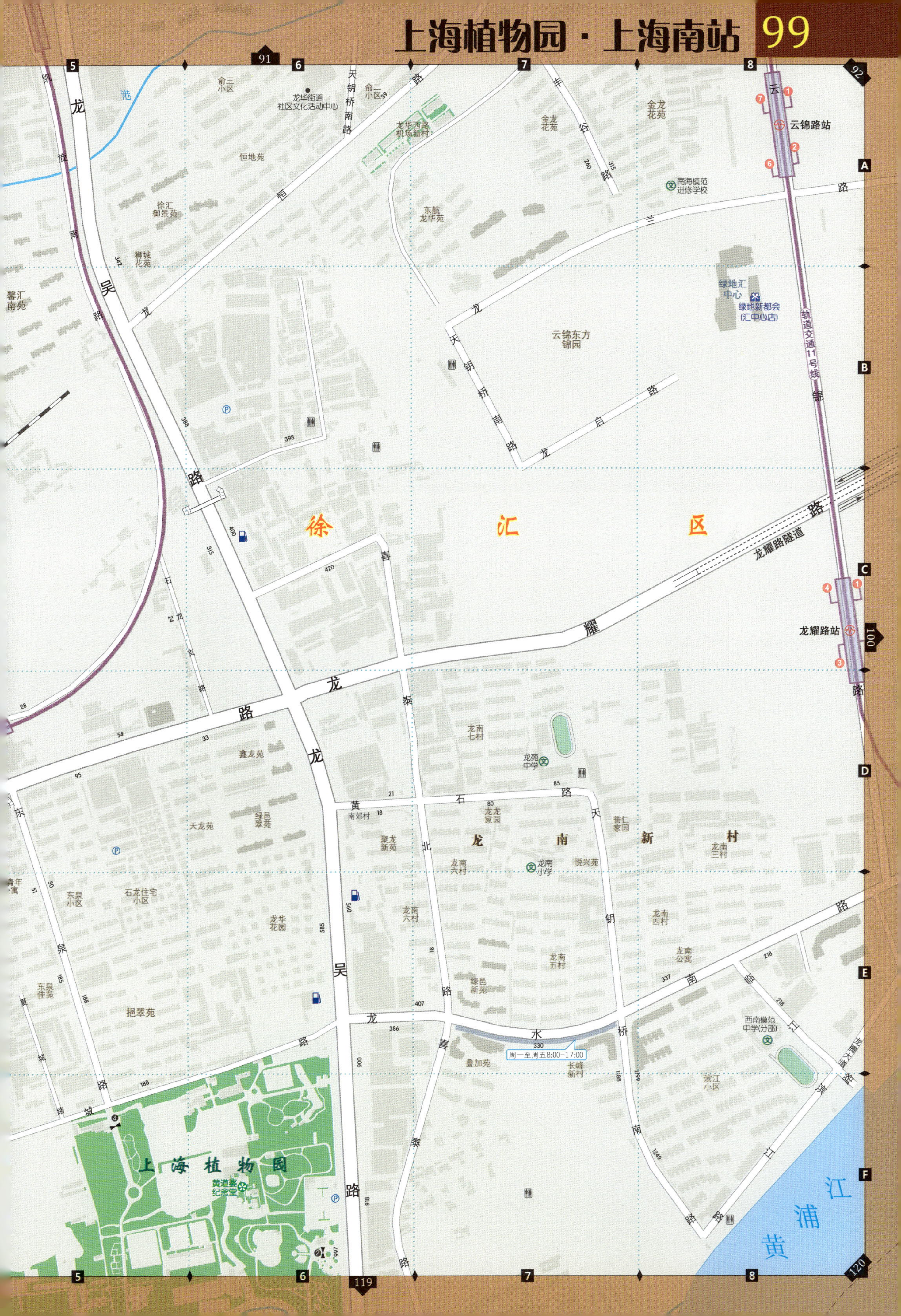
徐汇区
龙南新村
上海植物园
黄道婆纪念堂
云锦路站
龙耀路站
轨道交通11号线
龙耀路隧道
龙吴路
龙耀路
龙华西路
天钥桥南路
龙启路
云锦路
龙水南路
石龙路
黄石路
恒地苑
徐汇御景苑
狮城花苑
馨汇南苑
俞三小区
俞二小区
龙华街道社区文化活动中心
龙华西路机场新村
东航龙华苑
金龙花苑
南海模范进修学校
绿地汇中心
绿地新都会(汇中心店)
云锦东方锦园
鑫龙苑
天龙苑
绿邑翠苑
东泉小区
石龙住宅小区
龙华花园
东泉佳苑
挹翠苑
龙南七村
龙苑中学
龙龙家园
聚龙新苑
龙南六村
龙南小学
悦兴苑
誉仁家园
龙南三村
龙南四村
龙南公寓
龙南五村
绿邑新苑
叠加苑
长峰新村
西南模范中学(分部)
滨江小区
周一至周五8:00-17:00
黄浦江
南郊村
青年公寓

0
300m
黄
浦
江
徐
汇
区
龙耀路隧道
龙耀路
龙兰路
龙腾大道
西岸艺术中心
上海梦中心
丰水新村
云锦路
龙水南路
轨道交通11号线
耀华路
德江路
耀龙路
耀龙路桥
济阳路
前滩
前滩休闲公园
海阳路
前滩英惠楼
上海惠灵顿国际学校
高青西路
芋秋路
会晓路
桐晓路
中国(上海)自由贸易试验区陆家嘴金融片区

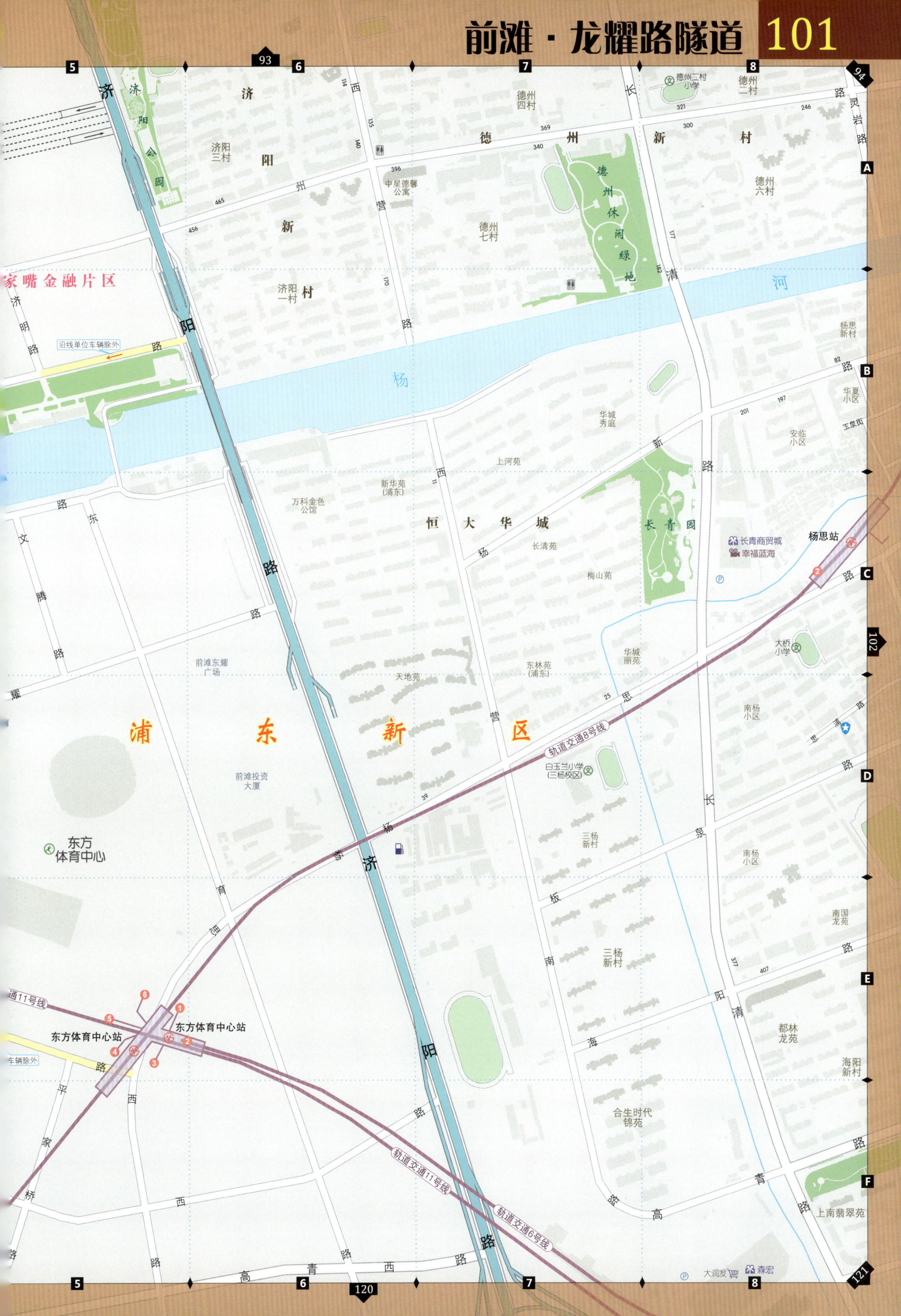

93 94 102 120 121

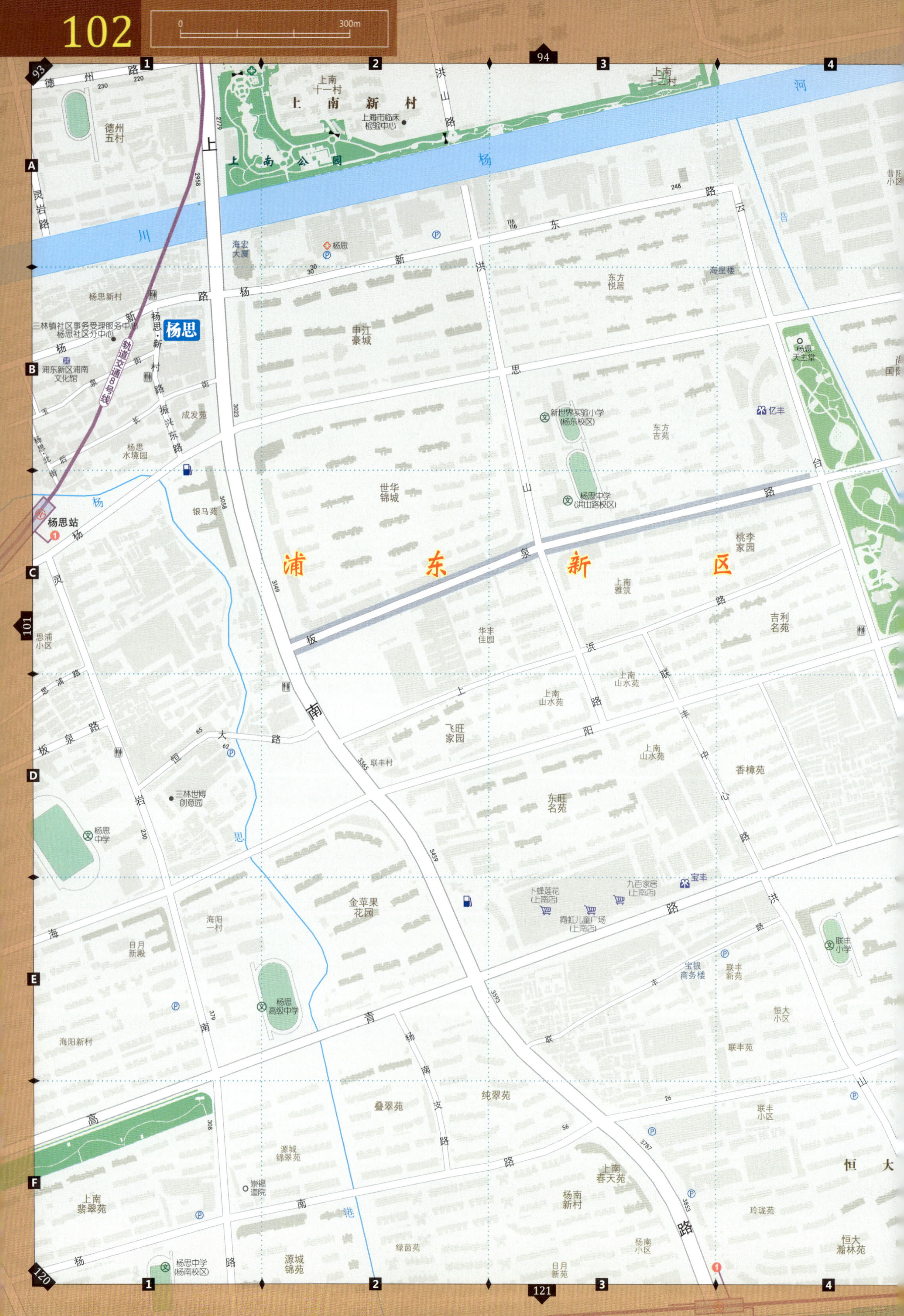

93
94
101
120
121

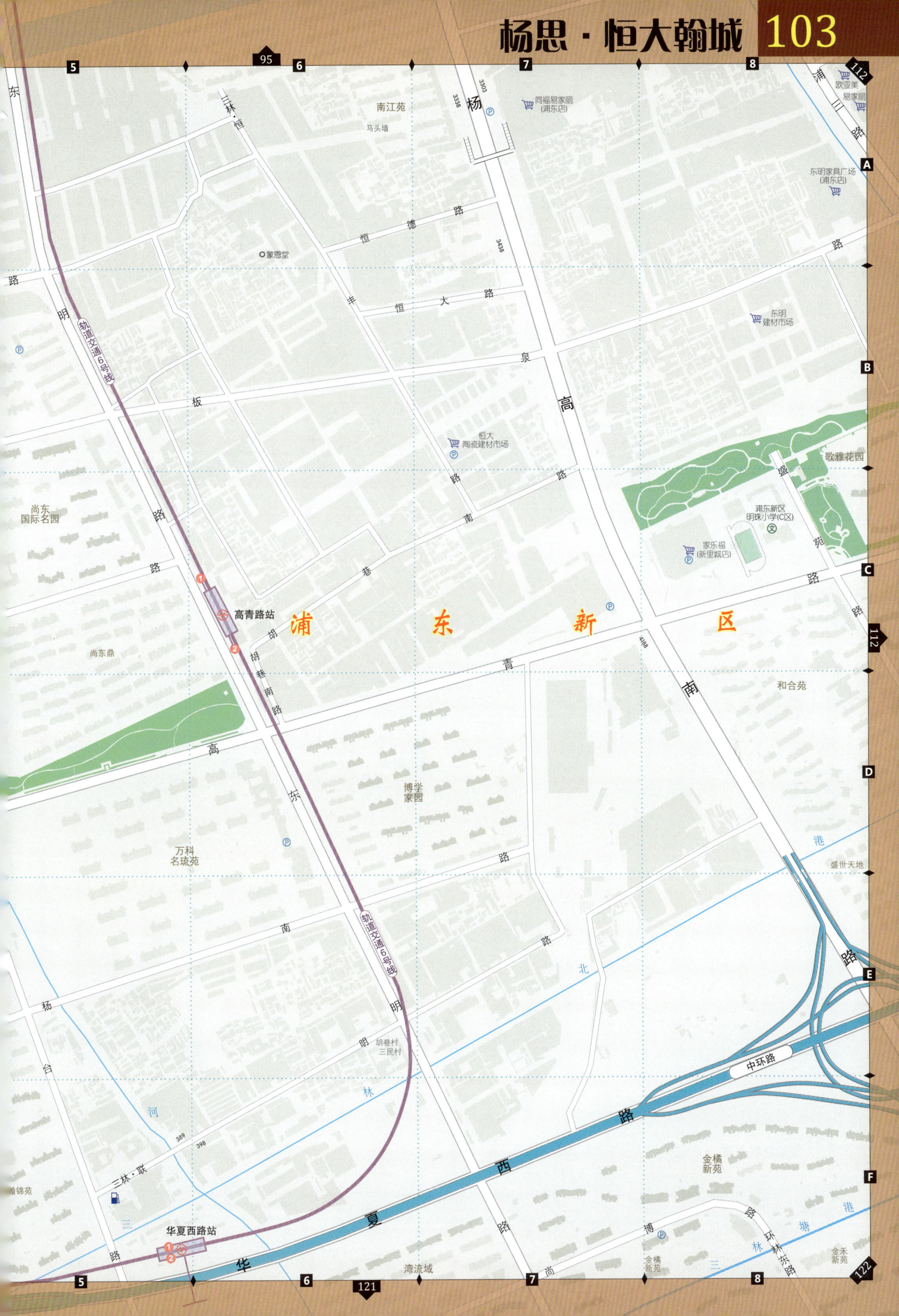
浦东新区
南江苑
马头墙
同福易家丽(浦东店)
欧亚美
易家丽
东明家具广场(浦东店)
蒙恩堂
东明建材市场
恒大陶瓷建材市场
歌雅花园
浦东新区明珠小学(C区)
家乐福(新里城店)
尚东国际名园
高青路站
尚东鼎
和合苑
博学家园
万科名琉苑
盛世天地
胡巷村三民村
中环路
金橘新苑
华夏西路站
湾流域
金禾新苑
轨道交通6号线
杨高南路
高青路
东明路
华夏西路
三林·联
环林东路
北林河
三林港

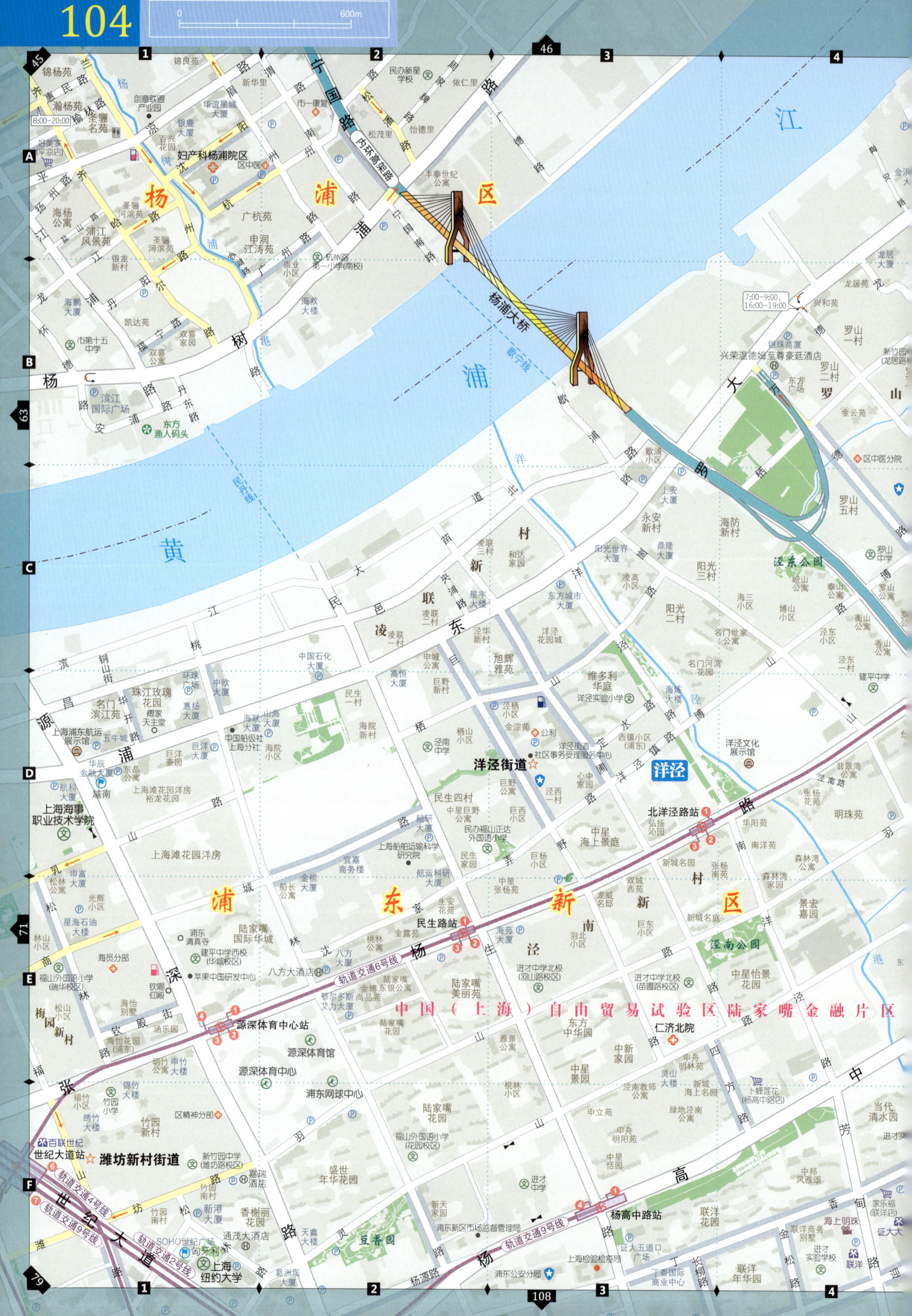
0
600m
45
46
63
71
79
108
1
2
3
4
A
B
C
D
E
F
杨浦区
浦东新区
黄浦江
杨浦大桥
内环高架路
宁国路
杨树浦路
平凉路
长阳路
杨浦港
黄浦江
民生路
浦东大道
东方渔人码头
滨江国际广场
市第十五中学
妇产科杨浦院区
区中医
杭州路第一小学(南校)
丰泰世纪公寓
民办新星学校
怡德里
松茂里
依仁里
广杭苑
申润江涛苑
海杨公寓
浦江风景苑
银龙新村
凯达苑
双嘉公寓
海鹏大厦
锦杨苑
锦良苑
瀚杨苑
新华里
华宜星城大厦
创意联盟产业园
8:00~20:00
7:00~9:00、16:00~19:00
歇浦小区
上安大厦
永安新村
鼎隆大厦
阳光世界大厦
海防新村
阳光三村
阳光二村
凌高小区
兴荣温德姆至尊豪廷酒店
银珠商厦
东方广场
罗山一村
罗山二村
罗山五村
区中医分院
罗山中学
泾东公园
博山小区
海三小区
名门世家公寓
名门河滨花园
泾东小区
泾东一村
建平中学
维多利华庭
洋泾实验小学
海滨大楼
洋泾文化展示馆
洋泾
洋泾街道
社区事务受理服务中心
金滨苑
公利
泾西一村
泾南中学
栖山小区
民生四村
巨野公寓
巨西小区
中星巨野公寓
民办福山正达外国语小学
上海船舶运输科学研究院
民生家园
航运科研大厦
北洋泾路站
弘扬沁园
华阳苑
南洋苑
张杨南苑
新城名园
明珠苑
森林湾公寓
森林湾家园
景宏嘉园
新城名庭
泾南公园
中星怡景花园
仁济北院
进才中学北校(苗圃路校区)
进才中学北校(羽山路校区)
中国(上海)自由贸易试验区陆家嘴金融片区
东方中华园
中星景园
中新家园
中星海上景庭
巨杨小区
中星张杨苑
海苑大厦
泾南小区
民生路站
陆家嘴美丽苑
陆家嘴花园
福山外国语小学(花园校区)
盛世年华花园
源深体育中心站
源深体育馆
源深体育中心
浦东网球中心
八方大酒店
八方大厦
苹果中国研发中心
海贝分部
福山外国语小学(浦东校区)
软赐仰殿
海怡别墅
海怡花园(浦东)
明竹公寓
申竹大楼
锦竹大楼
竹园小学
竹园新村
区精神分院
潍坊新村街道
新竹园中学(潍坊路校区)
嘉瑞酒店
竹园南村
新港大厦
香榭丽花园
通茂大酒店
百联世纪
世纪大道站
SOHO世纪广场
上海纽约大学
葛洲坝大厦
天鑫大楼
豆香园
浦东新区市场监督管理局
上海检验检疫局
浦东公安分局
杨高中路站
证大五道口广场
丁香国际商业中心
联洋年华园
联洋花园
家乐福(联洋店)
海上明珠
实验学校
中邦风雅颂
当代清水园
绿地泾南公寓
泾南教师公寓
中立苑
中舟明珠苑
新城海上名郡
灵山大楼
卜蜂莲花(杨高中路店)
桃林小区
进才中学
轨道交通6号线
轨道交通9号线
轨道交通4号线
轨道交通2号线
世纪大道
杨高中路
张杨路
上海海事职业技术学院
上海浦东航运展示馆
华辰金融大厦
航科大厦
中富大厦
松林公寓
光辉小区
星海石油大楼
林山小区
梅园新村
松山小区
上海滩花园洋房
上海滩花园洋房裕龙花园
名门滨江苑
珠江玫瑰花园
源昌路
浦东清真寺
建平中学西校(华城校区)
陆家嘴国际华城
中国石化大厦
金桃大厦
宜嘉商务楼
凌联一村
凌联二村
凌联三村
和达家园
旭辉雅苑
泾华新村
星宇大楼
高恒大厦
巨野新村
民生一村
海院新村
海联大厦
中国船级社上海分社
巨洋豪园
巨洋大厦
东方城市大厦
洋泾花园城
心中家园
西镇小区(浦东)
羽北小区
双城西苑
龙威名邸
巨东小区
金露苑
桃林公寓
金桥东银公寓
鄂尔多斯商品苑

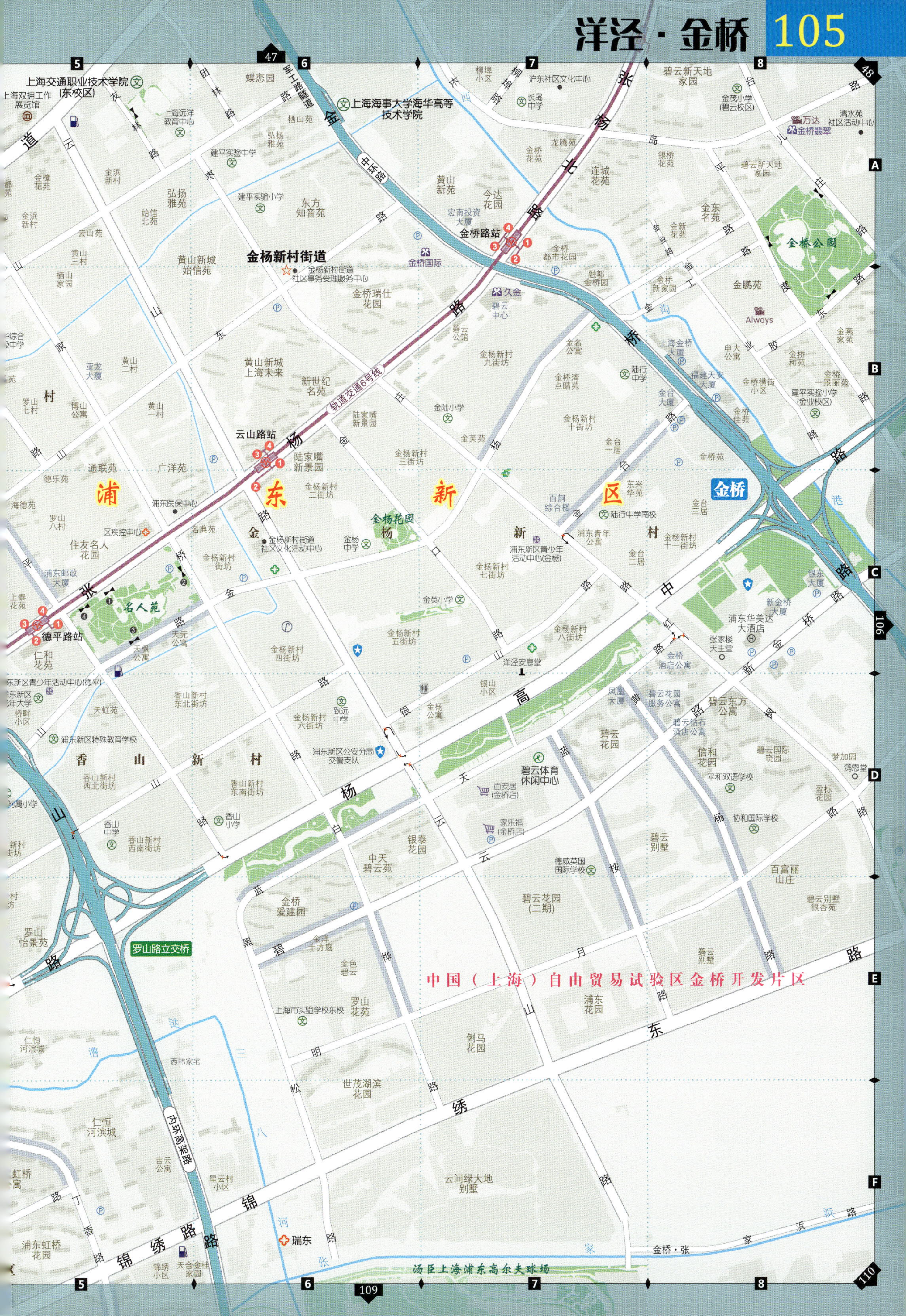
金杨新村街道
浦东新区
金桥
金桥路站
云山路站
德平路站
名人苑
金杨花园
金桥公园
轨道交通6号线
罗山路立交桥
内环高架路
中国（上海）自由贸易试验区金桥开发片区
汤臣上海浦东高尔夫球场
香山新村
上海海事大学海华高等技术学院
上海交通职业技术学院（东校区）
碧云体育休闲中心
金杨路
张杨北路
张杨路
锦绣路
锦绣东路
杨高中路
云山路
金桥路
黄山路
罗山路
白杨路
碧云路
红枫路
新金桥路
明月路
张家浜路

0
600m
48
47
105
109
110
中国（上海）自由贸易试验区金桥开发片区
金桥经济技术开发区
浦
东
新
区
杨高北路
杨高中路
金海路
东陆路
申江路
金桥路
川桥路
锦绣东路
金桥路
金云顺路
中环路
金舟苑
荷五小区
金桥中心小学
金泽苑
金和佳园
金桥湾清水苑
金巷小区
金巷高层小区
爱法新都
绿景苑
南二小区
金桥名都
贝尔新村
金桥一景丽苑
碧海现代苑
碧云公馆
天骄大厦
银桥大厦
之江大厦
森晟世洋国际大厦
碧云玖零
杉达大厦
红星美凯龙（金桥商场）
金桥商务公寓
现代通信大厦
金三支路
赫比（上海）家用电器产品有限公司
金桥新城
金领之都
复鼎大厦
金桥智富大厦
同华大厦
宝钢工贸大厦
金门广场
禹洲金桥国际
金桥中环大厦
爱立诚大厦
方正大厦
中惠广场
碧云国际金领公寓
裕安通商大厦
新陆中学
上海贝尔股份有限公司
上海信谊药品与健康科普基地
乾昌大厦
上海能率有限公司
上海日立家用电器有限公司
中国第一铅笔股份有限公司
上海乐金广电电子有限公司
上海西门子移动通信有限公司
上海华虹NEC电子有限公司
上海中美饮料食品有限公司
怡亚通科广场
金桥蓝领公寓
华山东院（上海国际医院）
区妇幼
中欧国际工商学院
金浦大厦
金浦小区
三桥村
三桥小学
张家宅
百花园
合生东郊御品园
东郊花园
东方别墅
金葵绿
金桥·张
翠柏路
碧桃路
紫竹路
浜家路
明家路
金港路
金豫路
金葵路
金滇路
金藏路
红枫路

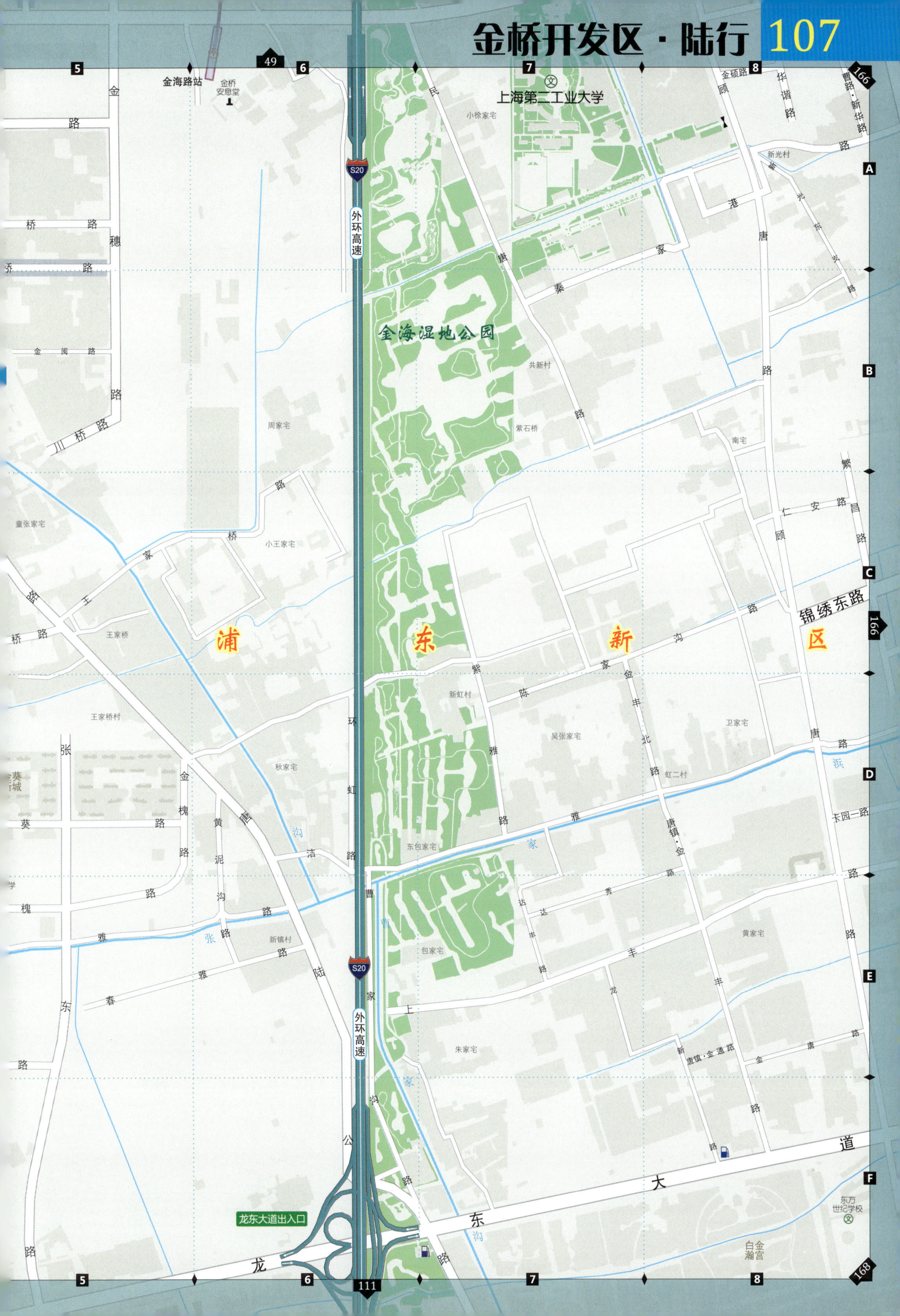
金海路站
金桥安息堂
上海第二工业大学
小徐家宅
新光村
金海湿地公园
共新村
紫石桥
周家宅
南宅
童张家宅
小王家宅
王家桥
王家桥村
新虹村
吴张家宅
卫家宅
虹二村
秋家宅
东包家宅
新镇村
包家宅
黄家宅
朱家宅
龙东大道出入口
东方世纪学校
白金瀚宫
浦东新区
锦绣东路
卡园一路
外环高速
S20
49
111
166
168

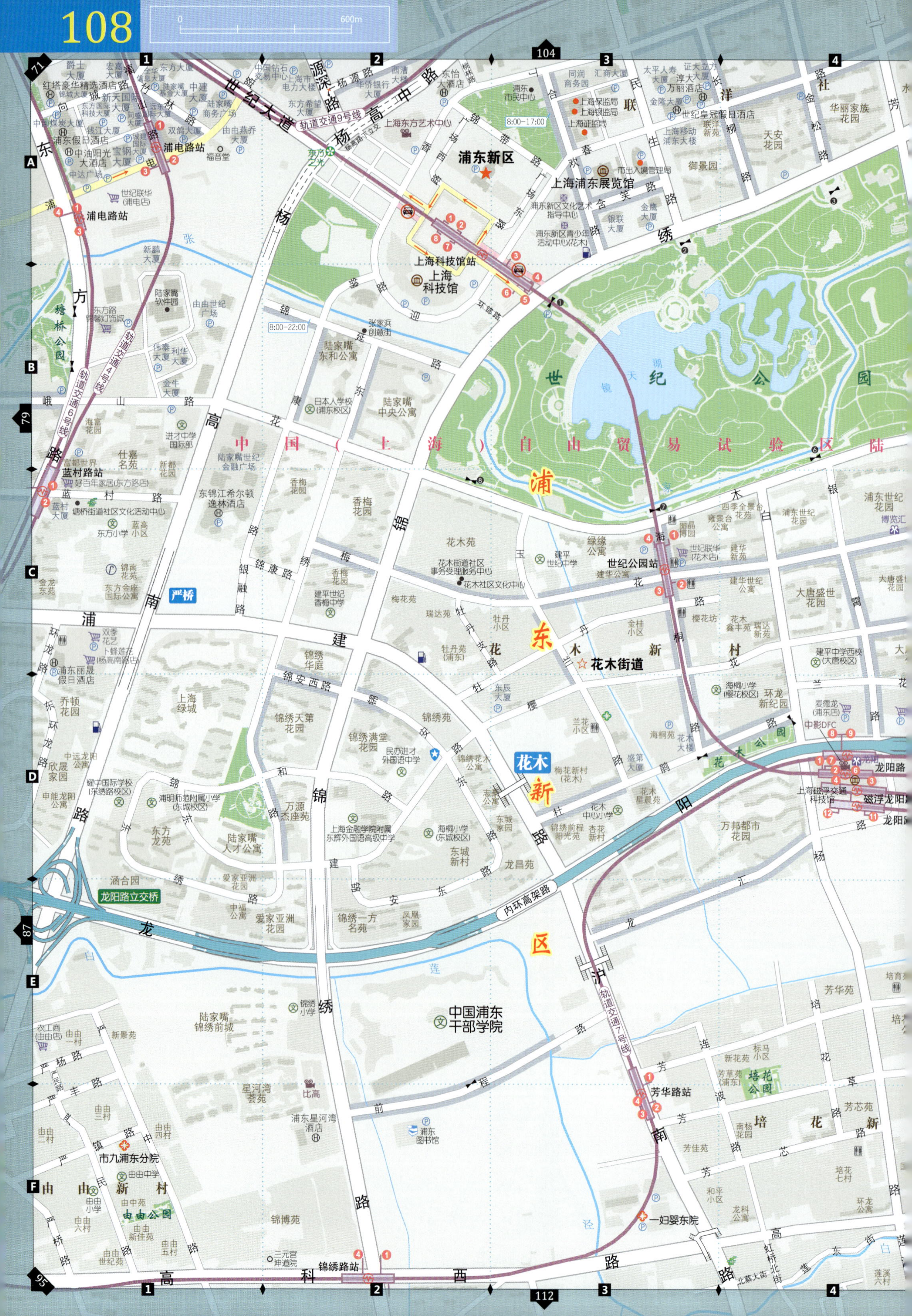
0
600m
104
112
79
87
71
95
浦东新区
上海浦东展览馆
上海科技馆站
上海科技馆
世纪大道
轨道交通9号线
世纪公园
中国（上海）自由贸易试验区陆
浦东新区
花木街道
花木
花木新
东方路
轨道交通4号线
轨道交通6号线
浦电路站
蓝村路站
世纪公园站
龙阳路站
芳华路站
锦绣路站
磁浮龙阳
轨道交通7号线
内环高架路
龙阳路立交桥
严桥
锦绣路
浦建路
高科西路
杨高南路
白莲泾
张家浜
镜天湖
中国浦东干部学院
浦东图书馆
市九浦东分院
一妇婴东院
由由新村
由由公园
培花新村
东方艺术中心
上海东方艺术中心
上海浦东嘉里大酒店
浦东世纪花园
锦绣满堂花园
锦绣天第花园
陆家嘴锦绣前城
星河湾荟苑
万邦都市花园
大唐盛世花园
芳华苑
芳芯苑
芳佳苑
花木苑
东城新村
龙昌苑
锦绣一方名苑
东方龙苑
陆家嘴人才公寓
上海绿城
乔顿花园
8:00–17:00
8:00–22:00

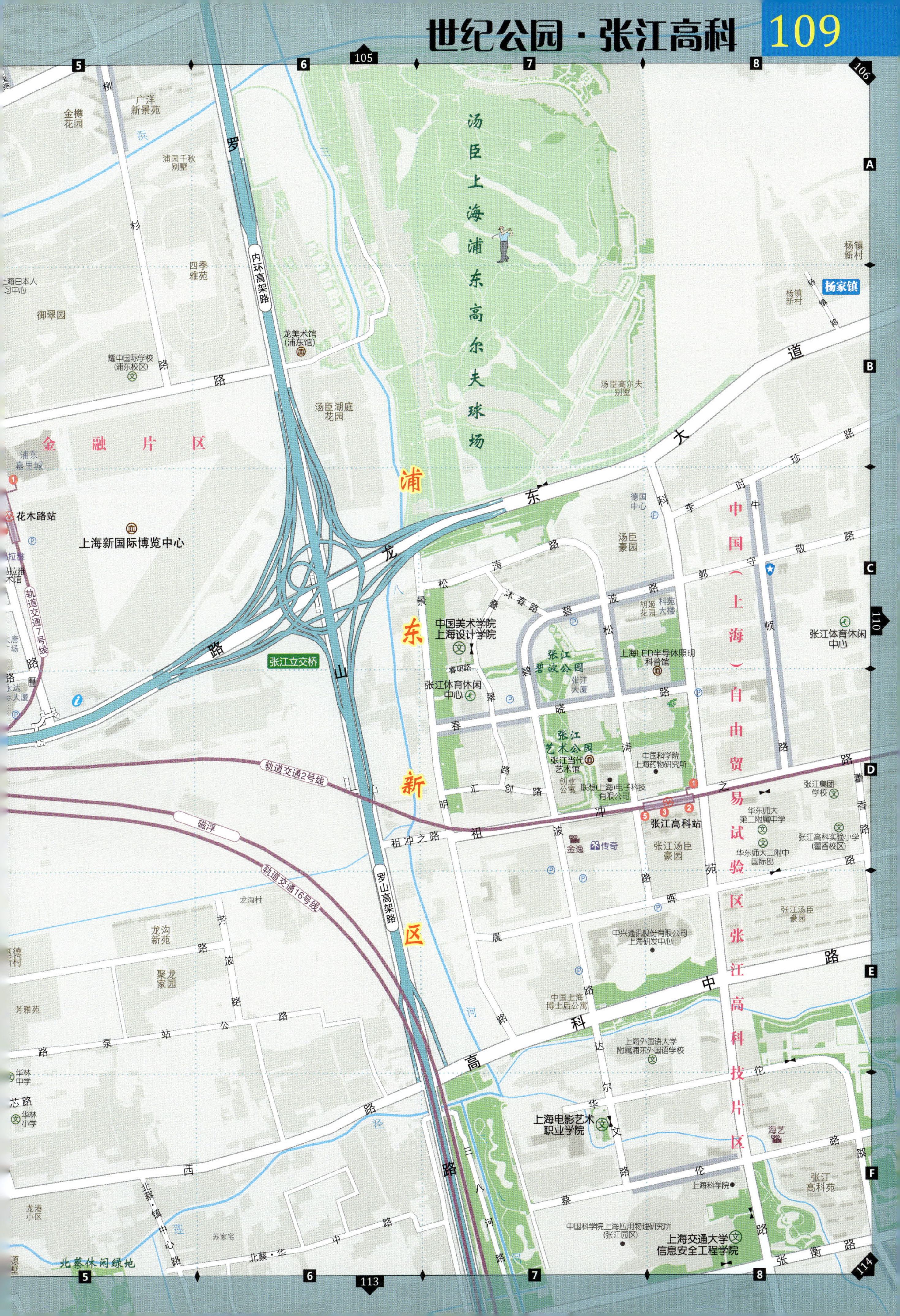
汤臣上海浦东高尔夫球场
浦东新区
金融片区
中国(上海)自由贸易试验区张江高科技片区
金樽花园
广洋新景苑
浦园千秋别墅
四季雅苑
御翠园
耀中国际学校(浦东校区)
龙美术馆(浦东馆)
汤臣湖庭花园
浦东嘉里城
花木路站
上海新国际博览中心
张江立交桥
罗山路
内环高架路
罗山高架路
龙东大道
汤臣高尔夫别墅
杨镇新村
杨家镇
德国中心
汤臣豪园
中国美术学院上海设计学院
张江体育休闲中心
张江碧波公园
上海LED半导体照明科普馆
胡姬花园
科苑大楼
张江大厦
张江艺术公园
张江当代艺术馆
中国科学院上海药物研究所
联想(上海)电子科技有限公司
张江高科站
金逸
传奇
张江汤臣豪园
华东师大第二附属中学
华东师大二附中国际部
张江集团学校
张江高科实验小学(藿香校区)
张江体育休闲中心
中兴通讯股份有限公司上海研发中心
中国上海博士后公寓
上海外国语大学附属浦东外国语学校
上海电影艺术职业学院
海艺
张江高科苑
上海科学院
中国科学院上海应用物理研究所(张江园区)
上海交通大学信息安全工程学院
龙沟新苑
聚龙家园
龙沟村
芳雅苑
苏家宅
龙港小区
华林小学
北蔡休闲绿地
轨道交通2号线
轨道交通7号线
轨道交通16号线
磁浮
祖冲之路
高科中路
张衡路
松涛路
碧波路
晨晖路
郭守敬路
李时珍路
科苑路
蔡伦路
哈雷路
芳甸路
北蔡·镇中心路
北蔡·华中路
龙汇路

张江镇
张江
广兰路站
金科路站
轨道交通2号线
中国（上海）自由贸易试验区
张江高科技
浦东新区
上海中医药大学
复旦大学(张江校区)
上海中医药博物馆
广兰公园
紫薇公园
张江园区休闲苑
高斯苑
中芯国际集成电路制造(上海)有限公司
上海动画博物馆、上海漫画博物馆
上海集成电路科技馆
华东师大张江实验中学
张江高科实验小学(香楠校区)
上海浦东软件园(郭守敬园)
上海浦东软件园(祖冲之园)
抗体药物国家工程研究中心
上海市检测中心
张江镇社区事务受理服务中心
龙东大道
中环路
申江路
金科路
张江路
高科中路
祖冲之路
郭守敬路
碧波路
蔡伦路
张衡路
川杨河

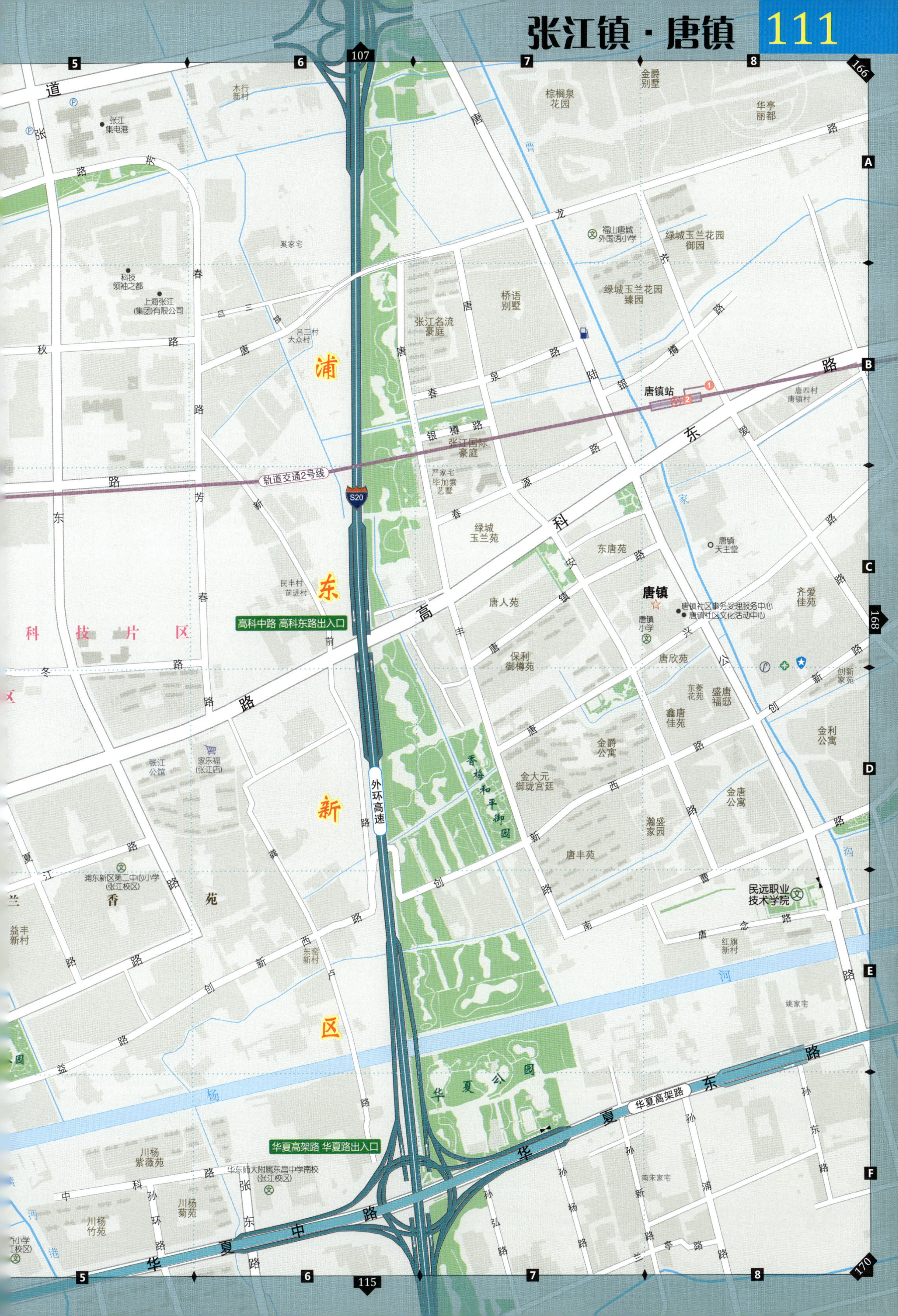
唐镇站
轨道交通2号线
高科中路 高科东路出入口
华夏高架路 华夏路出入口
外环高速
华夏公园
香樟和平御园
浦东新区
科技片区
唐镇
民远职业技术学院
张江名流豪庭
张江国际豪庭
绿城玉兰苑
东唐苑
唐人苑
保利御樽苑
唐欣苑
鑫唐佳苑
盛唐福邸
金爵公寓
金大元御珑宫廷
瀚盛家园
唐丰苑
金唐公寓
金利公寓
齐爱佳苑
绿城玉兰花园御园
绿城玉兰花园臻园
桥语别墅
棕榈泉花园
金爵别墅
华亭丽都
福山唐城外国语小学
唐镇社区事务受理服务中心
唐镇社区文化活动中心
唐镇天主堂
唐镇小学
浦东新区第二中心小学(张江校区)
华东师大附属东昌中学南校(张江校区)
川杨紫薇苑
川杨菊苑
川杨竹苑
张江公馆
家乐福(张江店)
科技领袖之都
上海张江(集团)有限公司
张江集电港
华夏高架路
红旗新村
益丰新村
东窑新村
民丰村前进村
吕三村大众村
唐四村唐镇村
创新家苑
南宋家宅
姚家宅
S20
107
115
166
168
170

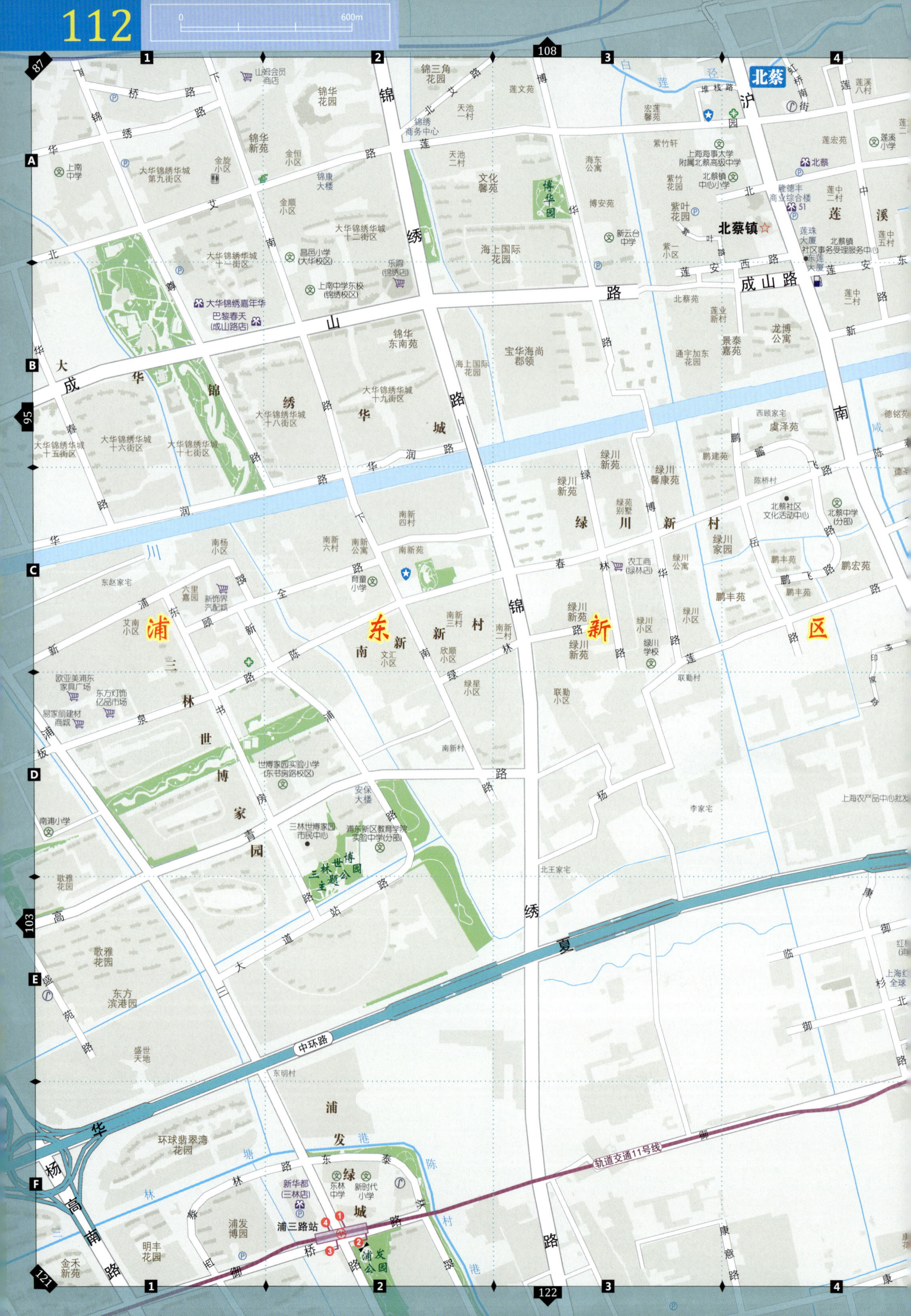
0
600m
北蔡
北蔡镇
成山路
锦绣路
华夏
中环路
轨道交通11号线
浦三路站
浦东新区
绿川新村
东新村
三林世博家园
大华锦绣华城
上海海事大学附属北蔡高级中学
北蔡中学(分部)
世博家园实验小学(东书房路校区)
三林世博家园市民中心
三林世博主题公园
浦发博园
环球翡翠湾花园
明丰花园
金禾新苑
歌雅花园
东方滨港园
盛世天地
上海农产品中心批发
浦发绿城
浦发公园
新华都(三林店)
东林中学
新时代小学

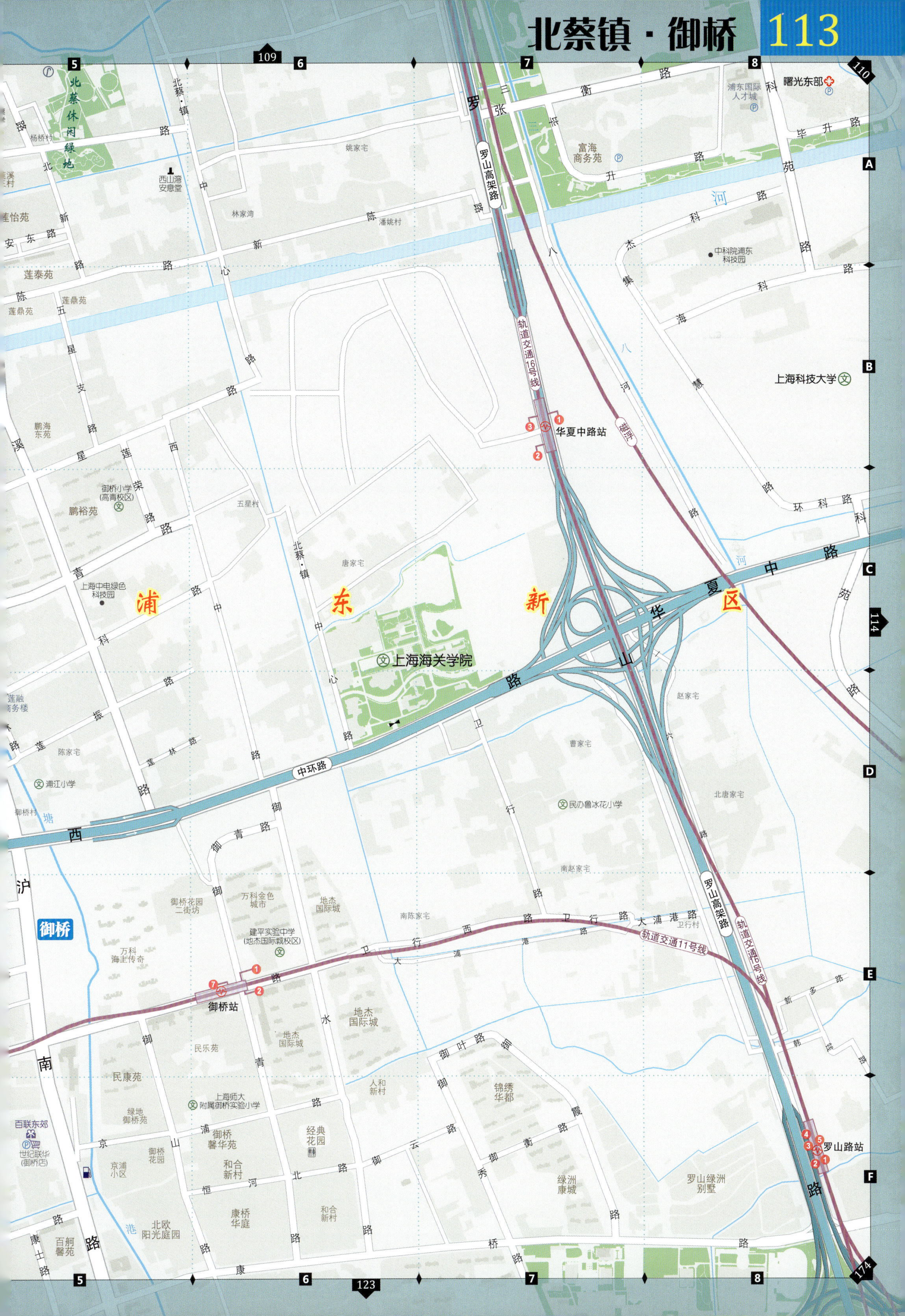
浦
东
新
区
北蔡休闲绿地
上海海关学院
上海科技大学
华夏中路站
御桥站
罗山路站
罗山高架路
轨道交通16号线
轨道交通11号线
中环路
华夏中路
罗山路
浦东国际人才城
曙光东部
富海商务苑
中科院浦东科技园
上海中电绿色科技园
御桥小学(高青校区)
鹏裕苑
浦江小学
民办鲁冰花小学
建平实验中学(地杰国际城校区)
上海师大附属御桥实验小学
万科金色城市
地杰国际城
御桥花园二街坊
万科海上传奇
民乐苑
民康苑
绿地御桥苑
御桥馨华苑
和合新村
经典花园
人和新村
锦绣华都
绿洲康城
罗山绿洲别墅
康桥华庭
北欧阳光庭园
百嗣馨苑
京浦小区
御桥花园
百联东郊世纪联华(御桥店)
西山湾安息堂
莲怡苑
莲泰苑
莲鼎苑
鹏海东苑
莲融商务楼
五星村
唐家宅
赵家宅
曹家宅
北唐家宅
南赵家宅
南陈家宅
卫行村
陈家宅
御桥村
姚家宅
林家湾
潘姚村
杨桥村
109
110
114
123
174
5
6
7
8
A
B
C
D
E
F

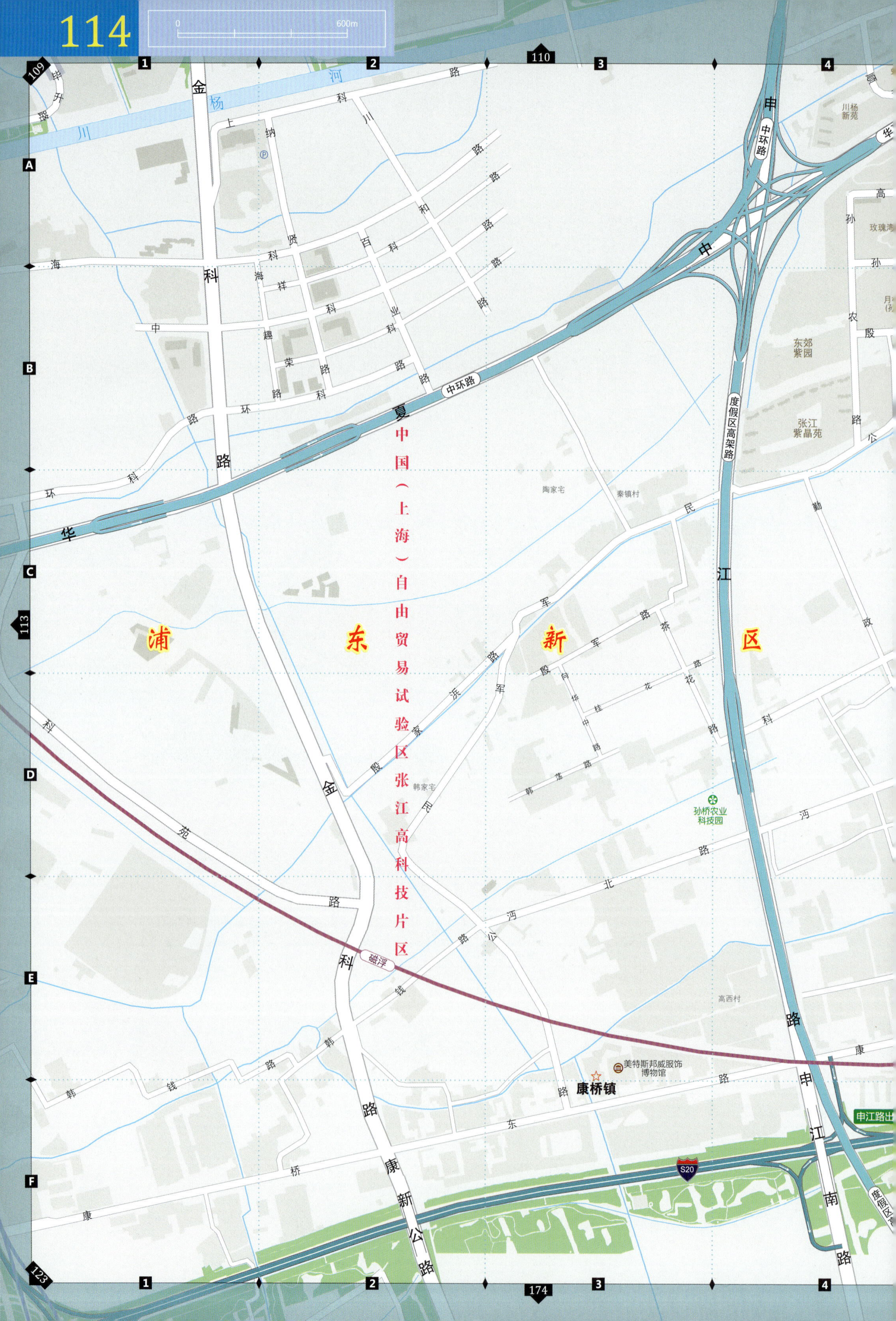

0
600m
110
174
109
113
123
浦
东
新
区
中国（上海）自由贸易试验区张江高科技片区
中环路
中环路
度假区高架路
川杨新苑
玫瑰湾
东郊紫园
张江紫晶苑
陶家宅
秦镇村
韩家宅
孙桥农业科技园
高西村
美特斯邦威服饰博物馆
康桥镇
申江路出
S20
磁浮

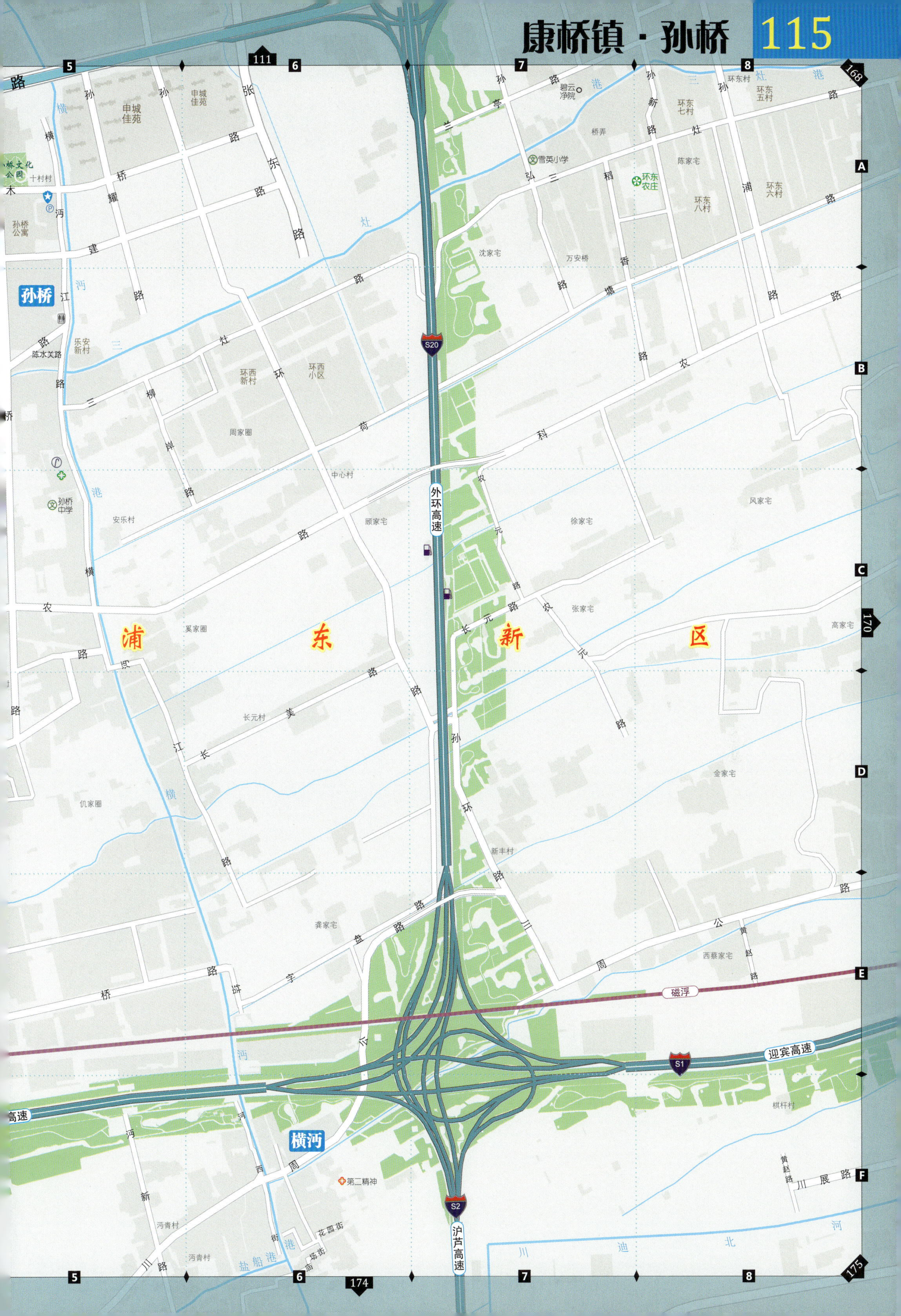

111
168
170
174
175

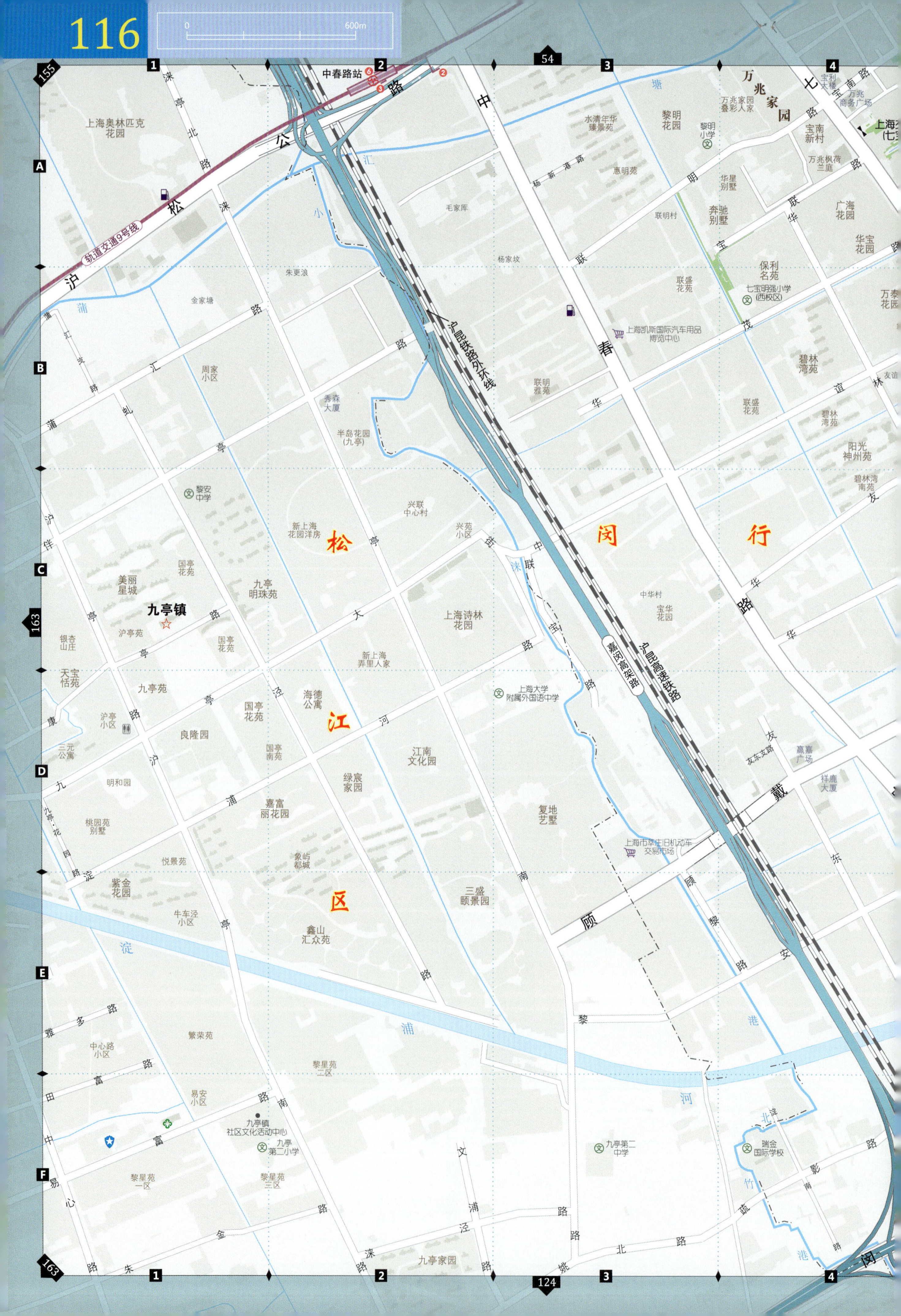

0 600m

155
54
163
163
124

1 2 3 4
A B C D E F

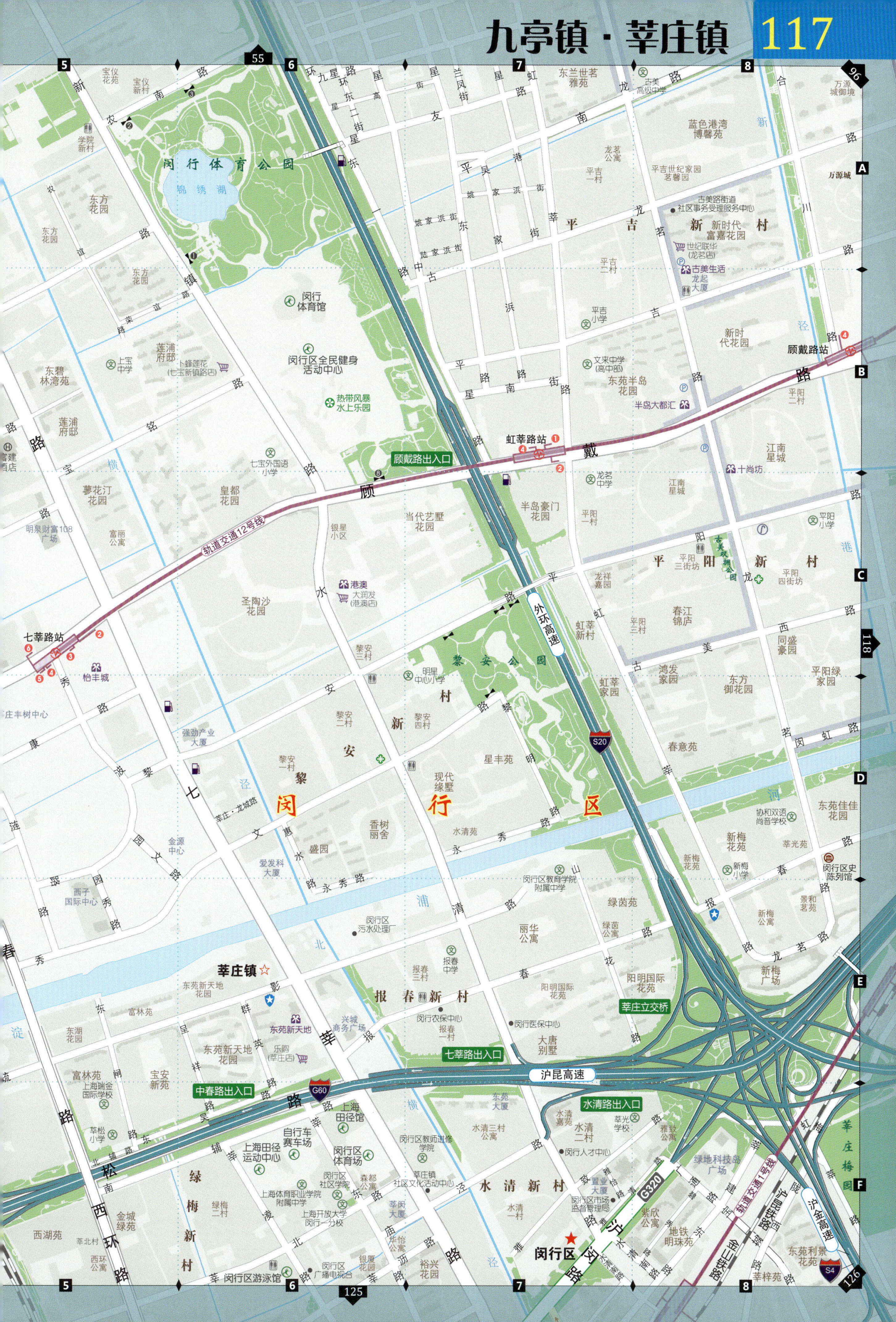
闵行体育公园
锦绣湖
闵行体育馆
闵行区全民健身活动中心
热带风暴水上乐园
顾戴路出入口
虹莘路站
顾戴路站
七莘路站
轨道交通12号线
外环高速
黎安公园
闵行区
莘庄镇
莘庄立交桥
七莘路出入口
沪昆高速
中春路出入口
水清路出入口
报春新村
水清新村
绿梅新村
黎安新村
平吉新村
平阳新村
新时代村
闵行区史陈列馆
绿地科技岛广场
闵行区游泳馆
沪金高速
轨道交通1号线
莘庄梅园
万源城
七宝外国语小学
港澳大润发(港澳店)
东苑新天地
上海田径运动中心
自行车赛车场
闵行区体育场
闵行区教育学院附属中学
闵行区污水处理厂
绿茵苑
丽华公寓
阳明国际花苑
大唐别墅
新梅广场
新梅花苑
协和双语尚音学校
东苑佳佳花园
春意苑
江南星城
半岛豪门花园
东苑半岛花园
半岛大都汇
十尚坊
古美路街道社区事务受理服务中心
世纪联华(龙茗店)
古美生活
蓝色港湾博馨苑
东兰世茗雅苑
古美高级中学
万源路
顾戴路
平吉路
虹莘路
七莘路
沪闵路
莘松路
春申路
G60
G320
S20
S4

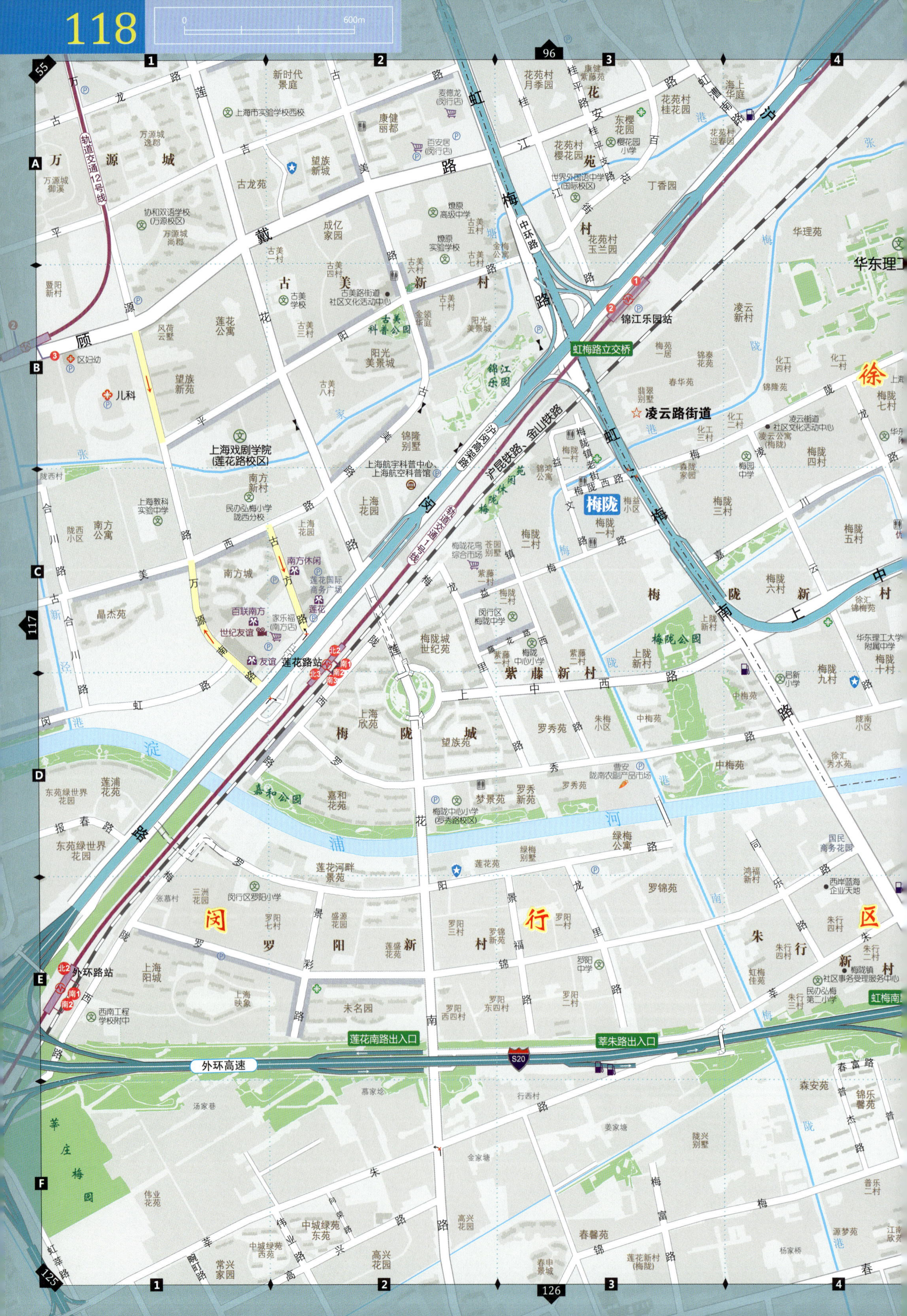
0
600m
96
126
55
117
125
1
2
3
4
A
B
C
D
E
F
新时代景庭
上海市实验学校西校
麦德龙(闵行店)
康健丽都
百安居(闵行店)
望族新城
古龙苑
万源城逸郡
万源城御溪
万源城尚郡
协和双语学校(万源校区)
成亿家园
古美五村
古美六村
古美七村
古美四村
古美三村
古美八村
古美路街道社区文化活动中心
古美科普公园
阳光美景城
古美学校
金铭福庭
古美十村
阳光美景城
锦江乐园
锦隆别墅
风荷云墅
莲花公寓
望族新苑
上海戏剧学院(莲花路校区)
上海航宇科普中心
上海航空科普馆
南方新村
民办弘梅小学陇西分校
上海教科实验中学
陇西小区
南方公寓
上海花园
上海花园
南方休闲
莲花国际商务广场
南方城
百联南方
家乐福(南方店)
世纪友谊
友谊
晶杰苑
莲花路站
区妇幼
儿科
花苑村月季园
康健紫藤苑
花苑村桂花园
海上华庭
花苑村迎春园
东樱花园
樱花园小学
花苑村樱花园
世界外国语中学(国际校区)
丁香园
华理苑
华东理工
花苑村玉兰园
锦江乐园站
虹梅路立交桥
凌云新村
梅陇一居
锦泰花苑
化工四村
化工一村
锦隆苑
梅陇七村
春华苑
翡翠别墅
凌云路街道
化工二村
化工三村
凌云路街道社区文化活动中心
凌云公寓(梅陇)
梅园中学
梅陇四村
森陇家园
梅陇三村
梅陇五村
锦沁公寓
梅陇一村
梅陇小区
梅陇
梅陇一村
梅陇二村
梅陇花鸟综合市场
苍园别墅
紫藤一村
梅陇二村
闵行区梅陇中学
梅陇城世纪苑
紫藤一村
梅陇中心小学
紫藤二村
紫藤新村
梅陇六村
上陇新村
梅陇公园
上陇新村
徐汇锦梅苑
华东理工大学附属中学
梅陇九村
梅陇十村
吕新小学
中梅苑
中梅苑
陇南小区
上海欣苑
望族苑
罗秀苑
朱梅小区
中梅苑
中梅苑
徐汇秀水苑
曹安陇南农副产品市场
罗秀苑
梦景苑
罗秀新苑
梅陇中心小学(罗秀路校区)
东苑绿世界花园
莲浦花苑
嘉和公园
嘉和花苑
东苑绿世界花园
绿梅公寓
绿梅别墅
莲花河畔景苑
莲花苑
国民商务花园
鸿福新村
西岸蓝海企业天地
张慕村
三洲花园
闵行区罗阳小学
罗阳七村
盛源花园
罗阳三村
罗锦新苑
罗阳一村
罗锦苑
朱行四村
朱行四村
朱行二村
莲盛花苑
罗阳中学
虹梅佳苑
梅陇镇社区事务受理服务中心
民办弘梅第二小学
朱行三村
外环路站
上海阳城
上海映象
西南工程学校附中
末名园
罗阳西四村
罗阳东四村
罗阳二村
莲花南路出入口
莘朱路出入口
外环高速
S20
春富路
森安苑
锦乐馨苑
慕家浜
行西村
汤家巷
姜家塘
金家塘
陇兴别墅
莘庄梅园
伟业花苑
中城绿苑东苑
中城绿苑西苑
高兴花园
高兴花园
常兴家园
春申景城
春馨苑
莲花新村(梅陇)
莘乐二村
源梦苑
杨家桥
轨道交通12号线
轨道交通1号线
沪杭高速铁路
沪昆铁路、金山铁路
中环路
虹梅南
闵行区
徐
区
古龙路
万源城
平
顾戴路
古美新村
虹梅路
沪闵路
莲花路
古美路
平阳路
万源路
梅陇新村
梅陇上中路
上中西路
淀浦河
报春路
罗阳新村
罗锦路
景联路
莲花南路
朱行新村
莘朱路
虹莘路
梅富路
春申路

上海植物园
上中路隧道
黄浦江
浦东新区
港口
园南新村
汇成苑
汇区
长桥新村
长桥街道
上海体育职业学院
中环路
龙吴路
淀浦河
上海晶城
华泾公园
龙吴路出入口
外环高速
S20
华泾镇
徐汇区
闵行区
上海体育职业学院附属小学
黄道婆纪念馆
滨江山水花园
华发路
喜泰支路
龙瑞路
罗秀东路
上海白猫集团有限公司
新加坡国际学校(徐汇校区)
华展路
望月路
100
120
128
98
127

0
600m
99
100
119
127
128
前滩国际商务区
法华学问寺
上中路隧道
华夏西路
中环路
轨道交通8号线
三林镇大别山小学
李家宅
王家宅
徐家宅
叶家宅
余家宅
归泾村
凌兆十三村
凌兆十四村
凌兆十二村
塘桥中学（林昌校区）
久丰村
凌兆新村站
华光苑
浦东新区
劳动新村
陈家沙
楼下桥
孙家宅
三港线
王家浜
梅家塘
郁家村
新春村
济阳路 浦星公路出入口
外环高速
S20
黄浦江
徐浦大桥
郁家庵
陈家桥
徐汇区
上海良友海狮油脂实业有限公司
浦东棒垒球高尔夫体育公
临江村
临塘路
徐浦小学
民办阳光小学
恒星村
华泾路
华欣家园
乔里康
朱家宅
沙家浜小区
上海中远船务工程有限公司
一品漫城
黄梦宅
庞家宅
唐家宅
南宅浪
闵行区
闵
浦锦路
济阳路
林浦路

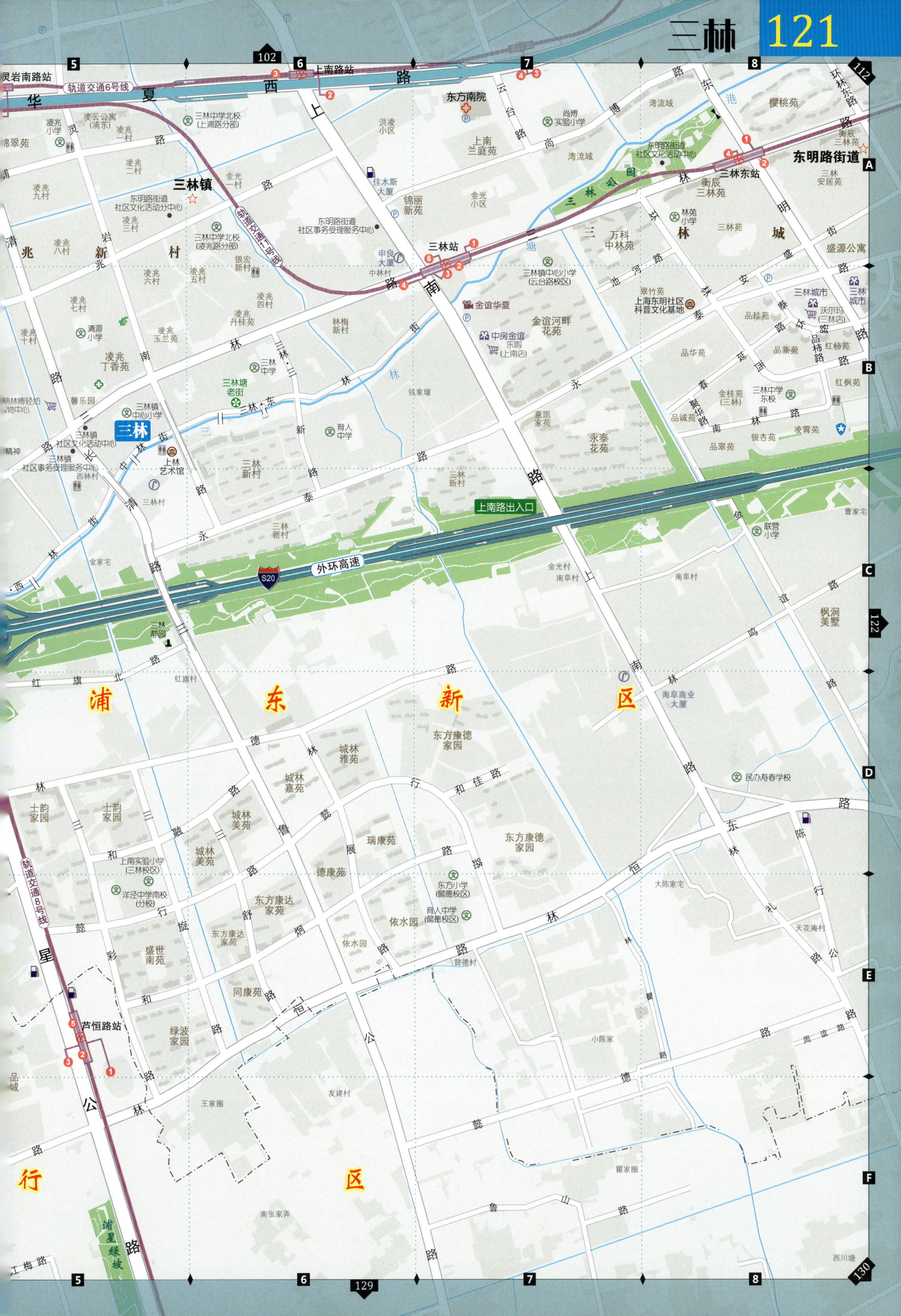
三林
121
上南路站
东方南院
三林东站
东明路街道
三林镇
三林站
三林
上南路出入口
外环高速
S20
浦
东
新
区
行
区
芦恒路站
轨道交通6号线
轨道交通8号线
轨道交通11号线
三林公园
三林城市
金谊华夏
中房金谊
金谊河畔花苑
东方康德家园
东方康达家苑
依水园
德康苑
瑞康苑
城林雅苑
城林嘉苑
城林美苑
盛世南苑
同康苑
绿波家园
浦星绿坡
上林艺术馆
民办寿春学校
南阜商业大厦
枫润美墅
凌兆丁香苑
三林塘老街
102
112
122
129
130

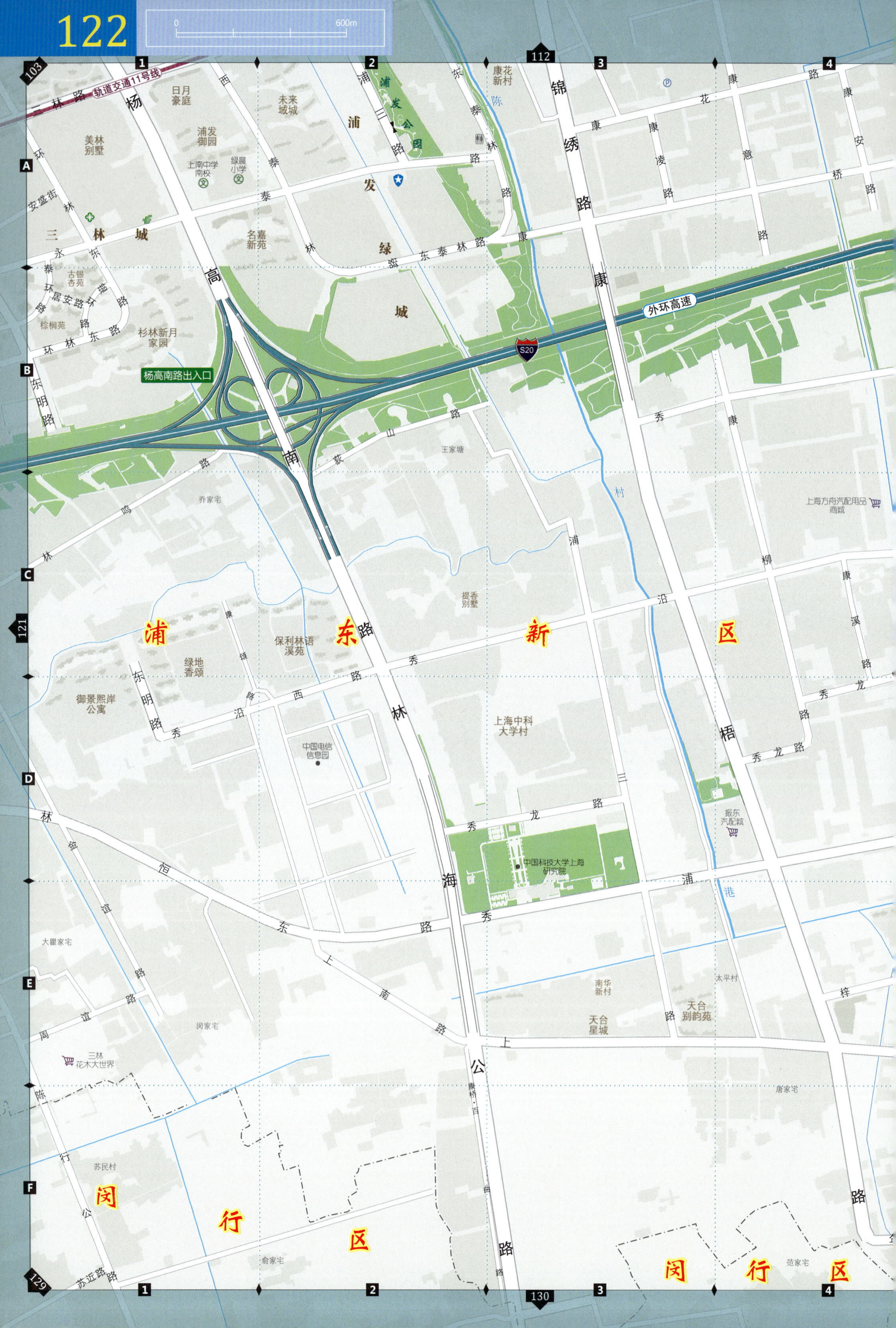
0
600m
103
112
121
130
129
轨道交通11号线
日月豪庭
未来域城
浦发御园
美林别墅
上南中学南校
绿晨小学
康花新村
浦发公园
三林城
浦发绿城
名嘉新苑
古银杏苑
棕榈苑
杉林新月家园
杨高南路出入口
外环高速
S20
王家塘
乔家宅
提香别墅
上海方舟汽配用品商城
浦东新区
保利林语溪苑
绿地香颂
御景熙岸公寓
中国电信信息园
上海中科大学村
振东汽配城
中国科技大学上海研究院
大瞿家宅
闵家宅
三林花木大世界
南华新村
天台星城
天台别韵苑
太平村
唐家宅
苏民村
俞家宅
范家宅
闵行区
闵行区

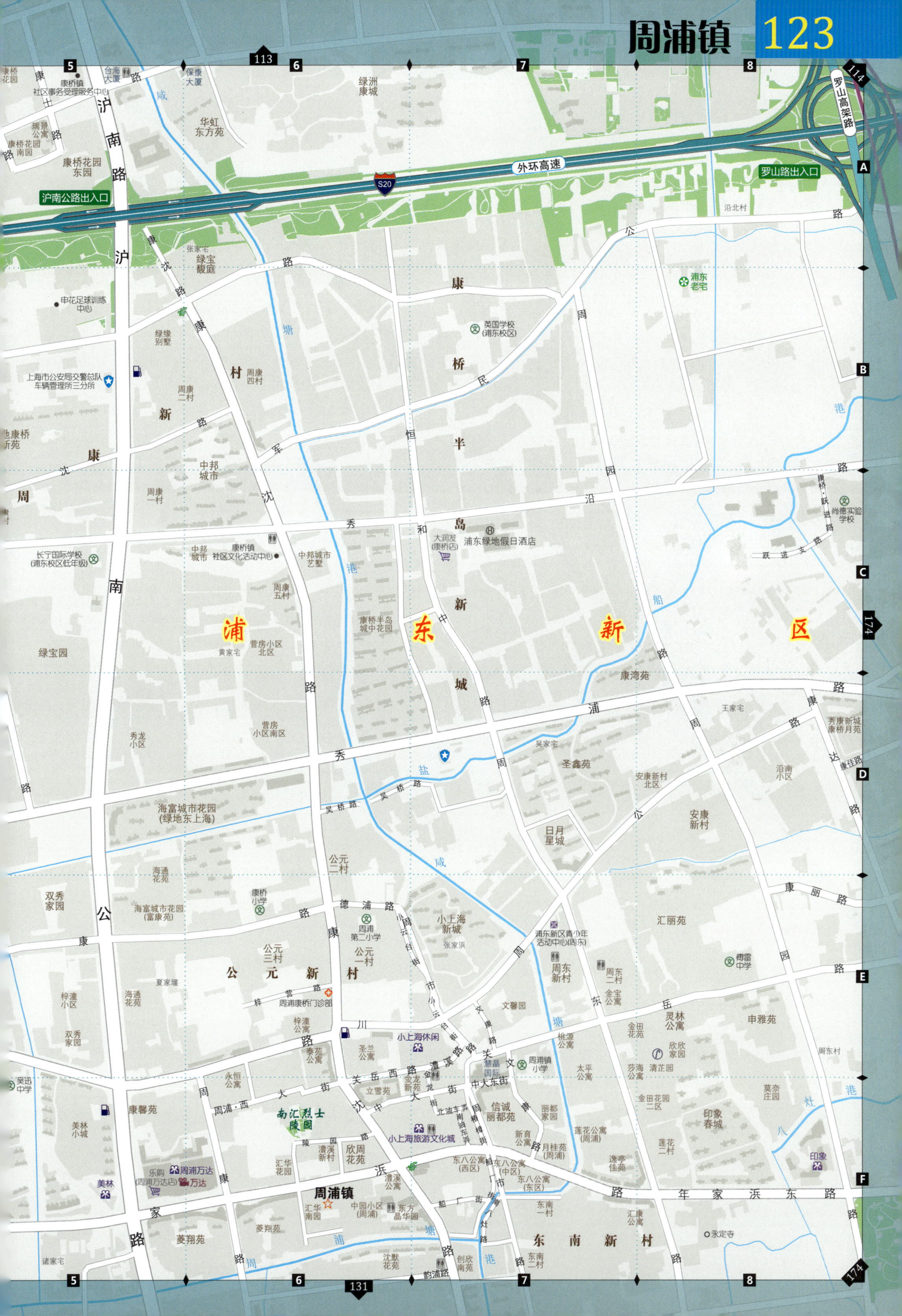
外环高速
S20
罗山高架路
罗山路出入口
沪南公路出入口
沪南路
沪南公路
康沈路
康桥路
康新公路
周康路
秀沿路
秀浦路
沈梅路
周园路
周东路
年家浜东路
康丽路
康达路
德浦路
川周公路
关岳西路
沈中大街
周浦西街
小上海休闲
小上海旅游文化城
南汇烈士陵园
周浦镇
周浦万达
浦东新区
康桥半岛
英国学校(浦东校区)
浦东绿地假日酒店
大润发(康桥店)
长宁国际学校(浦东校区低年级)
上海市公安局交警总队车辆管理所三分所
中邦城市
绿宝园
海富城市花园(绿地东上海)
公元新村
东南新村
康湾苑
圣鑫苑
日月星城
汇丽苑
安康新村
申雅苑
灵林公寓
印象春城
永定寺
浦东新区青少年活动中心(周东)
尚德实验学校
周浦第二小学
周浦镇小学
周浦康桥门诊部
绿洲康城
华虹东方苑
浦东老宅
沿北村
113
114
131
174

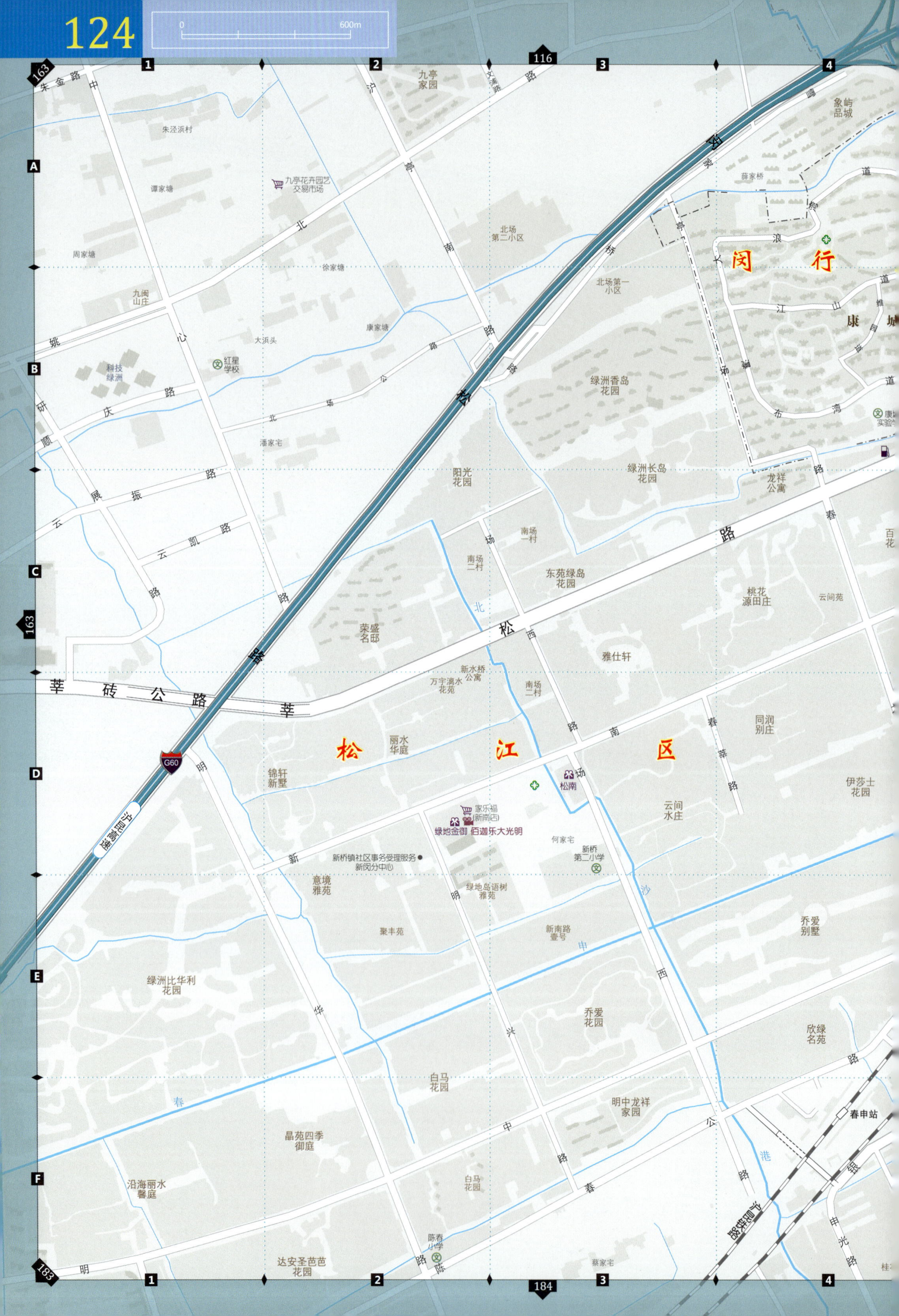
0
600m
松江区
闵行
九亭家园
朱泾浜村
谭家塘
九亭花卉园艺交易市场
北场第二小区
周家塘
徐家塘
北场第一小区
九闽山庄
康家塘
大浜头
红星学校
科技绿洲
绿洲香岛花园
潘家宅
阳光花园
绿洲长岛花园
龙祥公寓
南场一村
南场二村
东苑绿岛花园
桃花源田庄
云间苑
荣盛名邸
雅仕轩
新水桥公寓
万宇濱水花苑
南场二村
同润别庄
丽水华庭
锦轩新墅
松南
伊莎士花园
云间水庄
家乐福(新南店)
绿地金御
佰迦乐大光明
何家宅
新桥第二小学
新桥镇社区事务受理服务新闵分中心
意境雅苑
绿地岛语树雅苑
聚丰苑
新南路壹号
乔爱别墅
绿洲比华利花园
乔爱花园
欣绿名苑
白马花园
明中龙祥家园
春申站
晶苑四季御庭
沿海丽水馨庭
白马花园
陈春小学
达安圣芭芭花园
蔡家宅
薛家桥
象屿品城
康城
莘砖公路
沪昆高速
G60
116
163
183
184

莘庄
莘庄站
春申路站
银都路站
闵行区
松江区
莘庄公园
闵行区烈士陵园
春申塘绿地
母亲林
莘城中央公园
绿梅新村
莘松新村
申莘北新村
沪昆高速铁路
沪昆铁路外环线
嘉闵高架路
轨道交通5号线
沪闵路
七莘路
莘松路
春申路
银春路
都市路
莘朱路
沁春路
金山铁路
沪昆铁路
G320

0 600m

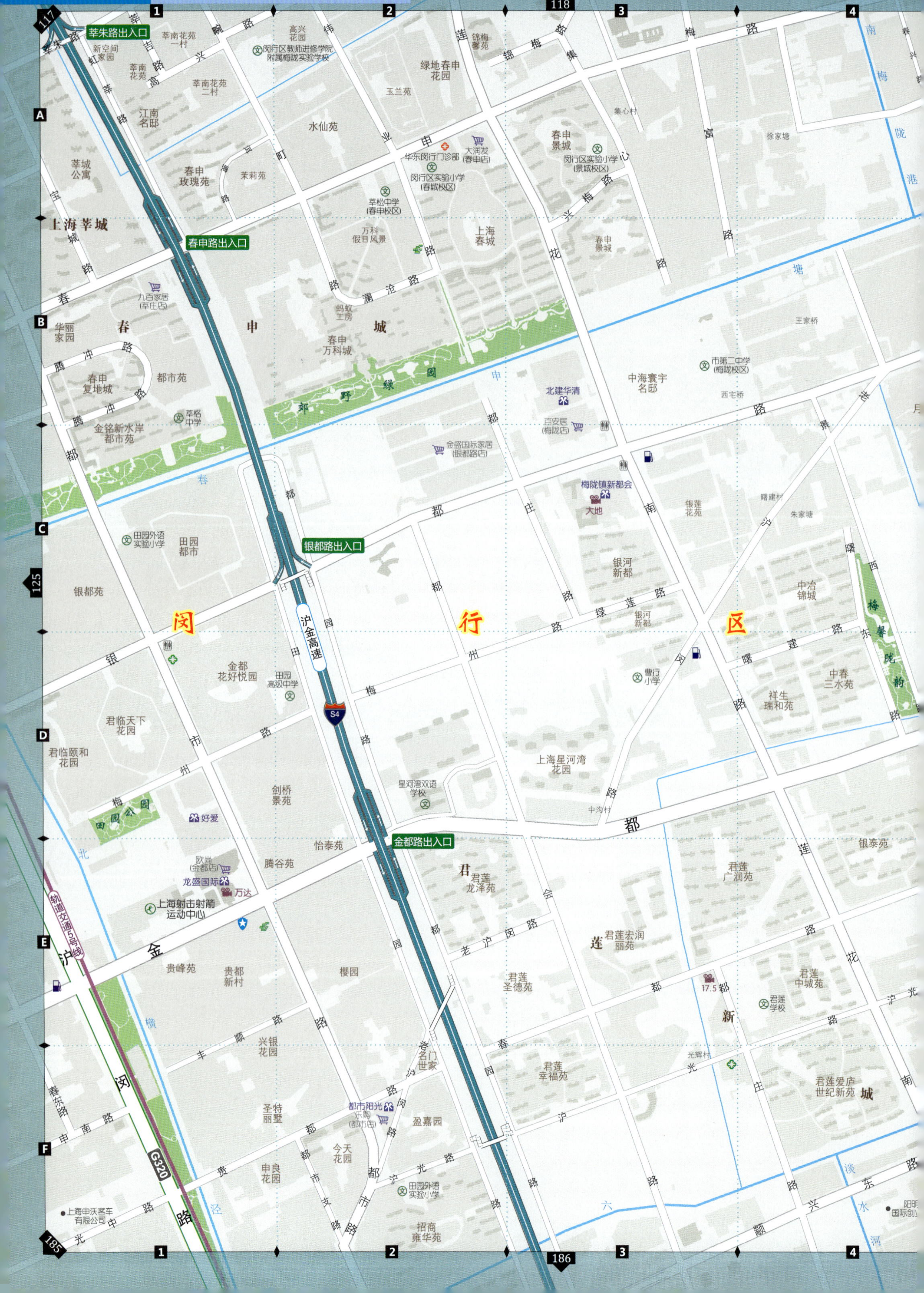
莘朱路出入口
莘南花苑一村
高兴花园
闵行区教师进修学院附属梅陇实验学校
锦梅馨苑
绿地春申花园
玉兰苑
新空间虹家园
莘南花苑
莘南花苑二村
江南名邸
水仙苑
集心村
春申景城
闵行区实验小学（景城校区）
徐家塘
华东闵行门诊部
大润发（春申店）
闵行区实验小学（春城校区）
莘城公寓
春申玫瑰苑
茉莉苑
莘松中学（春申校区）
万科假日风景
上海春城
春申景城
上海莘城
春申路出入口
九百家居（莘庄店）
蚂蚁工房
华丽家园
春
申
城
春申万科城
王家桥
市第二中学（梅陇校区）
中海寰宇名邸
西宅桥
春申复地城
都市苑
郊野绿园
北建华清
百安居（梅陇店）
金铭新水岸都市苑
莘格中学
金盛国际家居（银都路店）
梅陇镇新都会
大地
银莲花苑
曙建村
朱家塘
田园外语实验小学
田园都市
银都路出入口
银河新都
中冶锦城
银都苑
闵
行
区
沪金高速
金都花好悦园
田园高级中学
曹行小学
祥生瑞和苑
中春三水苑
梅馨陇韵
君临天下花园
君临颐和花园
S4
上海星河湾花园
星河湾双语学校
中沟村
剑桥景苑
田园公园
好爱
怡泰苑
金都路出入口
银泰苑
腾谷苑
欧尚（金都店）
龙盛国际
万达
君莲龙泽苑
君莲广润苑
上海射击射箭运动中心
轨道交通5号线
君莲宏润丽苑
莲
贵峰苑
贵都新村
樱园
君莲圣德苑
17.5
君莲中城苑
君莲学校
新
兴银花园
光辉村
名门世家
君莲幸福苑
君莲爱庐世纪新苑
城
春东路
都市阳光
欧尚（都市店）
盈嘉园
圣特丽墅
今天花园
申良花园
田园外语实验小学
G320
上海申沃客车有限公司
招商雍华苑
阳明国际
沪金路
莘朱路
都市路
银都路
春申路
都庄路
莲花南路
沪闵路
老沪闵路
梅州路
绿莲路
中春路
光华路
沪光路
兴东路
颛兴路
顺丰路
申南路
沪闵路
淡水河
横泾
北横泾
六磊塘
南梅陇港
117
118
125
185
186
1
2
3
4
A
B
C
D
E
F

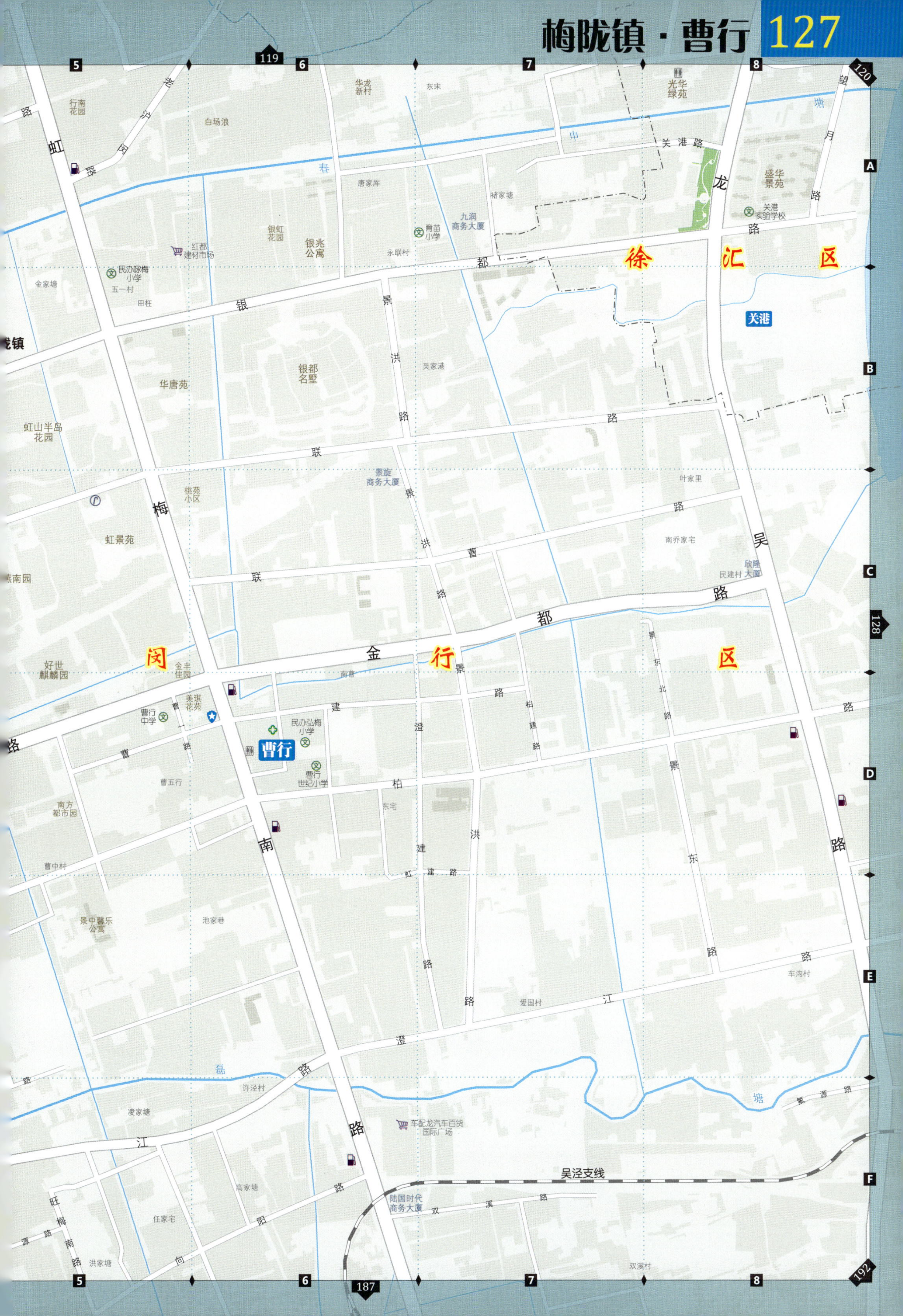

徐汇区
闵行区
关港
曹行
金都路
银都路
联曹路
联行路
虹梅南路
吴泾支线
吴龙路
景洪路
景东路
春申塘
银都名墅
华唐苑
虹景苑
光华绿苑
盛华景苑
九润商务大厦
景旋商务大厦
育苗小学
民办弘梅小学
曹行中学
曹行世纪小学
车配龙汽车百货国际广场
陆国时代商务大厦
关港实验学校
好世麒麟园
虹山半岛花园
南方都市园
银兆公寓
银虹花园
桃苑小区
金丰佳园
美琪花苑
行南花园
华龙新村

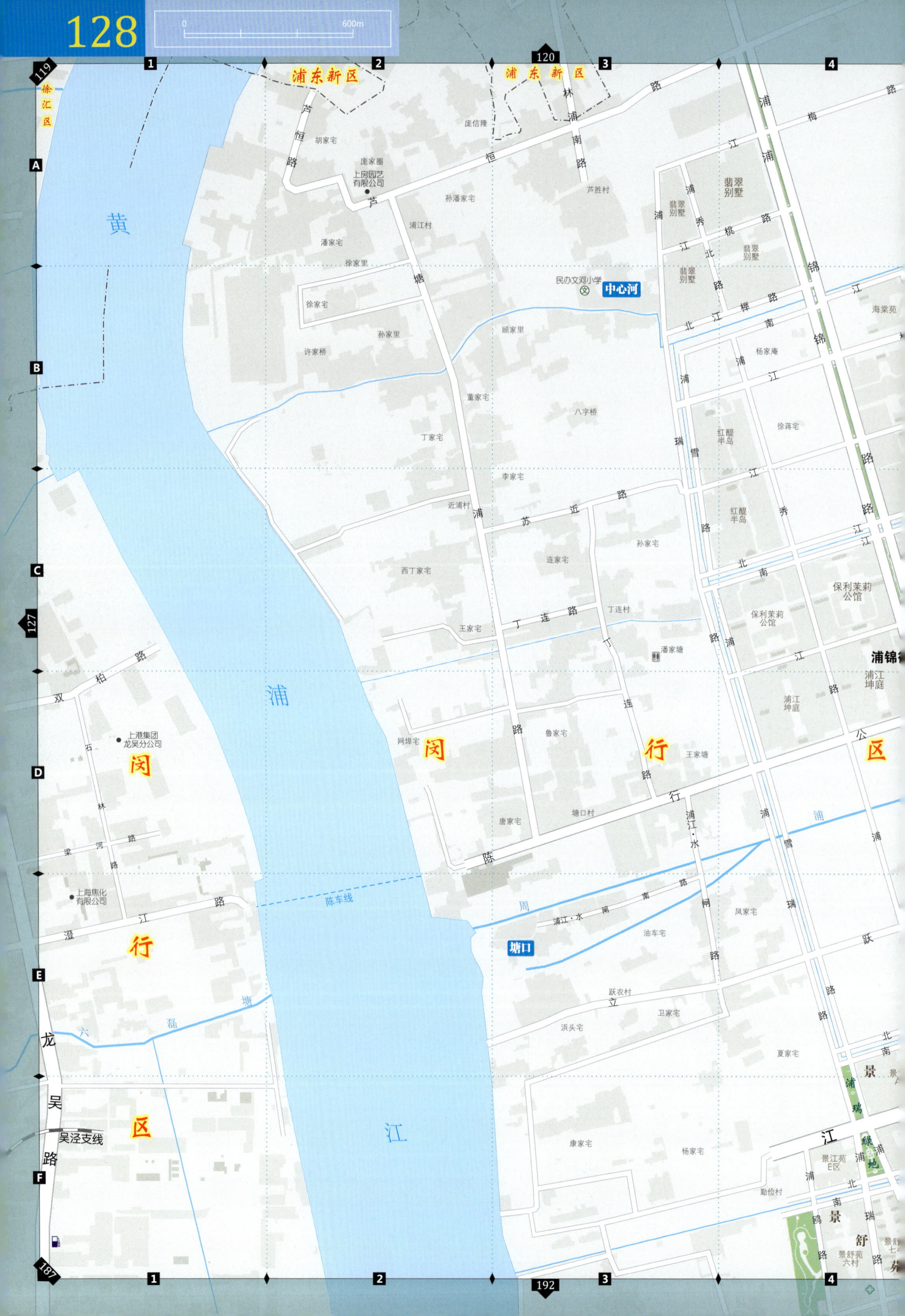

119
120
127
187
192

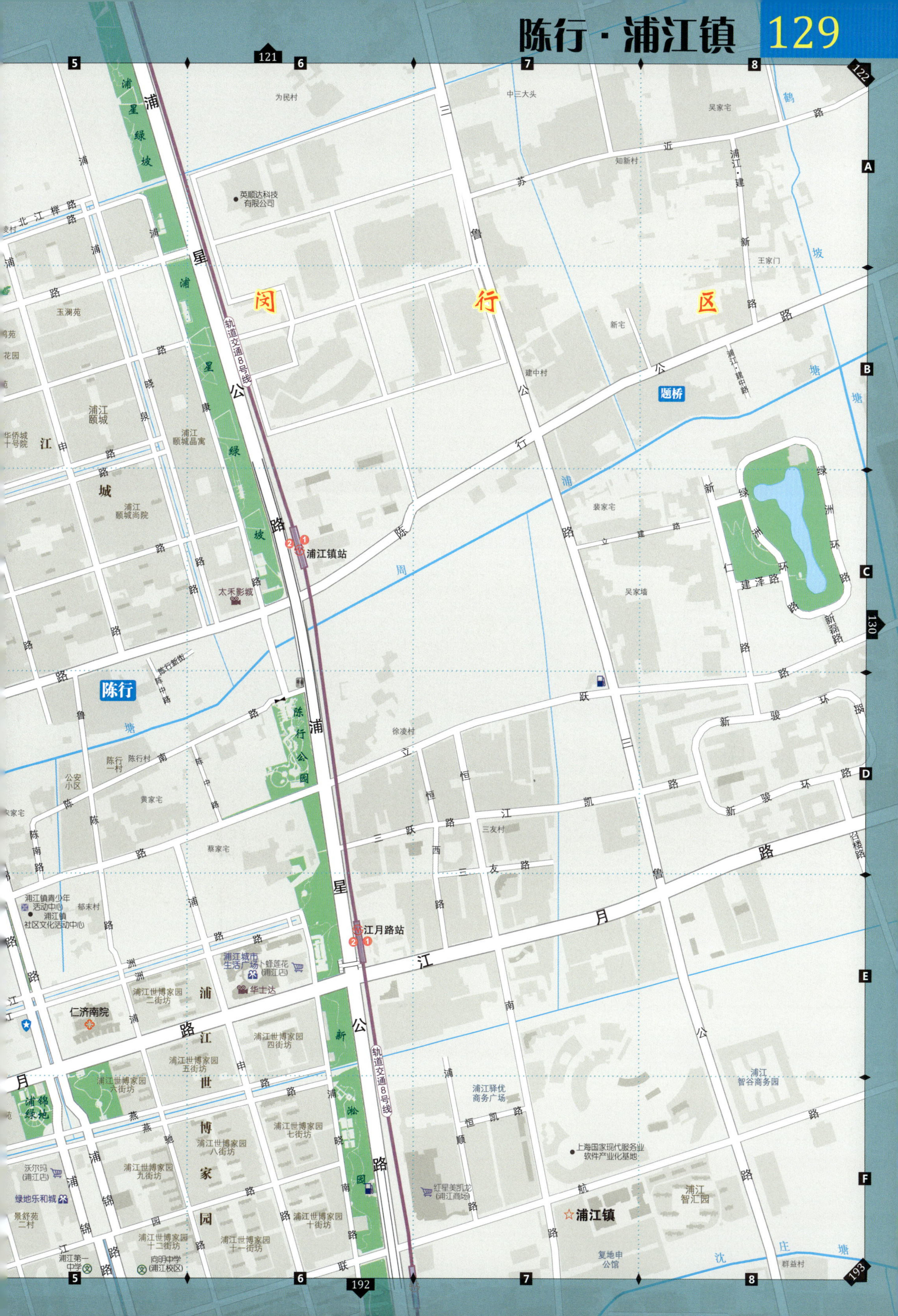
闵
行
区
浦江镇站
江月路站
陈行
题桥
浦江镇
太禾影城
华士达
仁济南院
英顺达科技有限公司
上海国家现代服务业软件产业化基地
浦江智谷商务园
浦江智汇园
浦江驿优商务广场
红星美凯龙(浦江商场)
沃尔玛(浦江店)
绿地乐和城
浦江城市生活广场
蜂莲花(浦江店)
陈行公园
浦锦绿地
浦星绿坡
浦江镇青少年活动中心
浦江镇社区文化活动中心
浦江第一中学
向明中学(浦江校区)
轨道交通8号线

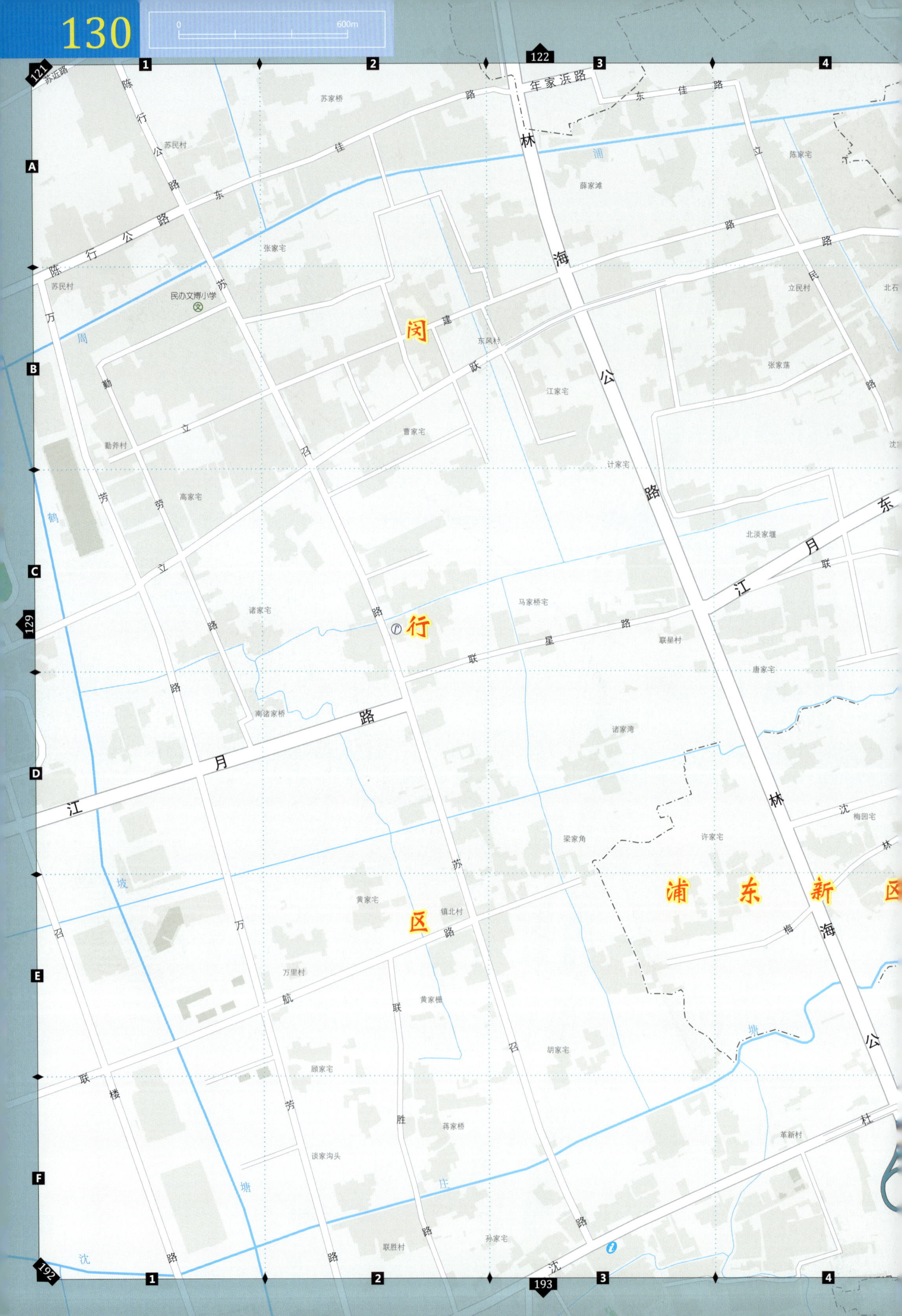
0
600m
121
122
129
192
193
1
2
3
4
A
B
C
D
E
F
苏近路
年家浜路
陈行公路
东佳路
苏家桥
苏民村
张家宅
民办文博小学
建跃路
东风村
勤立路
勤斧村
高家宅
召
苏召路
江家宅
曹家宅
计家宅
林海公路
薛家滩
陈家宅
立民村
张家荡
北石
北淡家堰
诸家宅
马家桥宅
联星路
联星村
唐家宅
南诸家桥
江月路
东江月路
诸家湾
梁家角
许家宅
梅园宅
沈梅路
闵行区
浦东新区
黄家宅
镇北村
万里村
航
万芳路
黄家栅
联
胡家宅
顾家宅
联楼
联胜路
蒋家桥
革新村
谈家沟头
联胜村
孙家宅
沈杜公路
鹤坡塘
周浦
沈庄塘

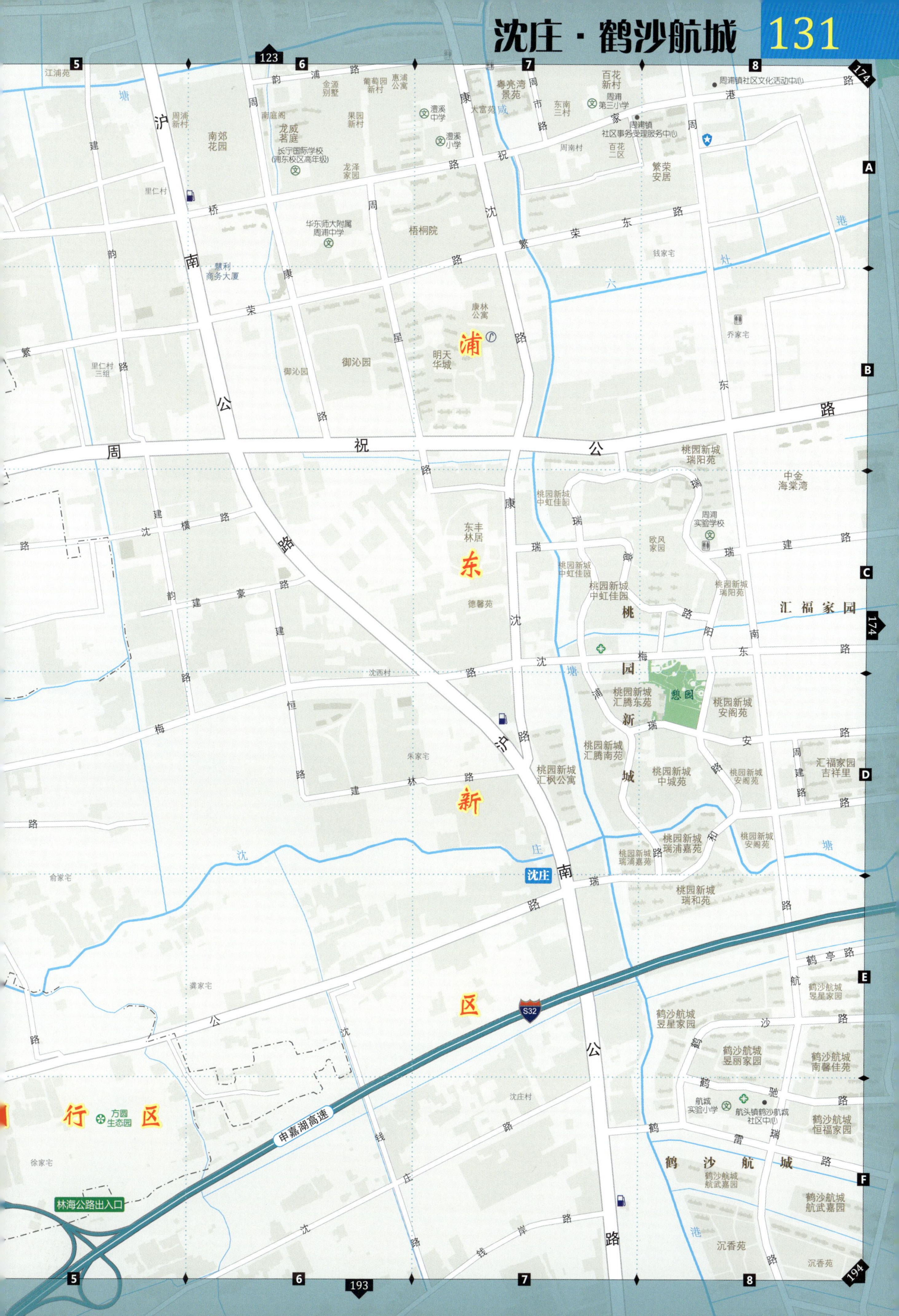

沈庄·鹤沙航城
131
浦
东
新
区
行
区
南郊花园
龙威茗庭
长宁国际学校(浦东校区高年级)
华东师大附属周浦中学
梧桐院
慧利商务大厦
御沁园
明天华城
康林公寓
东丰林居
德馨苑
桃园新城瑞阳苑
中金海棠湾
周浦实验学校
欧风家园
汇福家园
桃园新城中虹佳园
桃园新城汇腾东苑
桃园新城安阁苑
桃园新城汇腾南苑
桃园新城汇枫公寓
桃园新城中城苑
汇福家园吉祥里
桃园新城瑞浦嘉苑
桃园新城瑞和苑
桃园新城
憩园
沈庄
申嘉湖高速
S32
林海公路出入口
方圆生态园
鹤沙航城昱星家园
鹤沙航城昱丽家园
鹤沙航城南馨佳苑
鹤沙航城恒福家园
鹤沙航城航武嘉园
航城实验小学
航头镇鹤沙航城社区中心
鹤沙航城
沉香苑
沪南公路
周祝公路
鹤亭路

0
1200m
江苏省
嘉定区
华亭镇
唐行
上海高尔夫俱乐部
上海市少年儿童浏河活动营地
沿沪路
苏州东路
石头港
浏河
仇家滩
西滩
陈家栅
双塘村
周家宅
南宅
北张家宅
毛桥生
顾家岩
徐家村
华亭镇社区文化活动中心
张家村
汤家村
杨家村
徐家宅
钱家宅
东石村
吉家村
杜家宅
西石村
念佛村
唐行村
沁园新村
祥瑞居
沁园二村
潘家宅
管家宅
横泾
连俊村
赵家宅
旺家村
潘家宅
孙家楼
王家宅
寸心泾
顾家村
朱家宅
赵家村
新村
王家滩
陆家湾
唐家村
蒋家宅
小横塘
毛家村
庵桥
秦家宅
陆家油车
沈家宅
汤家宅
项家宅
吴家排楼
石家宅
袁家宅
殷家宅
孙家弄
陈家宅
张家湾
杭家宅
姚家宅
梁家宅
壮家宅
陆渡村
陆渡桥
李家角
傅家港
金家宅
三里村
小蒋家宅
秦家村
嘉行公路
唐陆公路
南陆路
赵庵路
唐连俊路
霜竹公路
竹高路
嘉唐公路
沁桥路
三里路
横沥

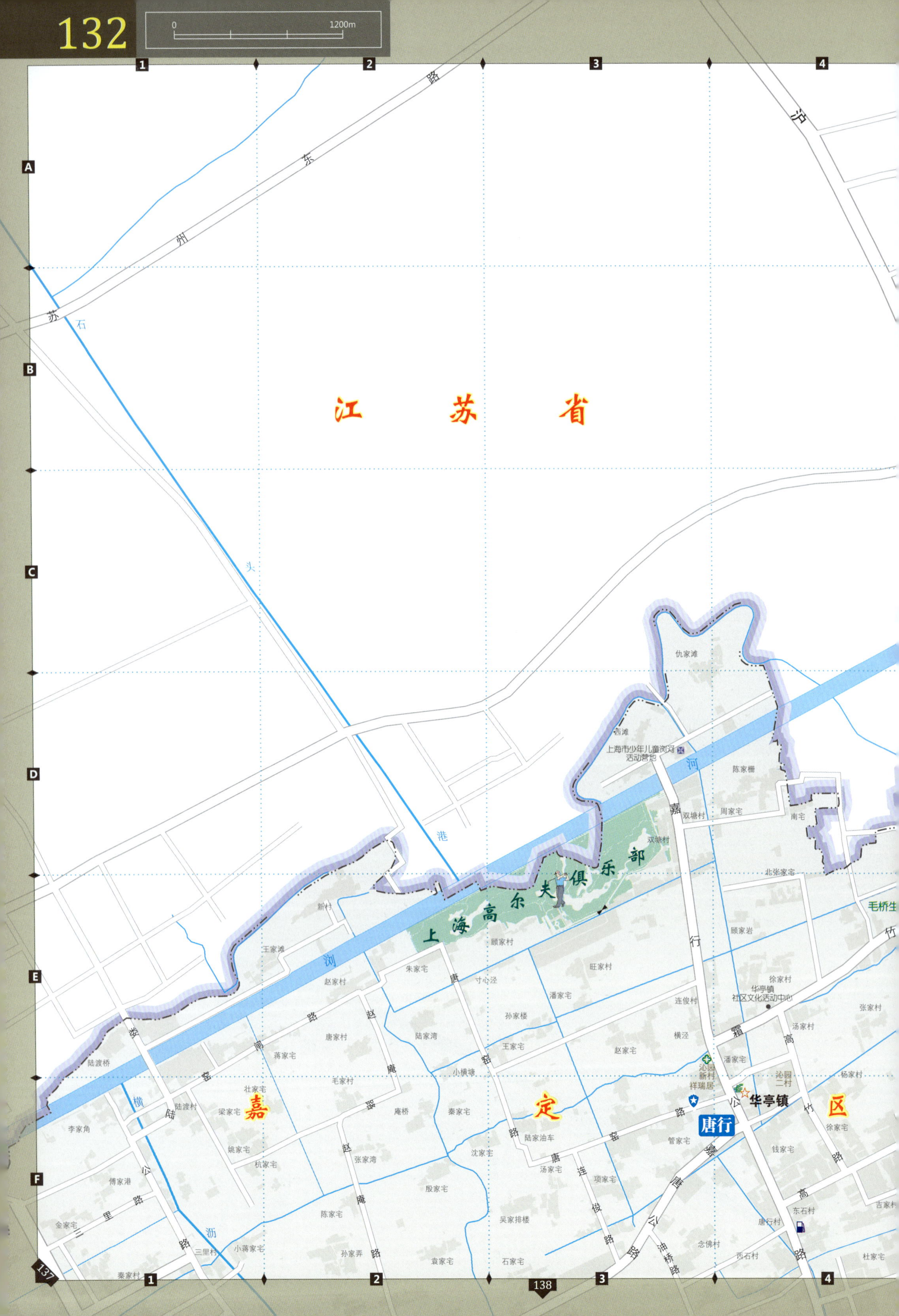

137
138

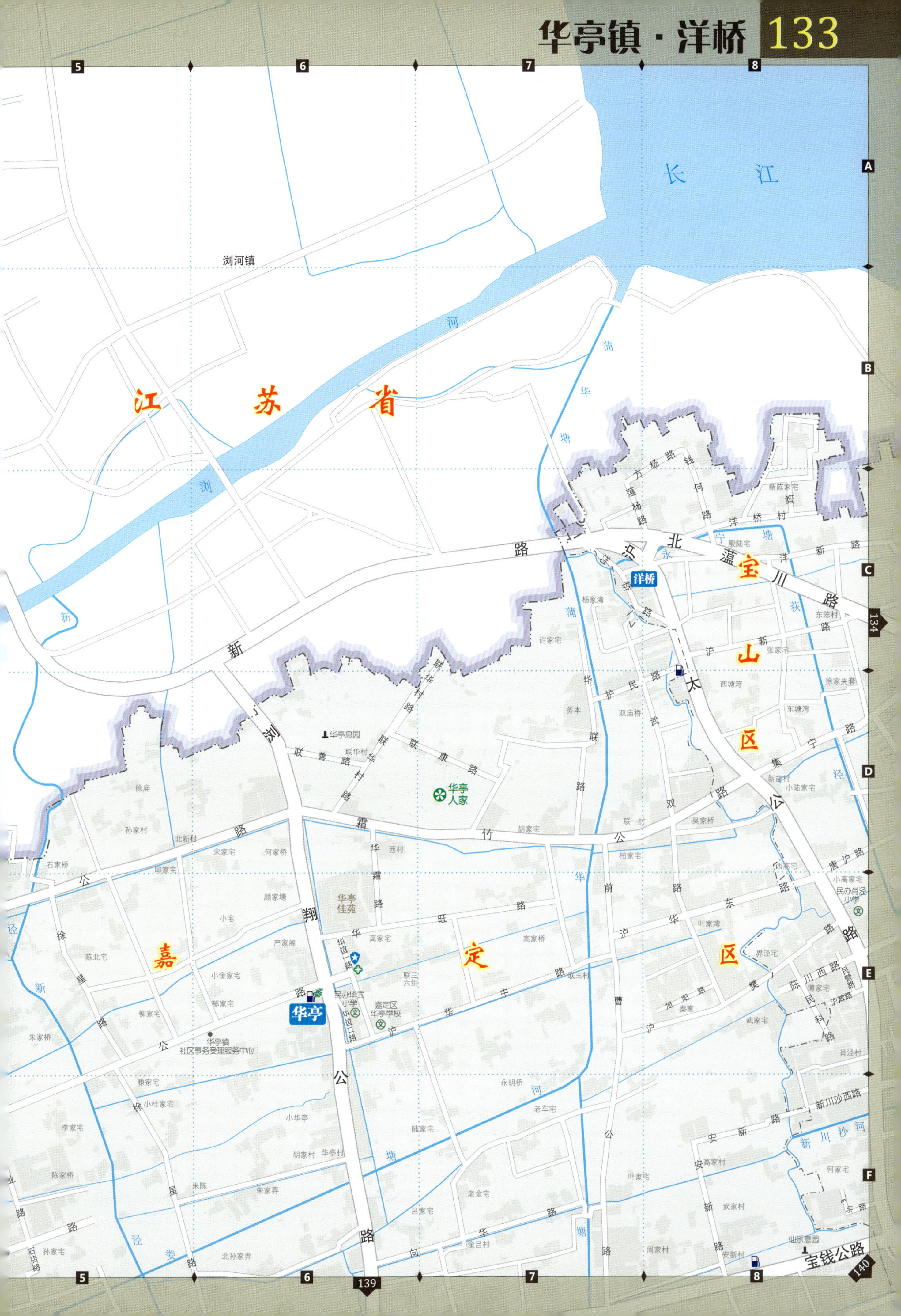
长 江
浏河镇
浏 河
江 苏 省
蒲 华 塘
方杨路
钱 何 路
洋 桥 村
新陈家宅
蒲杨路
宁 塘
殷陆宅
北 蕰 川 路
宝 山 区
洋桥
杨家湾
获
东陈村
新 路
沪 太 路
张家宅
许家宅
新 路
护 民 路
西塘湾
徐家夹套
东塘湾
务本
双庙桥
联华村路
华亭息园
联华村
联善路
联 康 路
联 路
华亭人家
徐庙
孙家村
北新村
霜 竹 公 路
胡家宅
联一村
吴家桥
集 宁 路
新苗村
小陆家宅
泾
宋家宅
何家桥
石家桥
邱家宅
华 西村
霜 路
柏家宅
前
西高宅
唐 沪 路
小高家宅
民办肖泾小学
顾家塘
华亭佳苑
小宅
浏 翔 公 路
旺 路
东 华 路
叶家湾
泾
徐 星 路
高家宅
高家桥
严家阁
陈北宅
嘉 定 区
华宜路
小金家宅
联三六组
联三村
界泾宅
中 路
川 西 路
民 科 路
陈 民 科 路
旭 阳 路
薄家宅
沪嘉路
郁家宅
秦家
柳家宅
民办华武小学
嘉定区华亭学校
华宜二路
华亭
沪 华
曹 沪
武家宅
朱家桥
华亭镇社区事务受理服务中心
肖泾村
滕家宅
永明桥
河
新川沙西路
小杜家宅
老车宅
徐
小华亭
陆家宅
李家宅
安 新 路
新 川 沙 河
胡家村
华亭村
塘
安高家村
何家宅
陈家桥
星
叶家宅
朱陈
朱家弄
老金宅
新 武家村
吕家宅
华 路
塘 路
泾 娄 路
金吕村
北孙家弄
周家村
向
孙家宅
石岗路
安新村
仙乐息园
宝钱公路
5 6 7 8
A B C D E F
134 139 140

0
1200m
江苏省
长
陈行
毛家
罗泾镇
北川沙
潘桥
宝
山
区
宝山工业区
小川沙侵华日军登陆处
侵华日军罗泾大烧杀遇难同胞纪念碑
罗泾中心小学
罗泾中学
上港集团罗泾分公司
宝通家园
宝悦家苑
宝祥新苑
宝虹家园
北郊壹号
北郊御墅
金色宝邸
旭辉澜悦湾
罗泾公园
许塘宅
四房宅
新陆村
新陆
杨家宅
张家宅
袁家宅
花红宅
江西宅
陆家宅
河塘脚宅
薄家宅
海星村
金汤宅
牌楼村
牌楼宅
二房宅
三房宅
石塘宅
白家宅
严家宅
宝丰村
王家宅
陈家宅
合建村
高家宅
樊家宅
南樊宅
潘桥村
合众村
三桥村
刘家宅
海红新村
海红村
陈行村
陈川新村
陈东新村
塘门新村
宝平苑
唐家宅
北沪太路
潘泾路
川纪路
潘川路
陈川路
沪太路
蕴川路
金石路
133
139
140

长
江
江
宝山区
上海集祥货运有限公司
石洞口码头
盛桥中学
新丰花苑
盛桥一村
盛丰路
杨盛河
141
142

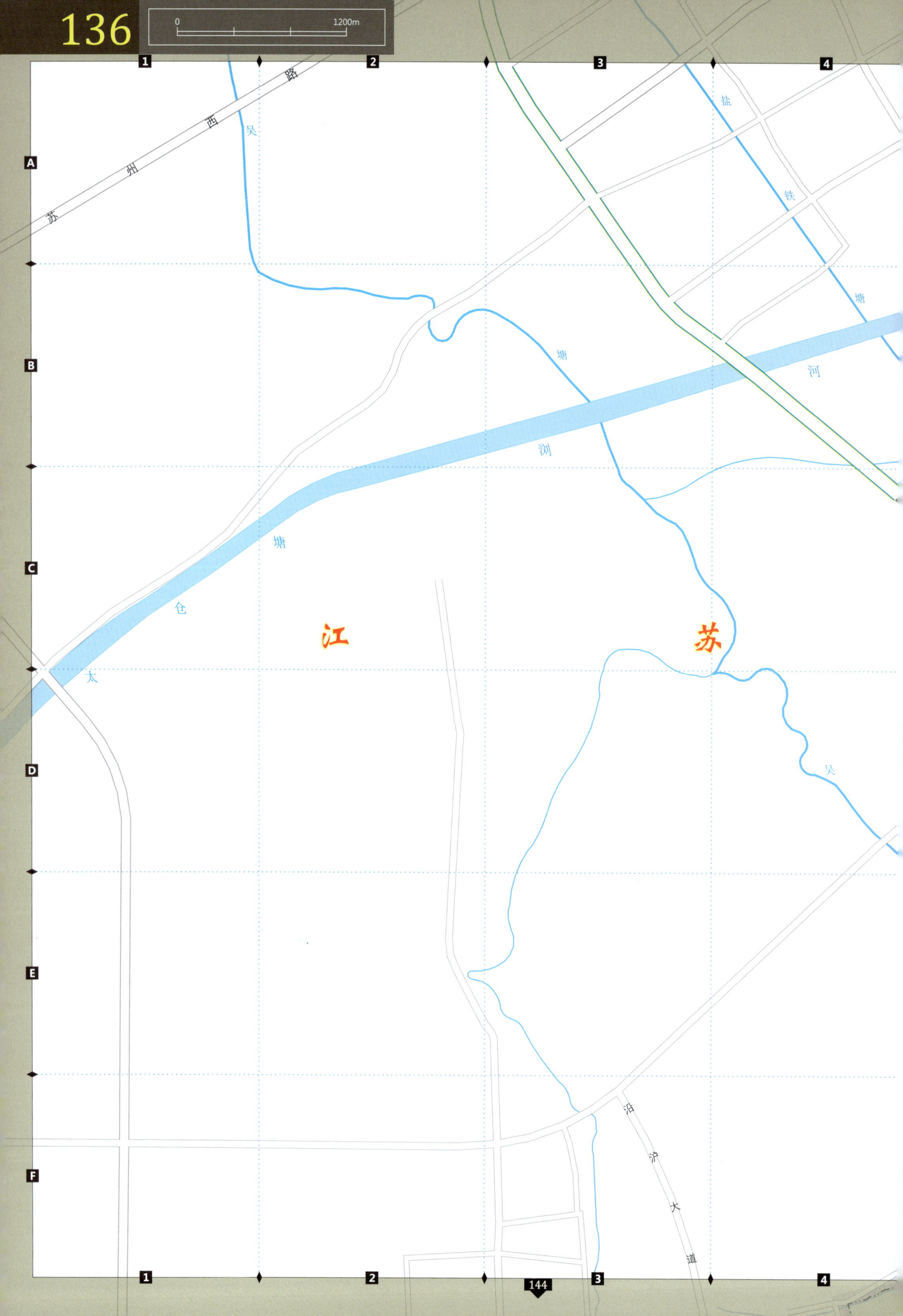

0
1200m
1
2
3
4
A
B
C
D
E
F
苏州西路
吴
塘
盐铁塘
太仓塘
浏河
江苏
吴
沿沪大道
144

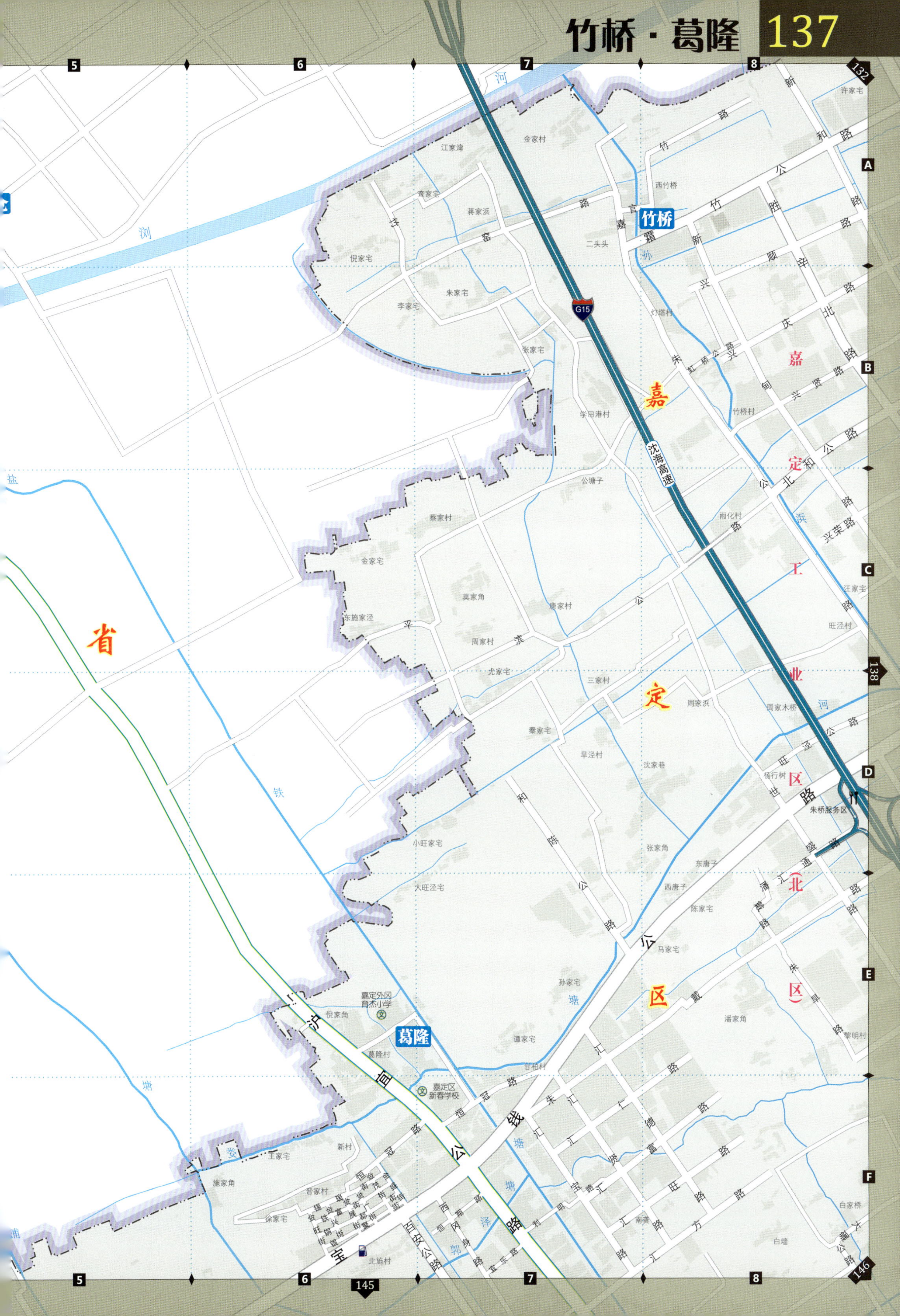

132
138
145
146

0
1200m
132
137
145
146
嘉定工业区
嘉定工业区（北区）
娄塘
朱家桥
嘉
定
区
伟翔环保科技发展（上海）有限公司
上海师范大学天华学院
中国干细胞集团上海有限公司
上海工艺美术职业学院
朱桥服务区
朱桥收费站
朱桥出入口
嘉西出入口
G15
沈海高速
嘉定北站
嘉定西站
嘉定北门
嘉定西门
嘉定体育馆
嘉定镇街道社区文化活动中心
嘉定公安分局交警支队
上海大学（嘉定校区）
嘉定一中附属小学
城中路小学（分部）
桃李园实验学校
娄塘学校
朱桥学校
菊园新区社区事务受理服务中心
秋霞圃
区中心
大地
迎园饭店
汇源新村
天华社区
玲珑湾城
越华社区
威尼斯小区
汇丰凯苑
宝菊新家园
嘉宝梦之湾景苑
练祁佳城翡翠峰苑
新城桑活城
清水路小学
竹园公寓
怡华家园
汇丰荷苑
泰宸雅苑
菊园新区
嘉定颐景园
日月光伯爵天地
泾河花园别墅
锦江小区
水产新村
北弄新村
城北路
城北路
沪宜公路
娄朱公路
唐行公路
宝钱公路
清河路
塔城路
博乐路
平城路
胜辛路
嘉定环城河市民休闲公园
陈家山荷花公园
陆家宅
陶家宅
韩家宅
柏家宅
王家宅
潘家宅
顾家宅
张家宅
中介村
王家村
万家宅
娄村三组
塔桥村
周家村
袁家宅
汤家楼
郭家宅
娄东村
瞿家宅
苏家宅
朱家宅
宣家宅
沈家堰
施家宅
马家宅
水产村
金家湾
太平桥
胡家宅
汪家宅
印家宅
陈家宅
横泾村
赵家厅
赵厅村
石家宅
诸家宅
钱家村
马头墙
泾河村
皇庆村
梅园
樊家宅
小周家宅
黄家宅
朱家桥村
杭家村
杨家村
李家桥
汤家宅
项泾桥
白墙村
汤家堰
板桥村
肖桥
碾东
毛家村
蔡家宅
江家村
樟木村
许家
竹筱村

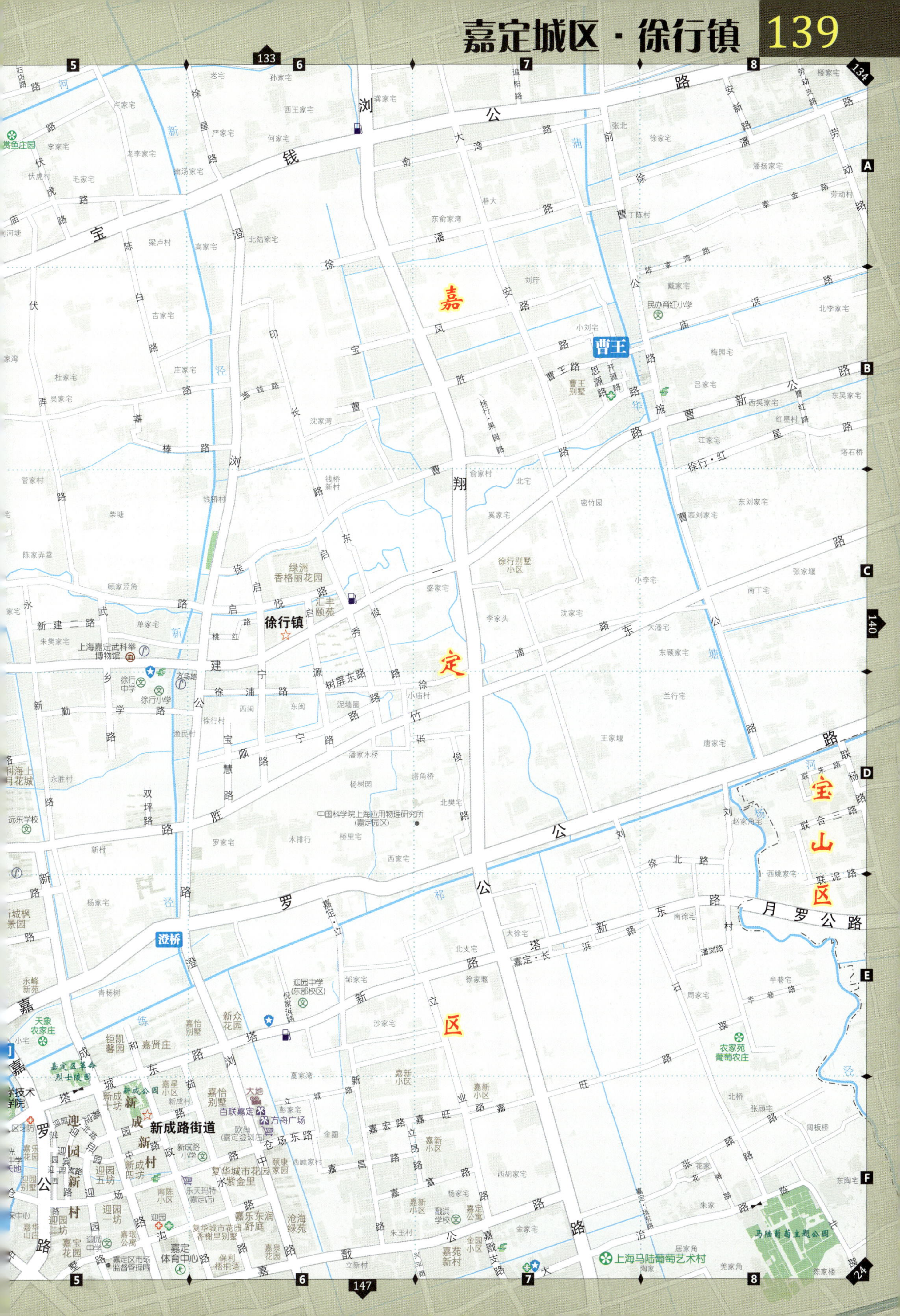
嘉定区
宝山区
徐行镇
曹王
澄桥
新成路街道
宝钱公路
浏翔公路
曹新公路
胜辛路
罗公路
沪宜公路
嘉定·长浜
月罗公路
塔新路
城中路
裕民南路
老宅
孙家宅
西王家宅
龚家宅
卢家宅
严家宅
何家宅
李家宅
老李家宅
毛家宅
伏虎村
南汤家宅
梁卢村
高家宅
北陆家宅
东俞家湾
巷大
曹丁陈村
张北
徐家宅
潘扬家宅
劳动村
戴家宅
刘厅
民办育红小学
北李家宅
小刘宅
梅园宅
吕家宅
曹王别墅
东吴家宅
西吴家宅
红星村
江家宅
塔石桥
吉家宅
庄家宅
杜家宅
吴家宅
沈家湾
钱桥新村
钱桥村
俞家村
北宅
冥家宅
密竹园
曹西刘家宅
东刘家宅
管家村
柴塘
陈家弄堂
绿洲香格丽花园
徐行别墅小区
小李宅
张家堰
南丁宅
盛家宅
汇丰启颐苑
顾家泾角
单家宅
朱樊家宅
上海嘉定武科举博物馆
徐行中学
徐行小学
李家头
沈家宅
大潘宅
东顾家宅
西闸
东闸
泥墙圈
小庙村
徐行村
渔民村
兰行宅
王家堰
唐家宅
永胜村
潘家木桥
杨树园
塔角桥
北樊宅
远东学校
中国科学院上海应用物理研究所（嘉定园区）
罗家宅
木排行
桥里宅
西家宅
赵家角宅
西姚家宅
南徐宅
新村
杨家宅
大徐宅
北支宅
徐家堰
潘浏路
半巷宅
周家宅
永峰新苑
青杨树
迎园中学（东部校区）
邹家宅
沙家宅
农家苑葡萄农庄
天象农家庄
钜凯馨园
和嘉贤庄
嘉怡别墅
新众花园
嘉定区革命烈士陵园
夏家湾
嘉新小区
北桥
张顾宅
周板桥
嘉星小区
新成公园
新成路小学
彭家宅
百联嘉定
方舟广场
欧尚（嘉定澄浏店）
金圃
嘉宏路
嘉新小区
颐康家园
西顾家村
复华城市花园
水紫金里
乐天玛特（嘉定店）
迎园五坊
新成村四坊
南陈小区
西胡家宅
东陶宅
迎园一坊
迎园二坊
嘉乐东润
沧海绿苑
复华城市花园香榭里别墅
嘉琨公寓
朱王村
杨家宅
戬浜学校
嘉定公寓
朱家
马陆葡萄主题公园
嘉定体育中心
嘉定区市场监督管理局
保利梧桐语
嘉泉花园
立新村
嘉苑新村
金园小区
上海马陆葡萄艺术村
居家角
陶家
羌家角
陈家楼
133
134
140
147
24

0
1200m
134
133
139
147
24
宝山工业区
宝山区
嘉定区
罗店工业园区
罗店
罗店镇
长浜
美兰湖高尔夫球场
卫斯嘉闻道园
爱玛宫婚礼公园
天平村农家乐
罗溪公园
金罗店美兰湖景区
东方假日田园
震旦职业学院
美兰湖站
罗南新村站
轨道交通7号线
沪太公路出入口
上海绕城高速
G1501
沪太路
月罗公路
美罗家园
宝山寺
罗店中学
上海一纺机械有限公司
上海中集宝伟工业有限公司
美兰湖艺术博物馆
罗店医院
富丽苑
富秀苑
富南苑

月浦镇
月浦
盛桥
新镇
月浦工业园区
杨行工业园区
宝山区
宝武钢铁集团宝山厂区
长江
上海绕城高速
蕰川路出入口
轨道交通3号线
轨道交通1号线
江杨北路站
富锦路站
友谊西路站
月浦收费站
马泾桥新村
月浦新村
乐业新村
杨泰新村
蕰川路
颐景园

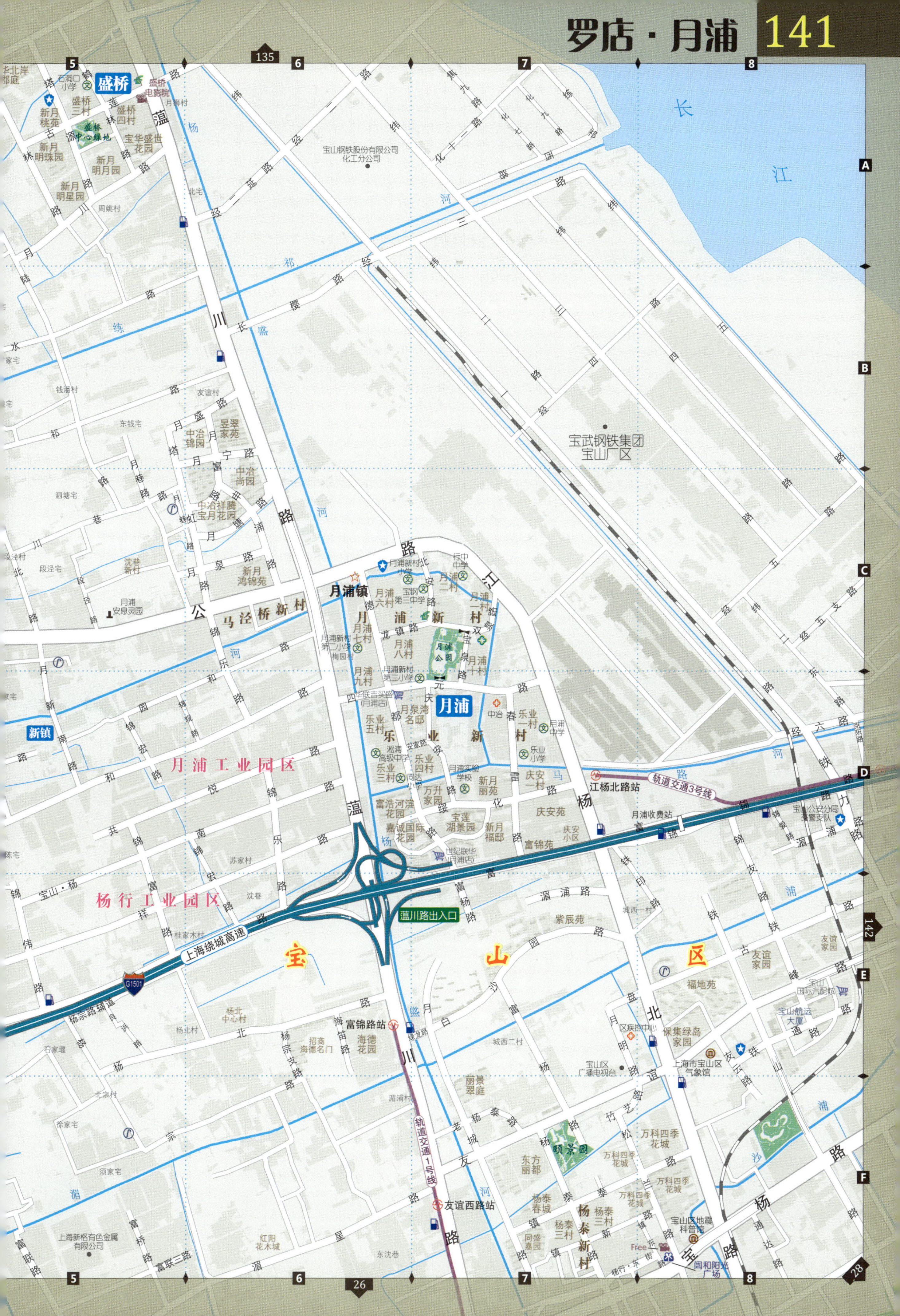

135
142
26
28

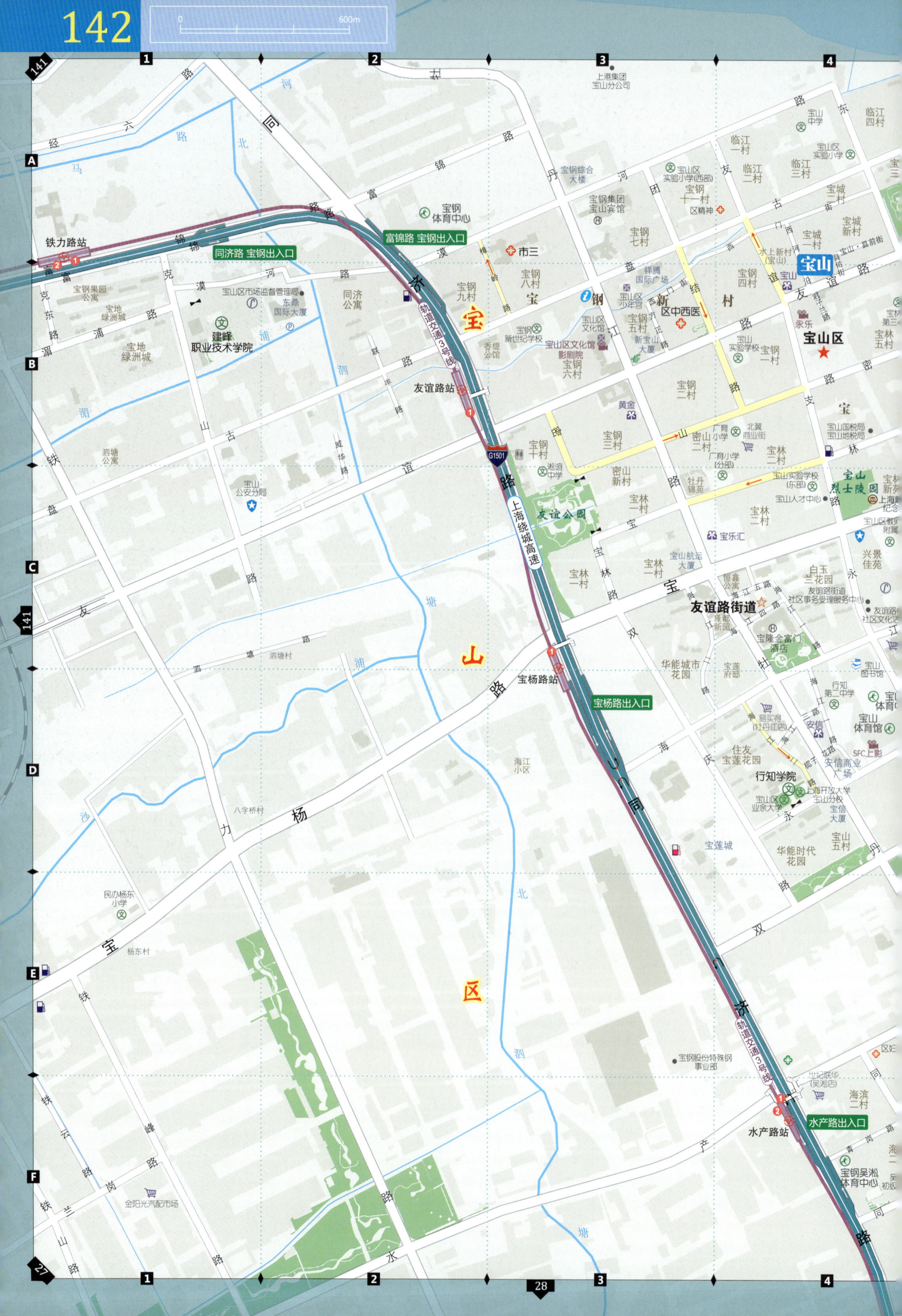
0
600m
141
1
2
3
4
A
B
C
D
E
F
上港集团
宝山分公司
临江
四村
宝山
中学
宝山区
实验小学
临江
一村
临江
二村
临江
三村
宝钢综合
大楼
宝山区
实验小学(西部)
宝钢
十一村
宝钢集团
宝山宾馆
宝城
一村
宝城
新村
宝山
宝钢
体育中心
富锦路 宝钢出入口
同济路 宝钢出入口
铁力路站
市三
宝钢
七村
宝钢
四村
宝钢
九村
宝钢
八村
同济
公寓
宝钢集团
公寓
宝山区市场监督管理局
东鼎
国际大厦
宝地
绿洲城
建峰
职业技术学院
宝地
绿洲城
宝山区
文化馆
宝山区文化馆
影剧院
宝钢
六村
宝钢
五村
区中西医
宝钢
新世纪学校
香缇
公馆
宝山
实验学校
宝钢
一村
宝山区
宝钢
二村
友谊路站
黄金
宝钢
三村
宝钢
十村
G1501
上海绕城高速
密山
二村
密山
新村
宝林
二村
宝山实验学校
(东部)
宝山人才中心
宝山
烈士陵园
泗塘
公寓
宝山
公安分局
友谊公园
宝林
一村
宝乐汇
宝林
三村
宝林
一村
宝山航运
大厦
白玉
兰花园
恒鑫
公寓
友谊路街道
宝隆金富门
酒店
华能城市
花园
宝杨路站
宝杨路出入口
泗塘村
宝山
图书馆
宝山
体育馆
行知学院
宝山区
业余大学
上海开放大学
宝山分校
宝信
大厦
宝山
五村
华能时代
花园
宝莲城
海江
小区
八字桥村
民办杨东
小学
杨东村
宝钢股份特钢
事业部
海滨
二村
水产路出入口
水产路站
宝钢吴淞
体育中心
金阳光汽配市场
宝
山
区
轨道交通3号线
同济路
宝杨路
友谊路
水产路
28
27

长江
黄浦江
吴淞口国际邮轮港
宝杨路码头
临江佳园
行知中学
宝林九村
宝林六村
吴淞炮台湾国家湿地公园
上海长江河口科技馆
海江公寓
宝山医保中心
中艺花园
宝山九村
宝山区第一中心小学(东部)
宝山六村
宝山七村
吴淞古炮台
宝山区第一中心小学(西部)
宝山一村
宝山二村
宝山三村
炮台湾
海江二村
新叶公寓
永清一村
吴淞街道社区事务受理服务中心
和衷中学(初中部)
海江新村
海军上海博览馆
永清路小学
海滨七村
海滨六村
海滨第二中学
海滨五村
和衷小学
海滨八村
宝山区档案馆
横店
星月国际商务广场
宝山区工人文化活动中心
三水国际广场
上海港吴淞客运中心
上海旅游集散中心(宝山分站)
吴淞公园
上海绕城高速/外环高速
外环隧道
G1501
S20
上海滨江森林公园
浦东新区
上海公安高等专科学校
高桥·公园路
宝山新村
宝山区
塘后路
水产路
同济路
牡丹江路
淞滨路
宝杨路

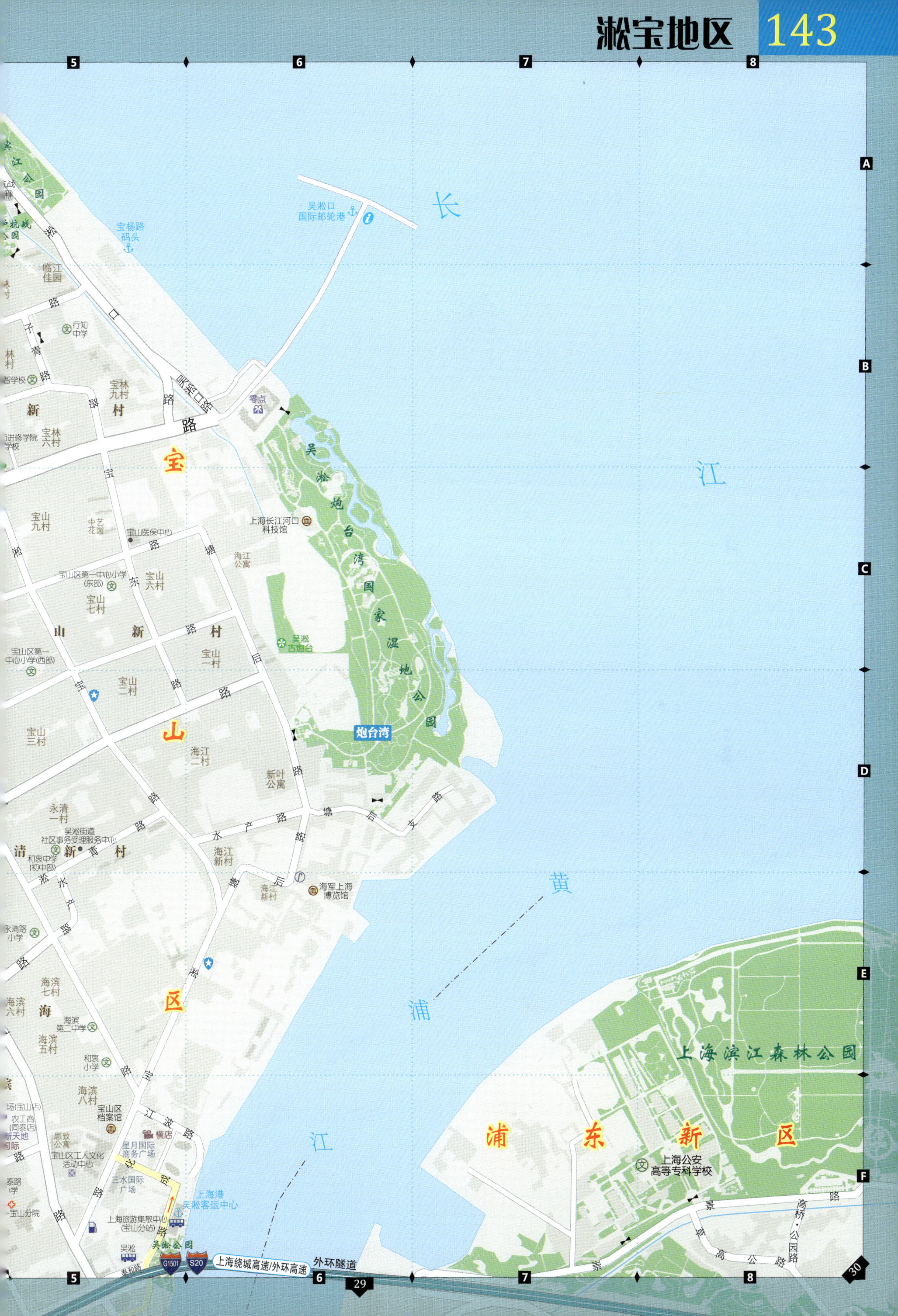

29
30

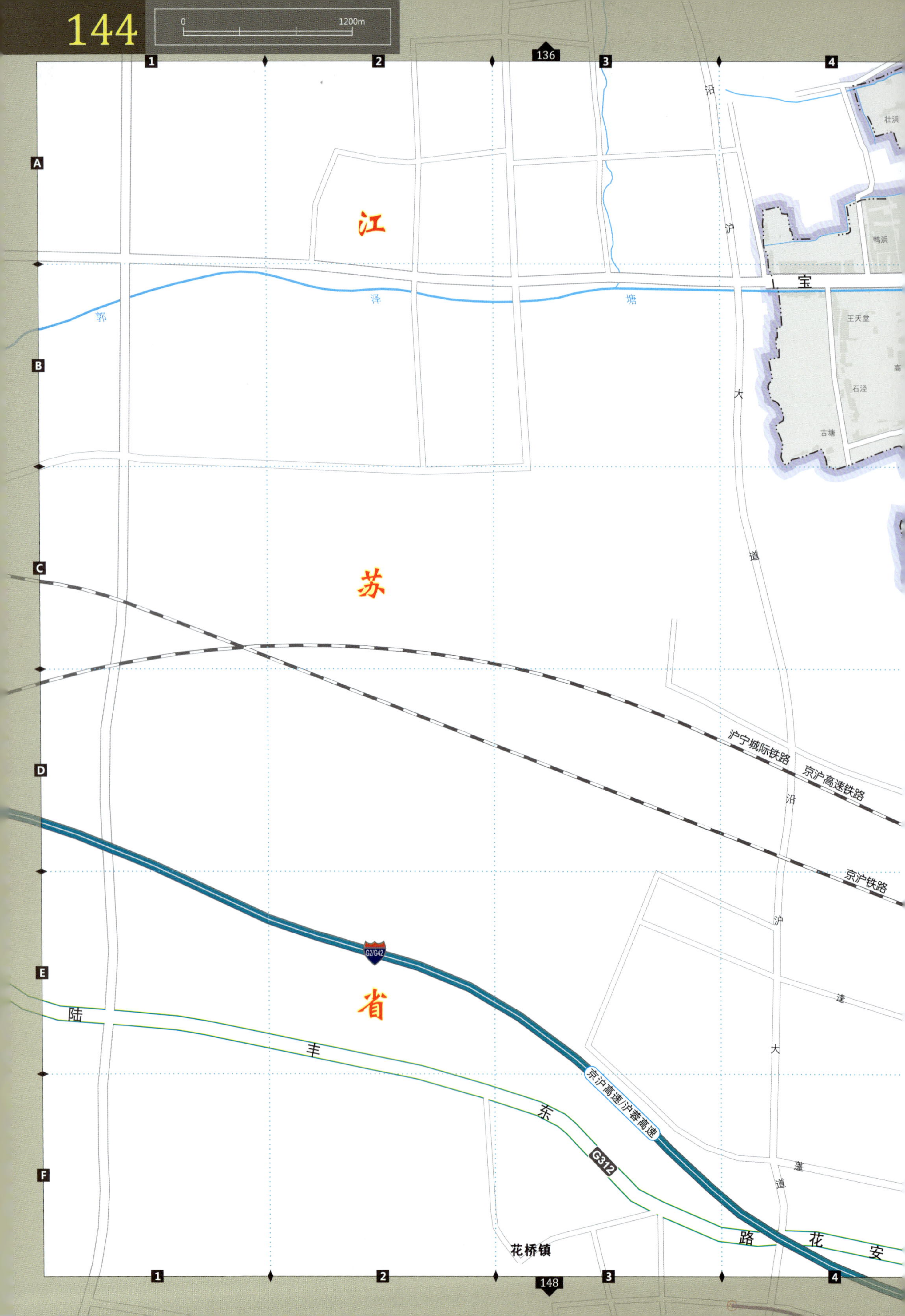
0
1200m
136
148
江
苏
省
郭
泽
塘
宝
沿
沪
大
道
壮浜
鸭浜
王天堂
石泾
古塘
高
沪宁城际铁路
京沪高速铁路
京沪铁路
G2/G42
京沪高速/沪蓉高速
陆
丰
东
路
G312
花
安
蓬
达
花桥镇

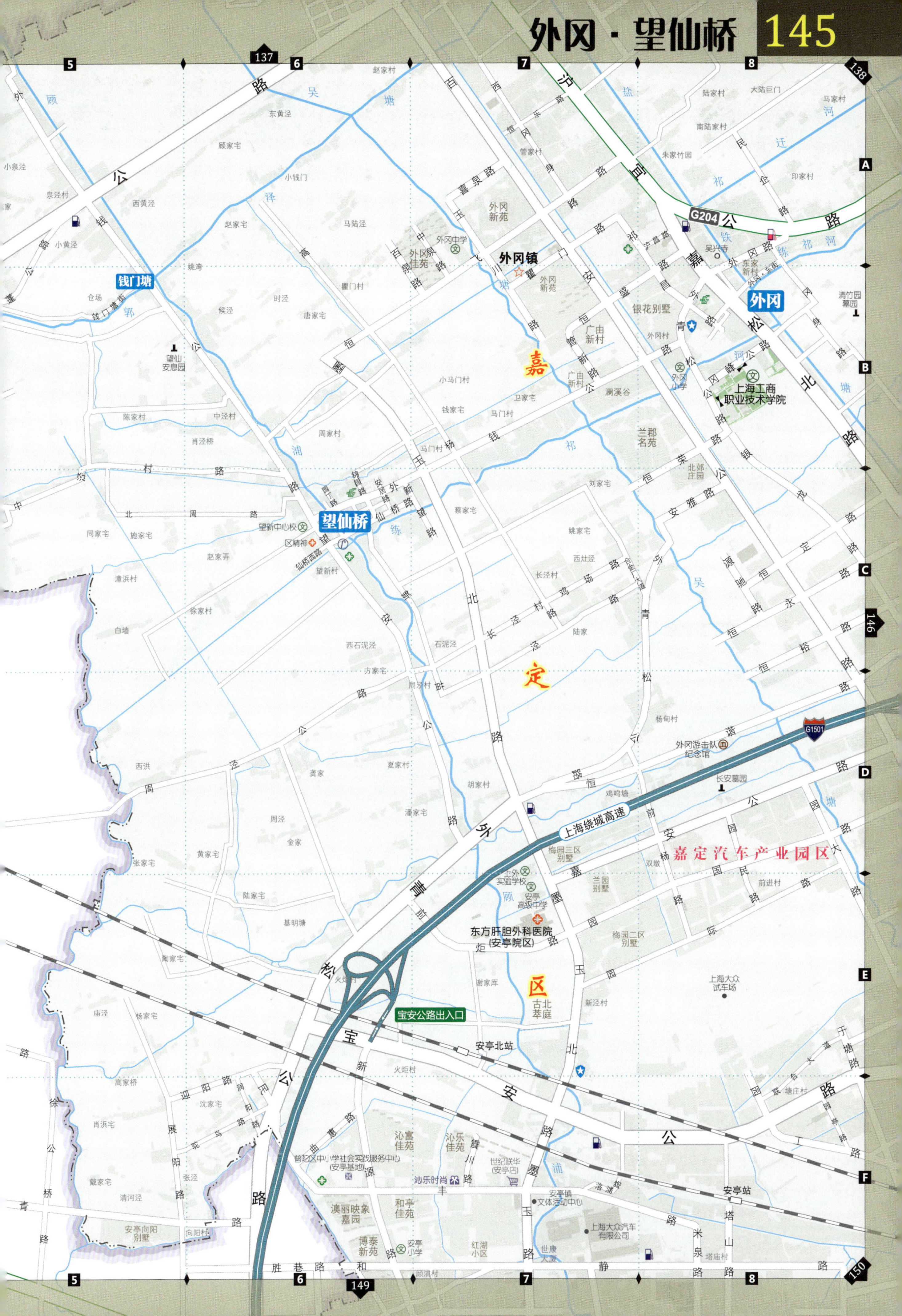
外冈镇
望仙桥
钱门塘
外冈
嘉
定
区
上海工商职业技术学院
嘉定汽车产业园区
上海绕城高速
宝安公路出入口
东方肝胆外科医院(安亭院区)
安亭北站
安亭站
G204
G1501
外冈游击队纪念馆
上海大众汽车有限公司
上海大众试车场
银花别墅
兰郡名苑
古北萃庭
澳丽映象嘉园
沁富佳苑
沁乐佳苑
和亭佳苑
博泰新苑
红湖小区
世纪联华(安亭店)
安亭镇文体活动中心
沁乐时尚
曹陀区中小学社会实践服务中心(安亭基地)
上外实验学校
安亭高级中学
梅园三区别墅
梅园二区别墅
兰园别墅
外冈中学
外冈小学
望新中心校
外冈新苑
外冈新苑
外冈泉佳苑
望仙安息园
长安墓园
清竹园墓园

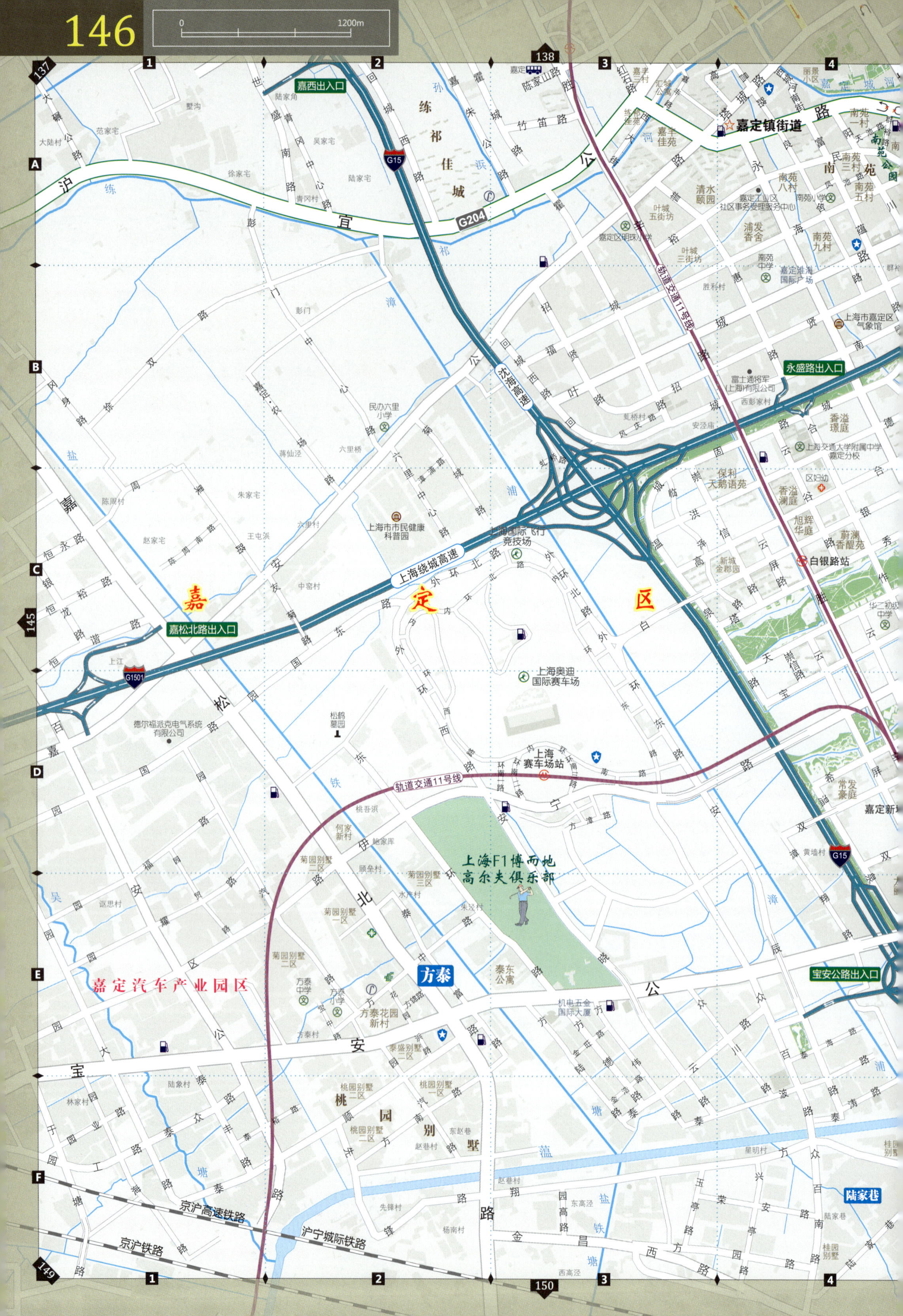
0
1200m
嘉西出入口
练祁佳城
沪宜公路
G204
G15
嘉定镇街道
永盛路出入口
沈海高速
上海绕城高速
嘉松北路出入口
G1501
上海市市民健康科普园
上海国际赛车场
上海奥迪国际赛车场
上海赛车场站
轨道交通11号线
白银路站
嘉定区
上海F1博西地高尔夫俱乐部
方泰
嘉定汽车产业园区
宝安公路出入口
京沪高速铁路
沪宁城际铁路
京沪铁路
陆家巷

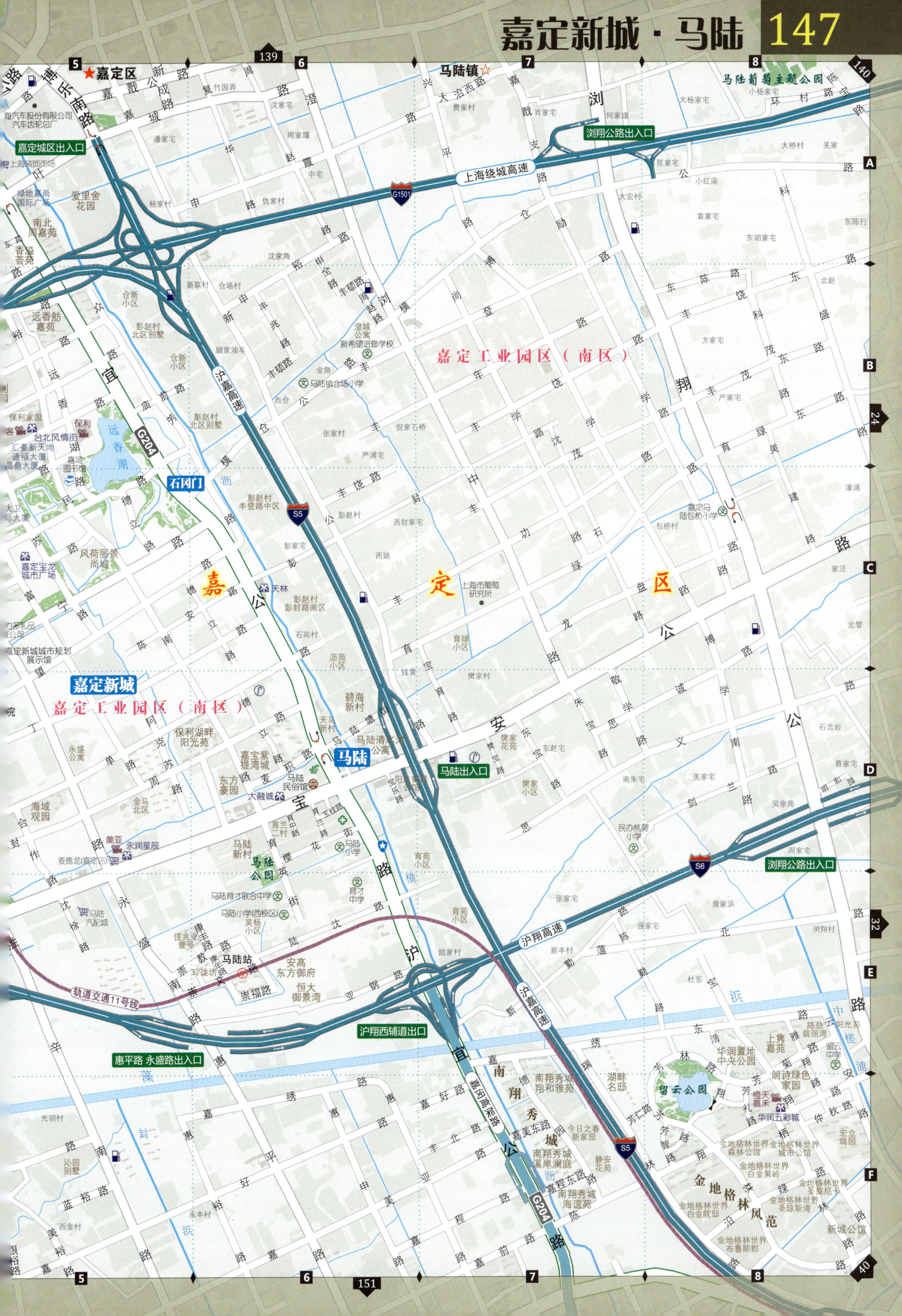

139
151
140
24
32
40
嘉定区
马陆镇
马陆葡萄主题公园
浏翔公路出入口
上海绕城高速
G1501
嘉定城区出入口
嘉定工业园区（南区）
嘉定新城
嘉定工业园区（南区）
嘉
定
区
沪嘉高速
S5
G204
石冈门
远香湖
马陆
马陆出入口
S6
沪翔高速
浏翔公路出入口
马陆站
轨道交通11号线
沪翔西辅道出入口
惠平路 永盛路出入口
嘉闵高架路
留云公园
金地格林风范
南翔秀城
保利湖畔阳光苑
马陆公园
上海市葡萄研究所
嘉定马陆包桥小学
马陆育才联合中学
马陆小学(西校区)
大融城
天林
博乐南路
嘉戬公路
宝安公路
沪宜公路

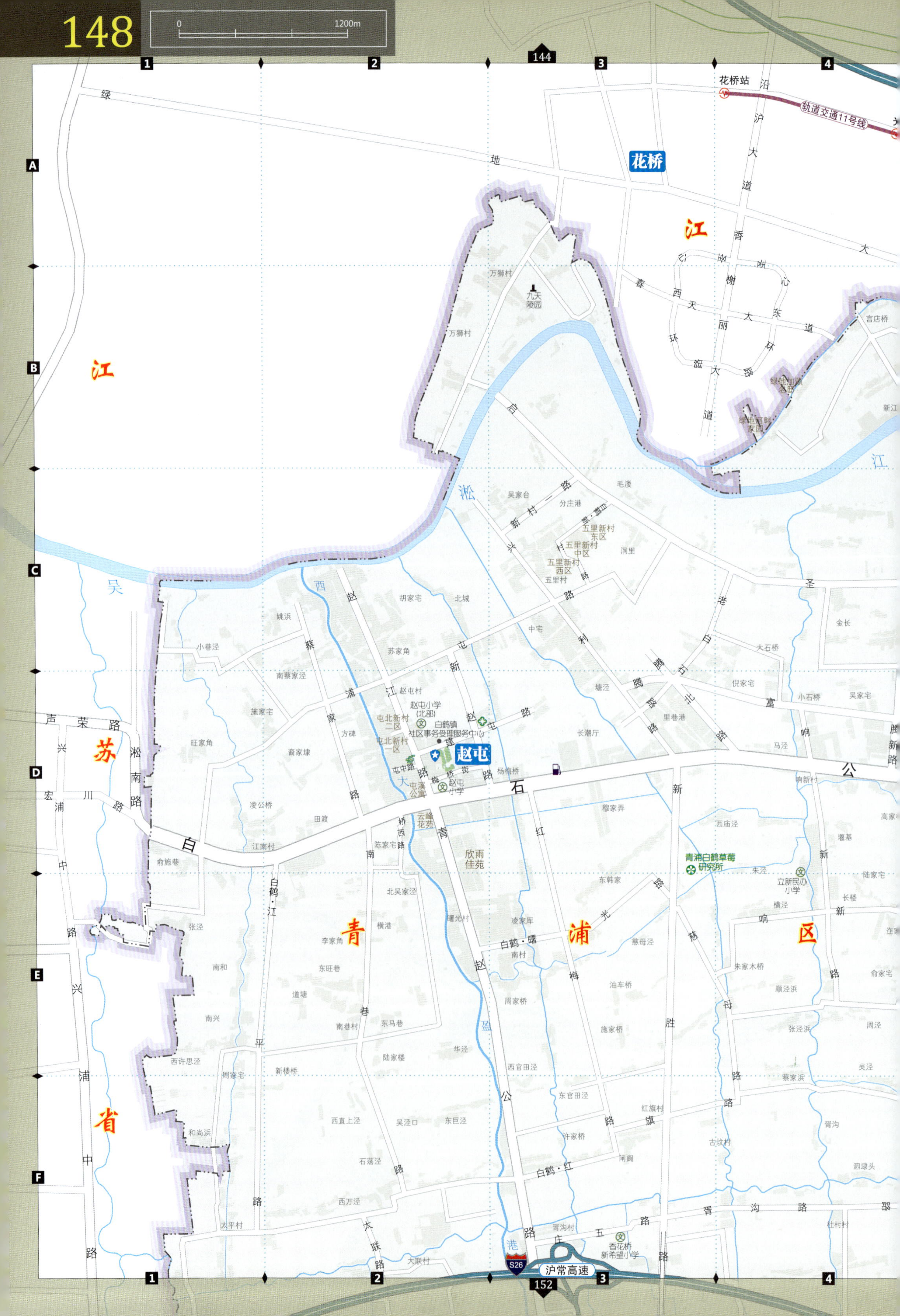
0
1200m
144
152
花桥站
轨道交通11号线
花桥
江
苏
省
青
浦
区
绿地大道
沪大道
香樟路
春西天丽大道
东环路
心
万狮村
九天陵园
吴淞江
绿地国际花园
吉店桥
新江
毛漤
吴家台
分庄港
新村一路
五里新村东区
五里新村中区
五里新村西区
五里村
洞里
兴利路
赵屯
胡家宅
北城
姚浜
小巷泾
蔡浦家路
南蔡家泾
苏家角
屯新路
赵屯村
江
赵屯小学(北部)
白鹤镇社区事务受理服务中心
屯北新村二区
屯北新村一区
屯中路
建梅街
赵屯小学
屯溪公寓
杨梅桥
施家宅
方碑
旺家角
裔家埭
凌公桥
田渡
江南村
俞施巷
白石公路
云峰花苑
桥西
陈家宅路
南
青赵公路
欣雨佳苑
红光路
穆家弄
新胜路
中宅
塘泾
长潮厅
腾腾路
里巷港
老白石北路
大石桥
倪家宅
小石桥
吴家宅
富响路
马泾
金长
圣
西庙泾
青浦白鹤草莓研究所
朱泾
立新民办小学
横泾
堰基
陆家宅
高家
长楼
响新村
新新路
声荣路
兴宏路
淞南路
川
浦中路
兴浦中路
张泾
南和
南兴
李家角
东旺巷
道塘
北吴家泾
横港
曙光村
凌家库
白鹤·曙南村
慈母泾
慈母路
梅
周家桥
油车桥
施家桥
朱家木桥
顾泾浜
张泾浜
周泾
吴泾
蔡家浜
俞家宅
巷
南巷村
东马巷
白鹤江平路
西许思泾
周家宅
新楼桥
陆家楼
华泾
盈
西官田泾
东官田泾
红旗村
旗
许家桥
闸阛
古坟村
胥沟
泗埭头
和尚浜
西直上泾
吴泾口
东巨泾
石荡泾
白鹤·红
西万泾
太平村
太联路
大联村
港
胥沟村
庄五路
香花桥新希望小学
胥沟路
杜村村
S26
沪常高速

安亭
安亭镇
白鹤
白鹤镇
旧青浦
嘉定区
青浦区
省
上海绕城高速
京沪高速
沪蓉高速
G312
G2
G42
G1501
花桥出入口
安亭出入口
白鹤出入口
上海汽车博览公园
上海汽车会展中心
上海汽车博物馆
颖奕安亭高尔夫球场
轨道交通11号线
安亭站
兆丰路站
上海汽车城站
安亭新镇
吴淞江
曹安公路
沪青平公路
外青松公路
鹤旋路
鹤如路
赵重公路
嘉松南路
新村
紫荆新村
安亭老街
永安塔
严泗桥
青龙寺
青龙塔
曙光民办小学
白鹤中学
白鹤小学
安亭高尔夫别墅
上海国际汽车城大厦
安亭收费站
CGV星聚汇

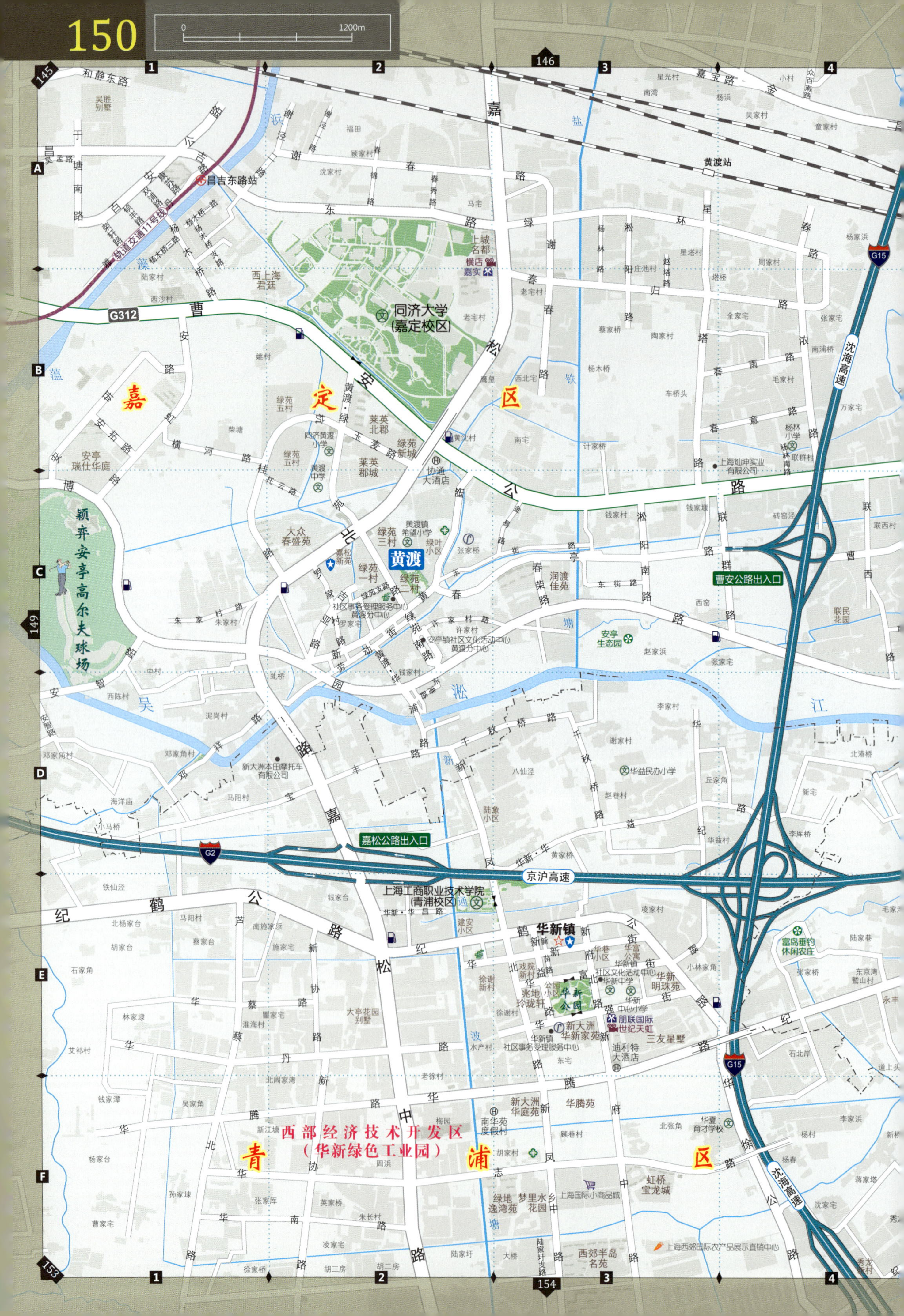
0
1200m
146
149
154
145
153
1
2
3
4
A
B
C
D
E
F
嘉
定
区
青
浦
区
同济大学
(嘉定校区)
黄渡
华新镇
颖乔安亭高尔夫球场
西部经济技术开发区
(华新绿色工业园)
京沪高速
沈海高速
曹安公路出入口
嘉松公路出入口
G312
G2
G15
曹安公路
嘉松北路
嘉松中路
鹤华路
昌吉东路站
轨道交通11号线
黄渡站
上海工商职业技术学院
(青浦校区)
协通大酒店
迪利特大酒店
朋联国际世纪天虹
华新公园
三友星墅
安亭生态园
富岛垂钓休闲农庄
上海西郊国际农产品展示直销中心
和静东路
吴淞江
沈海高速
黄渡镇社区事务受理服务中心
虹桥宝龙城
西郊半岛名苑
新大洲华庭苑
华腾苑
南华苑度假村
莱英北郡
莱英郡城
绿苑新城
润渡佳苑
大众春盛苑
安亭瑞仕华庭
西上海君廷
上城名都
横店
嘉实
新大洲本田摩托车有限公司
上海如坤实业有限公司
华益民办小学
陆象小区
建安小区
华新中学
兆地玲珑轩
梦里水乡花园
绿地逸湾苑
上海国际小商品城

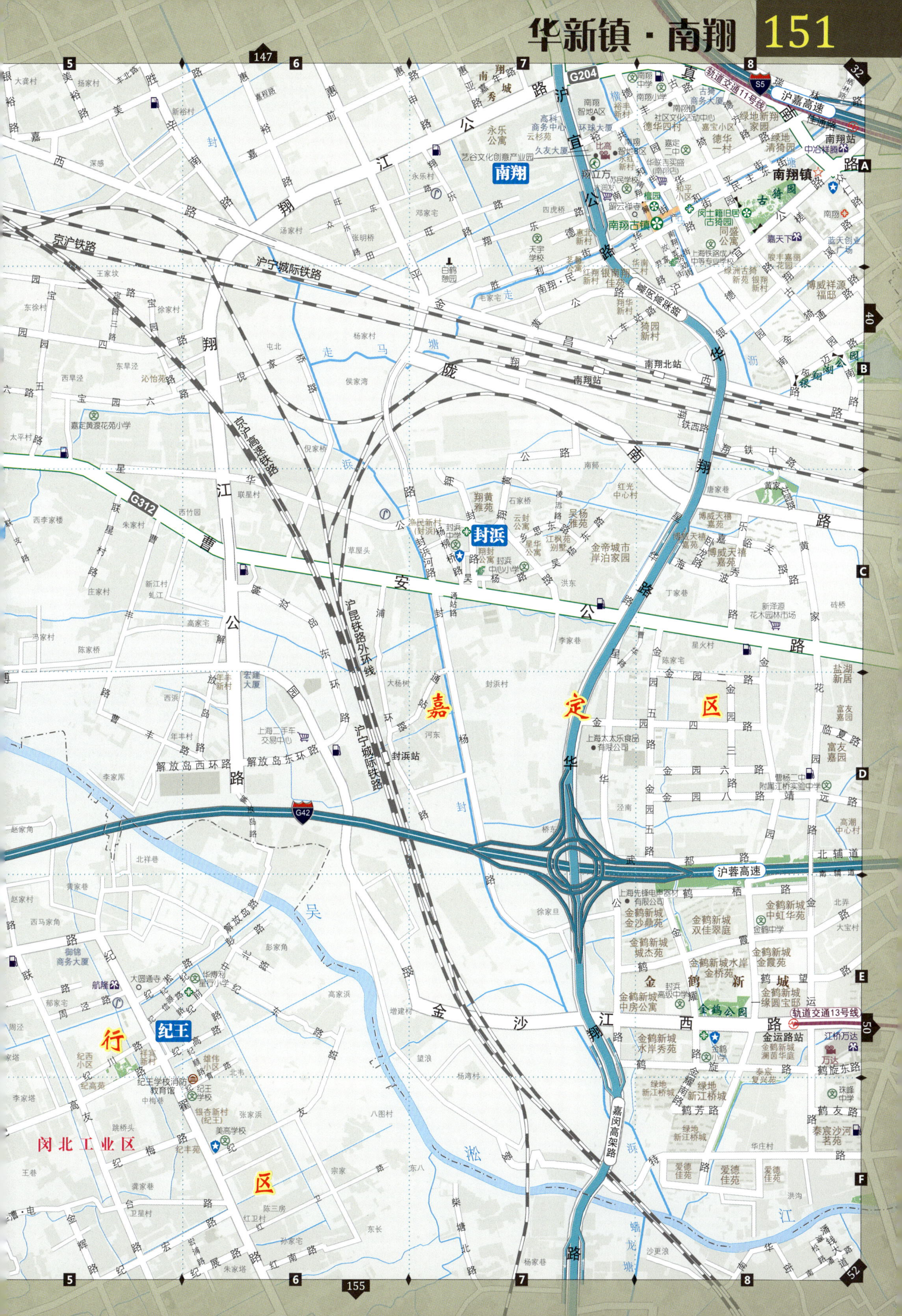
南翔
封浜
纪王
南翔镇
嘉
定
区
行
区
闵北工业区
南翔站
南翔北站
封浜站
金运路站
京沪铁路
沪宁城际铁路
京沪高速铁路
沪昆铁路外环线
沪宁城际铁路
曹安公路
金沙江西路
沪蓉高速
沪嘉高速
嘉闵高架路
解放岛西环路
解放岛东环路
轨道交通11号线
轨道交通13号线
吴淞江
金鹤新城
南翔古镇
古猗园
G204
G312
G42
S5
147
155
32
40
50
52

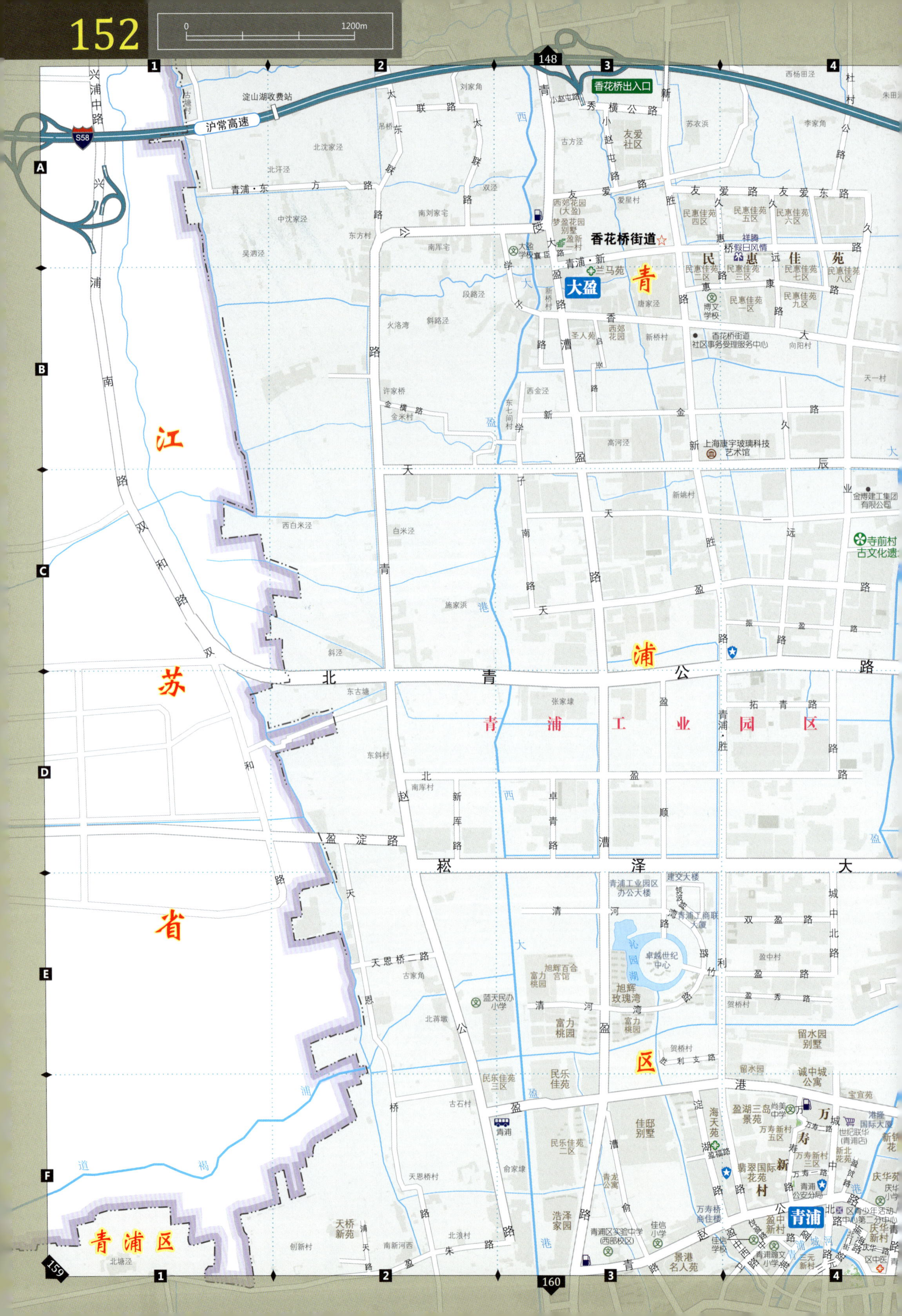
0
1200m
148
香花桥出入口
沪常高速
S58
淀山湖收费站
香花桥街道
大盈
青浦区
江苏省
青浦工业园区
北青公路
崧泽大道
盈淀路
青浦
159
160
青浦区实验中学（西部校区）
上海康宇玻璃科技艺术馆
香花桥街道社区事务受理服务中心
青浦工业园区办公大楼
卓越世纪中心
金博建工集团有限公司
寺前村古文化遗址

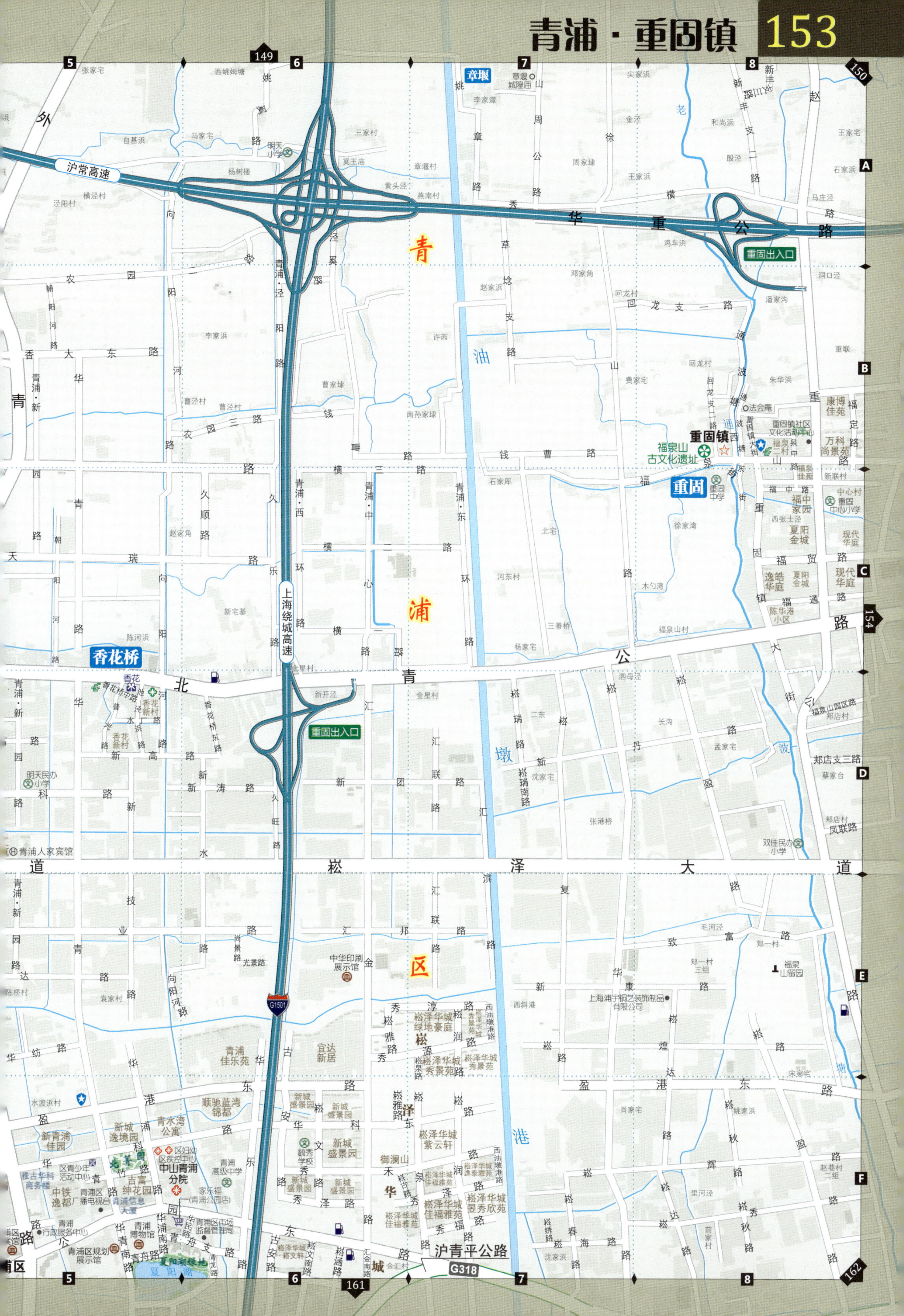

沪常高速
华重公路
重固出入口
上海绕城高速
重固镇
重固
章堰
香花桥
福泉山古文化遗址
青浦区
北青公路
崧泽大道
沪青平公路
G1501
G318
油墩港
中华印刷展示馆
青浦人家宾馆
中山青浦分院
青浦区规划展示馆
青浦博物馆
夏阳湖
上海浦子铜艺装饰制品有限公司
福泉山留园

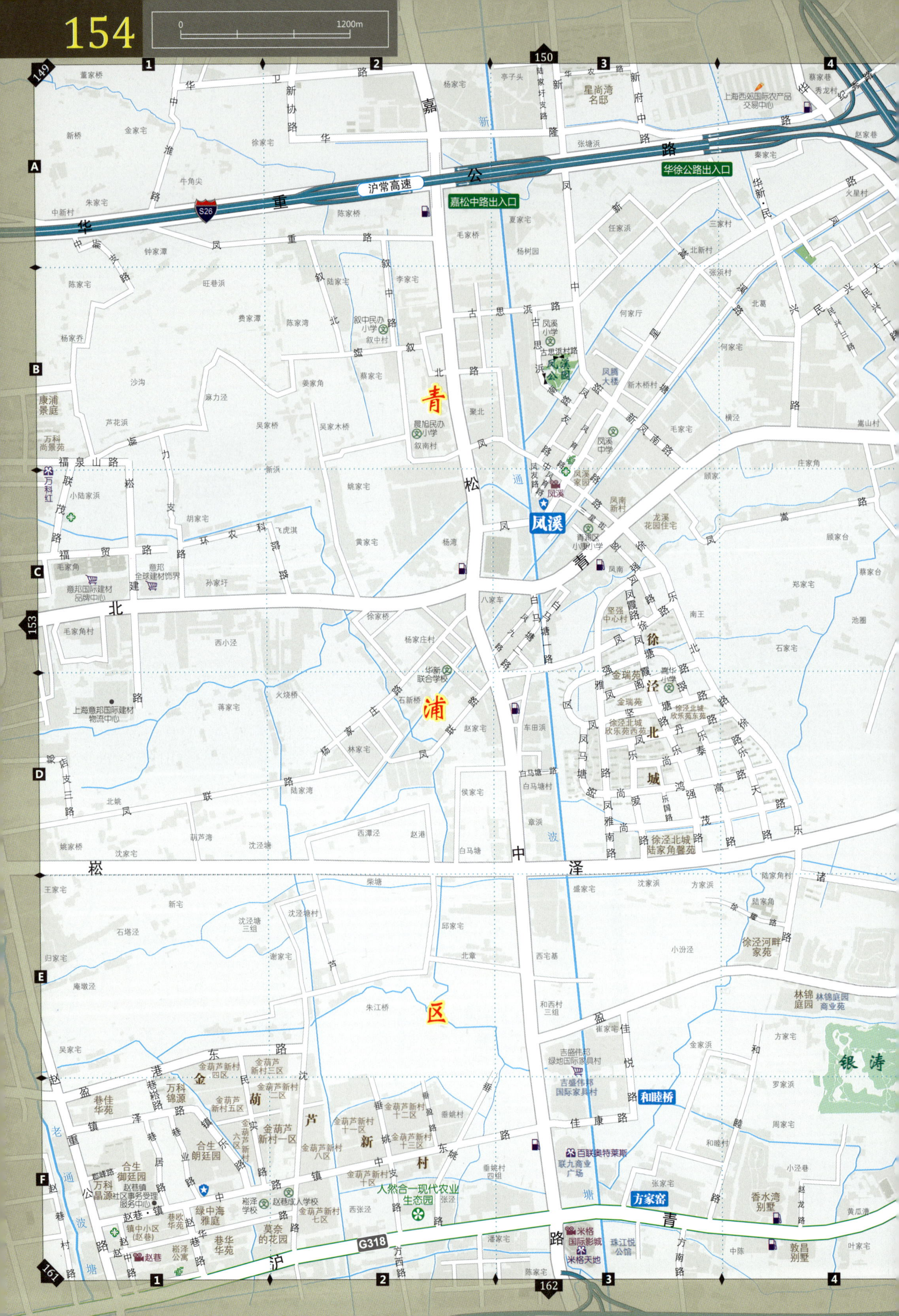
0
1200m
青浦区
凤溪
和睦桥
方家窑
沪常高速
嘉松中路出入口
华徐公路出入口
S26
G318
华重公路
嘉松中路
北青公路
松泽大道
沪青平公路
盈港东路
银涛
上海西郊国际农产品交易中心
星尚湾名邸
凤溪公园
凤溪小学
凤溪中学
青浦区小蒸小学
叙中民办小学
晨旭民办小学
华新联合学校
意邦国际建材品牌中心
意邦全球建材饰界
上海意邦国际建材物流中心
徐泾北城
金瑞苑
坚强中心村
徐泾北城欣乐苑西苑
徐泾北城欣乐苑东苑
徐泾北城陆家角馨苑
徐泾河畔家苑
林锦庭园
林锦庭园商业苑
吉盛伟邦绿地国际家具村
吉盛伟邦国际家具村
百联奥特莱斯
联九商业广场
米格国际影城
米格天地
珠江悦公馆
香水湾别墅
敦昌别墅
金葫芦新村
新村
赵巷
万科晶源
合生御廷园
合生朗廷园
绿中海雅庭
巷华华苑
莫奈的花园
人然合一现代农业生态园
赵巷成人学校
崧泽学校
赵巷镇社区事务受理服务中心
镇中小区（赵巷）
万科锦源
巷佳华苑
康浦景庭
万科尚景苑
龙溪花园住宅
凤南新村
凤溪家园
凤腾大楼
149
150
153
161
162

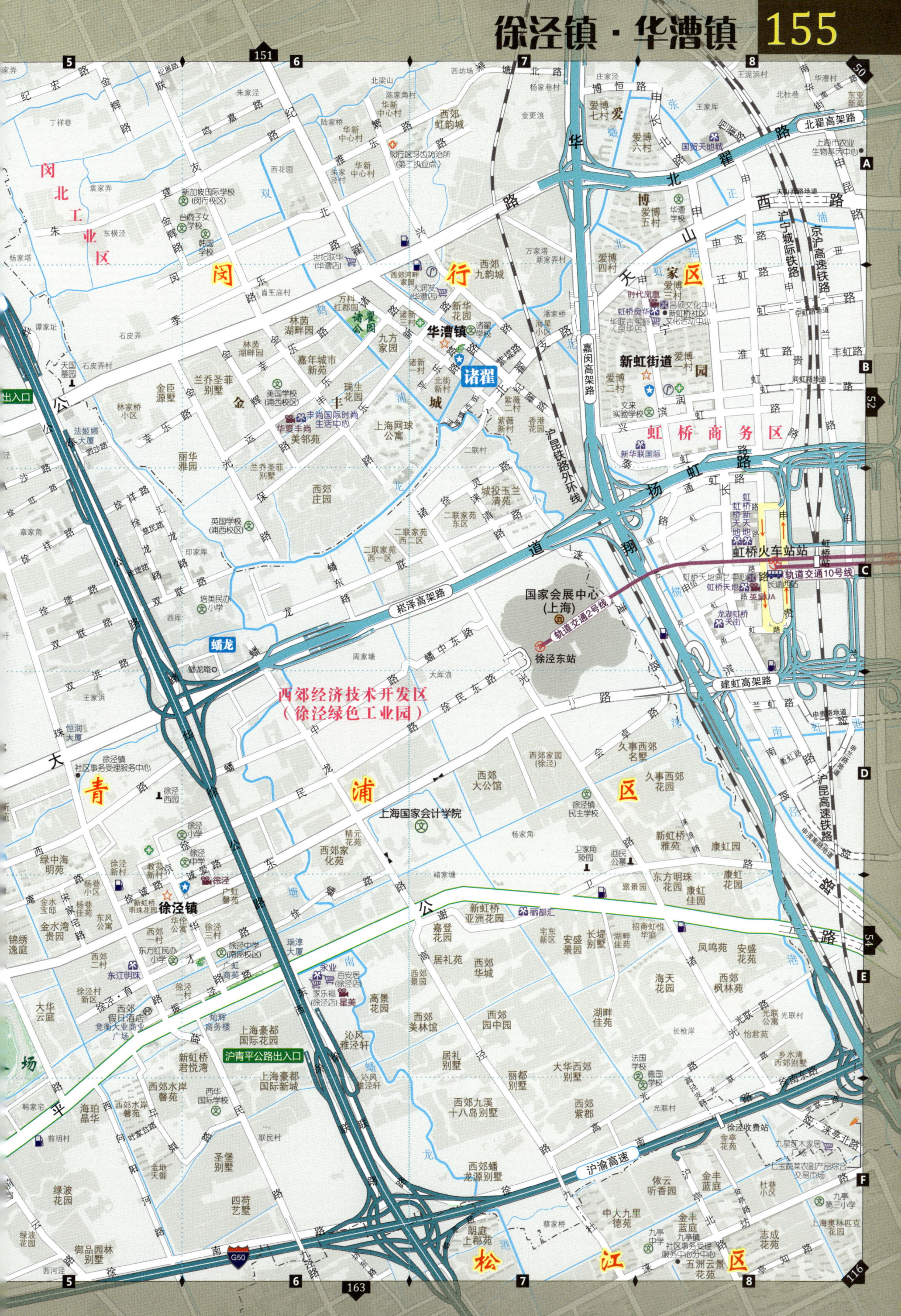

闵北工业区
闵行区
华漕镇
诸翟
金丰城
新虹街道
长宁区
虹桥商务区
虹桥火车站站
国家会展中心（上海）
徐泾东站
轨道交通2号线
轨道交通10号线
蟠龙
西郊经济技术开发区
（徐泾绿色工业园）
青浦区
徐泾镇
上海国家会计学院
松江区
北翟高架路
北翟路
天山西路
沪宁城际铁路
京沪高速铁路
嘉闵高架路
沪昆铁路外环线
虹桥路
申虹路
崧泽高架路
建虹高架路
沪昆高速铁路
沪渝高速
沪青平公路出入口
徐泾收费站
G50
纪宏路
金辉路
华翔路
鸣嘉路
纪鹤路
金运路
联友路
徐泾中学
西郊大公馆
虹桥天地
龙湖虹桥天街
新华联国际
诸翟公园
西郊庄园
西郊华城
高泾路
明珠路
徐乐路
龙联路
诸光路
申长路

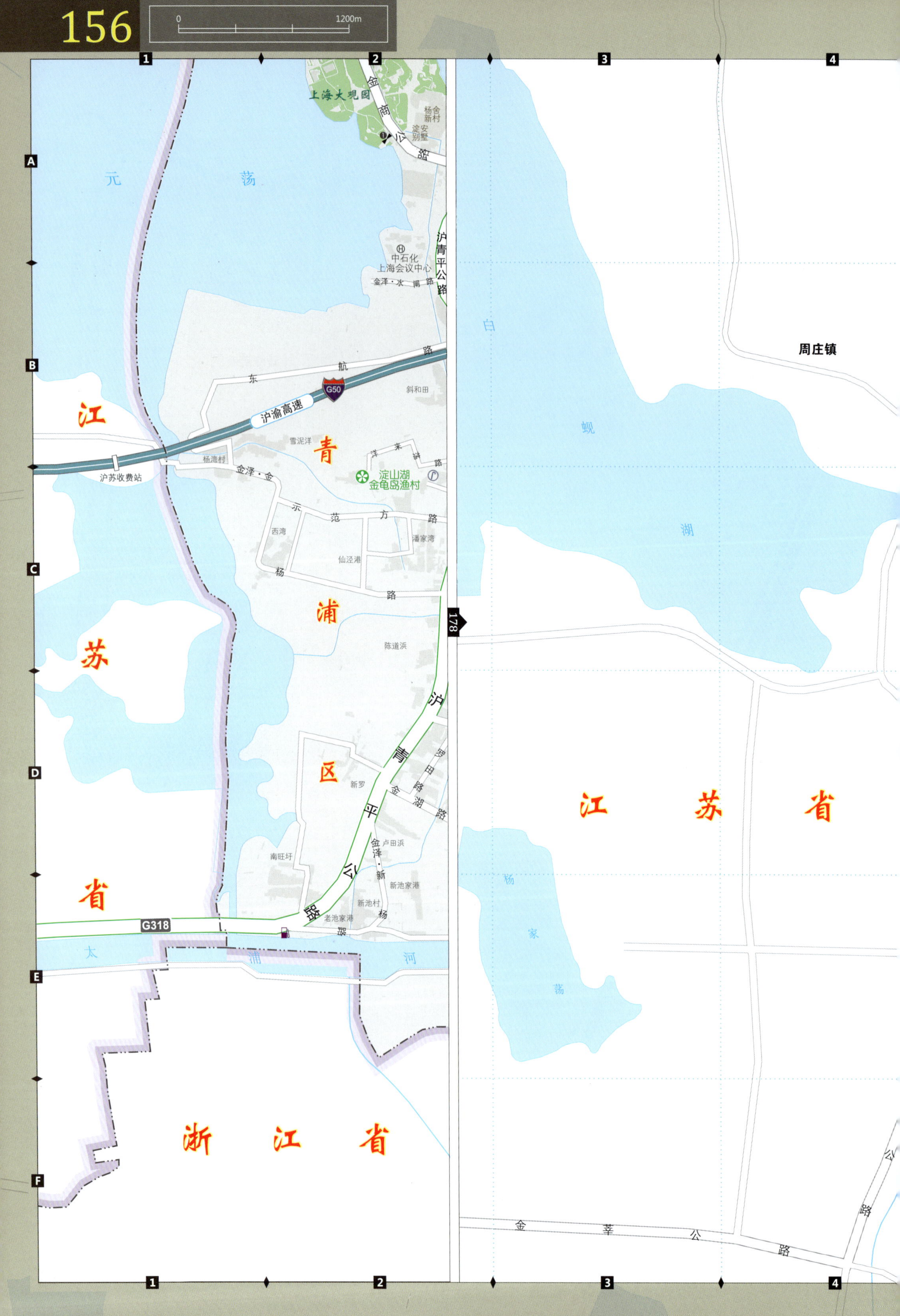

0
1200m
上海大观园
金商公路
杨舍新村
淀安别墅
元
荡
沪青平公路
中石化
上海会议中心
金泽·水南路
白
周庄镇
东航路
G50
斜和田
沪渝高速
江
雪泥洋
青
杨湾村
洋来港路
沪苏收费站
金泽·金
淀山湖金龟岛渔村
蚬
示范方路
西湾
潘家湾
湖
仙泾港
杨
路
浦
苏
陈道浜
178
沪
青
罗田路
区
新罗
金湖路
江
苏
省
平
卢田浜
金泽·新
公
南旺圩
杨
新池家港
省
新池村
路
G318
老池家港
杨路
家
太
浦
河
荡
浙
江
省
公
路
金莘公路

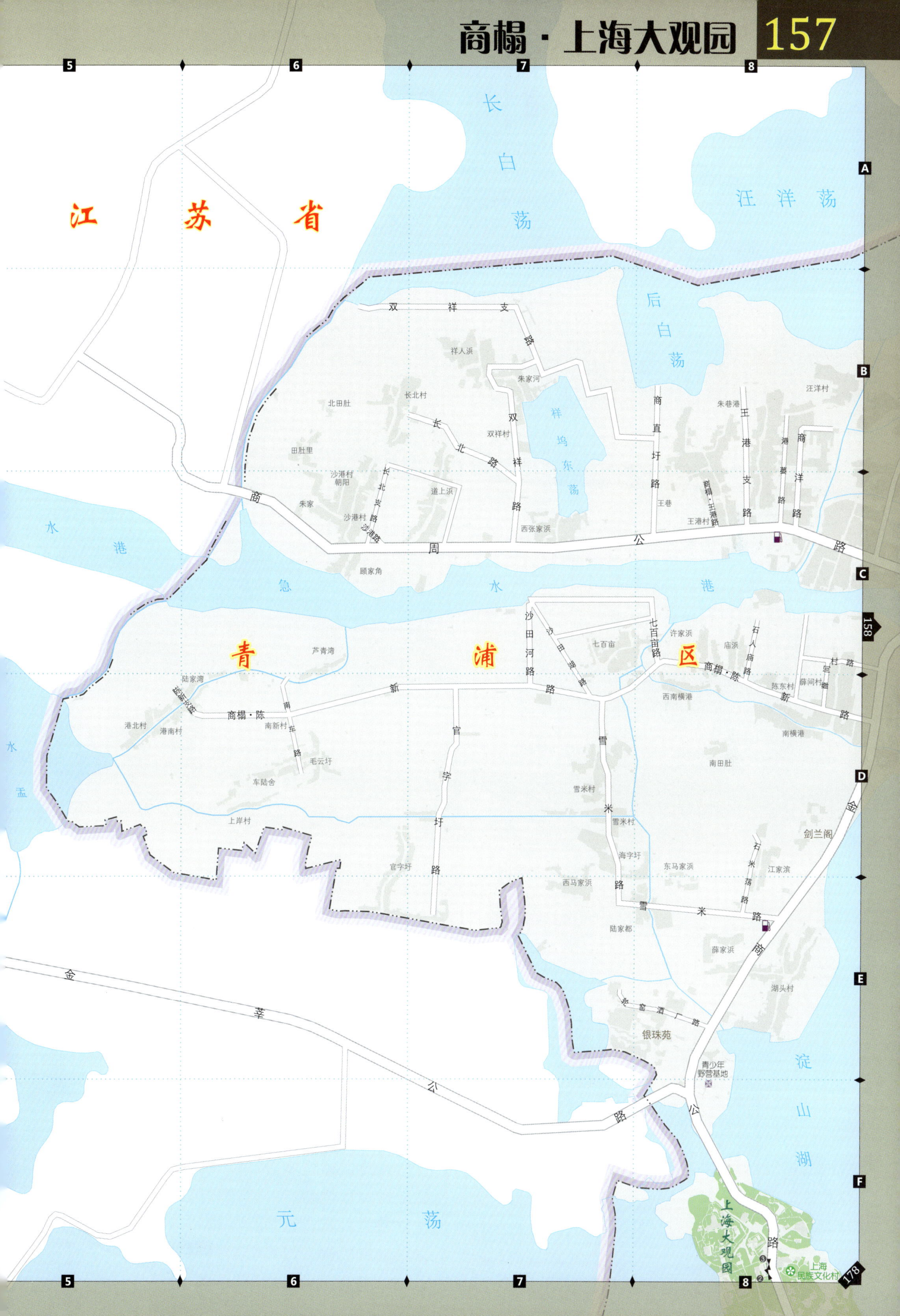
江苏省
长白荡
汪洋荡
后白荡
双祥支路
祥人浜
朱家河
长北村
北田肚
祥坞东荡
商直圩路
朱巷港
汪洋村
王港支路
港菱路
商洋路
长北路
双祥村
双祥路
田肚里
沙港村
朝阳
长北支路
道上浜
朱家
沙港村
沙港路
西张家浜
王巷
商榻·王港路
王港村
商周公路
顾家角
水港
急水港
青浦区
沙田河路
沙田港路
七百亩路
七百亩
许家浜
庙浜
石人庙路
村路
薛间村
芦青湾
陆家湾
商榻·陈新路
陈东村
西南横港
南横港
港北村
港南村
南新村
南车路
毛云圩
车陆舍
官宇圩路
雪米路
雪米村
南田肚
水盂
上岸村
剑兰阁
金商公路
石米荡路
江家浜
海宇圩
东马家浜
西马家浜
官字圩
雪米路
陆家都
薛家浜
湖头村
金莘公路
银珠苑
青少年野营基地
淀山湖
元荡
上海大观园
上海民族文化村
158
178
5
6
7
8
A
B
C
D
E
F

0
1200m
江苏省
汪洋荡
青浦区
淀山湖
商榻
锦商公路
北村
大桥
田肚
南浜
渔荐村
淀西村
前庄
淀西村老年学校
商榻中学
东星村
商榻老街
王家浜
东西村
商榻中心小学
商周公路
商榻
新宅
蔡浜路
蔡浜村
淀滨新村(商榻)
淀滨宝岛别墅
急水港
前路
沪青平公路
西岑杨胡志钓鱼场
三塘北村
三塘村
竹涛苑
上海国际华城
育田村
渔民新村
报国寺
张家路村
淀山湖森林度假村
青浦区精神卫生中心
西岑出入口
G50

157
156
178

江苏省
青浦区
上海国际高尔夫球乡村俱乐部
上海水上运动场
东方绿舟
东方绿舟度假村
上实滨湖和墅
海上湾华庭
海源别墅
实滨湖城
中信泰富朱家角新城
朱家角野生动植物湿地公园
朱家角镇
朱家角出入口
沪渝高速
沪青平公路
G318
沈巷
淀山
中国兵器博览馆
虹珠苑宾馆(上海机场培训中心)
朱家角大拇指
课植园
青西郊野公园
淀浦河
大淀湖
珠溪新苑
泰安公寓
朱家角古北香堤艺墅
嘉涛湾花园
东方庭院
朱家角皇家郁金香花园酒店
朱家角中学
胜利民办小学
青浦静园公墓
至尊园
金舟渔村
朱枫公路
龙潭浜路
周家港路
祥凝浜路
新盛路
复兴路
珠湖大道
珠溪路
淀山湖大道
沙家埭路
康业路

0
1200m
江苏省
青浦区
青浦
盈浦街道
朱家角
松江区
淀山湖大道
沪渝高速
G50
朱家角出入口
大淀湖
三分荡
淀山湖
青浦区环境监测站
夏阳街道社区事务受理服务中心
夏阳街道社区文化活动中心
万寿塔
放生桥
朱家角古镇
朱家角人文艺术馆
朱家角小学
朱家角税务所
青浦区初等职业技术学校
世纪联华(青浦云湖店)
金地格林郡城
大光明新国际
万步北区
水都南岸
天地健康城
沈巷
沈巷中学
周荡村
管家埭
薛家宅
山海桥村
淀山湖归园
盛家埭村
横江村
南港
创建村
曹家埭
小江村
杜家角
丁家浜
陆家桥
郁家桥
周家港村
小港
龙甸村
万隆村
白米湾
界泾
倪家浜
林家村
李马浜
东庄湾
张巷
新胜村
新胜村
蒲田港
王家埭
徐家墩
汤家村
叶家桥
庙头
东竹管泾
卫家埭村
铁店埭
汤河浜
童家湾
陆其浜村
银祥浜
珠川泾
施家宅
泰来村
金家湾
太来村
城南村
杜家埭
诸家桥
太来桥
方家埭
观音桥
七公堂
马家埭
张坊村
小巷
塔湾村
城南村
吴家浜
金家村
桑园
152
159
179
180

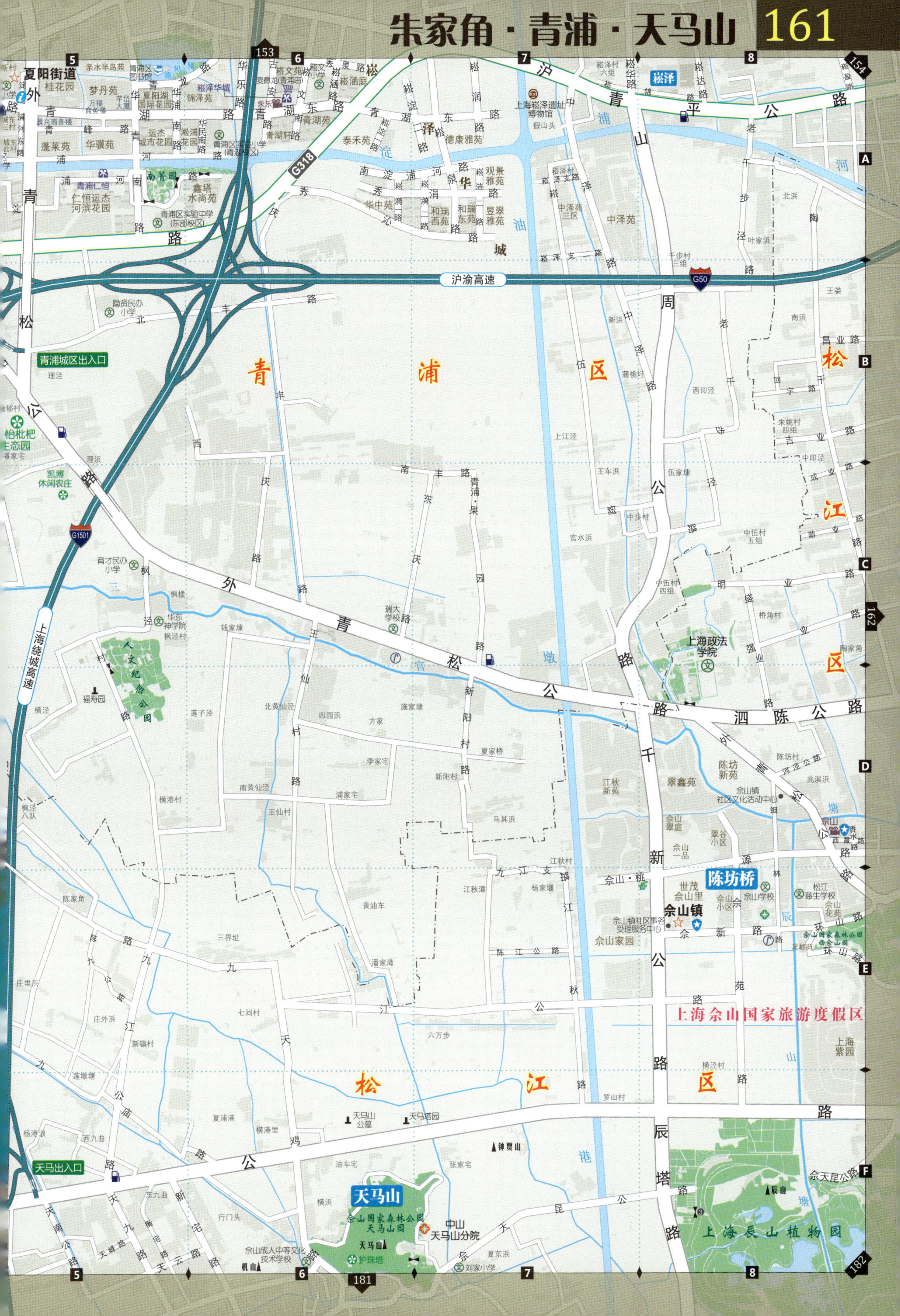
沪渝高速
青浦区
松江区
松江区
上海佘山国家旅游度假区
天马山
陈坊桥
佘山镇
上海辰山植物园
上海政法学院
天马出入口
青浦城区出入口
夏阳街道
崧泽
上海绕城高速
外青松公路
沪青平公路
辰塔路
千新公路
泗陈公路
人文纪念公园
佘山国家森林公园天马山园
中山天马山分院

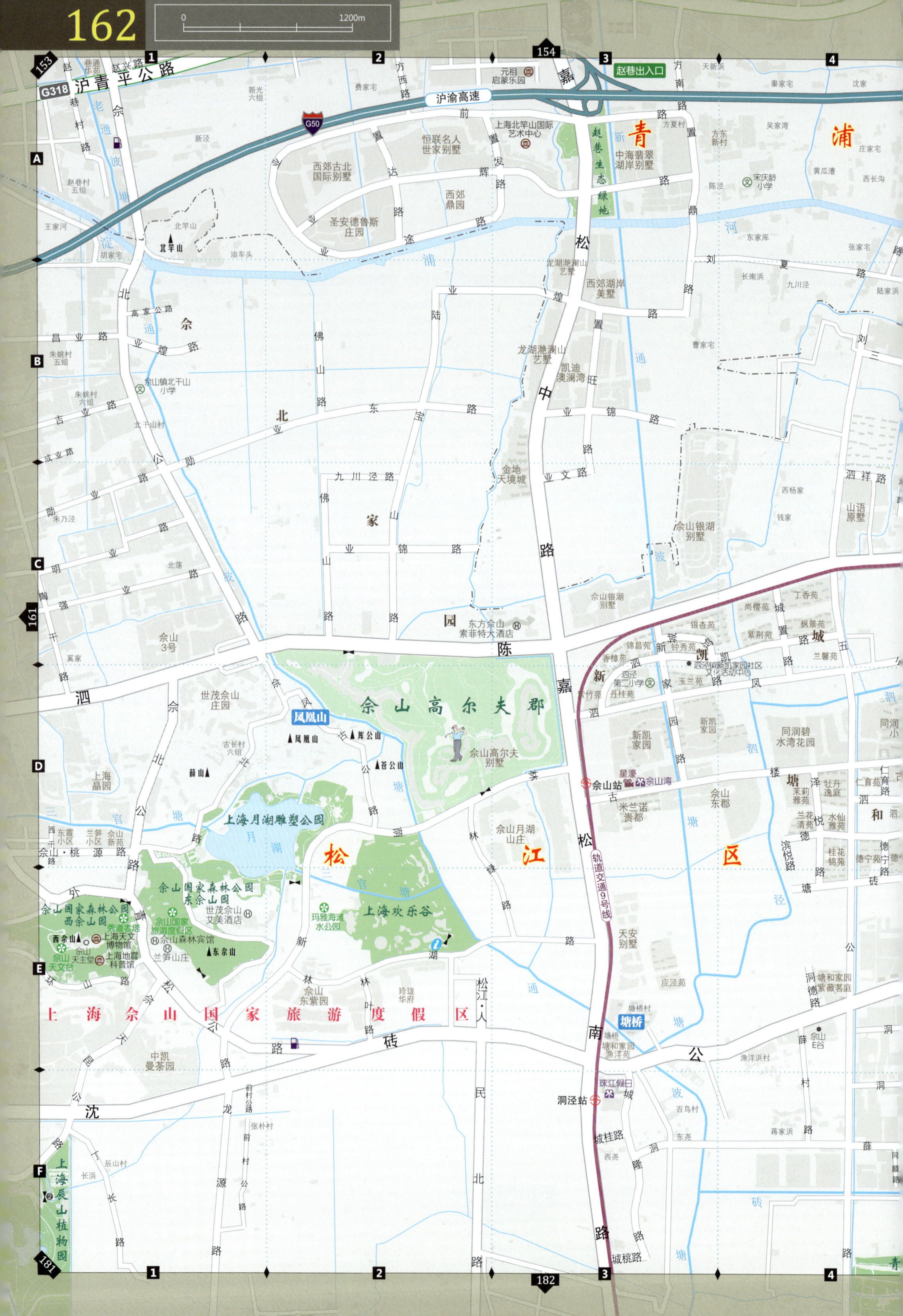
0
1200m
153
154
161
181
182
1
2
3
4
A
B
C
D
E
F
G318
沪青平公路
G50
沪渝高速
赵巷出入口
元祖启蒙乐园
上海北竿山国际艺术中心
恒联名人世家别墅
西郊古北国际别墅
西郊鼎园
圣安德鲁斯庄园
中海翡翠湖岸别墅
赵巷生态绿地
青
浦
宋庆龄小学
北竿山
龙湖滟澜山艺墅
西郊湖岸美墅
龙湖滟澜山艺墅
凯迪澳澜湾
佘山镇北干山小学
金地天境城
佘山银湖别墅
佘山银湖别墅
山语原墅
东方佘山索菲特大酒店
佘山3号
佘山高尔夫郡
佘山高尔夫别墅
世茂佘山庄园
凤凰山
上海月湖雕塑公园
佘山站
佘山湾
米兰诺贵都
佘山月湖山庄
松
江
区
轨道交通9号线
佘山国家森林公园东佘山园
佘山国家森林公园西佘山园
世茂佘山艾美酒店
佘山森林宾馆
佘山国家旅游度假区
上海天文博物馆
上海地震科普馆
佘山天文台
佘山天主堂
东佘山
西佘山
玛雅海滩水公园
上海欢乐谷
天安别墅
上海佘山国家旅游度假区
中凯曼荼园
佘山东紫园
玲珑华府
塘桥
塘和家园
渔洋苑
珠江假日
洞泾站
城桂路
城桃路
上海辰山植物园
同润碧水湾花园
新凯家园
佘山东郡
应泾苑
塘和家园紫薇茗庭
佘山E谷
沈砖公路
嘉松中路
嘉松南路
陈家园
辰山村

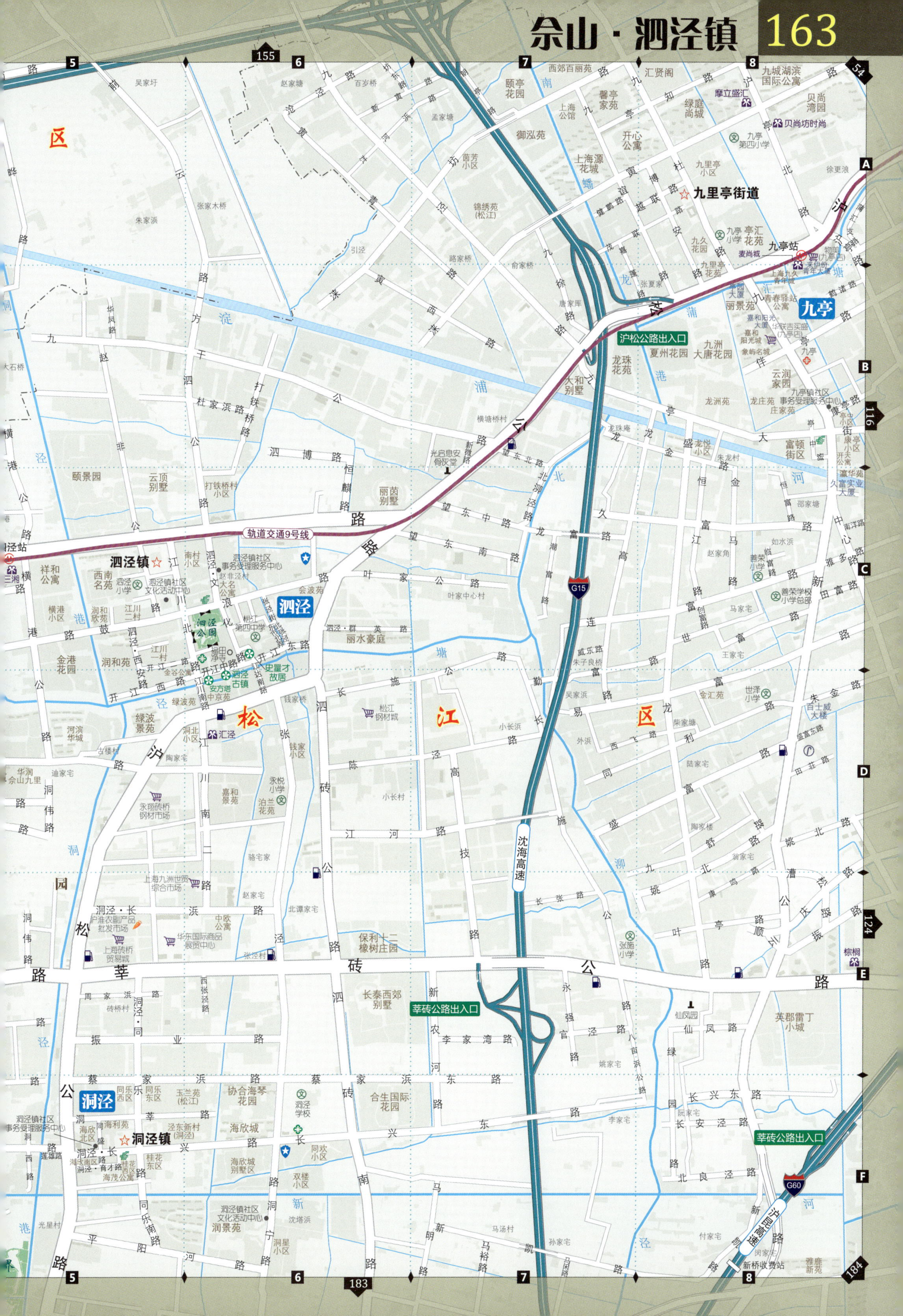
九里亭街道
泗泾镇
洞泾镇
九亭
泗泾
洞泾
松
江
区
沪松公路出入口
莘砖公路出入口
轨道交通9号线
沈海高速
九亭站
泗泾站
泗泾公园
泗泾古镇
史量才故居
保利十二橡树庄园
长泰西郊别墅
合生国际花园
海欣城
英郡雷丁小城
新桥收费站
九城湖滨国际公寓
贝尚湾
御泓苑
上海源花城
锦绣苑（松江）
夏州花园
九洲大唐花园
龙珠花苑
大和别墅
云润家园
富顿街区
金港花园
润和苑
祥和公寓
西南名苑
丽茵别墅
云顶别墅
颐景园
丽水豪庭
绿波景苑
河滨华城
松江钢材城
永翔砖桥钢材市场
上海九洲世贸综合市场
华东国际商品展贸中心
协合海琴花园
海欣城别墅区
润景苑
沪松公路
莘砖公路
九亭大街
泗砖公路
新南路
洞泾路
154
155
116
124
183
184

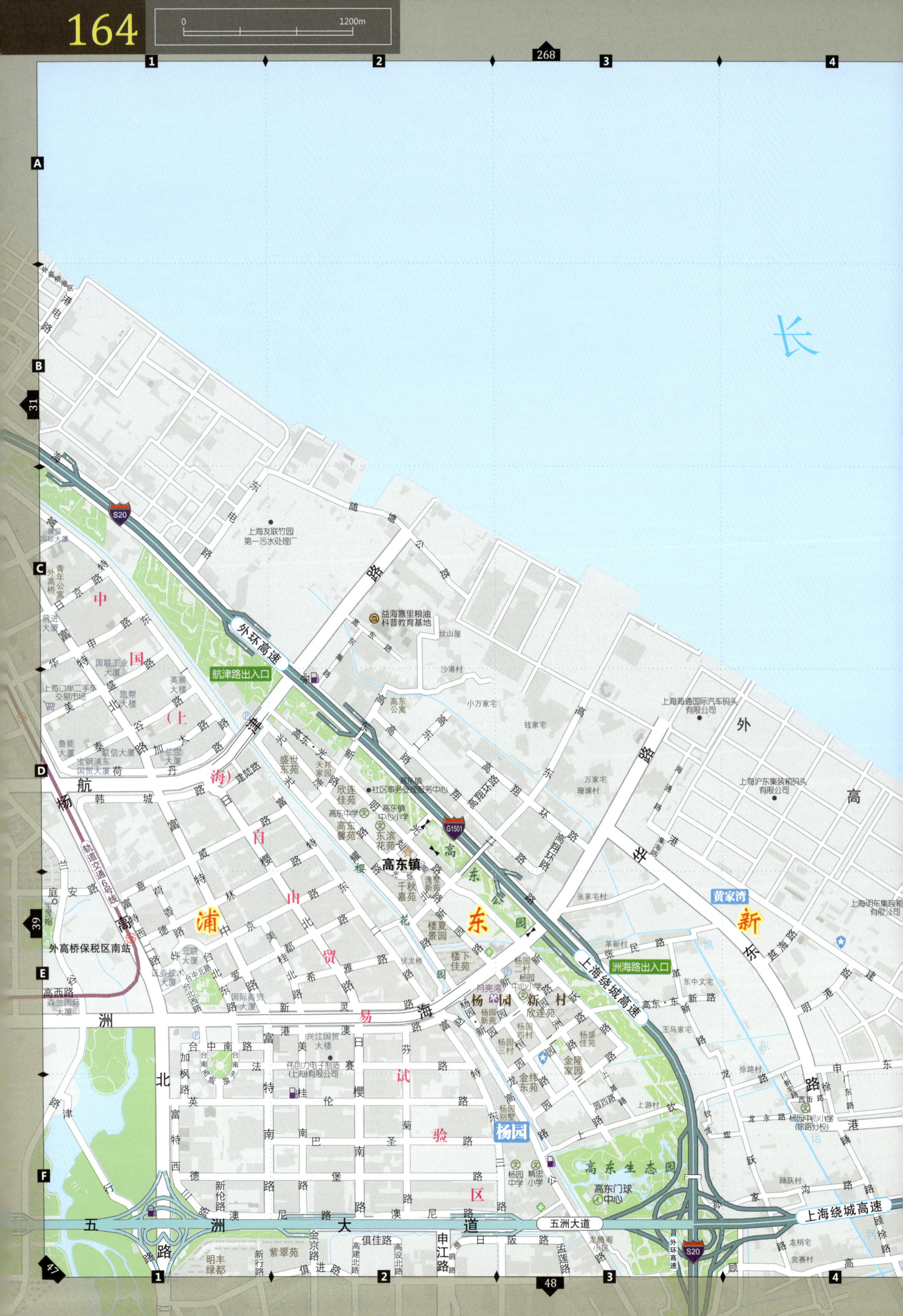
0
1200m
268
48
31
39
47
长
外
高
新
东
浦
自
由
贸
易
试
验
区
中
国
(上
海)
S20
G1501
外环高速
上海绕城高速
航津路出入口
洲海路出入口
五洲大道
上海友联竹园
第一污水处理厂
益海嘉里粮油
科普教育基地
高东镇
黄家湾
杨园
杨园新村
高东生态园
高东门球
中心
上海海通国际汽车码头
有限公司
上海沪东集装箱码头
有限公司
上海明东集装箱
有限公司
外高桥保税区南站
国联工业
大厦
上海口岸二手车
交易市场
英展
大楼
凯帮
大楼
鲁能
大厦
联信大厦
宝钢浦东
国贸大厦
兰宝
大厦
三联
大厦
证券技术
大厦
国际商贸
大厦
森兰国际
大厦
兴江国贸
大楼
伟创力电子制造
(上海)有限公司
杨园中心小学
(徐路分校)
杨园
中学
精忠
小学
高东中学
高东镇
中心小学
盛世
东苑
欣连
佳苑
高东
馨苑
东滨
花苑
千秋
嘉苑
楼夏
景园
楼下
佳苑
高东
公寓
金隆
家园
金纬
东苑
杨园
别墅
龙腾阁
小区
明丰
绿都
紫翠苑
张家宅村
万家宅
珊瑛村
小万家宅
钱家宅
沙港村
玫山屋
上游村
王马家宅
徐路村
西街
龙梢宅
竞赛村
踊跃村
东中文宅
航津路
杨高北路
五洲大道
洲海路
华东路
东靖路
高翔环路
革新村
轨道交通6号线
高西路
申江路

长兴岛
崇明区
长兴江南大道
新港一路
新兴路
丰福路
新兴路
金新路
新港六组
新港七组
新港二组
新港十一组
新港四组
新港一组
丰产八组
上海长江隧道
沪陕高速
G40
江
港区
区
G1501
东川公路
张家宅
东海村
收费站
庙车公路
江塘路
龙路
269
270
166
167

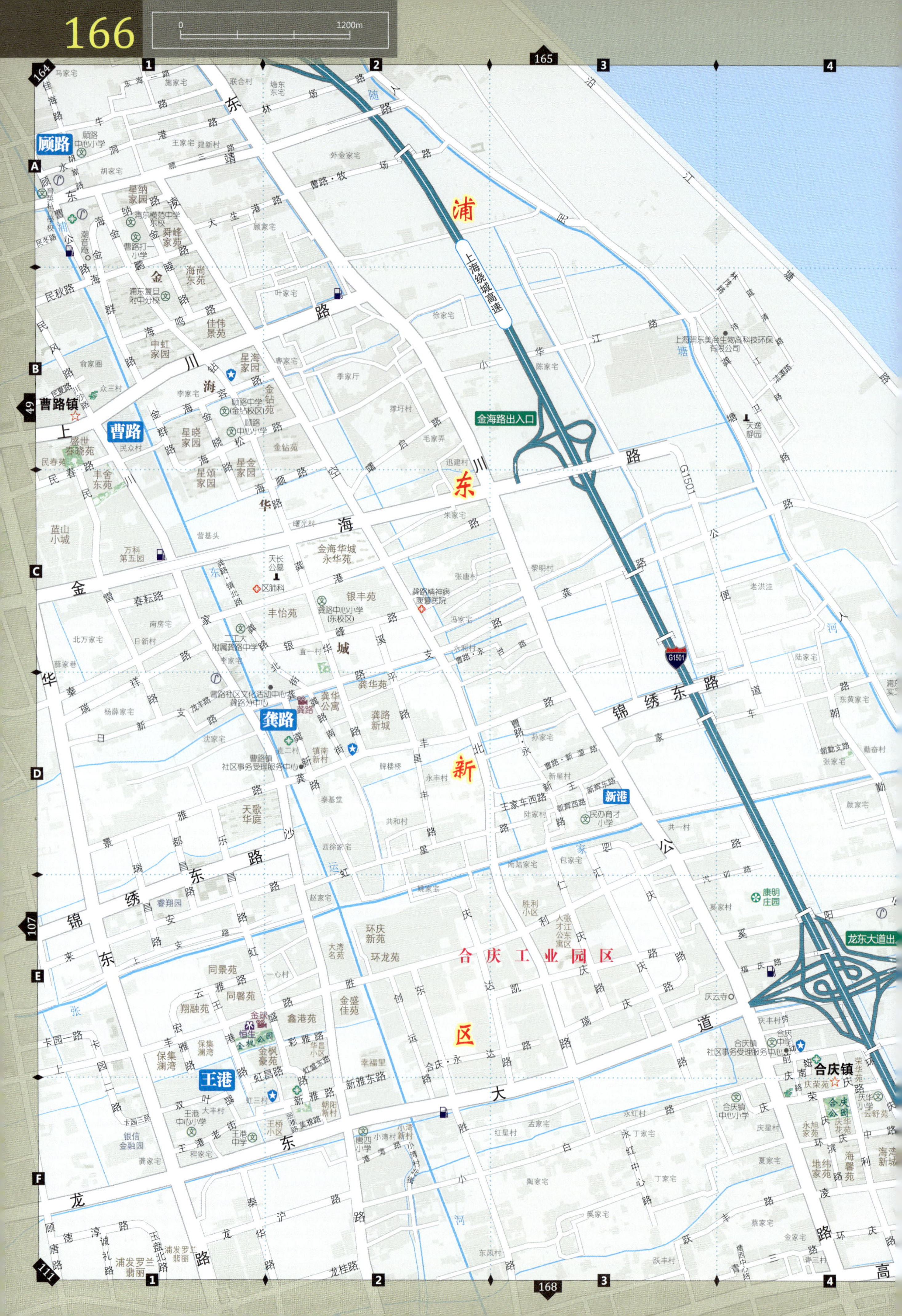
0
1200m
165
168
164
49
107
111
浦东新区
上海绕城高速
G1501
金海路出入口
龙东大道出入口
顾路
曹路
曹路镇
龚路
新港
王港
合庆镇
合庆工业园区
金海路
川沙路
锦绣东路
龙东大道
华东路
金钻苑
金海华城
永华苑
银丰苑
丰怡苑
龚华苑
龚华公寓
龚路新城
天歌华庭
环庆新苑
环龙苑
金盛佳苑
鑫港苑
新雅东路
同景苑
同馨苑
翔融苑
保集澜湾
金枫豪苑
蓝山小城
万科第五园
星纳家园
星晓家园
星颂家园
星金家园
中虹家园
佳伟景苑
海尚东苑
舜峰家苑
盛世春晓苑
丰舍东苑
睿翔园
银信金融园
浦发罗兰翡丽
康明庄园
上海浦东美商生物高科技环保有限公司
龚路精神病康复医院
曹路中心小学
龚路中心小学(东校区)
民办育才小学
合庆镇中心小学
合庆中学
合庆镇社区事务受理服务中心
曹路镇社区事务受理服务中心
曹路社区文化活动中心
王港中学
唐四小学
区肺科
王家车西路
新辉西路
新辉东路
曹路·新源路
曹路·永
合庆·永达路
庆达路
庆荣路
庆丰村

长
江
浦
东
新
区
向阳路
白龙港
污水处理厂
朝阳村
支路
民
西顾家宅
向东村
桥东北浜
白龙港
民办利民
小学
曼德利
别野
唐家宅
邬家宅
沙甲路
向东中心路
龚家宅
江
中
心
路
东
路
科
星
路
林克司外商休闲社区
美国学校
(浦东校区)
塘
河
270
271
172
173
5
6
7
8
A
B
C
D
E
F

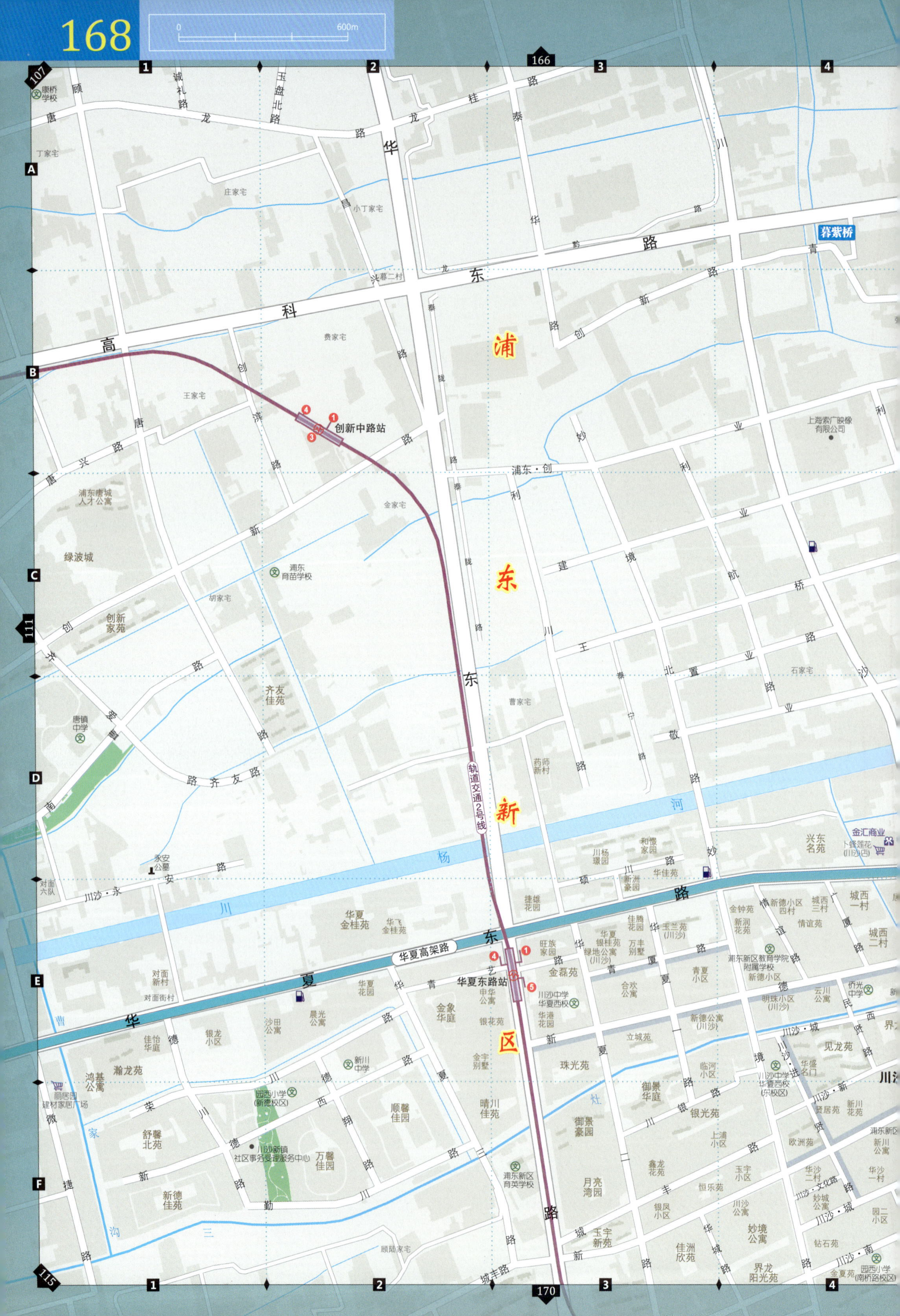

浦东新区
创新中路站
华夏东路站
轨道交通2号线
华夏高架路
高科东路
华夏东路
川杨河
绿波城
创新家苑
齐友佳苑
暮紫桥

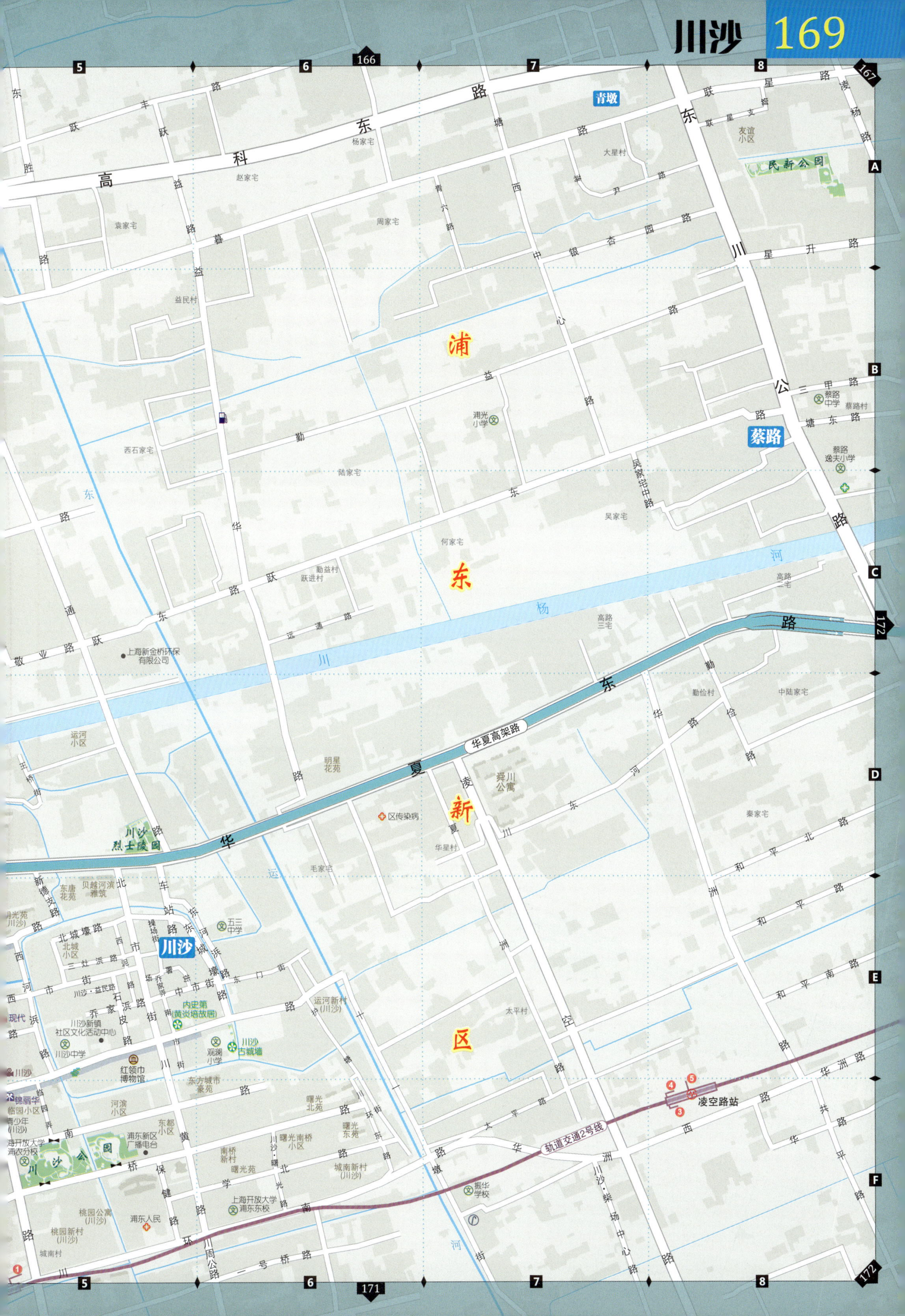

166
167
171
172
5
6
7
8
A
B
C
D
E
F
高科东路
青墩
民新公园
友谊小区
大星村
杨家宅
赵家宅
袁家宅
周家宅
益民村
银杏园路
星升路
三甲路
塘东路
浦
东
新
区
蔡路
蔡路中学
蔡路村
蔡路逸夫小学
浦光小学
西石家宅
陆家宅
何家宅
吴家宅
吴家宅中路
勤益村
跃进村
高路二宅
高路三宅
上海新金桥环保有限公司
川杨河
华夏东路
勤俭村
中陆家宅
运河小区
明星花苑
华夏高架路
舜川公寓
区传染病
华星村
秦家宅
和平北路
和平路
和平南路
川沙烈士陵园
毛家宅
东康花苑
贝越河滨雅筑
五三中学
川沙
北城小区
北城壕路
川沙·益民路
内史第(黄炎培故居)
运河新村(川沙)
太平村
川沙新镇社区文化活动中心
川沙中学
红领巾博物馆
观澜小学
川沙古城墙
东方城市豪苑
曙光北苑
河滨小区
东都小区
浦东新区广播电台
曙光东苑
曙光南桥小区
南桥新村
曙光苑
城南新村(川沙)
川沙公园
轨道交通2号线
凌空路站
华洲路
振华学校
桃园公寓(川沙)
桃园新村(川沙)
上海开放大学浦东东校
浦东人民
城南村
川沙·柴场中心路
一号桥路

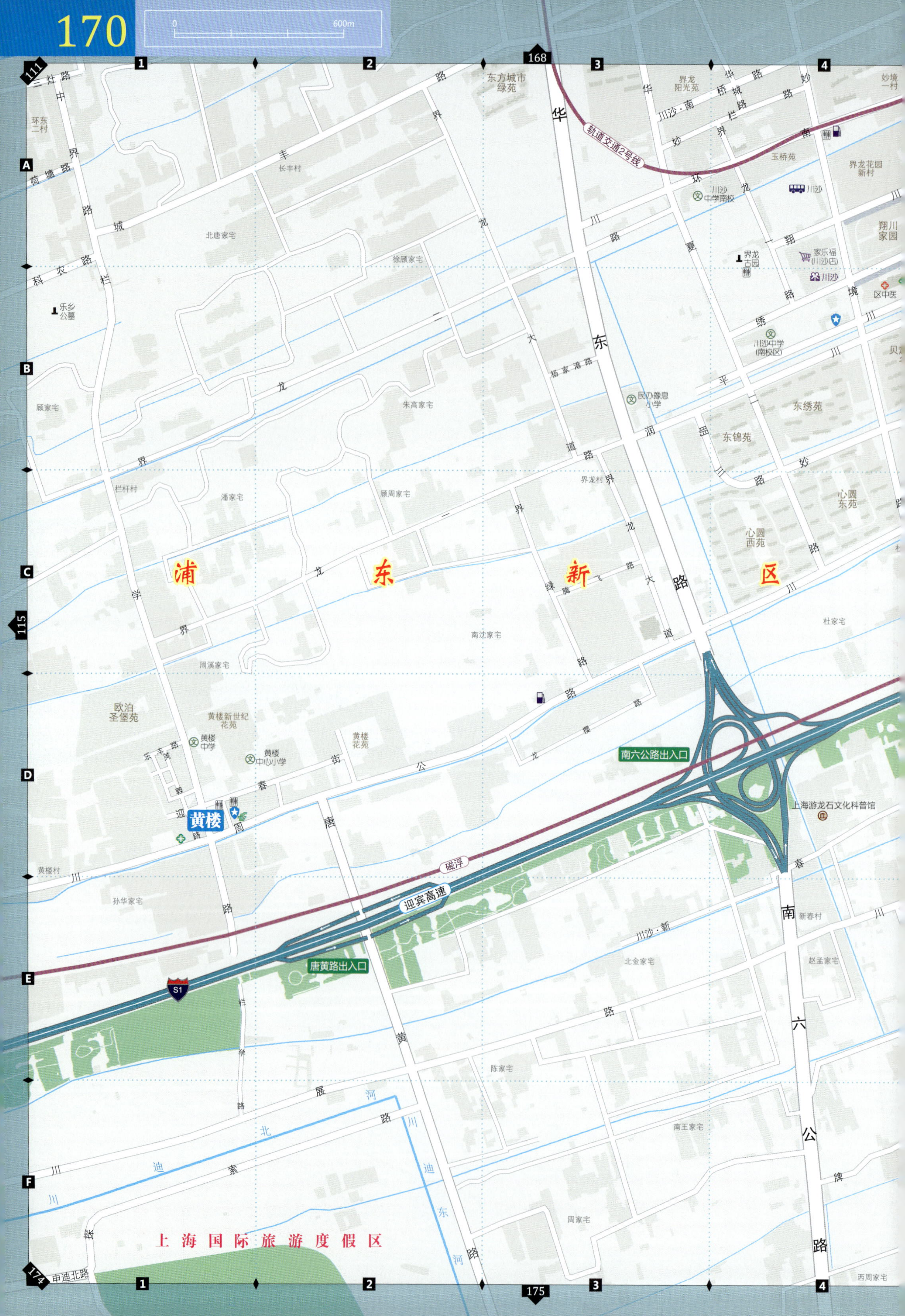
0
600m
168
175
111
115
174
A
B
C
D
E
F
1
2
3
4
浦东新区
东方城市绿苑
界龙阳光苑
妙境一村
轨道交通2号线
玉桥苑
界龙花园新村
川沙中学南校
川沙
翔川家园
界龙古园
家乐福(川沙店)
川沙
区中医
川沙中学(南校区)
民办豫息小学
东绣苑
东锦苑
心圆东苑
心圆西苑
杜家宅
南六公路出入口
上海游龙石文化科普馆
新春村
赵孟家宅
北金家宅
陈家宅
南王家宅
周家宅
西周家宅
迎宾高速
磁浮
唐黄路出入口
S1
上海国际旅游度假区
申迪北路
黄楼
黄楼村
孙华家宅
欧泊圣堡苑
黄楼新世纪花苑
黄楼中学
黄楼中心小学
黄楼花苑
周溪家宅
南沈家宅
潘家宅
顾周家宅
界龙村
栏杆村
顾家宅
朱高家宅
乐乡公墓
北唐家宅
徐顾家宅
长丰村
环东二村
杨家港路
华东路
南六公路
唐黄路
川沙新路

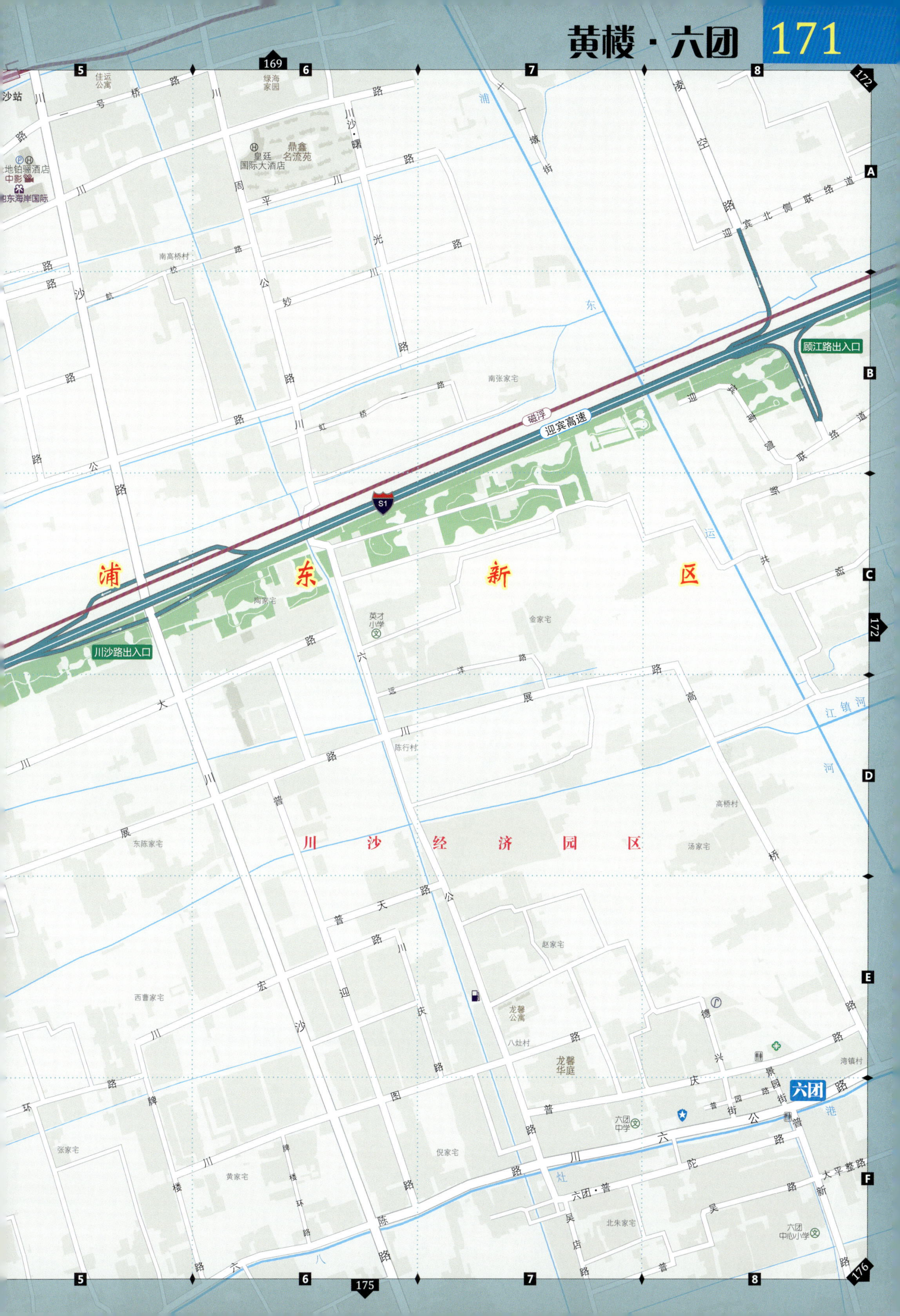

浦东新区
川沙经济园区
迎宾高速
磁浮
S1
川沙路出入口
顾江路出入口
皇廷国际大酒店
鼎鑫名流苑
绿海家园
佳运公寓
南高桥村
南张家宅
陶家宅
英才小学
金家宅
陈行村
东陈家宅
高桥村
汤家宅
赵家宅
西曹家宅
龙馨公寓
八灶村
龙馨华庭
六团中学
六团
湾镇村
张家宅
黄家宅
倪家宅
北朱家宅
六团中心小学
江镇河

0
1200m
166
167
169
171
175
176
浦东新区
林克司外商休闲社区
三甲港
三甲港海滨乐园
小营房
华夏高架路
华夏东路出入口
上海绕城高速
远东大道站
轨道交通2号线
浦东·海滨路
华洲路
磁浮
华洲路出入口
迎宾高速
东庄海岸高尔夫俱乐部
机场工作区出入口
川南奉公路出入口
上海浦东观赏鱼文化科普园
上海浦东凌空农艺大观园
上海禁毒教育博物馆
东方龙博物馆群落
上海抗美援朝纪念馆
上海地质科普馆
佛罗伦萨小镇
迎宾花苑
天和湖滨家园
东郊半岛花园
晨阳花苑
东都豪苑
东方现代
百盛苑
江镇市民广场公园
江镇
百欣苑
天环苑
凌港城
海霞佳苑
海霞新苑
江绣苑
机场大道出入口
中国东方航空浦东综合办公大楼
国际机场公安分局交警支队
海天三路
湾镇
施镇
盛世联弄苑
恒纬家苑
川南奉公路
G1501
S1

浦东新区
长
江
海天东二路
海天东五路
海天东六路
浦东新区
浦东国际机场出入口
浦东国际机场
浦东国际机场
2号航站楼
浦东国际机场站
177

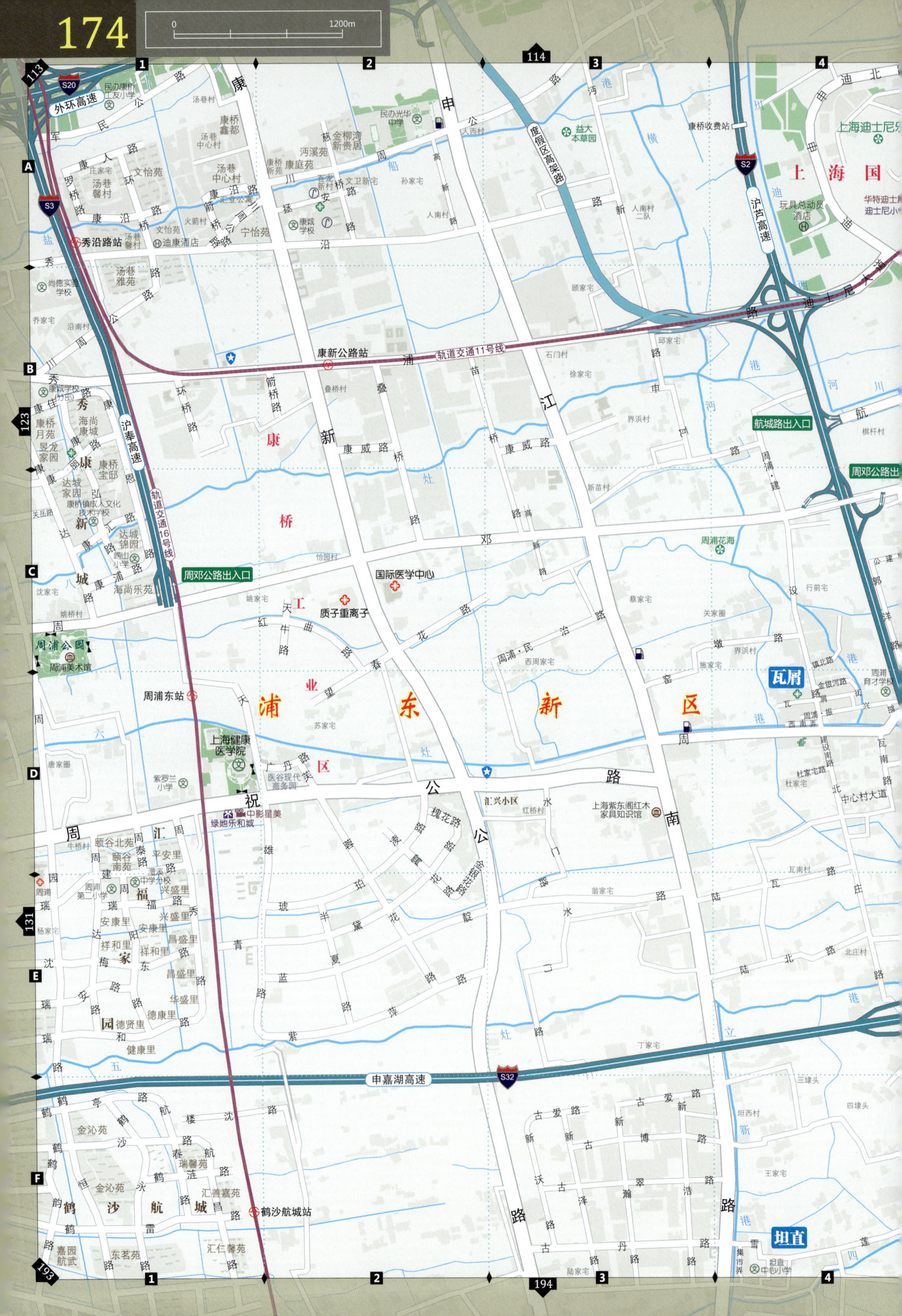
0
1200m
113
114
123
131
193
194
外环高速
沪奉高速
沪芦高速
申嘉湖高速
度假区高架路
轨道交通11号线
轨道交通16号线
康新公路站
秀沿路站
周浦东站
鹤沙航城站
周邓公路出入口
航城路出入口
周邓公路出
上海迪士尼乐
上海国
浦东新区
康桥
工业区
瓦屑
坦直
周浦公园
周浦美术馆
上海健康医学院
国际医学中心
质子重离子
周浦花海
上海紫东阁红木家具知识馆
绿地乐和城
汇兴小区
民办光华中学
益大本草园
康桥收费站
玩具总动员酒店
迪康酒店

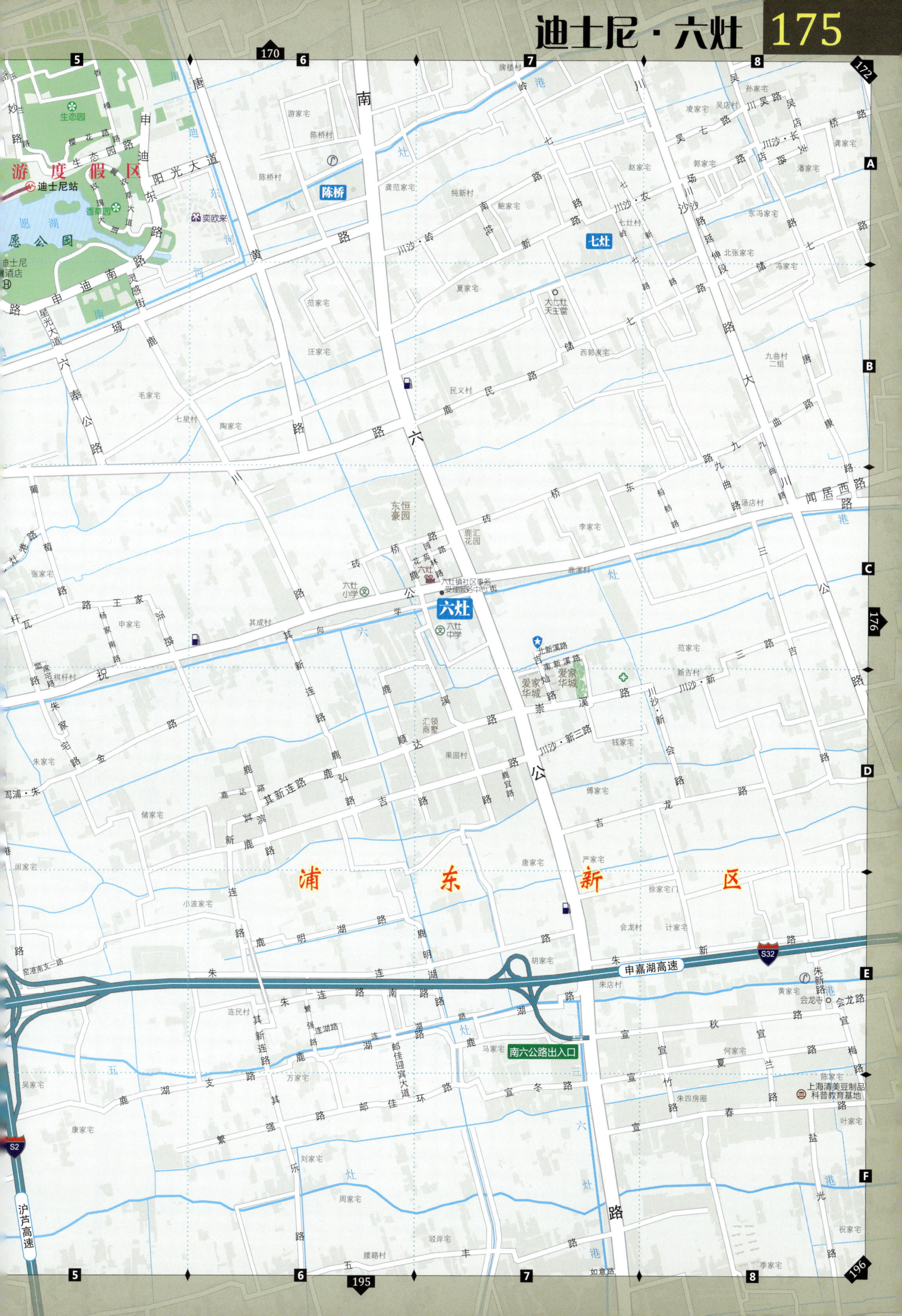
游度假区
迪士尼站
生态园
香草园
愿湖
愿公园
迪士尼酒店
奕欧来
陈桥
七灶
大七灶天主堂
六灶
东恒豪园
鹿汇花园
六灶小学
六灶中学
六灶镇社区事务受理服务中心
爱家华城
汇领商墅
浦东新区
申嘉湖高速
沪芦高速
南六公路出入口
上海清美豆制品科普教育基地
会龙寺
申迪南路
阳光大道
川沙·农路
川沙·长路
川沙·新路
川沙·新三路
闻居西路
其新连路
鹿明湖路
朱连路
邮佳迎宾大道
南六公路
宣秋路
宣夏路
宣冬路
宣春路
会龙路
九曲村二组
游家宅
陈桥村
龚范家宅
纯新村
鲍家宅
夏家宅
范家宅
汪家宅
毛家宅
七星村
陶家宅
民义村
李家宅
汤店村
张家宅
申家宅
其成村
棋杆村
朱家宅
储家宅
小波家宅
唐家宅
严家宅
徐家宅门
会龙村
计家宅
胡家宅
朱店村
黄家宅
连民村
马家宅
万家宅
何家宅
朱四房圈
吴家宅
康家宅
刘家宅
周家宅
驳岸宅
腰路村
祝家宅
季家宅
叶家宅
陈家宅
傅家宅
钱家宅
果园村
新吉村
范家宅
西郭家宅
赵家宅
郭家宅
东冯家宅
北张家宅
冯家宅
凌家宅
吴店村
孙家宅
龚家宅
潘家宅
如意路
170
172
176
195
196
A
B
C
D
E
F
5
6
7
8

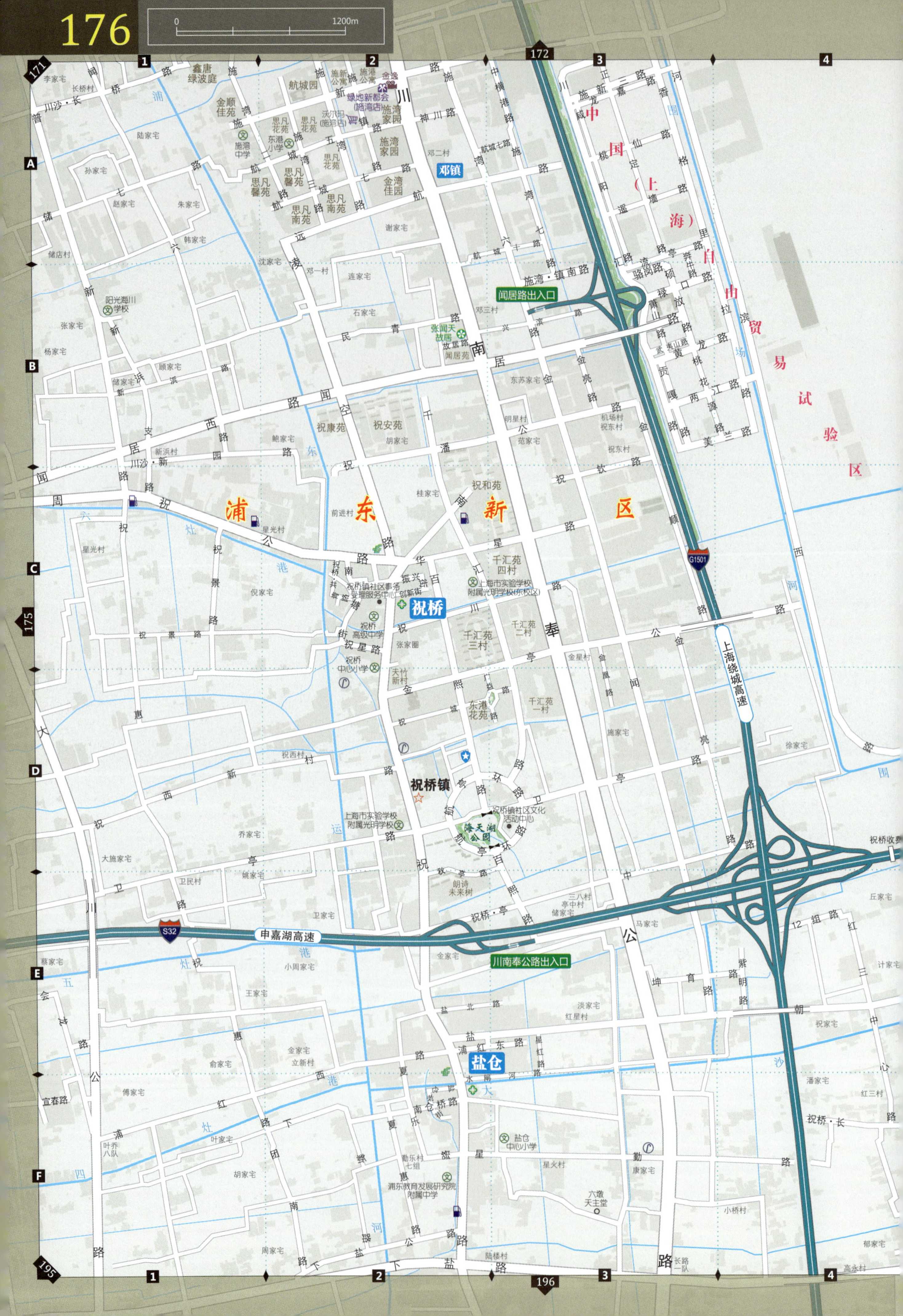
0
1200m
171
172
175
195
196
1
2
3
4
A
B
C
D
E
F
浦
东
新
区
中国（上海）自由贸易试验区
邓镇
祝桥
祝桥镇
盐仓
闻居路出入口
川南奉公路出入口
申嘉湖高速
上海绕城高速
S32
G1501
航城园
鑫唐绿波庭
金顺佳苑
施湾中学
东港小学
思凡馨苑
思凡南苑
施湾家园
金湾佳园
绿地新都会（施湾店）
张闻天故居
闻居苑
阳光海川学校
祝康苑
祝安苑
祝和苑
千汇苑四村
千汇苑三村
千汇苑二村
千汇苑一村
上海市实验学校附属光明学校（东校区）
祝桥高级中学
祝桥中心小学
东港花苑
海天湖公园
祝桥镇社区文化活动中心
上海市实验学校附属光明学校
朗诗未来树
盐仓中心小学
浦东教育发展研究院附属中学
六灶天主堂
祝桥收费

长江
国际机场出入口
东 国 际 机 场
浦 东 新 区
机务区出入口
两港大道出入口
申嘉湖高速
S32
东海
朝阳农场
路庄村四组
高宅村四组
先进村
农民一村
薛洪村
虞家宅
东海中心小学
东海学校(小学部)
竞新小区
竞新村六组
路庄村六组
朝阳花苑
朝农新村
果园村二组
果园村
方家村
东海村三组
新东村
季家宅
东海八组
东海五队
新路一队
果园村六队
汇龙园陵园
义泓村
新路三队
新如村
义泓村十一队
新路村六队

173
197
198

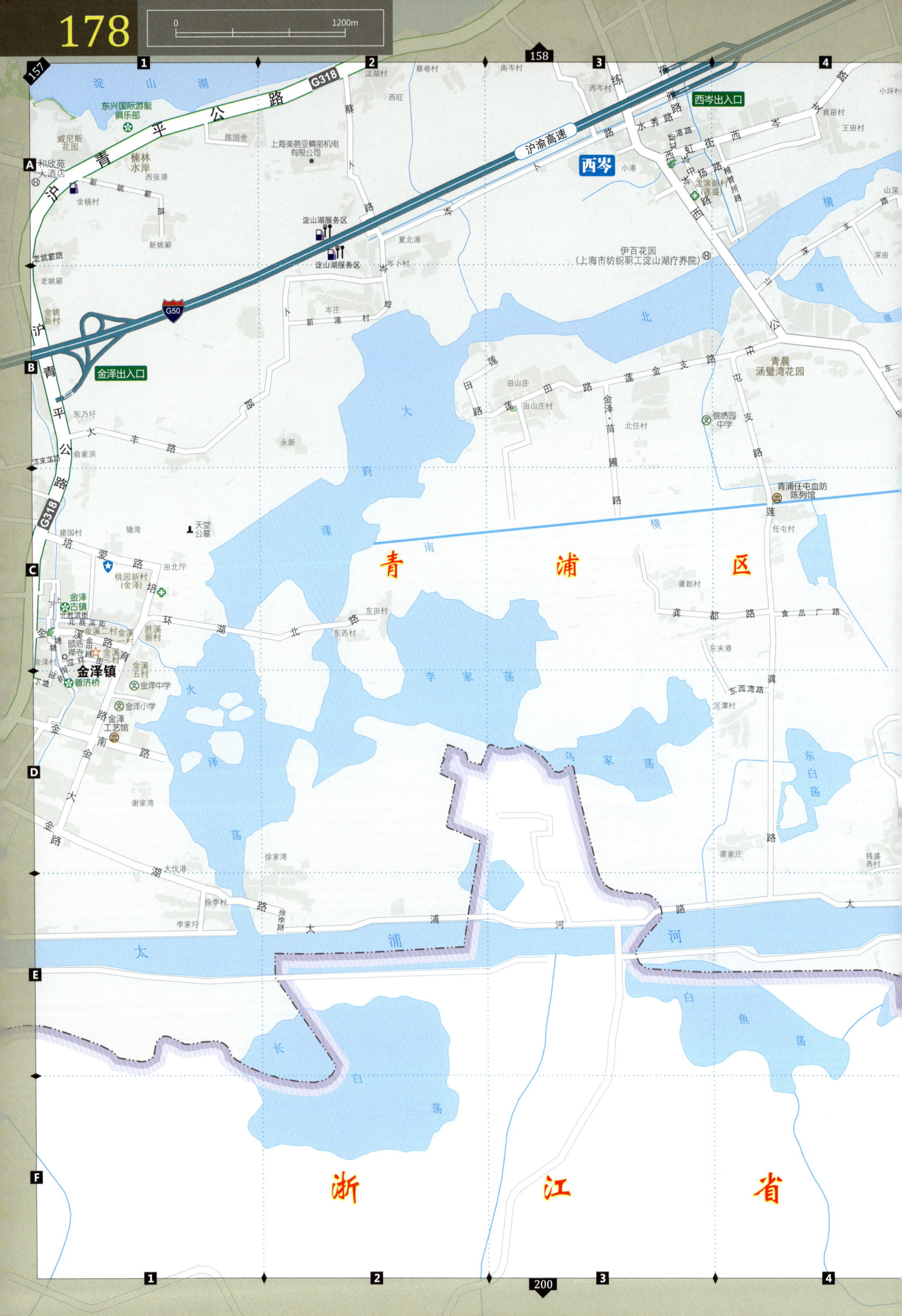
0
1200m
157
158
200
淀山湖
东兴国际游艇俱乐部
威尼斯花园
楠林水岸
西张港
和欣苑大酒店
沪青平公路
G318
新姚新路
金桃村
新姚簖
老姚簖路
老姚簖
金姚新村
淀湖村
西旺
蔡巷村
南岑村
陈国金
上海美芭亚精密机电有限公司
蔡卜路
淀山湖服务区
夏北港
岑卜村
岑庄
新港村
G50
沪渝高速
金泽出入口
东乃圩
大丰路
俞家浜
永新
西岑村
练塘
西岑出入口
水秀路
临港路
西岑
小港
虹街
西岑中场路
淀滨新村(莲盛)
育田村
王田村
小坪村
山深
深田
横
北
莲
盛
伊百花园
(上海市纺织职工淀山湖疗养院)
莲田路
田山庄
田山庄村
金泽·苗圃路
北任村
莲金支路
青晨
涵璧湾花园
锦绣园中学
屯支路
青浦任屯血防陈列馆
莲
任屯村
大
蒸
漾
南
横
青浦区
建国村
塘湾
天堂公墓
培爱路
田北厅
桃园新村(金泽)
金泽古镇
北胜浜街
北胜浜村
金溪二村
胜溪新村
颐浩禅寺
金泽镇
金溪五村
普济桥
金泽中学
金泽小学
金泽工艺馆
金南路
金大金路
谢家湾
环湖北路
东田村
东西村
龚都村
龚都路
食品厂路
东夹港
东西湾路
泥潭村
李家荡
火泽荡
乌家荡
东白荡
龚家庄
钱盛西村
徐家湾
大伕港
湖路
徐李村
李家圩
徐李路
太浦河
太浦河路
长白荡
白鱼荡
浙江省
1
2
3
4
A
B
C
D
E
F

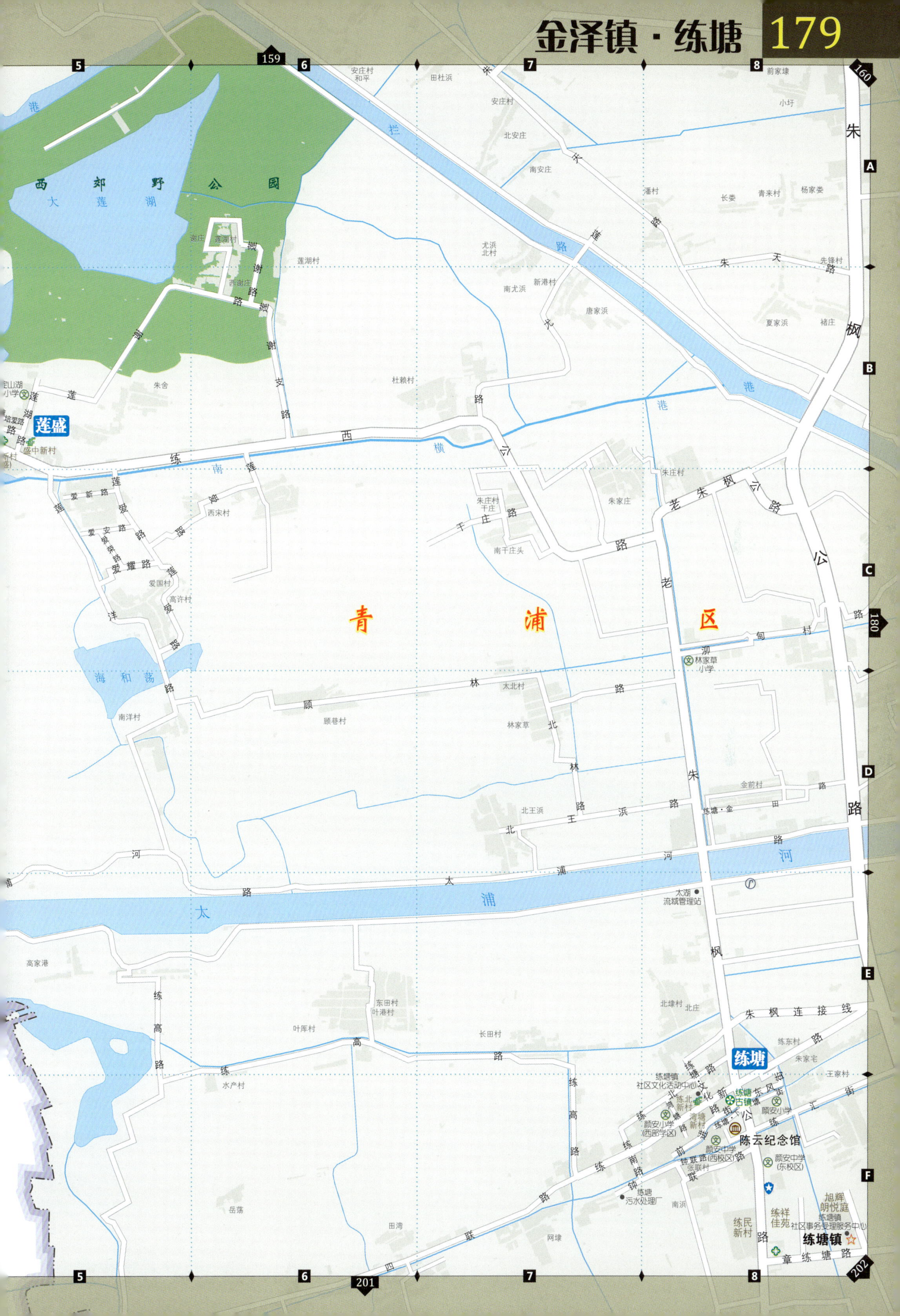
西郊野公园
大莲湖
青浦区
练塘
莲盛
太浦河
海和荡
陈云纪念馆
练塘镇
朱枫公路
练西公路
朱枫连接线
练塘古镇
颜安中学
颜安小学
林家草小学
太湖流域管理站
练塘污水处理厂
旭辉朗悦庭
练祥佳苑
练民新村
章练塘路
练高路
练钟联路
老朱枫路
林北路
北王浜路
顾林路
甸村路
天莲路
尤路
东风街
田路

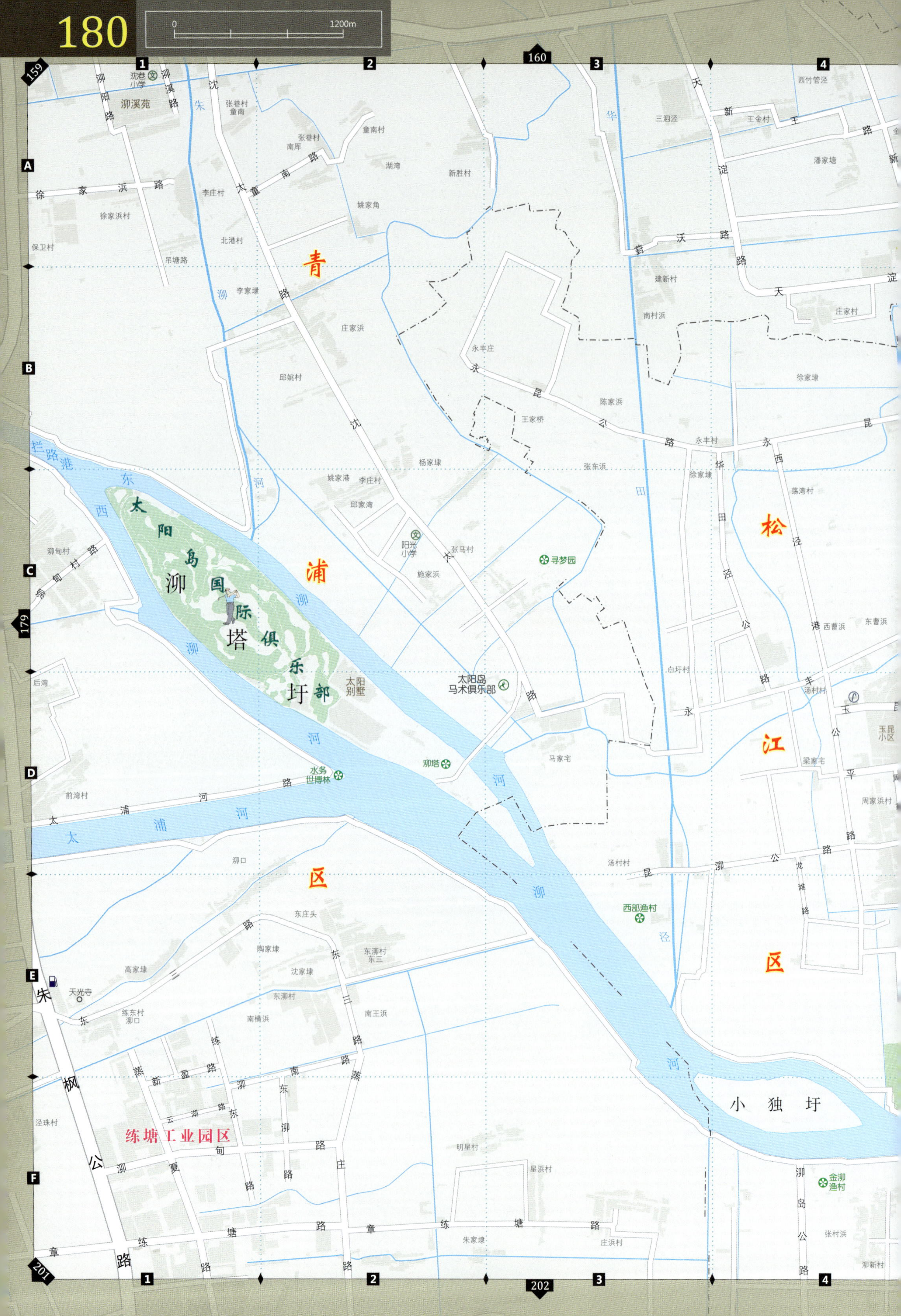
0
1200m
159
160
179
201
202
青浦区
松江区
沪溪苑
沈巷小学
张巷村童南
童南村
湖湾
新胜村
三泗泾
王金村
西竹管泾
潘家塘
徐家浜村
保卫村
北港村
吊塘路
李庄村
姚家角
李家埭
庄家浜
建新村
南村浜
庄家村
永丰庄
邱姚村
陈家浜
王家桥
永丰村
徐家埭
杨家埭
张东浜
姚家港
李庄村
邱家湾
荡湾村
阳光小学
张马村
施家浜
寻梦园
泖甸村
泖岛国际塔俱乐部
太阳别墅
太阳岛马术俱乐部
西曹浜
东曹浜
汤村村
玉昆小区
后湾
马家宅
梁家宅
泖塔
水务世博林
前湾村
周家浜村
泖口
汤村村
西部渔村
东庄头
陶家埭
东泖村东三
高家埭
沈家埭
天光寺
东泖村
练东村泖口
南横浜
南王浜
小独圩
泾珠村
练塘工业园区
明星村
星浜村
金泖渔村
朱家埭
庄浜村
张村浜
泖新村
太浦河
泖河
拦路港
朱枫公路
章练塘路
沈太路
昆沃路
天昆公路
泖岛公路

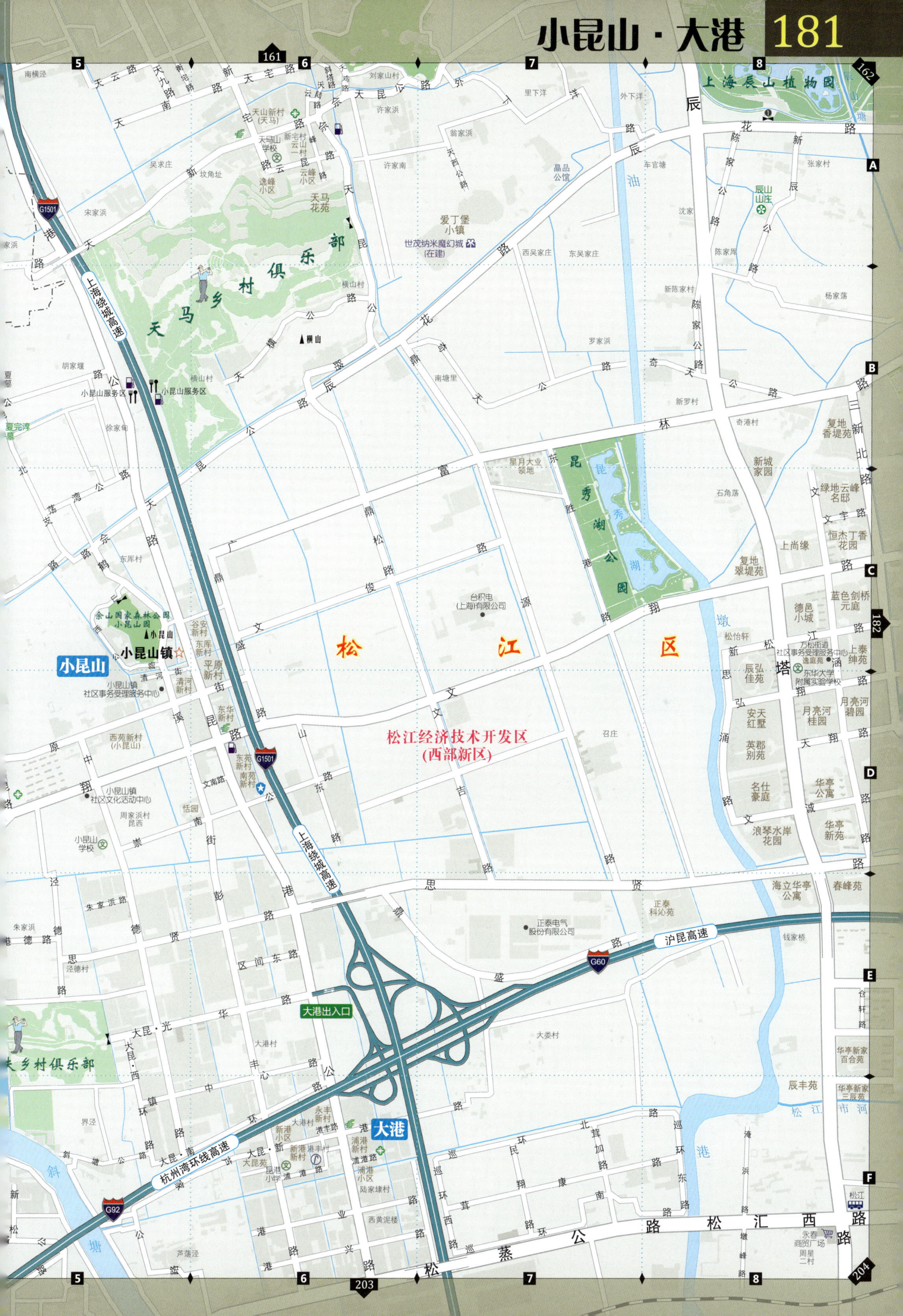

松江区
松江经济技术开发区
(西部新区)
小昆山
小昆山镇
大港
天马乡村俱乐部
上海辰山植物园
昆秀湖公园
余山国家森林公园小昆山园
小昆山服务区
大港出入口
上海绕城高速
沪昆高速
杭州湾环线高速
G1501
G60
G92
辰花路
辰塔路
广富林路
文翔路
思贤路
沈砖公路
松汇西路
松蒸公路
大昆·光华路
天马花苑
爱丁堡小镇
世茂纳米魔幻城(在建)
横山
台积电(上海)有限公司
正泰电气股份有限公司
东华大学附属实验学校
小昆山学校
油墩港
161
162
182
203
204

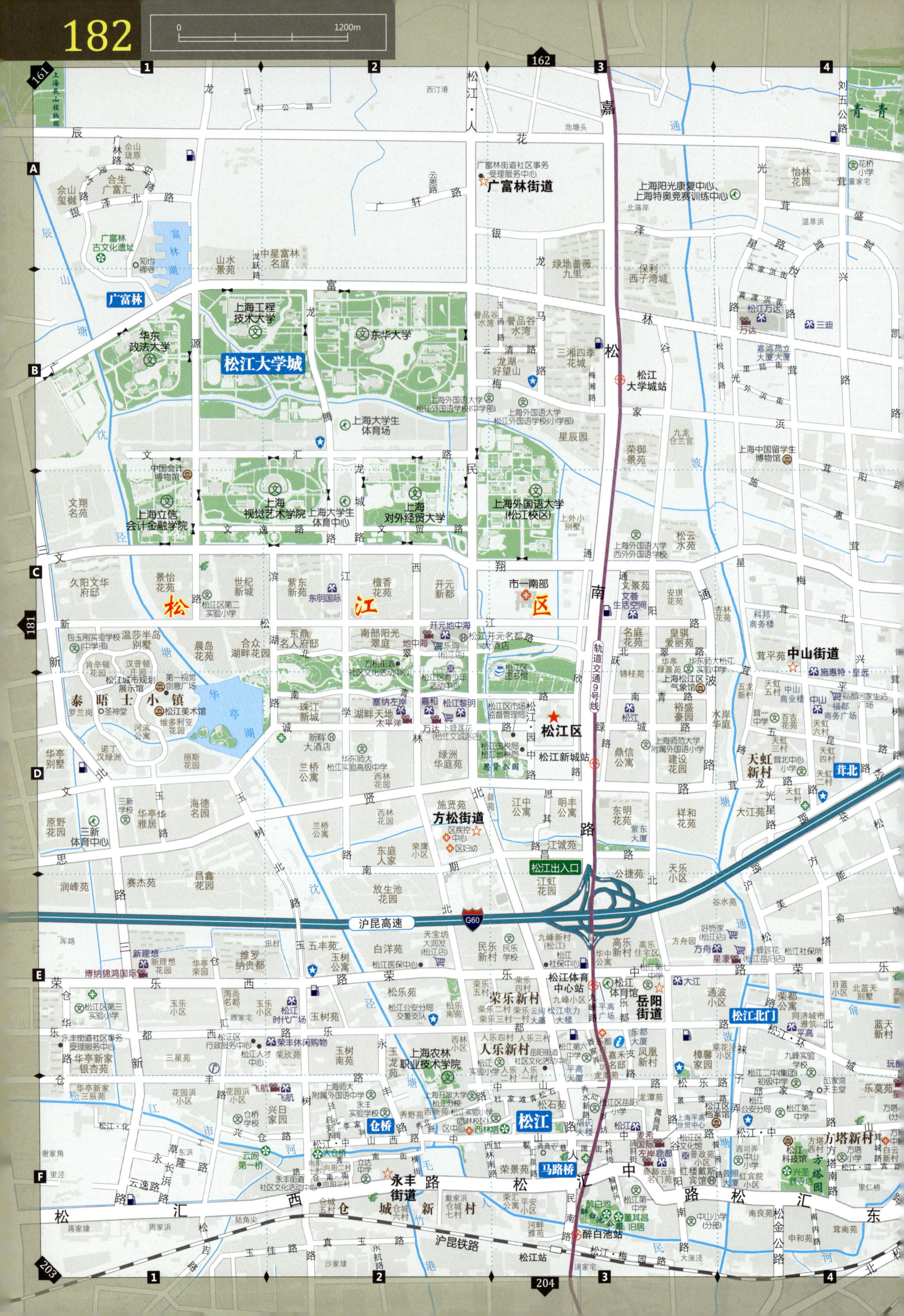
0
1200m
162
161
181
203
204
广富林街道
松江大学城
上海工程技术大学
东华大学
华东政法大学
上海外国语大学(松江校区)
上海对外经贸大学
上海视觉艺术学院
上海立信会计金融学院
上海大学生体育场
松江大学城站
松江区
中山街道
方松街道
岳阳街道
永丰街道
泰晤士小镇
华亭湖
松江新城站
松江出入口
沪昆高速
G60
松江北门
仓桥
马路桥
松江
松江体育中心站
醉白池站
松江站
沪昆铁路
方塔新村
荣乐新村
人乐新村
天虹新村
上海农林职业技术学院
松江大学城
广富林
茸北

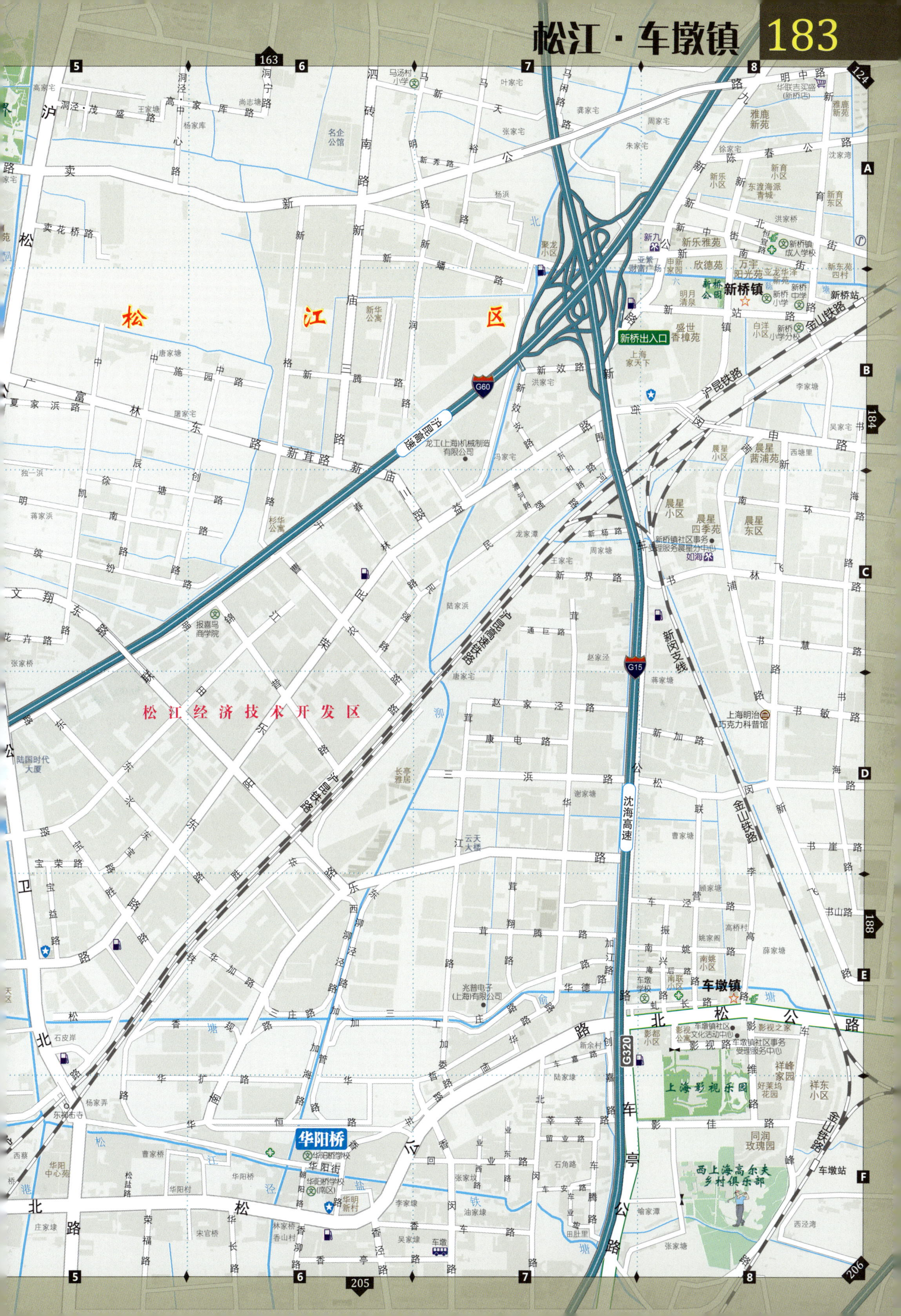
松江区
松江经济技术开发区
新桥镇
车墩镇
华阳桥
新桥出入口
上海影视乐园
西上海高尔夫乡村俱乐部
沪昆高速
沈海高速
沪昆铁路
金山铁路
新闵支线
沪昆高速铁路
北松公路
车亭公路
新效路
新茸路
新格路
新界路
新加路
明中路
龙工(上海)机械制造有限公司
兆普电子(上海)有限公司
上海明治巧克力科普馆
新桥站
车墩站

0
600m
124
163
183
188
新弘
国际城
陈家行
华兴
小区
新东苑
潘家桥
苏家宅
松
沪昆铁路、金山铁路
沪昆高速铁路
金家塘
沈家宅
陈家宅
旗忠
四区
旗忠
五区
春申苑
旗忠公园
旗忠
小学
旗忠
村一区
旗忠
村二区
旗忠村
旗忠村
三区
曙光村
十区
曙光村
六村
曙光村
八村
曙光村
七村
曙光
村九村
江
旗忠高尔夫俱乐部
骏泰路
甸俪苑
山水
世纪花园
长岛
别墅
新径村
南环路
联建村
区
闵
行
御涛园
区
闵申路
书林路
书慧路
绿城
玫瑰园
茜浦泾路
曙光路
华磊路
金都西路
昆中青路
元

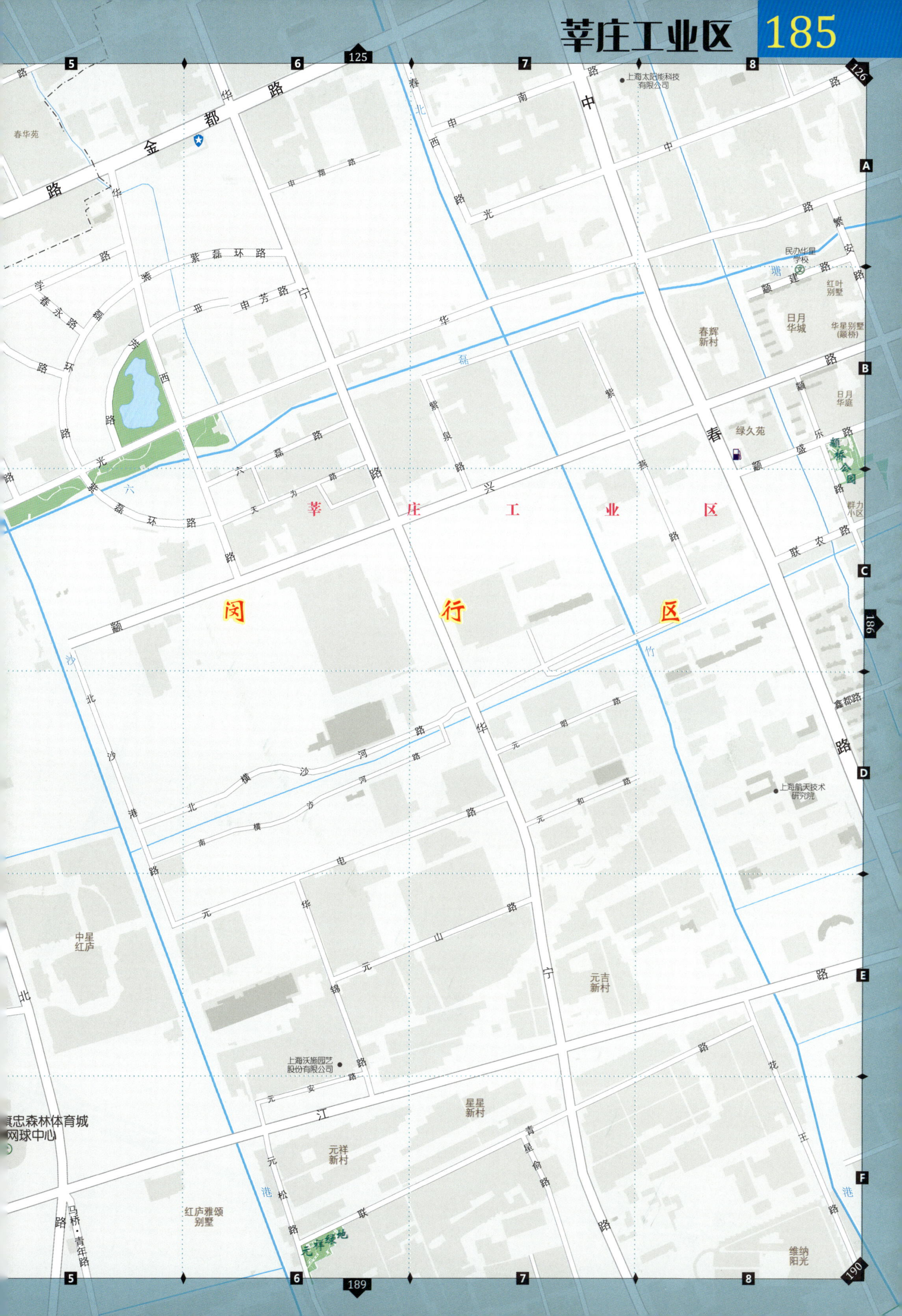

金都路
紫磊环路
申芳路
鑫都路
上海太阳能科技有限公司
春华苑
民办华星学校
红叶别墅
日月华城
华星别墅(颛桥)
春辉新村
日月华庭
绿久苑
新桥公园
群力小区
莘庄工业区
闵行区
上海航天技术研究院
中星红庐
元吉新村
上海沃施园艺股份有限公司
星星新村
元祥新村
红庐雅颂别墅
元祥绿地
维纳阳光
网球中心
马桥·青年路

0
600m
125
126
185
189
190
颛桥站
颛桥镇
北桥站
北桥
闵行区
莘庄工业区
上海向阳工业区
颛溪新村
鑫都城
沪金高速
申嘉湖高速
轨道交通5号线
G320
S4
S32
众众德尚世嘉
星美国际
东苑米蓝城
颛桥中学
剑桥馨苑
财富天地企业园
湖山在望花园
华丰苑
颛溪七村
颛溪五村
颛溪八村
华银苑
阳光雅苑
莘闵花园
莘闵荣顺苑
金铭文博水景苑
颛桥服务区
颛桥收费站
天籁园
颛桥中心小学
卫春苑
颛溪十村
繁盛苑
颛桥镇社区事务受理服务中心
徐家宅
圣得恒业花园
仁和花苑
市精神分部
世纪联华(颛桥店)
鑫都
华彩弘歌鑫都
天恒名城
鑫都城宝铭苑
鑫都城鑫峰苑
金榜华庭
金榜新苑
银桥花园
乐扬金榜星墅
闵行区苗圃
云天绿洲
柳岸人家
鑫泽阳光公寓
莘庄工业区社区文化活动中心
李家宅
上海良相有限
翔泰苑
17.5
谢家宅
烛光学校
都市富苑
万顺苑
万顺水原墅
西乔家宅
银星小学
金塔新村
金榜家园
周家塘
新苗花苑
金塔新村
骏苑
北桥村
灯塔村
西宅
马尔代夫
北桥中心小学
向阳村
曹徐宅

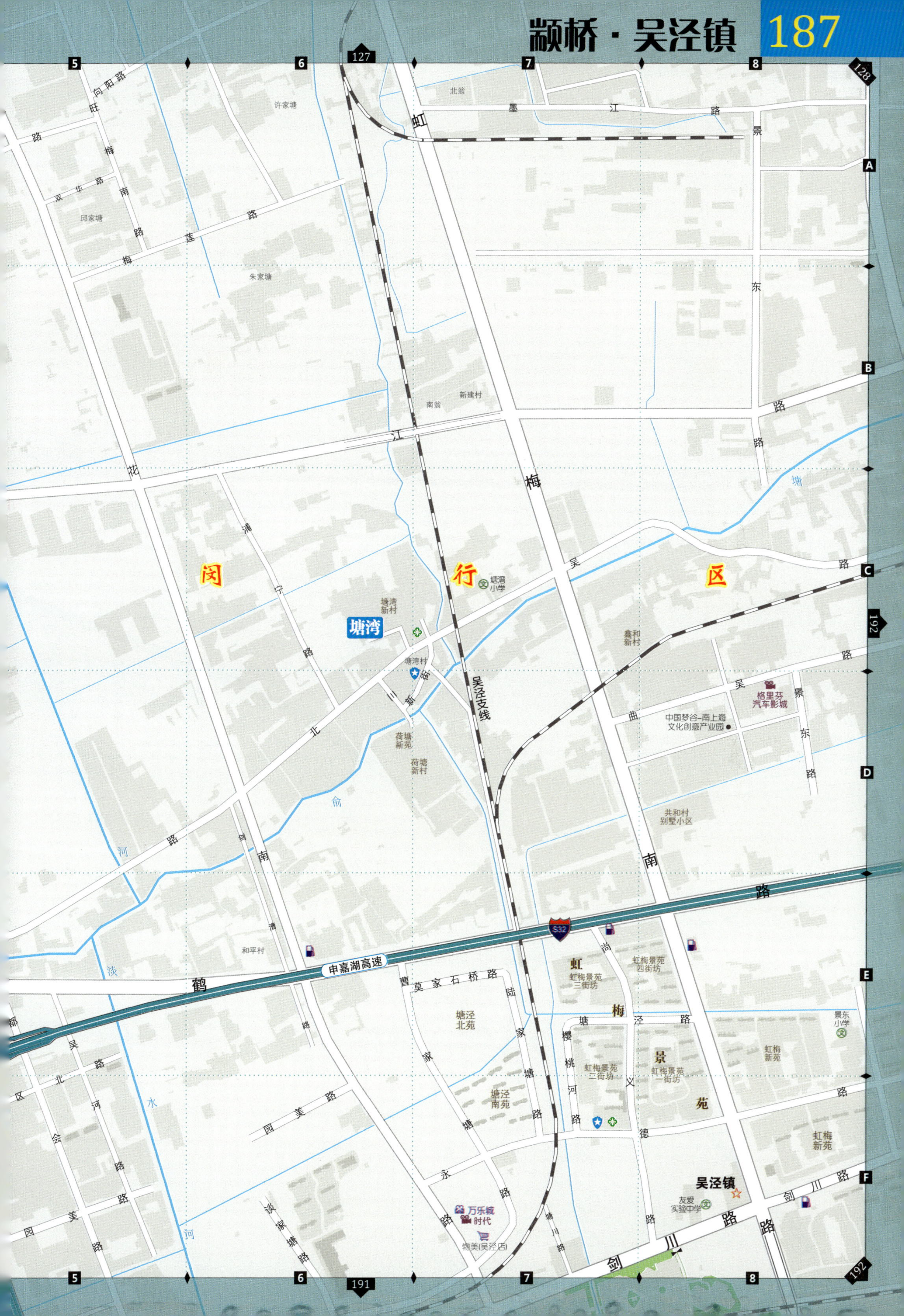

闵
行
区
塘湾
吴泾镇
虹梅南路
申嘉湖高速
吴泾支线
虹墨江路
北江路
吴曲路
剑川路
鹤庆路
俞塘
淡水河
塘湾新村
荷塘新苑
荷塘新村
塘泾北苑
塘泾南苑
虹梅景苑
鑫和新村
共和村别墅小区
中国梦谷-南上海文化创意产业园
格里芬汽车影城
万乐城
时代
物美(吴泾店)
友爱实验中学
景东小学
虹梅新苑
和平村
许家塘
邱家塘
朱家塘
北翁
南翁
新建村
塘湾小学

0
600m
184
183
205
206
曙光路
元江路
书敏路
松闵路
书崖路
书山路
新飞路
申港路
西泖泾
俞塘
北松公路
G320
松
江
闵
行
区
区
望海村
陪中
中辉路
中旭路
康路
紫东路
连路
中嘉湖高速
S32
东库
旺家潭
汇侨村
石河头
施家里
宋家桥
新屋里
马家潭
庵家宅
万家宅
蔡家桥
赵家潭
青白庵
顾池浜
光明酸奶科技展示馆
汇江路
新闵支线
剑川路
新村
闵行·中心
夏家宅
吴会村
圆家角
管家宅
女儿泾

马桥镇
马桥古文化公园
马桥镇文化体育活动中心
马桥镇社区文化活动中心
强恕小学
马桥西街小区
马桥镇社区事务受理服务中心
马桥村
裕丰小区
三裕村
星星村
星星苑
裕隆花园
民办马桥小学
俞塘村
申嘉湖高速
S32
马桥景城
闵行
华银坊
工农村
张家埭
陈家里
吴泾支线
闵行站
上海锅炉厂有限公司
闵行经济技术开发区
紫藤宾馆
文井路站
强生(中国)有限公司
闵行开发区生态公园水生园
闵行开发区生态公园西洋园
闵行开发区站
天星苑
昆阳路小学
昆阳新村
闵行经济技术开发区展示厅
轨道交通5号线
185
186
190
206
207

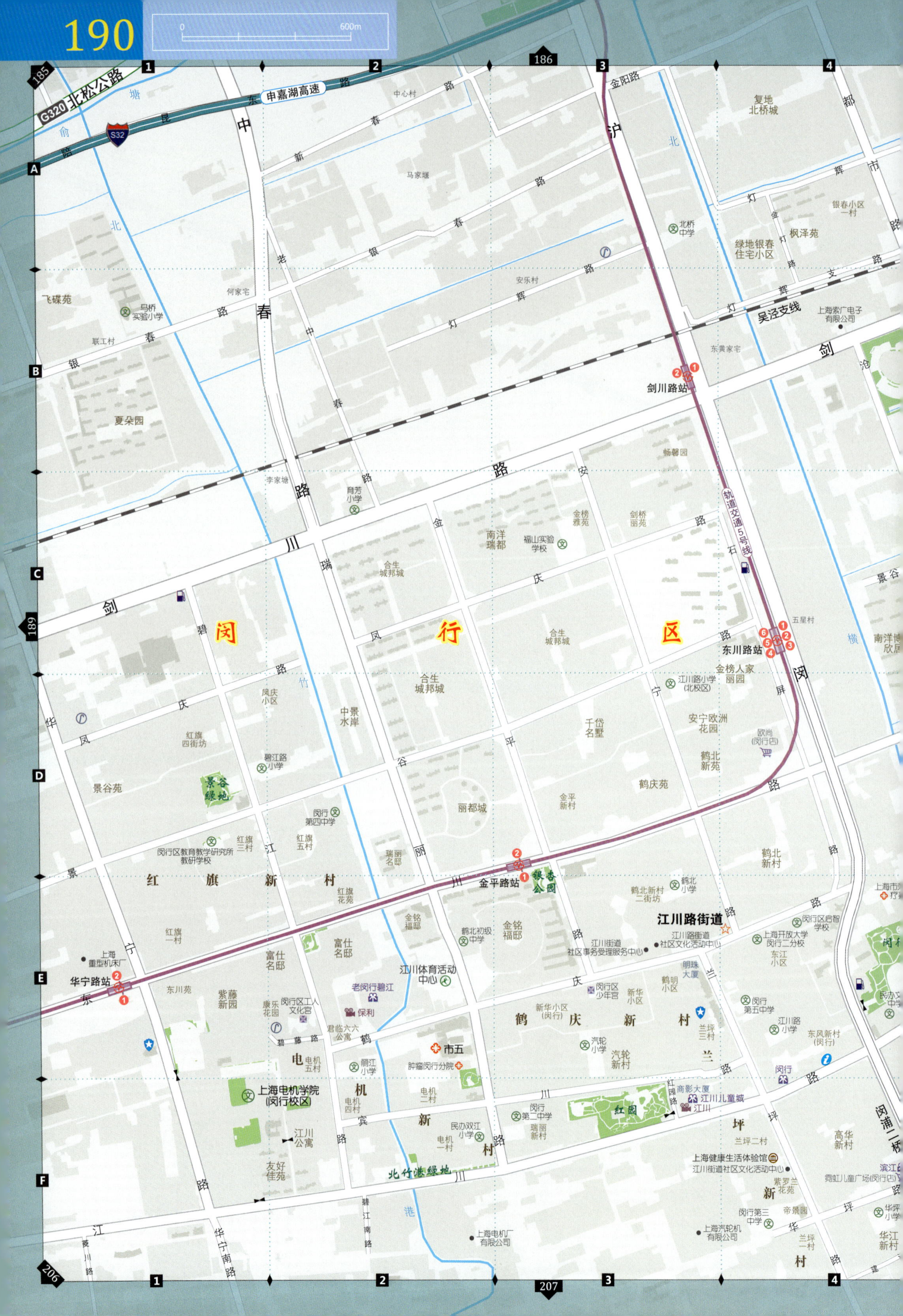

闵
行
区
剑川路站
东川路站
金平路站
华宁路站
江川路街道
鹤庆新村
红旗新村
电机新村
吴泾支线
申嘉湖高速
G320 北松公路
北竹港绿地
银春公园
上海电机学院(闵行校区)
江川体育活动中心

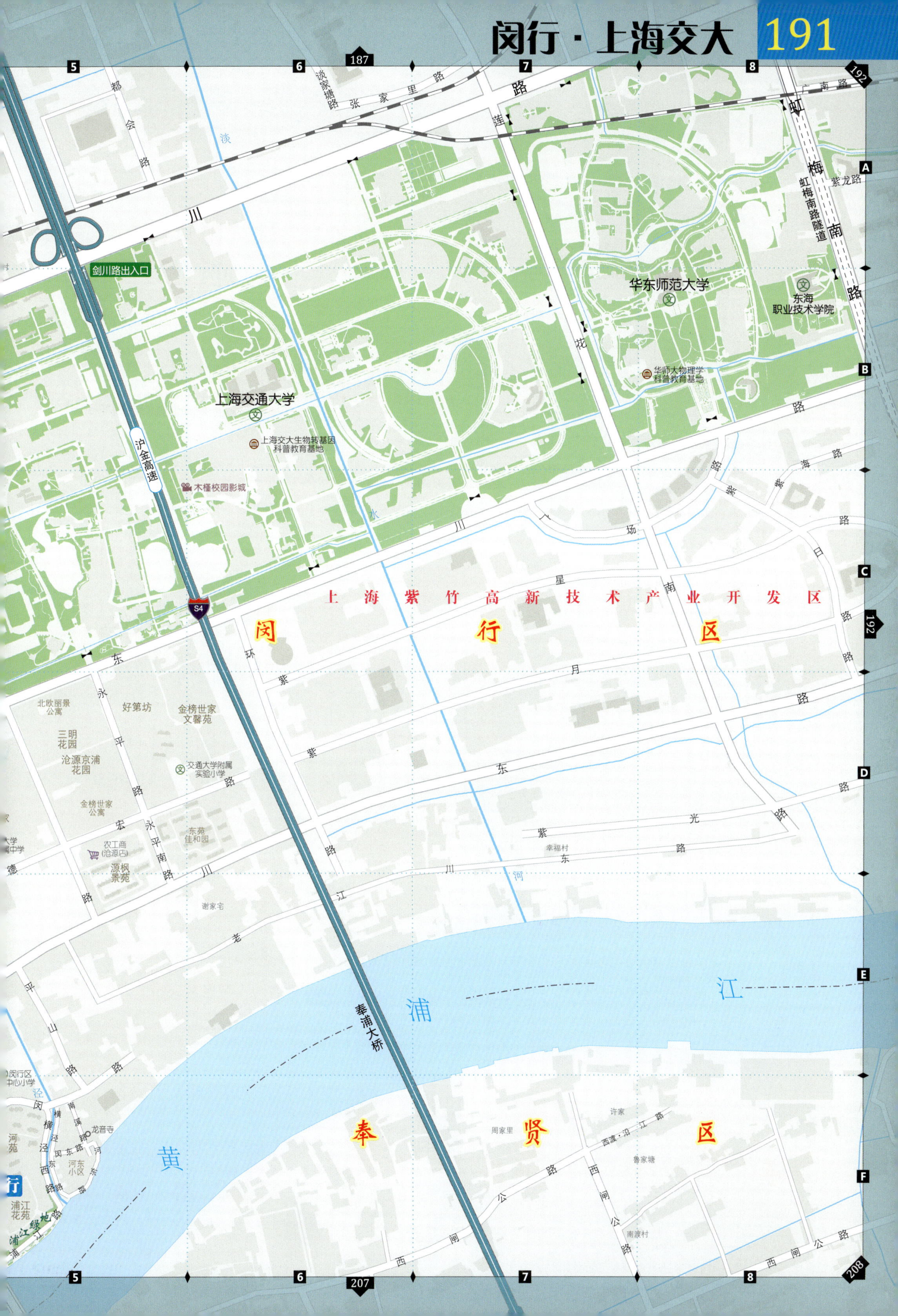
187
192
207
208
剑川路出入口
上海交通大学
上海交大生物转基因科普教育基地
木槿校园影城
沪金高速
S4
华东师范大学
华师大物理学科普教育基地
东海职业技术学院
虹梅南路隧道
紫龙路
上海紫竹高新技术产业开发区
闵行区
北欧丽景公寓
好第坊
金榜世家文馨苑
三明花园
沧源京浦花园
交通大学附属实验小学
金榜世家公寓
农工商(沧源店)
东苑佳和园
源枫景苑
谢家宅
幸福村
奉浦大桥
黄浦江
奉贤区
周家里
许家
西渡·沿江路
鲁家塘
南渡村
龙音寺
河东小区
浦江花苑
浦江绿地
闵行区中心小学

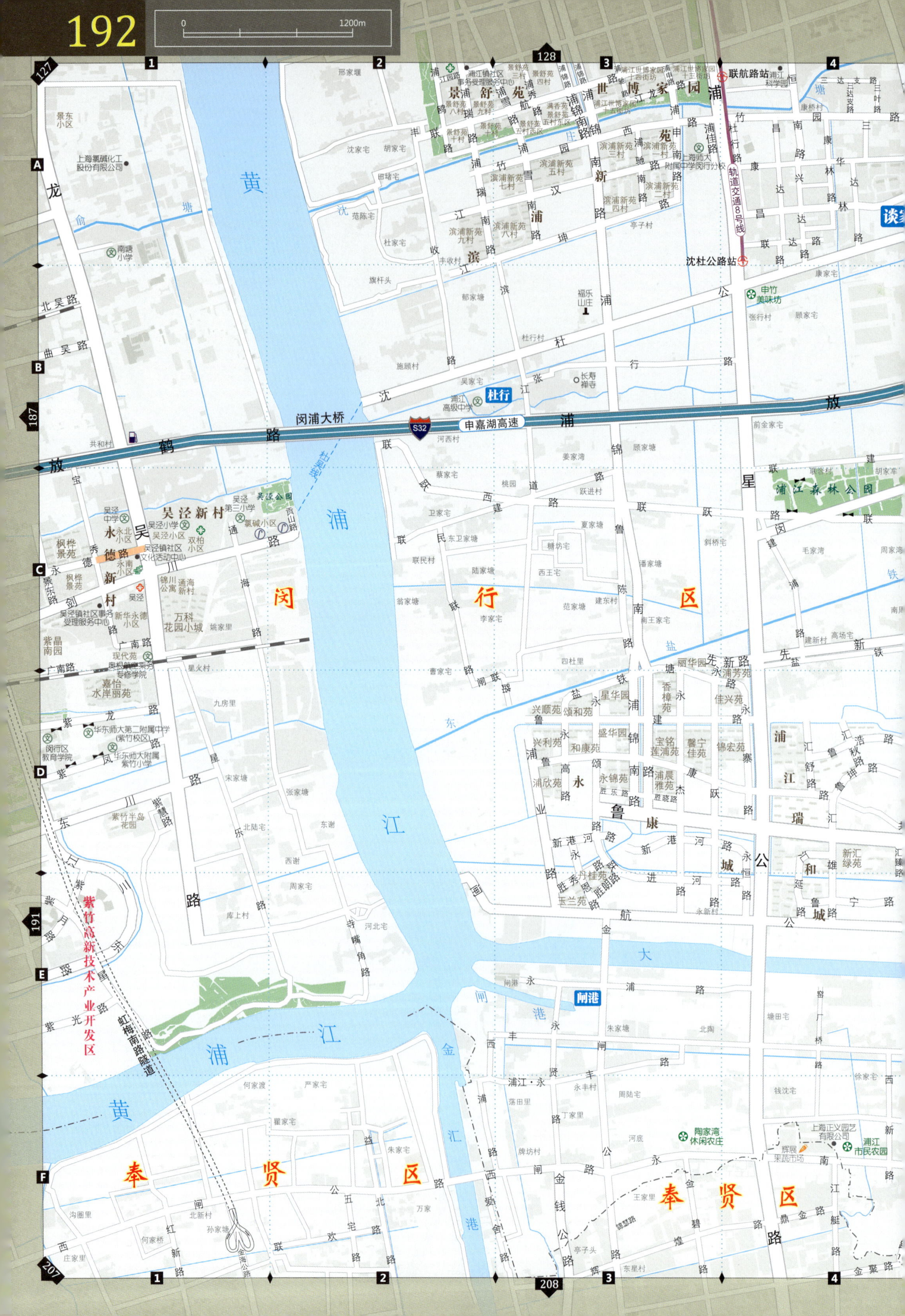
0
1200m
黄浦江
闵行区
奉贤区
闵浦大桥
申嘉湖高速
S32
吴泾新村
浦江森林公园
紫竹高新技术产业开发区
联航路站
沈杜公路站
轨道交通8号线
杜行
闸港
虹梅南路隧道
128
187
191
207
208

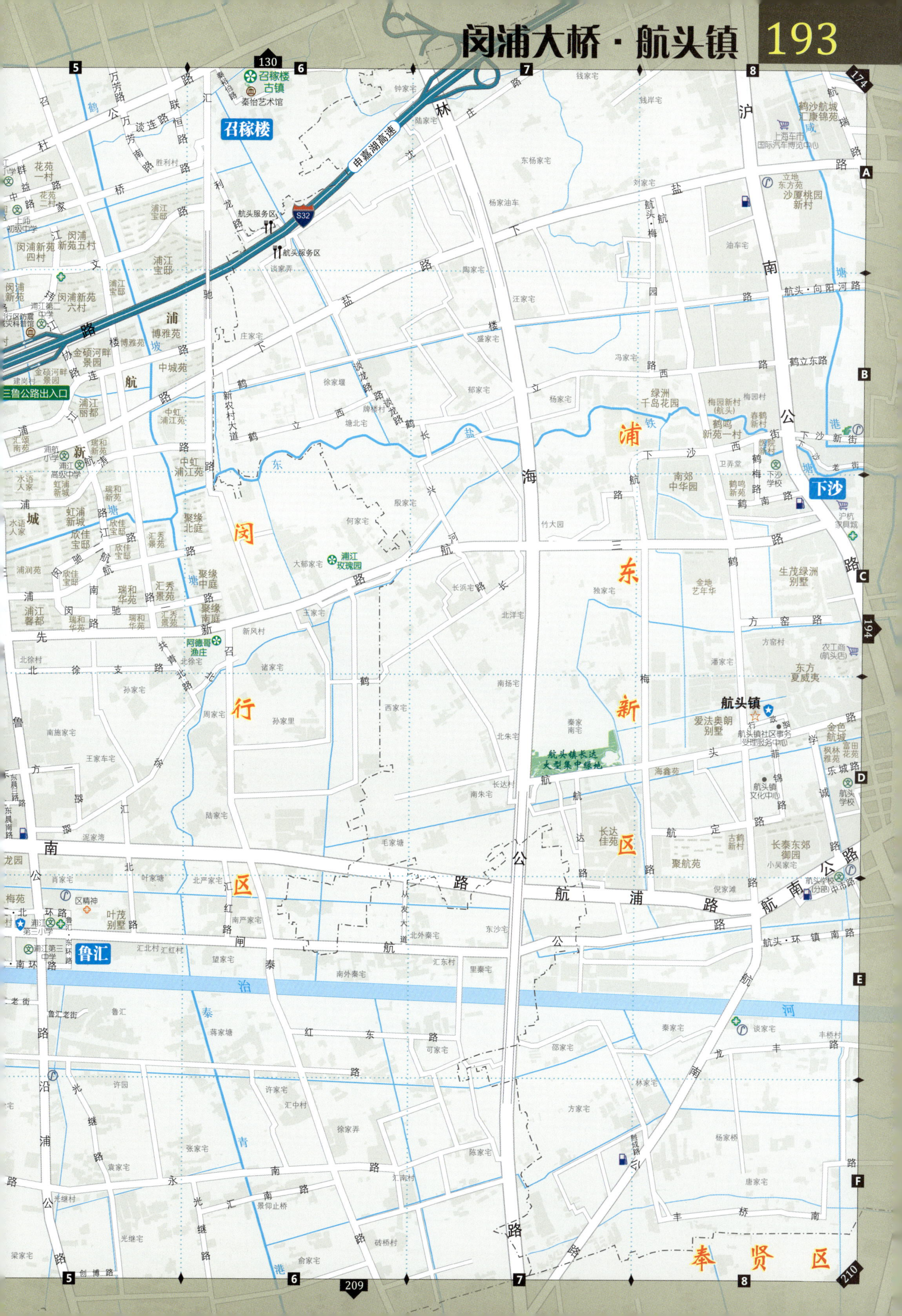
召稼楼
航头镇
下沙
鲁汇
闵行区
浦东新区
奉贤区
申嘉湖高速
S32
航头服务区
召稼楼古镇
秦怡艺术馆
浦江玫瑰园
阿德哥渔庄
航头镇长达大型集中绿地
三鲁公路出入口
沪南公路
航南公路
航三公路
鹤立东路
130
209
174
194
210

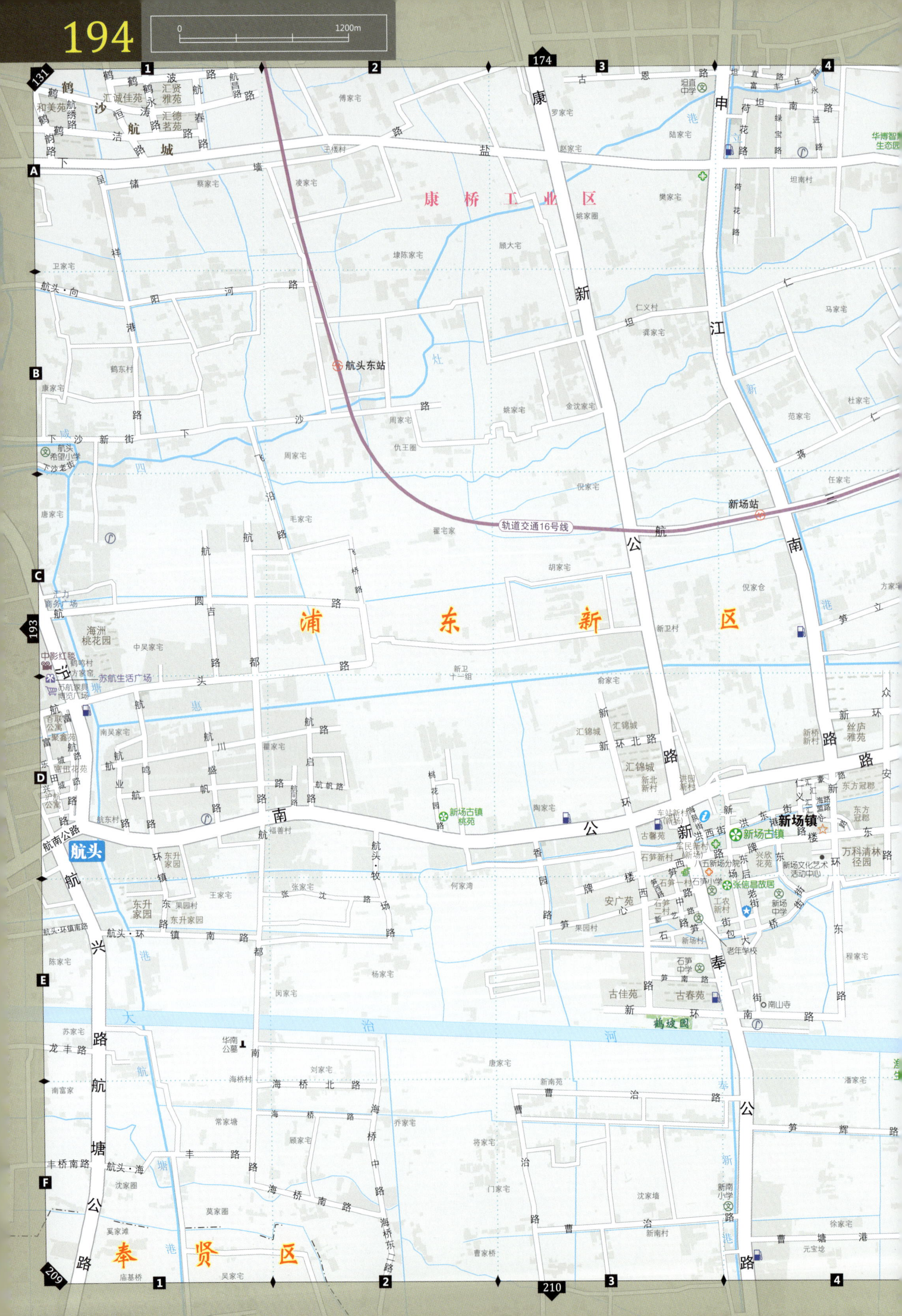
0
1200m
174
193
210
131
209
康桥工业区
浦东新区
奉贤区
航头东站
新场站
轨道交通16号线
航头
新场镇
新场古镇
新场古镇桃苑
康新公路
申江南路
航南公路
大治河
沪南公路
航塘公路
南奉公路
下沙新街
航头希望小学
下沙老街
海洲桃花园
中影红毯
苏航生活广场
苏航家具博览广场
汇锦城
新卫十一组
坦直中学
华博智慧生态运动公园
坦南村
王楼村
蔡家宅
凌家宅
傅家宅
罗家宅
陆家宅
赵家宅
樊家宅
姚家圈
顾大宅
埭陈家宅
卫家宅
仁义村
龚家宅
马家宅
鹤东村
康家宅
姚家宅
金沈家宅
周家宅
仇王圈
周家宅
倪家宅
毛家宅
翟宅家
胡家宅
杜家宅
范家宅
任家宅
倪家仓
方家宅
唐家宅
中吴家宅
新卫村
俞家宅
南吴家宅
瞿家宅
陶家宅
航东村
福善村
王家宅
张家宅
何家湾
东升家园
东升家园
果园村
陈家宅
杨家宅
闵家宅
古佳苑
古春苑
鹤坡园
南山寺
程家宅
苏家宅
华南公墓
刘家宅
唐家宅
新南苑
海桥村
潘家宅
南富家
常家塘
乔家宅
顾家宅
将家宅
门家宅
沈家圈
莫家圈
沈家墙
新南小学
新南村
奚家滩
曹家桥
庙基桥
吴家宅
徐家宅
元宝坟
万科清林径园
新场文化艺术活动中心
新场中学
张信昌故居
石笋中学
老年学校
古馨苑
石笋新村
丝庐雅苑
东方冠郡
新桥新村
汇锦城
和美苑
汇诚佳苑
汇贤雅苑
汇德茗苑

三灶
上海交通职业技术学院
(浦东校院)
上海野生动物园
轨道交通16号线
野生动物园站
宣桥镇
浦东新区
南汇工业区
宣桥
沪芦高速
大治河
建德南郊别墅
艺泰安邦花园
刚泰美术馆
桃源花苑
枫丹白露别墅
上海蜜蜂科普馆
桃城度假村
汇展商务休闲广场
宣桥镇社区事务受理服务中心
上海种业集团科普教育基地
欣梅苑
欣松苑
欣兰苑
欣秋苑
欣菊苑
欣荷苑
上河商务园
南公路出入口

0
1200m
175
176
195
211
212
浦东新区
惠南镇
黄路
惠南站
南汇桃花村
上海出版印刷高等专科学校(拱极路校区)
上海电力学院(浦东校区)
上海工商外国语职业学院
思博职业技术学院
兴伟学院
南汇体育中心
古钟园
东城花苑
荡湾新村
拱极路出口
沪南公路出入口
上海绕城高速
G1501
轨道交通16号线
沪南公路
南奉公路
川南奉公路
大治河
浦东运河
盐大路
拱极路
拱乐路
听潮
民乐城
金地城
红光花苑
富成公寓南沙别墅
听潮豪园
惠南一方新城
城南小区
南园坊
锦园坊
吉园坊
鸿园坊
丹桂佳苑
布鲁斯小镇
香桂园
康锦苑
康敏苑
锦绣汇丽苑
惠南镇黄路社区文化活动中心
黄路中学

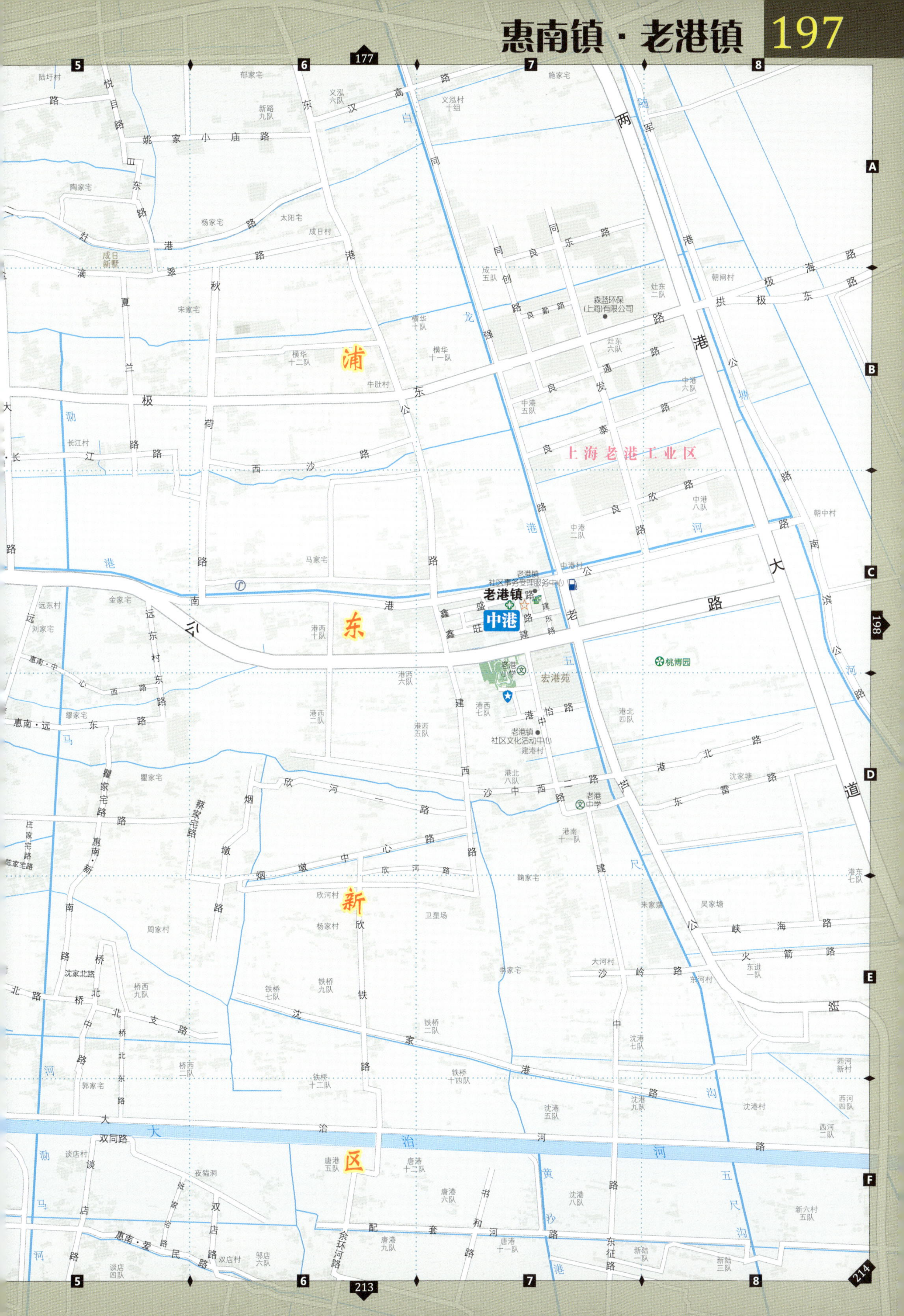
惠南镇·老港镇
197
177
213
198
214
5
6
7
8
A
B
C
D
E
F
浦东新区
上海老港工业区
老港镇
中港
老港镇社区事务受理服务中心
老港镇社区文化活动中心
森蓝环保(上海)有限公司
宏港苑
桃博园
老港中学
两港大道
老港大路
南港公路
大治河
惠南·远东路
惠南·中心西路
惠南·爱民路
惠南·新南路
双同路
沈家港路
沈家北路
烟墩中心路
欣河一路
欣河路
中港公路
东公路
荷西沙路
兰极路
秋港路
良勤路
良欣路
良泰路
惠南·长江路
杨家宅
太阳宅
成日村
成日新墅
宋家宅
陶家宅
陆圩村
郁家宅
施家宅
马家宅
金家宅
远东村
刘家宅
缪家宅
瞿家宅
周家村
杨家村
欣河村
卫星场
朱家宅
吴家塘
大河村
东河村
朝阳村
朝中村
沈家塘
谈店村
夜猫洞
双店村
鞠家宅
港北八队
港北四队
港南十一队
港西十队
港西六队
港西七队
港西二队
港西五队
中港五队
中港六队
中港八队
中港二队
中港村
灶东二队
灶东六队
横华十二队
横华十一队
横华十队
牛肚村
义泓六队
义泓村十组
新路九队
成一五队
铁桥九队
铁桥七队
铁桥二队
铁桥十二队
铁桥十四队
桥西九队
桥西二队
沈港七队
沈港九队
沈港五队
沈港八队
沈港村
唐港五队
唐港十二队
唐港六队
唐港九队
唐港十一队
新六村五队
新陆一队
新陆三队
西河新村
西河四队
西河二队
港东七队
东进一队
郭家宅
谈店四队
邬店六队
建港村
长江村

0
1200m
177
197
213
214
浦东新区
滨海世外桃源
滨海
黄金海滨度假村
海港卡丁车运动场
滨海高尔夫球场
朝阳九队
朝阳十队
西河八队
宋家宅
老港成人学校
西河十一队
新港一队
振兴村
两港大道
火箭路
芦公路
通源西路
大治河
东乐路
永安路
滨海·五兰路
滨海·五三路
拱极路
极海路
东海路
胜利塘
南滨支路
随塘河
南白龙港
公塘
下公路

东
海
5
6
7
8
A
B
C
D
E
F

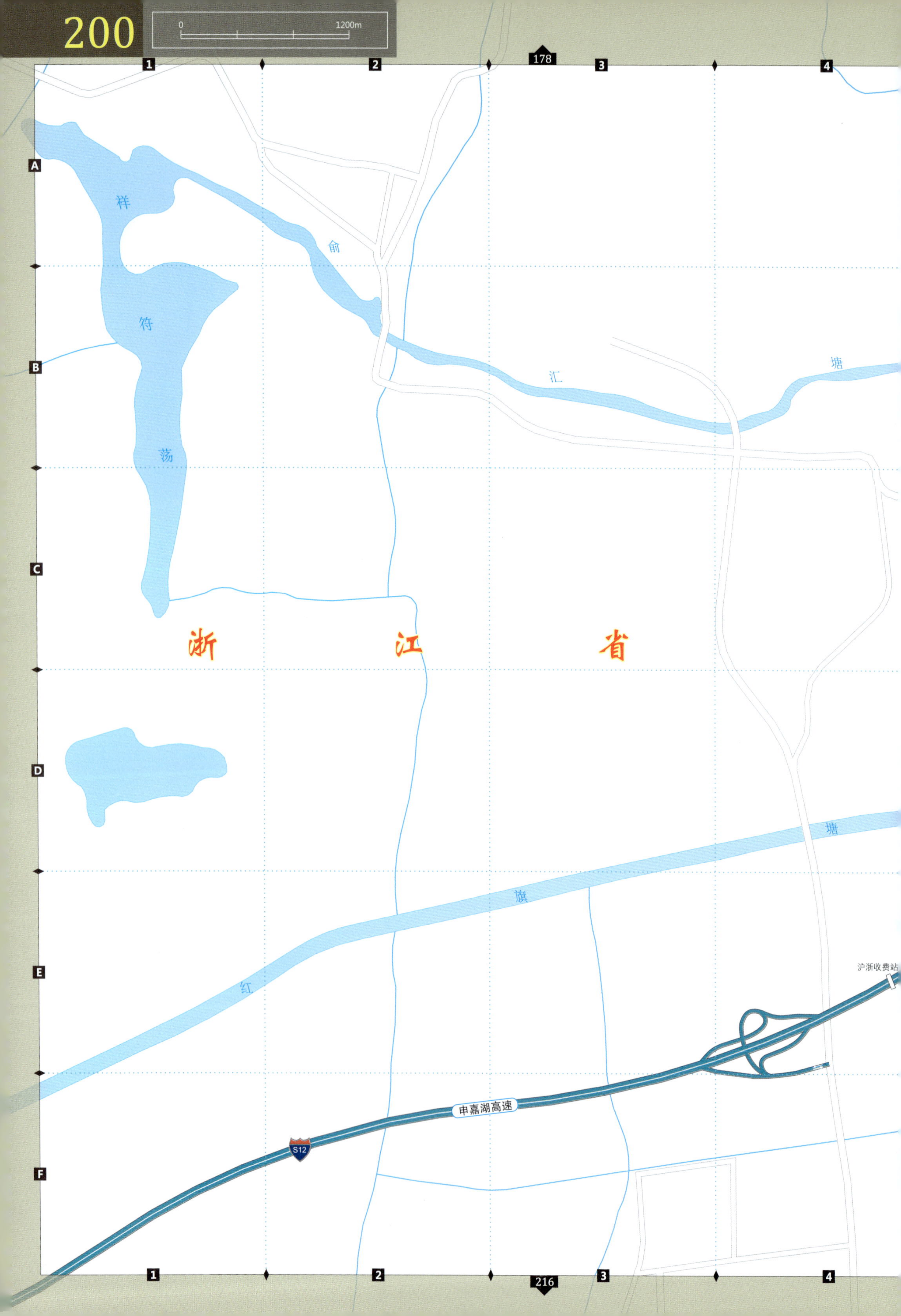
0
1200m
178
1
2
3
4
A
B
C
D
E
F
祥
符
荡
俞
汇
塘
浙
江
省
塘
旗
红
沪浙收费站
申嘉湖高速
S12
216

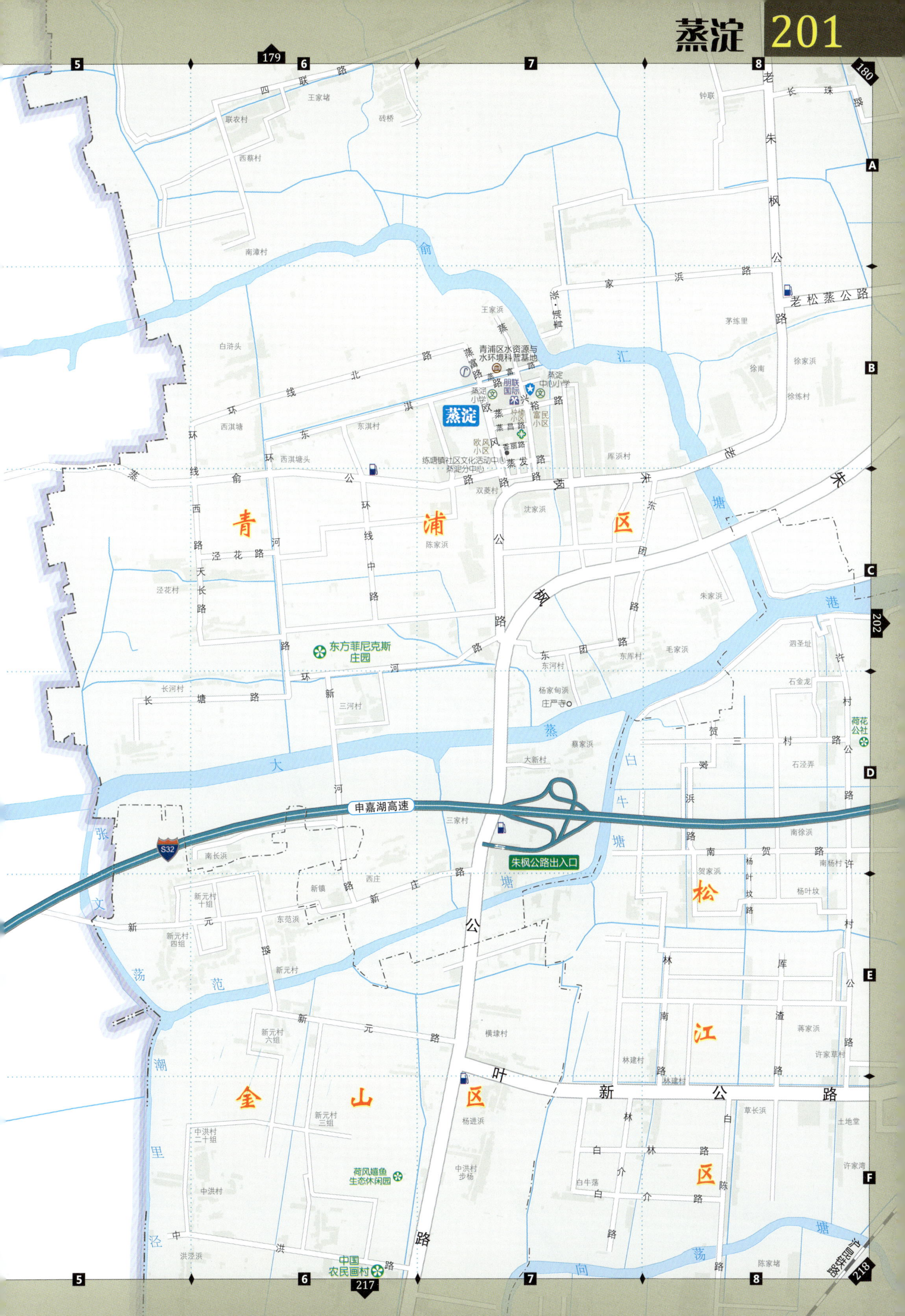
青浦区
松江区
金山区
蒸淀
申嘉湖高速
S32
朱枫公路出入口
老朱枫公路
老松蒸公路
四联路
王家埭
联农村
砖桥
钟联
西蔡村
南漳村
俞汇塘
王家浜
白浒头
青浦区水资源与
水环境科普基地
蒸淀
中心小学
蒸淀
小学
朋联
国际
富民
小区
欧风
小区
练塘镇社区文化活动中心
蒸淀分中心
双菱村
沈家浜
陈家浜
库浜村
茅练里
徐南
徐家浜
徐练村
家浜路
环城北路
西淇塘
东淇村
西淇塘头
俞公路
泾花路
泾花村
天长路
东方菲尼克斯
庄园
长河村
长塘路
三河村
环新路
大蒸港
蔡家浜
大新村
庄严寺
杨家甸浜
东东村
东库村
毛家浜
朱家浜
泗圣址
石金龙
荷花
公社
石泾弄
三家村
南长浜
新镇
西庄
新庄路
东范浜
新元村
新元村
十组
新元村
四组
新元路
新元村
六组
新元村
三组
张文荡
范
潮里泾
中洪村
二十组
中洪村
洪泾浜
中洪路
中国
农民画村
荷风嬉鱼
生态休闲园
中洪村
步杨
杨进浜
横埭村
朱枫公路
叶新公路
林建村
白牛塘
南徐浜
贺家浜
南杨村
杨叶垃
杨叶垃路
南贺路
贺三村路
许村公路
林库
南渣路
蒋家浜
许家草村
草长浜
土地堂
许家湾
白林路
白介路
林介路
陈路
白牛荡
陈家埭
荡向塘
浦星公路
179
180
202
217
218
5
6
7
8
A
B
C
D
E
F

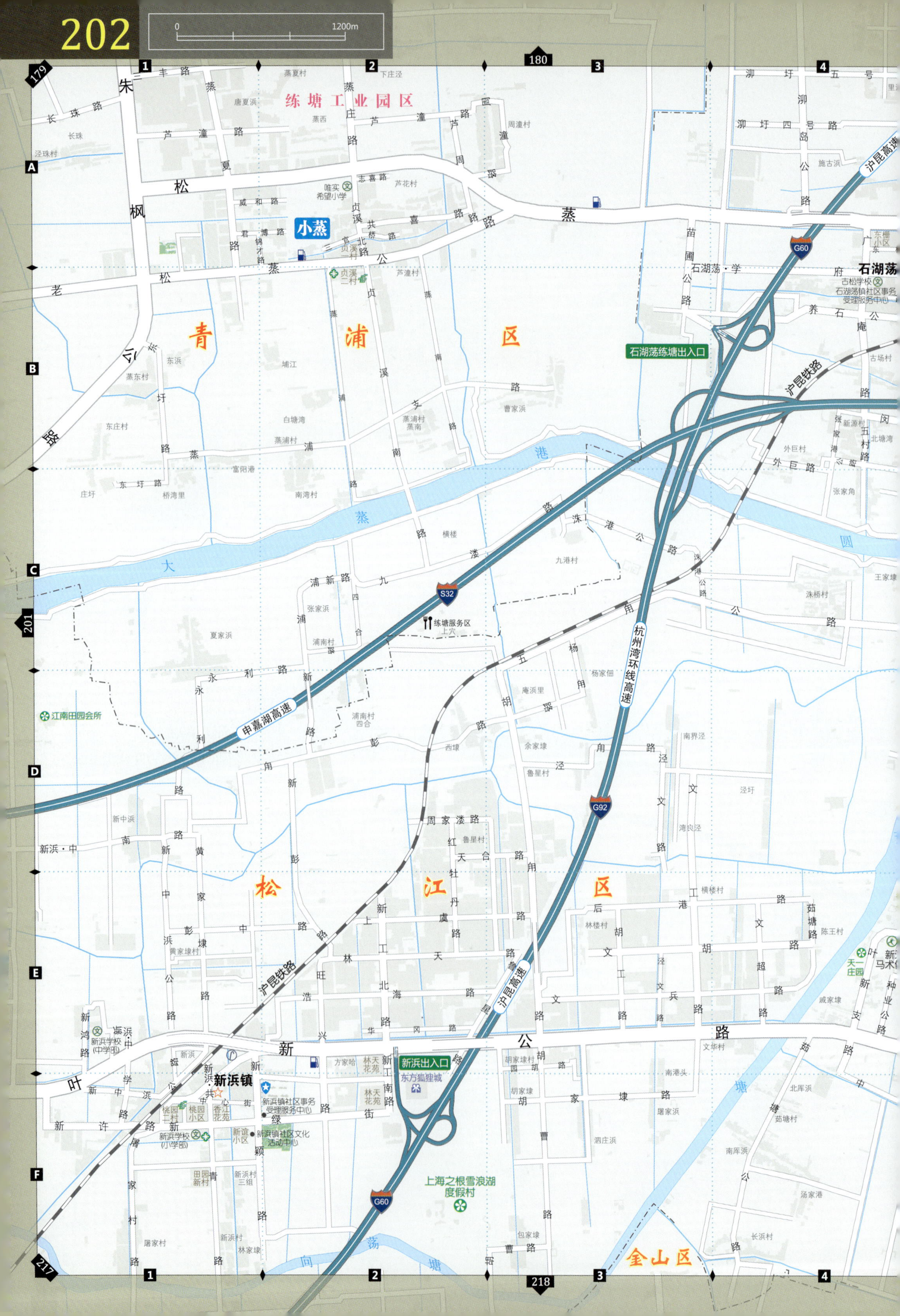
0
1200m
180
201
218
217
179
练塘工业园区
青浦区
松江区
金山区
小蒸
新浜镇
石湖荡
蒸夏村
下庄泾
唐夏泛
蒸西
周潼村
芦花村
唯实学校
希望小学
贞溪二村
芦潼村
长珠
泾珠村
施古浜
东浜
蒸东村
东庄村
庄圩
桥湾里
埔江
白塘湾
蒸浦村
富阳港
南湾村
蒸浦村
蒸南
曹家浜
横楼
九港村
张家浜
夏家浜
浦南村
浦南村四合
练塘服务区
江南田园会所
杨家佃
庵浜里
余家埭
鲁星村
西埭
南界泾
泾圩
湾良泾
新中浜
鲁星村
横楼村
林楼村
陈王村
黄家埭村
古松学校
石湖荡镇社区事务受理服务中心
古场村
新源村
北塘湾
外巨村
张家角
王家埭
洙桥村
石湖荡练塘出入口
新浜出入口
东方狐狸城
新浜学校（中学部）
新浜学校（小学部）
新浜镇社区事务受理服务中心
新浜镇社区文化活动中心
桃园二村
桃园小区
香庄花苑
新谊小区
方家哈
林天花苑
田园新村
新浜村三组
新浜村
屠家村
林家埭
上海之根雪浪湖度假村
包家埭
胡家埭村
胡家埭
南港头
屠家浜
泗庄浜
文华村
北库浜
茹塘村
南库浜
荡家港
长浜村
咸家埭
天一庄园
沪昆高速
沪昆铁路
申嘉湖高速
杭州湾环线高速
S32
G60
G92
G15
蒸港
大蒸港
圆泄泾
向荡塘
新公路
叶新公路
新浜·中
石湖荡·学

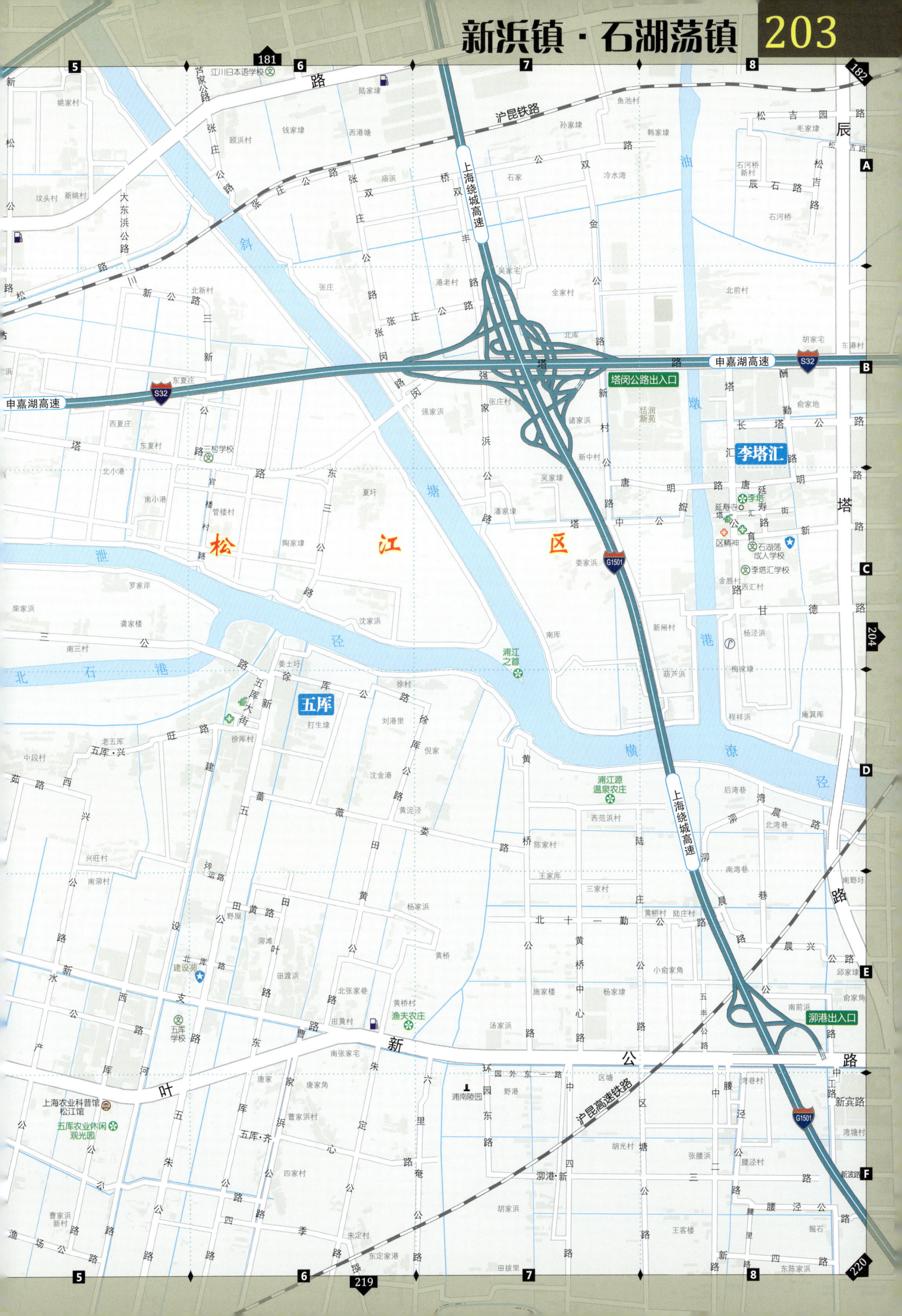

181 182 204 219 220

0
1200m
182
181
203
220
219
沪昆铁路
轨道交通9号线
松江南站站
松江南站
申嘉湖高速
S32
沪昆高速铁路
松江区
金山区
黄浦江
横潦泾
竖潦泾
大泖港
米市渡
上海松江鲈科技文化馆
上海梨文化博物馆
仓桥水晶梨基地
浦南花卉基地
胜强影视基地
智慧大厦
新城嘉苑
永丰苑
泖港镇
天乐小区
南乐苑
港湾别墅
港湾新城
泖港学校
泖港镇社区事务受理服务中心
辰塔路
叶新公路
北松公路
长塔公路
红辰公路
玉阳路
金玉路
松金公路
松资路
松江·姚家浜路
G1501

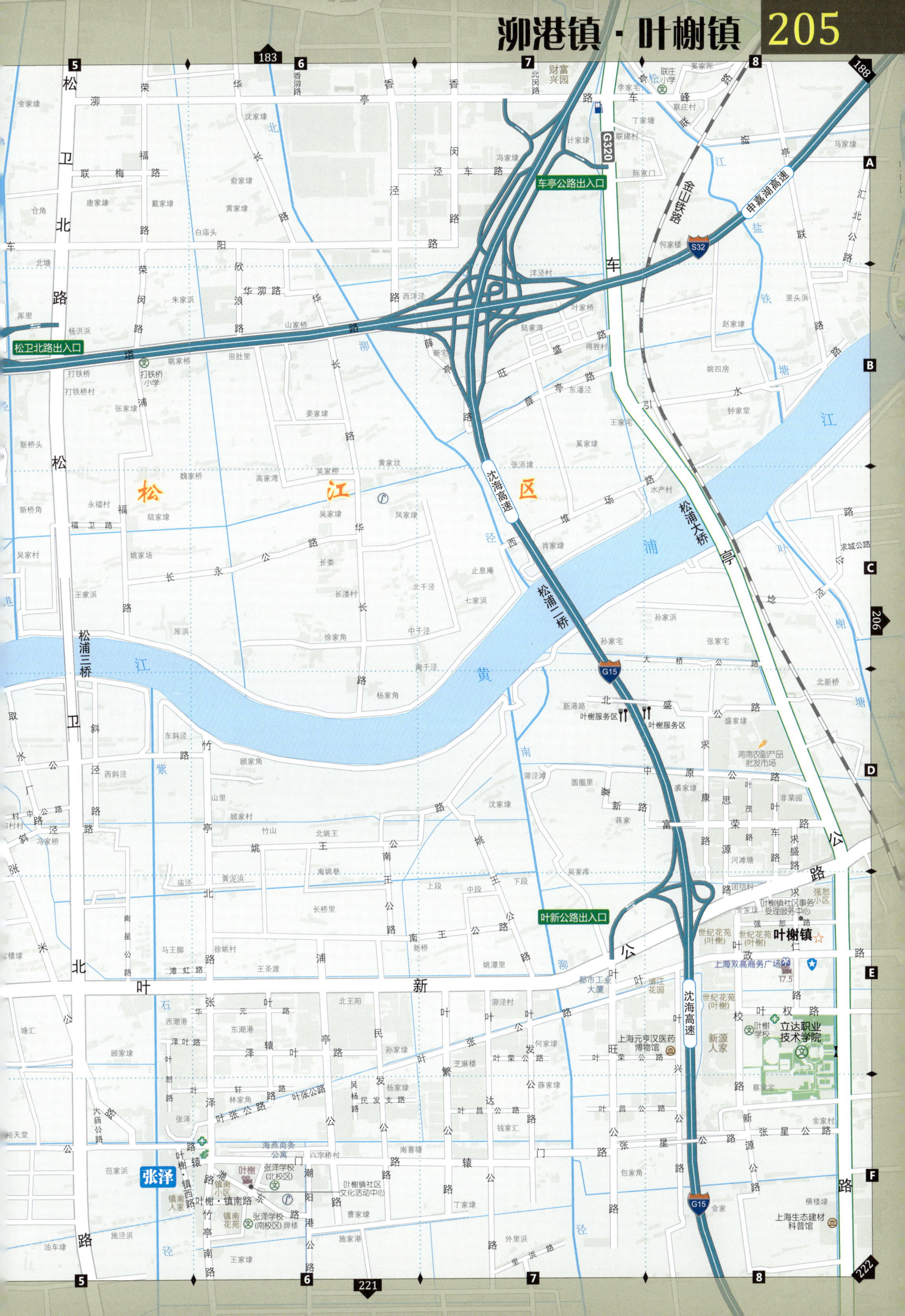
松江区
沈海高速
松浦大桥
松浦二桥
松浦三桥
黄浦江
车亭公路出入口
松卫北路出入口
叶新公路出入口
中嘉湖高速
金山铁路
叶榭镇
张泽
立达职业技术学院
上海元亨汉医药博物馆
上海生态建材科普馆
上海双高商务广场
叶榭服务区
湘南农副产品批发市场
183
188
206
221
222

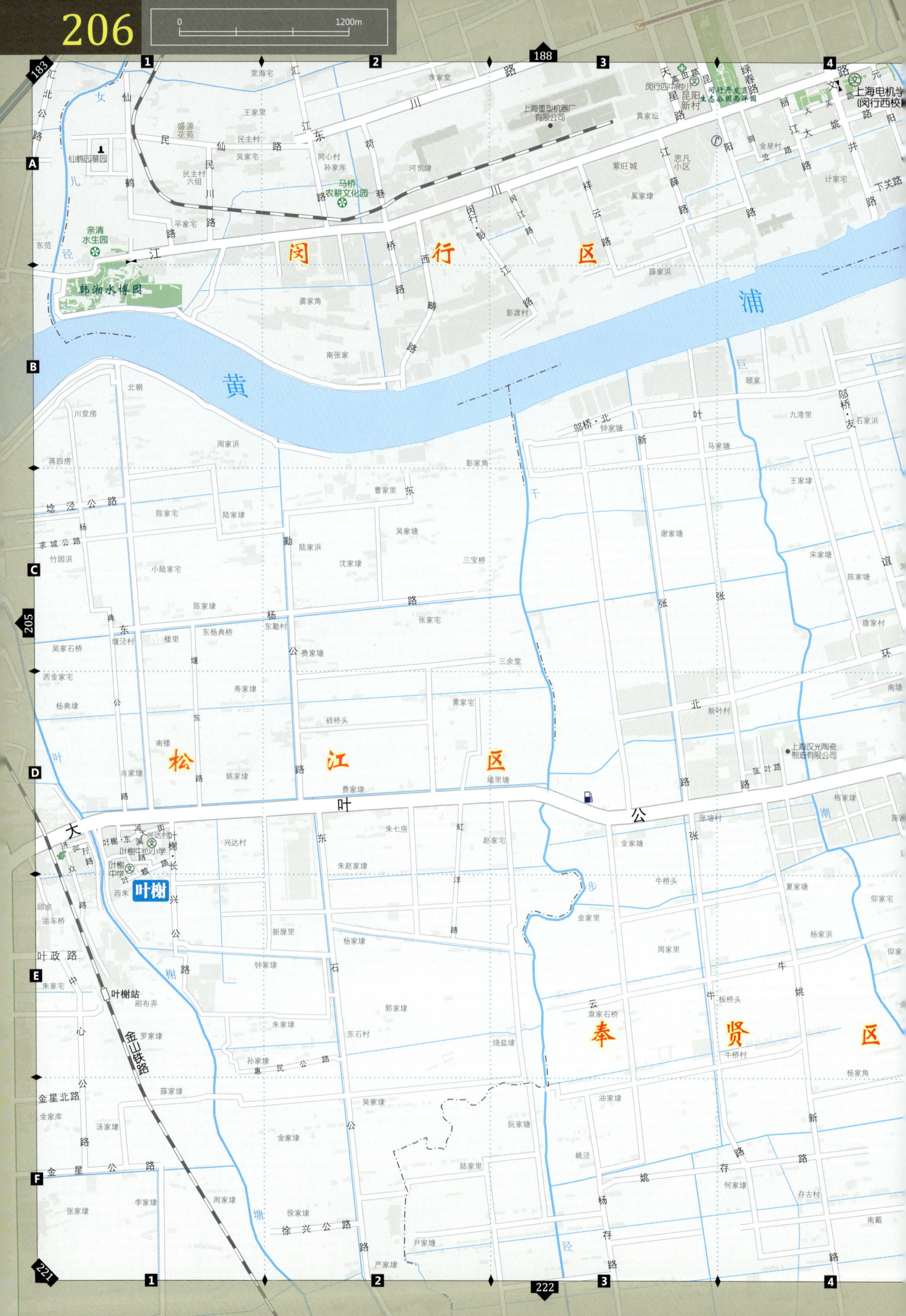
0
1200m
188
183
205
221
222
闵行区
松江区
奉贤区
黄浦江
上海重型机器厂有限公司
闵行四中附小
昆阳新村
闵行开发区生态公园西洋园
上海电机学院(闵行西校)
紫旺城
思凡小区
黄家坛
金星村
计家宅
冀家埭
薛家浜
彭渡村
龚家角
南张家
河东埭
马桥农耕文化园
同心村
孙家库
民主村
吴家宅
王家里
堂海宅
李家堂
盛源花苑
民主村六组
仙鹤园墓园
平家宅
亲清水生园
东范
韩湘水博园
北朝
川堂房
周家浜
蒋四房
彭家角
曹家里
陈家宅
陆家埭
吴家塘
陆家浜
沈家埭
三宝桥
小陆家宅
竹园浜
陈家埭
东杨典桥
东勤村
张家宅
楼里
堰泾村
吴家石桥
西金家宅
杨典埭
寿家埭
费家塘
三余堂
黄家宅
砖桥头
南楼
肖家埭
姚家埭
费家埭
墙里塘
兴达村
朱七房
赵家宅
朱赵家埭
叶榭中心小学
叶榭中学
叶榭
西朱
邱家
油车桥
新屋里
杨家埭
钟家埭
朱家宅
叶榭站
刷布弄
郭家埭
罗家埭
朱家埭
东石村
孙家埭
烧盐埭
薛家埭
吴家埭
金家库
汤家埭
金家埭
阮家塘
陆家里
李家埭
张家埭
周家埭
徐家埭
尹家塘
严家埭
顾家
九湾里
石家浜
钟家塘
马家塘
王家埭
谢家塘
宋家塘
陈家塘
唐家村
南塘
新叶村
上海汉光陶瓷制造有限公司
柏家埭
张塘村
金家塘
牛桥头
夏家塘
仰家宅
金家里
周家里
杨家浜
仰家
板桥头
袁家石桥
牛桥村
杨家角
油家埭
姚泾
何家埭
存古村
南戴
叶政路
金星北路
金星公路
金山铁路
大叶公路
徐兴公路
惠民公路
埝泾公路
求城公路
下关路
沪闵路
江川路
鹤庆路
民主路
大寨河
叶新公路
北张路
新张路
张塘港
叶张路

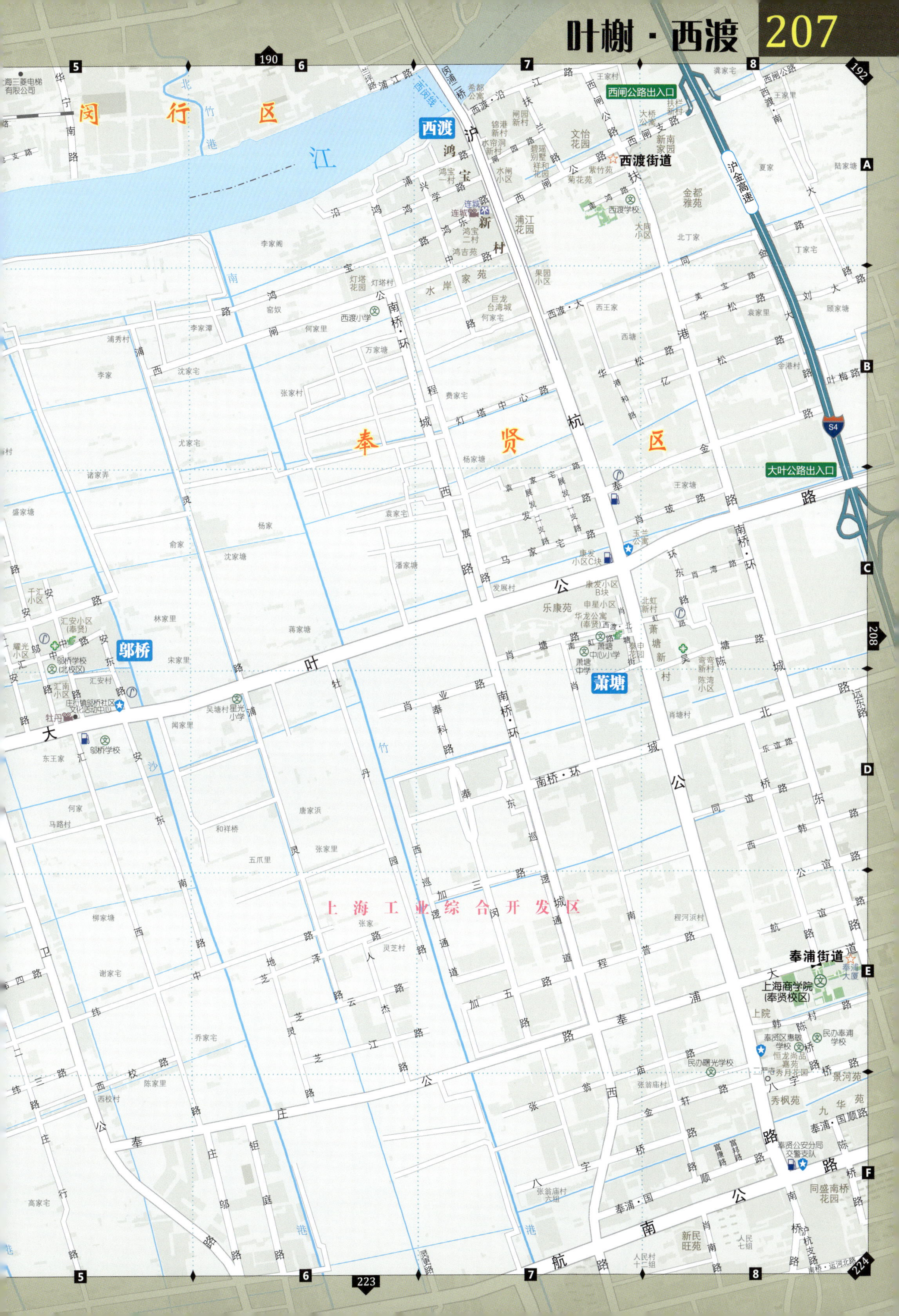
闵行区
奉贤区
黄浦江
西渡
西渡街道
西闸公路出入口
大叶公路出入口
沪金高速
S4
鸿宝新村
连城新村
浦江花园
金都雅苑
西渡学校
西渡小学
灯塔花园
巨龙台湾城
乐康苑
萧塘
萧塘中心小学
邬桥
邬桥学校
汇安小区(奉贤)
奉浦街道
上海商学院(奉贤校区)
上海工业综合开发区
大叶公路
南桥环城东路
金海公路
沪杭公路
南桥·环城北路
奉浦大道
同盛南桥花园
秀枫苑
新民旺苑
190
192
208
223
224
5
6
7
8
A
B
C
D
E
F

0
1200m
191
192
207
223
224
南渡桥
金汇镇
金汇广场
金汇社区
文化活动中心
金汇镇
潘家塘
杜家坟
关港村
朱家里
余家塘
刘大路
河头宅
小刘港
南朱家里
老王家
南谢家
大叶公路出入口
大叶公路
中国菇菌
博物馆
上海益民食品一厂
有限公司
金碧
汇虹苑
南行村
老沙里
唐家宅
黄家塘
杜家塘
南桥·环城北路
奉贤现代农业园区
奉贤区
齐贤
南行旺苑
南行兴苑
南行达苑
南行贤苑
金碧苑
百曲和苑
百曲乐苑
百曲雅苑
金水
佳苑
金水苑
金水苑
小学
金水
新苑
格致中学
(奉贤校区)
华昌
集团
上海神力科技
有限公司
上海农村
产权交易所
上海市农业科学院
(奉浦院区)
陈谊村
杜家桥
公谊村
西韩路
龙洋路
航谊路
沪金高速
上海工业综合开发区
聚贤
煌都
百合苑
玫瑰苑
季花城
半岛君望
奉浦苑
南桥新都汇
奉浦四季
生态园
绿庭汇四季
锦梓
家园
九华
新园
奉贤宝龙广场
绿地南桥
新苑
绿地南桥
新苑
华龙
别墅
南桥出入口
S4
汤臣
臻园
奉贤区实验中学
(淡溪校区)
恒盛
湖畔豪庭
恒盛
湖畔豪庭
泰和
名郡
南郊
御墅
南郊
庄园
南郊
宾馆
南郊聚润
广场
南郊
美墅
南郊
二品
浦泾苑
金海湖
金海公路
奉贤区
殡仪馆
奉贤区
烈士陵园
齐贤城
白沙西苑
齐贤城
白沙恒苑
齐贤城
白沙东苑
齐贤城
白沙通苑
恒明
大厦
青溪
中学
奉贤福山
外国语小学
齐贤城
褚家荣苑
树园村
汇贤
中学
树园
小区
民办福祉
小学
金星村
三长村
七组
三长村
沈家宅
龙潭村
十二组
龙潭村
益龙村
张家宅
周家宅
西费家
陈家村
齐贤村
白沙村
行前村
张家
浦南运河

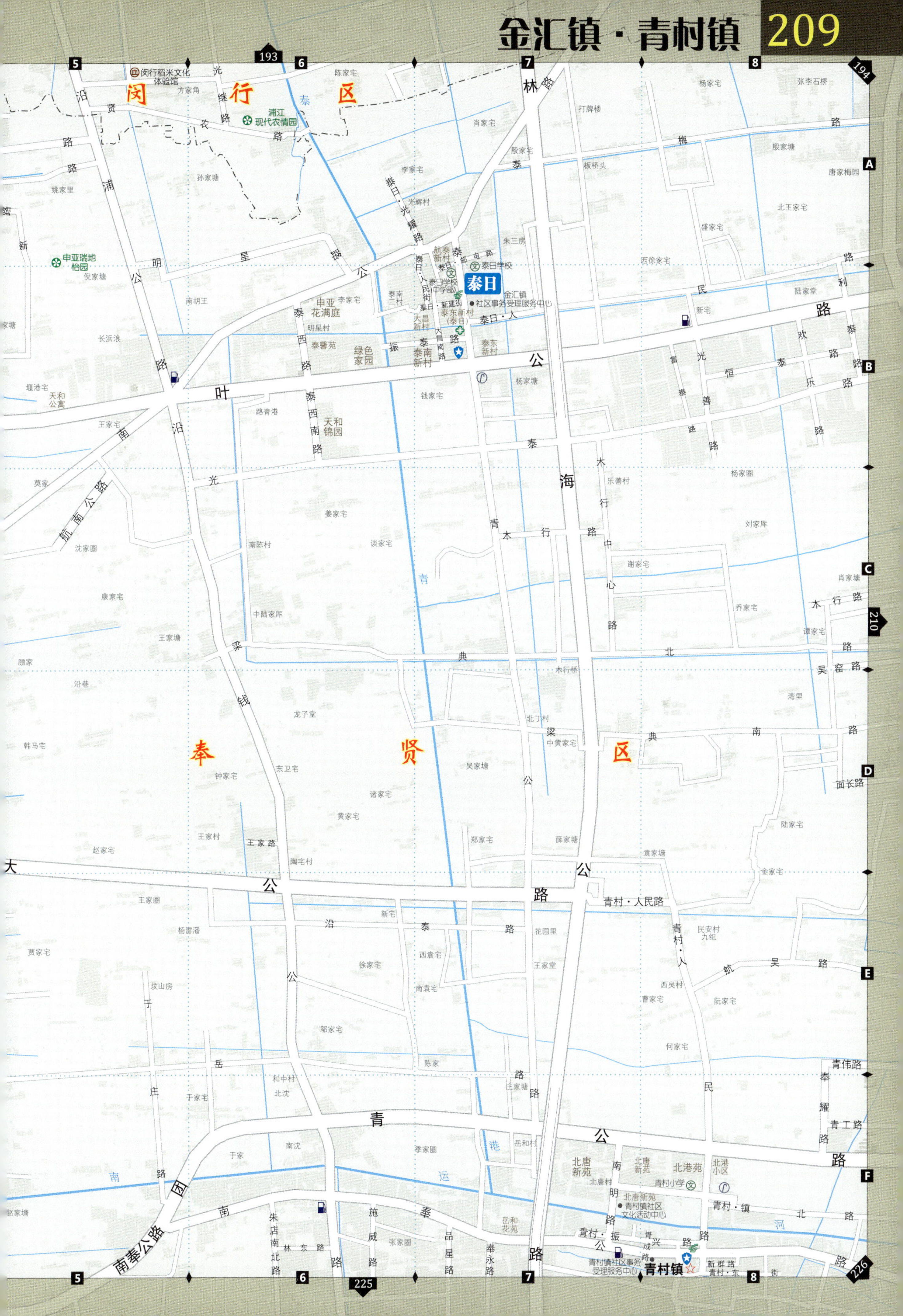
闵行区
奉贤区
闵行稻米文化体验馆
浦江现代农情园
申亚瑞地怡园
泰日
泰日学校
金汇镇社区事务受理服务中心
申亚花满庭
泰馨苑
绿色家园
天和锦园
天和公寓
叶公路
泰日·人民路
航南公路
沿钱公路
大叶公路
青村·人民路
青村·航吴路
面长路
青伟路
青工路
青公路
南奉公路
团南路
北唐新苑
北港苑
北港小区
青村小学
青村镇社区文化活动中心
青村镇社区事务受理服务中心
青村镇
岳和花苑
193
194
210
225
226
5
6
7
8
A
B
C
D
E
F

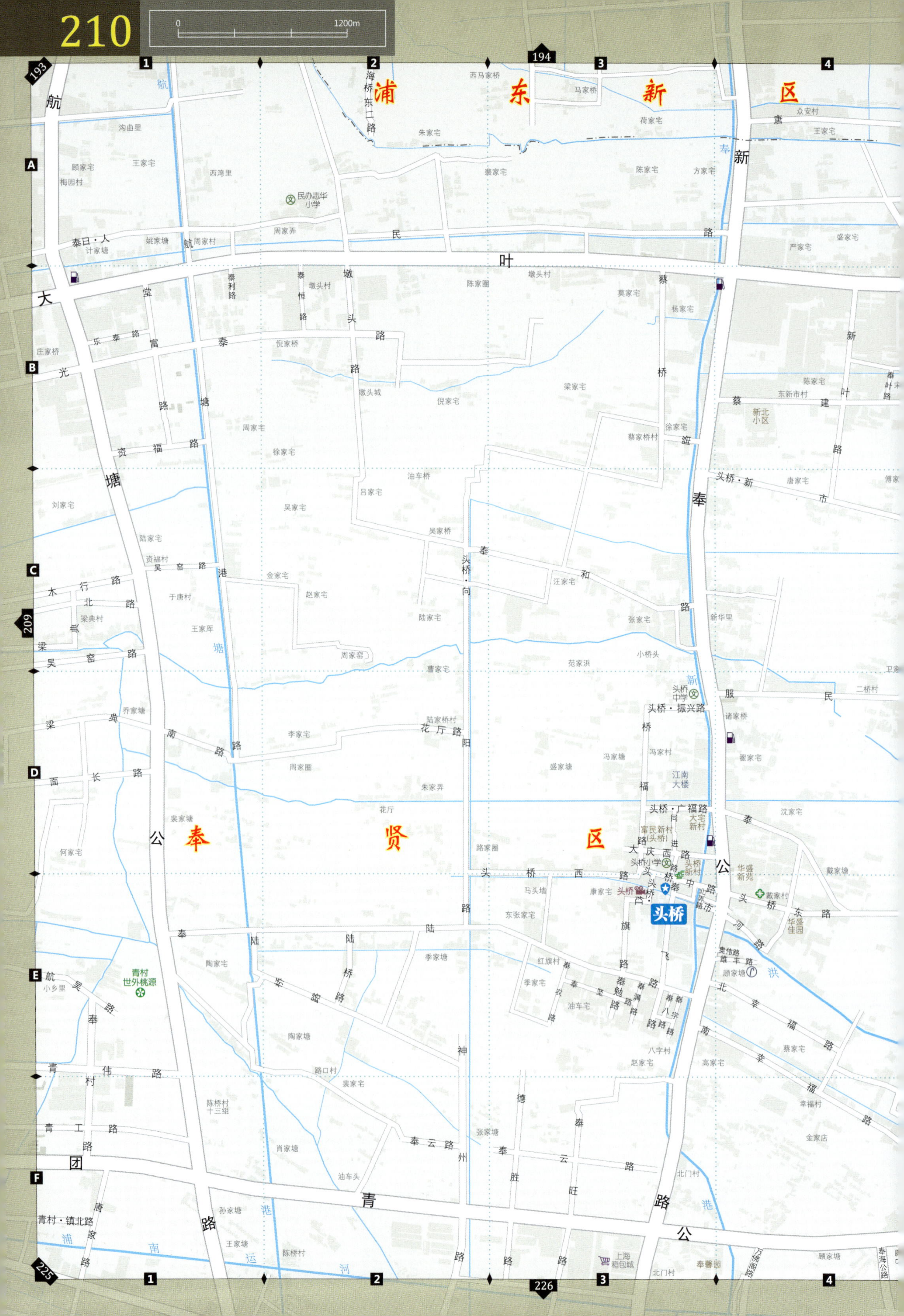
0
1200m
194
193
209
225
226
浦
东
新
区
奉
贤
区
民
叶
路
头桥
大
塘
公
青
路
公
头桥·振兴路
头桥·广福路
头桥·新市
青村·镇北路
民办志华小学
头桥中学
头桥小学
江南大楼
富民新村(头桥)
大宅新村
华盛新苑
华盛佳园
新北小区
青村世外桃源
上海稻包城
奉馨园
西马家桥
马家桥
荷家宅
朱家宅
众安村
王家宅
沟曲星
顾家宅
王家宅
梅园村
西湾里
裴家宅
陈家宅
方家宅
周家弄
姚家塘
计家塘
航周家村
严家宅
盛家宅
墩头村
陈家圈
莫家宅
杨家宅
倪家桥
庄家桥
墩头城
倪家宅
梁家宅
陈家宅
东新市村
周家宅
徐家宅
徐家宅
蔡家桥村
油车桥
吕家宅
吴家宅
唐家宅
傅家
刘家宅
吴家桥
陆家宅
资福村
金家宅
汪家宅
于唐村
赵家宅
梁典村
王家库
陆家宅
张家宅
新华里
周家窑
小桥头
曹家宅
范家浜
二桥村
乔家塘
陆家桥村
诸家桥
李家宅
冯家塘
冯家村
翟家宅
周家圈
盛家塘
朱家弄
花厅
沈家宅
裴家塘
何家宅
路家圈
戴家塘
马头墙
康家宅
戴家村
东张家宅
季家塘
红旗村
顾家塘
陶家宅
季家宅
油车宅
小乡里
陶家塘
八字村
蔡家宅
赵家宅
高家宅
路口村
裴家宅
陈桥村十三组
幸福村
张家塘
金家店
肖家塘
油车头
北门村
孙家塘
王家塘
陈桥村
北门村
顾家塘

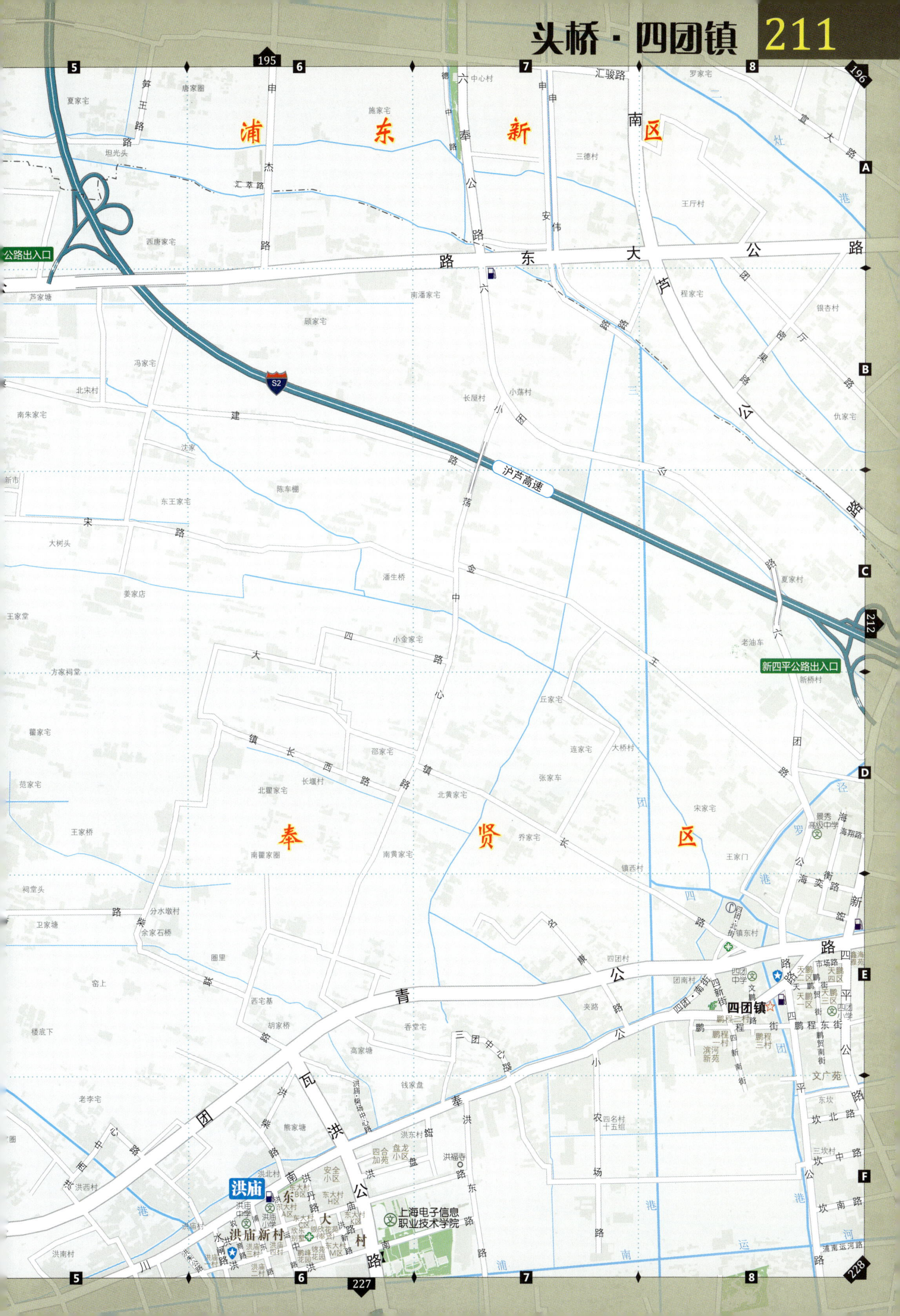

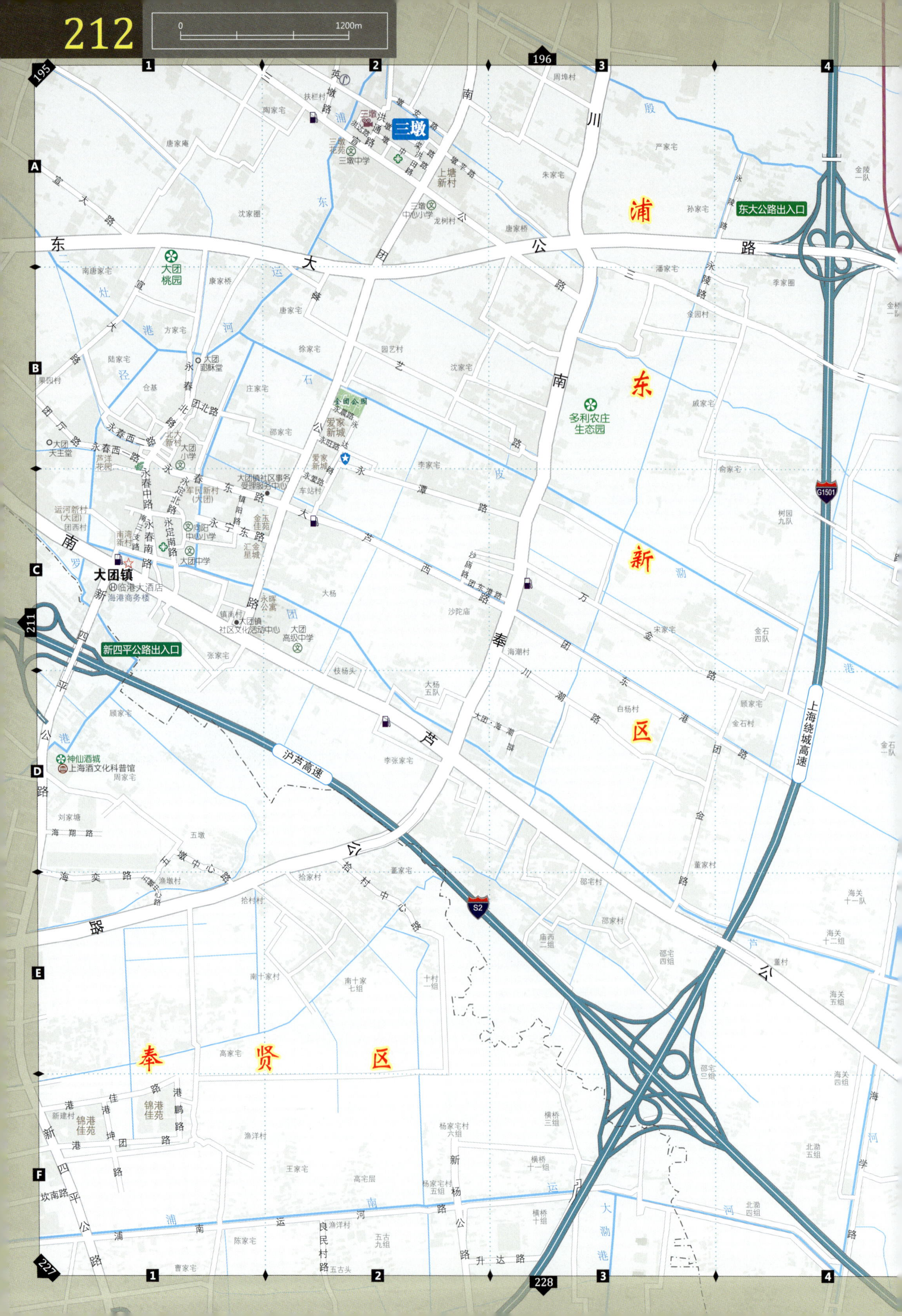
0 1200m
三墩
东大公路出入口
新四平公路出入口
浦
东
新
区
奉
贤
区
大团镇
临港大酒店
海港商务楼
大团桃园
多利农庄生态园
神仙酒城
上海酒文化科普馆
东大公路
南芦公路
沪芦高速
上海绕城高速
三墩中学
三墩中心小学
大团中学
大团高级中学
向阳中心小学
大团小学
大团镇社区事务受理服务中心
大团镇社区文化活动中心
锦港佳苑
永春中路
永定北路
永定南路
奉川湖路
海翔路
海奕路
五墩中心路
拾村中心路
团芦西路
万金团东路
金团路
坎南路
升达路
新杨公路
新四平公路
宣大路
浦南运河
大治河
大泐港
南唐家宅
康家桥
唐家宅
徐家宅
庄家宅
邵家宅
李家宅
沈家宅
园艺村
沙陀庙
大杨
海潮村
白杨村
顾家宅
金石村
董家村
邵宅村
邵家村
南十家村
高家宅
渔洋村
王家宅
陈家宅
曹家宅
周家宅
刘家塘
五墩
拾村村
董家宅
张家宅
枝杨头
李张家宅
渔墩村
周埠村
严家宅
朱家宅
孙家宅
潘家宅
李家圈
金园村
戚家宅
俞家宅
宋家宅
唐家桥
龙树村
沈家圈
陶家宅
唐家庵
扶栏村
方家宅
陆家宅
仓基
果园村
195
196
211
227
228
1
2
3
4
A
B
C
D
E
F

浦
东
新
区
万祥镇
书院站
轨道交通16号线
大港公路
临港大道
三三公路
老芦公路
洋溢港北路
书院中学
新二小学
万祥学校
万祥镇社区事务受理服务中心
197
198
214
229
230

0
1200m
198
230
197
213
229
滨海高尔夫球场
上海滨海森林公园
上海鲜花港
新港
书院镇
东海农场
石皮泐
浦
东
新
两港大道
临港大道
东大公路
公路
轨道交通16号线
临港大道站
葵园
书院人家
百虾园
上海风电科普馆
滨海森林商务园
东海老年护理医院
今日学校
新港中学
新港小学
书院小学
社区事务受理服务中心
丽泽菊清苑
丽泽梅傲苑
丽泽兰馨苑
丽泽荷亭苑
福寿园海港陵园
香茗苑
亭园新村
东海三村
东海二村
云凌职业技术培训学校
书院镇成人文化技术学校
书院镇社区文化活动中心
临港书院一号公寓
华元小区

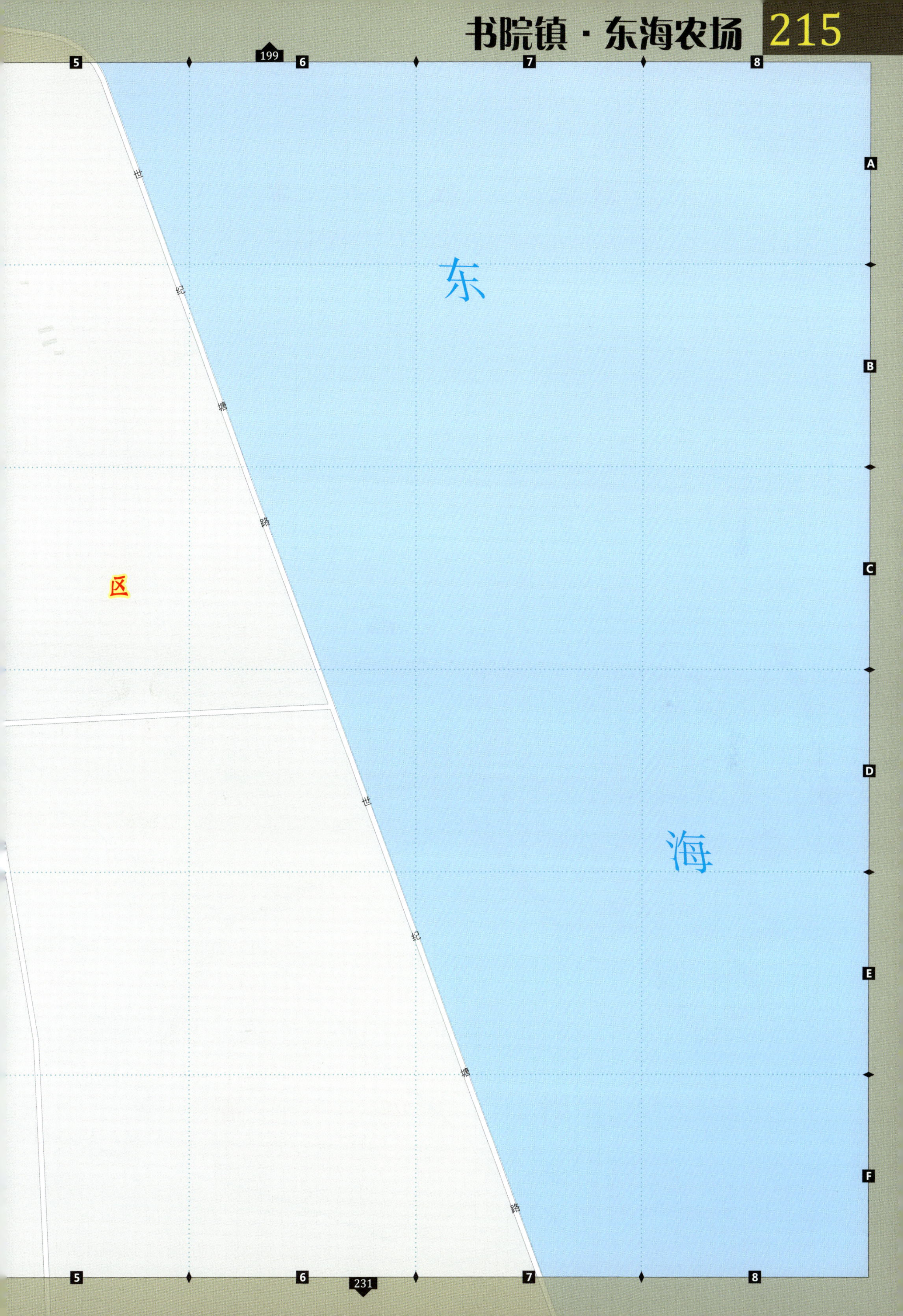
199
5
6
7
8
A
B
C
D
E
F
东
海
世纪塘路
世纪塘路
区
231

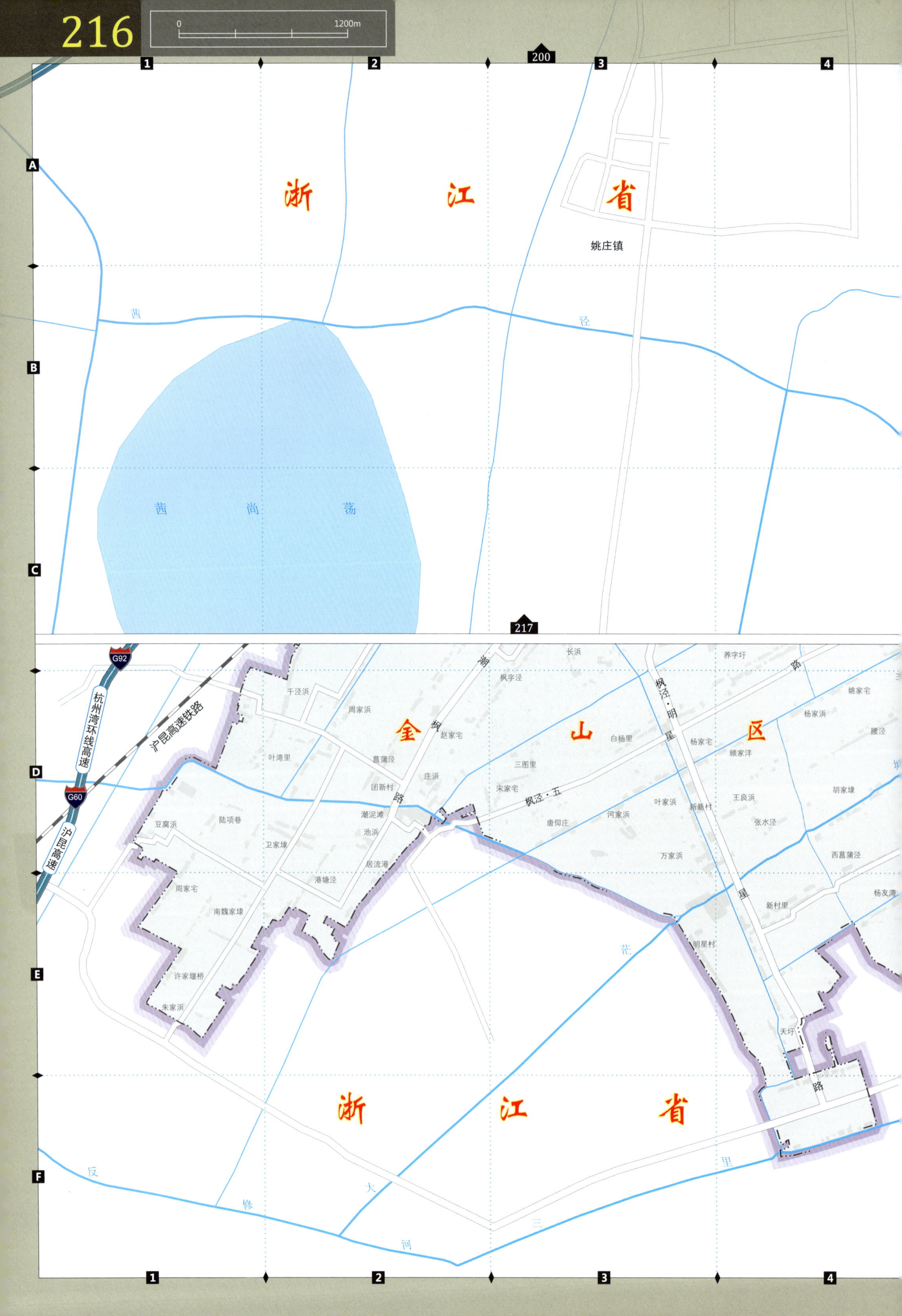
0
1200m
200
217
浙江省
姚庄镇
茜泾
茜尚荡
杭州湾环线高速
G92
G60
沪昆高速
沪昆高速铁路
金山区
长浜
养字圩
枫字泾
千泾浜
周家浜
赵家宅
白杨里
杨家宅
姚家宅
杨家浜
腰泾
叶湾里
菖蒲泾
三图里
顾家洋
庄浜
团新村
宋家宅
胡家埭
王良浜
叶家浜
新新村
潮泥滩
河家浜
唐仰庄
张水泾
豆腐浜
陆项巷
池浜
卫家埭
万家浜
西菖蒲泾
居流港
港塘泾
周家宅
杨友溏
新村里
南魏家埭
明星村
许家堰桥
朱家浜
天圩
湖枫路
枫泾·明星路
枫泾·五路
茫
反修河
大
三里
河

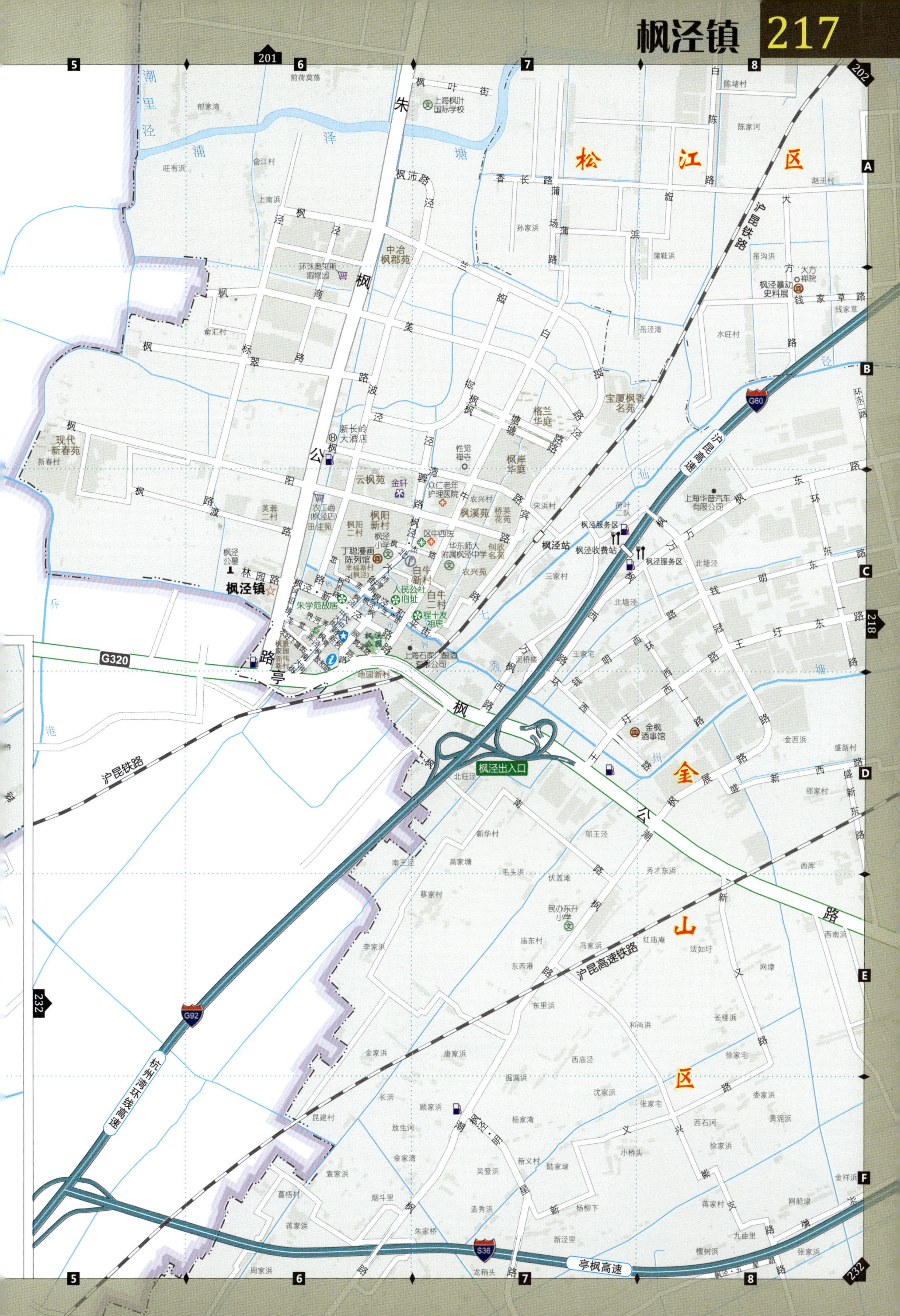

松江区
金山区
枫泾镇
沪昆铁路
沪昆高速
沪昆高速铁路
杭州湾环线高速
亭枫高速
G60
G92
G320
S36
枫泾站
枫泾收费站
枫泾服务区
枫泾出入口
朱枫公路
亭枫公路
枫叶街
枫沛路
香长路
蒲场路
白陈路
方大路
钱家草路
枫美路
枫翠路
枫阳路
枫渡路
枫商路
枫宾路
枫湾路
枫兰路
林园路
环东一路
东环路
东明路
东圩东一路
万枫东路
枫泾服务区
钱明路
王圩东路
枫展路
新盛路
盛新东路
新义路
枫湖路
枫湾新路
新星路
星湖路
浦泽塘
潮里泾
上海枫叶国际学校
中冶枫郡苑
环球奥莱斯购物园
新长岭大酒店
云枫苑
金轩
众仁老年护理医院
性觉禅寺
格兰华庭
枫岸华庭
枫溪苑
宝厦枫香名苑
枫泾暴动史料展
大方禅院
丁聪漫画陈列馆
枫泾小学
华东师大附属枫泾中学
区中西医
枫阳新村
枫阳二村
白牛新村
白牛二村
农兴苑
人民公社旧址
朱学范故居
程十发祖居
上海石库门酿酒有限公司
地园新村
枫泾公墓
芙蓉二村
现代新春苑
新春村
上海华普汽车有限公司
金枫酒事馆
民办东升小学
前荷莫荡
郁家湾
旺有浜
俞江村
上南浜
俞汇村
孙家浜
蒲鞋浜
吊沟浜
岳泾湾
水旺村
陈堵村
陈家河
赵王村
钱家草
宋浜村
荷叶二队
北塘泾
三家村
北塘泾
王家宅
泥桥楼
北旺泾
新华村
南王泾
高家塘
毛头浜
邬王泾
秀才东浜
蔡家村
伏盖滩
庙东村
冯家浜
红庙庵
法如圩
李家浜
东西港
东里浜
网埭
西南浜
西厍
邵家村
金西浜
盛新村
和尚浜
长楼浜
徐家宅
西庙泾
掘漏浜
金家浜
唐家浜
沈家浜
张家宅
娄家浜
长浜
顾家浜
杨家湾
西石河
黄泥浜
昆建村
放生河
徐家浜
小桥头
金家湾
新义村
陆家埭
袁家浜
吴登浜
金祥浜
菖梧村
烟斗里
孟秀浜
杨柳下
蒋家村
网船埭
蒋家浜
朱家桥
新泾里
九曲里
檀树浜
张家浜
周家浜
龙稍头
201
202
218
232

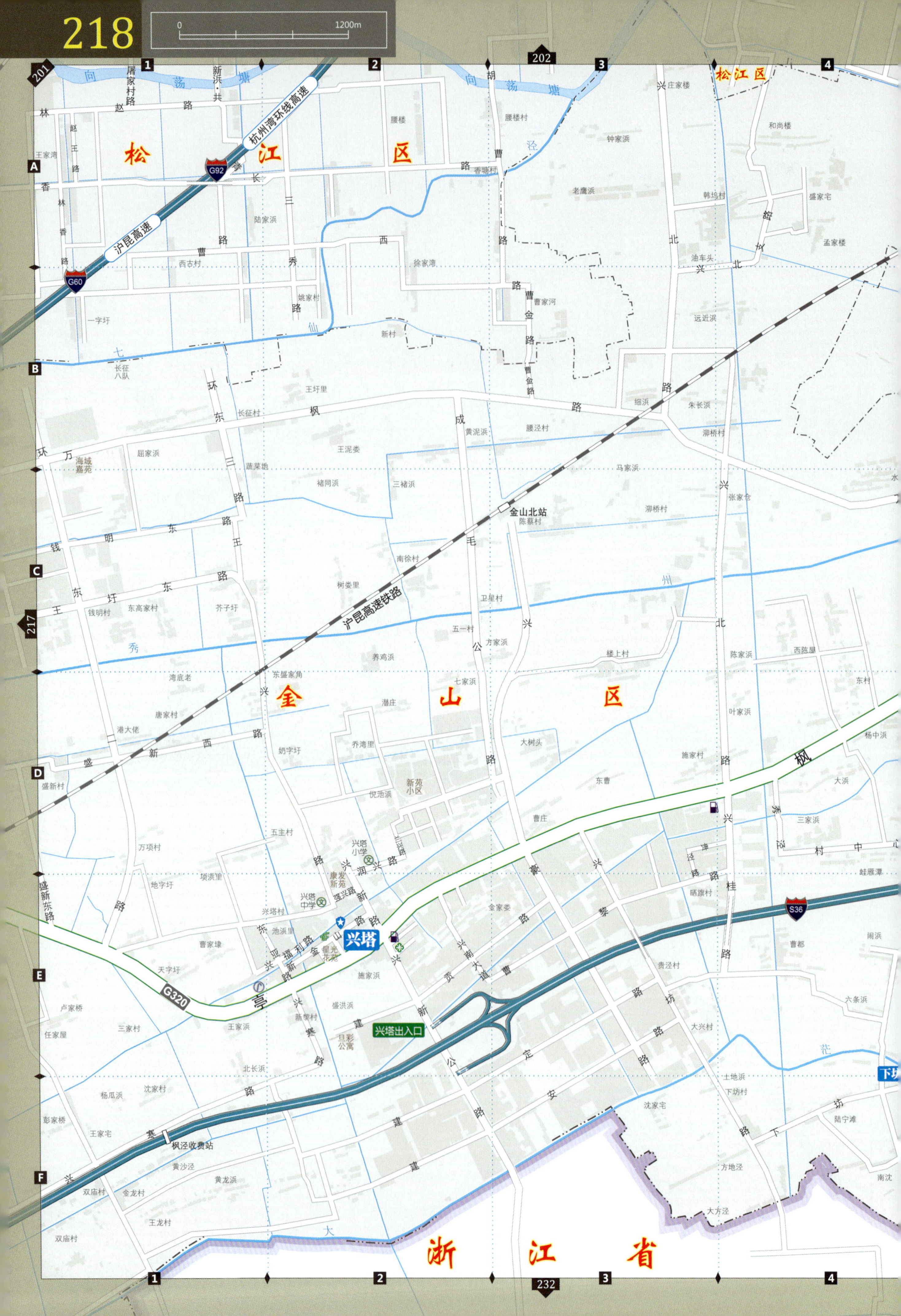
0
1200m
201
202
217
232
松江区
金山区
浙江省
杭州湾环线高速
沪昆高速
沪昆高速铁路
金山北站
兴塔
兴塔出入口
枫泾收费站
G60
G92
G320
S36

松
江
区
金
山
区
朱泾镇
昆高速铁路
亭枫高速
朱泾出入口
上海马术运动场
朱平公路
亭枫公路
金廊公路
东方红中心路
东富路
大茫中心路
中发路
沈三路
五龙路
蒋巷路
朱泾·万
朱定中路
四季路
腰泾路
秀州塘
掘石港
胥浦塘
惠高泾
临源新村
万安金邸
华光百合苑
秀州新村
金玉良苑
森海豪庭
弘泽阳光园
远策紫金名苑
汇佳新苑
明珠新苑
金来苑
东林寺
金山中学
203
204
220
233
234

0 1200m
松江区
金山区
朱泾工业园区
新农
松隐
上海绕城高速
亭枫高速
新卫高速
亭枫公路出入口
亭枫公路
新天鸿名人高尔夫俱乐部
汤泉美地城
天鸿苑
田趣坊生态农庄
施泉葡萄园
新洲新村
浦银新村
新洲小区A区
新洲小区B区
金旭新苑
松隐中学
松隐中心小学
上海交大南洋中学
松隐禅寺
松隐山庄
新农学校
幸福新村(新农)
浦银五村

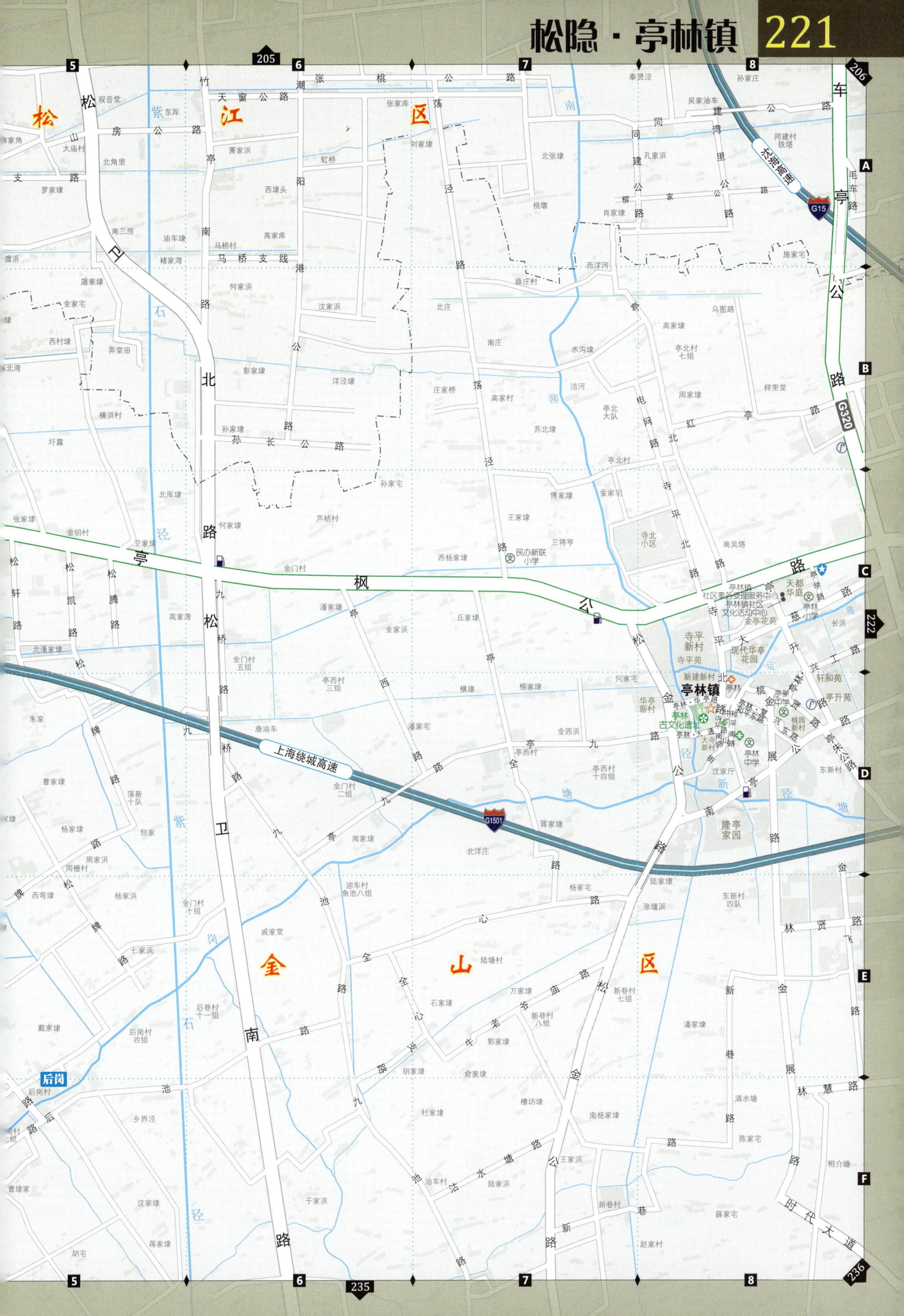
松江区
金山区
亭林镇
上海绕城高速
亭枫公路
松卫北路
松卫南路
亭卫公路
G15
G1501
G320
后岗
205
206
222
235
236

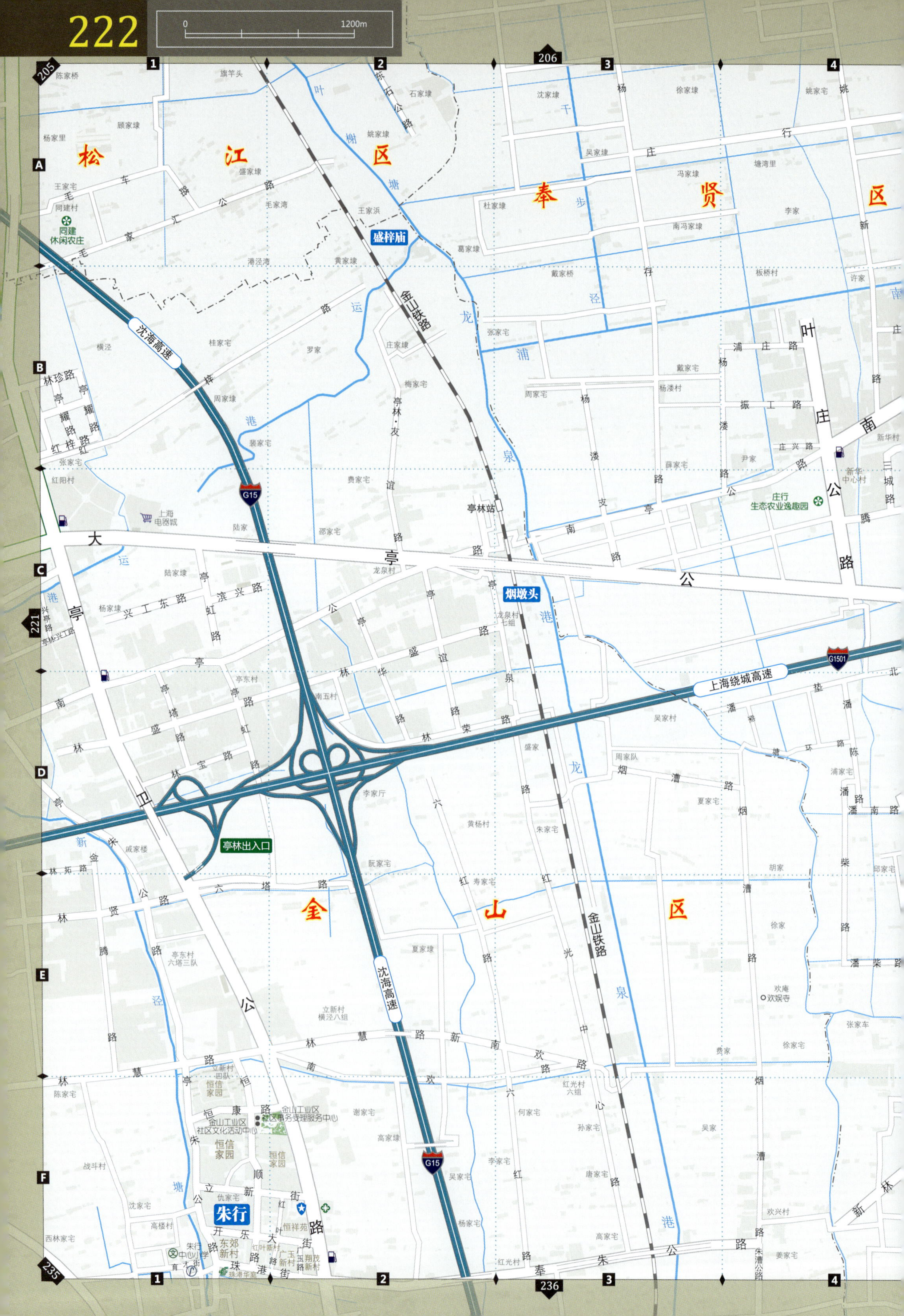

0
1200m
205
206
221
235
236
松江区
奉贤区
金山区
盛梓庙
烟墩头
亭林站
亭林出入口
朱行
沈海高速
上海绕城高速
金山铁路
G15
G1501
大亭公路
亭卫公路
叶庄公路
兴工东路
滨兴路
林慧路
林拓路
林贤公路
六塔路
庄兴路
振工路
浦庄路
同建休闲农庄
庄行生态农业逸趣园
上海电器城
恒信家园
金山工业区社区文化活动中心
金山工业区社区事务受理服务中心
恒祥苑
东郊新村
欢庵欢娱寺
亭林 上海鸿金联合劳务有限公司

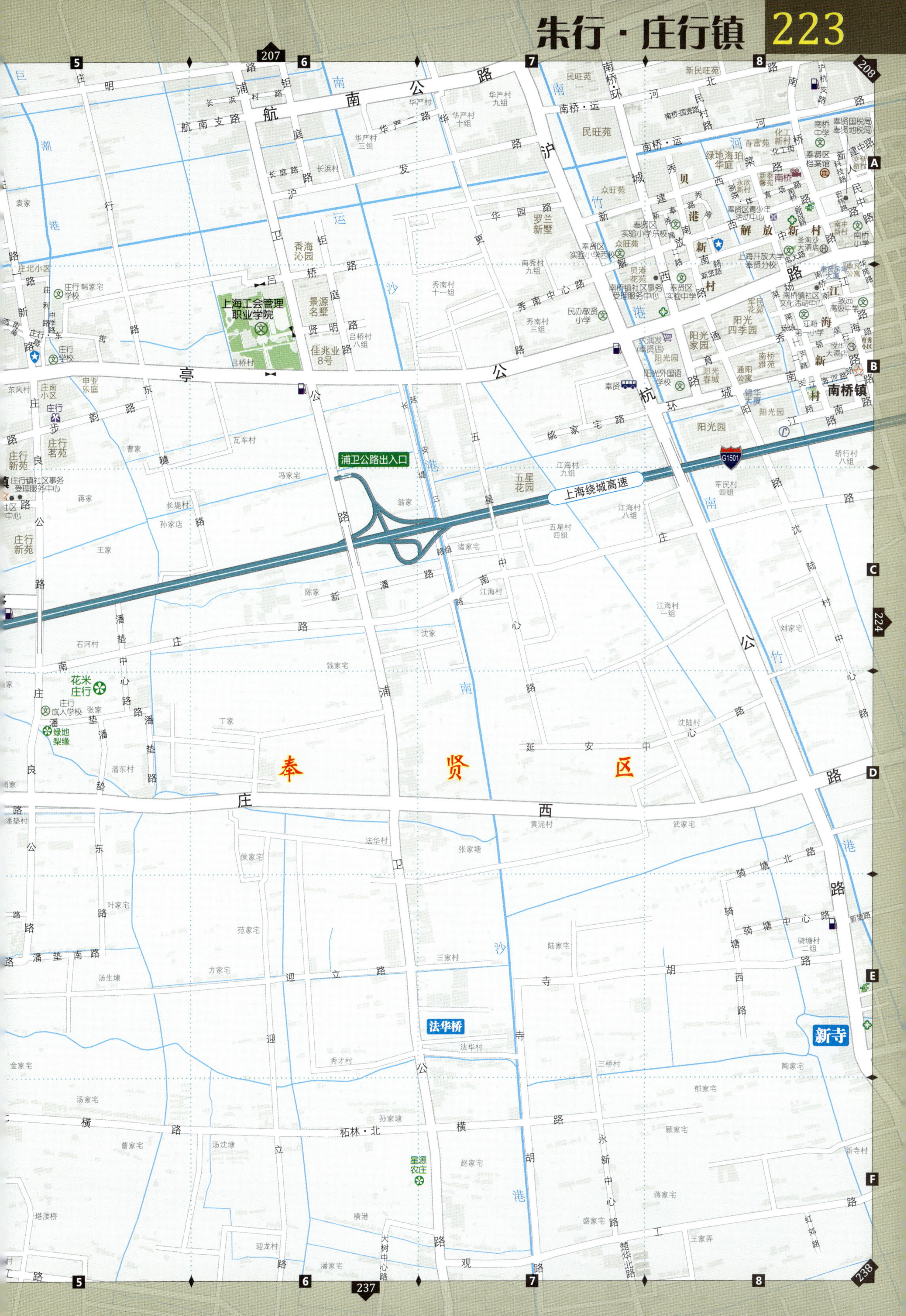

207 237 208 224 238

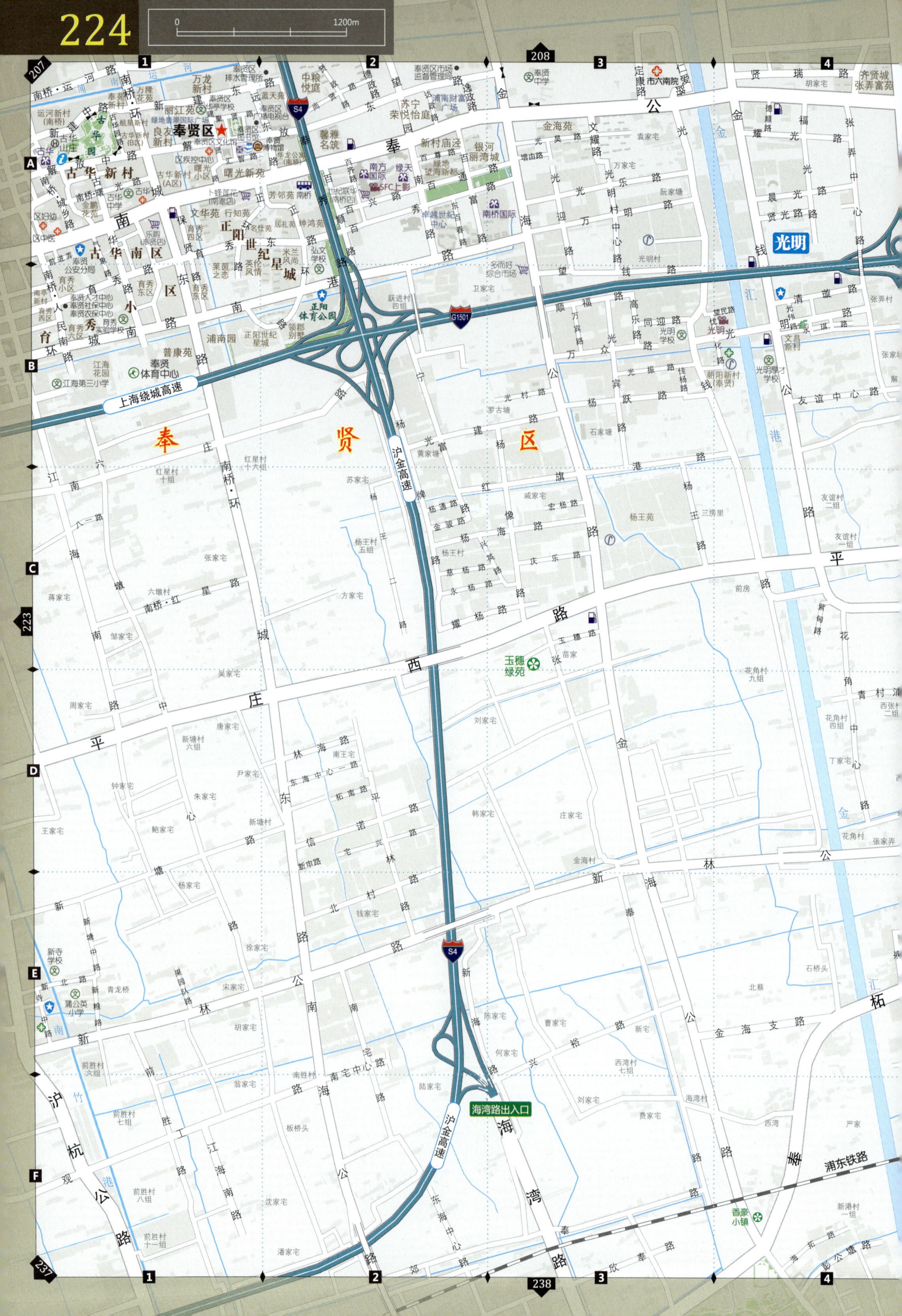

0
1200m
208
207
223
237
238
奉贤区
光明
奉贤区
上海绕城高速
沪金高速
海湾路出入口
浦东铁路
G1501
S4

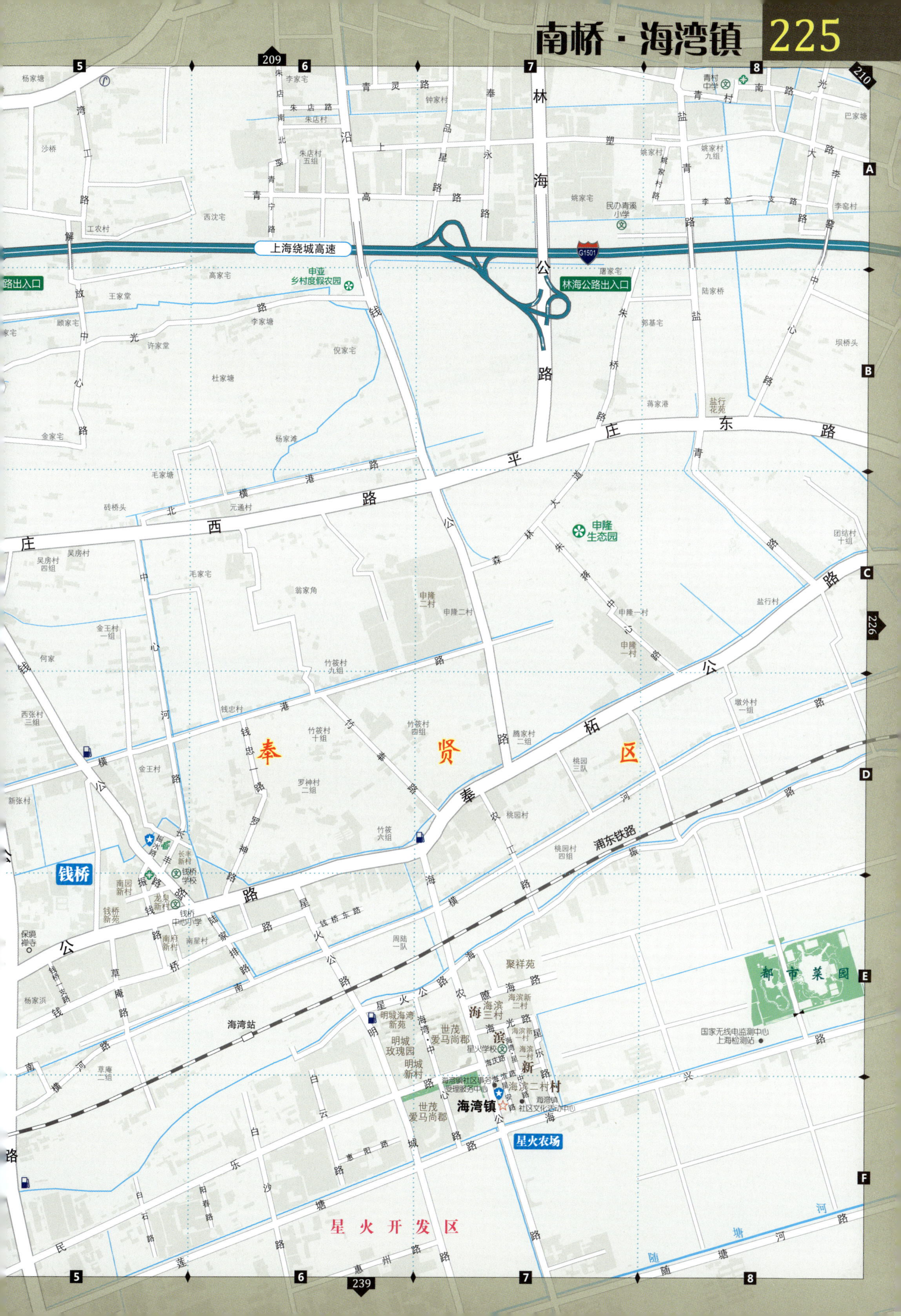
上海绕城高速
林海公路出入口
申亚乡村度假农园
申隆生态园
奉贤区
钱桥
浦东铁路
海湾站
都市菜园
国家无线电监测中心上海检测站
海湾镇
星火农场
星火开发区
林海公路
庄西路
平庄东路
奉柘公路
钱忠一路
海湾新村
聚祥苑
明城玫瑰园
世茂爱马尚郡
星火学校
钱桥中心小学

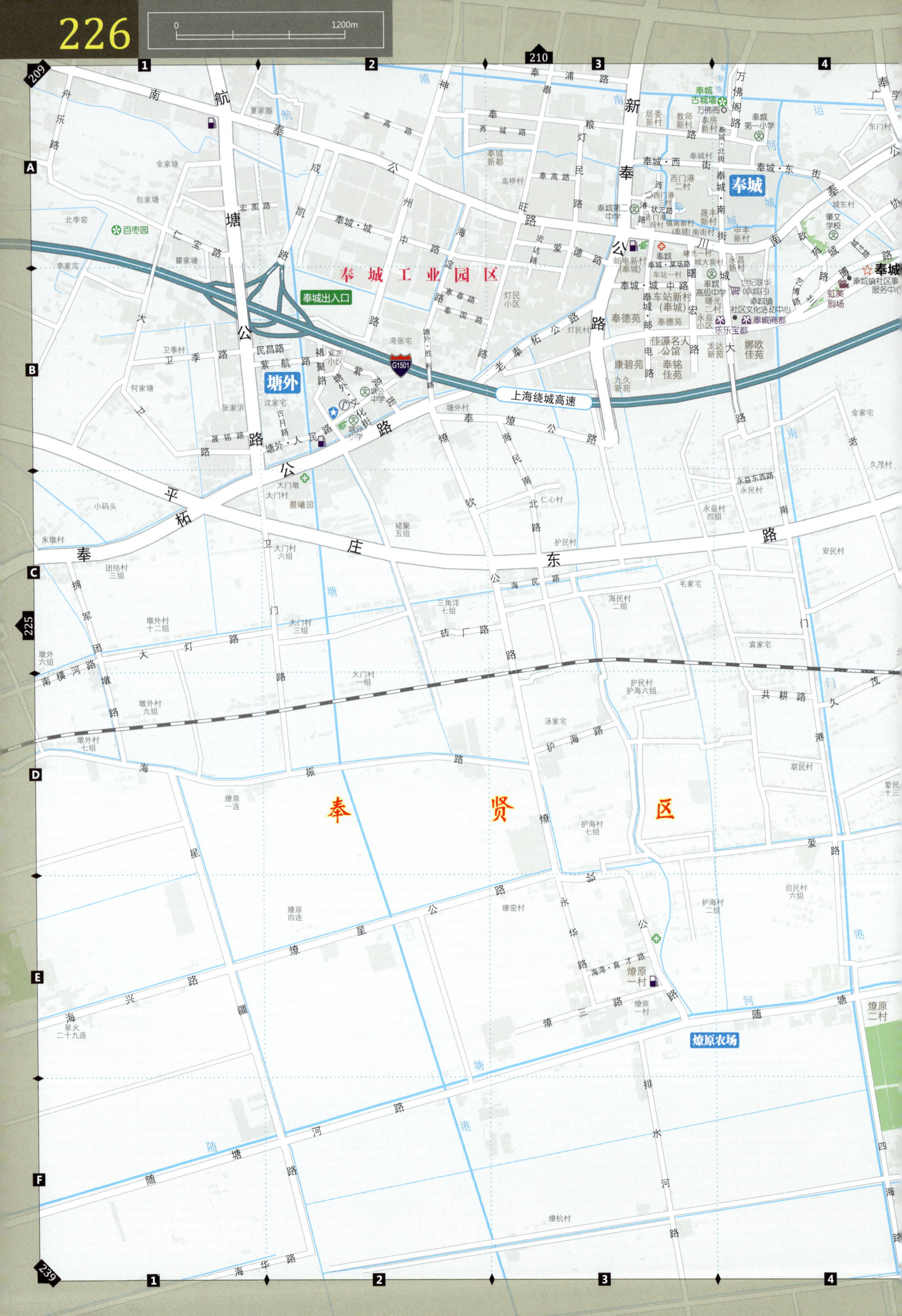
0
1200m
奉城工业园区
奉城出入口
塘外
奉城
上海绕城高速
G1501
奉贤区
燎原农场
平柘庄东路
南奉公路
新奉公路
奉城·西街
奉城·东街
南横河路
海华路
随塘随河路
燎原一村
乐乐宝都
奉城商都
虹美剧场
百枣园
晨曦园

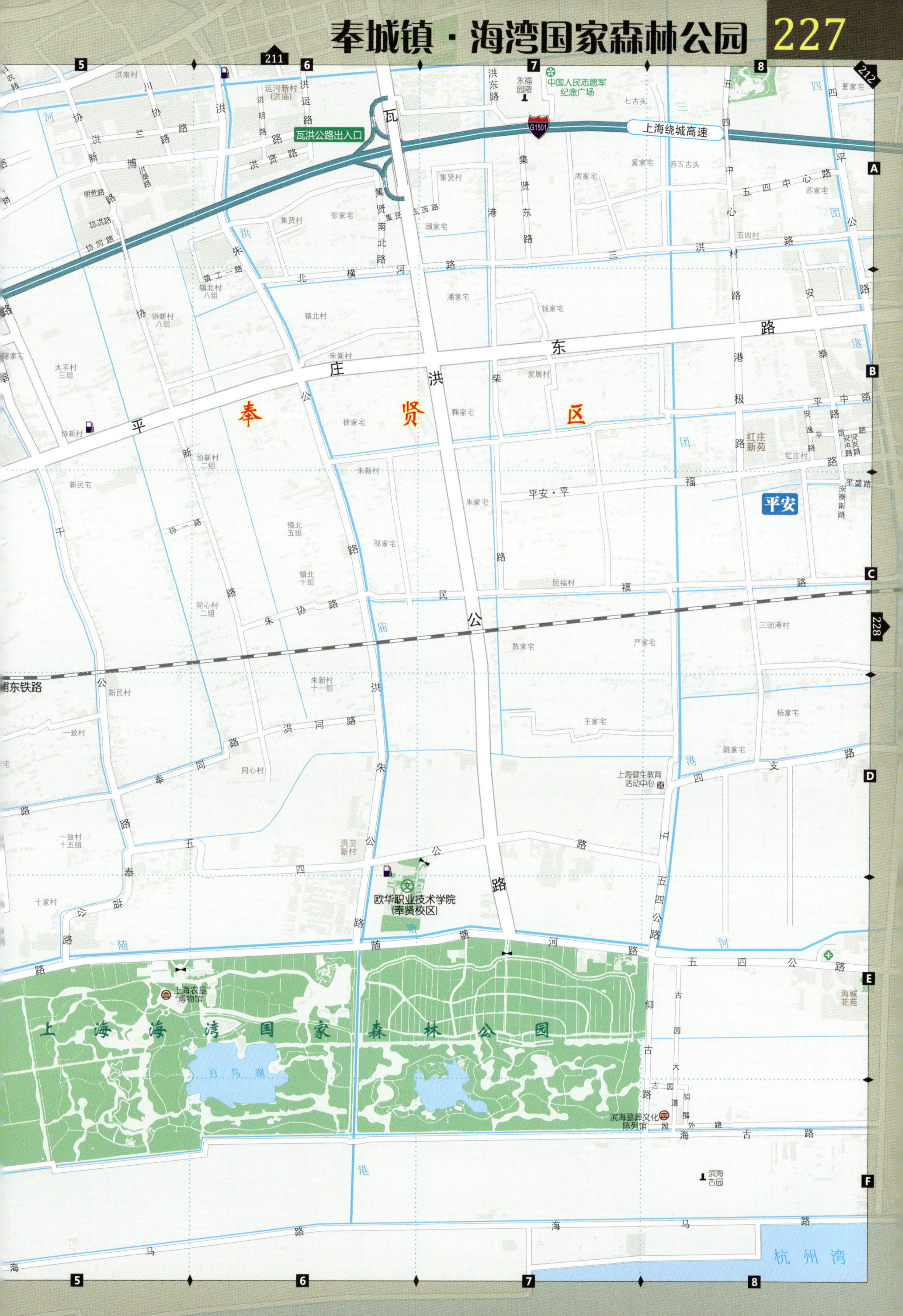

奉贤区
上海绕城高速
G1501
瓦洪公路出入口
中国人民志愿军纪念广场
永福园陵
平庄东路
洪庙
平安
红庄新苑
上海健生教育活动中心
欧华职业技术学院(奉贤校区)
上海农垦博物馆
上海海湾国家森林公园
百鸟湖
滨海墓葬文化陈列馆
滨海古园
海城花苑
浦东铁路
杭州湾
海马路
随塘河
五四公路
洪同路
民福路
朱协路
平安·平
运河新村(洪庙)

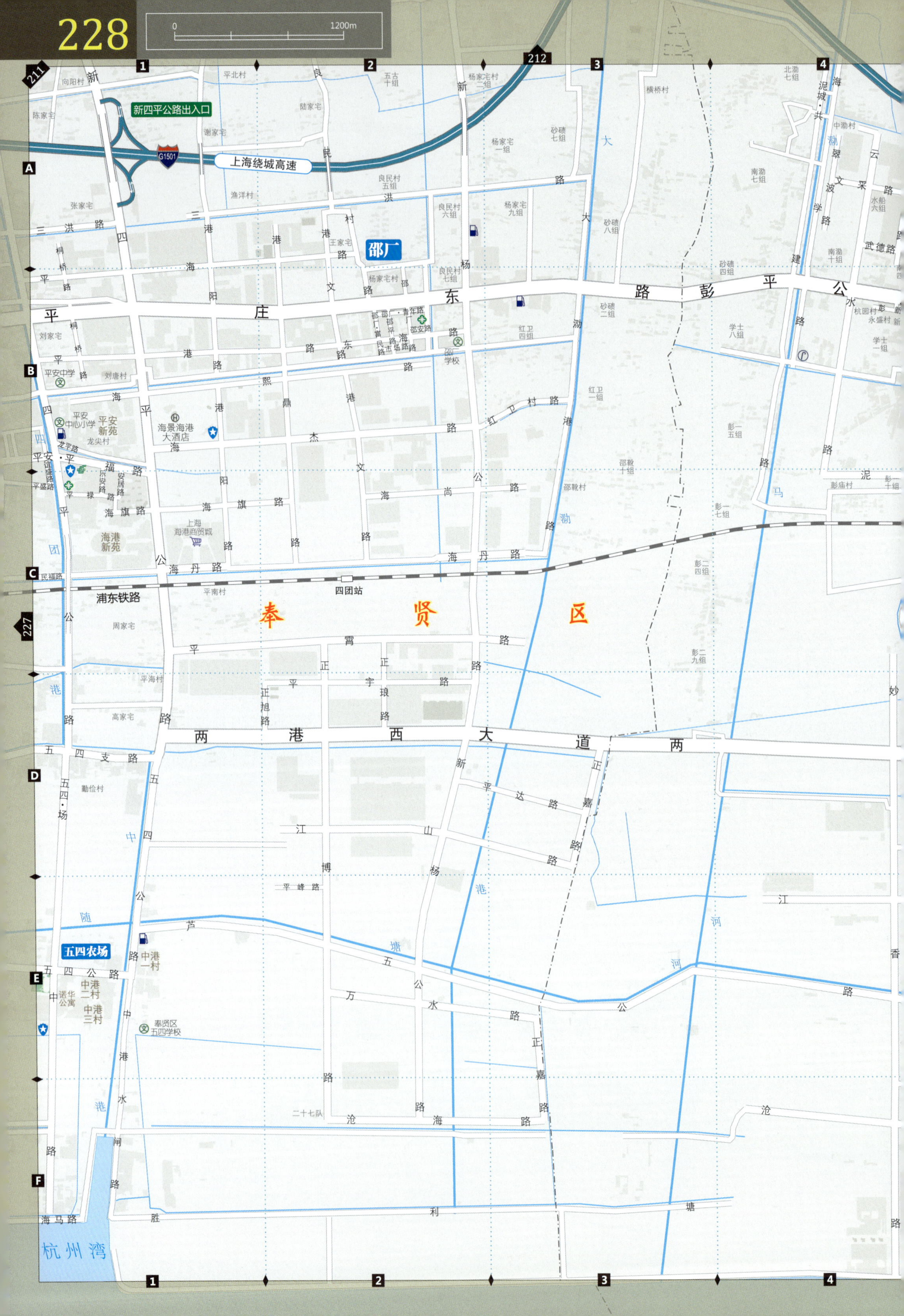
0
1200m
新四平公路出入口
上海绕城高速
G1501
邵厂
奉贤区
浦东铁路
四团站
五四农场
杭州湾
平庄东路
彭平公路
两港西大道
平安中学
海港商贸城
海景海港大酒店
海港新苑
平安新苑
奉贤区五四学校
邵安路
良民村
杨家宅村
砂碛
红卫
彭庙村
平南村
周家宅
平海村
高家宅
勤俭村
中港一村
中港二村
中港三村
诺华公寓
二十七队

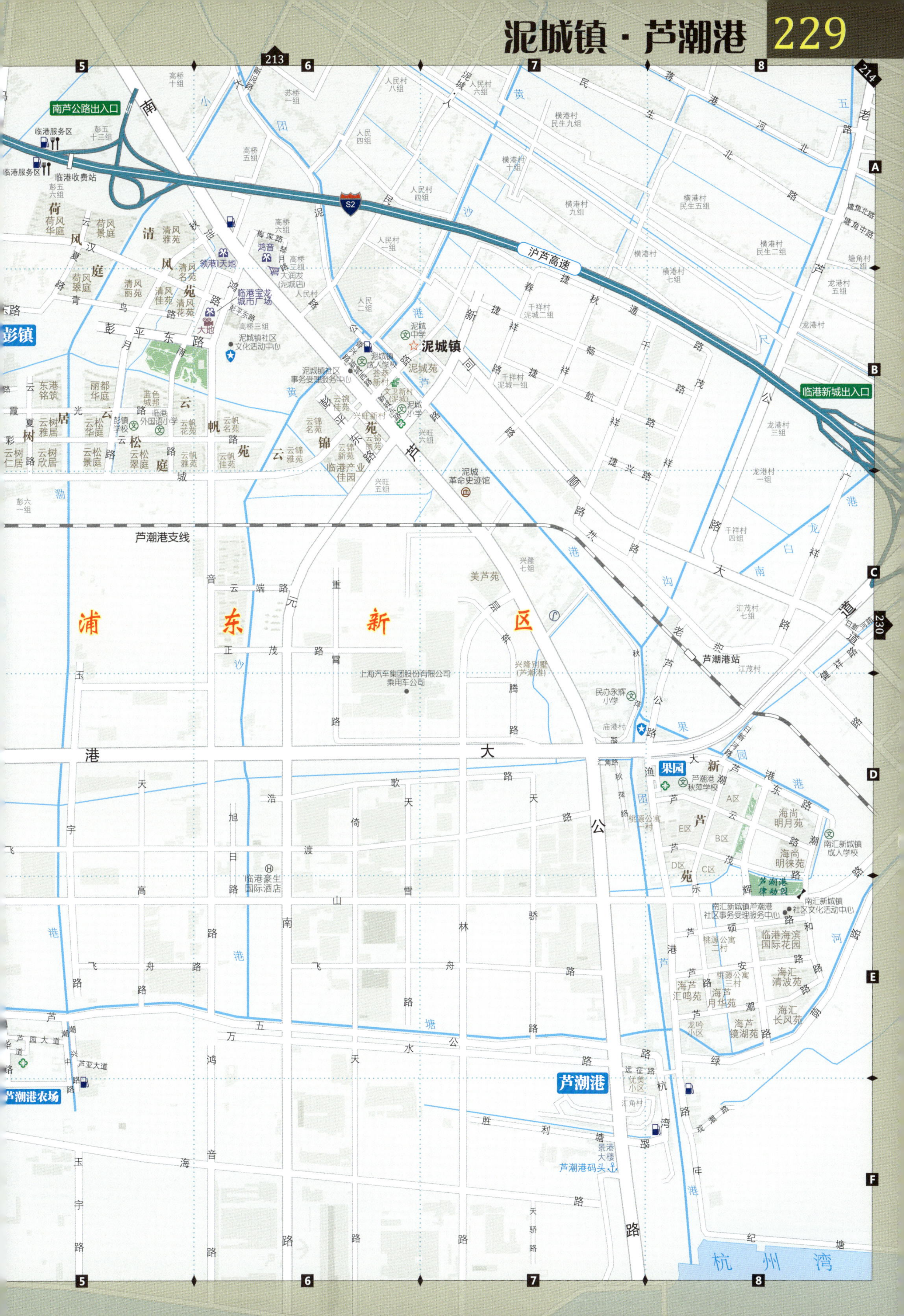
南芦公路出入口
临港服务区
临港收费站
沪芦高速
S2
临港新城出入口
彭镇
泥城镇
泥城革命史迹馆
泥城镇社区文化活动中心
泥城镇社区事务受理服务中心
临港宝龙城市广场
芦潮港支线
浦东新区
上海汽车集团股份有限公司乘用车公司
美芦苑
兴隆别墅（芦潮港）
民办永辉小学
芦潮港站
果园
芦潮港秋萍学校
海尚明月苑
海尚明徕苑
南汇新城镇成人学校
南汇新城镇芦潮港社区事务受理服务中心
南汇新城镇社区文化活动中心
临港海滨国际花园
临港豪生国际酒店
芦潮港
芦潮港农场
芦潮港码头
景港大楼
杭州湾
大治河
五

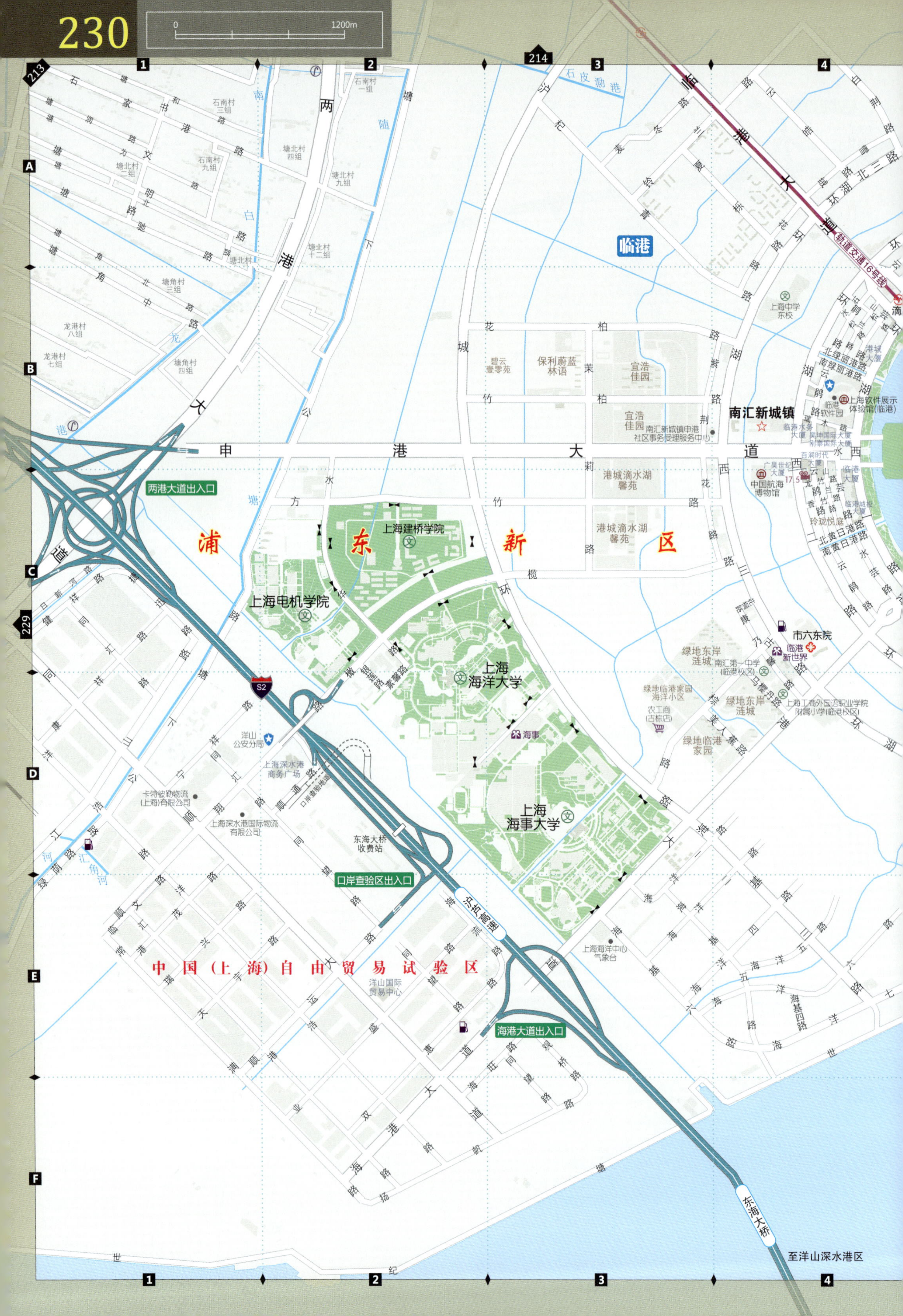

0
1200m
临港
南汇新城镇
浦东新区
上海建桥学院
上海电机学院
上海海洋大学
上海海事大学
申港大道
两港大道出入口
口岸查验区出入口
海港大道出入口
中国(上海)自由贸易试验区
东海大桥收费站
洋山公安分局
上海深水港商务广场
洋山国际贸易中心
卡特彼勒物流(上海)有限公司
上海深水港国际物流有限公司
上海海洋中心气象台
中国航海博物馆
市六东院
临港新世界
上海中学东校
南汇第一中学(临港校区)
上海工商外国语职业学院附属小学(临港校区)
上海软件展示体验馆(临港)
南汇新城镇申港社区事务受理服务中心
碧云壹零苑
保利蔚蓝林语
宜浩佳园
港城滴水湖馨苑
绿地东岸涟城
绿地临港家园
绿地临港家园海洋小区
农工商(古棕店)
玲珑悦庭
东海大桥
至洋山深水港区
轨道交通16号线
海事

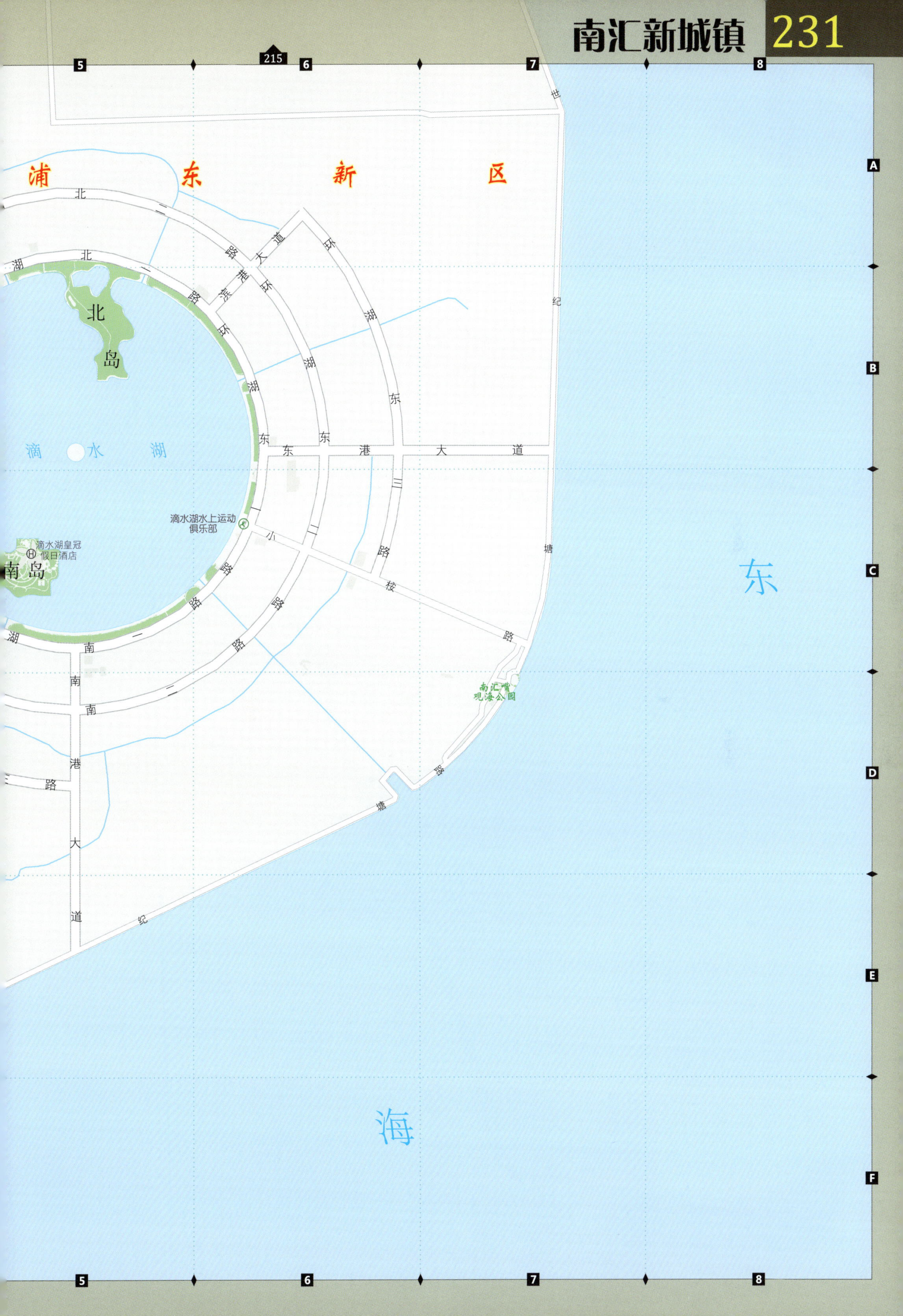
215
浦东新区
滴水湖
北岛
南岛
滴水湖水上运动俱乐部
滴水湖皇冠假日酒店
南汇嘴观海公园
东港大道
南港大道
东海

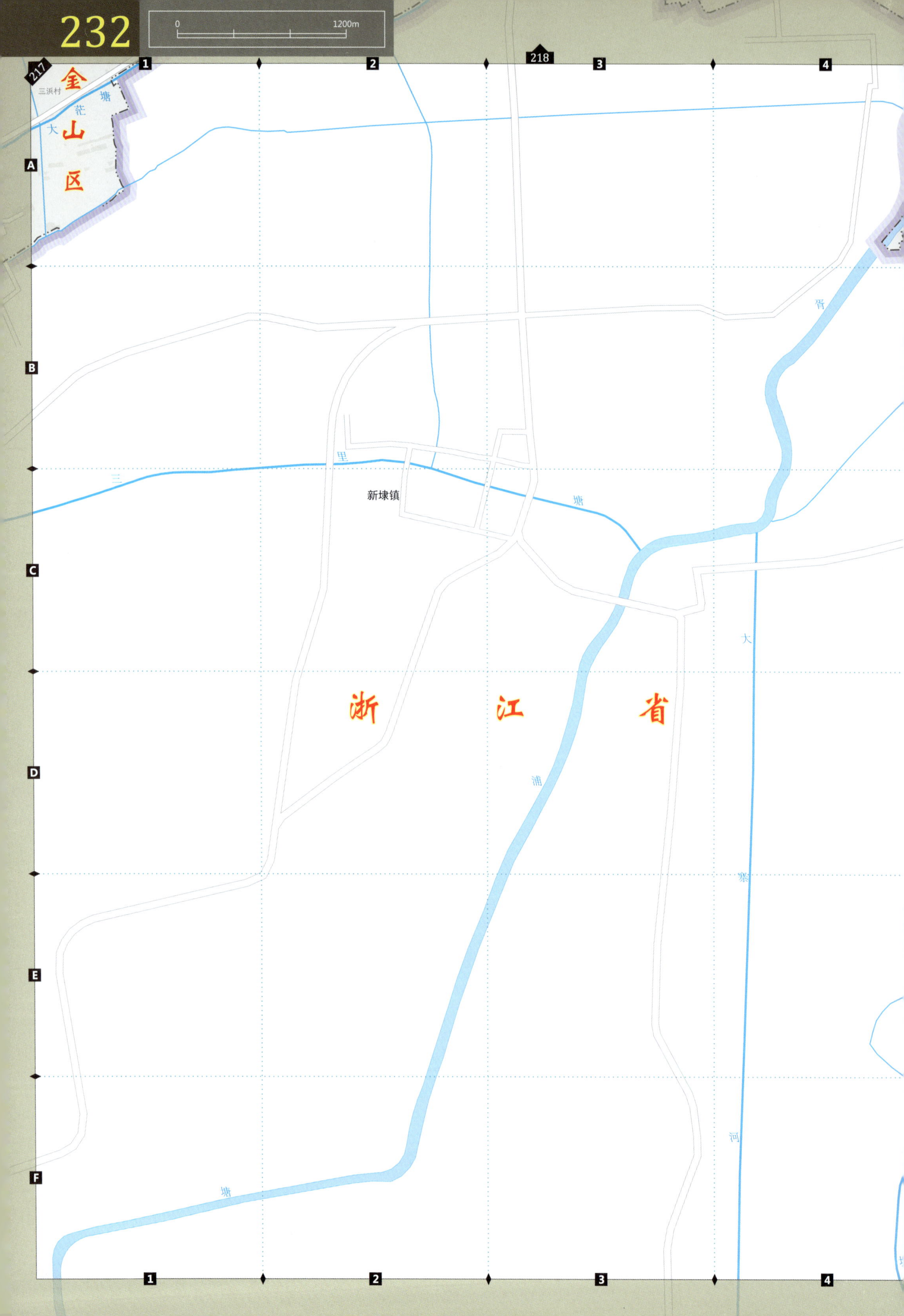
0
1200m
217
218
1
2
3
4
A
B
C
D
E
F
三浜村
金
山
区
大
茫
塘
新埭镇
三
里
塘
浙
江
省
胥
浦
大
寨
河
塘

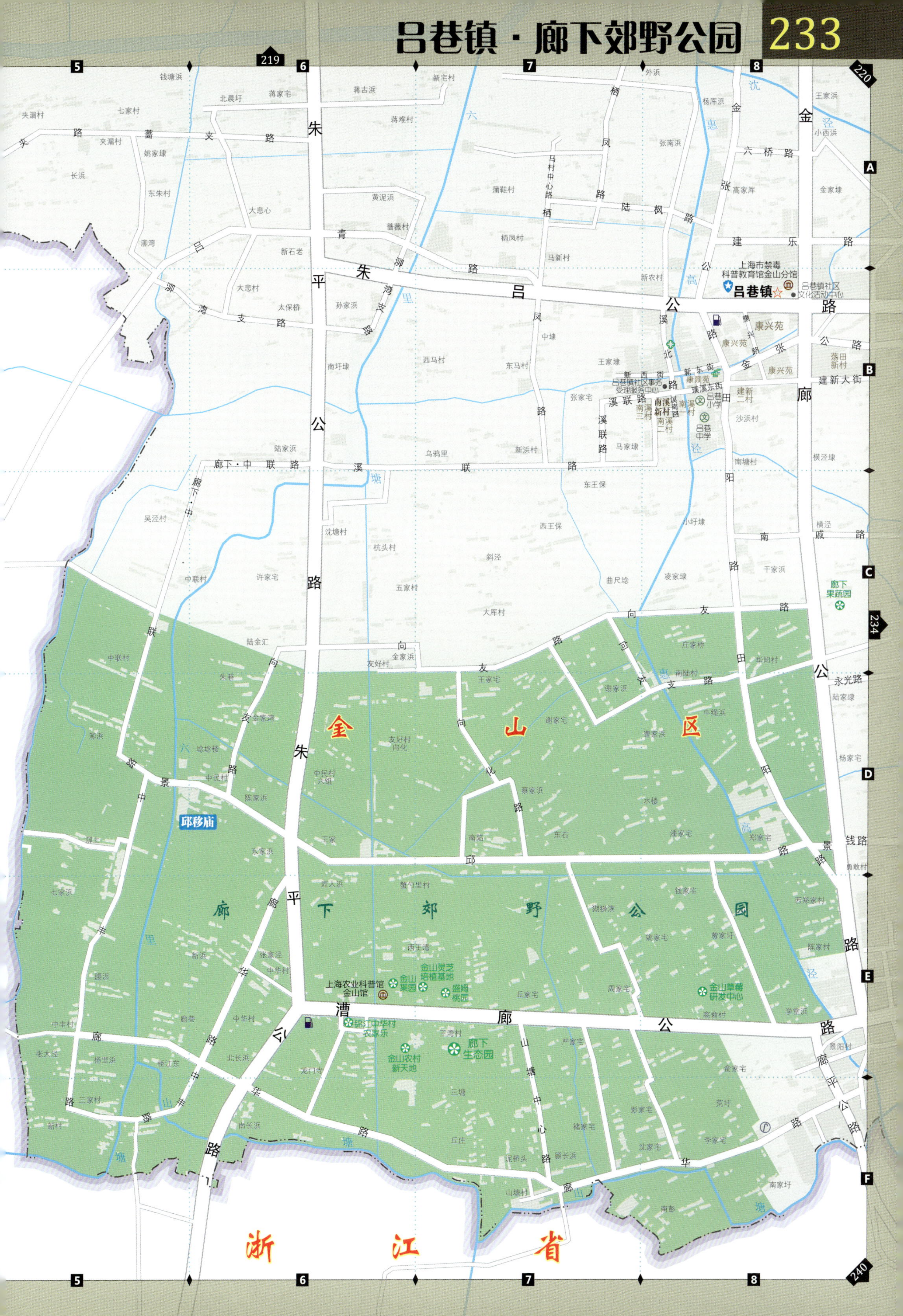
金山区
廊下郊野公园
浙江省
吕巷镇
上海市禁毒科普教育馆金山分馆
吕巷镇社区文化活动中心
上海农业科普馆金山馆
金山灵芝培植基地
金山菜园
盛姆桃园
金山草莓研发中心
锦江中华村农家乐
金山农村新天地
廊下生态园
廊下果蔬园
邱移庙
朱平公路
吕公路
漕廊公路
金山公路
廊平公路
廊下·中联路
溪联路
向友路
邱路
建新大街
永光路
钱路

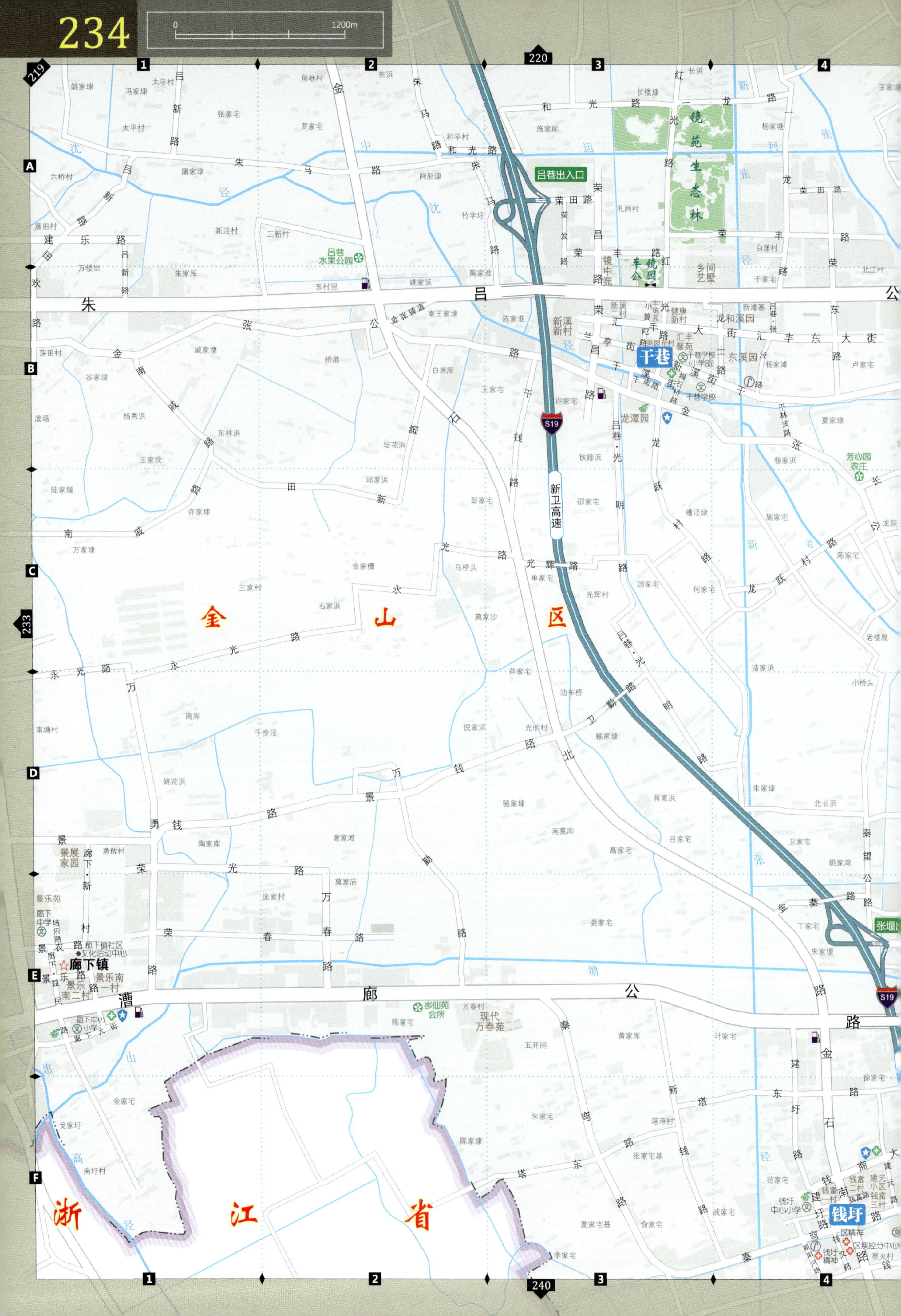
0
1200m
219
220
233
240
1
2
3
4
A
B
C
D
E
F
金山区
浙江省
S19
新卫高速
吕巷出入口
干巷
廊下镇
钱圩
镜苑生态林
吕巷水果公园
车镜公园
乡间艺墅
龙潭园
芳心园农庄
岑仙苑会所
现代万春苑
景展家园
景乐苑
廊下中学
廊下镇社区文化活动中心
廊下中心小学
干巷学校(小学部)
干巷学校
东溪园
龙和溪园
新溪新村
健康新村
汇丰馨苑
新溪一村
钱圩中心小学
区精神卫生中心
区疾控分中心
钱圩精神文明
星火村
钱富二村
钱富三村
建元小区
姚家埭
冯家埭
太平村
太平村
张家宅
角巷村
东浜
罗家宅
长浜
长楼埭
施家库
杨家塘
王家埭
和平村
六桥村
屠家埭
网船埭
荡田村
新泾村
三新村
竹字圩
扎网村
万楼里
朱家库
东村里
姚家浜
陶家淮
干家宅
北江村
新滩基
南王家埭
陈家淮
杨家滩
卢家宅
荡田村
臧家埭
桥港
白米库
谷家埭
王家宅
许家宅
夏家埭
底场
杨秀浜
东林浜
坛花浜
铁路浜
杨家浜
王家坟
邱家浜
彭家宅
邵家宅
漕泾埭
施家宅
陆家堰
许家埭
陈家宅
万家埭
金家栅
马桥头
单家宅
顾家宅
何家宅
三家村
石家浜
光辉村
莫家沙
老楼屋
芦家宅
诸家浜
小桥头
油车桥
南库
南塘村
千步泾
倪家浜
光明村
顾家埭
姚花浜
朱家埭
骆家埭
蒋家浜
北长浜
谢家滩
南莫库
吕家宅
卫家宅
陶家库
勇敢村
高家宅
姚家湾
莫家庙
庞家村
娄家宅
丁家宅
朱家埂
万春村
陈家宅
黄家库
叶家宅
五开间
徐家宅
金家宅
戈家圩
朱家宅
塔港村
陈家埭
南圩村
张家宅基
范家宅
夏家宅基
俞家宅
臧家宅
李家宅
朱吕公路
廊公路
张堰

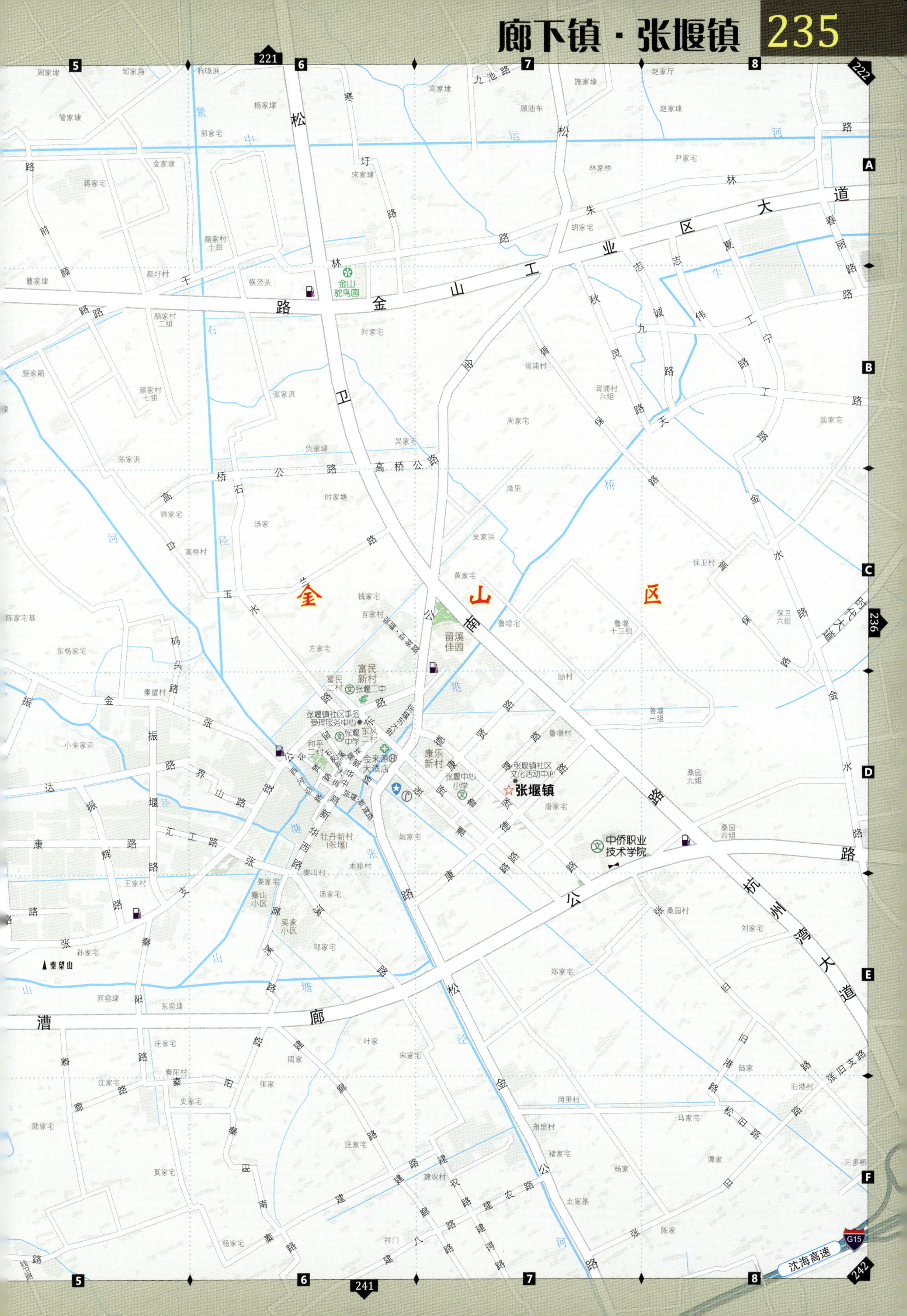
金山区
张堰镇
金山鸵鸟园
留溪佳园
富民新村
富民二村
张堰二中
张堰镇社区事务受理服务中心
张堰中学
东风一村
和平二村
金来源大酒店
康乐新村
张堰中心小学
张堰镇社区文化活动中心
中侨职业技术学院
牡丹新村(张堰)
秦山村
姜家宅
秦山小区
吴家小区
汤家宅
邬家宅
秦望山
亭林大道
金山工业区大道
金山大道
松卫路
杭州湾大道
沈海高速
G15
周家埭
邹家角
狗嗅浜
管家埭
杨家埭
郭家宅
高家埭
顾油车
施家埭
赵家厅
赵家埭
尹家宅
林家桥
胡家宅
金家埭
蒋家宅
宋家埭
颜家村十组
颜圩村
曹家埭
横泾头
颜家村二组
时家宅
颜家龄
颜家村七组
张家浜
胥浦村
胥浦村六组
周家宅
翁家宅
吴家宅
仇家埭
陈家浜
时家塘
湾里
韩家宅
汤家
高桥村
吴家浜
黄家宅
保卫村
钱家宅
百家村
鲁埝宅
鲁堰十三组
保卫六组
陈家走基
方家宅
东杨家宅
顾村
秦望村
鲁堰一组
小金家浜
鲁堰村
桑园九组
唐家宅
姚家宅
木排村
桑园四组
王家村
桑园村
刘家宅
孙家宅
郑家宅
西窑埭
东窑埭
庄家宅
叶家
周家
宋家宅
秦阳村
沈家宅
张家
史家宅
陆家
用里村
旧港村
陆家宅
马家宅
用里村
褚家宅
杨家
潭家
三多桥
奚家宅
汪家宅
建农村
北家基
杨家宅
祥门
陈家

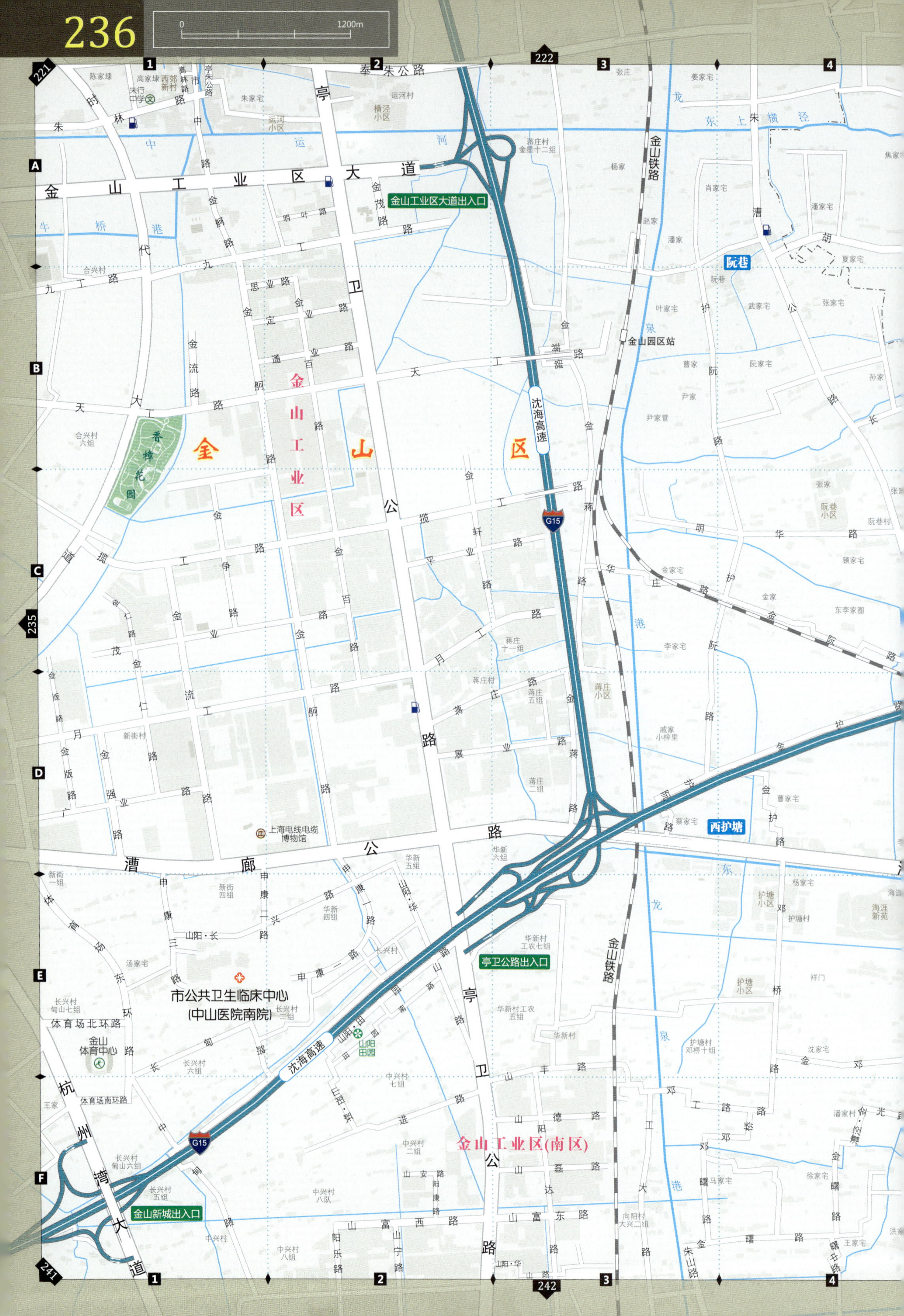

0
1200m
221
222
235
241
242
金山工业区大道
金山工业区大道出入口
亭卫公路
沈海高速
G15
金山铁路
金山园区站
阮巷
西护塘
金山区
金山工业区
香樟花园
上海电线电缆博物馆
市公共卫生临床中心
(中山医院南院)
金山体育中心
体育场北环路
体育场南环路
亭卫公路出入口
金山新城出入口
金山工业区(南区)
漕廊公路
杭州湾大道
奉朱公路
朱林路
中运河
牛桥港
九工路
天工路
龙泉港
东龙港
山阳田园
朱行中学
陈家埭
高家埭
西郊新村
运河村
横泾小区
运河小区
朱家宅
蒋庄村金星十二组
杨家
赵家
潘家
张庄
姜家宅
肖家宅
潘家宅
夏家宅
叶家宅
武家宅
张家宅
曹家
阮家宅
孙家
尹家
尹家营
合兴村
合兴村六组
张家
阮巷小区
阮巷村
金家宅
顾家宅
金家
东李家圈
李家宅
蒋庄十一组
蒋庄村
蒋庄五组
蒋庄小区
蒋庄二组
戚家小梓里
新街村
曹家宅
蔡家宅
华新五组
华新六组
新街一组
新街四组
华新四组
杨家宅
护塘小区
护塘村
海涯新苑
汤家宅
华新村工农七组
长兴村
长兴村甸山七组
长兴村三组
华新村工农五组
华新村
护塘村邓桥十一组
沈家宅
长兴村六组
中兴村七组
王家
潘家村
中兴村二组
长兴村甸山六组
长兴村五组
中兴村八队
中兴村
中兴村八组
马家宅
徐家宅
向阳村大兴二组
王家宅
祥门

奉
贤
区
金
山
区
胡桥
漕泾镇
迎龙庙
漴缺
沪金高速
上海化工区东出入口
庄胡公路出入口
上海城市专修学院
上海化学工业园区
华凯乡村高尔夫俱乐部
浦东铁路
漕泾站
杭州湾
223
224
238
243

0
1200m
224
223
237
243
1
2
3
4
A
B
C
D
E
F
沪金高速
S4
浦东铁路
沪杭公路
南奉公路
柘林镇
乐怡苑
受理服务中心
柘林镇社区事务
柘林镇
社区文化活动中心
海韵馨苑
杨家宅
关帝村
柘林村
柘林村四组
目华新村
新柘西路
沪林新村
海畔家园
康乐新村
新柘东路
新柘中路
海岸景苑
竹港新村
柘林学校
冯桥村十组
马家塘
冯桥村
东门码头
营房村
营房村八组
李家宅
夹路村
上海应用技术大学
上海师范大学（奉贤校区）
海尚墅林苑
上海旅游高等专科学校
华东理工大学（奉贤校区）
上海旅游科普馆
海湾兴旺小学
圣地雅歌海墅
招商海廷
绿地香颂
一号新村
五号新村
阳光海岸别墅
海湾国际名苑
世纪林
海湾国际风筝放飞场
棕榈滩酒店公寓
金炎黄博览馆
奉贤海湾旅游区
包婉蓉京剧服饰艺术馆
东海观音寺
海湾寝园
渔人码头
奉贤区
上海化学工业园区
华凯乡村高尔夫俱乐部
化工区大厦
上海化学工业区公安分局
化工区体育中心
金山区
联合路
南海湾路
海湾大道
东湾河
杭

星火开发区
奉贤区
远纺工业(上海)有限公司
上海联吉合纤有限公司
随塘河路
明城路
白沙路
阳明路
浦星公路
农工商路
星火十七连
星火三十八连
棕榈滩海景高尔夫俱乐部
棕榈滩高尔夫别墅
珊瑚湾雅园
嘉业海悦苑
棕榈滩海景城
碧海金沙水上乐园
州
湾
225
226

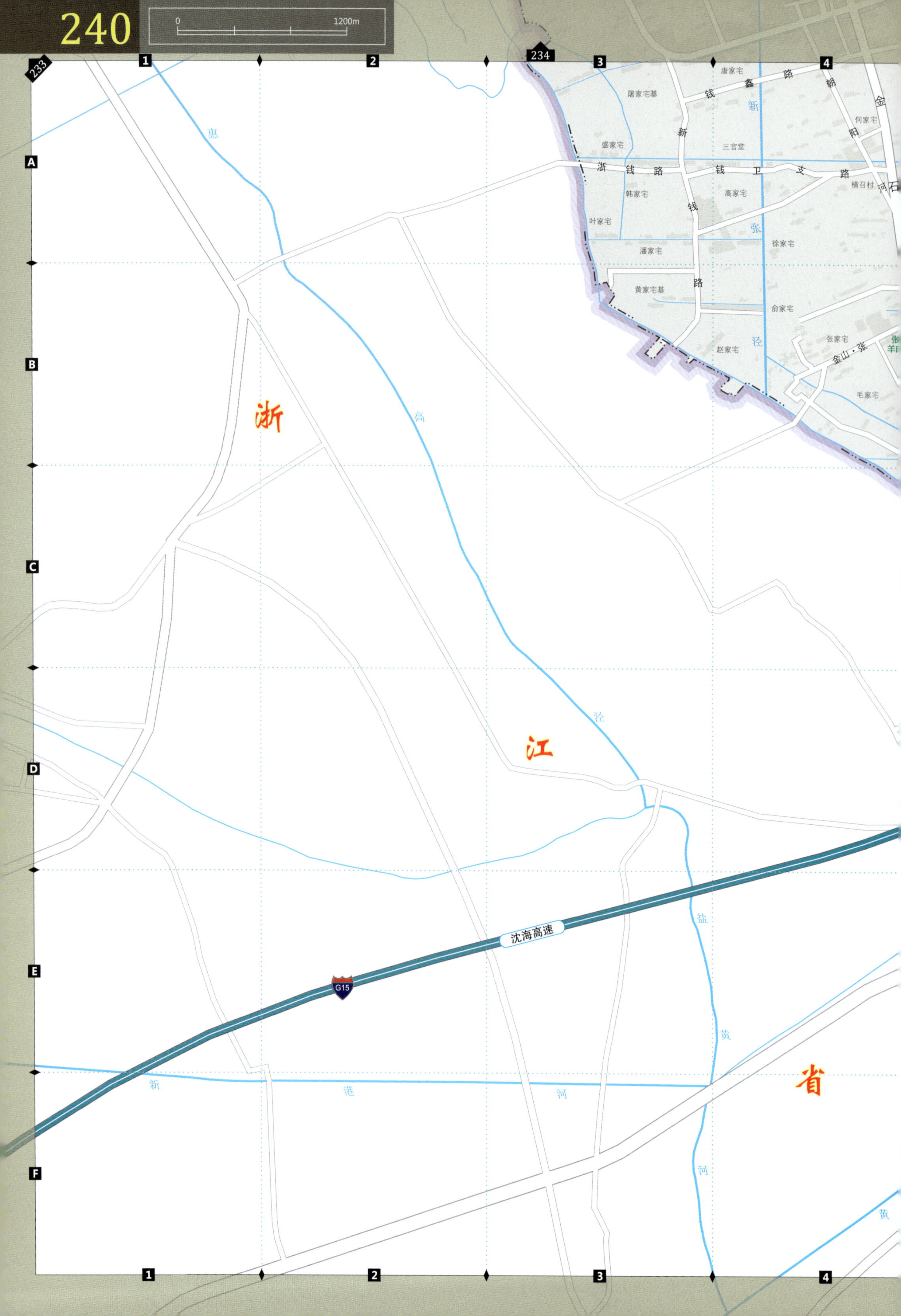
0
1200m
233
234
唐家宅
屠家宅基
钱 鑫 路
新
朝
阳
金
何家宅
盛家宅
三官堂
浙 钱 路
钱 卫 支 路
横召村
韩家宅
高家宅
叶家宅
钱
张
徐家宅
潘家宅
黄家宅基
路
俞家宅
径
张家宅
赵家宅
金山·张
毛家宅
惠
浙
高
径
江
沈海高速
G15
盐
黄
新
港
河
省
河
黄

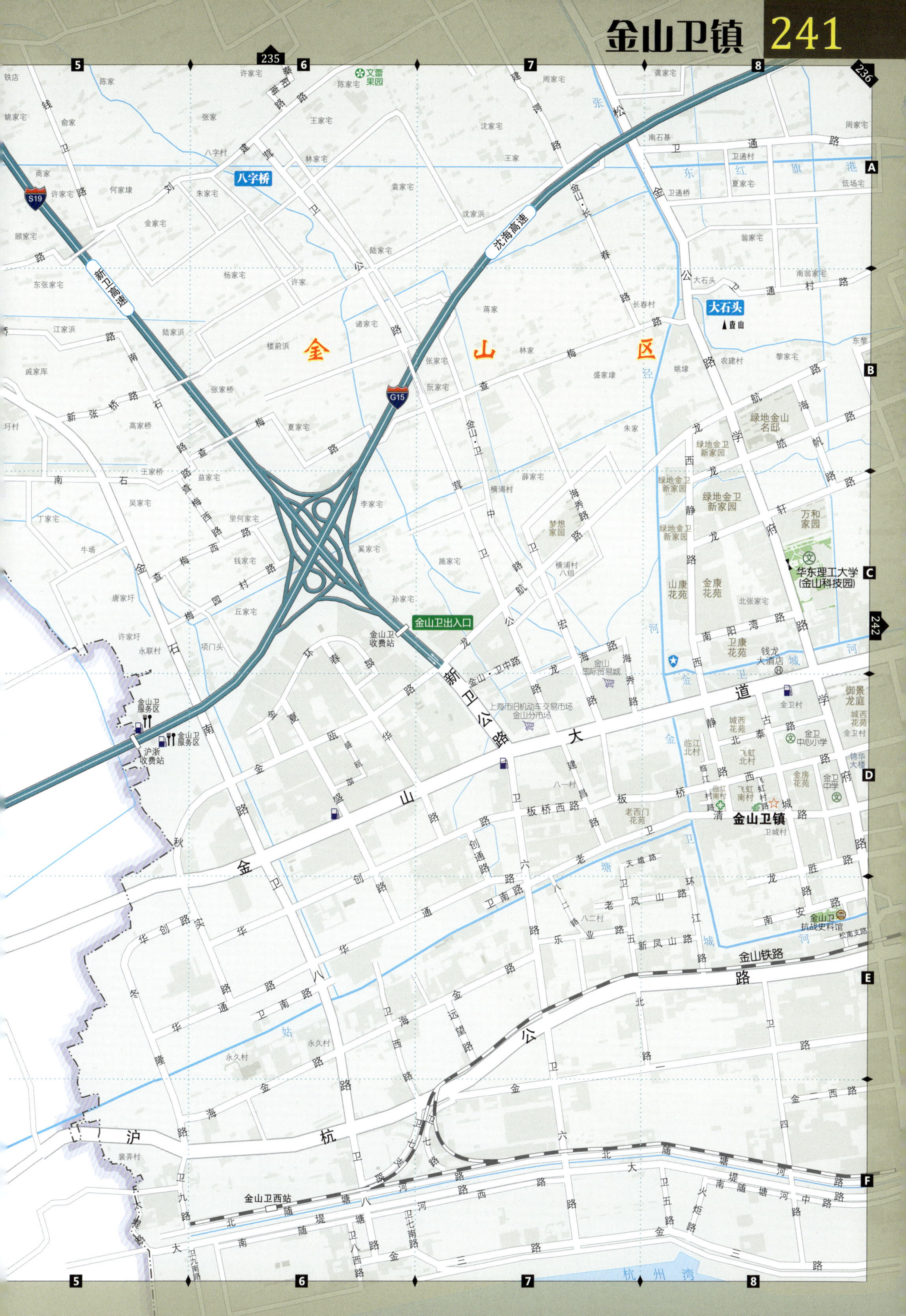
金山区
金山卫镇
八字桥
大石头
沈海高速
新卫高速
金山卫出入口
金山卫收费站
沪浙收费站
金山卫服务区
华东理工大学(金山科技园)
金山卫抗战史料馆
金山卫西站
金山铁路
绿地金山名邸
绿地金卫新家园
万和家园
梦想家园
山康花苑
金康花苑
卫康花苑
钱龙大酒店
金山国际贸易城
上海市旧机动车交易市场金山分市场
金卫中心小学
金卫中学
城西花苑
临江北村
飞虹北村
老西门花苑
御景龙庭
杭州湾
沪杭公路
卫清路
金山大道
新卫公路
板桥西路
金一西路
北随塘河路
南随塘河路
金卫村
卫城村
八二村
八一村
横浦村
长春村
农建村
永久村
永联村
许家圩
裴弄村
查山
文雪果园

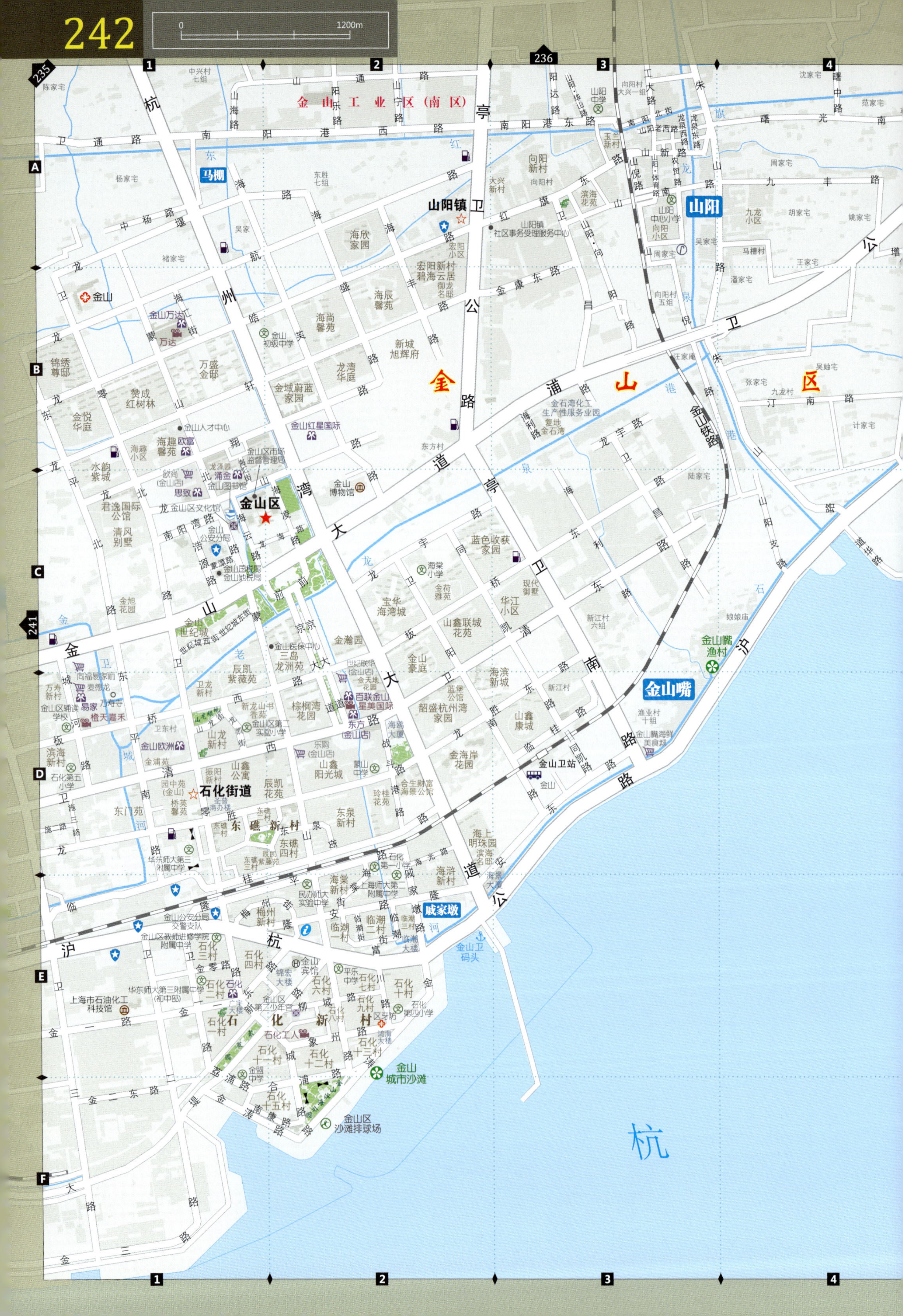
0
1200m
235
236
241
1
2
3
4
A
B
C
D
E
F
金山工业区（南区）
卫通路
南阳港西路
南阳港东路
亭卫公路
马棚
东海路
中杨路
龙卫路
杭州湾大道
金山
金山万达
锦绣尊邸
万盛金邸
赞成红树林
金悦华庭
水韵紫城
海趣小区
海趣欧富馨苑
金山人才中心
君逸国际公馆
清风别墅
金山区
金山区文化馆
南阳湾路
金山博物馆
金山红星国际
金域蔚蓝家园
龙湾华庭
新城旭辉府
海尚馨苑
海辰馨苑
海欣家园
宏阳新村
碧海云居
山阳镇
山阳镇社区事务受理服务中心
向阳新村
大兴新村
滨海花苑
金康东路
山阳
山阳中心小学
向阳小区
九龙小区
九丰路
卫零路
金山区
金山大道
浦卫公路
龙宇路
金山铁路
金石湾化工生产性服务业园
复地金石湾
东方村
板桥西路
卫清路
蓝色收获家园
华江小区
现代御墅
山鑫联城花苑
宝华海湾城
金荷雅苑
金瀚园
金山豪庭
海滨新城
山鑫康城
新江村六组
娘娘庙
金山嘴渔村
金山嘴
沪杭公路
金山卫站
金山
海上明珠园
滨海名邸
海湾大厦
卫宁路
三岛龙洲苑
辰凯紫薇苑
卫龙新村
棕榈湾花园
百联金山
星美国际
东方（金山店）
韶盛杭州湾家园
金海岸花园
山鑫阳光城
乐购（金山店）
山鑫公寓
辰凯花苑
振阳新村
石化街道
东礁新村
东门苑
东泉新村
东礁四村
东礁一村
蒙山中学
金山欧洲
玲桂花苑
合生财富海景公馆
海棠新村
海滨新村
石化第五小学
海济新村
戚家墩
梅州新村
临潮一村
临潮二村
临潮三村
临潮大楼
金山卫码头
石化三村
石化四村
石化二村
石化一村
石化六村
石化七村
石化九村
石化十村
石化十一村
石化十二村
石化十三村
石化十五村
石化新村
金山宾馆
上海市石油化工科技馆
华东师大第三附属中学（初中部）
金山城市沙滩
金山区沙滩排球场
卫零路
板桥东路
金一东路
沪杭公路
三金一东路
大路
杭

上海化学工业园区
湾
州
杭州湾
金山区
小金山岛
大金山岛
浮山岛
小金山岛
金山区
南河路
海湾大道
张家宅
增丰村
徐家宅

0 1600m

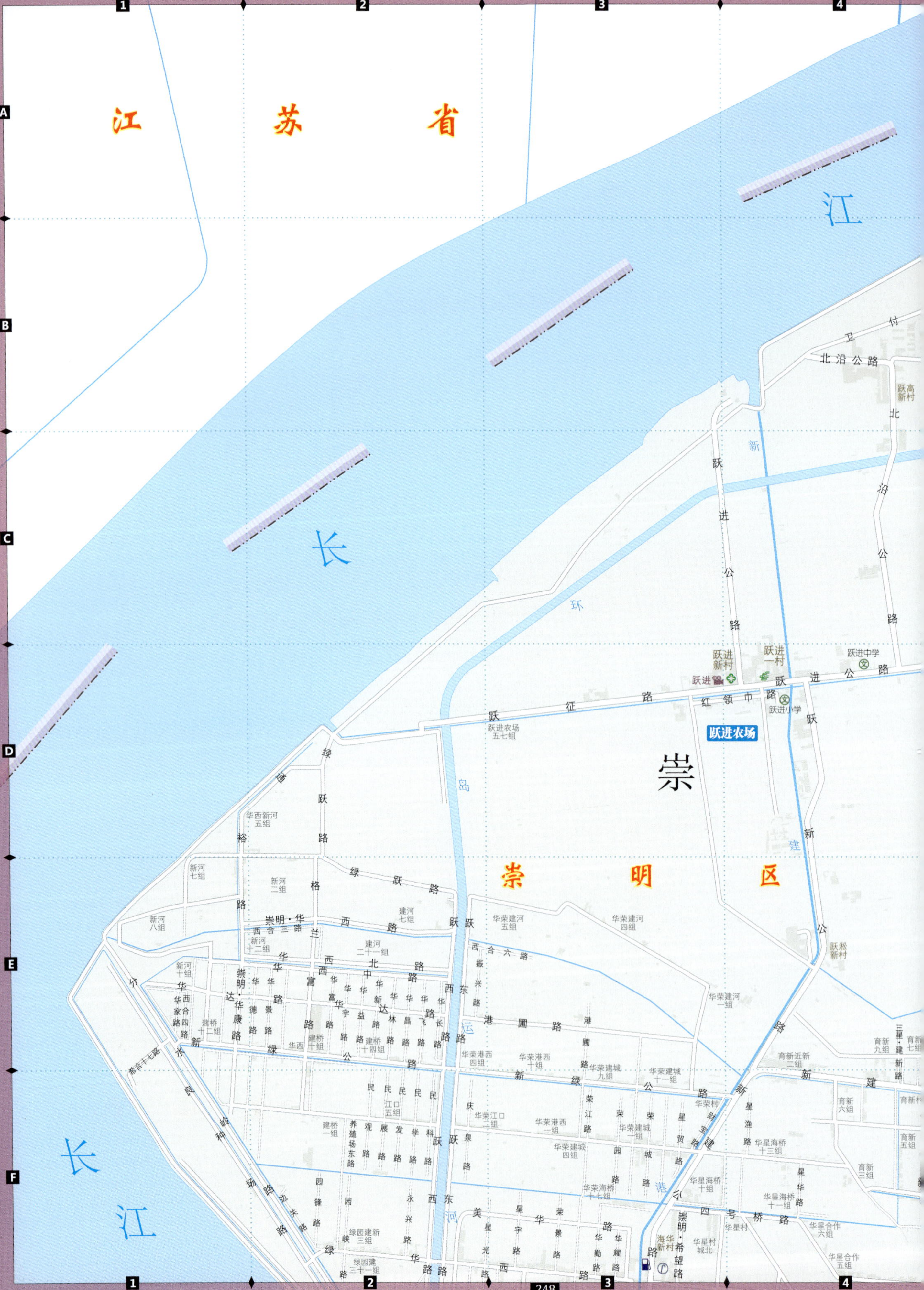
江苏省
长江
江
崇明区
崇
跃进农场
北沿公路
卫
付
跃高新村
北
沿
公
路
跃进中学
进
公
路
跃进新村
跃进一村
跃进
跃进小学
红领巾路
跃征路
跃进农场五七组
新
跃
进
公
路
环
岛
运
河
跃
新
建
公
路
跃淞新村
绿
通
裕
路
跃
路
华西新河五组
新河七组
新河二组
新河八组
绿跃路
格
建河七组
崇明·华西合三路
兰
西
路
新河十二组
建河二十一组
华荣建河五组
华荣建河四组
华荣建河一组
西合六路
振
兴
路
港
圃
路
华荣港西四组
华荣港西十组
华荣建城九组
华荣建城十一组
华荣村
新
河
华荣江口二组
华荣港西一组
华荣建城一组
华荣建城四组
华荣海桥十七组
华星海桥十组
华星海桥十一组
华星海桥十三组
华星村
华星村城北
海华新村
崇明·希望路
四号桥路
华星合作六组
华星合作五组
育新近新二组
育新九组
育新七组
育新六组
育新五组
育新三组
三星·建新路
新建
绿华路
新河十组
建桥十二组
建桥十四组
华西十组
江口五组
建桥一组
绿园建新三组
绿园建二十一组
民
养殖场东路
观
展
发
学
科
泉
路
华
荣
星
渔
路
长江
分
水
岭
种
场
路
边
夹
路
希合十七路

长江
卫洲支路
江付中心路
新洲十四组
新洲九组
新洲七组
新洲二组
新庄七组
新庄三组
新庄五组
新庄十组
新庄一组
新国九组
新国村
新国二组
新国十组
新国六组
新中三组
新中九组
新中村
新中一组
新跃八组
新跃五组
新跃三组
新村
新村学校
新村乡
崇明区
丰北村
新海三村
新海二村
开沙新村
新苑新村
新海农场
新海镇
新海一村
新海学校
新农村
新海农场三十七连
界河新村
果园三连
宏伟大组
新浦村
北沿公路
新海农场十三连
白港新村
新海农场九连
新海农场十一连
畜牧三连
万元新村
新海农场三十八连
明
岛
新海农场十五连
新海农场十八连
新海农场十六连
新海农场二十三连
北新桥
北桥十组
老洪十三组
老洪十一组
海丰十组
海丰九组
海丰八组
新乐六连
永安北平十六组
新海农场五连
新海农场四十一连
海滨十三组
海滨十组
海滨十一组
北桥村
老洪十组
老洪九组
老洪五组
海丰五组
海丰四组
海丰三组
永安北平十五组
北桥四组
北桥二组
老洪三组
海中村
海丰一组
海桥
海桥小学
新光村
海滨九组
海滨五组
海滨八组
西新西光七组
海滨四组
海滨一组
三官八组
三官五组
海中八组
永安北平十二组
永安北平九组
永安北平五组
永安十七组
海桥中学
永安北平三组
永安北平二组
永安十六组
西新西光五组
西新西光四组
西新西光三组
西新西光一组
滨南八组
滨南十一组
海滨村
滨南二组
三官四组
三官二组
海中四组
海中三组
海中九组
海中六组
海中一组
海中二组
太平海协十组
太平海协八组
永安九组
西新九组
西新村
三协九组
三协十组
崇明育才小学
三星
海星十组
大平四组
大平十五组
太平海协七组
西新八组
西新六组
西新一组
三协一组
三协八组
三协四组
三协二组
海星八组
大平十四组
大平十三组
海安海平九组
海安海平六组
海安海平二组
育德十二组
育德十四组
三协养正十二组
海星六组
海星四组
大平十组
海安海平四组
大平村
三协村
246
249
250

0 1600m

江苏省

长

新村

崇明岛

红星农场

崇明区

新村北一路
新浜北路
宝路
崇明·新乐路
崇明·新城路
卫星村公路
新浜西路
新浜中路
新浜东路
北沿公路
兴绵路
庙卫公路
红卫村公路
红星路
吴起征镇红路
永海中路
崇明·永安路
保安路
保民路
平安路
洪港
环岛运河
庙港
界河

新村大组
新浜大组
新平大组
新浜村
新浜四组
新乐村
新平一组
新城村
新城一组
新卫村
新卫村新红
新卫十四组
北海村
瑞华果园
果园一连
新海三连
洪港村
洪机村
洪艺村
新兴村
洪海村
洪新村
洪果村
洪副村
供销新村
洪中二村
洪中一村
洪仓村
洪桥村
洪东村
洪联新村
永安十七组
永安十三组
永安十二组
永安十组
永安村
洪南村
毛纺新村
洪丰村
洪杰村
竖浜村
永安一组
永安五组
永安二组
保安十五组
保安保民十九组
海安安北九组
保安十四组
保安六组
海安安北七组
保安十三组
保安三组
保安保民十五组
海安村
保安十组
海安安北四组
保安村保民
东南新村（崇明）
洪边村
长征十六组
盘洪村

245
249
250

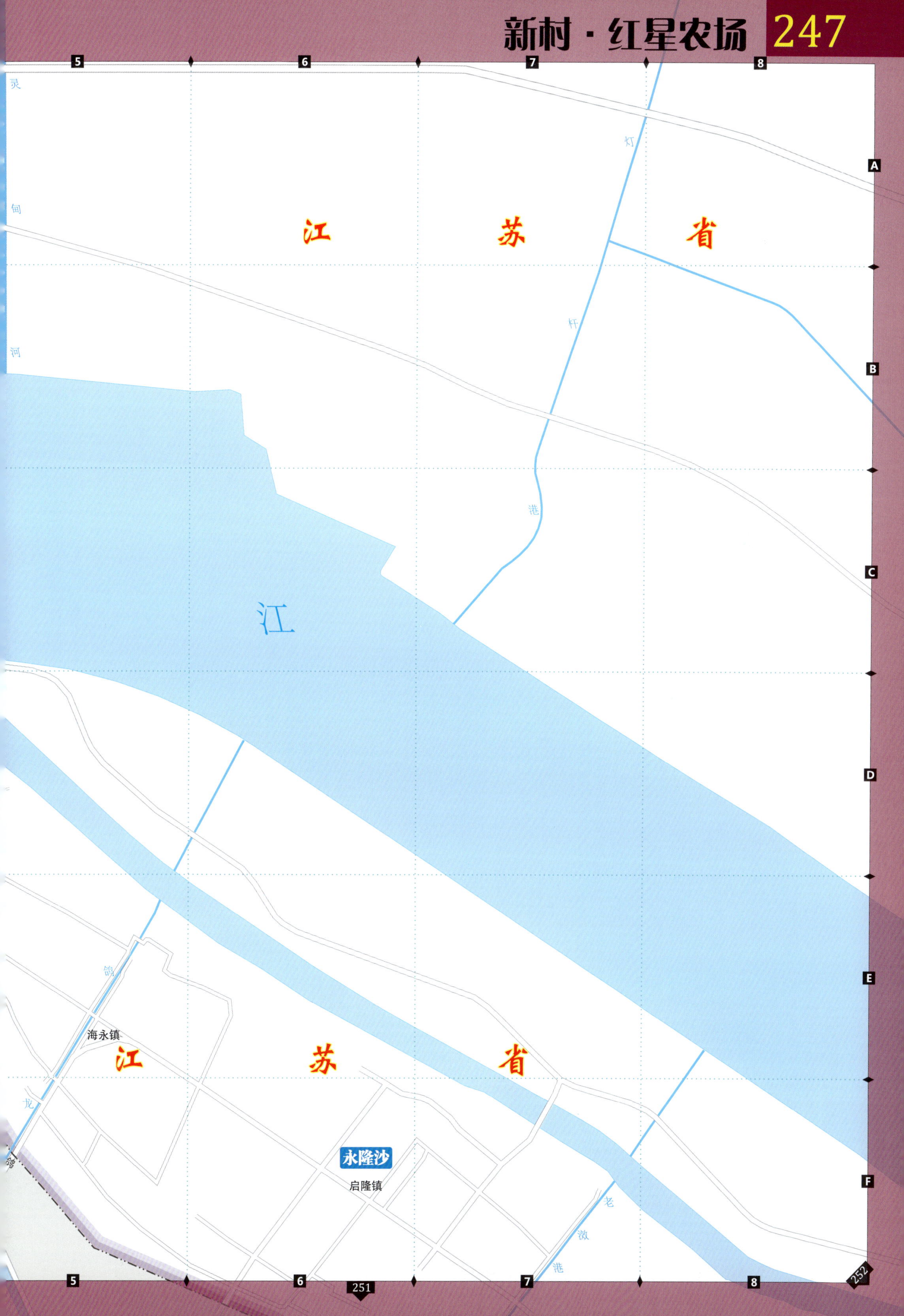
5
6
7
8
A
B
C
D
E
F
灵
甸
河
江
苏
省
灯
杆
港
江
鸽
龙
海永镇
江
苏
省
永隆沙
启隆镇
老
滧
港
5
6
7
8
251
252

0
1600m
244
绿华
绿华镇
河口沙洲科普馆
崇 明 区
绿港村农家乐
西来农庄
崇
长
西沙国家湿地公园
江苏省

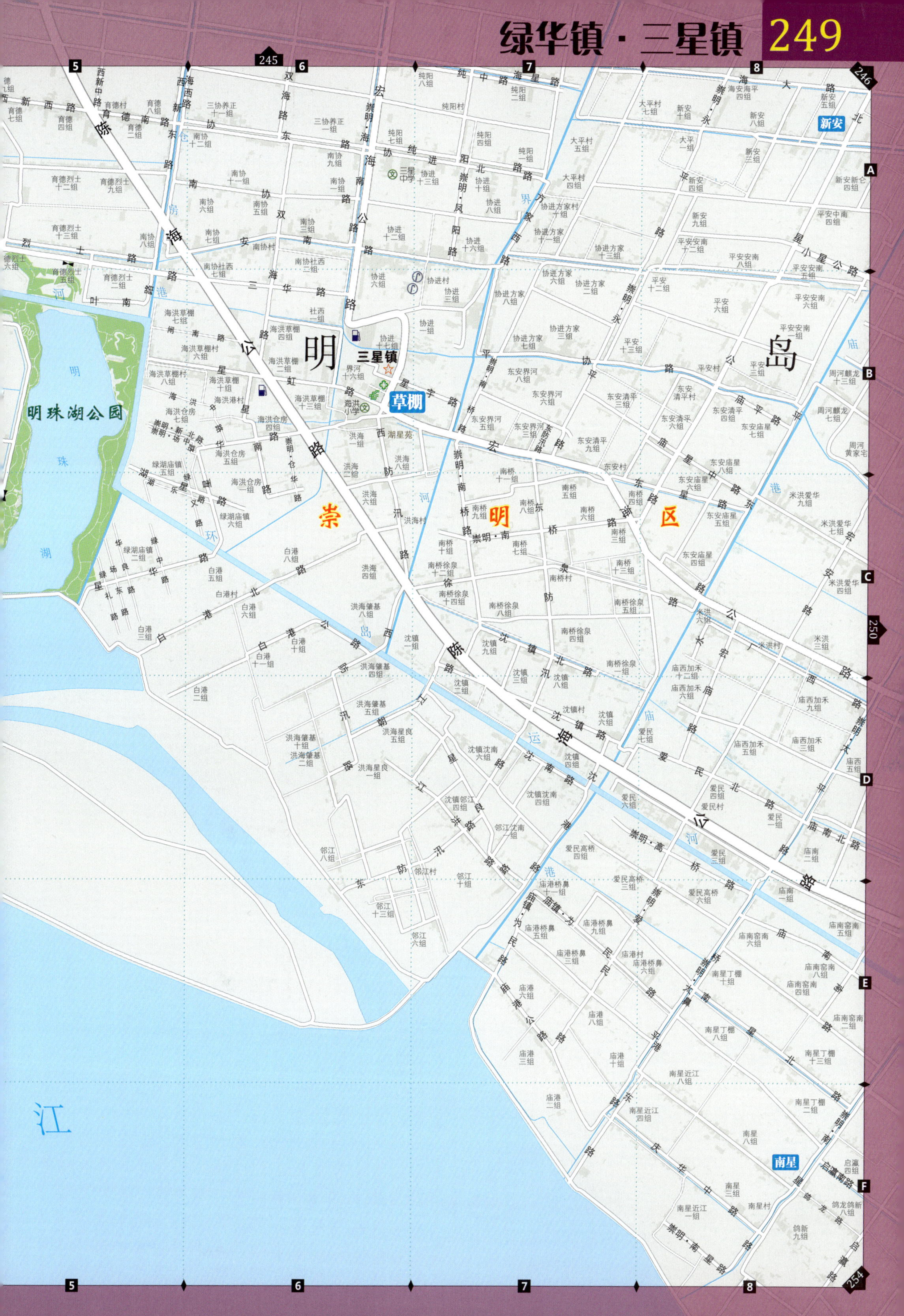
明珠湖公园
三星镇
草棚
新安
南星
崇明区
明岛
江
陈海公路
明珠湖
运河

0 1600m

245 246 249 254

崇明区

崇明

保安

猛将庙

合作

长征农场

小竖河

庙镇

西三江口

沈家湾

南盘滧

港西

崇明·永新公路

北沿公路

小星公路

陈海公路

崇明·太平公路

崇明·通济公路

保安保东保西

永乐北路

庙镇社区事务受理服务中心

崇西中学

庙镇济民实验学校

崇明区实验小学（江口校区）

崇明区实验中学（宏达校区）

永兴公司小区

南坝新村

徐南村

青闸村

猛东村

猛西村

合中村

周河村

窑桥村

和平村

通济村

定南村

协北村

协西村

盘西村

盘西村长生

民华村

镇东村

江镇村

宏达村

联益长安

启瀛村

庙南村

庙西村

庙中村

米洪爱华

北双村

永乐村

保安村

保东村

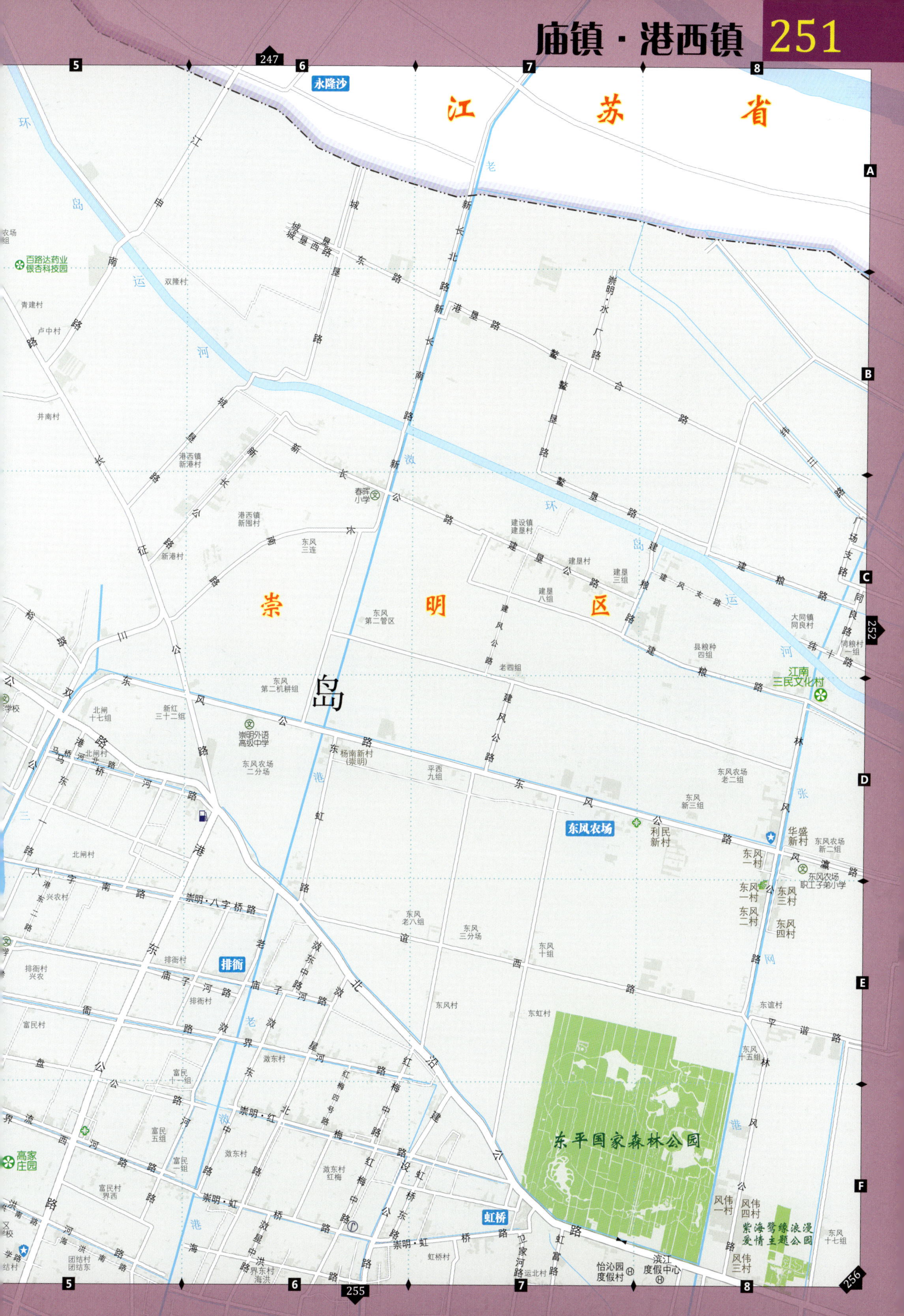
江苏省
永隆沙
崇明区
岛
东风农场
排衙
虹桥
东平国家森林公园
紫海鹭缘浪漫爱情主题公园
江南三民文化村
高家庄园
百路达药业银杏科技园
华盛新村
东风农场职工子弟小学
崇明外语高级中学
利民新村
恰沁园度假村
滨江度假中心
大同镇同良村
港西镇新港村
港西镇新围村
建设镇建垦村
崇明·八字桥路
崇明·红梅路
崇明·虹桥路
新长北路
新长南路
港垦路
城垦西路
东风公路
南运河
环岛运河
老滧港
247
255
252
256

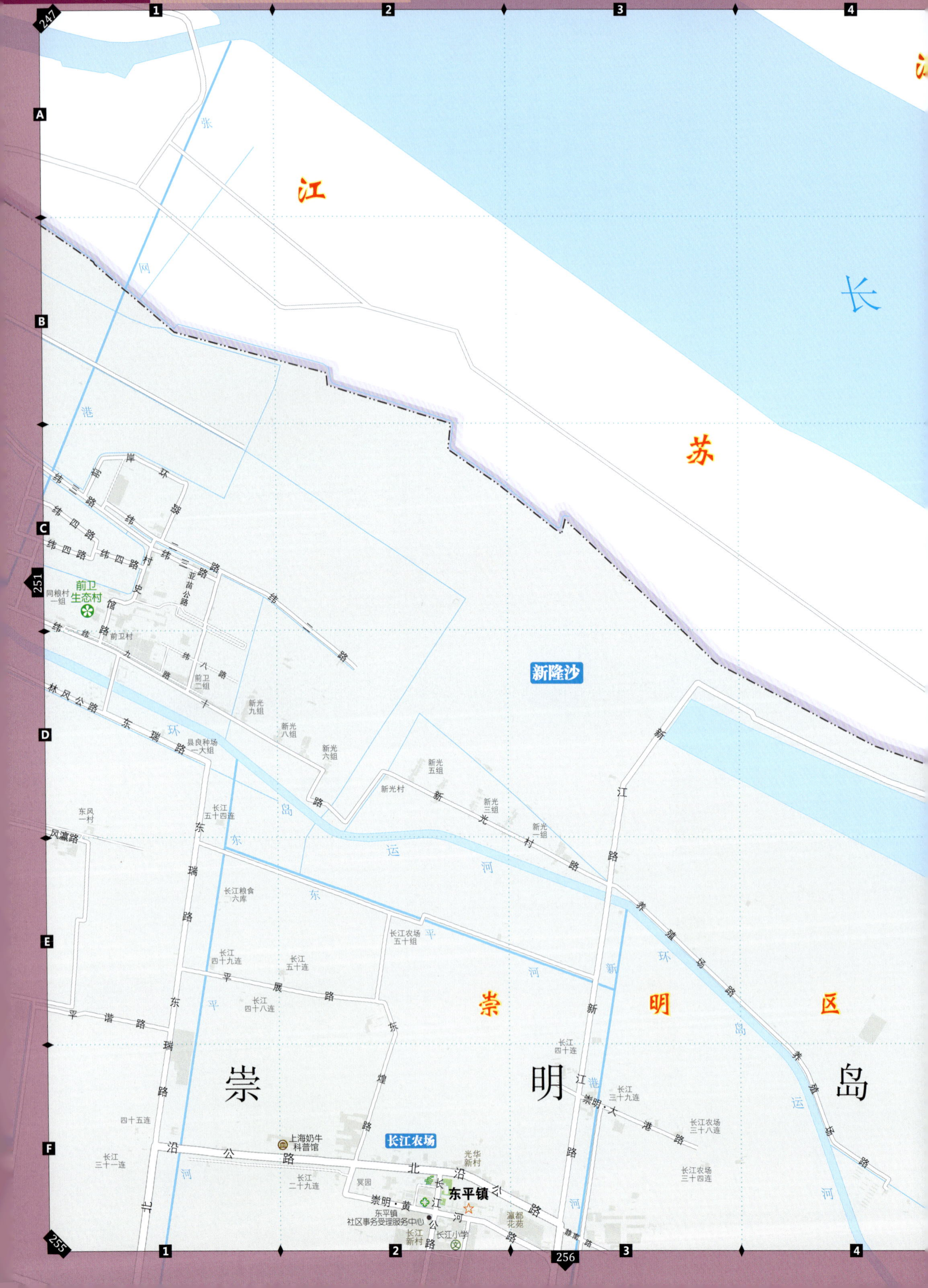

0 1600m

江苏

长江

新隆沙

崇明区

崇明岛

纬三路
纬四路
纬二路
纬一路
纬九路
纬八路
纬十路
岸环路
亚苗公路
前卫生态村
同粮村一组
前卫村
前卫二组
新光九组
新光八组
新光六组
新光五组
新光村
新光三组
新光一组
林风公路
东瑞路
环岛运河
东平河
县良种场一大组
长江五十四连
东风一村
风瀛路
长江粮食六库
长江农场五十组
长江四十九连
长江五十连
平展路
长江四十八连
平谐路
东煌路
新江路
长江四十连
长江三十九连
崇明·大港路
新乔路
乔殖场路
长江农场三十八连
长江农场三十四连
四十五连
长江三十一连
上海奶牛科普馆
长江农场
光华新村
沿公路
北沿公路
长江二十九连
复园
东平镇
崇明·黄河路
东平镇社区事务受理服务中心
长江新村
长江小学
瀛都花苑
静南路
北河
张网港

247
251
255
256

江苏省
苏 省
长
江
崇
崇 明 区
明
岛
沪陕高速
G40
环岛运河
新征横路
新征公路
港沿公路
新征七组
新征九组
257
260
省
江
北
湖
崇启大桥
沪陕高速
G40
5
6
7
8
A
B
C
D
E
F

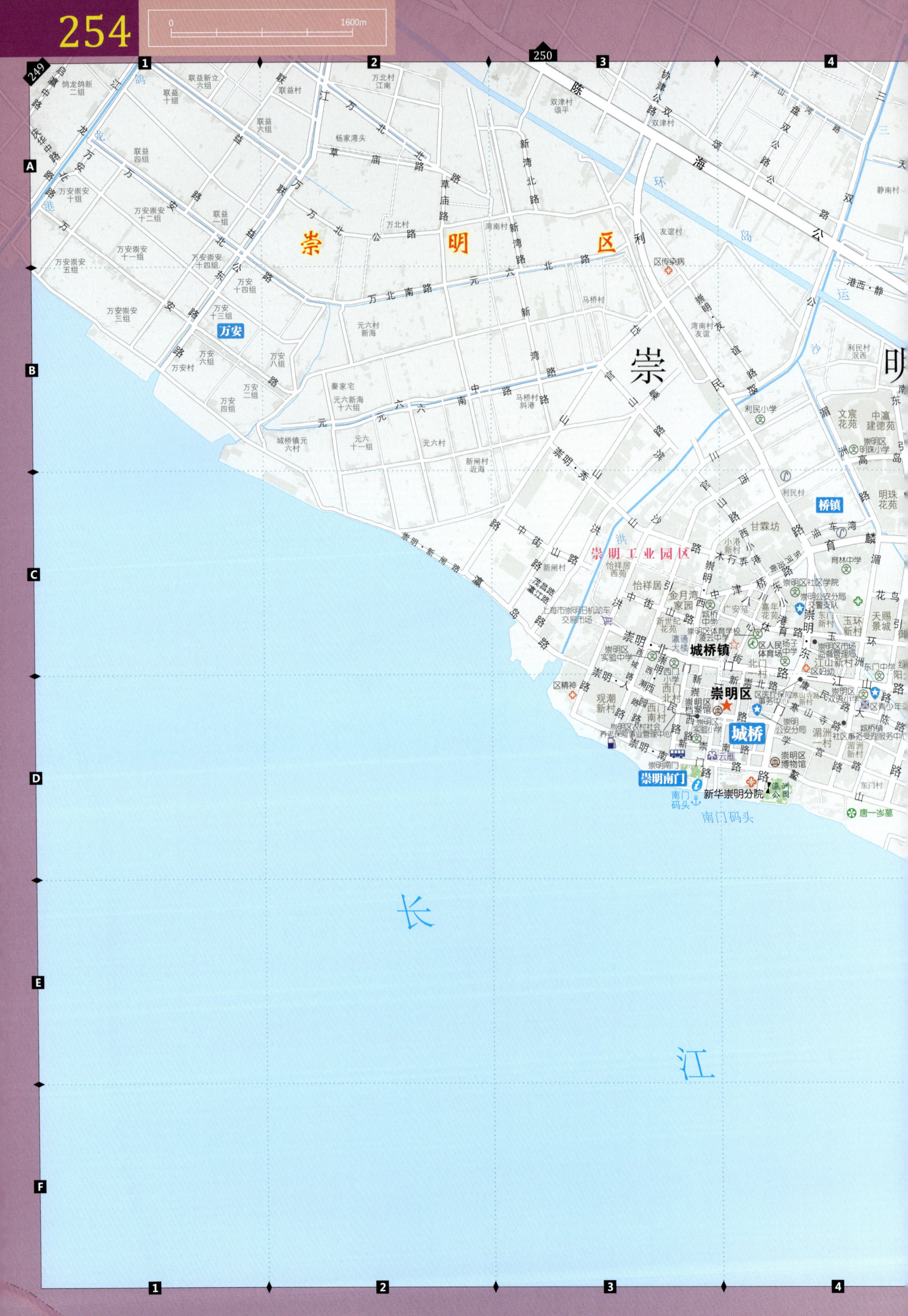
0
1600m
249
250
崇明区
崇
明
万安
桥镇
城桥镇
崇明区
城桥
崇明南门
新华崇明分院
南门码头
崇明工业园区
区传染病
马桥村
利民小学
甘霖坊
育林中学
崇明区博物馆
唐一岑墓
长
江

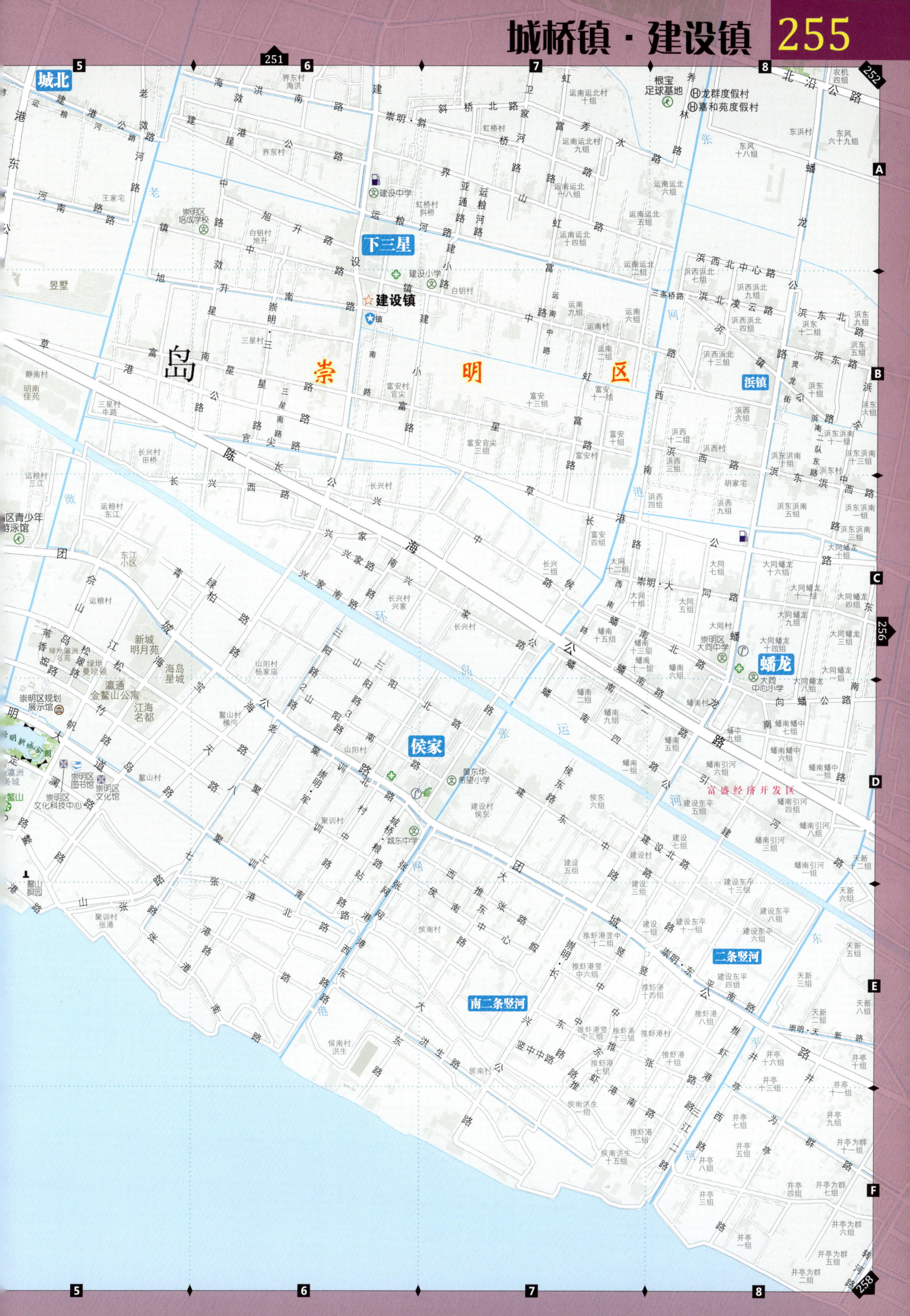
城北
下三星
建设镇
建设中学
建设小学
崇明区培成学校
昱墅
岛
崇
明
区
浜镇
蟠龙
侯家
二条竖河
南二条竖河
富盛经济开发区
根宝足球基地
龙群度假村
嘉和苑度假村
崇明区青少年游泳馆
新城明月苑
海岛星城
瀛通金鳌山公寓
江海名都
崇明区规划展示馆
崇明区图书馆
崇明区文化馆
崇明区文化科技中心
瀛洲公园
鳌山公园
城桥中学
大同中心小学
崇明区大同中学
莫东华希望小学
陈海公路
北沿公路
崇明大同路
团城公路
崇明东平公路
崇明天新路
浜西北中心路
人民路
八一路
5
6
7
8
A
B
C
D
E
F
251
252
256
258

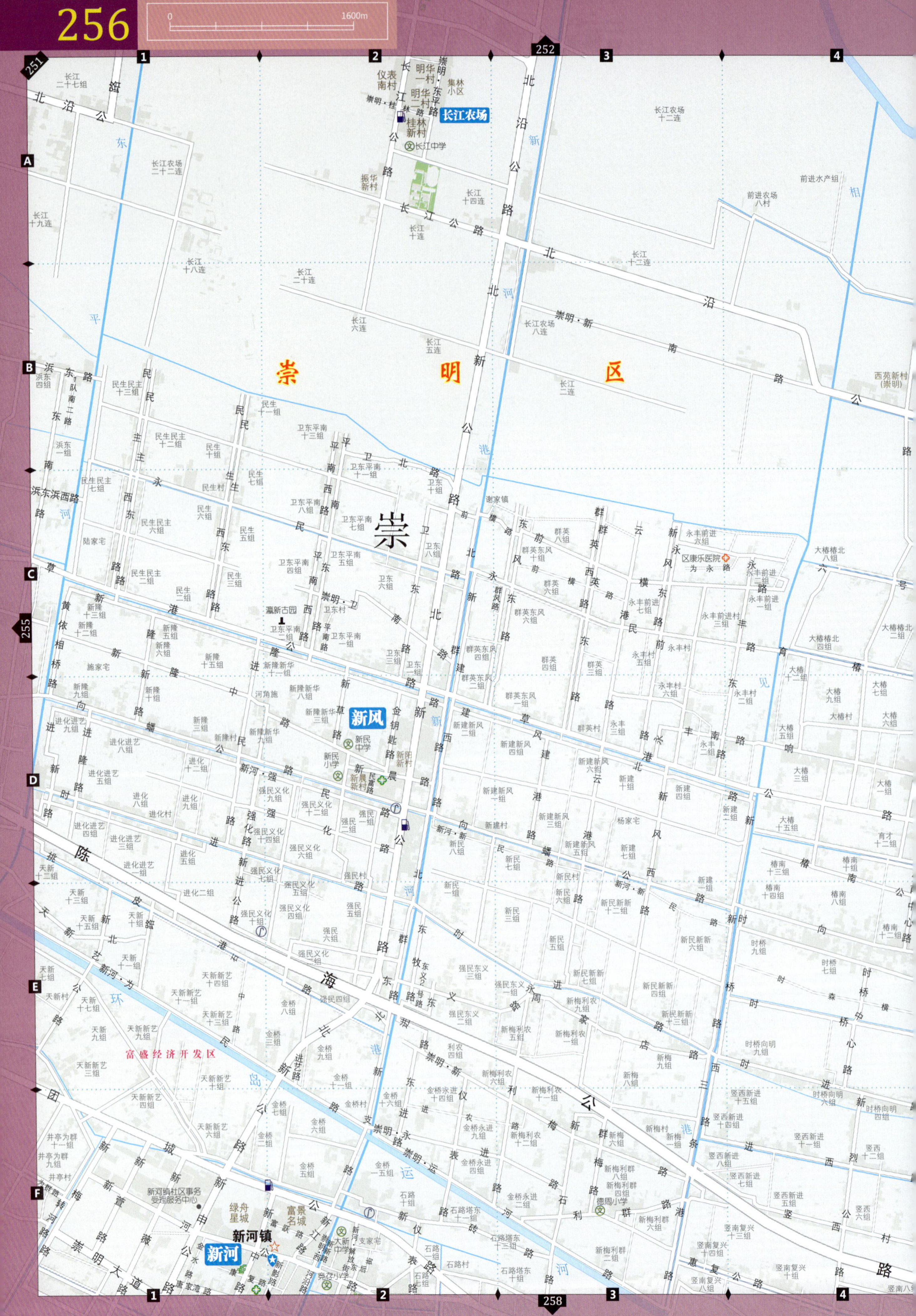
0
1600m
崇明区
新风
新河镇
长江农场
长江中学
新民中学
新民小学
富盛经济开发区
绿舟星城
新河镇社区事务受理服务中心
区康乐医院
德园小学
251
252
255
258

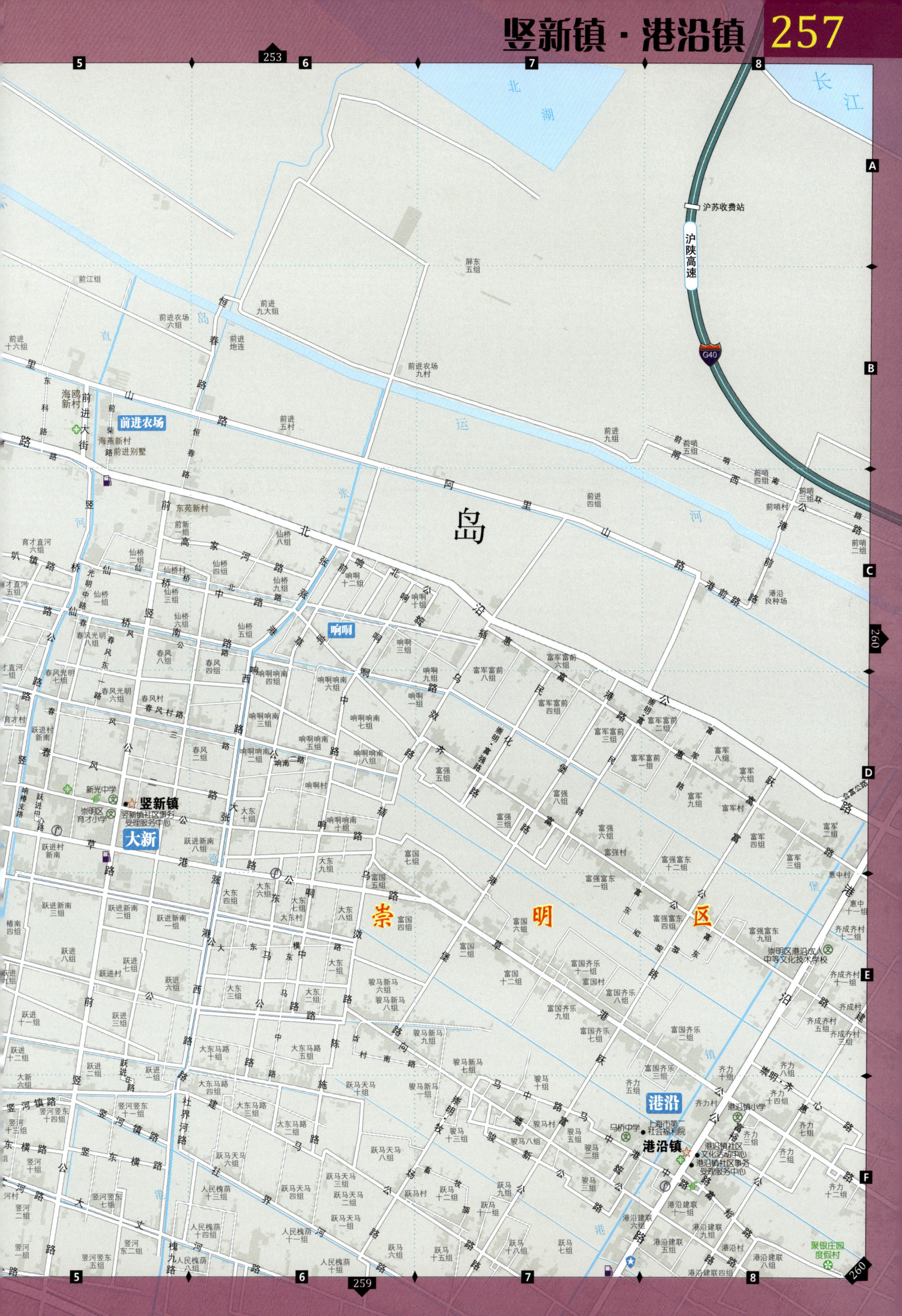
北湖
长江
沪苏收费站
沪陕高速
G40
岛
崇明区
竖新镇
大新
港沿镇
港沿
前进农场
响哃
前江组
屏东五组
前进九大组
前进农场六组
前进农场九村
海鸥新村
海燕新村
前进别墅
东苑新村
新光中学
育才小学
竖新镇社区事务受理服务中心
上海市第二社会福利院
乌桥中学
港沿镇小学
港沿镇社区文化活动中心
港沿镇社区事务受理服务中心
崇明区港沿成人中等文化技术学校
聚银庄园度假村
富强村
大东村
响哃村
跃进村
骏马村
跃马村
齐力村
富国村
253
259
260
5
6
7
8
A
B
C
D
E
F

0
1600m
256
255
崇明区
竖新
崇
长
崇明区
长兴岛
新河港
新河码头
崇明区烈士馆
东新村
永兴村
油桥村
明强村

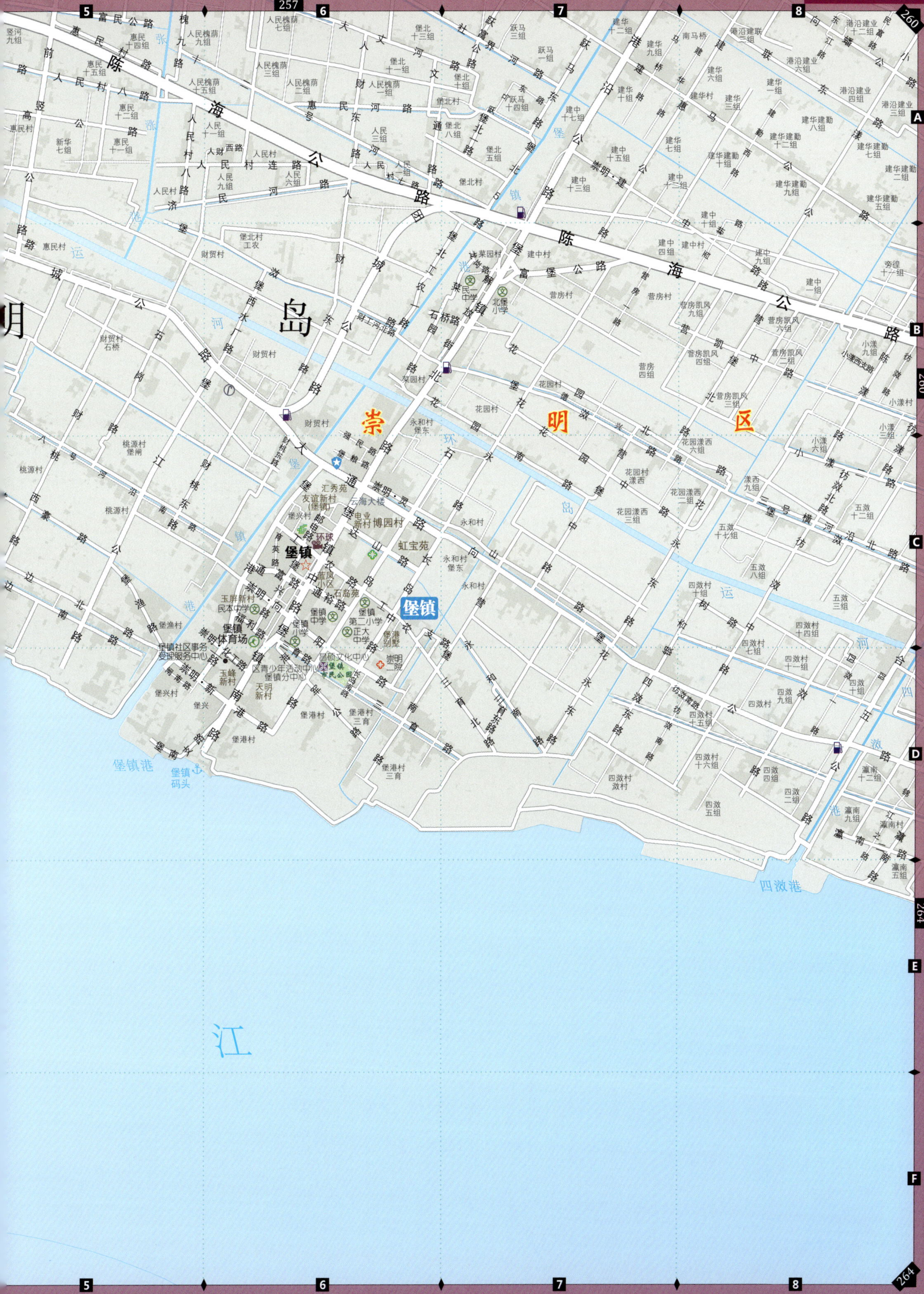

崇明区

岛

堡镇

江

陈海公路

富民公路

人民村

惠民村

财贸村

堡北村

跃马

建中村

营房村

花园村

永和村

四滧村

虹宝苑

博园村

堡镇港

堡镇码头

四滧港

小漾村

瀛南村

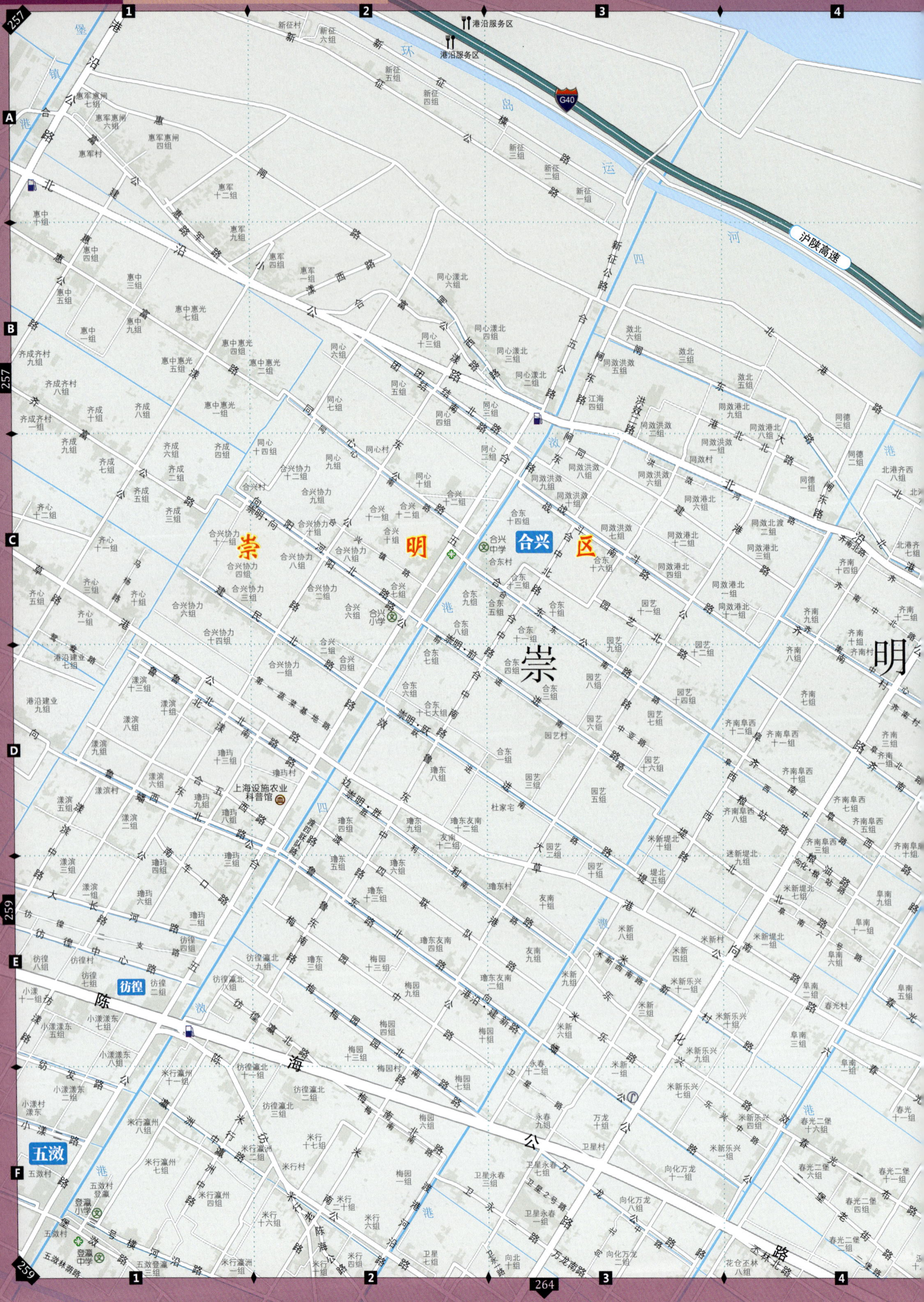

0 1600m

崇明区

崇明

合兴

仿徨

五滧

港沿服务区

G40

沪陕高速

新环岛运河

北沿公路

港沿公路

新征公路

合五公路

崇明·向阳河

四滧港

五滧港

陈海公路

米行南路

大公路

万龙南路

北港

西港

堡镇港

上海设施农业科普馆

合兴中学

合兴小学

登瀛小学

登瀛中学

惠军村

惠中村

齐成村

同心村

合兴村

合东村

园艺村

同效村

漾滨村

玕琦村

璠东村

杜家宅

友南村

米新村

齐南村

齐南皋西

向化万龙

卫星村

永春

梅园村

仿徨村

米行村

五滧村

春光村

北港齐西

257
259
264

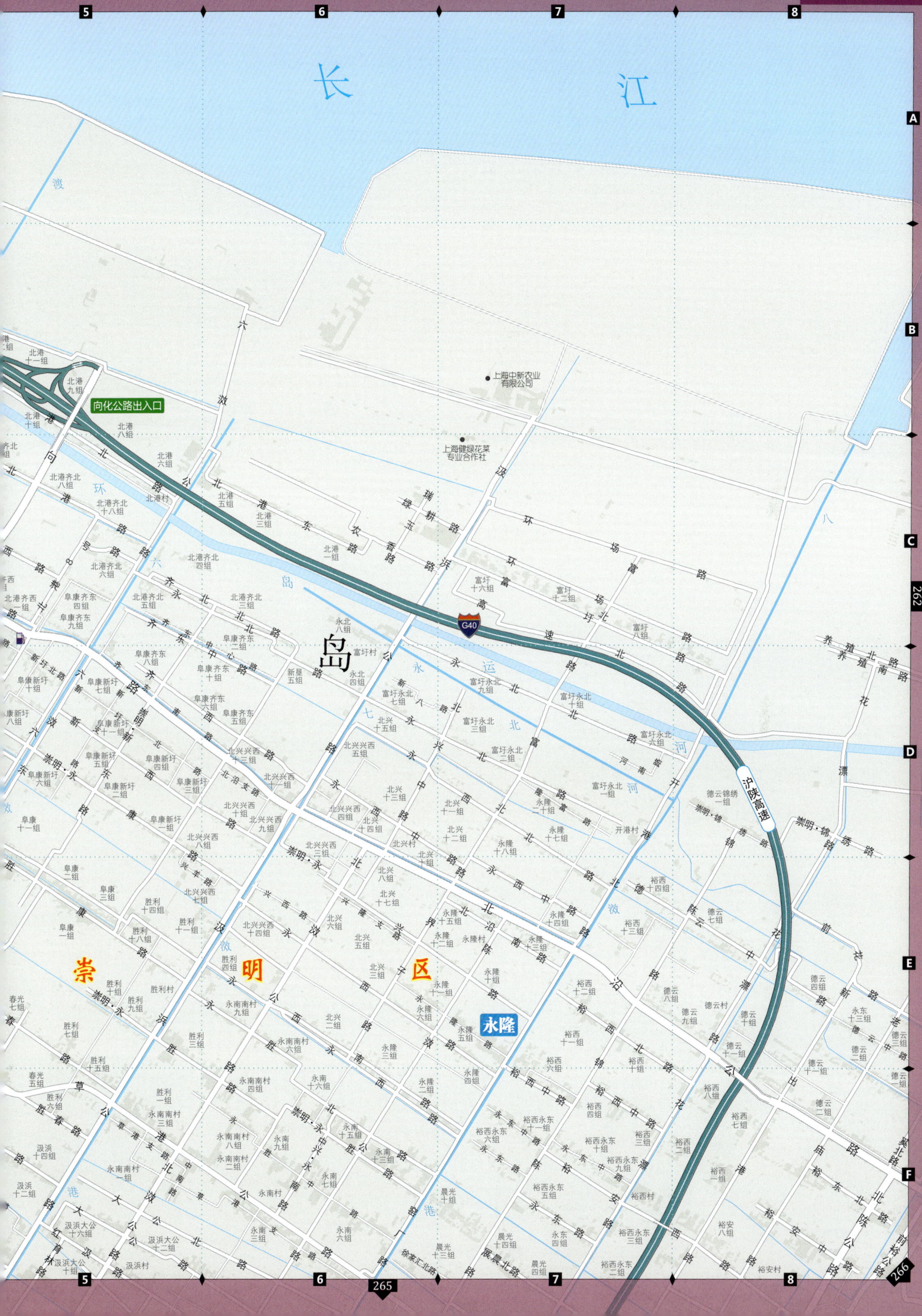

长江

岛

崇明区

永隆

向化公路出入口

G40

沪陕高速

上海中新农业有限公司

上海健绿花菜专业合作社

北港村

富圩村

北兴村

永隆村

德云村

德云锦绣一组

裕西村

永南村

永南南村

胜利村

汲浜村

开港村

崇明·锦绣路

崇明·永沿路

北港齐北路

环场富路

富圩永北路

徐家汇北路

前裕公路

262

265

266

0 1600m

崇明区

长

八滧港

养殖北路

养殖南路

环岛运河

崇明

崇

团旺河

团旺北路

崇明·长

平辉路

前哨公路

裕前哨公路

前哨农场八大组

前哨五村

前哨六村

前哨七村

前哨七村新七连

轻纺新村

前哨农场

前花路

德云公路

奚北路

东路

德云村

裕北村

裕鸿佳苑

牛棚

安通路

裕北中路

岛裕展路

261

265

266

267

0 1600m

259 260 269

崇明区

向化镇

向化

七滧

崇

长

六滧港

八滧港

瀛南村

南海村

南江村

向化村

花仓村

七滧村

滧中村

渔业村

中兴镇

广福寺

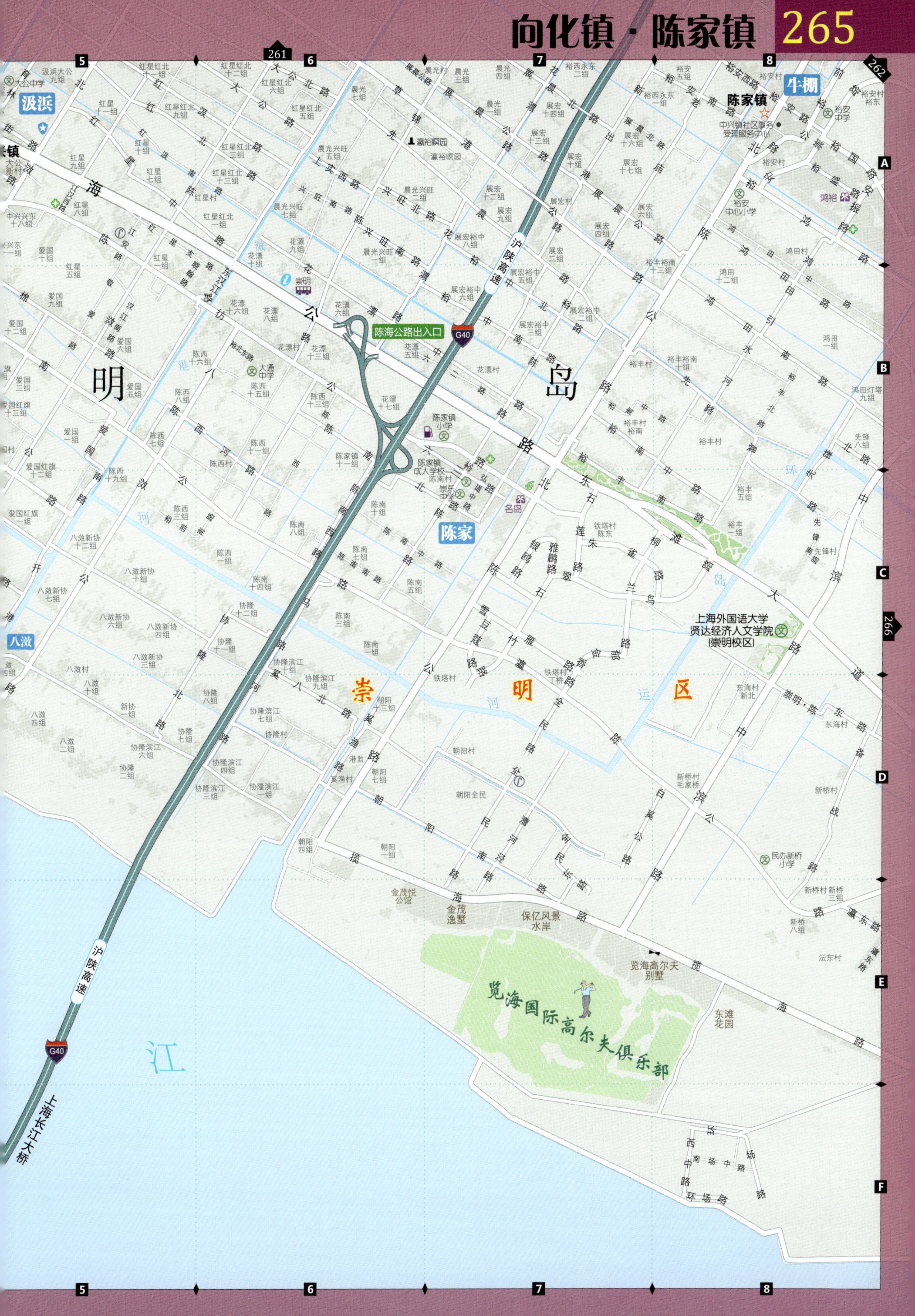
汲浜
陈家镇
牛棚
八滧
陈家
崇明区
明
岛
陈海公路出入口
沪陕高速
G40
上海外国语大学
贤达经济人文学院
(崇明校区)
览海国际高尔夫俱乐部
金茂逸墅
保亿风景水岸
览海高尔夫别墅
东滩花园
上海长江大桥
江
陈家镇小学
陈家镇成人学校
裕安中心小学
民办新桥小学
大通中学
中兴镇社区事务受理服务中心
261
262
266

0
1600m
前哨农场
前哨三村
前哨二村
前哨东苑新村
前哨四村
前哨一村
前哨学校
裕北村
裕安村
裕东
东滩智慧名苑
鸿田灯塔九组
前哨农场四村
前哨农场二大组
前哨农场一村三连
一大组
三大组
立新九组
立新八组
立新七组
立新六组
立新五组
立新小学
立新村
立新四组
立新三组
立新二组
立新一组
上实东滩低碳农业园
先锋裕新六组
先锋村
先锋裕新十组
瀛东度假村
瀛东村
瀛东生态村
东滩商务中心
崇明岛
崇明区
长江
裕鸿佳苑
裕北中路
裕北南路
前哨公路
东旺西路
团旺北路
崇明·立新路
裕鸿路
陈海公路
崇明·陈东路
东滩大道
鸿田南路
先锋北路
先锋中路
团旺中路
团旺南路
崇旺路
长江东路
东瀛路
环岛运河
团旺河
揽海东路
东鸥路
园东路

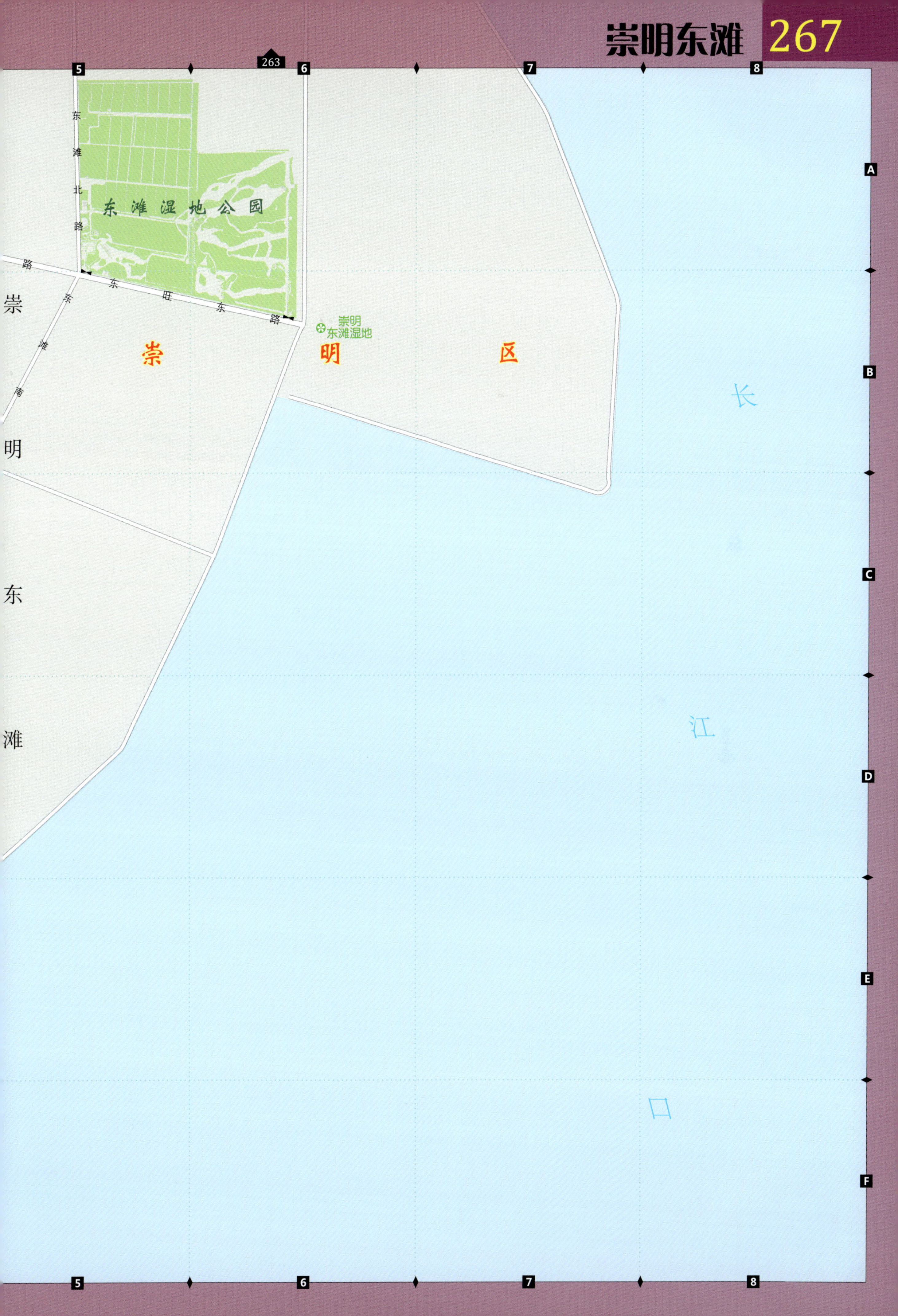

263
东滩北路
东滩湿地公园
路
东旺东路
东滩南
崇明东滩
崇明东滩湿地
崇
明
区
长
江
口

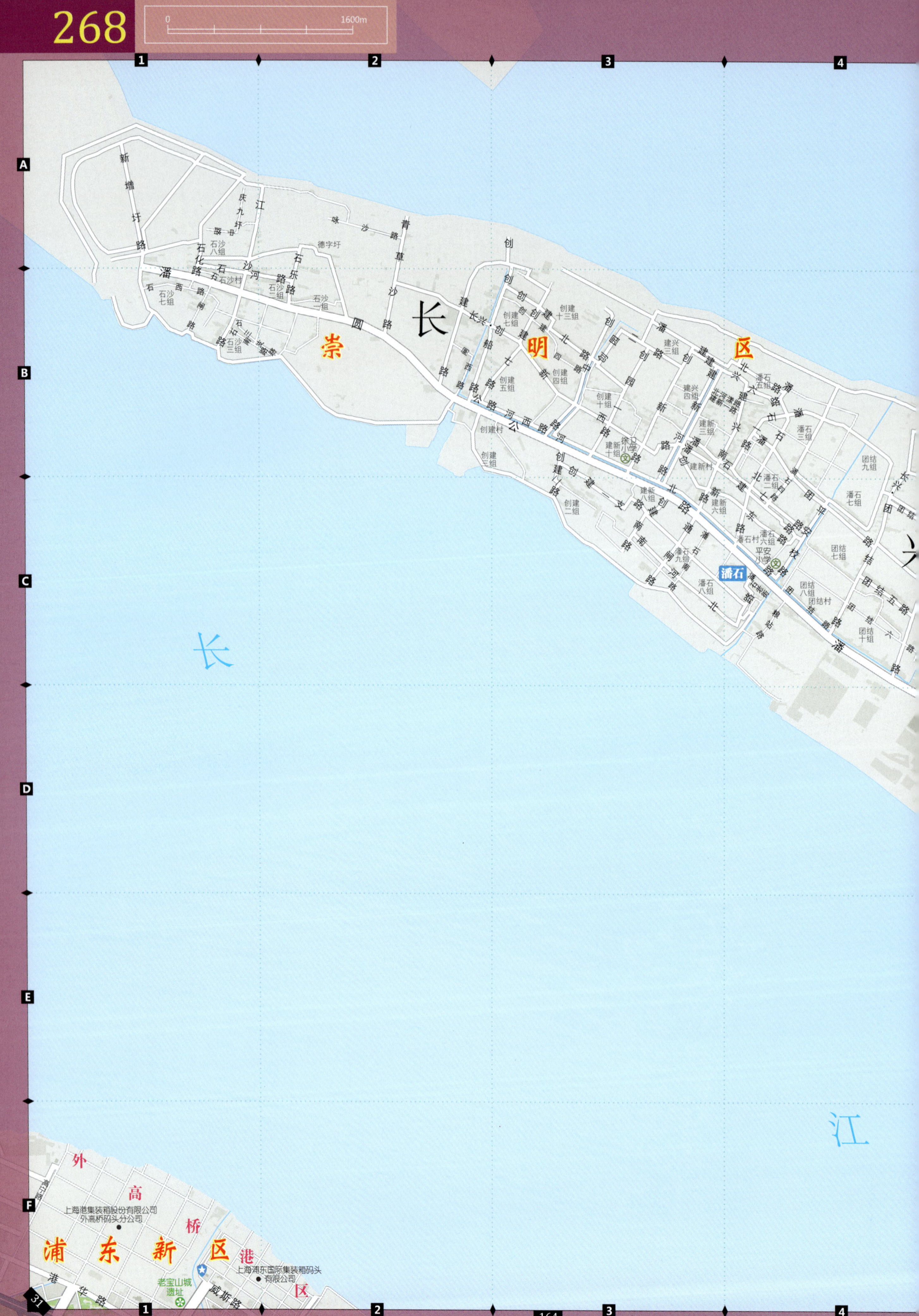

0 1600m

崇 明 区

长 江

浦 东 新 区

外 高 桥 港 区

潘石

上海港集装箱股份有限公司外高桥码头分公司

上海浦东国际集装箱码头有限公司

老宝山城遗址

31

164

长
江
崇
明
区
岛
长兴岛郊野公园
长兴镇
凤凰
前卫农场
长兴岛出入口
上海长江大桥
上海长江隧道
沪陕高速
G40
马家港
长兴码头
长兴服务区
绿地长兴家园
鹭岛华庭东苑
鹭岛华庭西苑
大华凤凰佳苑
凤凰花苑
丁字坝

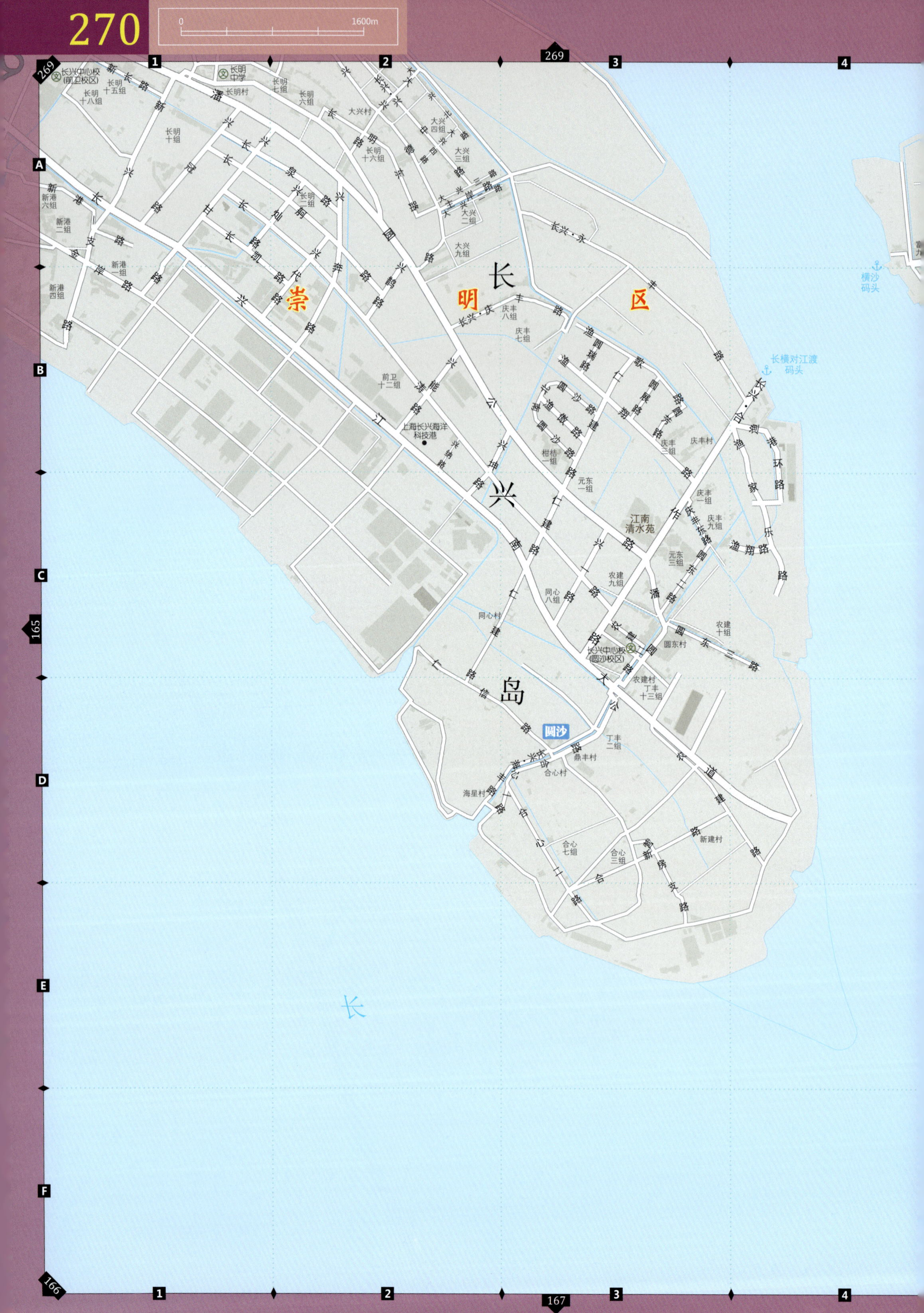

0 1600m

269

长兴中心校(前卫校区)
长明中学
长明村
长明十五组
长明十八组
长明七组
长明六组
长明十组
大兴村
长明十六组
大兴四组
大兴三组
大兴二组
大兴九组
长明二组
新港六组
新港二组
新港一组
新港四组

崇明区

长兴岛

庆丰八组
庆丰七组
前卫十二组
上海长兴海洋科技港
柑桔一组
元东一组
庆丰三组
庆丰村
庆丰一组
庆丰九组
江南清水苑
元东三组
农建九组
同心八组
同心村
农建十组
圆东村
长兴中心校(圆沙校区)
农建村
丁丰十三组
圆沙
丁丰二组
鼎丰村
合心村
海星村
新建村
合心七组
合心三组

长横对江渡码头
横沙码头

长

165
166
167

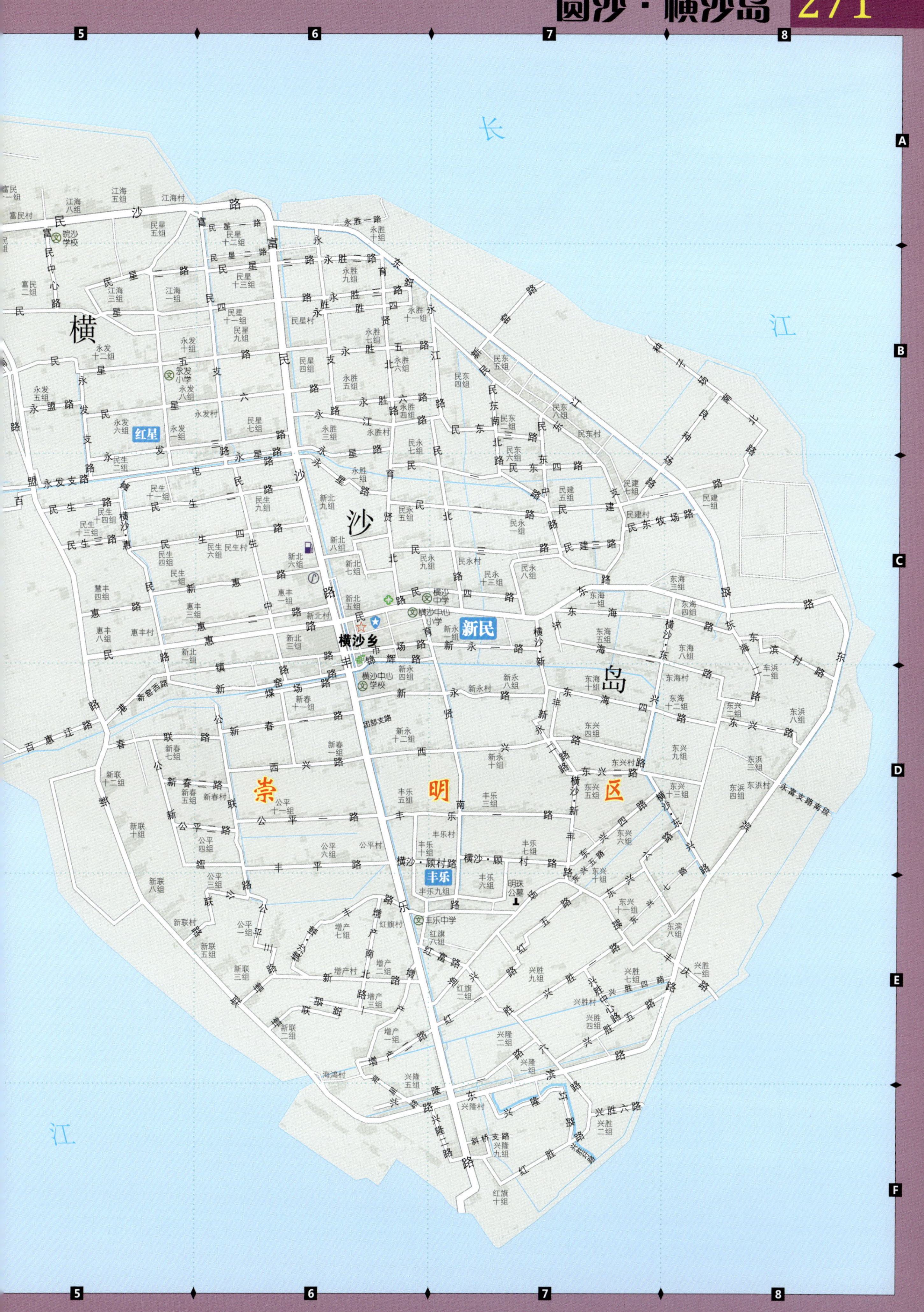

长江
横沙岛
崇明区
横沙乡
新民
红星
丰乐

0
1200m
大乌龟岛
东海大桥
大城子山
洋山港
海事局
锦鸡支路
小城子山
小城子山路
西岙南路出入口
东海
海员宾馆
洋山
石龙景区
同欣路
同欣三路
同欣二路
洋山深水港
港区服务中心
洋山综合通信局
洋山深水港区
客运码头
西岙南路
小洋山隧道
东海高架路
小观音山
大观音山
观海西路
观海北路
洋山深水港
展示中心
深水港
观景台
观海东路
港科路
港科路出入口
小洋山
浙
港浮路
将军帽南路
中国(上海)自由贸易试验区
洋山深水港区
杭州湾
崎
大洋山

5
6
7
8
A
B
C
D
E
F
东
海
江
省
洋山大指头景区
洋山港航标站
向诚游艇俱乐部
洋山小岩礁景区
东海大道
能源路
洋山·东港路
大岩礁路
洋山综合管理服务大楼
嵊泗交通旅游集散中心
沈家湾客运码头
列
岛

名称	页码	索引格
G15(沈海高速)	P137	A7-D8
G15(沈海高速)	P139	D1-F2
G15(沈海高速)	P147	A2-F4
G15(沈海高速)	P151	A4-F4
G15(沈海高速)	P155	A4-F7
G15(沈海高速)	P163	A7-F7
G15(沈海高速)	P183	A7-F7
G15(沈海高速)	P205	A7-F8
G15(沈海高速)	P221	A8
G15(沈海高速)	P223	A1-F2
G15(沈海高速)	P235	F8
G15(沈海高速)	P237	A2-F1
G15(沈海高速)	P241	F1-A8
G1501(上海绕城高速)	P141	F1-D8
G1501(上海绕城高速)	P143	B1-F4
G1501(上海绕城高速)	P145	F6-D8
G1501(上海绕城高速)	P147	D1-A8
G1501(上海绕城高速)	P149	A6-F6
G1501(上海绕城高速)	P153	A6-F6
G1501(上海绕城高速)	P161	A6-F5
G1501(上海绕城高速)	P165	F3-F6
G1501(上海绕城高速)	P167	A2-F5
G1501(上海绕城高速)	P173	A1-F3
G1501(上海绕城高速)	P177	A3-F4
G1501(上海绕城高速)	P181	A5-F7
G1501(上海绕城高速)	P197	A4-F4
G1501(上海绕城高速)	P203	A7-F8
G1501(上海绕城高速)	P205	F1
G1501(上海绕城高速)	P213	A4-F3
G1501(上海绕城高速)	P221	A1-D8
G1501(上海绕城高速)	P223	D1-B8
G1501(上海绕城高速)	P225	B1-A8
G1501(上海绕城高速)	P227	A1-A8
G1501(上海绕城高速)	P229	A1-A3
G1501(上海绕城高速)	P25	A1
G1501(上海绕城高速)	P29	A4
G1501/S20(上海绕城高速/外环高速)	P143	F5-F6
G1501/S20(上海绕城高速/外环高速)	P165	B1-F3
G1501/S20(上海绕城高速/外环高速)	P29	A4-A5,A6-A8
G1501/S20(上海绕城高速/外环高速)	P31	A1-D8
G2/G42(京沪高速/沪蓉高速)	P145	D1-F4
G2/G42(京沪高速/沪蓉高速)	P149	A4-D8
G2/G42(京沪高速/沪蓉高速)	P151	D1-D8
G2/G42(京沪高速/沪蓉高速)	P51	B1-C8
G2/G42(京沪高速/沪蓉高速)	P57	F1
G40(沪陕高速)	P165	A7-F6
G40(沪陕高速)	P253	C6-C7,D8-F8
G40(沪陕高速)	P257	A8-C8
G40(沪陕高速)	P261	A2-F7
G40(沪陕高速)	P265	A7-F4
G40(沪陕高速)	P269	B8-F7
G50(沪渝高速)	P155	F5-E8
G50(沪渝高速)	P157	C1-B2
G50(沪渝高速)	P159	F4-E8
G50(沪渝高速)	P161	E1-B8
G50(沪渝高速)	P163	B1-A5
G50(沪渝高速)	P179	B1-A4
G50(沪渝高速)	P55	D1-A4
G60(沪昆高速)	P117	F4-E8
G60(沪昆高速)	P119	E1
G60(沪昆高速)	P125	A4-E1
G60(沪昆高速)	P163	F8
G60(沪昆高速)	P181	E6-E8
G60(沪昆高速)	P183	E1-A8
G60/G92(沪昆高速/杭州湾环线高速)	P181	F5-E6
G60/G92(沪昆高速/杭州湾环线高速)	P203	A5-F2
G60/G92(沪昆高速/杭州湾环线高速)	P217	B8-F5,C1-E1
G60/G92(沪昆高速/杭州湾环线高速)	P219	B1-A2
S1(迎宾高速)	P115	E7-E8
S1(迎宾高速)	P171	E1-B8
S1(迎宾高速)	P173	D1-F5
S12(申嘉湖高速)	P201	F1-D5
S12(申嘉湖高速)	P217	A1
S19(新卫高速)	P221	D2-F2
S19(新卫高速)	P235	A2-F4
S19(新卫高速)	P241	A4-C7
S2(沪芦高速)	P115	F7
S2(沪芦高速)	P175	A4-F5
S2(沪芦高速)	P195	A5-F5
S2(沪芦高速)	P211	A5-C8
S2(沪芦高速)	P213	C1-F4
S2(沪芦高速)	P229	A4-B8
S2(沪芦高速)	P231	B1-E3
S20(外环高速)	P107	A6-F6
S20(外环高速)	P111	A6-F7
S20(外环高速)	P115	A7-D7,F1-F6
S20(外环高速)	P117	A6-E8
S20(外环高速)	P119	E1-D8
S20(外环高速)	P121	D1-B8
S20(外环高速)	P165	F3
S20(外环高速)	P175	A1
S20(外环高速)	P25	F7-F8
S20(外环高速)	P27	F1-C8
S20(外环高速)	P29	C1-A4
S20(外环高速)	P33	A7-F5
S20(外环高速)	P41	A5-F5
S20(外环高速)	P49	A6-F6
S20(外环高速)	P51	A5-F3
S20(外环高速)	P53	A3-F4
S20(外环高速)	P55	A4-F6
S26(沪常高速)	P149	F2-F3
S26(沪常高速)	P153	A1-A8
S26(沪常高速)	P155	A1-A3
S32(申嘉湖高速)	P131	F5-E8
S32(申嘉湖高速)	P175	F1-E8
S32(申嘉湖高速)	P177	E1-C6
S32(申嘉湖高速)	P187	F2-D8
S32(申嘉湖高速)	P189	F1-A8
S32(申嘉湖高速)	P191	A1-A2
S32(申嘉湖高速)	P193	B1-A7
S32(申嘉湖高速)	P201	D5-D8
S32(申嘉湖高速)	P203	D1-B8
S32(申嘉湖高速)	P207	A1
S36(亭枫高速)	P217	F5-F8
S36(亭枫高速)	P219	F1-D8
S36(亭枫高速)	P221	D1-D2
S4(沪金高速)	P117	F8
S4(沪金高速)	P119	F1
S4(沪金高速)	P127	A1-F3
S4(沪金高速)	P187	A3-F5
S4(沪金高速)	P191	A5-F7
S4(沪金高速)	P207	A8-C8
S4(沪金高速)	P209	C1-F2
S4(沪金高速)	P225	A2-F2
S4(沪金高速)	P237	D3-A8
S4(沪金高速)	P239	A1-A2
S5(沪嘉高速)	P147	A5-F8
S5(沪嘉高速)	P151	A8
S5(沪嘉高速)	P41	A1-C8
S5(沪嘉高速)	P43	C1
S58(沪常高速)	P153	A1
S6(沪翔高速)	P147	E5-D8
S6(沪翔高速)	P33	B1-B5

A

名称	页码	索引格
阿克苏路	P147	B4-C5,D5
阿克苏南路	P147	E6
阿里山路	P257	B4-C8
艾家弄	P77	B8
爱安路	P179	C5
爱德路	P227	A3
爱迪生路	P111	E2-F2
爱都路	P165	E1-E2
爱国村1路	P265	B5
爱国路	P47	D3-D4
爱国南路	P265	B5-C5
爱护路	P227	E3-D5
爱华路	P229	B4-B5
爱辉路	P27	E7-F7
爱辉路	P35	A7-B8
爱棉路	P265	A4-B5
爱民北路	P249	D7-D8
爱民路	P197	D3
爱民路(崇明)	P249	D8-E7
爱民路(惠南)	P197	F5-F6
爱荣路	P179	C5
爱舍路	P193	F2-F3
爱舍路	P209	A3-B3
爱特路	P151	F7-F8
爱特路	P51	E1
爱五路	P219	E8
爱五路	P221	E1
爱新路	P179	C5
爱耀路	P179	C5
安边路	P51	B6
安波路	P37	F8
安波路	P39	F1-F2
安波路	P45	A8
安辰路	P147	D3-F4
安诚路	P149	C8-C7
安驰路	P149	B7-B8
安崇路	P265	A8
安达路	P29	C4-C5
安岛路	P261	F8
安岛路	P263	F1
安岛路	P265	A8
安东路	P207	C5-D5
安东南路	P207	D5-E6
安汾路	P37	D1-D2,D3-D4
安丰路	P227	B8
安福路	P75	D4-D6
安国路	P63	A3-B4
安国路(高桥)	P31	A1
安航路	P173	D4-F4
安鹤路	P149	C5-C6
安虹路	P151	B1-C1
安化路	P73	D6-D8
安化路	P75	D1-C2
安家路	P141	D6-D7
安居路	P145	C6
安居路	P229	B1-C1
安澜路	P77	D6-C7
安礼路	P149	C7-C8
安龙路	P53	C8-D8
安南路	P249	A5-A7
安宁路	P191	B3-E4
安平街	P69	E8
安浦路	P105	B1
安庆东路	P61	E6
安庆路	P61	F4-E5
安仁街	P69	E8-F8
安若路	P263	F1
安若路	P267	A1
安塞路	P43	F5
安盛街	P121	B8-A8
安盛街	P123	A1
安顺路	P81	B4-C8
安顺路	P83	C1
安淞路	P29	B4-C4
安泰路	P227	A8-C8
安泰路	P27	E2
安泰南路	P227	C8
安亭街	P145	F6
安亭街	P149	A6-A7
安亭路	P83	A6-B6
安通东路	P267	A1-B1
安通路	P263	F1
安通路	P267	A1
安图路	P47	A2-B2
安拓路	P151	B1
安邬路	P207	C5-D5
安西路	P73	B8-D8
安西路	P81	B8
安晓路	P147	D2-F3
安谐路	P149	B8
安新路	P133	F8
安新路	P139	A8
安秀路	P267	A1
安雅路	P145	C8
安研路	P151	C1-B1
安业路	P35	D8-E8
安义路	P75	A6
安逸路	P227	B8
安勇路	P149	C8
安友路	P227	B8
安寓路	P267	A1
安远路	P67	C2-A6
安悦路	P149	B8
安泽路	P35	D7-E7
安振路	P265	A8
安振路	P267	A1
安智路	P149	C7-D8
安智路	P151	D1-C1
安中路	P207	C5-D5
庵后路	P183	E7-E8
鞍山路	P45	D6-E7
鞍山支路	P45	D6
鳌合路	P251	B7-B8
鳌垦路	P251	B7-C8
鳌山路	P255	D4-D5
奥纳路	P165	C1
奥纳路	P31	F8-E8
奥伟路	P211	E3-E4
澳门路	P59	F3-F6
澳门路	P67	A3,B3-B2
澳尼路	P165	F1-F3

B

名称	页码	索引格
八二路	P241	D7-E7
八号河沿南路	P259	B5-C6
八金公路	P157	F1
八亩浜公路	P163	E7-F8
八十弄	P161	A4
八圩一路	P269	E6
八秀路	P205	A1
八秀西路	P205	A1
八溆公路	P265	B6-D4
八一河东路	P173	B3-C3
八一路	P255	C4-D3
八字南路	P251	D5-E6
八字桥路	P207	F7-E8
八字桥路	P209	E1
八字桥路(崇明)	P251	E5-E6
巴林路	P45	C4-C5
巴圣路	P165	F1-F3
坝桥路	P139	B2
白陈路	P201	F8
白陈路	P217	A8
白城路	P39	B2-E2
白城南路	P39	E2
白渡路	P79	B2-B3
白港北路	P249	C5-C6
白港公路	P249	C6
白河路	P69	C3
白桦路	P105	D6-F7
白介路	P201	F7-F8
白荆路	P215	F4
白荆路	P231	A4
白兰路	P65	B5-D6
白丽路	P41	B3-D4
白莲泾路	P87	E1-F3
白林路	P201	F7-F8
白马塘二路	P155	C3-D3
白马塘一路	P155	C3,D3
白庙港路	P209	A1
白牛路	P217	B7-C6
白墙中路	P139	F2-E2
白沙路	P225	F6
白沙路	P239	A6
白沙园路	P141	E7
白石公路	P149	D1-E6
白石路	P225	F5
白水路	P43	F6
白奚公路	P265	D8-D7
白象路	P219	E2
白新公路	P245	A7-D7
白萱路	P39	B8
白杨路	P109	C4-F4
白漾路	P221	E3
白漾四弄	P77	C8-D8
白衣路	P211	F5
白衣路	P227	A5
白银路	P147	C3-B5
白玉兰路	P235	C5-C6
白玉路	P65	C7-F7
白云路	P189	E7-F7
白云路	P225	E6-F6
白云路(松江)	P183	F4
白樟路	P55	B5-C6
白中路	P149	D6
百安公路	P137	F6-F7
百安公路	P145	A7-D8
百安公路	P147	D1-F1
百安公路	P151	A1
百步街	P71	A3
百富路	P225	A2
百官街	P61	D7-E7
百花街	P119	A3
百花街	P97	E6-F6
百惠迁路	P271	C5-D5
百家路	P205	E3-F4
百家路(张堰)	P235	C6-C7
百翎路	P69	F8
百禄路	P61	F3
百齐路	P225	A2
百曲路	P209	D4
百曲路(康桥)	P123	E2-F3
百曲路(康桥)	P131	A3
百泉路	P145	A6-B7
百顺路	P225	A2-B2
百岁坊	P183	F3
百通路	P225	A2-A3
百团路	P209	D4
百熙路	P177	C2-D2,D3-E3
百兴路	P225	A2
百秀路	P225	A2-A3
百业路	P115	A2-B2
百子庵街	P255	C4
百尊路	P225	A2
柏建路	P127	D7
柏枝弄	P77	B8
柏枝弄	P79	B1-C1
班溪路	P29	A5
斑竹路	P139	F2-F3

名称	页码	索引格
板桥东路	P243	C2-B3
板桥西路	P241	D7-D8
板桥西路	P243	D1-C2
板泉路	P101	E7-D8
板泉路	P103	D1,C2-A8
板泉路	P113	D1-C2
半泾园弄	P77	C7-C8
半淞园路	P79	F2
半淞园路	P85	C8
半淞园路	P87	A2-C1
半夏路	P175	E2
半巷路	P139	E8
伴亭路	P117	C1-B2
伴亭路	P163	B8
浜北凌云路	P255	B8
浜东浜西路	P255	B8-C8
浜东浜西路	P257	C1
浜东北路	P255	B8
浜东北路	P257	B1
浜东路	P255	B8
浜东路	P257	B1
浜东中路	P255	B8-C8
浜南二队东路	P255	B8-C8
浜西北中心路	P255	A8-B8
浜西路	P255	B7-B8
浜镇公路	P255	B8
棒棒路	P139	B5-B6
包桥街	P195	E3-E4
包头路	P39	B2-F2
包头南路	P39	F2
包头南路	P47	A2
宝安公路	P145	E6-E8
宝安公路	P147	E1-C8
宝安公路	P25	E1-C8
宝安公路	P27	C1-A5
宝安路	P45	F4
宝安路	P61	A7
宝安支路	P45	F4
宝昌路	P45	F2
宝昌路	P61	A3-D5
宝城路	P117	F8
宝城路	P125	A8
宝城路	P127	A1-B1
宝带弄	P71	F1
宝带弄	P79	A1
宝岛路	P255	C6-D5
宝荻路	P27	B1-C1
宝东路	P143	B5-D5
宝丰路	P151	D2
宝凤路	P139	B6-B7
宝富路	P25	D4-F5
宝慧路	P139	D6
宝菊路	P25	D5-F6
宝乐路	P147	D6
宝联路	P117	A3-A4
宝林路	P143	C3-B5
宝绿路	P25	D8
宝满路	P25	C3-E3
宝铭路	P117	C5-B6
宝南路	P117	A4
宝南路	P55	F4-F5
宝祁路	P33	F3
宝祁路	P41	A2-A3
宝钱公路	P133	F8
宝钱公路	P135	F1
宝钱公路	P137	F6-D8
宝钱公路	P139	D1-A8
宝钱公路	P145	B4-A6
宝庆街	P161	A4
宝庆路	P75	E6
宝泉路	P141	C7-D7
宝荣路	P183	D5
宝山路	P45	F3
宝山路	P61	A5-E5
宝胜路	P183	D5-E5
宝盛路	P55	F5
宝塔路	P147	D4-C5
宝太路	P25	E4-F4
宝田路	P141	F7
宝田路	P27	A4-A5
宝通路	P61	A4-D5
宝翔路	P147	E8-F8
宝翔路	P33	F1
宝翔路	P41	A1
宝秀路	P193	B1-C1
宝杨路	P141	F8
宝杨路	P143	E1-B6
宝杨路	P27	A5-A7
宝益路	P183	D5-E5
宝银路	P159	C1
宝育路	P147	C7-D7
宝园二路	P151	B5
宝园九路	P151	B5-B4
宝园六路	P151	B4-B6
宝园七路	P151	B5
宝园三路	P151	B5
宝园四路	P151	B4-B6
宝园五路	P151	B5
宝园一路	P151	B5
宝源路	P61	C4-C5
宝正路	P25	D4-E4
宝中路	P147	E2
保安公路	P247	F1-F3
保安路	P161	A5
保安南路	P247	F1-F2
保安南路	P251	A2-A3
保德路	P35	E6-D8
保德路	P37	D1
保定路	P45	F6
保定路	P63	A3-C5
保健路	P169	F5
保乐路	P155	B7-C6
保民路	P247	F1-F2
保民路	P251	A2-A3
保民南路	P251	A1-A3
保宁路	P37	F3
保宁路	P45	A3
保屯路	P77	F8
保屯路	P85	A8-B8
保屯路	P87	B1
保贤路	P225	A1-B1
报春路	P117	E6-D8
报春路	P119	D1
北艾路	P109	F3
北艾路	P113	A1-A3
北艾路	P95	C7-B8
北安德路	P149	C7-C8
北安路	P141	C7
北宝兴路	P45	C1-E1
北蔡大街	P109	F3-F4
北蔡大街	P113	A3
北场公路	P125	B1-B2
北陈公路	P261	F8
北陈公路	P265	A8-D6
北城壕路	P169	E5
北城路	P189	D6-D7
北翠路	P183	C2-C3
北村路	P225	E2-D2
北大街	P161	C1-D1
北大街(枫泾)	P217	C7-C6
北大街(嘉定)	P139	E4-F4
北大街(七宝)	P55	F4
北淀浦河路	P161	A4-A6
北东街	P55	F4
北斗路	P189	E6-E7
北丰路	P161	B5-B6
北府弄	P139	F4
北辅道	P151	D8
北辅道	P51	B1
北辅路	P117	F5
北港8号路	P261	C5
北港北路	P261	B4-C5
北港东路	P261	C6
北港路	P261	B4-C5
北港南路	P121	B1-B2
北港齐西路	P261	C4-C5
北港四号路	P261	C4-C5
北钩玉弄	P79	D2
北固弄	P55	F4
北海路	P69	E5-D6
北海宁路	P61	D7
北和公路	P137	C8-B8
北和公路	P139	B1-A2
北河路	P237	D7-C8
北河路	P239	C1-C2
北河漾路	P269	B3-B4
北横港路	P225	C5-B7
北横河路	P227	B6-A7
北横沥路	P55	E4-F4
北横路(邬桥)	P207	B3-B6
北横路(柘林)	P223	F4-F7
北横沙河路	P185	D5-D7
北虹路	P53	A7-D8
北虹路(西渡)	P207	C7-C8
北华路	P51	F1-F2
北环路	P207	D3-C5
北环路(鲁汇)	P193	E5
北黄日港路	P231	C4
北江榉路	P129	A5,B3-B4
北江桐路	P129	C3-B5
北江燕路	P129	F4-E6
北江洲路	P129	E4-E6
北郊路	P265	E8-F8
北街	P141	C2
北街(奉城)	P227	A4
北街(高桥)	P31	D7-E7
北街(四团)	P211	E8
北街(外冈)	P145	B8
北街(杨思)	P101	B8
北街(杨思)	P103	B1-C1
北街(颛桥)	P187	A1
北京东路	P69	C4-B8
北京西路	P67	F5-D8
北京西路	P69	D1-C4
北京西路	P75	A5-A4
北康路	P35	C6-B6
北孔家弄	P77	B7
北李路	P139	B8
北李路	P141	B1
北良泾路	P163	F8
北林路	P179	D7
北绿丽港路	P231	B4
北泖泾路	P163	B7-C7
北梅溪弄	P77	B8-C8
北门大街	P197	B2-C2
北门街	P153	F4
北门街(松江)	P183	E4
北门路(崇明)	P255	C3-D4
北门路(惠南)	P197	A2-B2
北闵路	P183	E7-F7
北闵路	P205	A7
北青公路	P153	D2-C8
北青公路	P155	C1-A7
北群路	P257	C2-E2
北三角街	P69	F6
北三角街	P77	A6
北沙港路	P185	C5-E5
北厍路	P203	E5-E6
北沈路	P51	F2
北沈路	P53	A2
北胜浜街	P179	C1
北盛公路	P205	D7-D8
北施家弄	P79	C3
北十一勤公路	P203	E7-E8
北石路	P57	D1-E4
北石皮弄	P77	A7
北市街	P169	D5-E5
北松公路	P183	E7-E8,F4-E7
北松公路	P187	F1-E3
北松公路	P189	D1-A8
北松公路	P191	A1
北松公路	P205	A4
北淞路	P51	E2-F3
北淞路	P53	A3
北苏州路	P61	F6-F8
北苏州路	P69	A8,B3-A6
北随塘河路	P241	F5-F8
北随塘河路	P243	E1-F1
北泰路	P241	D8
北王浜路	P179	D7-D8
北王医马弄	P69	F7-F8
北无锡路	P69	B5-B6
北吴路	P187	E3-C8
北吴路	P193	B1
北西街	P55	F4
北下街	P139	E4-F4
北新公路	P257	A3-F1
北新路	P113	A5-B5
北新溪路	P175	C7
北新园路	P165	D2-E2
北新支路	P257	E2-F2
北星公路	P247	F1
北星公路	P249	A8-C7
北星公路	P251	A1
北兴二路	P269	D5-D6
北兴路	P29	A5
北兴七路	P269	C5-D5
北兴三路	P269	D5-D6
北兴中路	P261	D7-D6
北幸福路	P211	E3-E4
北徐路	P193	D5-C6
北徐支路	P193	C5
北沿公路	P245	B4-D8
北沿公路	P247	D1-F3
北沿公路	P251	A3-F8
北沿公路	P253	F1-F3
北沿公路	P255	A8
北沿公路	P257	A1,A3-D8
北沿公路	P261	A1-F8
北沿公路	P263	F1
北沿南路	P261	E7
北沿支路	P261	D6
北杨路	P205	A1-A2
北洋泾路	P105	C3-D3
北窑南北中路	P213	F8
北窑南北中路	P229	A8
北滧公路	P261	D6-F5
北滧公路	P265	A5-C4
北银河路	P237	E7-E8
北银河路	P239	E1-D2
北盈路	P153	D2-D4
北油车弄	P123	F7
北渔路	P53	A6-C6
北裕路	P251	C4-C5
北园路	P87	A7-A8
北圆沙路	P271	B3
北蕰川路	P133	C7-C8
北蕰川路	P135	C1-E4
北泽路	P189	E6-D6
北栅桥路	P51	A5-B4
北翟高架路	P155	A7-A8
北翟高架路	P53	A1-A4
北翟路	P155	A7-A8
北翟路	P53	A1-A7
北翟支路	P155	B7
北张家浜路	P79	C6-C8
北张泾	P163	C6
北长路	P251	C4
北中路	P113	A3-A6
北周路	P145	C5-C6
北庄路	P175	D4-E4
备战路	P265	D8-E8
蓓雅路	P159	F3
蓓雅路	P179	A3
奔牛路	P177	A3-B3
奔腾路	P229	C7-D7
本溪路	P45	E7-D8
泵站公路	P109	E5-E6
毕升路	P111	F1
毕升路	P113	A7-A8
毕升路	P115	A1
碧波路	P109	C8-E7
碧江路	P191	C1-F2
碧江南路	P191	F2
碧泉路	P117	F7
碧泉路	P125	A7
碧桃路	P107	F1-F2
碧藤路	P191	E2
碧溪路	P189	E5-F5
碧秀路	P117	F8
碧瀛路	P259	A4-B4
碧瀛南路	P259	A4-B4
碧云路	P105	E6-D8
边防路	P273	B3
边关路	P245	F2
宾川路	P191	F2-E4
宾南路	P99	B3-C3
宾阳路	P99	B2-B3
滨港大道	P231	A6-B6
滨果路	P215	C3-F3
滨洪路	P255	B3-C3
滨湖路	P183	C2-D2
滨江大道	P105	D1-C3
滨江大道	P63	F6-F7
滨江大道	P71	A7-A8,C1-A3,E3-F4
滨江大道	P79	A4
滨江道	P193	A3-C3
滨江路	P99	E8-F8
滨兴路	P223	C1
滨悦路	P163	D4
缤纷路	P183	C5-C6
冰克路	P269	F1
冰克路	P31	C8
波阳路	P47	E3-E4
百色路	P119	B5-A7
百色支路	P119	A7-B7
伯士路	P51	E7-F7
博安路	P163	A8-B8
博成路	P87	E2-F1
博成路	P93	B4-A8
博成路	P95	A1
博恒路	P155	A7-A8
博华路	P109	F3
博华路	P113	A3-B3,C3
博乐路	P139	E4-F5
博乐南路	P139	F5
博乐南路	P147	A5
博山东路	P105	C4-A6
博山路	P105	D3-C4
博霞路	P111	D1-D2
博翔路	P147	E8
博兴路	P47	E6-F8
博兴路	P49	D1-F1
博学路	P147	A7-C8
博学南路	P147	C8-D8
博园路	P149	B7-C8
博园路	P151	C1-E7
博云路	P111	D2
布长街	P141	D2
步韵路	P223	B5
堡八公路	P259	B5-C4
堡北5路	P259	A7-B7

名称	页码	索引格
堡北工农一路	P259	A7-B6
堡北路	P249	B4-B3
堡北一路	P259	A7
堡港路	P259	C6-D5
堡湖路	P249	B3-C5
堡江公路	P259	B6-D5
堡粮路	P259	C6
堡南支路	P259	D5-D6
堡同路	P249	B4-C4
堡西横路	P259	B4-B5
堡西水厂路	P259	B6
堡新二路	P259	C8
堡新三路	P259	B7-C7
堡兴路	P259	C6
堡溆路	P259	A5-B6,B7-C8
堡溆路	P261	F1
堡溆路	P265	A1
堡油路	P259	C4-C5
堡渔路	P259	C5
堡镇北路	P259	B7-C6
堡镇南路	P259	C6-D5
堡镇支路	P259	B7
堡镇中路	P259	C6

C

名称	页码	索引格
才华路	P239	D1
财宝路	P245	F3
财工河北路	P259	B6
财聚路	P209	D4-E4
财桃东路	P259	B6-C6,C5
财桃西路	P259	B5-C5
彩虹路	P159	F5
彩雅路	P167	E2
彩云路	P229	B5-B6
菜场二支路	P223	B8
菜场街	P161	A4
菜场路	P223	A8-B8
菜场路(崇明)	P257	F8
菜场路(奉城)	P227	A3
菜场路(新浜)	P203	F1
菜场一支路	P223	B8
菜园路	P259	B7-B6
菜园路	P261	E6
蔡卜路	P179	A2
蔡家浜东路	P163	F6-F7
蔡家浜路	P163	F5-F6
蔡家路	P149	C2-D2
蔡家宅路	P197	D6
蔡建路	P211	B3-B5,B5-C7
蔡伦路	P109	F7-F8
蔡伦路	P111	F1-E4
蔡伦支路	P111	E4
蔡桥路	P211	A3-B3
仓场东路	P139	F6
仓场路	P139	F5-F6
仓城街	P183	F2
仓储路	P173	D4-E4
仓房浜路	P29	C8
仓房浜路	P31	C1-A2
仓房港环路	P29	C7
仓房港路	P245	C6-E6
仓房新路	P29	C6-C7
仓丰路	P181	F8
仓丰路	P183	F1-F2
仓华路	P183	E1-F1
仓华路(崇明)	P249	B6-C6
仓汇路	P183	E1-F1
仓九路	P29	B8
仓九路	P31	B1-C1
仓南街	P183	F2
仓桥浜后街	P79	C2-D2
仓桥街	P219	C7
仓轩路	P181	E8
苍工路	P237	C7-B8
苍工路	P239	B1
苍梧路	P89	C5-F6
苍梧路	P97	A6-B6
沧海路	P229	F2-F3,F4-F7
沧泾路	P155	F6
沧泾路	P163	A6
沧源路	P191	B4-E5
沧州路	P45	C8
沧州路	P47	C1-D1
操场街	P169	E5
曹安公路	P149	A7-B8
曹安公路	P151	B1-C8
曹安公路	P41	F1
曹安公路	P51	A1-C7
曹安路	P51	C7-C8
曹丰路	P151	C5-D6
曹红路	P139	B8

名称	页码	索引格
曹华路	P151	C8-D7
曹家浜公路	P203	E6-F6
曹家浜路	P31	A4-B4
曹家沟路	P107	D6-F7
曹家河路	P255	D4,D4-D5
曹家街	P77	B7-C7
曹家弄	P77	B7
曹家塘路	P187	E6-F7
曹家堰路	P75	D2-E3
曹建路	P127	D5-D7
曹金路	P219	B3
曹黎路	P219	E2-D4
曹联路	P151	C4-B5
曹联支路	P151	C5
曹南路	P51	A4
曹农路	P183	C6-D6
曹胜路	P139	B6-B7
曹市弄	P77	B7-C8
曹塘港路	P195	F4
曹王路	P139	B7-B8
曹西路	P219	A1-B3
曹西南路	P219	B2
曹新公路	P139	B8,E2-C6
曹新公路	P141	B1
曹新路	P145	F6
曹新路	P149	A6-B6
曹杨路	P57	A3-F5
曹杨路	P65	A5-E8
曹一路	P127	D5-D6
曹治路	P195	F4
漕宝路	P55	E6-E8,F3-E6
漕宝路	P97	D1-A8
漕宝路	P99	A1-A2
漕程路	P161	A3
漕东路	P91	E3-E4
漕东三路	P91	F3
漕东四路	P91	F3
漕东支路	P91	D4-F3
漕河街	P161	D1
漕河泾路	P265	D7-E7
漕河路	P183	C7
漕廊公路	P233	E6-E8
漕廊公路	P235	E1-D8
漕廊公路	P237	D1-E6
漕平路	P159	D8
漕平路	P161	D1
漕平支路	P159	D8
漕松路	P163	D8-E8
漕穗北路	P153	F3
漕穗北路	P161	A3
漕穗南路	P161	A3
漕溪北路	P83	D3-F3
漕溪北路	P91	A3-C3
漕溪路	P91	C3-F2
漕溪路	P99	A2
漕盈路	P153	B3-F3
漕盈路	P161	A3-B3
漕俞路	P153	F3
草庵路	P225	E5
草港公路	P255	B5-C8
草港公路	P257	C1-F8
草港公路	P261	C1-F6
草港公路	P265	A6-B8
草港支路	P261	F5,F5-F6
草港支路	P265	A6
草高公路	P143	F8
草高公路	P29	A8
草高公路	P31	A1
草高支路	P31	E4-D7
草庙路	P255	A2
草埝支路	P153	A7-B7
草窝弄	P255	C4
草长浜路	P183	F1
岑卜路	P179	B1-A3
岑飞路	P159	F3
岑扬路	P179	A3-A4
岑中路	P179	A3
层林路	P229	C7-F7
插乌溆路	P257	C7-E6
茶庵街	P139	B2-C2
茶花路	P115	C3-D4
茶陵北路	P85	C2
茶陵路	P85	D1-D2
茶苔路	P205	A4
查梅路	P241	B5-B8
查梅西路	P241	C5-C6,C6
槎溪路	P151	A8-B8
槎溪路	P41	C1-D1
察院弄	P139	F4
柴场中心路(川沙)	P169	F7
柴场中心路(洪庙)	P211	F6
柴联路	P211	E5-E6
柴塘北路	P151	F7

名称	页码	索引格
柴塘北路	P155	A7
柴塘环路	P223	D4
昌北路	P29	A5
昌达路	P193	A4,A4-B4
昌化路	P59	E5-F5
昌化路	P67	A5-D8
昌吉东路	P149	A8
昌吉东路	P151	A1-A3
昌吉路	P149	A6-A8
昌里东路	P95	D3-B7
昌里路	P93	E7-E8
昌里路	P95	E1-D3
昌林路	P193	A4
昌平路	P67	E2-B7
昌翔路	P33	D1-F2
昌兴路	P169	A2-B2
昌徐路	P139	D4-D5
昌业路	P161	B8
昌业路	P163	B1
昌邑路	P105	D1-B3
昌邑路	P71	A6-A8,B5-A6
长安泾路	P163	F8
长安路	P59	E7-F7
长安路	P67	A7-A8
长安路	P69	A1
长白路	P47	C2-B3
长浜村路	P223	A6
长浜路	P45	E8
长浜路(洞泾)	P163	E5-E6
长浜路(嘉定)	P139	E7-E8
长北路	P157	B6-C7
长北支路	P157	B6-C6
长川路	P135	E1-F1
长春路	P45	F3,F3-F4
长春路	P61	A7-B6
长春路(金山)	P241	A7-B7
长春支路	P61	A7
长岛路	P105	A7-A8
长岛路	P107	A1
长岛路	P47	E7-F7
长岛路	P49	F1
长岛南路	P259	D6
长岛中路	P259	C6-D6
长堤路	P223	B6-C7
长甸路	P237	F1-F2
长东公路	P205	C1-D1
长发路	P135	E1-F1
长发西路	P265	A1-B1
长飞路	P135	E1
长丰路	P225	D5-E5
长舸路	P269	E8-F8
长舸路	P271	A1-B2
长谷东路	P205	A2
长谷路	P205	A2
长海路	P37	E8
长海路	P39	E1
长虹路	P135	E1-F1
长侯公路	P255	C7-D7
长华路	P119	C6-E7,E7-F7
长吉树路	P35	A2
长建路	P135	E2-F2
长江东路	P267	B4-B5
长江公路	P253	F2
长江公路	P257	A2-A3
长江路	P29	E3-D5
长江路(惠南)	P197	B5-C6
长江南路	P29	E3-F3
长江南路	P37	A3-B4
长江西路	P27	F8
长江西路	P29	F1-E3
长江西路	P35	C4-A8
长泾村鸡场路	P145	C7
长橘路	P269	D6
长凯路	P269	F8
长凯路	P271	A1-B2
长康路	P35	C4-D4
长乐路	P75	D4-B8
长乐路	P77	B1-A3
长联路	P141	F1-F3
长临路	P35	A5-C6,C6-D6,D6-E6
长岭路	P45	C7-D8
长柳路	P105	F3
长柳路	P109	A3-A4
长美路	P115	D5-C6
长明东路	P271	A2
长明南路	P271	A2
长宁路	P53	A7-B8
长宁路	P67	E1-F1
长宁路	P73	C1-A8
长宁路	P75	A1
长宁支路	P65	F8
长宁支路	P67	F1
长宁支路	P73	A8

名称	页码	索引格
长桥街	P183	F3
长桥路	P119	B6-C6
长桥路(川沙)	P175	A8
长桥路(川沙)	P177	A1
长桥南街(松江)	P183	F3
长清北路	P93	A6-D7
长清路	P101	A7-F8
长清路	P121	A4-C5
长清路	P93	D7-F7
长泉路	P269	E8
长泉路	P271	A1-A2
长沙路	P69	B3-C4
长山路	P45	F3
长施公路	P163	D6-E7
长石公路	P205	B1-C1
长寿路	P59	F5
长寿路	P67	A5-E1
长水街	P183	B5
长顺路	P81	B6-D6
长塔公路	P203	B8
长塔公路	P205	B1
长塘路	P201	D5-D6
长涛路	P269	F8
长涛路	P271	A1-C3
长庭路	P223	A6
长卫路	P269	E8
长卫路	P271	A1
长兴东路	P163	F6-F8,F8
长兴公路(崇明)	P255	E7-F7
长兴公路(叶榭)	P207	D1-E1,E1
长兴河路	P193	B7-C7
长兴江南大道	P165	A8
长兴江南大道	P269	E6-F8
长兴江南大道	P271	A1-D4
长兴路	P61	D1-E1
长兴路(洞泾)	P163	F5-F6
长兴路(山阳)	P237	E1-E2,E2
长兴路(祝桥)	P177	F4-F5
长兴西路	P255	B5-C6
长兴中路	P255	C6-C7
长堰路	P237	B4-B5
长阳路	P45	F8
长阳路	P47	F1-D4
长阳路	P63	C4-A7
长逸路	P29	F4-F5
长逸路	P37	A3-A4
长樱路	P141	B6
长永公路	P205	C5-C6
长元路	P115	C7
长园中路	P269	C4-C5
长跃路	P235	C4-B5
长张路	P163	E7
长征二路	P269	B5-C5
长征公路	P251	A4-D6
长征六路	P269	C5
长征路	P269	B5-D5
长征路(崇明)	P263	F4-F5,F5-F6
长征五路	P269	C4-D5
长征一路	P269	B5-C5
长治路	P61	E8-F8
长珠路	P201	A8
长珠路	P203	A1
常德路	P67	A2-F6
常德路	P75	A6-B6
常和路	P41	C5-D7
常满路	P231	E1-F2
常熟路	P75	C5-E6
厂东路	P165	E4-F4
厂南路	P165	F4
场北路	P35	B3-A6
场北支路	P35	A3-B3
场部路	P271	C8
场东路	P125	B4-D5
场东路	P249	C5
场康路	P35	C3-C4
场联路	P35	E3-F3
场南路	P249	B3-C3
场南路(新桥)	P125	D4-D5
场浦路	P35	D3-D4
场署街	P169	E5
场西路	P125	C2-D3,D3-F4,F3-F4,F4
场西路	P35	B3-D3
场中路	P35	F3-F8
场中路	P37	F1-E4
场中路(崇明)	P249	B5-B6
场中路(五四)	P229	D1-F1
畅心园路	P45	E5-E6
朝航路	P177	C6-D7
朝晖路	P173	D1-D2
朝辉路	P177	D7
朝江路	P249	D6-D7
朝锦路	P177	D7-E7

名称	页码	索引格
朝鹏路	P165	F2
朝鹏路	P49	A4
朝勤路	P167	D4-E4
朝勤支路	P167	D4
朝阳河路	P153	B5,C5-D5
朝阳河路	P235	F4
朝阳河路	P241	A4-B4
朝阳路	P183	F6
朝阳路(合庆)	P167	E5-F5
朝阳门路	P255	D4
朝阳南路	P265	D6-D7
潮枫路	P217	C3-D2,D8-F6
潮富路	P163	C7
潮和路	P229	D8-E8
潮华路	P229	E5-F5
潮乐路	P229	D8-E8
潮兴路	P229	E5-F5
潮阳港公路	P205	F6
潮阳港公路	P221	A6-B6
潮中路	P229	E5-F5
潮州路	P57	B4-B5
车安路	P183	F7
车峰路	P183	E8-F8
车峰路	P205	A7-A8
车嘉路	P183	E7
车泾路	P183	E7-E8
车腾路	P183	F7
车亭公路	P183	E7-F7
车亭公路	P205	A7-F8
车亭公路	P221	A8-C8
车亭公路	P223	C1
车香路	P183	F7-F6
车阳路	P205	A5-A7
车业路	P183	F7
车站北路	P45	A1-A3
车站后路	P77	F8
车站路	P169	D5-E5,E5
车站路(青浦)	P161	A4
车站南路	P45	A2-A3
车站西路	P45	A3
车站支路	P77	F8
车站支路	P79	F1
车张路	P141	E4
辰花路	P181	B6-A8
辰花路	P183	A1-A5
辰石路	P203	A8
辰塔路	P161	F8
辰塔路	P181	A8-F8
辰塔路	P203	A8-E8
辰塔路	P205	E1
沉香阁路	P69	F7-F8
陈安路	P147	C5-C6
陈白路	P139	A5-B5
陈宝路	P147	A8
陈宝路	P25	A1-E1
陈北路	P139	F8
陈北路	P147	A8
陈北路	P25	A1
陈仓门弄	P255	D3
陈川路	P133	E8
陈川路	P135	E1-D2
陈川西路	P133	E8
陈春东路	P113	B4-B5
陈春公路	P125	F2-E4
陈春公路	P183	A8
陈春公路	P185	A1-A2
陈春路	P113	C2-B4
陈东路	P135	D2
陈东路(崇明)	P265	D8
陈东路(崇明)	P267	D1
陈富路	P33	B3
陈阁路	P205	D2-D3
陈功路	P135	D1
陈广路	P25	E3-F3
陈广路	P33	A3-D4
陈海公路	P245	D5-F5
陈海公路	P249	A5-E8
陈海公路	P251	E1-F3
陈海公路	P255	A3-D8
陈海公路	P257	D1-F5
陈海公路	P259	A5-B8
陈海公路	P261	E1-F4
陈海公路	P265	A4-B7
陈行公路	P121	D8-E8
陈行公路	P123	E1-F1
陈行公路	P129	D2-B8
陈行公路	P131	A1,B1-A1
陈行街	P135	D2
陈家公路	P181	A8-B8
陈家沟路	P107	D7-C8
陈家街	P31	E7-F7
陈家山路	P139	E3-E4,F3
陈家山路	P147	A3
陈家湾路	P139	B7-A8
陈家宅路	P45	F1
陈家宅路(惠南)	P197	D5
陈江公路	P161	E7
陈泾路	P163	D6-D7
陈九公路	P161	E5
陈南北路	P265	B6-C7
陈南公路	P265	A4-C7
陈南路	P129	D5-D6
陈南南路	P265	C6
陈南西路	P265	C6
陈南中路	P265	C6-C7
陈彷公路	P261	E1-F2
陈彷公路	P265	A2-C7
陈桥路	P207	C8-D8,D8-E8,E8-F8,F8
陈勤路	P147	E7-E8
陈邵路	P49	D6-E6,E6-F6,F6-F7
陈施路	P257	E6-F6
陈士安桥	P69	F8
陈士安桥	P77	A8
陈水关路	P115	B5
陈西河路	P265	B5-C6
陈西路	P265	B6-C6
陈翔路	P147	F7-E8
陈翔路	P33	D1-D3
陈新路	P135	D1-E1
陈新路(商榻)	P157	D6-D8
陈新路(商榻)	P159	D1
陈新支路	P157	D5-D6
陈漾路	P259	B8-C8
陈溆公路	P261	E7-F6
陈溆公路	P265	A6-D4
陈谊支路	P209	C1
陈岳路	P149	D8-E7
陈镇路	P135	D1-D2
陈中路	P129	D6
陈周南路	P147	C1
晨帆路	P37	B3
晨晖路	P109	E7-D8
晨晖路	P111	D1
晨兴公路	P203	E8
晨兴公路	P205	E1
晨阳路	P173	D1-D3
晨阳西路	P173	E1-D1
成都北路	P69	A1-F2
成都北路	P77	A2-A3
成都南路	P77	A2-B2
成功路	P173	D1-E1
成凯路	P227	A2-B2
成毛公路	P219	B2-D3
成山路	P113	B1-B3,B4
成山路	P93	F6-F8
成山路	P95	F1-D8
成业路	P161	C8-B8
成业路	P163	B1
成园路	P49	D2-E2
呈祥港路	P195	A1-B1
呈祥路	P117	E6-F6
诚爱路	P155	E5-D6
诚礼路	P167	F1
诚礼路	P169	A1
诚日路	P221	A3
城北路	P133	F1
城北路	P139	A1-F4
城北中学路	P251	F5
城大路	P227	A4-B4
城丰路	P169	F2-F3,F3-F4
城丰路	P171	A1-A2
城固路	P147	B4-B5,C3-B4
城桂路	P163	F3
城河路	P243	C1-D1
城鸿路	P163	C3-D3
城基路	P197	B2-C2
城垦东路	P251	A6-B6
城垦路	P251	A6-C5
城垦西路	P251	A6
城兰路	P227	A4
城隆路	P163	E3-F3
城南路(川沙)	P169	F4-F6
城桃路	P163	F3
城西路	P197	B2-C2
城西路(川沙)	P169	E4-E5
城西南路	P197	C2
城乡东路	P209	F8
城乡东路	P225	A8
城乡路(南桥)	P223	A8
城乡路(南桥)	P225	A1
城乡路(青村)	P209	F8
城乡路(青村)	P225	A8
城协路	P227	B4-A5
城银路	P33	D3-E5
城置路	P163	C4-D4
城中北路	P153	D4-E4,E4-F4
城中北路	P161	A4
城中东路	P161	A4-A5
城中东支路	P161	A5
城中街	P139	F4
城中路	P139	F4
城中路	P147	A4
城中路(奉城)	P227	A2-B3,B3
城中路(朱泾)	P219	C7
城中南路	P161	A4
城中西路	P161	A3-A4
程鹤路	P149	C6-E5
程家桥路	P53	F6
程家桥路	P55	A6-A7
程家桥支路	P55	A7-A8
程普路	P207	E7-E8
澄建路	P127	D7-E7
澄江路	P127	E6-E8,F4-E6
澄江路	P129	E1
澄浏公路	P139	A6-E5
澄浏中路	P139	E5-F6
澄浏中路	P147	A6-D7
池沟路	P37	F3
池沟路	P45	A3
池河路	P121	B7-A8
池泾浜路	P153	D5
池泾路	P221	C2
池月路	P229	A6-C5
驰华路	P237	A7-B8
赤峰路	P45	C3-D6
重固镇大街	P153	B8,B8-D8
重联路	P153	B8
重联路	P155	B1
重庆北路	P69	E2-F3,F3
重庆北路	P77	A3
重庆南路	P77	B3-F4
重庆中路	P77	A3-B3
重霄路	P229	C6-D6
崇安路	P255	D3
崇宝路	P247	B1-C1
崇德路	P77	B5
崇福路	P147	E6
崇教路	P147	E5-E6
崇景路	P143	F7,F7-F8
崇景路	P29	A7
崇绿路	P265	A2-B2
崇明大道	P255	D4-D5
崇明大道	P257	F1
崇明大道	P259	A1
崇明路	P61	F6-F7
崇明支路	P61	F6
崇南公路	P181	D5-D6
崇旺路	P267	D3-F2
崇文路	P147	E5-E6
崇溪路	P175	D7-D8
崇信路	P147	B3-C4,C4-D4
崇园路	P267	E1-F1
崇州路	P255	C5-D5
酬勤路	P203	B8-C8
储粮路	P243	A3
储七路	P175	B7-A8
储七路	P177	A1
储墙路	P195	A1-A2,A2
楚工路	P237	B8-C8
楚华北路	P223	F7
楚华北路	P237	A7-A8,A8-B8,B8-C8
楚华路	P237	C8-D8
楚华路	P239	D1,E1-F1
楚华支路	P237	D7-C8
楚园路	P209	F2
褚家路	P209	F4
褚聚路	P227	B2
畜牧路	P257	F7
川安路	P49	C6-D7
川北公路	P111	C3-D2
川博路	P211	F4
川博路	P227	A4
川潮路	P213	C3-D3
川大路	P171	D5-C6
川东河路	P169	D7-D8
川公路	P61	C5,C5-B6
川和路	P115	A2-B3
川宏路	P171	E5-E6
川环北路	P169	D4-D5
川环东路	P169	E6-F6
川环南路	P169	F5-F7
川环南路	P171	A3-A5
川黄路	P169	E5-F6
川汇二路	P173	F3
川汇二路	P177	A3
川汇路	P177	A3-B3
川汇三路	P173	F3
川汇三路	P177	A3
川纪路	P135	D3
川六公路	P171	B6-F7,F7-E8
川六公路	P173	F1-F2
川南奉公路	P173	B1-F2
川南奉公路	P177	A2-F3
川南奉公路	P197	A3-B3,C3-F3
川南奉公路	P211	E8,F5-E8
川南奉公路	P213	A3-E1
川南奉公路	P227	A3-A5
川念路	P135	D3-E4
川桥路	P107	B5,D1-C5
川庆路	P171	E6-F7
川沙路	P167	B1,B1-F2
川沙路	P169	A3-F5
川沙路	P171	A5-F6
川沙路	P175	A7-B8
川沙路延伸段	P175	A8-B8
川图路	P171	F5-E7
川吴路	P175	A8
川巷路	P141	C5
川协路	P211	F5
川协路	P227	A5
川心街	P255	C4
川新宅路	P165	E4-F4
川雄路	P135	E4-F4
川杨河路	P169	C8
川杨河路	P173	B1-A3
川银路	P169	F3-E4
川展路	P115	F8
川展路	P171	F1-C8
川治东路	P197	F4-F5
川治路	P197	F3-F4
川治支路	P197	F4
川周公路	P115	F5-E8
川周公路	P123	D8,E6-D8
川周公路	P169	F6
川周公路	P171	E1-A6
川周公路	P175	A1-A2,A2-A3,B1
穿心河路	P31	D6
穿心街	P57	E3
船厂街	P123	F7
船厂路	P83	F8
船厂路	P91	A8
船厂路	P93	A1-B1
船舫路	P175	C8
船山街	P215	B1
船新路	P223	A8
创滨路	P169	B1-C2
创博路	P193	F5
创船路	P269	A3-B2
创富路	P163	C8
创工路	P239	C1
创嘉路	P183	E7-F7
创建北路	P269	B3
创建二路	P269	B3-C3
创建路	P269	A3-B2
创建南路	P269	C3
创建七路	P269	B3-B2
创建四路	P269	B3
创建一支路	P269	B3-C3
创通路	P241	D7-E7
创新东路	P269	B3-C4
创新街	P177	C2
创新路	P111	D8-C8
创新路	P169	B3-A4,C1-B2
创新路	P269	B3
创新西路	P111	E5-E6,E6-D8
创新西路(长兴)	P269	B2-B3
创业路(浦东)	P169	C2-B5
创园二路	P269	B3
创园一路	P269	B3
创运路	P167	E2-F2
创中路	P269	B3
垂姚路	P155	E3-F2
垂姚支路	P155	E2-F2
垂盈路	P155	F2
春常路	P185	B5
春东路	P125	C8-F8
春东路	P127	F1
春都路	P127	F2-E4
春风村路	P257	D5
春风东一路	P257	C5-D5
春风二路	P257	D5,D5-D6
春风公路	P257	C5-C6
春风三路	P257	D5-D6
春富路	P119	E4
春耕路	P149	C6-D6
春光二布路	P261	F4
春光路	P125	D7-F8
春光南路	P261	F4-F5
春光中心路	P261	E4-F5
春归路	P151	B3-A4
春和路	P141	D4-D6

名称	页码	索引格
春华路	P241	C6–D7
春晖路	P31	F8–F7
春晖路	P39	A7
春及路	P145	B8
春江路	P47	A3–A4
春锦路	P151	A2
春九路	P125	C4–E5
春康路	P185	B4–C5
春雷路	P141	D7
春丽路	P235	A8–B8
春联路	P271	D5–D6
春林路	P183	C6–C7
春浓路	P151	A4–C4
春泉路	P111	B6–B7
春荣路	P151	C3
春申路	P119	F4–F6
春申路	P125	C8–B8
春申路	P127	B1–A4
春申路	P125	D3–D4
春生街	P45	A3
春天大道	P149	B3–B4
春眺路	P121	A2–A3
春亭路	P151	C2–C4
春西路	P125	E6–F6
春西路	P185	A6–A7
春祥路	P229	B7
春晓路	P109	D7–D8
春心路	P261	E5,E5–E4
春兴路	P119	F4
春兴路	P127	A4
春秀路	P151	A2
春雅路	P107	E5–E6
春延路	P121	B8
春阳路	P31	F7
春阳路	P39	A6–A7
春业路	P125	F5–F6
春意路	P151	B3–B4
春永路	P185	B5
春雨路	P151	B3–B4
春原路	P125	E5
春源路	P111	C7–B7
春耘路	P167	C1
春中路	P125	E7–F8
椿南公路	P257	D4–E5
椿南中心路	P257	D4–E4
椿樟街	P123	F7
纯新路	P175	A7
纯阳路	P249	A6–A7
纯育路	P245	F5–F6
纯中路	P245	F6–F7
纯中路	P249	A7
慈民路	P155	C5
慈母路	P149	E3–F4
慈桥路	P175	A2
慈善街	P31	E7–F7
慈溪路	P69	C1
慈杨路	P225	C2–C3
慈云街	P83	F4
慈云街	P91	A3–A4
慈竹路	P139	F2
从友大道	P193	D6–E6
翠柏路	P107	F2,F4–E5
翠柏路	P111	A1–A2
翠波路	P229	A4
翠鸟路	P265	C7–C8
翠溪路	P121	A2
翠钰路	P81	D1–E2
翠钰南路	P81	E2–F2
翠竹路	P255	C4–D6
村史馆路	P253	C1–D1
村中公路	P205	D5
村中路	P255	D6–E6

D

名称	页码	索引格
达尔文路	P109	E7–F7
达丰路	P107	E7
达福路	P221	C4,C4–C5
达山路	P259	C6
达秀路	P107	E7–D8
达政路	P225	A2
打虎山路	P45	E6–F7
打浦路	P85	A3–E4
打铁桥路	P163	B6
大安路	P139	A7–C7
大北街	P139	B2
大昌街	P79	D1
大昌南路	P209	B7
大昌中路	P209	B7
大陈路	P255	D4
大陈路(庙行)	P35	B3–B4
大川公路	P175	B8–D8
大川公路	P177	D1–F1
大川公路	P197	A1–D1
大慈路	P221	C8
大慈路	P223	C1
大道站路	P113	E1–D2
大灯路	P227	C1–C2
大堤路	P241	F5,F5–F8
大堤路	P243	F1–E2
大东浜公路	P203	A5
大东横路	P257	E6
大东街	P139	B2
大东路	P255	D7–E6
大渡河路	P57	A2–F2
大渡河路	P65	A2–F1
大渡河路	P73	A1–B2,B2–B3,B2–C2
大方路	P217	A8–B8
大方弄	P77	A6–B6
大丰路	P179	B1
大夫坊	P79	B1
大港公路	P261	B4–F2
大港路(宝山)	P135	D4–D5
大港路(崇明)	P253	F3
大公北路	P261	F5–F6
大公北路	P265	A6
大公路	P261	F5–F6
大公路	P265	A6
大沽路	P69	F1–F4
大沽路	P77	A1
大关路	P207	A4
大洪路	P169	F8
大洪路	P173	C1
大华二路	P43	E3–E4
大华路	P43	C3–F3
大华三路	P43	D3–E4
大华一路	P43	E3–F4
大吉路	P77	D6–D7
大江路	P205	B2
大境路	P69	F7
大境路	P77	A6–A7
大境弄	P77	A6
大康路	P35	A4–C4,C4–D5
大康支路	P35	C4
大浪湾道	P125	B4–A4
大泐港路	P229	A3–C3
大连路	P45	E5–F6
大连路	P63	A4–D6
大连西路	P45	E3–E5
大莲河水闸路	P159	F4–F5,F5
大林路	P77	E6–D7
大芦东路	P229	D8
大芦西路	P213	C2–C3
大茫中心路	P219	F6
大庙公路	P205	F5
大庙支路	P221	A4–A5
大名路	P61	F8
大名路	P63	F1
大名路	P69	A8
大木桥路	P85	B1–E2
大泥公路	P213	E5–F6
大泥公路	P229	A6–B7
大碾公路	P137	F8
大碾公路	P139	F1–F2
大碾公路	P145	A8
大碾公路	P147	A1
大宁路	P43	F7–D8
大平整路	P171	F8
大平整路	P173	F1
大浦港路	P113	E6–E7,E7–E8
大桥公路	P205	C7–C8
大庆河路	P209	B2–E2
大庆路	P211	D3–D4
大庆西路	P211	D3
大沙路	P177	E5
大生港路	P167	A1–A2
大生路	P161	A4
大树中心路	P223	F6
大树中心路	P237	A6–B6
大四路	P211	C6–C7
大寺路	P225	A1
大塘街	P255	C4
大田路	P69	B1–C1,D1–D2
大亭公路	P223	C1–C5
大通路	P259	B6–C6
大通路(亭林)	P221	D8
大同路	P31	E7–F6
大同路	P39	A6–B5,B5
大同路(崇明)	P255	C7–C8
大同路(西渡)	P207	B7–A8
大统路	P59	A8–E8,E8–F8
大统路	P61	F1
大统路	P69	A1–A2
大卫路	P227	A1–B1
大西门街	P161	A4
大新街	P161	D1
大兴八路	P269	E8
大兴北路	P271	A2
大兴二路	P271	A2–A3
大兴街	P77	D7–E8
大兴路	P271	A2
大兴三路	P271	A2
大兴四路	P271	A2
大学路	P37	F6–F7
大岩礁路	P273	D5–E5
大姚路	P207	A4
大叶公路	P205	D8
大叶公路	P207	D1–C8
大叶公路	P209	C1–B8
大叶公路	P211	B1–A7
大盈路	P153	A3–B3
大盈浦路	P161	A2–B2
大宅路	P51	C2–D2
大寨河路	P209	D4
大寨路	P49	A5–B5
大长河路	P259	B8
大长河路	P261	E1
大丈河路	P257	F5,F5–F6
大丈河路	P259	A6–A7
大治河路	P195	E8
大治河路	P197	E1–F3,F3–F8
大治河路	P199	F1
大治路	P139	F7–F8
大治路	P147	A7
大治西路	P147	A7
大塚路	P127	F4–E5
岱山路	P255	B3–C2
丹巴路	P51	C8–F7
丹巴路	P53	A7
丹东路	P105	B1
丹凤路	P71	F1
丹格路	P31	D8–C8
丹桂路	P111	B2–A5
丹海路	P197	D2
丹棱路	P119	C4–C5
丹徒路	P63	B2–D3
丹霞山路	P25	B5–D5
丹阳路	P105	B1–A1
淡家浜街	P183	A4–B4
淡水路	P77	A3–E4
荡泾路	P221	A7–C7
荡湾公路	P181	C5
荡湾路	P197	C3
倒川弄	P77	B8
道华路	P243	C4
道堂路	P47	F5
道新北路	P173	E2
道新南路	P173	F2
道悦路	P163	D5
稻香路	P115	A7–B8
德爱路	P47	A8
德堡路	P165	F1–F3
德昌路	P83	B4–C4
德川路	P169	E1–F1
德淳路	P167	F1
德都路	P141	C6–D7
德方路	P151	A8
德丰路	P209	F2
德富路	P147	B4–D5
德恒路	P101	A3–A4
德宏路	P191	E5–D6
德华路	P151	A7–A8
德力西路	P33	E1–D2
德立路	P147	C5,C5–C6,D6
德林路	P165	E1–D2
德宁路	P163	D4–E4
德平路	P105	B4–D6
德浦路	P123	E6
德泉路	P209	F4
德泉路	P225	A4
德胜路	P211	E3–F3
德胜路	P227	A3
德顺路	P209	F4
德顺路	P225	A4
德贤路	P235	D7–E7
德翔路	P169	E2–F2
德兴街	P171	E8–F8
德兴路	P259	B7–C8
德学路	P209	D1
德园路	P147	E7–F7,F7
德园路	P151	A7–A8
德园南路	P151	B8
德悦路	P163	D4–D5
德云东路	P263	F1
德云中路	P261	E7–E8,E8
德政路	P209	F2
德政路	P225	A2
德中路	P195	F7
德中路	P211	A7
德州路	P101	B4–A8
德州路	P103	A1
德州路	P95	F1–F3
灯辉路	P191	A4–A5,B2–A3
灯辉支路	P191	B3–A4
灯民路	P227	A3–B3
灯塔北路	P267	B1
灯塔中心路	P207	B7
登云路	P163	D5–E5
邓工路	P237	F3–F4
邓家弄	P141	C2
邓桥路	P237	D4–F3
邓曙路	P237	F3
邓祥路	P151	D1
堤北北路	P261	D3–E4
堤北南路	P261	E3–E4
滴翠路	P197	A5–A6
迪士尼大道	P175	B4–A4
荻山路	P123	C2–B3
地杰路	P135	F2
地灵路	P207	E6–F6
地园街	P139	B2–C2
第一蔬菜基地路	P261	D2
滇池路	P69	B7–B8
电大路	P223	A8
电力路	P259	D5
电台路	P25	C8–D8
电台路	P27	D1–E1
电台路(华漕)	P151	F5–F6
电台南路	P27	E1
电网路	P221	B7–B8
电站路	P273	B3
淀峰路	P159	E5
淀湖路	P153	F3–F4
淀湖路	P159	E5
淀南路	P117	F4
淀浦河东路	P161	A5
淀浦河路	P117	E1–C3
淀山湖大道	P159	B7–B8,C7–B8
淀山湖大道	P161	B1–A3
叠翠路	P109	C7–D7
叠桥路	P175	B2–C2
蝶衣路	P39	E7–E8
丁东路	P29	A8–B7
丁港路	P29	A6–B7
丁家浜路	P29	A7–B7
丁连路	P129	C3–D3
丁龙路	P29	B7–B8
丁三路	P29	A7–B7
丁香路	P105	F3–F5
丁香路	P109	A3–B2
丁长路	P163	F1
丁长路	P183	A1
鼎金路	P193	F4
鼎盛路	P181	C6–D6,E6–E7
鼎松路	P181	C6
鼎源路	P181	B6–E7
定安路	P99	C2–D3
定边路	P41	F5
定边路	P51	A5–B5
定海港路	P47	E4–D4
定海路	P47	D4–E4
定康路	P209	F3
定康路	P225	A3
定澜路	P255	D5
定水路	P105	D3
定威路	P53	B4
定武路	P213	A8
定西路	P73	B7–F8
定西路	P81	A8–B8
定兴路	P69	C3
定业路	P237	B1–B2
东安路	P83	C6–F8
东安路	P91	A8–B8
东安路	P93	B1
东安路(崇明)	P249	C7–B8
东百春路	P225	A2
东宝路	P147	D7
东宝路	P183	E5–D5
东宝兴路	P45	F2
东宝兴路	P61	A4–B6
东宝兴支路	P61	A5–A4
东滨村路	P271	C8–D8
东滨路	P271	C8–F7
东波路	P47	C6–C8
东蔡宅路	P141	F3
东岑路	P179	B4
东昌路	P71	E3–D5
东陈路	P147	B8
东晨二路	P193	D5
东晨南路	P193	D5
东晨三路	P193	D5

名称	页码	索引格
东晨西路	P193	D5
东晨一路	P193	D5
东城壕路	P169	E5–E6
东城路	P71	B4–B5
东川公路	P165	E4–F5
东川公路	P167	A1–F4
东川公路	P169	A8–C8
东川公路	P173	B1
东川路	P189	F5–E8
东川路	P191	E1–B8
东川路	P193	D1
东川路	P207	A2–A3
东大公路	P211	A7–A8
东大公路	P213	A1–B8
东大公路	P215	B1–B4
东大街(安亭)	P145	F7
东大街(安亭)	P149	A6–A7
东大街(崇明)	P257	F2
东大街(嘉定)	P139	F4–E5
东大街(叶榭)	P207	D1
东大街(祝桥)	P177	C2
东大名路	P63	F1–D5
东电路	P165	C1
东电台路	P141	F3
东定路	P243	D1
东方二路	P193	D5
东方红中心路	P219	E6–E7
东方路	P109	A1–C1
东方路	P63	F7
东方路	P71	A7–F8
东方路	P79	A8,E8–F8
东方路	P87	F3–A8
东方路(青浦)	P153	A1–A2
东方一路	P193	D4–D5
东防汛路	P249	B7,B7–D7,E6–D7
东风东路	P257	C3
东风公路	P251	D5–D8
东风街	P179	E8–F8
东风路	P219	C7
东风南路	P219	C7
东福路	P249	A3
东富路	P219	E6
东港大道	P231	B6–B7
东港公路	P177	E5–F6
东港公路	P197	A6–C7
东港路	P151	D2
东港路(洋山)	P273	E6–E7
东高路	P47	C6–B8
东高路	P49	B1–B2
东葛路	P39	F6
东葛路	P47	A6–C6
东沟北路	P47	B6
东沟路	P47	B6
东海大道	P273	B3–E7
东海大街	P177	E5
东海二路	P271	C7–C8
东海路	P229	B2
东海路(漕泾)	P237	E5–F6
东海四路	P271	D7–D8
东海一路	P165	F5
东海一路	P167	A1
东海一路	P271	C7–C8
东海支路	P273	B2–B3
东海中心路	P225	F2
东海中心路	P239	A2–A3
东海中心一路	P225	D2
东汉江路	P265	B5–A6
东汉阳路	P61	E8–D8
东汉阳路	P63	D1–D2
东航路	P157	B1–B2
东航路	P179	B1
东和路	P183	B7–C7
东河浜路	P169	E5–E6
东河路	P239	D2–E2
东河沿街	P255	C4
东恒路	P141	E3–F3
东横浜路	P61	A6–A5
东虹路	P251	D6–E6
东后街	P257	F2
东后老街	P195	D4–E4
东湖街	P159	D8
东湖街	P161	D1
东湖路	P75	C7–D8
东护航路	P173	D5–E5
东华路	P61	D5
东华美路	P53	A1–B1
东环龙路	P109	D1
东环龙路	P87	B8
东环路	P147	D2–E3
东环路(鲁汇)	P193	E5
东环路(青浦)	P153	C7
东煌路	P253	E2–F2
东汇路	P219	C7
东集路	P165	C2–D2
东佳路	P131	A1–A4
东建路	P109	D1–D2
东江路	P259	A8
东江路	P271	A6–C8
东江湾路	P45	E3–F3
东江阴街	P79	D1–D2
东交通路	P61	B8
东礁街	P243	D1
东街	P79	A1–B1
东街(北桥)	P187	E3
东街(奉城)	P227	A4
东街(高桥)	P31	E7
东街(江镇)	P173	E1–E2
东街(金汇)	P209	A3
东街(青村)	P209	F8
东街(四团)	P211	E8
东街(外冈)	P145	B8–A8
东街(杨行)	P141	F7–F8
东街(杨行)	P27	A6
东街(庄行)	P223	B5
东街路	P151	C2–C3
东进路	P257	E2–F2
东井街	P161	C1
东靖路	P167	A1–A2
东靖路	P47	B6–B8
东靖路	P49	B2–B5,B5–B8
东俊路	P139	C6–D6,D6–D7
东科路	P257	B5
东兰路	P55	F7–F8
东兰路	P97	E1–D3
东兰西路	P55	F6–F7
东乐路	P199	F2
东雷路	P197	D7–D8
东李路	P165	F5
东联路	P153	A2
东粮库路	P219	B8–C8
东林东街	P219	C7,C8
东林街	P219	C7
东林街(三林)	P121	B5–B7
东林路	P143	A4–C5
东凌白路	P167	F5–F6
东刘家弄	P79	A1
东陆路	P107	A2–A3
东陆路	P47	C6–E8
东陆路	P49	E1–F2
东陆支路	P47	B8–C8
东马公路	P257	E6–F6
东马中路	P257	E6–F6
东泖泾路	P183	E6
东泖路	P181	E2–F2
东梅家街	P79	B1
东美路	P53	A2–B2
东门大街	P197	C2
东门街	P169	E6
东门路	P71	F2
东门路	P79	A1–A2
东门路(崇明)	P255	C4–D4
东门路(惠南)	P197	C2–C3
东明路	P103	A5–F7
东明路	P121	A8–B8
东明路	P123	B1,C1–D1
东明路	P87	F4
东明路	P95	A4–F5
东牧路	P257	E2
东南路	P255	C8–D8
东南路	P257	B1–C1
东南弄街	P141	C2–D2
东鸥路	P267	F1–F2
东平北路	P241	B8
东平北路	P243	B1–C1
东平路	P75	F6–F7
东平路(崇明)	P253	F2
东平路(崇明)	P257	A2
东平南路	P243	C1–E1
东平南路(崇明)	P255	E8
东淇路	P201	B6–B7
东启航路	P173	C4–D4,D4–F5
东勤公路	P207	C2–D2
东青莲街	P69	F6–F7
东庆路	P161	C7–C6
东秋路	P141	F3
东泉街	P243	D2
东泉路	P99	D5–F5
东日路	P221	B2–B3
东瑞路	P253	D1–F1
东三公路	P203	B6–C6
东三街路	P87	B4
东三里桥路	P87	C4–E8
东三路	P181	E1–E2
东沙虹港路	P45	E5–F5
东库公路	P203	E6–F6
东库公路	P219	A6
东升路	P29	A5
东升路(罗泾)	P135	C1,D1–E2
东胜港路	P181	B7–C7
东胜路	P167	E2–F3
东胜路	P169	A5–B5
东石公路	P207	D2–F2
东石公路	P223	A2
东市北弄	P163	C6
东市街	P161	D1
东书房路	P113	C1–E2
东穗路	P223	B5–C6
东台路	P77	A5–B6,C6
东太东路	P141	F3–E4
东太路	P141	F3
东泰林路	P113	F2
东泰林路	P123	A2
东泰路	P71	C4–E4
东滩北路	P263	F5
东滩北路	P267	A5–B5
东滩大道	P265	B7–D8
东滩大道	P267	D1–F2
东滩南路	P267	B5–D3
东唐家弄	P79	B1
东塘公路	P39	B5–F5
东塘公路	P47	A5–B6
东体育会路	P45	B4–E3,E3
东体育会支路	P45	E3
东亭路	P173	D2–E2
东团路	P201	C8–C7
东推张路	P255	E7–E8
东旺东路	P267	B5–B6
东旺西路	P267	A2–A4
东旺中路	P267	A4–B5
东圩路	P203	B1,C1–B1
东吴路	P117	F5–F6
东西干道	P161	E4
东西湾路	P179	D4
东西巷街	P141	D1–C2
东贤路	P235	D6–E7
东翔路	P177	D5–E5
东小港	P255	C4
东新街	P189	A6–B6
东新路	P65	B8–A8
东新路	P67	A1
东新路(崇明)	P265	D8
东新路(崇明)	P267	B1,B1–C1,D1
东新路(高东)	P165	E3
东新民路	P61	E5–D6
东新小横路	P259	A3–A4
东新支路	P57	F8
东新支路	P65	A8
东新支路	P67	A1
东新中路	P259	A3–B3
东星路	P249	C7–C8
东兴二路	P271	D7
东兴六路	P271	E7–D8
东兴路	P183	D5–E6
东兴路(横沙)	P271	C8–E8
东兴七路	P271	E7–D8
东兴四路	P271	D7
东兴五路	P271	E7–D7
东兴一路	P271	D8
东绣路	P109	B2–D1
东徐联路	P155	E6–F7
东煦路	P47	A6–A8
东煦路	P49	A1
东巡逻通道	P207	D7–E7
东亚路	P219	E1–E2
东杨路	P207	C1–C2
东姚家弄	P79	A1–A2
东义2号路	P257	E2
东义路	P257	E2,E2–E3
东义路	P31	E7
东引路	P255	B4–D4
东瀛路	P263	F2
东瀛路	P267	A2–C2
东余杭路	P61	D8
东余杭路	P63	C2–A4,D1,D1–C2
东育路	P101	C5–F6
东育路	P121	A3
东园街	P243	D2
东园路	P71	A2–B3
东远航路	P173	D4–D5,D5–F5
东闸路	P117	E5–F5
东栅路	P203	A4
东栅桥路	P51	A5–B5
东长治路	P61	E8
东长治路	P63	E1–C4
东征路	P197	F7
东征路	P213	A7–A8
东朱路	P135	D1
东诸安浜路	P75	C2–C3
冬隆路	P241	E5–F5
冬泥路	P141	E4
冬融路	P39	A8
董家渡路	P79	D1–D4
动力北二路	P97	E8–F8
动力北二路	P99	E1
动力北三路	P97	F8–E8
动力北三路	P99	E1
动力北一路	P99	E1–F1
动力南二路	P99	E2–F2
动力南六路	P99	F2
动力南三路	P99	E2
动力南四路	P99	F2
动力南五路	P99	F1–F2
动力南一路	P99	F2
洞德路	P163	E4
洞泾路	P183	D5–E5
洞凯路	P163	E5–F5
洞宁路	P163	F6
洞宁路	P183	A6
洞库路	P163	E4–E5
洞莘路	P163	F5–F6
洞伟路	P163	D5,E5
洞西路	P163	F5
洞薛路	P163	F3–F5
洞业路	P163	D4–F4
洞舟路	P163	F4–F5
都昌路	P167	D1–E1
都春路	P125	B8
都会路	P127	C2–F3
都会路	P187	A3–F5
都会路	P191	A5
都市路	P125	A8,A8–B8
都市路	P127	B1–F2
都市路	P187	A2–F4
都市路	P191	A4
都市支路	P127	F2
都园路	P127	C1–D2,D2–F3
都园路	P187	A3,F5
都庄路	P127	B2–C3,E3–F4
斗台街	P37	F3
豆蔻路	P265	C7–D7
豆市街	P79	B2–B3
杜村公路	P149	D5–F4
杜村公路	P153	A4
杜冯路	P173	E1–F1
杜行路	P193	A4
杜家浜路	P163	B6
杜家滩	P183	F3
杜家宅路	P175	D4
杜鹃路	P109	D3–D4
杜民路	P173	E1–F1
杜库路	P205	E1
杜新路	P171	C4–C5
杜尹路	P173	F1–E2
度假区高架路	P115	B4–F5
度假区高架路	P175	A3–B4
渡港河沿路	P261	F2
渡港河沿路	P265	A2
渡口路	P121	B2–B4
渡口支路	P121	B2–C2
渡四联队路	P261	E2–E3
段泾路	P141	C5
堆栈路	P113	A3–A4
敦化路	P47	B2–C2
敦煌路	P41	C6–E6
墩安路	P213	A2
墩峰路	P181	F8
墩峰路	P203	A8
墩平路	P213	A2
墩港路	P213	A2
墩头路	P211	A2–B2
墩艺路	P213	B2–B3
墩中路	P213	A2
多稼路	P79	D2–E3
多伦路	P45	F3
多伦路	P61	A6
E		
峨嵋路	P61	D7–F8
峨山路	P109	B1
峨山路	P79	D6–D8
鹗鸪港路	P249	F8
鹗鸪港路	P251	E1–F1
洱海路	P127	A1–B1
二堡老街路	P261	F4
二堡路	P261	F4
二堡路	P265	A4
二号路	P161	F1
二久港路	P213	F7–F8
二久港路	P229	A8
二灶港路	P197	A4–A6

名称	页码	索引格
F		
发达路	P135	E4-E5
发工路	P237	A7-A8
发祥路	P51	C2-C3,C3
法华镇路	P73	F7-F8
法华镇路	P81	A8
法华镇路	P83	A1-B2
法拉第路	P111	E3-F3
法赛路	P165	E1-E2
樊宝路	P147	D7
繁安路	P185	A8-B8
繁安路	P187	B1-C1
繁昌路	P107	B8-C8
繁昌路	P167	E1
繁华路	P183	D4-D5
繁锦路	P39	C7-F7
繁茂路	P213	F6-F7
繁强路	P175	E6,F5-E6
繁荣东路	P131	A7-A8
繁荣路	P131	B5-A7
繁荣路(商榻)	P159	C1
繁圣路	P141	C4-D4
繁兴路	P155	A6-B7
范家公路	P205	D1-E1
方浜西路	P77	B6
方浜中路	P69	F8
方浜中路	P71	F1
方浜中路	P77	B6-A8
方场路	P139	D5-D6
方德路	P147	E3-F3
方家弄	P255	C4
方家西路	P249	A7
方锦路	P147	E2
方陆路	P147	E3-F3
方南路	P147	F2-E3
方南路	P155	F3
方南路	P163	A3
方泗公路	P163	B6-C6
方塔北路	P183	D4-F4
方塔南路	P183	F4
方伟路	P147	E3-F3
方西路	P155	F2
方西路	P163	A2
方斜路	P77	C7-E6
方斜支路	P77	C7
方杨路	P133	C7-B8
方窑路	P193	C8
方园路	P147	F3-F4
方岳路	P209	F4-F7
方漳路	P147	D3
方正路	P143	B3
方中路	P147	E2
方竹路	P231	C2-C4
坊东路	P155	F6
坊东路	P163	A6
芳波路	P109	E6
芳草路	P109	F3-E5
芳春路	P111	A5-D6
芳甸路	P105	F4
芳甸路	P109	A4-D5
芳菲路	P39	E7-E8
芳华路	P109	E3-E6
芳菊路	P147	F8-E8
芳礼路	P147	F8
芳林路	P147	F8
芳林路	P33	F1
芳湄路	P39	E7
芳仁路	P147	F7-F8
芳芯路	P109	F3-F4,F5
芳智路	P147	F8
防汛大道	P269	D5-E6
纺发路	P259	B8
纺发路	P261	E1-F1
放鹤路	P187	E3-D8
放鹤路	P193	B1-B2
飞翱路	P177	B5-C6
飞达路	P133	E8
飞达路	P135	E1
飞渡路	P229	D4-D7
飞虹村路	P241	D8
飞虹路	P45	F6-F7
飞虹路	P63	A3-A2
飞虹支路	P45	F5-F6
飞虹支路	P63	A3
飞黄路	P135	E1
飞乐路	P133	F8
飞乐路	P135	F1
飞马路	P135	F1
飞桥路	P195	C2
飞速路	P177	B5-B6
飞腾路	P135	E1
飞沿路	P195	B1-C1
飞跃路	P135	E2,E2-D3
飞云路	P135	F1-E2
飞舟路	P229	E5-E6,E6-E7
菲锦路	P193	D8
菲拉路	P31	E8
分水岭路	P245	E1-F2
分水岭路	P249	A2
芬菊路	P165	E2-F2
芬辛路	P31	C8-D8
汾西路	P35	E7-E8
汾西路	P37	E1
汾阳路	P75	D8-F7
汾州路	P63	B7-C8
丰宝路	P33	C6-E6
丰北路	P147	F5,F6-F7
丰北路	P151	A5
丰产二路	P269	E7
丰产路	P213	B8-C7
丰产一路	P269	E7
丰登路	P147	B6-A7
丰福路	P165	A7
丰福路	P269	D7-F7
丰功路	P147	C6-B8
丰谷路	P91	F7-F8
丰谷路	P93	F1
丰谷路	P99	A7
丰海路	P197	B3-C3
丰和路	P71	B1-B2
丰虹路	P155	B8
丰虹路	P53	C1
丰华路	P51	C3-D4,E1-C3
丰记码头街	P79	E3-F3
丰江路	P51	B3
丰景路	P269	E6-E7
丰乐街支路	P271	E6
丰乐路	P271	C6-F7
丰乐一路	P271	D6-D7
丰茂东路	P147	B8
丰茂路	P147	C7-B8
丰南路	P193	E2-E6
丰年路	P147	B6-B7
丰平路	P271	D6
丰桥南路	P193	F8
丰桥南路	P195	F1
丰庆路	P271	E7-E8
丰饶东路	P147	B8-A8
丰饶东路	P25	B1
丰饶路	P147	B7-B8,C6
丰盛路	P221	C4
丰收东路	P149	E1
丰收东路	P33	E6-F6
丰收路	P193	A2-B2
丰收西路	P33	E6-F6
丰收支路	P33	F6
丰顺路	P127	F1-E2
丰硕路	P147	B6
丰翔路	P33	E6-E7,F1-E6
丰翔路	P41	A1
丰翔支路	P33	F2
丰兆路	P147	B6
丰镇路	P37	F1-F3
丰庄北路	P51	C4-C6
丰庄路	P51	B6-D5
丰庄西路	P51	C4-D4
风庆路	P147	B3
风瀛路	P251	D8
风瀛路	P253	D1-E1
风筝路	P239	B5
枫翠路	P217	B5-B6
枫渡路	P217	C5-C6
枫冠路	P217	C8-D8
枫杰路	P217	C6-C7
枫泾村路	P161	C5-D5
枫泾路	P71	F1-F2
枫兰路	P217	A6-B7
枫丽路	P217	C6-D6
枫林路	P83	B7-F8
枫林路	P85	F1
枫林路	P93	A1
枫美路	P217	B6-B7
枫南路	P217	D7-E7
枫沛路	P217	A6-A7
枫桥路	P65	A5-B4
枫思路	P217	C6
枫塘路	P217	B7
枫湾路	P217	B6-C7
枫溪路	P217	C6
枫阳路	P217	B5-C7
枫叶街	P217	A6-A7
枫叶路	P135	F2
枫叶路	P141	A2
枫展路	P217	D8
封浜河路	P151	C7
封杨路	P151	C7-E7
封周路	P147	D5-D6
峰甸路	P161	C2-D2,D2
葑沃路	P181	A3-A4
蜂花路	P189	A7
逢星路	P145	E4-E5
凤滨路	P269	D5-E6
凤城路	P45	D8-E8
凤池路	P147	A4
凤丹路	P155	D3-D4
凤东路	P269	E7
凤冈路	P75	C1
凤阁路	P155	D3-C3
凤古公路	P163	D2
凤环路	P269	E6
凤凰公路	P269	C6-E6
凤凰街	P269	D6-E6
凤凰支路	P269	C7
凤坚塘路	P155	D3
凤景街	P197	B3
凤九路	P155	C3-C2
凤联路	P153	D8
凤联路	P155	D1-D2,D2-D3
凤马塘路	P155	D3
凤南路	P269	E6
凤强塘路	P155	D3
凤庆路	P191	C2-C4,D1-C2
凤蓉路	P269	D6-E6
凤蓉支路	P269	E6-E7
凤嵩路	P155	C3-B4
凤卫路	P269	D6-E6
凤舞路	P269	D7-E7,E6
凤西路	P269	C6-E6
凤西一路	P269	E6
凤西支路	P269	E6
凤溪塘路	P155	A4-C3
凤霞路	P155	C3,C3-D3
凤星路	P155	C2-A4
凤徐路	P155	D3-C3
凤雅路	P155	C3-D3
凤雅南路	P155	D3
凤阳路	P69	E1-C4
凤阳路(崇明)	P249	A7
凤友路	P155	B3
凤育路	P155	B3-C3,C3
凤中路	P155	B2-C3
凤重路	P155	A1-A2
奉八路	P211	E3
奉村路	P211	E1-F1
奉飞路	P211	E3
奉干公路	P227	B5-D5
奉高路	P227	A2,A3
奉国路	P227	B2-B3
奉海公路	P211	F4
奉海公路	P227	A4-B5
奉和路	P211	C2-C3
奉坚路	P211	E3
奉金路	P207	C7-B8
奉科路	P207	D7
奉联路	P211	D4-E5
奉粮路	P227	A2-A4
奉燎公路	P227	B2-B3
奉陆路	P211	E1-E3
奉满路	P211	E3
奉勉路	P211	E3
奉苗公路	P227	D5-E5
奉闵路	P207	D7,D7-E7
奉农路	P211	E3
奉炮公路	P225	F4
奉炮公路	P239	A4-B5
奉浦大道	P207	E7-E8
奉浦大道	P209	E1
奉浦路	P211	F2
奉浦路	P227	A2-A3
奉同路	P227	D5-D6
奉旺路	P211	F3
奉旺路	P227	A3-B2
奉贤路	P67	E7-E8
奉贤路	P69	E1-D1
奉秀路	P225	A2-B2
奉耀路	P209	E8-F8
奉叶路	P211	B4
奉永路	P209	F7
奉永路	P225	A7
奉云路	P211	F2,F3
奉柘公路	P225	F4-C8
奉柘公路	P227	C1-B2
奉柘公路	P239	B1-A4
奉朱公路	P223	F1,F2-F4
奉朱公路	P237	A1,A2
奉庄公路	P207	F5-E7
奉宇路	P211	E3
佛山路	P163	B2,C2
伏虎路	P139	A5
伏弄路	P139	A5-C5
伏耀路	P139	A4-A5
扶港路	P207	A7-C8
扶兰路	P207	A7
芙蓉花路	P175	D2-E2
芙蓉江路	P73	C1-F1
芙蓉江路	P81	A1
芙蓉路	P171	D1
服民路	P211	D3-D5
氟源路	P127	F8
氟源路	P129	F1
福滨路	P155	C1
福仓路	P265	A3-A4
福德路	P61	F7-F8
福定路	P153	B8-C8
福光路	P225	A4
福海路	P147	B3-A5
福汇路	P197	C2
福建北路	P61	F5
福建北路	P69	A5-B5
福建南路	P69	E6-F6
福建中路	P69	B5-E6
福康路	P71	F5
福康路	P79	A5
福利路	P259	C6
福禄街	P63	C7,C7-D7
福贸路	P153	C8
福贸路	P155	C1
福民街	P69	E8-F8
福宁路	P105	B1
福宁弄	P139	F4
福庆路	P167	E4
福泉北路	P51	E4-F4
福泉北路	P53	A4
福泉街	P161	A4
福泉路	P53	A4-E5
福泉山路	P153	C7-B8
福泉山路	P155	B1
福泉山园区路	P153	D8
福泉山园区路	P155	D1
福山路	P105	E1-F1
福山路	P109	A1
福山路	P71	A8-D8
福通路	P153	C8
福通路	P155	C1
福卫路	P205	C5
福佑路	P69	F7-F8
福佑路	P71	F1
福缘路	P197	C2
福中路	P153	C8
福州路	P69	D4-C8
抚安街	P79	B1
抚顺路	P45	D6-C8
抚远路	P141	B2-E3,E3-F4
府村路	P57	B5-C7
府谷街	P79	D2
府中路	P225	A1
阜北路	P261	D4
阜康东路	P149	A8
阜康西路	P149	A6-A7
阜南二号路	P261	E4
阜南六号路	P261	E4
阜西西路	P261	D4-E3
阜西中路	P261	D3-E4
阜新路	P45	D6-E6
复华路	P147	A6
复新路	P53	B2-B3
复兴北路	P221	D8
复兴东路	P77	B6-A8
复兴东路	P79	A1-A3
复兴东路(亭林)	P221	D8
复兴路	P159	A7-B7,B7-D7
复兴路(高行)	P49	A2-B2
复兴西路	P75	E3-E6
复兴中路	P75	E6-D8
复兴中路	P77	D1-B6
傅家街	P77	A8
富安路	P259	C6
富邦路	P207	F8
富堡公路	P259	B7
富北路	P261	C7-E7
富才路	P189	B7-C8
富漕路	P237	D5-E5
富城路	P71	B1-E3
富川路	P243	E2
富电路	P271	C5-C6
富东路	P257	E8
富东西路	P257	E8
富都路	P125	B8
富丰庄路	P175	F4

名称	页码	索引格
富丰庄路	P195	A4
富工路	P237	E6–F6
富贵东道	P81	D4–E3
富国路	P189	B7–C7
富航路	P195	D1
富华路	P245	F3
富华路	P249	A3
富杰路	P189	B6–D6
富锦路	P141	D7–D8,E7–D8,F3–E6
富锦路	P143	A2–A3,B1–A2
富军路	P257	D8
富凯路	P189	C5–D6
富康路	P207	F8
富乐路	P141	C6
富乐支路	P141	C6
富砾路	P189	A6–B6
富联二路	P27	B2–A3
富联路	P141	F5
富联路	P27	A1–E3
富联三路	P141	F5–F6
富联三路	P27	A1–A2
富联一路	P27	B2–B3
富临路	P255	F8
富临路	P257	F1
富临路	P259	A1
富民公路	P257	F4–F5
富民公路	P259	A5
富民街	P255	D4–D3
富民路	P75	B6–C7
富民路(崇明)	P257	D5,D7,D8–D7
富民路(奉城)	P227	A3
富民路(邵厂)	P229	B2
富民南路	P257	D7
富民沙路	P271	A4–C6,C6
富民支路	P271	A6–C6
富民中心路	P271	A5–B5
富南路	P141	E3–F3
富盘公路	P251	E3–E4,E4–E5,E5–F6
富平路	P43	F2–F4
富强街	P55	F4,F4–F5
富强路	P205	A3
富强路(崇明)	P257	D7
富强路(七宝)	P55	F5
富桥路	P141	F5
富桥路	P27	A2
富荣路	P205	D8
富润路	P85	D4–E4
富生路	P259	A4–B4
富水路	P43	F1–E3
富泰路	P209	B8
富特北路	P165	C1–D1
富特北路	P31	D8–F8
富特东二路	P165	D2–E2
富特东三路	P165	E2–F3
富特东三路	P49	A5
富特东一路	P165	C1–D1
富特东一路	P31	D8–E8
富特南路	P165	E1–F1
富特西二路	P165	E1
富特西三路	P165	F1
富特西一路	P165	D1
富特西一路	P31	D7–F8
富特西一路	P39	A8
富特中路	P165	D1–E1
富田路	P195	D1
富圩路	P261	C7–D8
富文路	P189	B6–C6
富新路	P27	A2–B2
富星路	P255	B5–B7
富学路	P189	A8–B8
富学路	P191	B1
富岩路	P189	A6–C7
富杨路	P141	E7,E7–F7
富永路	P205	A2–B3,B3–C3
富裕路	P257	F8
富跃路	P257	F1–F2
富蕴路	P147	A4–B4
富张路	P141	F1
富张西路	P141	E1–F1
富长路	P27	D4,D4–F4
富竹路	P207	F8
富竹路	P209	F1
富卓路	P189	B7–C8

G

名称	页码	索引格
甘德路	P203	C8
甘德路	P205	C1
甘河路	P45	B4–C4
甘泉路	P43	F5–F6
甘泉路	P57	A8
甘泉路	P59	A1–A2
甘肃路	P61	F4
甘肃路	P69	A4
甘溪路	P53	C4–C6
橄榄路	P231	D2–C4
干林路	P235	B4–B5,B5–A7
干林支路	P235	B4
干南路	P235	B3
干钱路	P235	B3–C3
干溪街	P235	B3
干新路	P235	B3
干庄路	P179	C7
冈峰公路	P145	B8
冈身路	P145	A8–B8
冈身路	P147	B1
钢四路	P29	D2–F2
缸甏巷	P183	F2–F3
港澳路	P165	E1–E2
港堡路	P257	D7–E6
港北北路	P261	C3–C4
港北路	P197	D7–D8
港滨路	P31	C2–C3
港柴路	P227	A7–C7
港城路	P29	C7–C8
港城路	P31	C1–D7
港池路	P273	D6
港德路	P181	E5
港电路	P165	B1
港电路	P269	F2
港电路	P31	C8–D8
港鼎路	P229	A2–C2
港东二路	P251	D5–E5,E5–F4
港东公路	P251	D6–F5
港东公路	P255	A5–B5
港东街	P195	D4–E4
港东三路	P251	F5–F4
港东三路	P255	A4
港东一路	P251	D5
港发路	P273	D5
港丰路	P181	F6
港工路	P135	D5–E4
港海路	P273	D5–D6
港海支一路	P273	D5
港和路	P207	B7
港虹路	P205	E5–E6
港洪路	P173	D2–E2
港华路	P269	F1
港华路	P31	B6–C7
港辉路	P229	D8–E8
港极路	P227	B8–C8
港佳路	P211	F8
港佳路	P213	F1
港建路	P165	D3–F5
港九路	P31	D7–D8
港科路	P273	C4
港垦路	P251	B6–B7,B7
港坤路	P213	F1
港联路	P273	D5
港娄路	P157	B8–C8
港茂路	P231	D1–E1
港庙公路	P251	D1–F4
港鹏路	P213	F1
港圃路	P245	E3–F3
港前路	P257	C8
港水路	P39	C3–B4
港团路	P213	F1
港湾路	P167	F2
港文路	P229	A2–B2,B2–C2
港翔路	P211	E8
港翔路	P213	E1
港新路	P167	D3
港兴路	P181	F6–F7
港绣路	P165	F4–F5
港学路	P273	C4–D4
港沿公路	P253	C6
港沿公路	P257	D8–F7
港沿公路	P259	A7–B7
港沿公路	P261	A1
港阳路	P229	A1–B1,B1–C1
港业路	P181	F6–F7
港怡路	P197	D7
港迎路	P31	C2–C3
港俞路	P153	F3
港俞路	P161	A3
港园路	P213	E4–F4
港展路	P273	D6–E5
港镇路	P271	D5–C6
港镇支路	P271	C6–D6
港中路	P257	F7–F8
港舟路	P213	F5–F4
港周路	P161	A1–C1
皋兰路	P77	C2
高安路	P75	F5
高安路	P83	A5–C6
高宝路	P49	B3–B4
高博路	P47	A7
高昌路	P147	A4
高潮路	P51	B1–D2
高城路	P39	A7–B6
高岛路	P255	B4–B5
高东二路	P165	D2–E2,D3–D2
高东路	P165	C2
高东新路	P165	D2
高东一路	P165	D2
高墩街	P69	F6–F7
高丰路	P209	D1–C3
高光路	P155	F7–E8
高汉路	P31	A5–B5
高行街	P49	A2–B2
高荷路	P31	F7–F6
高荷路	P39	A6–B6
高恒路	P49	A1–B1
高虹路	P55	C1–C2
高华路	P237	E7–F7
高技路	P163	D7–E7
高家公路	P163	B1
高家河路	P257	C5–C6
高家横弄	P77	B7
高家弄	P77	B7
高家库路	P183	A5–A6
高建北路	P165	F2
高建北路	P49	A3–B3
高建路	P49	B3
高泾路	P155	E7–F7
高泾支路	P155	E8–F8
高境路	P37	B2–D2
高科东路	P111	C6–B8
高科东路	P167	F4–F6
高科东路	P169	B1–A7
高科西路	P109	F1–F3,F3–F7
高科西路	P87	F1–F2,F6–F8
高科西路	P95	A2–A6
高科中路	P109	F7–E8
高科中路	P111	E1–C6
高乐路	P225	B3
高林路	P223	F1
高林路	P237	A1
高陵路	P51	A8–B7
高庙路	P139	B4–A6
高木桥路	P115	A4–A6
高宁路	P269	F1
高宁路	P31	A6–B6
高攀路	P31	C1–B1
高平路	P43	A5–D5
高浦港路	P29	C7–C8
高浦港路	P31	C1
高桥公路	P235	C5–B7
高桥路	P171	C8–E8
高桥路	P173	F1
高桥路(崇明)	P249	D7–E8
高青路	P101	F7–F8,F8
高青路	P103	F1–C8
高青路	P113	C4–C6,E1–D3
高青西路	P101	F3,F6–F7
高青西路	P121	A2–A3
高泉路	P149	B8
高沙滩横一路	P29	D8
高沙滩横一路	P31	D1
高设北路	P165	F2
高设北路	P49	A4–B4
高设路	P49	B4
高石公路	P133	F4–E6
高斯路	P111	B2–D3
高速北路	P261	C7–D8
高台路	P147	C3–B5
高田路	P207	A3
高西路	P165	E1
高西路	P39	D8
高西中心路	P39	C6
高翔环路	P165	D2–D3,D3,D3–E3
高翔路	P165	D2–E3
高新河路	P31	B3–E1
高新路	P175	A2,C3
高兴路	P119	F2
高兴路	P127	A1,A1–A2
高雄路	P85	C7–C8
高阳路	P63	B1–E3
高杨路	P145	A6–C7
高逸路	P37	C4
高迎路	P35	C7
高邮路	P75	E4–F3
高渝路	P31	B4–A5
高跃路	P37	C2–D2
高洲路	P209	F1
高竹路	P133	E4–F4
哥白尼路	P111	E3–F3
鸽龙港路	P247	F5–F4
鸽龙港路	P251	B3–A4
鸽龙路	P249	F8
革新路	P165	E3
阁游路	P159	C7–C8
阁游路	P161	C1
格兰富路	P245	E2
耕耘路	P195	A7
工大路	P237	F3
工大路	P243	A3
工农北路	P197	B2
工农街	P237	D6–E6
工农街(黄渡)	P151	D2
工农路	P259	C6
工农路(山阳)	P237	E2–E3
工农南路	P197	B2–C2
工农支路	P259	C6–C7
工业路	P33	E5
工业路(胡桥)	P237	A7
工业路(金汇)	P209	A3–A5
工业小区路	P173	D1–D2
公安街	P37	F2–F3,F3
公安路	P197	C2
公陈路	P213	E5–F6
公建路	P175	C4
公联路	P271	D6–E5
公路河西路	P269	B2–B3
公平13–14组路	P213	E6–F6
公平1–8组路	P213	F6–F7
公平二路	P271	D5–D6
公平路	P63	A2–E4
公平三路	P271	E6
公平一路	P271	D6
公新路	P271	D5–D6
公兴路	P61	C3–D4
公谊路	P207	E8–D8
公谊路	P209	D1
公园东路	P153	F5–F7
公园路	P153	F5
公园路(高桥)	P143	F8
公园路(朱泾)	P219	C7
恭城路	P83	C3–E3
龚都路	P179	C3–C4
龚丰路	P167	D2–D3
龚华路	P167	C2–D2
龚家宅路	P61	D5,D5–D6
龚卢路	P111	D6–F6
龚路北街	P167	C1–D2
龚路公路	P167	C3,C3–C4
龚路南街	P167	D2
龚路支路	P167	D1–C3
龚卫路	P167	B3–C4
龚新路	P167	D2
拱北路	P197	B1,B2–B4
拱晨路	P197	A1
拱川路	P197	A1
拱海路	P197	A1
拱极东路	P197	B4–B8,B8
拱极东路	P199	B1–A2
拱极路	P197	B1–B4
拱乐路	P197	A1,A3
拱为路	P197	B1–B3
共创路	P237	D6–E6
共富东路	P27	E6–D6
共富二路	P27	E4,E4–E5
共富路	P27	E4–E5
共富一路	P27	E4–F4
共耕路	P227	D4
共和街	P151	A7–A8
共和路	P59	F8
共和路	P61	F1
共和路	P67	A7–A8
共和新路	P27	F6
共和新路	P35	A6–F7
共和新路	P43	A7–F8
共和新路	P45	F1
共和新路	P61	A1–F1
共和新路	P69	A1
共建路	P237	E6
共建路(泥城)	P213	F4
共建路(泥城)	P229	A4–C4
共江路	P35	B7–B8
共江路	P37	B1
共康东路	P35	C8
共康东路	P37	C1
共康路	P35	C4–C7
共康支路	P35	D5
共平路	P169	E8–F8
共平路	P173	C1–D1,D1
共青北路	P193	C5–D6
共青路	P47	B4–E4
共青路(新浜)	P203	E1–F1
共青路(新浜)	P219	A1
共青路(祝桥)	P177	C2

名称	页码	索引格
共青西路	P193	D4-D5
共泉路	P35	B6
共喜路	P203	A2
共祥路	P141	E4-D6
共悦路	P141	D5-D6
贡嘎路	P177	B3
贡山路	P193	C2
沽水塘路	P221	F7
沽源路	P37	F3
沽源路	P45	A3
沽源支路	P37	F2
古爱路	P175	F3,F3-F4
古安路	P153	E6-F6,F6
古安路	P161	A6
古北路	P73	C2-F2
古北路	P81	A2-F3
古北路	P89	A3-C4
古博路	P175	F3-F4
古城路	P241	D8-E8
古翠路	P175	F3-F4
古丹路	P175	F3-F4
古恩路	P195	A3-A4
古方路	P119	C2
古岗路	P237	E5,E6
古华路	P225	A1-B1
古华园路	P225	A1
古井路	P81	E6-F6
古浪路	P41	C5-C8
古浪路	P43	C1-D2
古莲路	P135	F6
古莲路	P141	A5-A6
古龙路	P117	B7-A8
古龙路	P119	A1
古龙路	P97	F2-F4
古楼公路	P163	D3-D5
古楼公路(泖港)	P205	F1
古楼公路(泖港)	P219	A8
古楼公路(泖港)	P221	A1
古美路	P119	A2-C2
古美路	P89	F1
古美路	P97	A1-F3
古美西路	P117	C7-C8
古美西路	P119	C1-C2
古思浜村路	P155	B3
古思浜路	P155	B2-B3
古思浜南路	P155	B3
古松路	P203	B4,B4-A5
古桐路	P111	D2-D3
古桐南路	P111	D3
古羊路	P53	F8
古羊路	P81	E1-E6
古猗园路	P151	A8-B8
古猗园南路	P151	B8
古宜路	P81	F8
古宜路	P89	A8
古宜路	P91	A1
古永路	P189	E5-E6
古园大道	P227	E8-F8
古园环路	P227	F8
古月路	P227	B2
古棕路	P231	C4-D3
谷阳北路	P183	B3-F3
谷阳南路	P183	F3
牯岭路	P69	C3-C4
鼓浪路	P163	C5-C6
鼓浪屿路	P255	B5-D4
固川路	P57	D3-C4
故居路	P177	B2
顾北东路	P27	D2-C3
顾北路	P25	E7-D8
顾北路	P27	D1-D2
顾北支路	P27	D1-E1
顾曹公路	P165	F4
顾曹公路	P167	A1-B1
顾曹公路	P49	A8
顾陈路	P25	F8
顾陈路	P27	F1
顾陈路	P33	C3-C4,C4-A8
顾村路(横沙)	P271	D6-D7,D7
顾村镇街	P27	E1
顾戴路	P117	B7-B8,E3-B7
顾戴路	P119	B1-A2
顾荻路	P25	D8-E8
顾典弄	P139	F4
顾高公路	P165	F3-F5
顾高公路	P49	A6,B5-A6
顾会浦路	P161	A2-A3
顾家弄	P69	B5-C5
顾家宅路	P175	D5
顾泾路	P141	B1
顾黎路	P117	D3-E4
顾林路	P179	D6-D8
顾贸路	P27	E1
顾明路	P49	B7-A8
顾南路	P27	E1-E2
顾全路	P113	C1-C2
顾三路	P167	A1
顾太路	P25	E8
顾太路	P27	E1,E1-F2
顾唐路	P107	A8-E8
顾唐路	P167	F1
顾唐路	P169	A1-D2
顾唐路	P49	F8
顾新路	P27	E1
顾徐路	P165	F4
崮山路	P105	C3-E5
关港路	P127	A8
关山路	P45	A8-B8
关王庙路	P159	E4-E5
关五路	P209	A1-A2
关岳路	P123	E7-E8
关岳路	P175	C1
关岳西路	P123	F6-E7
观潮路	P229	F8
观峰路	P273	D4-D5
观工路	P223	F7-F8
观工路	P225	F1-F2
观光路	P225	B4-B6
观海北路	P273	C3-C4
观海东路	P273	C3-C4
观海路	P197	A4-E4
观海西路	P273	B3-C3
观礁路	P273	D5
观桥路	P231	E3-F3
官尖路	P255	B6
官泾路	P163	E7
官楼村路	P203	B6-C6
官山路	P255	B3,C3-C4
官厅路	P207	D1
官竹路	P137	A7-A8
官字圩路	P157	D7-E7
馆驿街	P69	F8
馆驿街	P77	A8
管弄	P255	C4-D4
管弄路	P57	B8-C8
管弄路	P59	B1-C1
管新路	P145	B7
贯中路	P61	A8
冠生园路	P97	B7-B8
冠生园路	P99	B1-B2
光宾路	P225	B3-C3
光灿路	P165	E2-D2
光村路	P225	B3
光大路	P209	F8
光大路	P225	A8
光复路	P67	A6-B8
光复路	P69	B1-B3
光复西路	P51	F5-F6
光复西路	P53	A7-A8
光复西路	P59	E2-E3,E2-F1
光复西路	P65	C8-F6
光复西路	P67	A1-C1
光复西路	P73	B1-B2,B3-A5
光昊路	P225	A3
光华路	P185	C2-A8
光华路	P187	A1
光华路(大昆)	P181	E5-E6
光华支路	P185	C2-C3
光辉路	P235	C3
光继路	P193	E5-F5,F6
光继路	P209	A6
光建路	P225	B2-B3
光景路	P153	E6
光乐路	P225	A3
光联二路	P155	E8
光联三路	P155	F8
光联一路	P155	E8
光明村中心路	P225	A3-B3
光明街	P259	C6
光明路	P225	B3-B4
光明路(高东)	P165	D1-D2,D2-E2
光明路(吕巷)	P235	B3-D4
光明中路	P257	C5
光启路	P71	F1
光启路	P79	A1
光启南路	P79	A1-D1
光钱路	P225	A3-C4
光荣三路	P269	C6
光荣一路	P269	B5-C5
光善路	P209	B8
光烁路	P165	D2
光泰路	P209	C6-B8
光泰路	P211	B1-B2
光伟路	P225	B4
光新路	P59	B2-E2
光星路	P183	A4-B4,B4-D4,D4
光兴支路	P269	C5-C6
光耀路	P165	D1-E2
光耀路(泰日)	P209	A6-A7
光迎路	P225	A3,A3-B3
光园二路	P269	C6-D6
光园中路	P269	C5-C6
光圆五路	P269	C5
光泽路	P165	D1-D2
光振路	P225	B3
光中路	P127	F1
光中路	P185	A7-A8
光中路	P187	A1
广庵路	P203	A4-B4
广北路	P197	C2
广场东路	P109	A3
广场路	P191	C7-B8
广场西路	P109	A2
广场支路	P251	C8
广丹路	P175	D1-D2
广德路	P105	A2-A3
广东路	P69	E5-D8
广丰路	P209	D1-D3
广福街	P219	C6-C7
广福路	P265	A4-A5
广福路(头桥)	P211	D3-D4
广福弄	P77	A7
广富林东路	P183	B5-B6
广富林路	P181	C6-B8
广富林路	P183	B1-B5
广纪路	P45	A3-D3
广兰路	P111	A3-D3
广联路	P45	F2
广林路	P183	A1
广灵二路	P45	C2,C2-C3
广灵四路	P45	C1-C3
广灵一路	P45	C3-D2
广南路	P191	A8
广南路	P193	C1,D1
广泉路	P43	F3
广泉路	P57	A6
广厦路	P169	D4-E4
广顺北路	P51	D3-F3
广顺北路	P53	A3,A4
广顺路	P53	B4
广通路	P117	F8
广西北路	P69	B4-E5
广西南路	P69	E5-F6
广贤路	P125	A7
广祥路	P229	B8-C8
广秀路	P45	D3
广轩路	P183	A2
广学路	P227	A4
广延路	P43	B8,D8-E8
广衍路	P197	C2
广业路	P235	D8
广业路	P237	D1
广益路	P177	D2-D3,D3
广玉路	P223	F2
广元路	P83	C3-C5
广元西路	P83	E1-C3
广粤路	P37	F1
广粤路	P45	A1-D1
广粤支路	P45	A1-B1
广中路	P43	D8
广中路	P45	D1-E3
广中西路	P43	E5-D8
广中支路	P45	D3-E2
广州路	P105	B1-A2
归昌路	P47	D8
归昌路	P49	D1
归泾路	P121	A3-A4
规划四路	P161	F4
贵德路	P205	C2
贵都路	P127	F1-F2
贵泾路	P219	D4-E3
贵阳路	P47	D3-E4
贵州路	P69	B4-D4
桂冠路	P125	F8
桂果路	P89	D2-F3
桂果路	P97	A3-B3
桂花路	P115	D3-C4
桂花路(书院)	P215	E1-F2
桂江路	P119	A3-B3
桂江路	P97	E4-F5
桂江支路	P97	F4
桂林东街	P97	D7-E8
桂林路	P89	A6-F7
桂林路	P97	A7-F8
桂林路(崇明)	P257	A2
桂林西街	P97	D7-E8
桂平路	P119	A3
桂平路	P89	D3-F3
桂平路	P97	A3-F5
桂平支路	P119	A3
桂桥路	P107	D1-C5
桂箐路	P89	C3-F4
桂箐路	P97	A4-B4
桂巷路	P65	B3-C3
郭汇路	P221	C4
郭家娄街	P183	B4-B5
郭守敬路	P109	C8
郭守敬路	P111	C1-B2
郭洋路	P175	C4
郭张路	P175	C4
国安路	P37	C6-E6
国宾路	P37	F7
国宾路	P45	A7
国达路	P45	A6
国定东路	P37	F8
国定东路	P45	A8-A7
国定路	P37	E6-F6
国定路	P45	A6-A7
国定支路	P37	E6-F6
国栋路	P37	E7
国栋路(高桥)	P29	D8
国帆路	P29	F6-F8
国福路	P45	A6-B6
国航路	P37	D6
国浩路	P37	A7-A8
国和路	P37	E8-F8
国和路	P39	D1-D2
国泓路	P37	C5-C7
国货路	P77	F8
国货路	P79	F1-F2
国济路	P37	F7
国济路	P45	A7
国江路	P29	E6
国京路	P37	E7
国康路	P45	C5-C6
国科路	P45	C7-C8
国亮路	P37	E6
国年路	P45	A6-B7
国庆路	P69	A2-B3
国权北路	P29	E6-F6
国权北路	P37	A6-E5
国权东路	P45	B8
国权后路	P45	B6
国权路	P45	A6-B8
国顺东路	P39	E2-F2
国顺东路	P45	B8-A8
国顺东路	P47	A1-A2
国顺路	P45	A6-B8
国顺路(奉浦)	P207	F7-F8,F8
国顺路(奉浦)	P209	F1
国泰路	P45	B6-C6
国通路	P37	E6
国伟路	P37	B8
国伟路	P39	B1-B2
国霞路	P37	D6,E6
国庠路	P37	F7
国晓路	P37	C6-B7
国秀路	P37	A6-A7
国秀路(南桥)	P223	A8
国学路	P37	A5
国展路	P87	F2
国展路	P93	D3-B8
国展路	P95	B1-A2
国政路	P37	B5-A5
国舟路	P37	D6
果多路	P209	D3
果林带路	P197	D4,D4-E4
果育堂街	P77	A8
果园队路	P225	E1
果园路(崇明)	P249	A3
果园路(青浦)	P161	C7-D7
果园路(徐行)	P139	B7

H

名称	页码	索引格
哈尔滨路	P61	B8-D7
哈雷路	P111	B1-D2,E1-F2
哈密路	P53	A7-B7,B7-F6
海安路	P47	B4
海保路	P251	A1
海碧路	P239	B7-B8
海滨路	P225	F7-E7
海滨路(崇明)	P245	E6
海滨路(浦东)	P173	B2-B3
海波路	P151	C8
海波路	P41	E1-F3
海昌路	P69	A1-A2
海潮路	P79	E2-F1
海潮路(大团)	P213	D2-D3
海城路	P259	A3
海城路	P47	C2-C3

名称	页码	索引格
海川路	P41	F3-F4,F4
海创路	P237	E6
海春路	P31	E7
海村路	P225	E4,E4-E5
海大路	P245	F8
海大路	P249	A8
海大路	P251	A1
海丹路	P229	C1,C2-C3
海笛路	P141	E6
海淀路	P227	A2-B2
海东路	P245	E8
海帆路	P241	B8-C8
海防路	P67	C4-A7
海丰路	P243	A2-B2
海丰路(崇明)	P245	D8-E8
海丰路(航头)	P195	F1
海丰路(长兴)	P271	D2-D3
海丰西路	P245	D8-E7
海芙路	P243	A1-C2
海港大道	P231	C4,C4-E3,E2-F2
海高公路	P31	D7-D8,E7-D7
海舸路	P269	E6-E7
海工路	P239	B4-A4
海古路	P227	F7-F8
海古路	P229	F1
海光路	P225	E7
海光路	P243	D2
海涵路	P239	C6-B7
海航路	P239	C2-D3
海衡路	P211	D8-E8
海洪河路	P251	F4-F5
海洪路	P251	F6
海洪南路	P251	F4-F5,F5
海洪南路	P255	A5,A5-A6
海洪中路	P249	B5-B6
海华路	P227	F1-F2
海华路	P239	A7-A8
海欢路	P135	E3
海辉路	P245	C7
海汇街	P243	B1,B1-C1
海基六路	P231	E3-E4
海基三路	P231	D3-E4
海基四路	P231	E4
海基五路	P231	E3-E4
海佳路	P239	B5-C5
海江二路	P143	C3-D4,D4
海江路	P143	D3-C6
海江三路	P143	D4
海江四路	P143	C3-C4
海江五路	P143	C3-C4
海江一路	P143	C4,C4-D4
海蛟路	P239	A4
海杰路	P229	B1-B2
海金路	P241	F5-E7
海军公路	P259	C6-D6
海科路	P113	B8
海科路	P115	B1-A3
海口路	P69	D6-E5
海坤路	P239	D2-C3
海阔路	P239	A4
海拉尔路	P61	C8
海拉尔路	P63	B1-C1,C1
海蓝路	P41	F1-F3
海蓝路	P51	A3-A4
海浪路	P239	B4-C4
海乐路	P239	B3-B4,B4-C4
海利路	P243	B3,B3-C3
海凌路	P243	C2
海流路	P231	E2-E3
海龙路	P239	C2-C3
海伦路	P61	B7-B8
海伦路	P63	B1-C1,C1
海伦西路	P61	A5-B7
海马路	P227	F4-F8
海马路	P229	F1
海马路	P239	B5,B5-A8,C3-B5
海门路	P63	B2-C3,C4-D4
海民路	P227	C3
海民南北路	P227	B3-C3
海鸣路	P167	B1
海纳路	P167	A1
海南北路	P245	D7-F6
海南路(崇明)	P245	F6
海南路(崇明)	P249	A6
海南西弄	P79	E1
海宁路	P61	F2-D8
海农公路	P225	D7-F7
海农公路	P239	A7
海鸥路	P239	C4-B5
海鹏路	P167	B1-A1
海平公路	P245	E8-F8
海平公路	P247	F1
海平路	P63	E3-E4
海旗路	P229	C1,C1-C2
海乾路	P239	C2-C3
海桥北路	P195	F1-F2
海桥东二路	P195	F2
海桥东二路	P211	A2
海桥公路	P245	E7-E8
海桥路	P195	F1-F2
海桥路(惠南)	P197	D4-F4
海桥南路	P195	F1-F2
海桥中路	P195	F2
海庆路	P225	E7
海趣路	P115	A1-B2
海泉街	P195	D3
海泉路	P239	B3-A4
海容路	P167	B1-B2
海尚路	P229	C2-C3
海沈路	P197	D5-D4
海盛路	P243	A2-B2
海顺路	P167	C1-B2
海思路	P239	C2-A4
海松路	P167	B1-B2
海棠街	P243	D2-E2
海棠路	P239	C5-B6
海塘东路	P173	A2-B2
海塘中路	P173	A2-B2
海腾路	P245	C7
海天东二路	P173	E5
海天东六路	P173	F5
海天东三路	P173	E4-E5
海天东四路	P173	E5
海天东五路	P173	E5
海天东一路	P173	D4,D4-D5
海天二路	P173	E4
海天六路	P173	F5
海天路	P255	D6-D5
海天三路	P173	E4
海天四路	P173	E4-E5
海天五路	P173	F4-E5
海天一路	P173	E3-D4
海通路	P165	D3
海桐路	P109	C3-D3
海拓路	P225	F4
海湾大道	P237	F7-F8
海湾大道	P239	D2-F1
海湾大道	P243	C4-A7
海湾路	P225	F3
海湾路	P239	A3-C4
海旺路	P231	F2-E3
海西北路	P245	E6-F6
海西路	P245	F6-F5
海西路	P249	A5
海熙路	P229	B1-B2
海霞路	P173	E1-E2
海翔路	P211	D8
海翔路	P213	D1
海星路	P245	F6-F7
海星路	P249	A7
海星路	P271	F6
海兴路	P225	F7-E8
海兴路	P227	E1
海秀路	P241	C7,C7-D7
海徐路	P165	B1-E3
海徐路	P31	D8
海学路	P213	E4-F4
海学路	P229	A4-B4
海燕路	P197	C2-D2
海阳路	P101	E7-E8
海阳路	P103	E1-C5
海阳西路	P101	F3-F7
海洋二路	P231	E3-D4
海洋六路	P231	E3-E4
海洋七路	P231	E4-E5
海洋四路	P231	E3-E4
海洋五路	P231	E4
海洋一路	P231	E3-D4
海奕路	P211	D8,E8
海奕路	P213	D1-E1
海盈路	P153	F4
海盈路	P161	A3-B3,A4-A3
海宇路	P135	F3-E3
海远路	P197	D4-D5
海云路	P243	C1
海展路	P245	C7
海振路	P225	E7-D8
海振路	P227	D1-D3
海中南路	P245	F7-F8
海州路	P47	E3-F3
海卓路	P239	B6-C6
邯郸路	P45	B4-A7
含笑路	P109	A3
涵青路	P35	B1-B2
韩城路	P165	D1
韩村路	P207	E8
韩村路	P209	E1
韩荡路	P115	D3
韩家角一路	P31	A1-B1
韩家湾路	P141	D2
韩钱路	P113	E8-F8
韩钱路	P115	F1-E2
韩谊路	P209	E1-F1
寒春路	P227	B2
寒山寺路	P255	D4
寒圩路	P221	F6
寒圩路	P235	A6
汉高路	P177	E6-F7
汉高路	P197	A6-A7
汉江路	P265	B5
汉江南路	P265	B5
汉江西路	P265	A5
汉口路	P69	D4-C8
汉阳路	P61	E8
汉阴路	P59	C1-D1
汉中路	P67	B7-A8
汉中路	P69	A1
行德路	P49	B2-A2
行南公路	P39	D5-C6
行南路	P39	B7,B7-B8,B7-C7
行泰路	P49	B2
杭桂路	P151	B2-C2
杭湾路	P229	E8-F7
杭州路	P105	A1-A2
杭州路	P47	E3-F2
杭州湾大道	P235	D8-E8
杭州湾大道	P237	E1-F1
杭州湾大道	P243	A1-E2
航安路	P173	E3,E3-F3
航北路	P55	C3-B5
航昌路	P175	F1
航昌路	P195	A1
航城路	P173	F1-F3
航城路	P175	B4-A6
航城七路	P177	A2,A2-A3
航城三路	P173	F1,F2
航城十路	P177	A2-A3
航城四路	P173	F2
航城四路	P177	A2
航城五路	P177	A1-A2
航川路	P195	D1-D2
航春路	P175	F1
航春路	P195	A1
航达路	P193	D7-E7
航定路	P193	D8
航东路	P55	A4-C4
航都路	P195	C1-D1
航都南路	P195	D1-F1
航帆路	P195	D1-D2,D2
航飞路	P173	E3
航行路	P173	D3-E4
航鹤路	P193	A8-B8,B8-E8
航华路	P55	B4-B5
航吉路	P195	C1-D1
航津路	P165	C2-D2,D1-D2
航津路	P39	B6-B8
航梅路	P193	B7-E8
航鸣路	P195	D1
航南公路	P193	E8-D8,E8-F7
航南公路	P195	D1
航南公路	P207	F7-F8
航南公路	P209	C4-A7,C5,F1-D3
航南公路	P223	A6-A7
航南路	P55	D3-C5
航南支路	P223	A5-A6
航浦路	P193	E7-E8
航启路	P195	D2
航全路	P173	E3-F4
航瑞路	P131	E8-F8
航瑞路	P193	A8
航三路	P193	C6-C8
航三路	P195	C3-B8
航盛路	P195	D1
航塘港路	P211	A1-B1,A1-D1
航塘公路	P195	E1-F1
航塘公路	P211	A1-F1
航塘公路	P227	A1-C1
航同路	P195	D2
航头路	P193	D7-D8
航头路	P195	D1-C2
航吴路	P209	E8
航吴路	P211	E1
航西路	P55	C3-D4
航校路	P171	B5-A6
航新路	P55	B3-D4
航兴北路	P193	D8
航兴北路	P195	D1
航兴路	P195	D1-E1
航绣路	P195	A1
航业路	P195	D1
航谊路	P207	E8
航谊路	P209	E1
航殷路	P173	C1
航油路	P173	E3
航圆路	P195	C1-C2
航云路	P55	B3-B4
航中路	P55	B4-D4
航中路(航头)	P193	D8
航中路(航头)	P195	D1
号上路	P55	E5
浩歌路	P229	D6-D7
浩光路	P221	A3-A4
浩海路	P203	E2-E3
浩江路	P167	B3-B4
浩九路	P221	A3-A4
浩翔路	P147	E8-F8
浩源路	P243	C1
合宝路	P85	B2-C2
合川路	P117	A8-B8
合川路	P119	C1-D1
合川路	P55	A7-E8,F8
合东公路	P261	C2-D3
合东南路	P261	C2-D3
合肥路	P77	D3-C5
合付路	P247	D4-F5
合富公路	P257	D8
合富公路	P261	A1-B1,B2-B3
合欢路	P109	A3
合金厂大道	P145	C7-C8
合浦路	P243	F1-E2
合勤一路	P167	D4-D5
合五公路	P259	C8-D8
合五公路	P261	B3,B3-F1
合五西路	P261	D1-D2
合心二路	P271	D3-E3
合心一路	P271	D3
合新路	P271	E3-D3
合兴镇路	P261	C2
合阳路	P43	F6
合展路	P237	D5-D7
合兆路	P135	F1
合兆路	P141	A1
合中北路	P261	C3
合中路	P261	C3-D2
合中南路	P251	B1-B2,B2,B2-C2
合中南路	P261	D2
合作公路	P247	F3
合作公路	P251	A3-D1
合作路	P147	B4-D5,D5-E5
合作路(长兴)	P271	B4-C3
何家湾路	P37	B4-B5
何家支弄	P77	C8
和陈公路	P137	D7-E7
和丰路	P221	C4
和丰路	P29	A5
和富路	P251	B2
和光路	P235	A2-A3
和合路	P135	F4
和佳路	P121	D7
和静东路	P151	A1
和静路	P145	F6-F8
和炯路	P121	E5-D7
和康路	P35	C6-B7
和龙路	P31	D5-F6
和睦街	P161	A4
和睦路	P155	E4-F3
和平北路	P169	E8-D8
和平北路	P173	B1
和平东路	P221	D8
和平街	P151	A8
和平街(崇明)	P251	D1
和平街(枫泾)	P217	C6-C7
和平路	P169	E8-D8
和平路	P173	B1
和平南路	P169	E8
和平南路	P173	C1
和平南路	P221	D8
和平中路	P251	C3-D2
和桥路	P141	B1-D1
和融路	P121	D5-D6
和顺街	P79	B1
和硕路	P139	F3,F4
和田路	P43	F8
和田路	P45	F1
和田路	P61	A2
和雅路	P31	F6
和雅路	P39	A5-A6
和裕路	P151	A5-A4
和政路	P139	E5-F6
和政路	P147	A6
和周路	P141	C1
河北路	P269	B3-C4

H

名称	页码	索引格
河滨北路	P173	D4,E3-D4
河滨东二路	P177	C7-D7
河滨西路	P173	E3-F3
河滨西路	P177	A3-D4
河东路	P191	F5
河间路	P105	A1
河间路	P47	F1-D3
河泾公路	P161	D8
河南北路	P61	E5-F6
河南北路	P69	A6
河南路	P261	D7
河南南路	P69	E7-F7
河南南路	P77	A7-D8
河南中路	P69	A6-E7
河畔路	P161	C1-D1
河曲路	P37	C3-D3
河滩西路	P37	F3
河西街	P115	F6
河沿街	P217	C6
荷丹路	P165	D1
荷花路	P195	A4
荷塘路	P115	B6-A8
荷塘路	P171	A1
荷香路	P165	E1
荷巷桥路	P207	A2-B2
荷泽路	P107	A1
荷泽路	P47	E8-F8
荷泽路	P49	F1
贺阀路	P89	D3
贺家浜路	P201	D8
鹤安路	P149	F5-F6
鹤波路	P195	A1
鹤槎路	P147	F7
鹤槎路	P151	A7
鹤驰路	P131	E8-F8
鹤驰路	P175	F1
鹤达路	P149	F5
鹤墩路	P149	D6-D7
鹤芳路	P151	F8
鹤岗路	P29	B4-C4
鹤国路	P149	E6
鹤恒路	P175	F1
鹤恒路	P195	A1
鹤煌路	P149	E6
鹤辉路	P149	E6-F6
鹤吉路	P149	C5-D6
鹤江路	P149	D6
鹤洁路	P193	A8
鹤洁路	P195	A1
鹤雷路	P131	F7-F8
鹤雷路	P175	F1
鹤立东路	P193	B8
鹤立西路	P193	B6,B6-B8
鹤涟路	P175	F1
鹤林路	P135	F5
鹤林路	P141	A5
鹤楼路	P193	B6-B8,B8
鹤梅路	P193	B8-C8
鹤民路	P149	E5-F6
鹤南路	P193	C8
鹤鹏路	P149	E6-D6
鹤坡路	P193	A5
鹤坡南路	P193	A5-B5
鹤栖路	P151	E8
鹤庆路	P191	E2-E4
鹤如路	P149	D5-D6
鹤沙路	P131	F8-E8
鹤沙路	P175	F1
鹤顺路	P149	E6-E7
鹤泰路	P149	E6
鹤涛路	P193	A8
鹤涛路	P195	A1
鹤亭路	P131	E8
鹤亭路	P175	F1
鹤望路	P151	E8
鹤望路	P51	C1
鹤溪街	P181	C5-E6
鹤霞路	P151	E7-E8
鹤霞路	P51	C1
鹤祥路	P149	C5-E6
鹤翔路	P187	E2
鹤星公路	P149	D7-E7
鹤旋东路	P151	E8
鹤旋东路	P51	D1
鹤旋路	P151	E7-E8
鹤意路	P149	D5-D6
鹤永路	P175	F1
鹤永路	P195	A1
鹤友路	P151	F8
鹤友路	P51	E1
鹤韵路	P175	F1
鹤韵路	P193	A8
鹤韵路	P195	A1
鹤长路	P193	C7,D6,D6-C7
鹤中路	P149	D6
鹤诸路	P163	B8
黑山路	P37	E8-F8
黑山南路	P37	F8
黑松路	P105	E6-F6
黑鱼弄	P183	F3
恒春路	P257	B6,B6-C5
恒大路	P103	B6-B7,D1-D2
恒德路	P103	A6-A7
恒定路	P145	C8
恒定路	P147	C1
恒飞路	P145	B6-A7
恒丰北路	P59	C7-D7
恒丰路	P59	D6-F7
恒丰路	P67	A7-B8
恒丰路(三林)	P103	A6-C7
恒富路	P163	C8
恒高路	P37	C1-C2
恒冠路	P137	F6-F7,F7-E7
恒和中路	P123	B6-D7
恒河北路	P113	F5-F6
恒江路	P163	B8-C8
恒凯路	P129	F7
恒康路	P223	F1-F2
恒乐路	P145	A7
恒木路	P121	A3-C4
恒南路	P129	D7-F7
恒南路	P193	A4
恒麒路	P163	B6-C6
恒庆路	P167	D3-E3
恒仁路	P37	D8-E8
恒荣路	P145	C7-B8
恒盛路	P145	B7-A8
恒顺路	P223	E1-F1
恒泰路	P209	B8
恒通路	P67	B8-A8
恒通路	P69	A1
恒西路	P129	D7-E7
恒翔路	P137	F7
恒谐路	P145	D7-D8
恒谐路	P147	D1-C1
恒星路	P121	D4-F4
恒宣路	P183	A8
恒业路	P45	F2
恒永路	P145	C8
恒永路	P147	C1
恒裕路	P145	D8-C8
恒裕路	P147	C1
恒翟路	P155	A8
横浜路	P45	F2-F3
横浜路	P61	A5-A6
横浜路(高桥)	P29	C7-A8
横浜路(高桥)	P31	A1
横浜南路	P29	C7
横浜支路	P29	B8
横浜支路	P31	B1-C1
横仓公路	P147	B6-A8,C5-B6
横仓公路	P25	A1-A2,B1-A1
横二路	P153	C6-C7
横港公路	P163	B5-D5
横河路	P151	B1
横河沿	P259	B7
横江路	P161	C1-B2
横街	P183	F2
横街(罗店)	P141	C2
横泾东路	P191	F5
横泾西路	P191	F5
横沔江路	P115	A5-E6
横桥路	P131	A4-A7
横三路	P153	C6-C7
横一路	P153	C6-C7
衡安路	P39	C6-C8
衡山路	P75	E6-F6
衡山路	P83	A6-E3
衡水路	P61	B6-D6
衡宅路	P161	F5
衡宅路	P181	A5-A6
弘道中路	P265	B7-C7
弘慧路	P221	C1
弘翔路	P181	D8
弘翔路	P183	D1
弘中路	P215	F1
红宝石路	P81	C2-D5
红北路	P265	A5-A6
红辰公路	P203	B8
红辰公路	P205	B1
红东路	P193	E6-E7
红枫路	P105	C8-D8
红枫路	P107	D1-E1
红福路	P265	B4-C5
红富路	P271	E6-E7
红光路	P221	D3-F3
红光路	P235	A3-B3
红光中心路	P223	D3-F3
红河路	P189	F8
红汲路	P261	F5
红汲路	P265	A5-A6
红汲南路	P265	A5-A6
红汲西路	P261	F5
红菊路	P139	F2
红栏杆街	P77	A7
红林路	P27	C4-B5
红临路	P121	E4-E5
红领巾路	P245	D3-D4
红柳路	P41	A4-B4
红梅路	P149	D3-F3
红梅路(崇明)	P251	F6-F7
红梅四号路	P251	E6-F6
红梅中路	P251	E7-F6,F6
红棉路	P41	C4-D3
红牡丹路	P203	D2-E2
红木桥路	P235	B3
红南路	P151	F6
红旗北路	P121	D5-C6
红旗东路	P243	A2-A3
红旗港路	P225	C2-B4
红旗路(白鹤)	P149	F3-F4
红旗路(江镇)	P173	E2
红旗路(头桥)	P211	D3-E3
红旗弄	P223	A8
红曲路	P175	C1-D2
红三港路	P195	A7
红三中心路	P177	E4-F4
红胜路	P271	F7
红石路	P139	F3
红石路	P147	A3
红松东路	P55	A8
红松东路	P81	F1-F5,F5-F6
红松东路	P89	A1
红松路	P55	B5-A7
红亭路	P221	B8
红卫村路	P229	B2-B3
红卫港路	P195	D6-E7
红卫路	P151	F6
红五路	P271	E7
红新路	P193	F1
红新路	P209	A1-B1
红星二路	P269	C4-D4
红星公路	P205	A1-B1
红星路(川沙)	P173	E1-F1
红星路(南桥)	P225	C1
红星路(徐行)	P139	C8-B8
红星路(徐行)	P141	B1
红星支路	P265	A5-B6
红星中路	P265	A5-A6
红叶路	P223	F2
红一路	P271	E7
红园路	P191	E3-F3
红梓路	P221	B8
红梓路	P223	B1,B1-B2
宏安路	P247	F2
宏安路	P249	C8
宏安路	P251	A2-C1
宏川路	P149	D1
宏达路	P227	A3-B3
宏海公路	P245	C7-F6
宏海公路	P249	A6-D8
宏海公路	P251	D1-F2
宏海路	P213	E5-F5
宏庙路	P249	C8-D8
宏浦路	P151	F6
宏浦路	P155	A6
宏涛路	P213	E4,F4-F5
宏图路	P227	A1-A2
宏伟路	P223	A8
宏祥北路	P213	A5-B5
宏祥路	P213	B5
宏雅路	P167	E1
宏杨路	P225	C3
虹漕路	P89	C4-F5
虹漕路	P97	A5-B5
虹漕南路	P119	A3-A4
虹漕南路	P97	B5-F6
虹昌路	P167	F1-E2
虹渡路	P259	B6-B7
虹富路	P251	F7
虹富路	P255	A7,A7-B7,B7-C7
虹古路	P53	C6-D8
虹古路	P81	A1-B2
虹关路	P45	F5,F5-F6
虹光路	P41	A1-A2
虹化路	P237	A8
虹建路	P127	E6-D7
虹郊路	P223	F8
虹郊路	P237	A8
虹井路	P53	F6
虹井路	P55	A6-C6
虹梅路	P119	A2-B3
虹梅路	P53	E7-F8
虹梅路	P55	A8
虹梅路	P89	B1-F2,F2
虹梅路	P97	A2-F4
虹梅南路	P119	B3-E4,E4-F5
虹梅南路	P127	A5-F6
虹梅南路	P187	A6-F8
虹梅南路	P191	A8-B8
虹梅南路	P193	D1
虹桥北街	P109	F4
虹桥东路	P251	F7-F6
虹桥二路	P171	B6-B7
虹桥港路	P179	A3
虹桥公路	P137	B8
虹桥路	P53	F4,F5-E8
虹桥路	P55	A4-A5,A5
虹桥路	P81	C1-D8
虹桥路	P83	D1-D3
虹桥路(崇明)	P251	F6,F6-F7
虹桥南街	P113	A4
虹桥弄	P77	B8
虹桥弄	P79	B1
虹泉路	P55	D6-C7
虹莘路	P117	A7-E8,F8
虹莘路	P119	F1
虹莘路	P127	A1,A1-B1
虹莘路	P55	C6-F7
虹盛东路	P167	E2
虹盛路	P167	E1-F2
虹湾路	P37	E1-E2
虹五路	P53	F8
虹五路	P81	F1-F2
虹翔二路	P53	D1
虹翔三路	P55	A1
虹翔五路	P55	A1
虹翔一路	P53	D1
虹星路	P167	E2-D3
虹秀路	P55	D6
虹许路	P53	E8-F8
虹许路	P81	F1
虹许路	P89	A1-F2
虹洋路	P207	D2-E2
虹渝高架路	P55	A1-C2
虹翟高架路	P53	A1-D1
虹镇老街	P45	F6-F5
虹镇老街	P63	A2
虹镇路	P89	B2-C2
虹中路	P53	F7
虹中路	P55	A7-B8
虹中支路	P53	F6-F7
虹中支路	P55	A6
洪柴路	P211	E6-F6
洪达路	P213	A2
洪丹路	P211	F6
洪德路	P147	C3-B5
洪东街	P195	D4
洪东路	P211	F7
洪东路	P227	A7
洪进路	P213	A2
洪兰路	P227	A5-A6
洪庙路	P211	F6-F7
洪明路	P227	A6
洪南路	P211	F6-F7
洪南路(崇明)	P245	E7
洪盘路	P211	F6-F7
洪山路	P103	A2,A2-D3,D4-F5
洪山路	P121	A7
洪山路	P95	B1-F2
洪生路	P255	E6-E7
洪泰路	P227	A5
洪田路	P213	A2
洪通路	P213	A2
洪同路	P227	D6
洪西街	P195	D3-D4
洪西中心路	P211	F5-F6
洪贤路	P227	A6
洪效二路	P261	B3-C3
洪新路	P211	F6
洪溆河路	P261	C3-C4,C4
洪永路	P247	E2-F1
洪园路	P213	A2
洪运路	P211	F6
洪运路	P227	A6
洪中路	P211	F6
洪朱公路	P211	F5-F6
洪朱公路	P227	A6-E6
鸿安路	P221	A2-C3
鸿安南路	P221	C3
鸿宝路	P207	B6-A7
鸿北路	P265	A8

H

名称	页码	索引格
鸿程路	P207	A6-C7
鸿电路	P221	A3-B3
鸿飞路	P221	A3-B3
鸿乐路	P207	A7
鸿日路	P221	B3-C3
鸿田路	P265	A8-B8
鸿田路	P267	B1
鸿田南路	P265	B8
鸿田南路	P267	B1
鸿田引水河路	P265	A8-B8
鸿田中路	P265	A8-B8
鸿田中路	P267	B1
鸿兴路	P61	B4-D5
鸿学路	P207	A6-A7
鸿音路	P229	A6-E6,E6-F6
鸿尊路	P221	B2-C2
侯东路	P255	D7
侯家路	P69	F7-F8
侯家路	P77	A8
侯南中心路	P255	D6-E7
后浜路	P159	F8
后浜路	P161	F1
后池路	P221	F5-E6
后东街	P187	A1
后港路	P203	E3-E4
后滩路	P93	B3-D4
后长街	P103	B1
厚德路	P61	C6
厚谊大道	P173	B3-C4
呼兰路	P27	F6-E8
呼兰路	P29	E1
呼兰西路	P27	F5-F6
呼兰西路	P35	A5
呼玛路	P27	F7-F8
呼玛路	P35	A6-A7
呼青路	P27	F6
胡滨公路	P237	B7-B8,C8
胡曹路	P203	E3-F3
胡曹路	P219	A3-B3
胡工路	P203	E3
胡家埭路	P203	F3
胡家路	P167	A1
胡家木桥路	P61	A8-B8
胡家木桥路	P63	A1
胡家桥路	P29	B4-C4
胡芦湾街	P55	F6
胡角路	P203	C3-E3
胡桥路	P239	A1,B2
胡桥新街	P237	B7
胡阮路	P237	A4-B7
胡巷南路	P103	D6-B7
胡迎路	P237	A6-B7
湖北路	P69	C5-E6
湖滨路	P77	B4-B5
湖滨路(商榻)	P159	C1
湖滨支路	P161	A4
湖堤路	P209	E3-F3
湖乐路	P249	C5-C6
湖南路	P75	F2-F5
湖新中路	P249	B4-C4
湖星路	P249	B5-C6
湖秀路	P111	E2
湖宇路	P249	A2
虎林路	P27	D7,E8-F8
虎林路	P35	A8-B8
虎丘路	P69	A7-B7
琥珀路	P175	E2-D2
互助圩东路	P269	B5-C5
护国寺街	P139	F3-F4
护海路	P227	D3
护航路	P173	D4-F4
护民路	P133	D7-C8
护阮路	P237	A3-D3
护塘街	P169	E6-F6
护塘路	P31	A5,A5-A4
沪昌路	P145	A8
沪城环路	P215	F3
沪城环路	P231	A3-D3
沪东路	P47	E7
沪发路	P223	A6-A7
沪樊路	P133	E7-E8
沪港路	P239	B1
沪光东路	P127	E4-E5
沪光路	P127	F2,F3-E4
沪杭公路	P207	A7-F8
沪杭公路	P223	A7-E8
沪杭公路	P225	E1-F1
沪杭公路	P237	C8-F6
沪杭公路	P239	A1-C1
沪杭公路	P241	F5-E8
沪杭公路	P243	E1-A6
沪杭支路	P207	F8
沪杭支路	P223	A8
沪华东路	P133	E7-E8
沪华中路	P133	E6-E7
沪辉路	P133	E8
沪辉路	P135	E1
沪联路	P25	C4-C6
沪闵高架路	P119	A4-E1
沪闵高架路	P91	A3-F2
沪闵高架路	P97	E8-F7
沪闵高架路	P99	A2-E1
沪闵路	P117	F8-F7
沪闵路	P119	A4-E1
沪闵路	P125	A7-E8
沪闵路	P127	E1-F1
沪闵路	P187	A1-E3,E3-F3
沪闵路	P191	A3-F5
沪闵路	P97	E8-F7
沪闵路	P99	A2-E1
沪南公路	P123	A5-F5
沪南公路	P131	A5-F7
沪南公路	P193	A8-C8
沪南公路	P195	C1-C8
沪南公路	P197	C1-C8
沪南路	P109	D3-F4
沪南路	P113	A4-F5
沪南路	P123	A5
沪青平公路	P153	F6-F7
沪青平公路	P155	F1-E8
沪青平公路	P157	A2-B2,C2-E2
沪青平公路	P159	F2-D8
沪青平公路	P161	A7-A8,D1-A6
沪青平公路	P163	A1
沪青平公路	P179	A1-A2,B1-C1
沪青平公路	P55	C1-A5
沪生路	P141	F3
沪生路	P25	A4-A5
沪松公路	P117	B1-A2
沪松公路	P163	A8-F5
沪松公路	P183	A5-D5
沪松公路	P55	F2-F3
沪松路	P183	D5-E4
沪太公路	P133	C7-E8
沪太公路	P135	E1-F1
沪太公路	P141	A1-F3
沪太公路	P25	A5-E8
沪太公路	P27	E1-F1
沪太路	P27	F1-F2
沪太路	P35	A2-F3
沪太路	P43	A3-F7
沪太路	P59	A5-C7,C7-C8
沪太新路	P133	A4-C7
沪太支路	P43	A3-C4
沪亭北路	P155	F8
沪亭北路	P163	A8
沪亭路	P117	C1-D1
沪亭路	P163	A8-B8
沪亭南路	P117	D1-F2
沪亭南路	P125	A2-B3
沪新北路	P239	B1
沪新路	P133	C8
沪新路	P135	C1
沪新南路	P239	B1
沪星路	P55	D1-D3
沪宜公路	P137	E6-F7
沪宜公路	P145	A7-A8
沪宜公路	P147	A1-F7
沪宜公路	P151	A7,A7-A8
花安路	P145	F4-F5
花安路	P149	A5-A7
花柏路	P231	B2-B4
花仓中路	P265	A3-B4
花草弄	P71	F1
花卉公路	P203	E5-F4
花卉路	P183	C5
花家浜路	P51	C6-D5,D5
花家路	P139	F8
花角中心路	P225	C4-D4
花桐路	P231	C4
花木路	P109	B1-B6
花鸟路	P255	C4
花漂路	P261	D8-E8,E8-F7
花漂路	P265	A7-B6
花漂中路	P265	A6-B7
花山路	P31	F5-D7
花山支路	P31	F3-F5
花厅路	P211	D2
花王路	P185	E8-F8
花王路	P189	A8
花王路	P191	A1
花溪路	P65	A4-C4
花贤路	P235	D6,D6
花衣街	P79	C3
花永东路	P259	C7-D7,C8-C7
花永路	P259	B7-C6
花园浜路	P147	E2
花园北路	P259	B7-C8
花园港路	P87	B1-B2
花园港路(漕泾)	P237	D6-E6
花园街	P115	F6
花园路	P45	E2-E3
花园路(九亭)	P117	D1-E1
花园路(九亭)	P163	B8
花园南路	P259	B6-C7,C7
花园弄	P235	D6
花园石桥路	P71	D2-D4
花园宅路	P35	B4-B5
花园中路	P259	B7-C8
花苑路	P175	C6-C7
花苑一路	P195	D1
华宝路	P55	D1-E2
华博路	P133	F4-F5
华博路	P139	A4
华蔡路	P151	E1-E2
华漕北街	P53	A1
华漕南街	P53	A1
华昌路	P245	E2
华昌路	P45	F2
华昌路	P61	A4-A5
华昌路(华新)	P151	E2
华成路	P249	B4-C4
华城路	P169	F3-F4
华城路	P171	A4
华池路	P57	D8-C8
华池路	P59	C1-C2
华创路	P241	E5-D7
华春路	P113	B1-C1
华春路	P249	B3
华春路	P95	C8
华达路	P245	E1-E2
华戴路	P171	A4-C5
华丹路	P151	E1-E2
华德路	P183	E7
华德路	P245	E2
华东路	P165	D3-F4
华东路	P167	C1-F1
华东路	P169	A2-F3
华东路	P171	A3-C3
华东路	P49	B8-D8,D8-F8
华发路	P119	D7-D8
华纺路	P153	E5
华飞路	P245	E2
华丰路	P87	E3-E4
华凤路	P163	B5
华富街	P151	E3
华富路	P245	E2
华冈路	P203	E2
华高路	P133	F4-F5
华更路	P223	A7-B7
华光路	P53	F7-F8
华光路	P55	A7
华和路	P43	B1-B3
华恒路	P183	F5-F6,F7-E7
华纪路	P151	D3-E3
华济路	P119	F7-F8
华济路	P121	F1
华加路	P183	E6
华家路	P245	E1
华家宅路	P149	C6-D6
华建路	P249	C4
华江公路	P51	A3-F1
华江路	P51	F1
华江路	P53	A1
华江支路	P41	F2
华江支路	P51	A2-B2
华锦路	P185	E6-F6
华京路	P165	E1-E2
华泾路	P119	E8,F6-E8
华泾路	P121	E1
华景路	P245	E2
华桔路	P249	A3
华开路	P105	D1
华凯路	P249	C5-C4
华康路	P59	E8-F8,F8
华康路	P67	A8
华康路(崇明)	P245	E1
华科东路	P153	F6-F7
华科路	P153	F5-F6
华扩路	P183	F5-F6
华乐路	P153	E6-F6
华乐路	P161	A6
华磊路	P185	C1-C2
华立路	P133	F4
华立路	P139	A4
华丽路	P249	B5-C5
华联路	P133	C7-D7
华联路	P41	D2-D3
华良路	P249	C5
华林路	P117	A4-C5
华林路	P245	E2
华灵路	P43	D2-E4
华灵路(浦东)	P173	C2
华隆路	P155	A2-A4
华路	P169	F8
华路	P173	C1
华泖路	P205	B6
华茂路	P117	B3-A4
华美路	P53	A1-A2
华民路	P153	F6
华民路	P249	A3-B3
华民南路	P161	A6
华南路	P151	F1-F2
华宁路	P125	F6
华宁路	P185	A6-F7
华宁路	P189	A7-D8
华宁路	P191	D1-F1
华宁南路	P191	F1
华宁南路	P207	A5
华农路	P155	A3
华鹏路	P95	C7-E8
华坪路	P191	F4
华浦路	P153	E5-F5
华浦路(黄渡)	P151	C2-D2
华浦南路	P153	F5
华浦南路	P161	A5
华强街	P151	E3
华勤路	P245	F3
华青路	P153	B5-C5,D5-F5
华青南路	P153	F5
华青南路	P161	A5
华秋路	P33	B7-D7
华泉路	P249	A3
华容路	P91	C6-C7
华瑞路	P33	C6-C7
华润路	P113	C1-C2,C2-B2
华润路	P95	E8
华山路	P75	A5-C5,E2-C5,E2-F2
华山路	P83	A2-D3
华山路(山阳)	P237	E2,F2-F3
华山路(山阳)	P243	A3
华申路	P165	D1-C1
华申路	P39	A8
华盛路	P61	F1
华盛路	P69	A1
华石路	P91	D1-C2
华霜路	P133	D6-E6
华松路	P207	B7-B8,B8
华腾路	P151	F1-F2,F2-E4
华田泾公路	P181	B4-D4
华铁路	P183	E6-F5
华亭路	P75	C6-D6
华亭路(亭林)	P221	D8
华通路	P241	E5-D7
华佗路	P109	F7-F8
华佗路	P111	F1
华旺路	P133	E6-E7
华卫路	P155	A1-A2
华卫路	P249	A3
华西北路	P245	E1-E2
华西路	P185	A5-C6
华西路(崇明)	P245	E1-E2
华西中路	P245	E1-E2
华夏东路	P111	F6-E8
华夏东路	P169	E1-C8
华夏东路	P173	B1-B3
华夏二路	P169	E3-F3
华夏二路	P171	A3-C4
华夏高架路	P111	F5-E8
华夏高架路	P115	A4-A5
华夏高架路	P169	E1-C8
华夏高架路	P173	B1-C3
华夏三路	P169	E2-F3
华夏西路	P103	F5-E8
华夏西路	P113	F1-C7
华夏西路	P121	A1-A2,A2-A7
华夏一路	P169	E3-F3
华夏中路	P111	F5-F6
华夏中路	P113	C7-C8
华夏中路	P115	C1-A5
华翔路	P151	B8-F7
华翔路	P155	A7-E8
华翔路	P55	C1-D1
华谐路	P107	A8
华谐路	P49	F8
华新街	P151	E2-E3
华新路	P245	E2
华星联路	P249	B3
华星路	P177	C2,C2-C3
华星路(泰日)	P211	A3
华星南路	P249	A3-A4
华兴路	P61	F3-E4

名称	页码	索引格
华兴支路	P61	E4-F4
华绣路	P113	A1
华绣路	P95	B7-A8
华徐公路	P151	E4-F4
华徐公路	P155	A4-C5,B5-C5,D5-E6
华严二路	P223	A6-A7
华严路	P37	F2
华严塔路	P221	B4-C4
华阳街	P183	F6
华阳路	P73	A7-B8
华耀路	P245	F3
华业路	P133	F5
华益路	P111	F4-E5
华益路	P245	E2
华益路(华新)	P151	D2-D4
华谊二路	P133	E6
华谊一路	P133	E6
华阴路	P59	B4-A6
华印路	P125	F8
华友路	P117	C4-B5
华宇路	P245	E2
华裕路	P249	A3
华元路	P205	E5-E6
华园路	P223	A7
华苑路	P223	A8-B8
华展东路	P119	F8
华展东路	P121	F1
华展东路	P127	A8
华展路	P119	F7-F8
华长路	P183	F6
华长路	P205	A6,B6-D6
华长路	P245	E2
华哲路	P183	F6-E7
华志路	P151	F1-F4
华中路	P117	C4-C5
华中路(北蔡)	P109	F5-F6
华重公路	P153	A7-A8
华重公路	P155	A1-A3
华洲路	P169	C7-E8
华洲路	P173	B3-C3,C1-B3,C3-D3
华洲西路	P169	F7-F8
华庄路	P237	C3-C4
化成路	P143	F5
化成路	P29	A5
化工街	P223	A8
化工路	P33	F8
化工路	P41	A8
化工路(崇明)	P259	C6-D6
化工路(松江)	P183	F1-F2
化九路	P141	A7
化七路	P141	A7
化十一路	P141	A7
怀德路	P105	B1
怀德路	P45	F8
怀德路	P63	A7-C8
淮安路	P67	B6-B7
淮海东路	P69	F5-F6
淮海西路	P81	D8-C8
淮海西路	P83	C1-B3
淮海中路	P69	F5
淮海中路	P75	F4-C8
淮海中路	P77	C1-A5
淮海中路	P83	B3-A4
淮虹路	P155	B8
淮阴路	P53	D6-D7
槐花路	P175	D2
槐九路	P257	F5
槐九路	P259	A5
欢乐路	P209	B8
环北一路	P147	C3
环场路	P265	F8
环城北路(南桥)	P207	D7-D8
环城北路(南桥)	P209	C2-C3,D1
环城东路	P161	A4
环城东路(南桥)	P207	C8-E8
环城东路(南桥)	P209	E1-F1
环城东路(南桥)	P225	A1-E2
环城路(嘉定)	P139	F3-E5
环城路(松江)	P183	E4-F4
环城南路	P223	B8
环城南路	P225	B1
环城西路(南桥)	P207	B6-F7
环城西路(南桥)	P223	A7-B8
环城西路(青浦)	P161	A4
环村路	P139	F8
环村路	P147	A7-A8,A8
环村南路	P257	E6-E7
环村西路	P257	F7
环东八路	P147	C3
环东二街	P117	A6
环东二街	P55	F6
环东二路	P147	D3
环东二路	P217	B8

名称	页码	索引格
环东二路	P219	B1-E1
环东六路	P147	C3
环东路	P207	C8
环东路(崇明)	P257	F2
环东路(崇明)	P259	A2
环东七路	P147	C3
环东三路	P147	D3
环东四路	P147	D3
环东五路	P147	C3
环东一路	P117	A6-B7
环东一路	P147	D3
环东一路	P217	C8
环东一路	P55	E6-F6
环河路	P201	B6-C7
环虹路	P107	D6
环湖北二路	P231	B4-B6
环湖北路	P179	C1-C2
环湖北三路	P231	A4
环湖北一路	P231	B4-B6
环湖东二路	P231	B6-C6
环湖东三路	P231	A6-C6
环湖东一路	P231	B6-C6
环湖南二路	P231	C4-C6
环湖南三路	P231	D4-D5
环湖南一路	P231	C4-C6
环湖西二路	P231	B4-C4
环湖西三路	P231	A4-D4
环湖西一路	P231	B4-C4
环江路	P241	D8-E8
环锦路	P109	B2-B3
环科路	P113	C8
环科路	P115	C1-B2
环林东路	P103	F8
环林东路	P121	A8,B8
环林东路	P123	A1-B1
环林西路	P121	A7-B8
环龙路	P109	C1-D1
环龙路	P87	A8-B8
环路	P191	C6-E6
环绿路	P53	C4-F4
环绿路	P55	A4
环南二路	P147	D3
环南三路	P147	D3
环南四路	P147	D3
环南五路	P147	D3
环南一路	P147	D3
环农科院路	P155	C1-C2
环桥路	P175	A1-B1,B1
环庆东路	P167	E4-F4
环庆南路	P167	F4
环庆中路	P167	F4
环山路	P161	E8
环山路	P163	E1
环文路	P35	B2
环西二路	P147	C2
环西二路	P217	D7-D8
环西三路	P147	D2
环西四路	P147	D2
环西五路	P147	D2
环西一路	P147	C2
环西一路	P217	C8-D8
环线北路	P201	B6-B7
环线西路	P201	B6-C6
环线中路	P201	C6
环秀路	P209	C4
环园东路	P203	E7-F7
环园南路	P219	A5
环镇北路	P33	E7-E8
环镇北路	P35	E1-E3
环镇东路	P195	D1-E1
环镇南路	P41	B8
环镇南路	P43	B1-B3
环镇南路(航头)	P193	E8
环镇南路(航头)	P195	E1
环镇南路(虹桥)	P55	C7-C8
环镇南路(虹桥)	P89	E1-D1
环镇西路	P55	B8-C8
环镇西路	P89	E1
皇庆路	P139	E3-E4
黄陂北路	P69	E3-F4
黄陂南路	P69	F4
黄陂南路	P77	A4-E5
黄渡浜街	P183	B4
黄渡路	P45	F3
黄海路	P25	D5-C6
黄豪路	P259	C5
黄河路	P69	B3-D3
黄河路(崇明)	P253	F2-F3
黄河路(崇明)	P257	A3
黄桦路	P55	A6-B5
黄家埭路	P203	D1-E1
黄家花园路	P151	C8,C8-D8
黄家路	P79	C1-D1

名称	页码	索引格
黄家路(惠南)	P197	D3-D4
黄家阙路	P77	C7-D7
黄金城道	P81	D1-D3,D4-E6
黄鹂路	P265	C7
黄陵路	P43	F5
黄陵路	P59	A1
黄龙路	P177	B3-B4
黄泥沟路	P107	D6-E6
黄坪路	P189	D7-E7,E7
黄浦路	P61	F8
黄浦路	P63	F1
黄浦路	P69	A8
黄桥公路	P203	D7-E7
黄桥中心路	P203	E7
黄山路	P45	F1-F2,F2
黄石路	P99	D6-D7
黄塔路	P205	B4-C4
黄兴路	P45	A7-D8
黄兴路	P47	D1-F1
黄杨路	P105	D7-E8
黄依相桥路	P257	C1-D1
黄赵路	P115	E8,F8
璜溪东街	P233	B8
璜溪西街	P233	B8
辉河路	P45	B5-C5
辉煌路	P193	F3-F4
辉煌路	P209	A3
徽宁路	P77	F6-E8
徽宁路	P79	E1
回城南路	P147	B3-A5
回城西路	P139	F2
回城西路	P147	A2,B3
回龙支二路	P153	B8
回龙支一路	P153	B7-B8
回业路	P183	F6-F7
回字路	P161	B8
汇安路	P207	C5-D5
汇安路	P237	D5,E5
汇邦路	P153	E6-E7
汇宝路	P137	F7
汇北公路	P189	D2-F1
汇北公路	P205	A8-B8
汇北公路	P207	A1
汇北路	P193	D5-E5
汇滨路	P153	D7-E7
汇成路	P195	D6-D8
汇成路	P197	D1,D1-D2
汇驰路	P193	A6-C6
汇川路	P73	B6-D6
汇创路	P109	D7
汇萃路	P211	A6
汇达路	P235	D4-D6
汇德路	P137	E7-F8
汇东路	P209	A3
汇发路	P139	D2-C2
汇方路	P137	F7-F8
汇丰北路	P209	C1-C3
汇丰大街	P235	B3-B4
汇丰东大街	P235	B4
汇丰东路	P209	C3-D3
汇丰西路	P209	C1-E1
汇富路	P137	F7-F8
汇港路	P231	E1-F2
汇工路	P235	D5-D6
汇海路	P195	D4
汇豪路	P195	D4
汇红路	P193	D6-E6
汇虹路	P209	C3
汇技路	P195	F6-F8
汇江路	P189	E3,E3-F3
汇江路	P207	A2
汇角路	P229	D7
汇金路	P153	D6-F6
汇金南路	P153	F6
汇金南路	P161	A6
汇骏路	P195	F6-F7
汇骏路	P211	A7
汇科路	P235	E4-E5
汇联路	P153	D7,D7-E7
汇龙路	P155	C5-C6
汇盟路	P195	D4
汇民路	P197	D3
汇南路	P193	F6
汇千路	P209	D4
汇庆路	P167	D3-F3
汇秋路	P193	D4
汇泉路	P183	F3
汇仁路	P137	F7-E8
汇荣路	P139	D1-C2
汇善路	P139	D1-C3,E1-D1
汇舒路	P193	D4
汇腾路	P195	D4
汇通路	P137	E8-D8

名称	页码	索引格
汇通路	P187	A1
汇旺东路	P139	E1-D3
汇旺路	P137	E8,F7-F8
汇旺路	P139	E1
汇西路	P207	D5-F6
汇贤路	P137	E7-F8
汇雄路	P193	D4-E4
汇延路	P193	D4-E4
汇友路	P195	D4
汇源路	P139	D1-C2
汇源路(梅陇)	P127	F5
汇站街	P83	F2
汇站街	P91	A2
汇臻路	P193	D4-E4
汇智路	P225	A1-A2
汇中路	P207	C5
汇中路(金汇)	P209	B1-A5
会馆码头街	P79	E3-E4
会馆弄	P79	A2
会稽路	P77	A6
会理路	P251	A4
会龙路	P175	E8
会龙路	P177	E1
会宁路	P251	A4
会文路	P61	C3-E4
会卓路	P155	D7-D8
惠东路	P197	C2-C3
惠二路	P271	C5-C6
惠复公路	P257	F3-F4
惠复公路	P259	A4-A5
惠富路	P257	C7-E8
惠富路	P261	B1-B2
惠高公路	P259	A4-A5
惠军村路	P261	B1-B2
惠军路	P261	A1-B1
惠康路	P153	B3-B4
惠乐路	P197	D1
惠民村路	P259	A5
惠民公路	P207	E1-E2
惠民河路	P259	A6
惠民路	P105	A1
惠民路	P63	D5-A8
惠民路(横沙)	P271	C5-D5
惠平路	P147	E6-F6
惠平路	P151	A6-C7
惠申路	P147	F6
惠申路	P151	A6-A7
惠水路	P117	D6-E6
惠同路	P197	F3-F4
惠亚路	P147	F6-F7
惠亚路	P151	A7
惠阳路	P225	F6
惠一路	P271	C5
惠裕路	P147	F5-F6
惠裕路	P151	A6
惠园路	P195	C8-D8
惠园路	P197	D2-D3
惠闸路	P261	A1-B2
惠州路	P225	F6-F7
惠州路	P239	A6
慧农路	P221	C2-D2
慧浦路	P221	C1-C2
慧日路	P221	C3
混堂弄	P151	A8
火车站路	P151	B7-B8
火箭路	P197	E8
火箭路	P199	E1
火炬路	P241	F8
火腿弄	P79	B1
霍城路	P139	F2
霍城路	P147	A2-A3,A3-B3
霍山路	P45	F8
霍山路	P47	F1
霍山路	P63	D4-A8
镬盖塘路	P273	D4-D5
藿香路	P109	D8-E8
藿香路	P111	E1

J

名称	页码	索引格
机场大道	P173	F2-D5
机电路	P39	F4
机电路	P47	A3-A4
机修一路	P177	B5
积福西路	P141	F4
基地二路	P173	E3
基地七路	P173	F3-F4
基地三路	P173	F3-E4
基地一路	P173	E3
基隆路	P31	E7-D8
吉安路	P77	B5-C6
吉灿路	P175	C7,C7-D7

名称	页码	索引格
吉林路	P63	A6-A7
吉龙路	P175	D7-D8
吉浦路	P37	C4-F4
吉浦路	P45	A4
吉祥路	P45	F3-F4
吉祥弄	P77	A7
吉亚路	P151	C2
吉业路	P161	B8
吉业路	P163	B1
吉镇北路	P51	B6-C6
吉镇路	P51	C6-D6,D6-E6
汲浜公路	P261	B7-F5
汲浜公路	P265	A5-C3
汲工路	P265	A4
汲康路	P265	A4
汲西路	P261	F4-F5
汲笑路	P261	F4-F5
极海路	P197	B8-A8
极海路	P199	A1-F4
极海路	P215	A4-D5
即墨路	P71	A5-C5
集发大道	P29	E7-F7
集海路	P165	D3
集慧路	P113	A7-C8
集宁东路	P135	C1
集宁路	P133	D8
集宁路	P135	D1-C1
集市路	P175	F4
集市弄	P195	A4
集贤东路	P227	A7
集贤东西路	P227	A6-A7
集贤路	P141	A2-C2,C2,C2-D2
集贤南北路	P227	A6-B6
集心路	P127	A3-B3
纪川路	P151	F5-E5
纪东路	P151	E6
纪丰路	P151	E4-E5
纪高路	P151	E5-E6,F5-E5
纪鹤公路	P149	E6-E8
纪鹤公路	P151	E1-E2,E2-E4
纪鹤路	P151	E4-E5
纪宏路	P151	F5-F6
纪宏路	P155	A5
纪梅路	P151	F5-F6
纪念路	P45	A3-A5
纪前路	P151	E5-E6
纪顺路	P151	E5-F6
纪淞路	P151	E5-E6
纪信路	P151	E5-E6
纪秀路	P151	F4-F5
纪秀路	P155	A4
纪友路	P151	F6-E6
纪育路	P151	F5-E6
纪源路	P151	E5-E6
纪蕴路	P27	F6
纪蕴路	P35	A6-B6
纪翟路	P151	E5-F6
纪翟路	P155	A6-B7,B7
纪展路	P151	F5-F6
纪展路	P155	A5
纪中路	P151	E6-E5
纪邹路	P151	F4-F5
际和路	P177	E5-D6
季景北路	P31	E7-F7
季景路	P31	F7-F8
季景路	P39	A8-B8
季乐路	P155	B5-A6
季桥三号路	P195	B6
济民河路	P259	A5-A6
济民路(庙镇)	P251	E2
济民路(新河)	P259	A2-A3
济明路	P101	B5
济明路	P93	E4-F4
济南路	P77	B5-C5
济宁路	P45	F8
济宁路	P47	F1
济宁路	P63	B7-A8
济桥路	P251	C2-D3
济荣路	P205	D8
济荣路	P207	D1-E1
济阳路	P101	A5-F7
济阳路	P121	A4-C4
济阳路	P93	F5
济众路	P207	D1-E1
继光路	P209	A5
冀桥路	P107	A4-A5
加枫路	P165	E1-F1
加工路	P183	E6-E7
加管路	P183	E6-F6
加海路	P183	E6-F6
加江路	P183	E7
加三路	P207	E7-D7
加太路	P165	D1
加委路	P183	E7-F7
加五路	P207	E7
伽利略路	P111	E3-F3
佳宝路	P55	E3-F3
佳高路	P49	F2
佳海路	P167	A1
佳虹路	P49	F3
佳京路	P49	E2-E3
佳康路	P155	F3
佳乐路	P49	F2-F3
佳林路	P49	E2-F3
佳龙路	P25	F7-F8
佳龙路	P27	F1
佳龙路	P33	A7
佳木斯路	P39	F2-F3
佳木斯路	P47	B1-A2
佳南路	P39	B7
佳桥路	P49	E2-E3
佳通路	P151	A8
佳通路	P41	A1
佳通支路	P151	A8
佳通支路	P41	A1
佳祥路	P197	B3
佳杨路	P225	B3
佳悦路	P155	E3-F3
嘉安公路	P145	E7-D8
嘉安公路	P147	D1-A3
嘉宝路	P147	F3
嘉宝路	P151	A3-A4
嘉昌路	P139	F6
嘉程东路	P147	F7
嘉程路	P147	F6-F7
嘉程路	P151	A6
嘉川路	P119	B5,C3-B4
嘉丰路	P147	A3
嘉富路	P139	F6-F7
嘉行公路	P133	D3-F4
嘉行公路	P139	A4-E4
嘉好路	P147	F5-F6,F6-F7
嘉好路	P151	A5
嘉宏路	P139	F6
嘉华路	P249	A3,A3-A4
嘉戬公路	P139	F6-F7
嘉戬公路	P147	A5-A6
嘉戬支路	P139	F7
嘉戬支路	P147	A7
嘉乐弄	P255	D4
嘉陵路	P119	A5,B5
嘉陵路	P99	F1
嘉隆北路	P259	A4
嘉隆南路	P259	A4-B4
嘉罗公路	P139	D7,F5-D8
嘉罗公路	P141	C1,D1-C1
嘉罗公路	P147	A4-A5
嘉美东路	P147	F7
嘉美路	P147	F6-F7
嘉美路	P151	A5-A6
嘉闵高架路	P117	A2-F4
嘉闵高架路	P125	A4-B5
嘉闵高架路	P147	E7-F7
嘉闵高架路	P151	A7-F7
嘉闵高架路	P155	A7-E8
嘉闵高架路	P55	D1-F2
嘉年路	P151	A7
嘉蓬路	P163	A7-B8
嘉前路	P147	F7
嘉前路	P151	A6-A7
嘉善路	P75	D8-F8
嘉善路	P77	F1
嘉善路	P85	A1-B1
嘉生路	P271	C6
嘉松北路	P145	A8-B8
嘉松北路	P147	B1-F2
嘉松北路	P151	A2-D2
嘉松南路	P163	C3-F3
嘉松南路	P183	A3-E3
嘉松中路	P151	D2-F2
嘉松中路	P155	A2-F3
嘉松中路	P163	A3-C3
嘉唐公路	P133	F4-F3
嘉唐公路	P139	A3-E4,E4
嘉涛路	P41	E1-F1
嘉旺路	P139	F6-F7,F7-E8
嘉新公路	P147	A5-D7
嘉新路	P205	D7-D8
嘉兴路	P61	B7-C8
嘉绣东路	P147	E7-E8
嘉绣路	P147	F5-F6
嘉耀路	P147	F8
嘉耀路	P33	E1
嘉怡路	P41	F3
嘉怡路	P51	A3
嘉涌路	P41	E2-F2
嘉峪关路	P151	C8
嘉园路	P209	B2-D3
嘉泽路	P41	E2-F2
嘉洲路	P41	E3-F3
嘉朱公路	P137	A7-C8
嘉朱公路	P139	C1-D1,D1-F2,F2
嘉朱公路	P147	A2-A3
夹浦路	P105	C2
郏店支三路	P153	D8
郏店支三路	P155	D1
贾田村路	P203	F1-F2
建安路	P219	F2-E3
建八路	P235	F6-F7
建八路	P241	A6
建昌路	P241	D7
建德路	P77	F2-E3
建定路	P219	F2-E3
建东路	P197	C7
建东中路	P255	D7-E8
建谔路	P235	F7
建谔路	P241	A7
建风北路	P257	D2-D3,D3-D4
建风公路	P251	C7,D7
建风支路	P251	C8
建岗路	P193	B5
建港公路	P251	F4-F5
建港公路	P255	A5-A6
建港路	P257	D3
建贡路	P219	E2-E3
建光路	P173	A1-B2
建光西路	P173	B1
建国东路	P77	E3-D5
建国路	P237	B6-D5
建国西路	P77	F1-F2
建国西路	P83	C5-A8
建国西路	P85	A1
建国新路	P77	D5-D6
建国中路	P77	F2-E3
建豪路	P131	C5-C6
建恒路	P131	C6-D6
建虹高架路	P155	D8
建虹路	P155	D8
建华路	P119	E7
建华路	P259	A8-A7
建惠公路	P257	E8-F8
建惠公路	P259	A8-B7
建惠公路	P261	A1-B1
建垦公路	P251	C7
建廊路	P235	E6-F7
建乐路	P233	A8
建乐路	P235	A1
建粮路	P251	C8,C8-D8
建林路	P131	D6-D7
建陆路	P165	D1
建马公路	P257	F5-F7
建马公路	P259	A7-B8
建民北路	P261	C1-D2
建农路	P235	F7
建浦路	P193	C4
建勤西路	P259	A8
建润路	P129	C8
建沙二路	P237	C6
建沙路	P237	C5-C6
建设北路	P255	D7-D8
建设公路	P251	F7-F6
建设公路	P255	A6-C6
建设河路	P203	D6-F5
建设河路	P219	A5
建设路	P191	F4-F5
建设路	P207	A6
建设路(周浦)	P175	B4-D4
建设南路	P175	D4
建屯路	P149	D2-D3
建圩路	P235	E4-F4,F4
建西路	P197	C7-E7
建贤路	P225	A1
建小路	P255	A7-B7,B7-B6
建新大街	P233	B8
建新大街	P235	B1
建新河路	P269	B3-C3
建新路	P41	F4
建新路	P51	A4-B4
建新路(港沿)	P261	E2-E3
建新路(浦江)	P129	A8-B8
建新路(三星)	P245	E4-F4
建新一路	P269	B3-B4
建星路	P255	B6
建兴六路	P269	B3-B4
建兴南路	P269	B4-C3
建业路	P169	C3-B5
建宜路	P173	E1
建元路	P235	F4
建苑路	P197	C7
建韵路	P123	F5
建韵路	P131	A5-D6
建泽路	P129	C8
建闸8队路	P249	A3-B3
建中路	P197	C7-F7
建中路(崇明)	P259	A7-B8
建中路(浦江)	P129	B8
建中路(松江)	P205	C2
建中路(张江)	P111	E2-D3
剑澧路	P187	D6-E6
剑川路	P187	F7-F8,F8
剑川路	P189	C8,F3-C8
剑川路	P191	C1-A7
剑川路	P193	C1-C2
剑河路	P53	A6-F7
剑兰路	P147	D8
健康路	P219	B7-C7
健康南路	P219	C7-D7
健鹏路	P163	A7
健祥路	P229	D8-C8
健祥路	P231	C1
箭桥路	P175	A1,B2
江安路	P119	A2-A3
江安路	P265	A5
江岸路	P135	D5-E5
江边北路	P259	C4-D5
江边南路	P259	C4-D5
江滨路	P85	E3-E4
江波路	P143	F5-F6
江场二路	P43	A7
江场路	P43	A7-A8
江场路	P45	A1
江场三路	P43	A6-B6
江场西路	P43	B3-A7
江场一路	P43	A7
江潮路	P193	A4-A5
江陈路	P135	D2
江城路	P189	F5-E6
江川北路	P163	C5-D6
江川东路	P191	E4-D8
江川东路	P193	D1-E1
江川路	P189	F8
江川路	P191	F1-E4
江川路	P207	A1-A4
江川南二路	P163	D6-E6
江川南路	P163	D6
江达北路	P163	C6
江达南路	P163	C6-D6
江东路	P111	D3-C3
江东路	P29	A6-A8
江东路	P31	A1-D4
江东支路	P31	C3-D6
江帆路	P255	C5-D5
江丰路	P251	D2-E2
江府路	P223	B8
江付中心路	P245	B5
江海公路	P259	A3-B3
江海河路	P223	B8
江海路	P223	A8-B8
江海路	P225	B1
江海南路	P225	B1-D1,F1
江汉路	P193	A2-A3
江航路	P193	B5-C5
江航南路	P193	C5
江河路	P163	D6-D7
江洪路	P249	D6-E7
江华路	P251	D3-F2
江桦路	P129	B3-A6
江环路	P173	D1
江晖路	P173	E1
江荟路	P265	B5
江佳路	P51	A3-B3
江凯路	P129	D7-D8
江坤路	P193	B2-A3
江乐路	P255	C4-D4
江柳路	P129	C3-B5
江龙路	P193	A2-A3
江龙路	P251	F1
江龙路	P255	A1
江梅路	P121	F5
江梅路	P129	A3-A5
江民公路	P251	C3-E3,E2-F2
江明路	P173	D2-E2
江南公路	P205	D4-D5,D5-D6
江南路	P223	B8
江南路	P225	B1
江宁路	P59	E4-F5
江宁路	P67	A5-F8
江平路	P255	C4-D4
江平路(白鹤)	P149	D2-F1
江浦路	P105	A1-B1
江浦路	P45	C7-F8
江浦路	P63	A8-B8

名称	页码	索引格
江桥路	P51	B2-D3
江秋路	P161	E7-F7
江泉北路	P31	C2
江泉路	P31	C2-D2
江沙路	P269	A2-B1
江山道	P125	B4-A4
江山路	P229	D2-D3,E4-D8
江山路	P231	C1-D1
江申南路	P251	A6-B5
江苏北路	P65	E8-F8
江苏北路	P73	A8
江苏北路	P75	A1
江苏路	P75	A1-E2
江桃路	P129	A3-A4
江田东路	P183	D5-C6
江艇路	P193	F4
江艇路	P209	A4
江湾城路	P29	F8
江湾城路	P37	A8-C7,C7-D6
江万公路	P251	F2
江万公路	P255	A2-B1
江玮路	P193	A5-B5
江文路	P193	B5-A6
江西北路	P61	D6-F6
江西北路	P69	A6
江西南路	P69	D7-E7
江西中路	P69	A6-D7
江协路	P193	B5
江心沙路	P29	A6-E8
江心沙路	P31	E1-F3
江心沙支路	P29	D8,D8-E8
江心沙支路	P31	D1
江绣路	P173	E1
江薛路	P207	A3
江学路	P183	C2-D2
江杨北路	P141	C7-F8
江杨北路	P27	A7-C8,C8-D8
江杨南路	P29	D1-F1
江杨南路	P37	A1-F1
江阴街	P77	D7-D8
江阴街	P79	D1
江阴路	P69	E2-E3
江园路	P129	F5-F6
江园路	P193	A2-A3
江月东路	P131	C3-B5
江月路	P129	F4-D8
江月路	P131	D1-D2
江镇路	P173	E2-D4
江镇路(崇明)	P251	E2-F2
江镇西路	P173	E1
江镇中路	P251	E2-E3
江栀路	P129	D4-C6
将军帽南路	P273	C4-D4
蒋港河北路	P213	F7-F8
蒋港河北路	P229	A8
蒋家浜小街	P45	F8
蒋家桥路	P45	E5
蒋泾村中心路	P219	C5-E5
蒋泾西街	P183	F2
蒋仁路	P195	B4-B5
蒋巷街	P141	D2
蒋巷路	P219	F7-F8
蒋巷路	P221	F1
蒋尹路	P169	A7-A8
蒋庄路	P237	D2-C3
酱园弄	P255	C4-D4
交城路	P43	B4-B5
交暨路	P43	F4
交暨路	P57	A7-B8
交通街	P259	C6
交通路	P41	F8
交通路	P43	F1-F2
交通路	P57	A4-B8
交通路	P59	B1-D6,D6-D7,E8
交通路	P61	D4,E1,E1-F2
交通西路	P59	B6-C6
郊奉路	P225	F2-F3
郊奉路	P239	A1-A2
茭白园路	P45	F8-E8
胶东路	P105	B8-A8
胶东路	P107	A1
胶南路	P87	B4-C5
胶州路	P67	B2-F5
胶州路	P75	A5
焦家路	P205	E3
焦九路	P135	F7
焦九路	P141	A7
轿行路	P223	B8
轿行路	P225	B1
教堂向东路	P213	F8
教育路	P27	C1-D1,D1-E1
阶庭路	P47	A8
阶庭路	P49	A1
杰科路	P113	A7-A8
洁雅路	P107	D6,D6-D8,E4-E6
洁雅路	P167	E1
洁源路	P167	B4
结字盘路	P115	D7-E6
捷畅路	P229	B7-B8
捷辰路	P205	B1
捷航路	P229	B7-B8
捷通路	P229	B7-B8
捷兴路	P229	B7-C8
捷迅路	P231	C1
解放岛东环路	P151	C6-D6
解放岛路	P151	C6,C6-D6,D6-E6
解放岛西环路	P151	D5-D6
解放东路	P225	A1-A3
解放河沿路	P251	B3-D3
解放街	P259	B7-B6
解放街(南翔)	P151	A8,A8-B8
解放街(新河)	P257	F2
解放路	P197	B2
解放桥路	P269	D6
解放西路	P223	B7-A8
解放新街	P249	B6
解放中路	P223	A8
解放中路	P225	A1
解放中心路	P225	A5-B5
界河路	P251	E6-E7
界河弄	P217	C6
界华路	P35	F4
界华路	P43	A4
界泾港路	P153	F5
界龙大道	P171	A2-B3,B3-C3
界龙二路	P171	C1-A3
界龙一路	P171	A4-B4,C1-B3
界绿路	P171	C3-D3
界山路	P235	D5-D6
界山路	P255	A6-A8
界西路	P251	F4-F6
界子路	P261	E7-E6
金岸路	P165	A7-A8
金岸路	P269	E6-F8
金岸路	P271	A1-B1
金百路	P237	B2-D2
金版路	P237	C1-D1,D1
金浜路	P53	E4-E5
金碧路	P193	F3
金碧路	P209	A3,B3-C3
金藏路	P107	B1-C1
金昌路	P41	D2-E4,E4,E6-F7
金昌西路	P147	F2-F4
金昌西路	P151	A4-B8
金昌西路	P41	D1-D2
金达路	P41	C2-D2
金大公路	P209	D3-E7
金大路	P179	D1
金大路	P207	A8-B8
金大路	P221	B5-C5
金灯路	P191	A4-B4
金邓路	P237	E4
金滇路	P107	C2-D2
金鼎路	P51	A5-A8
金鼎路	P57	B1-C2
金都路	P125	F6-E8
金都路	P127	E1-C8
金都路	P185	A5-A6
金都西路	P185	B3-A5
金斗路	P209	A4-A5
金二东路	P243	F1
金二路	P135	E2-D3
金二西路	P241	F8
金二西路	P243	F1
金发路	P209	A3-A4
金飞路	P221	D8-F8
金丰北路	P107	C7-D8
金丰路	P155	B6-C6
金丰路	P221	B4-B5
金丰路(唐镇)	P107	D8-F8
金港路	P107	A2-E3
金高路	P107	A2
金高路	P49	A2-F2
金舸路	P237	A1,A1-D2
金工路	P105	B7-A8
金光路	P155	B5-C6
金光路(漕泾)	P237	E5-F4
金光路(惠南)	P197	A4-A5
金广街	P137	F6
金海公路	P193	F1
金海公路	P209	A1-F2,F2-F3
金海公路	P225	A3-F4
金海路	P107	B1-A3
金海路	P167	C1-B3
金海路	P49	F3-F6,F6-F8
金海支路	P225	E3-E4
金浩路	P147	F3-E3
金横路	P153	B2
金湖路	P157	D2
金湖路	P179	D1-E2
金护路	P237	D4
金沪路	P107	A3-D2
金华路	P69	C5-D5
金华路(商榻)	P159	C1
金槐路	P107	E4-D5
金环路	P241	D6
金凰路	P177	C3-D3
金辉路	P151	F5
金辉路	P155	A5,A5-B6,B6-C6
金汇庵港路	P209	B3,B3-B5
金汇路	P55	A6-C7
金汇南路	P55	C7-D7
金汇塘东路	P239	C5-B8
金汇塘路	P239	C4-C5
金吉路	P49	E5-F5
金家坊	P77	B6-A7
金家旗杆弄	P77	C8
金蒋路	P237	B3-C3,C3-D3
金角路	P135	F1
金京路	P165	F2
金京路	P49	A3-F3
金聚路	P193	F4
金聚路	P209	A4
金骏路	P225	C2
金康东路	P243	B2-A3
金科路	P111	A1-F1
金科路	P115	A1-F2
金口路	P105	B6-C7
金筐路	P135	F1
金葵路	P107	D3-D5
金兰路	P139	C2-C3
金廊公路	P219	C8-F8
金廊公路	P233	A8-E8
金亮路	P177	B3,C3-D4
金辽路	P49	E4
金陵东路	P69	F5-D8
金陵西路	P77	A3-A4
金陵中路	P69	F4-F5
金陵中路	P77	A4
金零路	P243	E1
金流路	P237	B1,C1-D1
金龙街	P123	E7-F7
金龙新街	P219	C7-C8
金娄路	P139	C2
金轮路	P51	E4-F4
金马路	P163	C8
金迈路	P151	B8
金迈路	P41	C1,C1-B2
金茂街	P137	F6
金茂路	P237	A2
金门路	P69	E7
金米路	P141	F2
金米路	P25	A4-B4
金森路	P269	E6-E7
金闽路	P107	A4-B4,B5
金明路	P107	F2-E2
金明路	P221	B5-C5
金睦路	P167	A1-B1
金南街	P219	D7
金南路	P157	D2
金南路	P179	D1
金瓯路	P241	D6-C7
金滂路	P269	E6-E7
金平路	P191	C2-E3
金平路(松江)	P205	C3
金齐路	P209	E1-D3
金钱公路	P193	F3
金钱公路	P209	A3-F4
金钱公路	P225	A4-E6
金强路	P237	D1
金桥路	P105	A6-C8
金桥路	P107	C1-D1,E1-F2
金桥路	P111	A2
金桥路	P47	E5-F6
金秦路	P235	E4
金秋路	P111	B4-B6
金群路	P167	A1-B1,B1
金仁路	P237	C1,C1-D1
金阮路	P237	C4
金润路	P41	A1-C1
金三路	P241	F6-F8
金三路	P243	F1
金三支路	P107	C1
金沙江路	P51	D3-E8
金沙江路	P65	D1-E5
金沙江西路	P151	E7-E8
金沙江西路	P51	D1-D3,D3
金沙江支路	P51	D4-D5
金沙路	P139	E4-F4
金山大道	P241	E5-C8
金山大道	P243	C1-B2
金山工业区大道	P235	B6-A8
金山工业区大道	P237	A1-A2
金山路	P61	F8
金山路	P69	A8
金商公路	P157	D8-F8
金商公路	P159	C1-D1
金商公路	P179	A1
金勺路	P135	F2-F3
金勺路	P141	A1-A2
金莘公路	P157	F3-F8
金盛街	P137	F6
金石北路	P221	C1-F2
金石北路	P235	A2-E4
金石路	P135	F1-E4
金石路	P141	A1
金石南路	P235	E4-F4
金石南路	P241	A4-D6
金曙路	P237	F3-F4
金水路	P235	B8-D8
金水路	P257	F1
金顺路	P177	B3-C3
金硕路	P107	A8
金硕路	P49	F8
金松路	P105	F4
金松路	P109	A4
金苏路	P107	A5
金穗路	P107	A5-B5
金穗路	P49	B5-C5,C5-F5
金塔路	P187	F2-E4
金台路	P105	C7-B8
金坛路	P79	B1-B2
金汤路	P51	B7-B8
金汤宅路	P135	F2-E3
金唐路	P107	E8
金塘路	P135	F3
金涛路	P243	F1-E2
金腾路	P223	D1-E1
金田路	P61	C8
金田路	P63	C1
金田路(练塘)	P179	D8
金亭公路	P177	D2-C4
金亭路	P155	F8
金通路	P151	B8
金通路	P41	B1-D3,C1-B1
金通路(唐镇)	P107	E8
金皖路	P107	A3-B4
金王路	P211	C7-D8
金旺街	P137	F6
金旺路	P147	E3
金闻路	P177	B3-E3
金溪路	P157	C2
金溪路	P179	C1
金湘路	P107	A3-D3
金晓路	P167	B1-C1
金新路	P107	B1
金星北路	P205	F8
金星北路	P207	F1
金星公路	P205	F8
金星公路	P207	F1
金兴街	P137	F6
金轩路	P207	F7-F8
金轩路	P237	B2-C3
金阳路	P187	F3-F4
金阳路	P191	A3
金杨路	P105	C6-A8
金杨路(金泽)	P157	C1-C2
金钥匙路	P257	D2
金耀路	P151	E8
金耀南路	P151	E8-F8
金业路	P105	A8,A8-B8
金一东路	P243	E1-E2
金一路	P241	F7-E8
金一路	P243	E1
金易路	P151	C3
金益路	P209	B2
金谊路	P121	B8-D8
金谊路	P123	D1-E1
金银河路	P175	D4
金银花路	P175	D2-E2
金迎路	P41	B2-D2
金雨路	P55	B7
金玉路	P205	A2-A4
金豫路	P107	A3-D4
金园八路	P151	D8
金园二路	P151	C8-D8
金园六路	P151	D8
金园三路	P151	D8
金园四路	P151	D7-D8
金园五路	P151	C8-D8,D8
金园一路	P151	C8-F8
金粤路	P107	C4-E4

名称	页码	索引格
金运路	P151	D8-F8
金闸公路	P193	E3-F3
金闸公路	P209	A3-B3
金展街	P137	F6
金展路	P221	D8-F8
金张辅道	P235	B2
金张公路	P219	C8-F8
金张公路	P233	A8-B8
金张公路	P235	B1-D7
金张支线	P235	E4-D6
金兆路	P49	F8
金争路	P237	C1
金中路	P179	C1
金钟路	P53	A4-A6
金洲街	P71	A4-C4
金珠路	P81	C3-C2
金钻路	P167	A1-C2
津行路	P165	F1
津行路	P49	A2
锦爱路	P141	D8
锦安东路	P109	D2
锦安西路	P109	C2-D2
锦才路	P203	A1-B2
锦陈路	P261	D8-F7
锦陈路	P265	A7-B6
锦崇路	P37	F6
锦创路	P37	F6
锦带路	P109	A2-A3
锦墩路	P209	D4-E4
锦富路	P141	D5-E5
锦观路	P141	D5-D6
锦和路	P109	D1-D2
锦宏路	P141	D5,D6-E6
锦辉路	P271	D6-C7
锦鸡五路	P273	B2
锦鸡支路	P273	B2
锦嘉路	P37	F6-F7
锦建路	P37	F6
锦江之路	P259	D8-E8
锦江之路	P265	A1
锦康路	P109	B2-C2
锦乐路	P141	C6-D6,D6-E6
锦梅路	P119	F3-F5
锦梅路	P127	A2-A3
锦南路	P141	E4
锦年路	P37	F6
锦屏路	P73	C3-D3
锦祁路	P141	F2-F3
锦秋路	P33	D4-D6,D6-C8
锦秋路	P35	C1-C2
锦日路	P209	A3
锦瑟路	P193	F3
锦商公路	P159	A1-C1
锦伟路	P141	E5
锦西路	P45	E6-D7
锦昔路	P183	C6-D6
锦霞路	P271	C6
锦绣东路	P105	F6-E8
锦绣东路	P107	C8,E1-D4
锦绣东路	P167	D3-C4,E1-D2
锦绣路	P105	F5-F6
锦绣路	P109	A5-F2
锦绣路	P113	A2-F3
锦绣路	P123	A3
锦绣路(崇明)	P261	D8
锦绣路(南桥)	P223	B8
锦延路	P109	B2
锦友路	P141	D8-E8
锦园路	P145	C6
锦州湾路	P47	F2
锦尊路	P113	A1-C2
进丰路	P165	A6
进丰路	P269	E6-F6
进隆路	P257	D1
进民路	P257	C1-D1
进明渡路	P149	B7
进农路	P257	F2-F3
进西路	P257	F3-F4
进贤路	P75	B8
进贤路	P77	B1
进贤路(川沙)	P169	E4-F4
进新路	P255	D8
进新路	P257	D1
进艺路	P257	E2
晋城路	P43	D4-C6
晋元路	P61	F3
晋元路	P69	A3-B3
京华路	P155	D5-E6
京江路	P61	E1-E2
京浦路	P113	F5-F6
泾北街	P183	F2
泾标路	P217	A6-C6
泾宾路	P217	B7-C7
泾波路	P217	A7-C6
泾灿路	P135	E3
泾车路	P205	A6-A7
泾德路	P181	E5
泾东路	P45	F4-F5
泾东路	P63	A1
泾荷路	P217	B6-B7
泾花路	P201	C6
泾惠路	P59	A3-B3
泾力西路	P51	D3-F3
泾力西路	P53	A3
泾角路	P203	D3
泾南路	P105	D4
泾蓉路	P217	B7-C7
泾商路	P217	A6-B6
泾文路	P203	D3,E3
泾奚路	P153	A6-B6
泾勋路	P135	E3
泾阳路	P51	E4-D5
泾阳路(青浦)	P153	A6-C6
经地路	P35	B1-C1
经二路	P135	F6-F7
经二路	P141	A6
经二延路	P141	A6
经六路	P135	C7
经六路	P141	D8
经六路	P143	A1
经三路	P141	B6-A7
经四路	P141	B7-B8
经五路	P141	C8
经五支路	P135	C6
经五支路	P141	C8
经一路	P135	F6
荆州路	P45	F7
荆州路	P63	A5-C6
井亭路	P255	E8-F8
井亭西路	P255	E8-F8
景彩路	P119	E2
景德路	P183	F3-F4
景东北路	P127	C7-D8
景东路	P127	D8-E8
景东路	P187	A8-C8,C8-D8,E8
景东路	P193	C1
景凤路	P35	D8-C8
景凤路	P37	C1
景福路	P119	D3-E3
景谷东路	P191	C4
景谷路	P189	E8
景谷路	P191	E1-C4
景洪路	P127	B6,B6-C7,C7-E7
景乐路	P233	E8
景乐路	P235	E1
景联路	P127	C4-B8
景明路	P109	C6-E7
景农路	P233	E8
景农路	P235	E1
景钱路	P233	D8
景钱路	P235	D1-D3
景邱路	P233	D5-D8
景泰路	P41	C7-F6
景西路	P127	B4-D4
景祥路	P45	E2,F2-E2
景星路	P63	B6-C7
景雅路	P167	D1-D2
景园街	P171	E8-F8
净土街	P77	B8
敬爱路	P265	A5-B5
敬南路	P189	A5-A6
敬学路	P147	C7-D8
敬业路	P169	C5,D3-D4
靖边路	P41	F6
靖边路	P51	A6-B6
靖海路	P197	A3-C3
靖海南路	P197	C3-D3
靖宇东路	P47	B1-B2
靖宇南路	P45	C8-D8
靖宇中路	P45	C8
靖宇中路	P47	C1-B1
靖远街	P69	D6-E6
靖远路	P151	D8
靖远路	P51	B1-B2
静南路	P253	F3
静南路	P257	A3
静南路(港西)	P255	B4-B5
静宁路	P57	C5-D5
静普路	P149	A7
静唐路	P147	E8
静唐路	P33	D1-C3
静修路	P77	B7
镜泊湖路	P25	F5-E7
九池路	P221	D6-F7,F7
九池路	P235	A7
九川泾路	P163	C2
九杜路	P155	F7
九杜路	P163	A7-B8
九丰路	P243	A4
九峰路	P183	E3
九干公路	P163	B5-B7
九港路	P243	A3
九工路	P235	B7-B8
九工路	P237	B1,B1-A2
九华路	P209	F1
九江公路	P161	F5-E8
九江路	P69	D3-B8
九江支路	P161	E7
九泾路	P155	F6
九泾路	P163	A6-B7
九龙路	P61	C7-E8
九龙路	P63	E1-F1
九溇路	P203	C2-C3
九庙路	P161	F3-F6
九桥路	P221	C6-D6
九曲街	P55	F4
九曲路	P175	B8-C8
九舒路	P163	E7-D8
九潭路	P47	E1
九亭大街	P117	D1-C3
九亭大街	P163	B7-B8
九新公路	P163	B8-F8
九新公路	P183	A8-B7
九星路	P117	A6
九星路	P55	F6-F7
九徐路	P163	A7-B7
九谊路	P163	A7-B8
九增路	P221	A4-C4
久富路	P163	C7-C8
久耕路	P215	E1-F2
久惠路	P153	A3-B4
久乐路	P153	C6-D6
久茂路	P227	D4-C4
久顺路	P153	B6-C6
久旺路	P153	D6
久业路	P153	A4-D4
久远路	P153	A4-B4,B4-C4
久耘路	P215	F1-F2
酒厂路	P159	B2-C2,C2
酒龙路	P161	C2-D1
旧仓街	P69	E7-F7
旧港路	P235	E8-F8
旧校场路	P69	F8
救护大队路	P161	A4
居安路	P123	B1
居家桥路	P105	A4-D6
居里路	P111	B1-D1
局门后路	P77	F5
局门路	P77	E5-F5
局门路	P85	A5-C6,D6-E5
桔园路	P269	D7-E7
菊城路	P147	B2-C2
菊联路	P25	F4-E6
菊泉街	P25	B6-E7
菊盛路	P25	B6-E6
菊太路	P25	D6,E4-D6
巨峰路	P47	D8
巨峰路	P49	D1-D6,D6-D7
巨鹿路	P75	C5-A8
巨鹿路	P77	A1-A3
巨野路	P105	C2-E3
句容路	P67	A6-B6
钜庭路	P207	F6
钜庭路	P223	A6,A6-B6
俱佳路	P165	F2
俱进路	P165	F2
俱进路	P49	A2-A3,A3-A4
剧场路	P251	D1
聚发路	P141	A5-B4
聚丰园路	P33	E6-D8
聚华路	P121	B8
聚奎街	P79	A1
聚贤路	P225	A1
聚星街	P161	A4
聚训北路	P255	D6-D7
聚训路	P255	D6
聚训南路	P255	D6-E6
掘头街	P255	C4
军港公路	P177	E7-F7
军港公路	P197	A7-C8
军工路	P29	D5-F8
军工路	P31	F1
军工路	P39	A1-F3
军工路	P47	A3-D4
军工路(崇明)	P255	D6-E5
军民公路	P115	B5-F3,F2
军民公路	P123	B6-A8
军民公路	P175	A1
军民路	P173	E2
君博路	P203	A1-A2
君子兰路	P143	B4
郡峰路	P155	F1
浚浦局路	P39	A2-B2
骏泰路	P185	D2
骏新公路	P257	F7
K		
卡园二路	P167	E1-F1
卡园三路	P167	F1
卡园一路	P107	D8
卡园一路	P167	E1
开封路	P69	A3-A4
开港北路	P261	D8-E7
开港南路	P265	C5-D4
开江东路	P163	C6
开江二路	P163	C5-C6
开江西路	P163	D5-D6
开江中路	P163	D6-C6
开乐大街	P223	F1-F2
开鲁路	P37	C8
开鲁路	P39	C1-C2
开明路	P183	D5-C6
开平路	P85	E3
开拓东路	P237	D7
开拓路	P237	D7-D6
开源路	P139	B7
凯滨路	P91	B7-C8,C8
凯滨路	P93	C1
凯城路	P125	B8
凯虹路	P81	A4-A5
凯进路	P91	A1-C2
凯庆路	P167	E3
凯旋北路	P57	F8
凯旋北路	P59	E2-F1,F1
凯旋北路	P65	C6-A8,C6-D6,D6-E5,D6-F5
凯旋北路	P73	A5
凯旋路	P73	A6-F6,C6-F6
凯旋路	P81	A6-E8,A6-E8,E8-F8
凯旋路	P83	F1
凯旋路	P91	A1-C2
凯旋南路	P91	C2-F5,F5
凯旋南路	P99	A5-B5
坎北路	P211	F8
坎南路	P211	F8
坎南路	P213	F1
坎中路	P211	F8
坎中路	P213	F1
康安路	P123	A4
康巴路	P123	C5-D5
康城道	P125	A4-B5
康达路	P123	D8
康达路	P175	B1-C1
康德路	P235	E6-D7
康电路	P183	D7
康定东路	P67	C7-B8
康定路	P67	E1-E4,E4-C7
康恩路	P175	B1-C1
康发路	P221	C4
康丰路	P147	E6
康复路	P257	F1-F2
康工路	P159	F8
康工路	P161	F1,F1-F2
康和路	P235	D7
康弘路	P175	B1-C1
康花路	P113	F4-F5
康花路	P123	A3-A4
康华路	P193	A4
康汇路	P175	C1
康佳路	P123	D8
康佳路	P175	B1
康家弄	P79	A1
康健路	P97	B7-A8
康健路	P99	A1-A2
康健路(新农)	P221	C1
康锦路	P197	C2-C3
康乐路	P61	E4-F5
康丽路	P123	E8
康丽路	P175	C1-B1
康林路	P193	A4
康凌路	P123	A3
康柳路	P123	B4-D4
康陆路	P35	D4-D5
康民路	P255	D4
康鸣路	P163	E8-D8
康乃馨路	P231	C4-D4
康年路	P147	E6
康宁路	P35	A4-F5
康宁弄	P139	F4
康欧路	P161	E1-F2

名称	页码	索引格
康平路	P83	C3-A5
康浦路	P175	C1
康桥东路	P115	F1-E6
康桥路	P113	F5-F8
康桥路	P115	F1
康桥路	P123	A3-A5
康人路	P175	A1
康杉路	P113	D4-E4,F5
康杉路	P123	A5
康沈路	P123	A5-B6,B6-F7
康沈路	P131	A7-D7
康士路	P113	F5
康士路	P123	A5
康颂路	P123	C1-D1
康苏路	P151	A1
康泰路	P161	E1
康亭路	P117	D1-C1
康亭路	P163	B8
康威路	P175	B2,B3
康文路	P35	A3-B4
康梧路	P123	A3-F4
康溪路	P123	C4-D4
康贤路	P235	D7
康祥路	P231	C1-D1
康新公路	P115	F2
康新公路	P175	A1-F3
康新公路	P195	A3-D3
康兴路	P233	B8
康沿路	P175	A1,A1-A2
康业路	P159	F8
康业路	P161	F1-E2
康意路	P113	F3-F4
康意路	P123	A4
康园路	P161	E1-F1
康悦路	P31	C2-C1
康洲路	P161	E1,E1-F1
轲桥路	P49	C4-C5
科福路	P25	E2-F2
科福路	P33	A2,A2-B2
科工路	P223	F5
科工路	P237	A5-A8
科工路	P239	A1
科技路	P223	A8
科技站路	P179	A3
科茂路	P147	B8,C8
科茂路	P25	F1
科茂路	P33	A1-B1,B1-C1
科农路	P115	C6-B8,D4-C6
科农路	P171	B1-A1
科盛路	P147	A8-B8
科盛路	P25	D1-F1
科盛路	P33	A1-D2
科苑路	P109	B8-F8
科苑路	P113	A8-B8,C8-D8
科苑路	P115	D1-E2
可乐东路	P53	D6
可乐路	P53	C4,C4-D6
克东路	P141	D8
克东路	P143	A1-B1
克山路	P143	A1-C1
课植园路	P159	C8
课植园路	P161	C1
空港八路	P53	E4-E3
空港二路	P53	F3
空港二路	P55	A3
空港六路	P55	A3-B3
空港七路	P53	F3
空港三路	P53	D3-F4
空港一路	P53	F3
空港一路	P55	A3
孔家木桥路	P59	D7
孔家弄	P77	B6-B7
控江路	P45	E6-D8
控江路	P47	D1-B3
跨龙路	P79	D1-E1
匡巷路	P41	E1-F1
奎照路	P45	A1,A1-A3
坤育路	P177	E3-E4
昆北支路	P181	B5-C5
昆港公路	P161	F4-F5
昆港公路	P181	A5-F6
昆港公路	P203	A6
昆泖公路	P181	E3-D4
昆明路	P45	F7-F8
昆明路	P63	C3-A6
昆山花园路	P61	E6-E7
昆山路	P61	E6-E7
昆阳北路	P185	C4-F5
昆阳北路	P189	A5-B5
昆阳路	P189	B5-F6
昆阳路	P207	A3-A4,A4
阔街	P183	F3
L		
喇叭镇路	P257	C5
来安路	P167	E1-E2
莱阳路	P31	F6
莱阳路	P39	A6-F7
莱阳路	P47	A7-B7,C7-E6
涞坊路	P155	F7-F8
涞坊路	P163	B6-A7
涞坊路	P55	E1
涞港路	P155	C7-D8
涞泾路	P117	F2-F3
涞浪路	P155	D8
涞清路	P155	C7
涞亭北路	P117	A1
涞亭北路	P155	F8
涞亭北路	P55	E1-F1
涞亭南路	P117	A1-F3
涞寅路	P155	F8
涞寅路	P163	B7-A8
涞寅路	P55	F1
赖义码头街	P79	D3-E4
兰博路	P227	A4-A6,B3-B4,B4-A4
兰城路	P47	F6-E7
兰村路	P189	F7
兰凤街	P117	A7
兰凤街	P55	F7
兰岗路	P141	F8
兰岗路	P143	F1
兰岗路	P27	A8
兰谷路	P165	D1-F1
兰谷路	P39	B8,C8,E8-F8
兰谷路	P47	A8-B8
兰虹路	P155	D8
兰花路	P109	D4-D5
兰陵路	P87	D5-D6
兰坪路	P191	E3-F4
兰坪路	P207	A6
兰桥路	P39	F7
兰嵩路	P39	B8-D8
兰田路	P57	D7-F8
兰田路	P65	A8
兰亭街	P235	B3
兰亭路	P111	F7-F8
兰亭路	P115	A7
兰溪路	P43	F1
兰溪路	P57	A2-F3
兰溪路	P65	A3-B6
兰兴路	P219	D2
兰州路	P105	A1-B2
兰州路	P45	E8-F8
兰州路	P47	F1
兰竹路	P55	B5
岚丰路	P209	C1-C2,C2
岚皋路	P43	F4
岚皋路	P57	A8-F8
岚皋路	P59	F1
岚皋西路	P57	F7-E8
栏学路	P171	A1-E1,E1-F1
蓝桉路	P105	D7-E8
蓝宝石路	P81	E2-E3
蓝村路	P109	C1
蓝村路	P79	E7-E8
蓝靛路	P175	E1-E3
蓝清路	P167	B4
蓝天路	P105	E6-C8
蓝裕路	P147	F5
蓝云路	P177	D5-E5
澜沧路	P127	B2
揽工路	P237	C1-C3
揽海东路	P267	F2
揽海路	P265	D6-E8
揽海路	P267	E1-F2
廊华路	P233	D6-E6,E5-E6,E6-F8
廊平公路	P233	E8-F8
廊溪路	P235	D6-E6
廊下大街	P233	E8
廊下大街	P235	E1
朗枫路	P35	B2
朗亭路	P155	F7
朗亭路	P163	A7
朗悦路	P35	B2
朗韵路	P35	B2-B3
劳动街	P151	D2-C2
劳动街(南翔)	P151	A8-B8
劳动路	P139	A8
劳动路	P141	A1-B1
劳动路	P167	E4-F4
劳动支路	P133	F8
劳动支路	P139	A8
崂山路	P71	B6-D7,E7-F8
崂山路	P79	A8-B8
老八七路	P255	D6-E5
老白石公路	P149	D5-D6
老白石路	P149	C4-D3
老陈宅路	P35	B3
老成都北路	P69	F2
老成都北路	P77	A2
老道前街	P77	C7
老凤山路	P241	E7-E8
老奉柘公路	P227	B2,B2-B3
老富长路	P27	E4-F4
老虹井路	P55	B6-C6
老洪路	P245	E7
老沪闵路	P119	A5-C5,C5-E6,E6-F5
老沪闵路	P127	A5,B4-D3,E2-E3,E2-F2
老沪闵路	P187	A2
老沪闵路	P97	F8
老沪闵路	P99	F1
老沪太路	P43	F6-E7,F7-F8
老江川东路	P191	E5-D8
老街路	P265	A5
老芦公路	P197	C7-E8
老芦公路	P199	E1-F1
老芦公路	P213	C8-E8,F8
老芦公路	P215	A1-C1,E1-F1
老芦公路	P229	A8-C8,C8-D8
老罗北路	P135	F3
老罗北路	P141	A1-A2,A2-A3,A3
老庙路	P261	E8-F8
老庙路	P263	E1
老庙路	P265	A8-B7
老排路	P227	B4-D5
老潘圆公路	P269	D6-D7
老千步泾路	P161	A8-C8
老松蒸公路	P201	B8
老松蒸公路	P203	B1-A3
老太平弄	P79	A2-A3
老卫清路	P241	E7-D8
老新街	P79	B2
老杨泰路	P141	F7
老姚齗路	P157	A2
老姚齗路	P179	A1
老滧河路	P251	E6-F5
老滧河路	P255	A5
老蕰川路	P135	E5-F5
老真北路	P51	F7
老真北路	P53	A7-A6
老真北支路	P53	A6-A7
老中春路	P191	A1-C2
老重庆中路	P77	A3-B3
老朱枫公路	P179	C8-F8
老朱枫公路	P201	A8-C7
老朱青路	P161	B3-A4
乐爱路	P155	D3
乐安路	P229	B1-C1
乐昌路	P167	D1-E1
乐城路	P193	D8
乐城路	P195	D1
乐都路	P183	E2-E4
乐都西路	P181	E8
乐都西路	P183	E1-E2
乐都支路	P183	E3-F3
乐丰路	P171	D1
乐富路	P209	D4-E4
乐高路	P155	D3-D4
乐国路	P155	D3
乐康路	P239	B1
乐林路	P49	D2
乐强路	P155	D3
乐群路	P215	F1
乐山路	P83	D2
乐山支路	P83	D1-D2
乐泰路	P211	B1
乐天路	P155	D4
乐兴路	P261	E3-F4
乐兴中路	P261	F3-F4
乐秀路	P151	C8
乐业街	P145	C6
乐业路	P241	E7
乐谊路	P207	D8
乐园路	P49	D2-D3
雷州路	P239	A5
磊滨路	P187	A1
骊山路	P43	F6
骊山路	P59	A4-B5
梨白路	P49	A1
黎安路	P117	D5-C7,E3-D5
黎康路	P117	D4-D5
黎明路	P117	D7
黎平路	P47	D4-E4
礼泉路	P57	C4-C5,C5-C7
礼尚路	P57	B4-D5
李宝路	P25	E2-F2
李冰路	P111	F2-E3
李村路	P65	C4-C5
李东路	P141	F3
李高路	P183	D8-E8
李家弄	P183	F2
李家湾路	P163	E7
李时珍路	P109	C8-B8
李时珍路	P111	B1
李雪北窑6组路	P213	F8
李窑二支路	P225	A8
李窑中心路	P225	A8-B8
里浜路	P205	F7
里陆街	P183	B4
澧溪路	P123	E7
历城路	P93	C8-E8
立昂路	P139	F6-F7
立城路	P139	F6
立建路	P129	C7-C8
立建路	P131	B1-A4
立民路	P131	A4-B4
立新街	P223	F1-F2
立新路(崇明)	P267	A3-C2
立新路(嘉定)	P139	E6-F6
立新路(南桥)	P223	A8
立新路(南桥)	P225	A1
立业路	P139	E7-F7
立跃路	P129	E2-C8
立跃路	P131	C1-A4
丽沧路	P207	A4
丽丰路	P209	C1
丽江路	P207	A4
丽水路	P69	E8-F8
丽雅路	P167	F2
丽园路	P77	F4-E8
丽园路	P85	A3-A4
丽正路	P213	B8
丽正路	P215	B1-B2
励学路	P147	A7-C8
利川路	P169	B3-D3
利川码头街	P79	D3-D4
利航路	P169	B3-D4
利津路	P47	D6-C8
利龙路	P193	A6
利民路	P255	A3-C4
利明路	P137	F7
利南路	P259	A3
利群路	P257	F3
利泰路	P209	A8-B8
利西路	P73	D8
利西路	P75	D1-D2
利翔路	P33	D2-E2
利枝路	P169	B4-C5
沥东街	P139	B2-B3
沥红路	P139	C2-C3
荔浦路	P243	E1-F1,F1
溧阳路	P45	F3-F4
溧阳路	P61	A7,C7-E8
溧阳路	P63	E1-F1
连波路	P109	E3-F4
连富路	P163	C7-C8
连湖路	P175	E6-E7
连俊路	P133	F3
连亮路	P41	B7-B8
连亮路	P43	B1
连云路	P77	A4
连州路	P209	F1
莲爱路	P179	B5-C5,C5,C5-B6
莲安东路	P113	A5,B4-A5
莲安西路	P113	B3-A4
莲东街	P109	F4
莲都路	P239	A5
莲龚路	P179	C4-E4
莲航路	P175	F4
莲航路	P195	A4-B5
莲湖路	P179	B5
莲花路	P119	A1-C2
莲花路	P55	A8-D8
莲花路	P97	A1-F2
莲花南路	P119	C2-E2,E2-F2
莲花南路	P127	A2-F5
莲花南路	P187	A5-F7
莲花南路	P191	A7-D8
莲花山路	P27	C6,C6-C7
莲金支路	P179	B3-B4
莲林路	P113	D5,D5-D6
莲民路	P179	B5
莲钱路	P179	B4-E4
莲荣路	P113	B5-C5
莲塘路	P225	F5-F7
莲塘路	P239	A5
莲田路	P179	B3
莲溪路	P109	F4

名称	页码	索引格
莲溪路	P113	A4–D5
莲谢路	P179	B5–A6
莲谢支路	P179	B6
莲雄路	P163	F5
莲洋路	P179	C5–D5
莲洋支路	P179	C5
莲尢路	P179	A7–B7
莲园路	P113	A2–A5
莲振路	P113	D5–C6
莲中路	P113	A4–B4
联白路	P27	F1–F2
联宝路	P117	C3–D3
联曹路	P127	C5–C8
联达路	P193	A4
联东路	P259	A8
联发路	P237	D5–D7
联丰路	P103	E3–E4
联丰路	P143	B2
联丰中心路	P103	C3–D4
联冯路	P151	C4–C5
联航路	P129	F6–F8
联航路	P131	F1–E2
联航路	P193	A2–A3
联合北路	P237	C7–C8
联合村路	P141	E1–D2
联合大道	P145	F8–E8
联合路	P237	D8–E8,E8,E8–F8
联合路	P239	F1
联合三路	P139	D8
联恒路	P193	A5
联虹路	P53	D3–D4
联华村路	P133	C7–D6,D6
联欢路	P193	F1–F2
联建路	P193	C2–C3,C4–B5
联康路	P133	D6–D7
联茂路	P155	B1–C1
联梅路	P205	A5
联民路	P155	E5–F6
联明路	P117	B3–A4
联明路(三林)	P103	F5–E7
联牧路	P27	F1–F2
联泥路	P139	E8–D8
联泥路	P141	D1
联农路	P185	C8
联农路	P187	C1–B2
联青路	P185	F6–E8
联群路	P151	C4
联善路	P133	D6
联胜路	P131	E2–F2
联胜路	P193	A5
联水路	P141	B4–B6
联苏路	P25	A3
联泰路	P27	D5–F5
联西路	P151	C4–D4
联西支路	P151	C4
联新路	P219	B5
联星村路	P151	C5
联星路	P131	C4–C5,D2–C3
联星路	P167	F5
联星路	P169	A8
联星路	P173	A1
联星支路	P169	A8
联阳路	P183	C5–E6
联杨路	P139	D8
联杨路	P141	D1–F1
联杨路	P25	A2–F5
联杨路	P33	A5–B6
联业路	P239	B1–A2
联益东路	P255	A2–B1
联益路	P251	F2
联益路	P255	A2–A1
联谊东路	P27	D7–D8
联谊路	P27	E6–E7,F3–E5
联营路	P183	D8–E8
联友路	P151	E5–F5
联友路	P155	A5–B6
联跃路	P193	C3–C4,C4–C5
联跃西路	P193	B2–C3
联长路	P29	F1
联长路	P37	A1
联朱路	P139	D8
练北路	P179	F7–E8
练东路	P181	E1–F1
练高路	P179	E5–F7
练汇街	P179	F8
练南路	P179	F7
练祁路	P141	C4–B6
练祁西路	P135	F7
练祁西路	P141	A7
练西公路	P159	F3
练西公路	P179	A3–C8
练新路	P179	F7–E8
良浜路	P141	E5
良晨路	P265	A5
良乐路	P197	A7
良民村路	P213	F2
良民村路	P229	A2–B2
良勤路	P197	B7
良舍路	P147	A4–B4
良泰路	P197	B7–B8
良通路	P197	B7–B8
良欣路	P197	C7–C8
良种场路	P245	E1–F2
良种场路	P271	B8–C7
良种示范区路	P249	B3–C4
凉城路	P37	D2–F2
凉城路	P45	A2–D2
凉州路	P47	E4,E4–F3
梁典北路	P209	C6–C8
梁典北路	P211	C1
梁典南路	P209	D7–D8
梁典南路	P211	D1
梁河路	P127	D8
梁河路	P129	D1
梁月路	P101	F3
梁月路	P121	A1–A2
粮管所路	P179	A4
粮厅路	P69	F8
粮油路	P261	D4–E4
粮站路	P261	D4
粮站路	P269	C4
粮站路(城桥)	P255	D6–E6
粮站路(向化)	P261	E4
两港大道	P177	D6–F7
两港大道	P197	A7–D8
两港大道	P199	D1–F1
两港大道	P215	A1–F2
两港大道	P229	D3–C8
两港大道	P231	A2–C1
两港西大道	P229	D1–D3
两江路	P177	B3–B4
亮景路	P111	D1–D2
亮秀路	P111	D1–D2
辽宁路	P61	B8–C8,C7–C8
辽阳路	P45	F7
辽阳路	P63	A5–B6
辽源东路	P47	D1–D2
辽源西路	P45	F6–E7
燎钦公路	P227	B2–E3
燎三路	P227	E3
燎星公路	P227	E1–D3
燎原广告学校路	P215	E1–E2
瞭海路	P225	E7
烈士路	P249	A5
林宝路	P223	D1
林场路	P167	A1–A2
林德路	P121	D5–C7
林东路	P209	F6
林风公路	P251	D8–F8
林风公路	P253	D1
林工路	P237	B8
林海公路	P123	C2–F3
林海公路	P131	A3–F5
林海公路	P193	A7–F7
林海公路	P209	A7–F7
林海公路	P225	A7–B7
林海路	P225	D2
林恒东路	P121	E7–D8
林恒东路	P123	D1–E2
林恒路	P121	F5–E7
林湖路	P163	E2–E3
林慧路	P221	F8
林慧路	P223	F1–E2
林家路	P161	F2–E3
林介路	P201	F7
林礼路	P121	D8–E8
林绿路	P163	D2–E3
林茂路	P167	B4–B3
林鸣路	P121	D7–C8
林鸣路	P123	C1–B1
林南路	P201	E8–F8
林培路	P121	D5–E4
林浦路	P121	A2–D2,D2–F3
林浦南路	P121	F3
林浦南路	P129	A3
林瞿路	P121	E7–F7
林泉路	P53	C7–D6
林荣路	P223	D2–D3
林盛路	P223	D1–C3
林天路	P203	E2–E3
林拓路	P221	E8–D8
林拓路	P223	D1
林贤路	P221	E8
林贤路	P223	E1
林香路	P219	A1–B1,B1
林叶路	P163	E2
林荫路	P77	D7–E7
林荫新路	P163	F1–D3
林园路	P217	C6
林展路	P121	D6–E6
林赵路	P217	A8
林赵路	P219	A1
林珍路	P221	B8
林珍路	P223	B1
临仓街	P219	C7,C7–C8
临沧路	P189	D7–F8
临沧路	P207	A4–A5
临沧支路	P207	A4–A5,A5
临潮街	P243	E2
临春路	P125	D6
临汾路	P35	E6–E8
临汾路	P37	E1
临富路	P163	C8
临港大道	P213	B4–D8
临港大道	P215	D1–F3
临港大道	P231	A3–B4,B4
临港路	P205	F2
临港路	P221	A1–A2
临桂路	P243	D3,E1–D2
临虹路	P51	F3–F4
临华路	P51	E3–E4
临江村路	P241	D8
临江路	P99	E8–F8
临江路(杨浦)	P31	F1
临江路(杨浦)	P39	A1
临江支一路	P241	D8
临庞路	P121	E2–F2
临平北路	P45	F4–F5
临平北路	P63	A1
临平路	P63	A1–A2
临青路	P105	A3
临青路	P47	E1–F2,E2–F2,F2–F3
临山路	P61	C4
临太路	P121	E3–D4
临潭路	P51	B2–A2
临塘路	P121	E3
临塘南路	P121	E3
临洮路	P41	F2–F1
临洮路	P51	A1–B1
临洮南路	P51	B1–D2
临潼路	P63	C5–D5
临文路	P231	E1
临夏路	P151	D8
临夏路	P51	A1–A2
临新路	P51	E3–E4
临沂北路	P79	F7
临沂北路	P87	A7–B6
临沂路	P87	B6–F4
临御路	P113	E4–E5
临园弄	P169	E5–F5
临源街	P219	B7–B8
临泽路	P147	C3–C4
临周路	P121	F2–E3
灵感街	P175	B5
灵更路	P207	F7
灵更路	P223	A7
灵济街	P79	B1
灵龙街	P255	B8
灵山路	P105	D5–C6,F2–D5
灵山路(崇明)	P259	C6–C7
灵石路	P43	E4–C8,E4–F4
灵石路	P45	C1
灵通路	P173	C1–C2,C2–C3
灵岩路	P101	A8
灵岩路	P103	A1
灵岩路	P93	F8
灵岩南路	P103	C1–F1
灵岩南路	P121	A5–C6
灵竹路	P183	A1
铃兰路	P215	F4
铃兰路	P231	A3–A4
凌白公路	P167	F4–F5
凌仓路	P29	C8
凌创路	P31	B1–C2
凌范路	P29	C7–B8
凌高路	P31	B3–B2
凌海路	P31	A4–B4,B4–C3
凌行路	P173	A2
凌河路	P47	D8
凌河路	P49	D1–E2
凌环路	P31	B2–B3
凌江路	P31	B2–B3
凌空北路	P167	A1–E3
凌空路	P169	D7–F8
凌空路	P171	A8
凌空路	P177	A2–C2
凌霄花路	P175	D2–E2
凌杨路	P167	F4
凌杨路	P169	A8
凌杨路	P173	A1
凌云路	P119	B4–D4
凌兆路	P121	B4–A6
凌兆园区路	P121	B4–C5
凌志路	P151	C7
陵园路	P123	F6
陵园路(漕泾)	P237	E6
菱川路	P191	F1
菱川路	P207	A5
零陵北路	P85	C2–D2
零陵路	P83	F5–E8
零陵路	P85	E1–D2
零陵路	P91	B3–A5
岭南路	P35	B8–F8
岭南路(川沙)	P175	A6–A7
岭七路	P175	A7,A7–B8
领航路	P173	E4
刘场路	P35	C5
刘村路	P139	D8–E8
刘大路	P207	B8
刘大路	P209	B1–A1
刘建路	P241	B4–A6
刘石路	P139	D7–F8
刘五公路	P163	B4–F4
刘五公路	P183	A4
刘夏路	P163	A3–A4
浏河口路	P77	B5–B6
浏河路	P95	B2–B3
浏翔公路	P133	C6–D6,D6–F6
浏翔公路	P139	A6–F7
浏翔公路	P147	A7–E8
浏翔公路	P33	D1–F1
浏赵公路	P139	A2–C4,C4
留溪路	P235	D6
留业路	P183	F7
流亭路	P177	B3–A3
柳岸路	P115	B5–C6
柳埠路	P105	A7
柳埠路	P47	F7
柳城路	P243	E2
柳湖路	P139	D4–E4
柳华路	P41	A3–A4
柳家公路	P221	A7–A8
柳江街	P77	B7–C8
柳兰路	P265	C8–C7
柳梁路	P139	F3
柳林路	P69	F5
柳林路	P77	A5
柳明路	P33	F4
柳明路	P41	A4
柳青路	P151	C7
柳泉弄	P69	F6
柳杉路	P105	F5
柳杉路	P109	A5–B5
柳市路	P79	D2–E2
柳新路	P151	C7
柳营路	P43	F8
柳营路	P45	F1–E2
柳营路	P59	A6,A7
柳园路	P41	A2–A3,A3,A3–A4
柳州路	P89	A8–B7,C7–F8
柳州路	P97	A8–C8
柳州路	P99	C1–D1,D1–E3
六陈路	P171	F6,F6–F7
六陈路	P175	A7
六墩中心路	P225	B1–E1
六二路	P265	B6–B7,B6–C7
六奉公路	P175	B5–C5
六奉公路	P195	A6–F7
六奉公路	P211	A7
六号河路	P257	C4–C5
六红路	P223	D2–F3
六磊路	P185	C6–B6
六里奄公路	P203	E7–F6
六里奄公路	P219	A6
六里中心路	P147	B2–C2
六桥路	P233	A8
六泉桥路	P149	B7
六塔路	P223	E1–E2
六团公路	P211	A7–D8,D8–E8
六滧东路	P261	D5–E4
六滧公路	P261	B6–F3
六滧公路	P265	A3
六滧南二路	P265	B3–C3
六滧南路	P265	B3–C3
六滧中路	P265	B3–C3
六滧中心路	P265	B3
六灶湾路	P197	E2–E3
龙滨路	P93	E3
龙漕路	P91	F3–F5
龙漕路	P99	A2–A3
龙城路	P183	B2–C2
龙城路(莘庄)	P117	D6

L
M

名称	页码	索引格
龙川北路	P119	A6-B6
龙川北路	P99	E3-F3
龙川路	P119	B6-C7
龙东大道	P107	F5-F6,F6-F8
龙东大道	P109	C6-B8
龙东大道	P111	B1-A5
龙东大道	P167	F1-E4
龙东支路	P167	E4-E5
龙飞路	P27	B5-B6
龙丰路	P193	E8
龙丰路	P195	E1
龙富路	P163	C7
龙岗路	P259	B7
龙高路	P163	B8-D7
龙桂路	P167	F2
龙桂路	P169	A2-A3
龙海路	P241	D7-C7
龙海路	P243	C1-C2
龙航路	P241	B8,C7-B8
龙航路	P243	B1-A2
龙皓路	P241	C8-B8
龙皓路	P243	B1-A2
龙恒东路	P91	D8,E7-F7
龙恒东路	P93	D1
龙恒路	P91	F7
龙恒路	P99	B5-A7
龙沪路	P167	F1-F2
龙华东路	P85	D6-C8,E3-D6
龙华老街	P91	E6-E7
龙华路	P91	A8-B7,B7-F5
龙华西路	P91	D4-E5,E5-F7
龙华中路	P85	F1-E3
龙华中路	P91	B7-A8
龙华中路	P93	A1
龙汇路	P109	E3-D4
龙嘉路	P177	A3
龙江河路	P167	F5
龙江河路	P173	A1
龙江路	P105	B1-A1
龙江路	P63	C8
龙金路	P163	B7-C8
龙居路	P105	A4-B5
龙凯街	P243	D1
龙口路	P47	F1,F2-E2
龙兰路	P101	A1
龙兰路	P99	B7-A8
龙里路	P119	C2-D3,D3-E3
龙联路	P155	C6-C7
龙临街	P243	D1-D2
龙临路	P119	B6-D6
龙马路	P183	A3-B3
龙梅路	P119	E4-E5,E5-E6
龙门路	P69	F5
龙门路	P77	A5
龙茗路	P117	A7-E8
龙茗路	P55	D7-F7
龙盘路	P147	C7-C8
龙平路	P229	B1
龙启路	P99	B7-B8
龙黔路	P169	B2-A4
龙泉东路	P243	A3
龙泉路	P225	E5
龙泉西路	P243	A3
龙泉园路	P69	C5
龙瑞路	P119	B8
龙三路	P111	B1
龙山路	P243	C1-B2
龙胜东路	P243	D2-C3
龙胜路	P241	E8-D8
龙胜路	P243	D1-D2
龙士路	P235	B3-B4
龙水北路	P91	E6-F5,F5
龙水南路	P101	E1-D1
龙水南路	P99	E6-E8
龙滩路	P181	D4-E4
龙潭浜路	P159	E7-E8
龙潭路	P71	F1-E1
龙塘路	P207	F8
龙塘路	P209	F1
龙腾大道	P101	A1-D1,E1
龙腾大道	P119	B8
龙腾大道	P93	A1-F1
龙腾大道	P99	E8
龙腾路	P183	B2-C2
龙田路	P91	E4
龙吴路	P119	A7-D8,D8-F8
龙吴路	P127	A8-E8
龙吴路	P129	E1-F1
龙吴路	P193	A1-E1
龙吴路	P91	E5-F5
龙吴路	P99	A5-F6
龙溪路	P53	E6-E7
龙翔路	P243	C1-B2

名称	页码	索引格
龙新路	P107	E7-F8
龙星路	P159	D8-E8,E8-F8
龙轩路	P241	C8
龙轩路	P243	C1-B2
龙堰路	P243	B1-A2
龙阳路	P109	E1-C6
龙阳路	P87	A4-C8
龙洋路	P209	D1
龙耀路	P101	C1-B1
龙耀路	P99	D6-C8
龙吟路	P119	E8-F8
龙樱路	P171	D3
龙永路	P165	F4
龙宇路	P243	B3,C2-C3
龙源路	P163	F1
龙源路	P183	A1-C1
龙跃村路	P235	B3-C4
龙跃路	P165	E3-F4
龙跃路	P183	A1-B1
龙跃路	P49	A7
龙展路	P243	C2-B2
龙镇路	P141	C6-C7
龙州路	P119	B4-D5,D5
龙竹路	P231	C4
隆安东路	P243	E2-D3
隆安路	P243	E1-E2
隆昌路	P47	C1-F3
隆德路	P65	E7-E8
隆富路	P261	D7
隆平路	P243	E1-D2
隆新路	P257	C1-D1
陇南路	P151	B6-C8
陇南路	P41	E1-F5
陇桥路	P49	E4-E5
娄红路	P139	C2-D3,D3-E3
娄陆公路	P133	E1-F1
娄陆公路	P139	A1-B2
娄山关路	P73	C4-F3
娄山关路	P81	A3-B3
娄塘路	P139	B2
娄朱公路	P139	C2
楼沈路	P175	F1-F2
芦安路	P229	E8
芦蔡北路	P151	E1-F1
芦蔡北路	P155	A1
芦潮路	P229	E8
芦恒路	P121	F3-F5
芦恒路	P129	A2-A3
芦家公路	P181	F6
芦家公路	P203	A6
芦乐大道	P229	E4-E5
芦茂路	P229	D8-E8
芦沈路	P155	E2-F2
芦硕路	P229	E8
芦潼路	P203	A1-A2,A2
芦五公路	P229	E1-E8
芦亚大道	P229	E5
芦园大道	P229	E5
芦云路	P229	D8
芦周路	P203	A2
芦庄路	P223	A5-B5
泸定路	P51	E8,F8
泸定路	P53	A8
泸定路(崇明)	P251	A4
鲁班路	P77	F4
鲁班路	P85	A4-C5,E5
鲁北北路	P261	D1-D2
鲁北南路	P261	D1-D2
鲁陈路	P129	D5-E5
鲁陈路	P193	C3
鲁东北路	P261	E2
鲁东南路	P261	E2
鲁东中路	P261	D2-E2
鲁浩路	P193	D4
鲁汇老街	P193	E5
鲁建路	P193	D3-D4
鲁康路	P193	D3-D4,D4
鲁坤路	P193	D4
鲁南路	P193	D3-E7
鲁宁路	P193	E4
鲁桥路	P107	B4-A5
鲁山路	P121	F7-F8
鲁西北路	P261	D1-D2
鲁星路	P203	E3-F2
鲁堰路	P235	D7
六合路	P69	C4
甪彭路	P203	D1-D3
陆宝山路	P163	B2-C2
陆北路	P175	E3-E4
陆陈路	P25	C4-D5
陆丁巷路	P39	C3-C4
陆丰东路	P145	E1-F4
陆丰路	P61	B4-C4

名称	页码	索引格
陆家浜街	P117	A7
陆家浜路	P77	E6-D8
陆家浜路	P79	D1-E2,E2-F3
陆家北路	P209	E5-F5
陆家路	P173	D3-D4
陆家南路	P209	F5-F4
陆家弄	P139	E4
陆家排路	P225	E6
陆家圈路	P163	E7-F7
陆家塘路	P187	E7-F7
陆家圩路	P151	F3
陆家圩路	P155	A3
陆家圩支路	P151	F3
陆家圩支路	P155	A3
陆家巷路	P147	F4
陆家巷路	P151	A4
陆家宅路	P79	A1
陆家宅支路	P79	A1
陆家嘴东路	P71	C3-B4
陆家嘴西路	P71	C1-B2
陆路村东路	P197	B4-B5
陆桥路	P211	E1-E2
陆沈路	P147	E6-E7
陆瓦路	P175	E3-D4
陆卫路	P161	E4
陆翔路	P141	D1-F2
陆翔路	P25	C4-F6
陆朱路	P139	F1-E2
陆庄公路	P203	D7-E8
鹿滨路	P175	D6
鹿川路	P175	B5-C6
鹿达路	P175	D6,D6-D7
鹿弘路	P175	D6
鹿湖路	P175	E6-E7
鹿湖支路	P175	F5-E6
鹿吉路	P175	D6-D7
鹿民路	P175	B6-B7
鹿明湖路	P175	E6-E7,E7
鹿顺路	P175	D6-D7
鹿溪路	P175	C6-D7
鹿宜路	P175	D7
禄口路	P177	B3-B4
露香园路	P69	F6-F7
露香园路	P77	A7
轮窑酒厂路	P157	E7-E8
罗北路	P135	F4-F5
罗北路	P141	B1-A4
罗城路	P119	A5-A6
罗城路	P99	F3-F4,F4-E6
罗春路	P141	B2-B3
罗东路	P135	E2-F3,F3
罗东路	P141	A3,A3-C4
罗芬路	P141	D2-F3
罗浮路	P61	D5-D6
罗和路	P141	E1-F2
罗家村路	P151	C2
罗建路	P135	E1
罗锦路	P119	E1-D4
罗泾路	P135	E5-E4
罗泾支路	P135	E5
罗南路	P141	E1-F2
罗宁路	P135	D1-E1,E1-F1,F1-F2
罗宁路	P141	A2
罗桥路	P175	A1
罗山高架路	P109	B6-F7
罗山高架路	P113	A7-F8
罗山高架路	P123	A8
罗山路	P105	B3-F6
罗山路	P109	A6-F7
罗山路	P113	A7-F8
罗神路	P225	D6-E6
罗升路	P141	D1-D2
罗盛路	P141	B3-B4
罗束路	P141	C4-D4
罗太路	P141	C1,C1-D1,D1-D2
罗田路	P157	D2
罗田路	P179	D1
罗溪路	P141	B1-C2,C2-D2
罗贤路	P141	E2-F2
罗香路	P119	C5-C6
罗新东路	P141	B3
罗新路	P141	C1-B3
罗星路	P219	B7-C7
罗星南路	P219	C7-D7
罗秀东路	P119	C8-B8
罗秀路	P119	D2-C8
罗阳河路	P141	D2
罗阳路	P119	D1-D3
罗迎路	P141	D2-E3
罗真路	P141	E1-E2
罗智路	P141	E2-F2
罗中路	P219	C7
洛场路	P35	F2-F3

名称	页码	索引格
洛川东路	P43	F8
洛川东路	P45	F1-E1
洛川路	P43	F7
洛川路	P59	B3-A5
洛川中路	P43	F7-F8
洛工路	P239	D1
洛浦路	P145	F7
洛浦路	P149	A7
骆岗路	P177	B3-A3
吕桥路	P223	B6-A6
吕青路	P233	B5-B7
吕三路	P111	B6
吕新路	P221	E2-F2,F1-F2
吕新路	P235	A1,A1-B1
旅顺路	P63	D1-E1
绿宝路	P195	A4
绿彩路	P249	B3
绿城路	P183	D3
绿春路	P189	D6-F7
绿春路	P207	A4
绿地大道	P149	A1-B6
绿港北路	P249	B3-B4
绿高路	P249	A3-B3
绿耕路	P261	C6-C7
绿观路	P249	B3
绿海路	P255	C6-D5
绿湖路	P159	B7-D7
绿华环路	P249	C4
绿华路	P249	A3
绿华西路	P245	F2-F3
绿华支路	P249	A3
绿环路	P151	A3-A4
绿景路	P249	B3
绿菊路	P139	F2-F3
绿科路	P113	D5-C6
绿礼路	P249	C5
绿丽路	P249	B3
绿莲路	P127	C3
绿亮路	P249	B4
绿林路	P113	B3-C3,C3,D2-C3
绿龙路	P141	E6-E7
绿美路	P249	A3-B3
绿庆路	P249	B3
绿同路	P249	B3
绿欣路	P249	A3-B3
绿新路	P249	C4
绿杨路	P41	C3-B4
绿义路	P249	B5-C6
绿益路	P249	B3
绿逸路	P249	B4
绿意路	P139	E2-D3
绿荫路	P229	E8
绿荫路	P231	D1-E1
绿园村中心路	P245	F2
绿园村中心路	P249	A2
绿园路	P163	E8-F8
绿园中路	P249	A3
绿苑路	P55	A5-A6
绿苑路(黄渡)	P151	B2-C2
绿苑南路	P151	C2
绿苑支路	P151	C2
绿跃路	P245	D2-E2
绿中路	P249	C5
绿舟路	P159	C6-C8
绿洲湾路	P59	D5-D6

M

名称	页码	索引格
马厂路	P63	E1
马村中心路	P233	A7
马当路	P77	A4-F4
马吉路	P31	E8
马家桥路	P159	C8
马家宅路	P207	C7
马陆街	P147	D6
马陆塘街	P147	D6
马路河路	P265	C6-D6
马明路	P163	F7
马明路	P183	A7
马桥东街	P189	B6-A6
马桥河北路	P251	D5
马桥河路	P251	D5-D6
马桥路	P257	F7
马桥路	P259	A7
马桥西街	P189	B6
马桥支线	P221	A6
马桥中街	P189	B6
马五公路	P213	E5-F5
马五公路	P229	A5-E5
马闲路	P163	F7
马闲路	P183	A7
马杨路	P261	C1

名称	页码	索引格
马樱丹路	P231	C4–D4
马裕路	P163	F7
马裕路	P183	A7
马园街	P71	F1
马中路	P257	F7
玛瑙路	P81	C3–E3
码头街	P161	A4
码头路	P219	C8
码头路	P235	C5–D5
码头路(松江)	P205	C2
码头南路	P271	A4–C5
麦冬路	P231	A3
麦积路	P147	D6,E5
卖花桥路	P183	A5
卖新公路	P183	A5–A8
芒市路	P125	B8–C8
毛车路	P221	A8
毛车路	P223	A1
毛家浜东路	P31	A1–B1
毛家浜路	P29	B8–C8,C8
毛家浜路	P31	B1
毛家浜支路	P31	B1
毛家汇公路	P221	B8
毛家汇公路	P223	B1–A2
毛家路	P141	B4–C4
毛家弄	P59	B7–C7
毛家园路	P79	B2–B3
茅台路	P53	C7–C8
茅台路	P73	E1–F4
泖晨路	P203	E8–D8
泖晨路	P205	D1
泖岛公路	P181	F4
泖岛公路	P203	A4
泖甸村路	P179	C8
泖甸村路	P181	C1
泖甸路	P181	F1–F2
泖南路	P181	F1–E2
泖塘公路	P205	D1–E1
泖亭路	P205	A5–A7
泖湾支路	P233	B5–A6
泖圩四号路	P203	A4
泖圩五号路	P203	A4
泖溪路	P161	F1
泖溪路	P181	A1
泖新东支路	P205	F3
泖新南路	P205	E3–F3
泖阳路	P161	F1
泖阳路	P181	A1
茂昌路	P255	C3
茂丰路	P167	D1
茂宏路	P213	B5–C5,C5
茂联路	P163	A7–A8
茂林路	P61	D7–D8
茂名北路	P67	E8–F8
茂名北路	P69	F1
茂名北路	P77	A1
茂名南路	P77	A1–E1
茂泉路	P149	B7
茂盛路	P213	B6–C5
茂盛路(洞泾)	P183	A5
茂祥路	P229	B8–C7
茂兴路	P79	E5–F5
茂业路	P237	C1–C2
茂园路	P209	B1–D2
贸易路	P221	C2
贸易南路	P221	C2
贸易巷	P195	A7
懋仁街	P31	F7
眉州路	P105	A1–A2
眉州路	P47	E1–F1,F1
眉州支路	P47	F1–E1
梅川路	P51	C6–D8
梅川路	P65	B1–B2,B2–B3
梅富路	P119	F3
梅富路	P127	A3–B3
梅果路	P97	B3
梅花路	P109	C2–C5
梅花路(惠南)	P197	B2
梅家浜路	P183	B2–B5
梅家街	P79	B1–C1
梅莲路	P187	B5–A6
梅林路	P131	E3–D5
梅林路	P27	A5–C6
梅岭北路	P51	D8
梅岭北路	P65	A1–B5
梅岭南路	P65	B5–D3
梅岭支路	P65	C5–D5
梅陇路	P119	C3–B5
梅陇西路	P117	E8–F8,F8
梅陇西路	P119	C2–D1,C3,D1–E1
梅陇西路	P125	A8
梅陇镇北街	P119	B3
梅陇镇老街	P119	B3–C3
梅南北路	P261	F2
梅南南路	P261	F2
梅桥街	P149	D2
梅三路	P119	F5–E5
梅深路	P229	A6
梅溪弄	P77	C8
梅溪支弄	P77	C8
梅湘路	P183	B3
梅园北路	P261	E2–F2
梅园村路	P241	C5–C6
梅园路	P59	E8–F8
梅园路	P67	A8
梅园路	P69	A1,A1–B1
梅园路(航头)	P193	A8–B8
梅园路(嘉定)	P139	F4
梅园路(松江)	P183	F3
梅园路(松江)	P205	A3
梅园南路	P261	E2–F3
梅园中路	P261	E2–F3
梅州街	P243	E1–E2
梅州路	P127	D1–D2,D2–C3
湄浦路	P141	D8,E7
湄浦路	P143	B1
湄星路	P141	F6–F7
湄星路	P27	A1–A3
湄洲路	P255	B4–D4
煤场路	P271	D6
煤电路	P135	E5–F5
煤水路	P135	E5
美艾路	P141	E3
美安路	P141	F1–E2
美宝路	P207	B8
美丹路	P141	D2–E2,E1–E2
美丰路	P141	D2–D3
美桂北路	P165	E1–E2
美桂南路	P165	E2–F2
美华路	P245	F2–F3
美建路	P147	B8–C8
美健路	P141	E1–E2
美康路	P141	E1–E2
美兰湖路	P141	F1–D3
美兰路	P177	B3–B4
美能达路	P183	E4–D5
美诺路	P141	D2–D3
美平路	P141	F1–E2
美人蕉路	P231	D3–D4
美盛路	P165	D1–C1
美盛路	P39	A8
美文路	P141	F1–F2
美雅路	P167	F2
美裕路	P147	F5
美裕路	P151	A5
美约路	P49	A4–A5
美周弄	P161	D1
蒙古路	P69	A2–A3
蒙山北路	P243	B1–C1
蒙山路	P243	C1–E2
蒙源路	P243	C1
蒙自东路	P77	F5
蒙自路	P77	F4–F5
蒙自路	P85	A5–E6
蒙自西路	P77	F4–F5
孟将堂路	P159	D8
孟莲路	P165	F3
孟莲路	P49	A5
孟溪路	P207	D1
梦花街	P77	C7–B7
梦竹路	P139	F2
米行工场路	P261	F2
米行老陈海公路	P261	F2
米行老陈海公路	P265	A2
米行老街路	P261	F2
米行瀛洲中路	P261	F1
米乐路	P261	E3–F3
米南路	P261	F2
米南路	P265	A2–B1
米泉路	P145	F8
米泉路	P149	A8
米泉南路	P149	A8–B8
米新村路	P261	E3–E4
米新西南路	P261	E3
密果路	P211	B8
密山东路	P143	B4–B5
密山路	P143	B3–B4
密云路	P45	C5–B5,C5–E5
沔北路	P115	E2–C5
沔新路	P115	F5
沔新路	P175	A3–B3,B3
面筋弄	P79	B1–B2
面长路	P209	D8
面长路	P211	D1
苗汇路	P209	A3
苗江路	P79	F1
苗江路	P85	C8–D8
苗江路	P87	A1–D1
苗圃公路	P203	A3–B3
苗圃路	P105	C2–E4
苗圃路(金泽)	P179	B3–C3
苗圃路(罗店)	P141	C2–B4
苗桥路	P175	B2–C3
妙川路	P171	B4–B5,B6–A7
妙境北路	P169	B3–D3
妙境路	P169	D3–F4
妙境路	P171	A4–C4
妙栏路	P171	A3–A4
妙香路	P229	C4–F4
庙浜路	P139	B8
庙浜路	P141	B1–A1
庙场街	P115	F6
庙场街	P175	A3
庙车公路	P165	F5
庙东路	P251	D1
庙港公路	P249	E7
庙港河路	P269	C5–D5
庙界河路	P269	D5
庙泾路	P117	F6–F7
庙南北路	P249	D8
庙南北路	P251	D1–E1
庙南南路	P249	E8
庙南南路	P251	E1
庙弄	P255	D3
庙平路	P249	B8
庙前街	P183	F3
庙前街(青浦)	P161	A4
庙前路	P147	B5
庙卫公路	P247	D3–D4
庙西南路	P251	D1
庙西移民路	P249	C8–D8
庙星中路	P249	B8–C8
庙中路	P251	D1
庙中支路	P251	D2–D1
庙子河路	P251	E5–E6,E6
篾竹路	P79	C2–D2
篾竹弄	P139	B2
民安路	P251	B2
民捌路	P249	B4
民宝路	P49	F7
民北路	P271	B7–C7
民草路	P255	F8
民草路	P257	F1
民昌路	P227	B1–B2
民川路	P207	A1
民春路	P167	C1–B1
民春路	P49	E7–E8
民村路	P223	A8
民德路	P61	D3–E3
民东二路	P271	B7–C7
民东路	P271	C6–C8
民东牧场路	P271	C7–C8
民东南北路	P271	B7–C7
民东三路	P271	B7
民东四路	P271	C7
民东一路	P271	B7
民东支路	P271	B7–C7
民东中路	P271	B7–C7
民冬路	P167	A1
民冬路	P49	C7–B8
民二路	P271	C6–C7
民发公路	P205	E6–F6
民发路	P245	E2–F2
民发支路	P205	F6
民丰路	P145	E6–F8
民凤路	P167	B1
民凤路	P49	B8–C8
民福路	P227	C6–C8
民福路	P229	C1
民府路	P37	D5–D7,D7–D8
民富路	P257	D2,F8
民富路	P259	A8
民观路	P245	E2–F2
民光路	P49	E8
民和路	P45	F1–F2
民化路	P257	C7–D7
民惠路	P271	C5–C6
民建路	P49	E7,E7–F7
民建三路	P271	C7
民建一路	P271	C7–C8
民京路	P37	D7–C8
民科路	P133	E8
民科路	P245	F2
民乐路	P147	A4–A5
民乐路	P225	F5–E7
民乐路	P239	A4–A5
民雷路	P167	C1–D1
民立路	P59	F7–F8,F8
民立路	P67	A8
民联路	P193	C2–D2
民粮公路	P259	B3–B5
民民路	P49	E7–F7
民柒路	P249	B4
民企路	P145	A8
民强路	P183	C7–B7,C7–C6
民强路(崇明)	P257	D2
民青路	P177	B2
民庆路	P37	C7–D8
民秋路	P167	B1
民秋路	P49	C8
民区路	P49	E7–E8
民三路	P249	B4
民三路	P271	C6–C7
民生北路	P213	F7
民生北路	P229	A7–A8
民生东路	P257	B1–C1,C1
民生二路	P271	C5–C6
民生路	P105	C2–F3
民生路	P109	A3
民生三路	P271	C5
民生四路	P271	C5–C6
民生一路	P271	C5
民生中路	P271	C6–D6
民实路	P155	E1–F1
民四路	P271	C6–C7
民唐路	P107	A7–B7
民唐路	P49	F6–F7
民同路	P49	E7
民伍路	P249	B4
民夏路	P167	B1
民夏路	P49	D8
民仙路	P207	A1–A2
民贤路	P169	E4
民翔路	P181	F7
民星二路	P271	B5–B6,B6
民星六路	P271	B5–B6
民星路	P39	E1–E4
民星三路	P271	B6
民星四路	P271	B5–B6
民星五路	P271	B5–B6
民星一路	P271	A6
民兴大道	P155	B4–A4
民兴二路	P155	A4–B4
民兴路	P237	E6
民兴路(华新)	P155	A4–B4
民兴三路	P155	B4
民兴一路	P155	A4–B4
民学路	P245	F2
民雪北路	P49	B7–C7,C7
民雪路	P49	D8–E8
民晏路	P45	E1
民耀路	P49	D7–F8
民一路	P271	C6–C7
民益路	P183	C6–B7
民益路	P249	B4
民营路	P133	E8
民雨路	P167	C1
民雨路	P49	D8,D8–E8
民约路	P37	D7–D8
民展路	P245	F2
民治路	P47	A3–B3
民治路(周浦)	P175	C3
民众路	P49	F7–F8
民众四路	P141	A3
民主东街	P151	A8
民主东路	P257	B1–C1
民主街	P257	F2
民主街(南翔)	P151	B7–A8
民主路	P55	E4–F4
民主西路	P257	B1–C1
民壮路	P37	D7
闵北路	P155	B5–A7
闵城路	P125	A8–B7
闵驰二路	P193	C5
闵驰一路	P193	C5–C6
闵东路	P191	F5
闵行路	P61	E8–F8
闵虹路	P117	D8
闵虹路	P119	D1–C1
闵江路	P207	A3
闵瑞路	P193	C4–B6
闵申路	P183	B8
闵申路	P185	D1–D2
闵松路	P117	F4–F6
闵松路	P125	A4–E1
闵松路	P163	F8
闵塔路	P203	B4–B8
闵塔路	P205	B1–B6
泯东中心路	P255	B4–B5
名都路	P125	A8
名都路	P127	A1
名康路	P211	E7

名称	页码	索引格
名商路	P71	C2
名望路	P195	C7
名园路	P195	C7–C8
明城路	P225	E6–F7
明城路	P239	A7
明川路	P171	B3–B4
明丰路	P267	A2–B2
明港路	P165	E4
明和路	P147	D8
明华路	P125	D1–F2
明华路	P185	A2
明华路	P237	C3–C4
明南路	P183	C5–C6
明乾路	P227	A5
明星路	P209	B5–B6
明星路(枫泾)	P217	C3–F4,F7
明兴路	P125	D2–F3
明业路	P161	C8
明业路	P163	C1
明叶路	P237	A2
明月路	P105	E6–D8
明月路	P107	D1
明中路	P125	F1–E5
明中路	P163	F8
明中路	P183	A8
明珠湖路	P249	A5–B4
明珠路	P155	B5–E5
明珠路(商榻)	P159	C1
明珠塔路	P71	C1–B2
鸣斐路	P173	C3
鸣嘉路	P155	A6
茉莉路	P231	B3–C3
莫干山路	P59	E5–F6
莫家石桥路	P187	E6–E7
秣陵路	P59	E7–E8
漠河路	P143	B1–B2,B2–A4
墨江路	P187	A6–A8
墨江路	P193	A1
墨菊路	P139	F2–F3
墨玉北路	P145	B6–F7
墨玉路	P145	F7
墨玉路	P149	A7
墨玉南路	P149	A7–C7
牟平路	P107	A1
牟平路	P49	F1
牡丹江路	P135	C7
牡丹江路	P143	A2–F5
牡丹江路	P29	A5
牡丹路	P109	D2–C4
牡丹路(新农)	P221	C2–D1
牡丹园路	P207	C6–E7
牡丹支路	P109	C2–D3
木行路	P209	C7,C8
木行路	P211	C1
木行弄	P255	C3–C4
木行中心路	P209	B7–C7
木桥街	P77	A6–B6
目华北路	P237	A8–B8
目华北路	P239	B1–C1
目华路	P239	C1–E2
沐春路	P109	C7
牧场路(曹路)	P167	A2
牧场路(崇明)	P257	F7–F6
牧场路(航头)	P195	D2–E2

N

名称	页码	索引格
纳海路	P173	C2–C3
纳贤路	P115	A2–B2
南安德路	P149	C7–C8
南安路	P241	E8
南安路	P243	E1
南安路(安亭)	P149	B7
南八灶路	P123	F7
南百公路	P209	D4–D3
南北大街	P177	C2
南北大街(江川)	P191	F5
南北高架路	P27	C5–F6
南北高架路	P35	A6–F7
南北高架路	P43	A7–F8
南北高架路	P45	F1
南北高架路	P61	A1–F1
南北高架路	P69	A1–F2
南北高架路	P77	A2–F4
南北高架路	P85	A4–E5
南滨公路	P197	C8–D8
南滨公路	P199	D1–F1
南滨支路	P199	E1–F2
南仓街	P79	D2–E2
南仓桥路	P177	F2
南曹路	P111	E7–D8
南曹路	P169	D1–C1
南昌路	P75	D8
南昌路	P77	D1–B3
南场中路	P265	F8
南车口路	P261	D1–E1
南车路	P157	D6
南车站路	P77	E8–F8
南车站路	P85	A8
南车站路	P87	A1–B1
南陈路	P35	B1–F1
南陈路	P43	A1
南崇明路	P61	F6–F7
南大街	P57	E3
南大街(大团)	P213	C1
南大街(枫泾)	P217	C6–D6
南大街(嘉定)	P139	F4
南大街(嘉定)	P147	A4
南大街(七宝)	P55	F4
南大路	P41	A5–A8,B4–A5
南大路	P43	A1–A3
南大路(西渡)	P207	A8–B8
南埭路	P183	F2
南丹东路	P83	F3–E5
南丹路	P83	E1–F2,F2–F3
南淀浦河路	P161	A4–A6,A6–A7
南东街	P55	F4
南东路	P141	F3
南丰路	P161	C6–C7,C7
南奉公路	P209	F5,F5–F8
南奉公路	P211	F1
南奉公路	P223	A8
南奉公路	P225	A1–A5
南奉公路	P227	A1–A3
南辅道	P151	E8–D8
南辅道	P51	B1
南辅路	P117	F5–F6
南港大道	P231	C5–E5
南港公路	P197	C5–C8
南港路	P225	B1–A3
南谷路	P189	F7–F8
南谷支路	P189	F7
南海东路	P265	A2–B1
南海二路	P265	A1–B1
南海公路	P225	E2–F2
南海公路	P239	A2–B3
南海一路	P265	A1–A2
南行港路	P209	C3–C4
南行路	P209	C3–C4
南河北路	P269	C3–C4
南河路	P237	F7–F8
南河路	P239	F1–E2
南河路	P243	A7
南贺路	P201	D8
南横河路	P225	E5–D8
南横河路	P227	D1–C1
南横街	P219	C6
南横沙河路	P185	D5–D7
南横塘路	P237	D5
南虹路	P207	C7
南鸿路	P207	A7
南华街	P151	F8
南华街	P155	A8
南华路	P151	A7–B8
南华亭东路	P239	A3
南华苑路	P43	E4
南欢路	P223	E1–E3
南环路	P183	C8
南环路	P185	E1
南环路(大昆)	P181	F5–F6
南环路(鲁汇)	P193	E5
南环路(长兴)	P269	E6
南黄日港路	P231	C4
南汇路	P67	E8
南季路	P195	B6–B8
南季西一路	P195	B6
南建路	P255	D8–E8
南江二号路	P265	B2
南江河北路	P265	A2–B2
南江榉路	P129	B3–A5
南江六号路	P265	A3–B2
南江四号路	P265	B2–B1
南江桐路	P129	C3–B5
南江五号路	P265	B2–B1
南江燕路	P129	F4–F6
南江一号路	P265	B2
南江洲路	P129	E4–E6
南街(奉城)	P227	A4
南街(七宝)	P117	A4
南街(七宝)	P55	F4
南街(四团)	P211	E8
南街(颛桥)	P187	A1–B1
南京东路	P69	D4–B8
南京西路	P67	F6–E8
南京西路	P69	E1–D4
南京西路	P75	B4–A6
南康路	P243	F1–F2
南孔家弄	P77	B7
南乐路	P183	F6–D7
南烈路	P259	A2–A3
南林路	P121	B8
南六公路	P171	D4–F4
南六公路	P175	A6–F7
南六公路	P195	A7–C8
南芦公路	P195	C8–F7
南芦公路	P211	A7–C8
南芦公路	P213	C1–F5
南芦公路	P229	A5–F7
南绿丽港路	P231	B4
南码头路	P87	B3–F5
南码头路	P95	A5–D5
南码头支路	P87	C4
南梅溪弄	P77	C8
南门大街	P197	C2
南门港街	P255	D3–D4
南门港路	P227	B4–E4
南门街	P161	A4
南门路(崇明)	P255	D3–D4
南门路(惠南)	P197	C2
南门支路	P255	D3
南明路	P209	F7
南内路	P183	F4
南宁路	P99	A4–E2
南弄街	P141	D2
南潘路	P151	F8
南潘路	P155	A8
南平路	P149	F1–F3
南戚路	P233	C8
南戚路	P235	B1–C1
南期昌路	P183	D2–D3
南钱路	P155	A8
南钱路	P53	A1
南桥路	P207	F8
南桥路	P223	A8
南桥路(崇明)	P249	B7–C8
南桥路(川沙)	P169	F4–F6
南桥路(川沙)	P171	A3–A4
南泉北路	P71	B6–F7
南泉北路	P79	A7
南泉路	P79	A7–F7
南三公路	P203	C4–D6
南三支路	P213	C1
南沙路	P189	F7–F8
南山路	P61	B1–B2
南库公路	P203	E4–E5
南石二路	P57	F3–F4
南石路	P241	B5
南石桥路	P53	B1–C1
南石四路	P57	E4
南石一路	P57	E4–F4
南市街	P169	E5
南宋路	P211	C5–C6
南苏州路	P67	B8
南苏州路	P69	A1–B2,B1–A1,B2–B3,B3–A8
南随塘河西路	P241	F6–F7
南随塘河中路	P241	F8
南随塘河中路	P243	F1
南太路	P161	B4–C4
南塘浜路	P85	B3–A5
南塘街	P177	C2
南天潼路	P61	F6
南天潼路	P69	A6
南汀路	P29	B2–A3
南亭公路	P221	D8
南亭公路	P223	B4–A8,C3–B4,D1–C2
南团公路	P197	C2–F2
南团公路	P213	A2–C1
南王公路	P205	D6–E7
南王医马弄	P69	F8
南旺路	P139	F8
南旺路	P141	F1
南圩路	P219	A7–C7
南卫路	P141	F3
南无锡路	P69	B5–B6
南西街	P55	F4
南溪路	P191	F5
南下塘街	P139	F4
南翔殷路	P39	E3–F4
南巷路	P149	D2–F2
南硝皮弄	P79	D1–D2
南协路	P249	A5–A6
南新路	P139	B2–C2
南新路(高行)	P39	B7–C7
南新溪路	P175	D7–C7
南星北路	P249	E8–F8
南星公路	P205	E5
南星路	P221	C3–C4
南星路	P61	F2
南星路	P69	A2
南星路(崇明)	P249	F8
南星路(南桥)	P223	B8
南幸福路	P211	E3–F4
南秀路	P43	A1
南巡场路	P177	D4–D5
南浔路	P61	E8–F8
南浔路	P63	F1
南雅路	P189	F7–F8,F8
南阳北街	P243	A3
南阳港东路	P243	A2–A3
南阳港西路	P243	A1–A2
南阳路	P67	F6–F7,F7–E7
南阳湾路	P241	C8
南阳湾路	P243	C1
南洋泾路	P105	D4–F4
南洋路	P117	E1
南洋路	P163	C8
南姚路	P183	E7–E8
南银河路	P237	F6–E8
南银河路	P239	E1–D2
南引河路	P255	B4–B5
南油车弄	P123	F7
南园路	P197	C1–D1
南圆沙路	P271	B3
南蕰藻路	P35	A2–A6
南蕰藻支路	P35	A3–A2
南宅路	P225	E2–F2
南宅中心路	P225	F2–E2
南张家弄	P77	B8
南张路	P39	B8–C7
南长路	P141	F3
南中路	P223	B8–A8
南中路	P225	A1
南周村路	P141	F1
南祝路	P177	C2,C2–F2
南祝路	P197	A2–C2
南庄路	P223	C5–C8
南庄路	P225	C1–B2
楠木路	P231	B4
内环北路	P147	C2–C3
内环东路	P147	C3–D3
内环高架路	P105	A2–F6
内环高架路	P109	A6–B6,E1–D5
内环高架路	P45	C5–D8,F1–C5
内环高架路	P47	D1–F2
内环高架路	P57	F8
内环高架路	P59	F1–A8
内环高架路	P61	A1–A2
内环高架路	P65	A8–F5
内环高架路	P73	A5–F5
内环高架路	P79	F1–F3
内环高架路	P81	A5–F8
内环高架路	P83	F8
内环高架路	P85	F1–A8
内环高架路	P87	A1,A3–C8
内环高架路	P89	A8–B8
内环高架路	P91	B1–A8
内环南路	P147	D3
内环西路	P147	C2–D3
内江路	P47	C2–E4
内江支路	P47	D3
嫩江路	P37	D8
嫩江路	P39	D1–D2,D3–D4
能源路	P273	D6–E6
泥城路	P229	C4–B6
倪家浜路	P139	E6
倪家桥路	P151	B6–C6
倪马路	P161	E2
年丰路	P209	F2–F3
年吉路	P141	E1–D2
年家浜东路	P123	F8
年家浜路	P123	F4–F8
年家浜路	P131	A3
年喜路	P141	E1–E2
埝泾公路	P205	C8
埝泾公路	P207	C1
宁安路	P77	C7–D7
宁波路	P69	B5–B7,C4–C5
宁城路	P37	C8–D8
宁富路	P225	B2–C2
宁国路	P105	A2
宁国路	P47	F1–F2
宁国南路	P105	A2–B2
宁海东路	P69	E5–E6,E6–E7,F5–E5
宁海西路	P77	A4
宁虹路	P155	B8
宁虹路	P53	C1
宁康路	P73	B6–C5
宁强路	P57	D8
宁强路	P59	D1–C1
宁桥路	P107	C2–B4

名称	页码	索引格
宁武路	P47	E2-F3
宁夏路	P65	E5-C7
宁祥路	P231	D1
宁秀路	P209	E4
宁阳路	P79	E6
凝和路	P77	B8-C8
凝和路	P79	C1
凝晖路	P69	F8
牛顿路	P109	C8-D8
牛老爷庙路	P221	E7
牛路	P167	A1
牛路	P49	A8
牛头山路	P159	E4
牛庄路	P69	C4-B5
农场路(川沙)	P175	A7-A8
农场路(嘉定)	P147	B1-C2
农工路	P225	D7-E7
农工商路	P239	A7-B7
农家路	P249	A3-B3
农建二路	P271	C3-D3
农建路	P271	D3-D4
农建路(朱泾)	P219	C6-F6
农交路	P237	B7
农开发路	P173	C3-B3
农林路	P59	C3-D3
农贸路	P243	A3
农民街	P209	D3-D4,D4
农南路	P117	A5-A6
农南路	P55	F6
农商路	P211	F6
农香路	P261	C6-C7
农谊路	P117	A5-B5
农元路	P115	B7-C7,C7-D7
农园二路	P153	B5-A6
农园三路	P153	B5-B6
怒江北路	P51	E7-E8
怒江北路	P65	C1-C2
怒江路	P65	C2-E1

O

名称	页码	索引格
欧风路	P201	B7-C7
欧高公路	P269	F1
欧高公路	P31	A5,C6,C6-D6,D6-E7
欧阳路	P45	D4-F4
欧洲街	P153	F4
欧洲街	P161	A4

P

名称	页码	索引格
排水河路	P227	E3-F3
排衙路	P251	E5-E6
牌楼东路	P195	D4
牌楼环路	P171	F4-E5,F6
牌楼路	P171	E5-F6
牌楼路	P175	A7
牌楼路	P77	D7
牌楼西路	P195	E3-D4
番禺路	P75	E1-F1
番禺路	P81	E8
番禺路	P83	A1-E1
潘柴路	P223	D4-E4
潘陈路	P223	D4
潘川路	P135	E2-E3,F1-E2
潘戴路	P137	D8-E8
潘垫北路	P223	D3-C5
潘垫东路	P223	D5-E5
潘垫路	P223	D5
潘垫南路	P223	E5
潘垫中心路	P223	C5-D5
潘广路	P25	C4-A8
潘广路	P27	A1
潘沪路	P135	E1-D1
潘家街	P69	E7-F7
潘家堂路	P193	F1
潘家堂路	P209	A1
潘建北路	P269	B3-B4
潘建路	P269	B3-C4
潘泾路	P135	C1-F2
潘泾路	P141	A2-F5
潘泾路	P27	A1-C2,C2-D2,D2-E2
潘刘路	P139	E8
潘南路	P223	D4,D4-D5
潘钱大道	P151	F8
潘钱大道	P155	A8
潘钱大道	P53	A1
潘桥路	P135	F1
潘桥路	P141	A1
潘石北路	P269	B4-C4
潘石老街	P269	C4
潘石南路	P269	C3
潘石七路	P269	B3-C4
潘石四路	P269	B4-C4
潘石一路	P269	B4
潘松路	P151	F8
潘团路	P269	B4-C4
潘新路	P133	D8
潘新路	P135	D1
潘徐路	P135	D1
潘圆公路	P269	A1-E8
潘圆公路	P271	A1-C3,C3-D3
潘苑路	P141	C1
盘安路	P139	E3-F3,F3
盘古路	P141	E7-E8
盘古路	P143	C1-A5
盘龙浦路	P161	A2-A3
盘南河路	P251	E3-F4
盘山路	P37	F8
盘双北路	P251	E4,E4-F4
盘双公路	P251	F4
盘双公路	P255	A4
蟠东路	P155	C6
蟠龙公路	P255	A8-E7
蟠龙街	P61	E7
蟠龙路	P155	C6-E7
蟠南北路	P255	C7-C8
蟠南二路	P255	C7-D8
蟠南路	P255	C7-D8
蟠南四路	P255	D7-D8
蟠中八队路	P255	D8
蟠中东路	P155	C7
蟠中东路	P255	D8
蟠中路	P155	D6-C7
彷徨二支路	P259	B8
彷徨二支路	P261	E1
彷徨十二号路	P259	B8
彷徨瀛北路	P261	E1-F2
彷徨中心路	P259	B8
彷徨中心路	P261	E1
彷漾路	P259	B8-C8
彷漾路	P261	E1
彷溆北路	P259	C8
彷溆路	P259	B8
彷溆南路	P259	D7-D8,D8-D7
彷溆中路	P259	C8-D8
炮仗弄	P255	C4
陪昆东路	P187	F2-F3
陪昆东路	P189	B5-A8
陪昆东路	P191	A1-A2
陪昆路	P189	D3-B5
培爱路	P179	B5,C1
培花路	P109	E4-F4
培乐路	P235	E1
培育路	P179	C1-D1
配合路	P237	D6-E6
配套河路	P197	F6-F7
盆汤弄	P69	C5-C6
彭北路	P151	E6
彭丰路	P181	E6-F6
彭丰路	P203	A6
彭封路	P147	C6-B7
彭公塘路	P225	F4
彭公塘路	P239	A4
彭家公路	P205	E2
彭家弄	P139	F4
彭江路	P43	C7-C8
彭江路	P45	C1
彭江路(闵行)	P207	A2-B3
彭门中心路	P147	A1-B2
彭平东路	P229	B4-B5,B5-B6,B6
彭平公路	P229	B3-B4
彭新路	P229	B4
彭越浦路	P43	B6-D6
彭泽路	P61	E6-F6
彭中路	P203	E1-E2
蓬莱路	P77	C7-B8
蓬莱路	P79	B1
蓬青路	P145	F4-F6
鹏程东街	P211	E8
鹏程街	P211	E8
鹏春路	P113	B4-C5
鹏飞路	P113	B4-C4
鹏贸街	P211	E8
鹏贸南街	P211	E8
鹏岳路	P113	B4-C4
丕林北路	P261	F4
丕林北路	P265	A4
丕林中路	P261	F3
丕林中路	P265	A3-A4
品柿路	P121	B8
品星路	P209	F7
品星路	P225	A7
平安校路	P269	C4
平滨公路	P137	C6-C8
平城路	P139	F2-E5
平川路	P171	A6-A7,B3-A5
平达路	P229	D2-D3
平定路	P47	F3
平东路	P249	B8-C8
平度路	P105	A8-B8
平度路	P107	B1
平峰路	P229	E2
平福路	P119	B7-C7
平福路(平安)	P227	C7-B8
平福路(平安)	P229	B1-C1
平港路	P229	B1-B2
平果路	P89	F3-F4
平海路	P227	B8
平海路	P229	B1-A2
平辉路	P263	E2-E1
平吉路	P117	B7-A8
平吉路	P119	A1-A2
平家桥路	P101	E5-F5
平家桥路	P121	A3
平江路	P83	C7-B8
平乐路	P155	B7
平利路	P43	E4-E5
平凉路	P105	A1-A2
平凉路	P47	F2-D4
平凉路	P63	D5-B8
平林路	P225	D2-E2
平陆路	P43	B7
平禄路	P229	C1
平南东路	P257	B2-C2
平南路	P117	A7,A7-A8
平南路	P257	C2
平南路	P55	F8
平南路	P97	F1-E4
平南西路	P257	B2-C2,C2
平山路	P191	E5-F5
平盛路	P227	C8
平盛路	P229	C1
平爽路	P257	B4-C5
平顺路	P35	D8-F8
平塘路	P53	A5-D5
平望街	P69	D5-E5
平武路	P75	F1-F2
平溪路	P53	F6
平霄路	P229	C1-C3
平协路	P249	B7-B8
平谐路	P251	E8
平谐路	P253	E1
平型关路	P37	F1
平型关路	P43	B8-D8,D8
平型关路	P45	A1-B1,D1-F2
平阳河路	P163	F5-F6
平阳路	P117	C7-C8
平阳路	P119	B1-A3,C1
平遥路	P43	B4-B5
平业路	P237	C2-C3
平谊路	P227	B8
平谊路	P229	B1
平宇路	P229	D2
平原街	P181	D4-D6
平展路	P253	E1-E2
平中路	P227	B8
平中路	P229	B1
平庄东路	P225	C7-B8
平庄东路	P227	B1-B8
平庄东路	P229	B1-B3
平庄西路	P223	D4-D8
平庄西路	P225	D1-C7
瓶安路	P187	C1-E2,F2
瓶安路	P191	A2
瓶北路	P187	D1-D2
鄱阳湖路	P25	C4-B4
葡萄路	P175	B5-C5
蒲浜路	P217	A7-A8
蒲场路	P217	A7-B7
蒲汇路	P117	B1
蒲汇路	P163	A8
蒲汇塘路	P83	F1-F2
蒲汇塘路	P91	A2-A3
蒲汇支路	P117	B1
蒲汇支路	P163	A8
蒲淞北路	P53	A6-B6
蒲淞南路	P53	B6
蒲西路	P83	E3
圃南路	P141	C3-C4
浦澳路	P79	F6-F7
浦北路	P97	F5-D8
浦北路	P99	D1-C2
浦仓路	P153	F5
浦仓路	P161	A5
浦城路	P71	D4-F5
浦城路	P79	A5-C6
浦驰路	P129	B4-D5,E5-F6
浦驰路	P193	A3
浦驰南路	P193	A3
浦电路	P105	F2
浦电路	P109	A1-A2
浦电路	P79	C5-B8
浦东北路	P31	D4-F5
浦东北路	P39	A5-F6
浦东北路	P47	A6-D6
浦东大道	P105	D1-A5
浦东大道	P47	C6-F5
浦东大道	P71	B4-B8
浦东路	P211	F6
浦东路	P227	A6
浦东南路	P71	A3-F6
浦东南路	P79	A6-F5
浦东南路	P87	A5-F3
浦东南路	P95	A3-C1
浦东水泥厂路	P111	F4
浦放路	P193	B2-B5
浦福路	P205	B5-C5
浦港路	P181	F6
浦航路	P193	C5-C6
浦红东路	P177	E2-E3
浦红西路	P177	F1-E2
浦华路	P79	E6-F6
浦环路	P151	C6-D7
浦佳路	P193	A3
浦建路	P109	C1-D3
浦建路	P79	E6-F8
浦江路	P191	F5
浦江路	P207	A6-A7
浦锦路	P121	F3-F4,F4
浦锦路	P129	A4-F5,F5
浦锦路	P193	A3
浦锦南路	P193	A3,A3-C3,C3-D3
浦康路	P129	A5-C6
浦兰路	P227	A5
浦连路	P193	B5-B6
浦灵路	P207	B5-E6,E6
浦隆路	P47	E8-F8
浦明路	P71	E3-F5
浦明路	P79	A5-F5
浦明路	P87	A5-A4
浦南运河路	P211	F8
浦南运河路	P213	F1-F3
浦宁路	P187	C6-D6
浦鸥路	P129	F4
浦鸥路	P193	A2
浦泉路	P129	A5-C6
浦泉南路	P129	E6
浦瑞路	P129	A3-F4,F4
浦瑞路	P193	A2
浦瑞南路	P193	A2
浦润路	P79	F6-F7
浦润路	P87	A7
浦三路	P103	A8
浦三路	P113	D1-F2
浦三路	P123	A2,C3-E3
浦三路	P87	C5-F6
浦三路	P95	A6-C7,D7-F8
浦申路	P121	F4
浦申路	P129	A5-C5,D5-F6
浦申路	P193	A3
浦申南路	P193	A3
浦顺路	P129	E7-F7
浦泰路	P159	B8-D8
浦涛路	P193	C5-B6
浦天路	P153	F2
浦亭公路	P205	E6-F6
浦庭路	P79	F6
浦庭路	P87	A6
浦屯路	P149	D2-C3
浦卫公路	P207	D4-F6
浦卫公路	P223	A6-F7
浦卫公路	P237	A7-B7,B6-C7,D7-F5
浦卫公路	P243	B2-A5
浦祥路	P159	D7-D8
浦晓路	P121	F5
浦晓路	P129	A5-C6
浦晓南路	P129	E6-F6
浦晓南路	P193	A3
浦新路	P203	C2-D2
浦星公路	P121	C4-F5
浦星公路	P129	A5-F6
浦星公路	P193	A3-F4
浦星公路	P209	A4-F4
浦星公路	P225	A4-F5
浦星公路	P239	A5-B5
浦秀北路	P129	A3-B4
浦秀路	P129	B4-F5
浦秀路	P193	A3
浦雪路	P129	B3-C3,C3-F4,F4

N O P

P Q

名称	页码	索引格
浦雪路	P193	A2–A3
浦雪南路	P193	A3
浦阳路	P87	A6
浦业路	P193	D3–E3
浦逸路	P79	F7–F6
浦逸路	P87	A6
浦银路	P221	C1–C2
浦源路	P219	B7–C7
浦悦路	P47	F8
浦泽路	P107	A1–B1
浦庄路	P223	B4
普安路	P69	F4–F5
普安路	P77	A5–B5
普洱路	P125	B8–C8
普工路	P237	E7–D8
普工路	P239	D1–C2
普光路	P153	C5–D5
普惠路	P147	A3–B4
普济街	P255	C4
普济路	P67	A7
普杰路	P119	E4–F4
普乐路	P119	E4–F4
普乐路	P127	A4–A5
普庆路	P171	F7–E8
普善横路	P59	C8
普善路	P43	F7–F8
普善路	P59	A7–C8,C7–D7
普天路	P171	E6–E7
普陀路	P59	F4–F5
普陀路(六团)	P171	F7–F8
普吴路	P171	F7–F8
普吴路	P175	A8
普新路	P171	F8
普新路	P175	A8
普新路	P177	A1–C1
普雄路	P65	C7–C8
普迎路	P171	D6–F6
普育东路	P79	E1–F1
普育西路	P79	D1–F1,F1
普育西支路	P77	E8
普育西支路	P79	E1
普园路	P171	F8
普照路	P183	F3–F4
瀑布湾道	P125	B4–B5
Q		
七百亩路	P157	C8
七浦路	P61	F4,F4–F6,F6
七莘路	P117	A4–F7
七莘路	P125	A7
七莘路	P53	A1–F1
七莘路	P55	A1–F4
七新路	P175	A7–B8
七灶港路	P175	C5
栖凤路	P233	A7–B7
栖凤支路	P233	A7–A8
栖林路	P147	F8
栖林路	P151	A8
栖山路	P105	C4–A6,D2–C3
栖霞路	P71	C5–B8
戚家墩路	P243	D2–E2
齐爱路	P111	A7–C8
齐爱路	P169	C1–D1
齐北北路	P261	C5–D6
齐东南路	P261	D5–D6
齐东中路	P261	C5–D6
齐东中心路	P261	C5–D6
齐富公路	P257	D7–E8
齐富公路	P261	B1–C1
齐河路	P95	D2–B7
齐恒路	P87	F7
齐恒路	P95	A7
齐教路	P209	D3–D4
齐南北路	P261	C4,C4–D5
齐南村3队路	P261	D4
齐南村中路	P261	C4–D5
齐南阜西路	P261	D4–E4
齐南南路	P261	D4–D5
齐南中北路	P261	C4,D4–D5
齐南中心路	P261	C4–D5
齐齐哈尔路	P105	A1–B1
齐齐哈尔路	P45	F8
齐齐哈尔路	P63	A8
齐泰路	P209	D3
齐西路	P261	D5–D6
齐贤支路	P209	D2
齐心路(崇明)	P257	E8–F8
齐心路(五厍)	P203	F6,F6–F7
齐心南路	P261	C1
齐友路	P169	D1
祁安路	P41	B8–C8

名称	页码	索引格
祁北东路	P141	C2–B3
祁北路	P141	C1–C2
祁北支路	P141	B3–C3
祁昌路	P145	A7–B8,B8
祁春路	P41	B6–B7
祁华路	P33	C6–C7
祁连山路	P33	B7–D7,D7–F7
祁连山路	P41	A7–F7
祁连山南路	P41	F7
祁连山南路	P51	A7–F5
祁骆路	P41	B5–B7
祁南路	P41	A7–A8
祁迁路	P139	E3–D3
祁顺路	P41	B8,D8–E8
祁杨路	P33	B6
祁真路	P33	C7,D6–C6
其乐路	P175	E6–F6
其乐路	P195	A6
其新连路	P175	C6–D6,D6,D6–E6,E6
奇妙路	P171	F1
奇妙路	P175	A5
奇天公路	P181	B6,B6–B7,B8
骑塘北路	P223	E8–D8
骑塘西路	P223	E8
骑塘中心路	P223	E8
棋杆八路	P175	C4–C5
棋杆北路	P175	C5
棋杆路	P175	C5–D5
棋盘路	P139	D4–E5
棋瓦路	P175	C4–C5,C4–D4
杞青路	P215	F2
杞青路	P231	A3–B4
启安弄	P183	F2
启东路	P61	C5
启帆路	P39	E7–E8
启航路	P173	D4–F5
启良路	P139	F4
启宁路	P139	C6–D6
启圣路	P149	B3–C5
启圣路	P153	B3
启新路	P71	E5–E6,F4–F5
启秀路	P139	C6–D6
启瀛北路	P251	F1
启瀛路	P249	F8
启瀛路	P251	E1–F1
启瀛南路	P249	F8
启瀛南路	P251	F1
启瀛中路	P251	F1
启瀛中路	P255	A1
启源路	P139	C6–D6
启悦路	P139	C6
气象路	P225	A1–B1
汽训路	P167	E3–D4
千汇路	P177	B2–D3
千秋桥路	P151	D2–D3
千祥路	P229	B8–C7
千新公路	P161	D8–F8
千阳路	P51	E6–F6
千阳南路	P51	F6–F5
迁虹路	P155	B8
前岸环路	P253	C1
前曹公路	P133	D7–F7
前曹公路	P139	A7,A7–B8
前草公路	P257	C6–E6
前柴路	P257	B5–C5
前程路	P109	F2–E3
前村公路	P163	F1
前村公路	P183	A1–A2
前横路	P257	C2,C2–C3,C3,C3–C4
前花路	P261	E8
前花路	P263	E1
前进大街	P257	B5
前进街	P179	F8
前进路	P219	A7–B7
前进路(崇明)	P261	C2–D3
前进南路	P261	C2–D3
前进弄	P225	B1–A1
前京大道	P243	C1–C2,C2,C2–D2
前炬路	P145	E6–E7
前哨公路	P263	F2
前哨公路	P267	A2
前哨路	P167	E4,E4–E5
前哨南环路	P253	C6
前哨南环路	P257	B8–C8
前哨支路	P167	E4–F5
前胜路	P225	E1–F1
前胜路	P239	A1
前竖公路	P257	C5–F5
前竖公路	P259	A5–B5
前滩大道	P101	D4–F2
前滩大道	P121	A1
前卫支路	P269	E8–D8
前卫支路	P271	A1

名称	页码	索引格
前新路	P165	A8
前新路	P269	E7–F7
前颜路	P221	F5–F4
前颜路	P235	A4–B5
前颜支路	P221	F4
前颜支路	P235	A4
前杨路	P145	D7–E8
前耀路	P101	D4–C5
前裕公路	P261	F8
前裕公路	P263	F1–F2,F2
前裕公路	P265	A8
前云路	P155	F5
前云路	P163	A5–B6
钱岸路	P131	F7
钱岸路	P193	A8
钱仓路	P71	B7
钱曹路	P153	B6–B7,B7
钱富路	P235	F4
钱何路	P133	B8–C8
钱家草路	P217	B8
钱家草路	P219	B1
钱家巷路	P71	F6
钱陆路	P135	E4–F4
钱陆路	P141	A4–C5
钱门塘街	P145	B5
钱明东路	P217	C8
钱明东路	P219	C1
钱明西路	P217	D7–C8
钱蓬公路	P145	B4–A5
钱桥东路	P225	E6
钱桥二支路	P225	E6
钱桥路	P225	E5–E6
钱桥一支路	P225	E5
钱商大街	P235	F4–F5
钱圩东街	P235	F4
钱圩西街	P235	F4
钱卫路	P235	F5
钱卫路	P241	A5
钱卫支路	P241	A3–A4
钱文路	P235	F4
钱鑫路	P235	F4–F5
钱鑫路	P241	A3–A4
钱鑫路	P27	D5–C5
钱忠一路	P225	D6
乾寿街	P161	A4
乾溪路	P35	F3
茜昆路	P185	E3–E5
茜浦泾路	P185	C2–E2
茜浦路	P183	B8–D8
羌家村路	P25	C7–C8
强化路	P257	D1–D2
强家浜公路	P203	B7–C7
强民路	P259	B6–C6
强民路(新河)	P257	D1–D2
强恕路	P205	E8
强兴路	P219	E2
强业路	P161	C8
强业路	P163	C1
墙泾路	P139	E3,F2–E2
蔷夹路	P233	A5–A6
蔷薇娄路	P203	D6–D7
蔷薇路	P119	F5
蔷薇路	P127	A5
乔家浜路	P169	E5
乔家路	P77	C8
乔家路	P79	C1–C2
乔家弄	P169	E5
乔家栅	P77	C8
乔家栅	P79	C1
乔松路	P255	C4–D6
桥北东路	P197	E5–F5
桥北路	P197	E4,E5
桥北路(崇明)	P245	D7–E7
桥北支路	P197	E5,E5–E6
桥北中路	P197	E5–F5
桥鼻港东路	P249	E8,E8–F7
桥福路	P211	D3
桥湾弄	P217	C6
桥西路	P149	D2
桥中路	P245	E7
钦殿街	P105	E1
钦公塘路	P197	B3–C3
钦江路	P89	E2–D6
钦林北路	P239	B1
钦林南路	P239	B1
钦龙路	P165	F3–F4
钦州北路	P89	D1–C8
钦州路	P89	C8
钦州路	P91	C1–F2
钦州路	P99	A2–C2
钦州南路	P97	E4–C8
钦州南路	P99	C1–C2
秦安路	P149	A6–A7

名称	页码	索引格
秦关路	P61	A6
秦皇岛路	P63	D6–E6
秦家港路	P107	B7–A8
秦家港路	P167	D1–C3
秦建路	P235	F6–F7
秦廊路	P235	E5–F5
秦桥路	P49	E4–E5
秦弯路	P235	E3–E5,E5,C5–D5,D4–E4
秦阳路	P235	E5–E6
秦阳南路	P235	F6
秦阳南路	P241	A6
琴月路	P229	A6–B6
勤昌路	P173	A1
勤川路	P169	F1–F2
勤奋路	P197	C3–C4
勤丰路	P51	D2–C2
勤富路	P163	D7–C8
勤俭路	P169	C8–D8
勤俭圩路	P269	D6
勤劳路	P131	B1–D1
勤学路	P139	D5–D6
勤益路	P169	B6–B8
勤政路	P115	C4–D4
沁春路	P125	C6–C8,D6–C6
青安路	P153	E5,E5–F4,F4
青安路	P161	A4
青柏路	P255	C5–C6
青草沙路	P269	A2–B2
青成路	P209	F8
青春路	P125	C6
青春支路	P125	B6–C6
青村南路	P225	A8
青村浦花路	P225	D4–D5
青黛路	P175	E1–D2
青岛路	P69	C2–C3
青枫街	P217	C6–D6
青峰路	P161	A5
青冈中心路	P147	A2
青岗路	P143	F4
青高路	P225	A6–A7
青工路	P209	F8
青工路	P211	F1
青海路	P69	E1–F2
青湖东路	P161	A6,A6–A7
青湖路	P161	A5–A6
青昆路	P161	A4–D4,D4,E4–F4
青莲路	P69	F6
青莲街	P77	A6
青灵路	P225	A6–A7
青六路	P169	A7
青龙公路	P149	E8–F8
青龙路	P153	F6
青龙路	P161	A5–A6
青暮路	P169	A4–A8
青年路	P55	F4–E4
青年路(崇明)	P255	C3–C4
青年路(马桥)	P185	F5
青年路(马桥)	P189	A5–B5
青年路(邵厂)	P229	B2
青鸟路	P229	B5–B6
青宁路	P225	A6
青浦路	P63	F1
青三路	P135	D2–E2,E2–F2
青三路	P167	F3–F4
青厦路	P169	E3–E4
青山路	P189	D6–E7
青杉路	P55	B5–B6
青石路	P37	D4–D5
青四中心路	P167	F5
青松路	P161	A4–B5
青松石	P183	F3
青天路	P161	D4–F4
青桐路	P111	A3–B3
青伟路	P209	E8
青伟路	P211	E1
青溪路	P53	C7–E6
青艺路	P169	E2–E3
青云路	P45	F2
青云路	P61	A2,A2–A3
青云路(张江)	P111	C2
青赵公路	P149	D2–F3
青赵公路	P153	A3–F2,F2–F3,F3–F4
青舟路	P153	F5
青舟支路	P153	F5–F6
青竹路	P153	F5
清波路	P37	C7
清池路	P53	A5–A6
清德路	P51	F6
清德路	P53	A6
清光路	P225	A4
清河街	P181	D5–C6
清河路	P139	F3,F3–F4

名称	页码	索引格
清河路	P147	A3
清河湾路	P153	E3
清涧路	P51	A7–A8
清朗路	P209	E3–E4
清流北街	P85	C8
清流环二路	P37	D5,D5–D6
清流环三路	P37	B5–C5
清流环一路	P37	D5,D6–E5,E5
清宁路	P209	E3–E4,E4
清泉路	P219	C8
清水路	P139	F3
清水湾路	P59	E3–D5
清溪路	P31	F5–E6
清璇路	P225	B4
清峪路	P51	C4–E7
清源环路	P37	E8
清真路	P83	C7–C8
清真路	P85	C1–B1
情谊路	P169	D4–E4
晴雪路	P121	A2
庆安路	P141	D7
庆滨路	P167	F4
庆达路	P167	E2–F3
庆丰村路	P159	E5–E6
庆丰东路	P271	C3
庆丰路	P161	A6–C6
庆丰路(长兴)	P271	B2–B3
庆华一路	P153	F4
庆华中路	P249	F7–F8
庆华中路	P255	A1
庆九圩中路	P269	A1
庆乐路	P225	C3
庆利路	P167	E4–F4
庆南路	P167	F4–E4
庆泉路	P245	F2
庆荣路	P167	F4
庆阳路	P61	A8
邱家港路	P159	B8
邱家弄	P141	C2
邱家湾	P183	F4
秋柏路	P183	A1
秋柑路	P269	D7
秋桂路	P41	C3–C4
秋荷路	P197	A6–C6
秋岚路	P39	B8
秋灵路	P235	A7–B8
秋萍路	P229	C7–D7,D7
秋实路	P241	D6–E6
秋亭路	P177	E2–D3
秋霞路	P39	A7–A8
秋祥路	P229	B7
秋兴路	P229	A4
秋阳路	P37	D4–E4
秋雨路	P229	A5–C5
秋月路	P111	D4–D5
秋竹路	P139	F2
求城公路	P205	C8
求城公路	P207	C1
求康路	P205	D8–E8
求仁路	P205	E8
求盛路	P205	D8–E8
求真路	P237	D6
虬江路	P61	C6,C7,E1–C6
虬江码头路	P39	E4–F4
虬江支路	P61	C5–C6,C6
虬泾路	P117	B1–E2
虬桥路	P147	B3
虬长路	P183	E7–E8
区间东路	P181	E6
区塘公路	P203	E8–F8
区塘公路	P219	A8
瞿家廊路	P65	B6–D7
瞿家弄	P139	B2
瞿家宅路	P197	D5
瞿门路	P145	B7–A7
瞿溪路	P79	F1
瞿溪路	P85	B7–A8,C2–B7
瞿溪路	P87	A1
衢虹路	P155	D8
曲池路	P161	F1
曲阜路	P69	A3–A4
曲阜西路	P69	A2–A3,A3
曲惠路	P145	F6
曲江路	P51	A3–B3
曲沃路	P35	D7–F7
曲吴路	P187	D7–C8
曲吴路	P193	B1
曲阳路	P45	B4–F5
曲幽路	P197	B4–B5
取水厂路	P205	D5
圈中路	P195	B6
全民东路	P265	D7–E7
全民路	P265	D7–E7
全心路	P221	E6–E7
全心支路	P221	E6–F6
全州路	P97	A3–A5
泉口路	P53	B4–C7
泉临路	P35	C6
泉中路	P153	B8–C8
群风路	P257	C3
群梅路	P257	F3
群益路	P193	A5
群英东路	P257	C3–D3
群英路	P117	E6–F6
群英路(泗泾)	P163	C6–C7
群英西路	P257	C3
群裕路	P147	A4

R

名称	页码	索引格
热河路	P61	F3,F3–F4
热河路	P69	A4
人财东路	P259	A6,A6–B6
人财西路	P259	A6
人和街	P67	B5
人和路	P161	D1
人杰路	P207	E6–F6
人民北路(南桥)	P223	A8
人民北路(松江)	P163	E2–F2
人民北路(松江)	P183	A2–F3
人民村八路	P259	A5
人民村连路	P259	A5–A6
人民村七路	P259	A6,A6–A7
人民大道	P69	F3–E4
人民东路	P197	B2–B4
人民街	P139	F4
人民街(南翔)	P151	A7–A8
人民街(泰日)	P209	A7–B7
人民路	P69	F6–E8
人民路	P71	E1–F1
人民路	P77	A6–B6
人民路(崇明)	P255	C3–D4
人民路(娄塘)	P139	B2
人民路(泥城)	P213	F7
人民路(泥城)	P229	A7–B6
人民路(钱桥)	P225	D5–D6
人民路(青村)	P209	E7–F8
人民路(泗泾)	P163	C5
人民路(泰日)	P209	B7–A8
人民路(泰日)	P211	A1–A4
人民路(塘外)	P227	B1–B2
人民路(朱泾)	P219	B7–C7
人民南路	P183	F3
人民南路(南桥)	P225	A1–B1
人民塘	P165	F5–F6
人民塘	P167	A2–C4,C4–F6
人民塘	P173	A2–C3
人民塘	P177	C6–E7
人民塘东路	P239	A5–A7
人民塘路	P239	B4–A5
人民西路	P195	B8
人民西路	P197	B1–B2
人民中路	P223	A8
人民中路	P225	A1
仁爱路	P209	F3
仁爱路	P225	A3
仁安路	P107	C8
仁宝路	P227	A1
仁德路	P37	F3–F4,F4
仁建路	P271	B3–C3,C3–D2
仁齐路	P209	D1–D2
仁庆路	P167	D3–E3
仁信路	P271	C2–D3
仁义路	P195	D4
仁育路	P163	D4
任屯支路	P179	B4–C4
日阪路	P165	F2–F3
日滨路	P31	C8–D8
日东路	P197	A5–B5
日晖东路	P85	D3–E3
日京路	P165	C1
日京路	P31	F8
日新河路	P229	C8,D8
日新河路	P231	C1
日新支路	P167	D1
日樱北路	P165	D1–E2
日樱南路	P165	E2–F2
日永路	P51	C2–C3
日照路	P71	A5–B5
茸北路	P183	C4–C5
茸城路	P183	F4
茸华路	P183	C7–E7
茸惠路	P183	A5–B5,B5–C4
茸加路	P181	F7
茸江路	P183	D7–E7
茸凯路	P183	A4–B4
茸康路	P181	F7–F8
茸龙路	P183	D3–D4
茸梅路	P183	B4–D4
茸平路	P183	C3–D5
茸盛路	P183	A4–A5
茸树路	P183	C4–D4
茸腾路	P183	E7
茸卫公路	P241	A6–D7
茸翔路	P183	D7–E7
茸兴路	P183	A4–D4
茸阳路	P183	B4–C4
茸悦路	P183	A4–B4
荣安路	P147	F3–F4
荣昌路	P235	A3–B3
荣成路	P71	A6–B6
荣城路	P245	F3
荣川路	P169	F1–E2
荣春路	P235	E1–E2
荣德路	P159	F8
荣东路	P235	A4–B4
荣发路	P235	A3–B3
荣丰路	P235	A3,A3–A4
荣福路	P183	F5
荣福路	P205	A5
荣光路	P235	D1–D2
荣华东道	P81	D1–D2,E1–D2
荣华西道	P53	E8–F8
荣华西道	P81	D1,E1
荣江路	P245	F3
荣景路	P245	F3
荣科路	P115	B2–A3
荣乐东路	P183	E4–C6
荣乐西路	P181	E8
荣乐西路	P183	E1–E2
荣乐中路	P183	E2–E4
荣闵路	P205	A5–B5
荣泉路	P149	B7
荣泉路	P249	A3
荣生路	P245	F2
荣生路	P249	A2
荣田路	P235	A3,A4
荣新路	P249	B4
荣轩路	P151	A1
荣宜路	P117	B5–B6
荣园路	P245	F3
荣运路	P249	A4–B4
荣泽路	P149	B7
榕桥路	P49	F3–F4,F4–F5
如日路	P205	E2
如意街	P79	B2
如意路	P175	F7
茹水路	P139	E5–F6
茹塘公路	P203	E4–F4
茹塘公路	P219	A4
茹塘路	P203	E4
汝南街	P85	B6
乳山路	P105	E1–D1
乳山路	P71	D6–C8
瑞安路	P131	D7–D8
瑞安路	P175	E1
瑞昌路	P167	D1–E1
瑞德路	P269	F1
瑞德路	P31	C8
瑞丰路	P33	C6–E7
瑞福路	P175	E1
瑞和路	P131	E7–D8
瑞和路	P175	E1
瑞虹路	P45	F5
瑞虹路	P63	A2–A1
瑞建路	P131	C8
瑞建路	P175	E1–D1
瑞金二路	P77	C1–F2
瑞金二路	P85	A2
瑞金南路	P85	A2–D3
瑞金一路	P77	A1–C1
瑞丽路	P191	C2–F3
瑞林路	P147	E7–F8
瑞林路	P151	A8
瑞林路	P41	A1
瑞木路	P231	B4
瑞宁北路	P85	D3–E3
瑞宁路	P85	E3–F3
瑞宁路	P91	B8–C8
瑞宁路	P93	B1–A3
瑞平路	P91	C7–B8
瑞浦路	P131	B7–E8
瑞庆路	P167	E3
瑞祥路	P167	D1–C1
瑞兴路	P231	E1
瑞阳路	P131	C7–D8
瑞意路	P131	C7–C8
瑞玉路	P261	C6
睿达路	P37	B5
睿明路	P109	D7–C7
润川路	P171	B3–B5
润虹路	P155	B8
润虹路	P53	D1
润兴路	P219	E2–D2
润阳路	P145	E6–F6

S

名称	页码	索引格
三八河路	P109	F7
三八河路	P113	A7–C8
三八路	P197	B2–C2
三八路(七宝)	P55	F4
三浜路	P183	D7
三彩路	P121	D5–F5
三城路	P223	B4–C4
三村路	P201	D8
三达路	P193	A4
三达支路	P193	A4
三丰路	P181	F1
三丰路	P203	A1
三官浜北路	P31	A1–B1
三官街	P225	B3
三官路	P245	E7–F7
三官桥路	P203	A2
三航路	P121	C3–C4,C4
三号公路	P205	C1
三号横河沿北路	P259	C8
三号横河沿北路	P261	F1
三号横河沿路	P261	F1
三号横河沿路	P265	A1–A2
三号路	P161	F1
三河路	P45	F6
三洪路	P227	A7–A8
三洪路	P229	A1,A1–A3
三华公路	P249	A3–B6
三华路	P249	B6
三环路	P139	F2
三汇路	P91	B2–C3
三吉路	P175	C8–D8
三甲路	P169	B8
三甲路	P173	A1–B1
三江二路	P255	F8
三江路	P91	F3
三江路	P99	A3–B4
三角东街	P91	A3–B4
三角街	P197	C2
三坎中心路	P211	F8
三里路	P133	F1
三烈路	P259	A2–B2
三林路	P121	B5–A8,C4–B5
三林路	P123	A1
三鲁公路	P121	C5–F7
三鲁公路	P129	A7–F8
三鲁公路	P193	A4–E5
三绿公路	P249	A2–B4
三门路	P37	E2–E3,E3,E3–E6,E6–E7
三门支路	P37	D3–E3
三民路	P223	B4
三牌楼路	P77	A8–B8
三泉路	P35	A6–F6
三三公路	P213	A3–C6,C7–D8
三三公路	P215	D1–D4
三沙洪路	P255	B4–D3
三十五厂路	P259	C6
三舒路	P121	D6–E6
三树南路	P141	C4
三双公路	P251	C5–F4
三双公路	P255	A4–B4
三条港东路	P259	A4–B3
三条港路	P257	E3–F3
三条港路	P259	A3
三条港西路	P259	B3
三条桥路	P255	B7–B8
三团中心路	P211	E7–F7
三湾公路	P251	F3–F4
三湾公路	P255	A4
三祥路	P163	B4–B5
三协路	P245	F6
三新北路	P181	B8–C8
三新北路	P183	C1–E1
三新公路	P203	A5–B6
三新街	P187	D6,D6–C7
三新路	P183	E1–F1
三新路(三林)	P121	B6–C6
三星街	P155	C3
三星路	P47	F2
三星路(崇明)	P255	B6
三星南路	P255	B6
三秀路	P219	A2–B2

Q R S

名称	页码	索引格
三宣公路	P195	F8
三宣公路	P197	F1
三宣公路	P213	A1-B3
三旋路	P121	D5-E6
三阳路	P29	A5
三阳路1路	P255	C6,C6-D6,D6
三阳路2路	P255	C6-D6
三阳路3路	P255	C6-D6
三叶路	P193	A4
三友路	P129	E7-D7
三育北路	P259	D6-D7
三育东路	P259	D7
三育路	P259	C6-D6,D6-D7
三元路	P153	F4
三元路	P161	A4
三源路	P57	B3-A4
三跃路	P129	D6-D7
三灶浜路	P169	E5
三灶北街	P195	A7
三灶东街	P195	A7
三灶路	P115	B5-B6,B6-A8
三灶路	P171	A1
三灶南街	P195	A7
三灶西街	P195	A7
三庄路	P183	E6,E6-E7
桑园街	P79	D1-E1
森林大道	P225	C7-B7
森林路	P173	B2-C2
森塘路	P173	B1-B2,B2,B2-B3
沙场街	P79	C2
沙埭浜路	P153	F4
沙淀东路	P159	C8-D8
沙淀南路	P159	D7-D8
沙淀西路	P159	D7
沙淀中路	P159	D7-C8
沙岗路	P39	F1
沙岗路	P47	A1-A2
沙港路	P157	C6
沙河路	P51	D1-E2
沙虹路	P45	F5
沙洪浜路	P65	C7-C8
沙积路	P237	D6-C7
沙家埭路	P159	D8
沙家街	P77	D7-E7
沙甲路	P167	F5,F5-F6
沙甲路	P173	A2
沙泾港路	P61	A8-B8
沙泾港路	P63	A1
沙泾路	P61	B8-C8
沙岭路	P197	E7-E8
沙庙路	P213	C2
沙泥北路	P173	C3
沙泥路	P173	C3-D3
沙浦路	P25	D7-D8
沙市二路	P69	C7-B7
沙市一路	P69	B7-C7
沙田河路	P157	C7-D7
沙田湖路	P157	C7-D7
沙霞路	P139	F4
沙苑路	P51	D1-E1
沙柘路	P237	C7-D7
沙中西二路	P197	D7
山安路	P237	F2
山茶路	P135	F2
山茶路	P141	A2
山丹路	P41	C5-D5
山德路	P237	F2-F3
山东北路	P69	B6
山东路	P181	D6
山东南路	P69	E6-E7
山东中路	P69	C6-E6
山房公路	P221	A5-A6
山丰路	P237	F2-E3
山富东路	P237	F2-F3
山富西路	P237	F2
山海关路	P69	D1-C2
山海路	P243	A1
山海桥路	P161	A1
山花路	P117	D7-E8
山兰路	P231	B4,B4-C4
山磊路	P237	F3
山连路	P33	E2-F5
山林道	P125	A4-B5
山龙街	P243	D1
山南路	P243	A3-A4
山倪路	P243	A3,A3-C4
山宁路	P237	F2
山宁路	P243	A2
山深支路	P179	B4-A4
山塘中心路	P233	E7-F7
山通路	P243	A1-A2
山湾路	P159	E6-D6
山西北路	P61	E5-F5,F5
山西北路	P69	A5-B5
山西公路	P181	C5
山西南路	P69	B5-D6
山新路	P243	A3
山阳北路	P255	C6-D7
山阳老东路	P243	A3
山阳老西路	P243	A3
山阳南路	P255	D6-D7
山阳支路	P243	C4
山阴路	P45	E3-F3
山中路	P243	A3
山周公路	P149	E7-F7
山周公路	P153	A7
山周公路	P161	A7-D8
陕西北路	P59	F3-F4
陕西北路	P67	A4-F8
陕西北路	P75	A8
陕西路	P135	E5
陕西南路	P75	A8-D8
陕西南路	P77	D1-F1
陕西南路	P85	A1-B1
汕头路	P69	E4-D5
商蔡路	P159	C1-C2
商城街	P153	F4
商城街	P161	A4
商城路	P105	E1-D2
商城路	P71	F4-C8
商城路(航头)	P193	D8
商城路(航头)	P195	D1
商贸路	P159	C1
商前路	P159	C1
商丘路	P63	D1-E1
商榻老街	P159	C1
商洋路	P157	B8-C8
商园街	P219	C7
商直圩路	P157	B8-C8
商周公路	P157	C6-C8
商周公路	P159	C1
上安路	P167	E1-E2
上浜路	P103	D2-C4
上漕路	P237	F6
上漕路	P243	A6-C5
上川路	P167	B1-B2
上川路	P49	D7-D8,E6-D7,F5-E6
上大路	P33	E7-E8
上大路	P35	E1-D3
上飞大道	P35	E5-F5
上飞路	P177	F7-F8
上丰路	P107	E6-D8
上丰路	P167	E1-E2
上钢路	P93	B4-C4
上革路	P165	E3-F3
上科路	P111	F3
上科路	P115	A1-A3
上林路	P89	D3-E3
上南路	P103	A1-F3
上南路	P121	A6-C7,C7-D8,
上南路	P123	E2,E2-E6
上南路	P93	A8-B8
上南路	P95	B1-F1
上浦路	P121	A4-A5
上浦西路	P121	B1-B2,B2-A4
上钦路	P165	F3,F3-E4
上实西路	P265	A6
上塑路	P225	A6-A8
上塑路	P227	A1
上塘街	P179	C1-D1
上虞路	P203	E2-E3
上中路	P119	C5-B7
上中西路	P119	C4-C5,D2-C4
尚博路	P103	F7-F8
尚博路	P121	A7-A8
尚鸿路	P155	D3-D4
尚景路	P153	E6
尚茂路	P155	D3-D4
尚泰路	P155	D3-D4
尚桐路	P49	A1
尚文路	P77	D7-C8
尚文路	P79	C1
尚贤路	P225	A2
尚学路	P147	B7-C7
尚义路	P187	E7-F8
韶嘉路	P45	A3
韶山路	P25	B5-C5
少年村路	P35	F5
少年村路	P43	A4-A5,A5
少年路	P197	C2
少年路(黄浦)	P77	D7-D8
少年弄	P255	D3
邵安路	P229	B2
邵厂路	P229	A2-B2,B2
邵平路	P229	B2
绍虹路	P155	C8
绍兴路	P77	F1-E2
佘北公路	P163	A1-C1,D1-E1
佘北路	P163	C1-D1
佘山岛路	P255	C5
佘天昆公路	P161	F7-F8,F8
佘天昆公路	P163	E1-F1
佘天昆公路	P181	A7-C5
佘新路	P161	E8
佘苑路	P161	D8-F8
厍浜路	P219	E8-F8
厍浜支路	P219	E8-F8
厍渣路	P201	E8-F8
社界河路	P257	F5-F6
社界河路	P259	A6-A7
莘莘路	P183	F7
申安路	P195	F7
申安路	P211	A7-B7
申浜路	P183	A8
申浜路	P185	B1
申北二路	P125	D5-E5
申北路	P125	D7-D8
申北三路	P125	E5
申北四路	P125	E5
申北五路	P125	E4-F4
申北一路	P125	D5-E6
申滨路	P155	B8-C8
申滨南路	P155	C8-D8
申滨南路	P55	B1
申波路	P109	E4-F5
申达二路	P53	D1
申达六路	P55	A1
申达三路	P53	F1
申达三路	P55	A1
申达五路	P55	A1-B2
申达一路	P53	D1-E1
申迪北路	P171	F1
申迪北路	P175	A4-A5
申迪东路	P175	A5
申迪南路	P175	B5-A5
申迪西路	P175	A4-B5
申东路	P165	E4-E5
申芳路	P185	B6,B6-B5
申非路	P31	A4-B6
申富路	P125	F6-E8
申港大道	P231	B1-B4,B4
申港路	P185	A4-F1
申港路	P189	A1-D1
申光路	P125	F4
申光路	P185	A4
申贵路	P155	A8-D8
申贵路	P55	A1
申海路	P269	F1
申海路	P31	A5-A6
申河路	P31	B4-C5
申虹路	P155	A8-C8
申华路	P125	F5
申华路	P185	A4-A5
申江路	P107	A4-F4
申江路	P111	A4-F4
申江路	P115	A4-E4
申江路	P165	F2
申江路	P49	A4-F4
申江路(江桥)	P51	B3
申江南路	P115	E4-F4
申江南路	P175	A2-F4
申江南路	P195	A4-D4
申杰路	P195	D6,F6
申杰路	P211	A6-B6
申康二路	P237	D1-E1
申康三路	P237	D1-E1
申康一路	P237	D2-E2
申昆路	P155	A8-B8
申昆路	P53	C1-F1
申昆路	P55	A1-C2
申兰路	P155	A8-D8
申立路	P185	C3-B4
申南二路	P125	E6-F6
申南六路	P125	F5
申南路	P125	F7-F8
申南路	P127	F1
申南路	P185	A7
申南七路	P125	F4-F5
申南七路	P185	A5
申南三路	P125	E5-F6
申南四路	P125	E5-F5
申南五路	P125	E5-F5
申南一路	P125	E6
申牛路	P183	F5
申牛路	P205	A5-A4
申欧路	P269	F1
申欧路	P31	A5-B6
申浦路	P141	C6
申全路	P147	A6-B6
申腾路	P195	F8
申瓦路	P175	B3-B4
申旺路	P125	E6-D8
申伟路	P195	F7
申伟路	P211	A7-B7
申霞路	P147	A5-A7
申翔路	P185	A6
申徐二路	P185	B4
申徐路	P185	A4-B4
申徐一路	P185	B4
申学路	P185	B4-A5
申亚路	P31	A4-B6
申裕路	P147	B6-A6
申长北路	P155	A8
申长路	P155	A8-D8
申郑路	P155	B8
申忠路	P185	B3
神川路	P177	A2
神工路	P237	F7-E8
神州路	P211	E2-F2
神州路	P227	A2-B2
沈杜公路	P131	F3-E7
沈杜公路	P193	A4-A6,B2-A4
沈港路	P249	D7-E7
沈国子弄	P255	C4
沈横路	P131	C5-C6
沈家浜路	P149	D6
沈家北路	P197	E5
沈家港路	P197	E6-F8
沈家公路	P205	E2
沈家弄	P139	F4
沈家弄路	P105	E2-D3
沈括路	P111	F3
沈陆村中心路	P223	C8-D8
沈陆村中心路	P225	D1
沈梅东路	P131	C7-C8
沈梅东路	P175	E1
沈梅路	P131	D4-C7
沈南路	P249	D7
沈浦泾路	P219	B8-C8
沈浦泾南路	P219	C8-D8
沈钱路	P131	E6-F7
沈钱路	P193	A8
沈桥街	P141	F7
沈桥街	P27	A6
沈三路	P219	D8
沈三路	P221	D1
沈石路	P147	B7-C8
沈双路	P131	D4-E5
沈太路	P161	E1-F1
沈太路	P181	A1-D3
沈巷路	P161	F1
沈巷支路	P161	F1
沈徐路	P147	E5
沈阳路	P105	A1-A2
沈长浜街	P55	F5-F6
沈镇北路	P249	C7
沈镇路	P249	D7
沈镇中心路	P249	D7
沈砖公路	P159	F7-F8,F8
沈砖公路	P161	F1-F8
沈砖公路	P163	F1-E5
沈砖公路	P179	A7
沈庄路	P131	F6-F7
沈庄路	P193	A6-A7
升达路	P213	F2-F3
升平街	P69	F1
升平街	P77	A1
生产河北路	P195	E7
生产河南路	P195	E7
生产街	P151	A8-B8
生产街(枫泾)	P217	C6
生生街	P139	D1-C1
生态园路	P175	A5
声荣路	P149	D1
圣堂弄	P217	C6
圣心东环路	P149	A4-B4
圣心西环路	P149	A4-B4
胜春路	P261	E4-F5,F5
胜康路	P261	D5-E5
胜朗路	P193	E3
胜乐路	P193	D3
胜利港路	P209	D3-D4
胜利街	P151	B7-A7
胜利街(朱家角)	P161	D1
胜利路	P167	E2-D4
胜利路(崇明)	P261	D2-E3
胜利路(青浦)	P153	C4-F4
胜利路(塘外)	P227	B2
胜利南路	P261	D2-E3
胜利弄	P259	C6
胜利塘	P199	D1-F2
胜利塘	P229	F1-F3,F3-F4,F7

名称	页码	索引格
胜利支路	P153	E3
胜联路	P149	D6
胜塔路	P205	B1-C1
胜巷路	P145	F6
胜晓路	P193	D3
胜辛北路	P137	A8-B8
胜辛北路	P139	B1-F2
胜辛路	P139	F2-F3
胜辛路	P147	A3-E5
胜辛南路	P147	E5-F5
胜辛南路	P151	A5-A6
胜新路	P149	C7-D7
胜秀路	P193	E3-D3
胜竹东路	P139	D5-C8
胜竹东路	P141	C1-B1
胜竹路	P139	F2-D5
胜竹西路	P139	F1-F2
胜竹西路	P147	A1
晟铭路	P227	B1
盛丰路	P135	E5-E6
盛富东路	P163	D8
盛富路	P163	D7-D8
盛家街	P77	A8
盛家街	P79	A1
盛家弄	P217	C6
盛联路	P27	E2-F3
盛龙路	P163	B8-E8
盛瓯路	P241	D6
盛桥老街	P135	F5
盛桥路	P135	F5
盛石路	P135	F5-F6
盛夏路	P111	B5-E5
盛新东路	P217	D8
盛新东路	P219	D1-E1
盛新路	P27	E3-F3
盛新西路	P217	D8
盛新西路	P219	D1-D2
盛业路	P161	C8-D8
盛苑路	P103	B8-C8
盛苑路	P113	E1
盛泽路	P69	E6-E7
嵊山路	P255	B3-C3
嵊旺二路	P273	E7
嵊旺一路	P273	E7
嵊兴二路	P273	E7
嵊兴一路	P273	E7
狮子街	P69	F7
狮子街	P77	A7
施曹公路	P139	B8-D8
施二路	P241	D8
施二路	P243	D1
施宏路	P173	F2
施惠路	P183	C4-C5
施钱路	P139	B6,C3-B6
施翘路	P255	C3
施三路	P243	D1
施湾二路	P173	F1
施湾二路	P177	A1-A2
施湾六路	P173	F2
施湾六路	P177	A2-B3
施湾路	P173	F2
施湾路	P177	A2
施湾七路	P177	A3-B3
施湾三路	P177	A2
施威路	P209	F6
施威路	P225	A6
施新二路	P173	F3
施新二路	P177	A3
施新路	P173	F2-F3
施新路	P177	A1-A2
施新三路	P177	A3
施园路	P183	B5-B6
施镇路	P173	F2
施镇路	P177	A2
十二号河路	P259	A5-A7
十年路	P141	E3
十一墩街	P169	E6-F7
十一墩街	P171	A7
石驳岸路	P141	C2
石岛路	P259	C7-D6
石店路	P133	F5
石店路	P139	A5
石洞口路	P135	F5
石岗路	P259	B5-C5
石河路	P269	A1-B2
石湖新路	P203	A4-B4
石化路	P269	A1-B1
石家浜东路	P159	B8
石家浜路	P159	B7-B8
石家港路	P213	F7-F8
石家港路	P215	F1
石家港路	P231	A1
石家街	P31	E7-F7

名称	页码	索引格
石家坎中心路	P211	F8
石家坎中心路	P213	F1
石乐路	P269	A2-B2
石莲路	P265	C7
石林路	P129	D1-E1
石龙路	P119	A5
石龙路	P99	F2-D6
石龙支路	P99	C5-D6
石马弄	P139	F3
石马弄	P147	A3
石泖公路	P181	F4
石泖公路	P203	A4
石门二路	P67	B8-C8
石门二路	P69	C1-E1
石门一路	P69	E1-F1
石门一路	P77	A1
石米荡路	P157	D8-E8
石南路	P269	B1-B2
石楠路	P109	C4-D5
石皮街	P183	F2
石皮泐港路	P213	D6-E7,F8
石皮泐港路	P215	F1
石皮泐路	P213	F8
石皮泐路	P215	F1
石皮路	P169	E5
石皮弄	P235	D6
石屏路	P191	C4-E4
石桥路	P259	B6-B7
石泉东路	P59	C2-C3
石泉路	P57	F6-D8
石泉路	P59	D1-C2
石人庙路	P157	C8-D8
石三支路	P269	B1-B2
石水路	P235	C6-D6
石松路	P231	B4
石笋街	P195	E3-E4
石太路	P135	F5
石太路	P141	B1-A5
石潭街	P215	B1
石潭弄	P69	B5-C6
石西路	P269	B1
石园沟路	P165	F4
石闸路	P269	B1
石中路	P257	E1
石竹路	P265	C7-D7
时代大道	P221	F8
时代大道	P223	F1
时代大道	P235	C8
时代大道	P237	A1-C1
时进路	P257	D1-F5
时桥北路	P257	E4
时桥路	P257	E4-E5
时桥西路	P257	E3-F3,E4-E3
时桥中心路	P257	E4-F4
时森横路	P257	E4-E5
实小路	P161	A4
拾步街	P71	D2-D3
拾村中心路	P213	D2-E2
食品厂路	P179	C4
示范方路	P157	C2
示范方路	P179	C1
世博村路	P87	B3-E3
世博大道	P85	F8
世博大道	P87	A4-F1
世博大道	P93	D3-A8
世博馆路	P93	A7-C7
世富路	P163	C8
世纪城东街	P243	C1
世纪城西街	P243	C1
世纪大道	P105	F1
世纪大道	P109	A1-A2
世纪大道	P71	B2-E8
世纪塘	P229	F8
世纪塘	P231	F1-D6
世纪塘路	P215	A5-F7
世纪塘路	P231	A7-D6
世界路	P37	B8-D8
世盛路	P137	D8-E8
世盛路	P139	E1-F1
世盛南路	P139	F1
世盛南路	P147	A1-A2
市场路	P211	E8
市场路	P229	B2
市场路	P271	C6-C7
市二路	P141	C2-D2
市光路	P37	C8,C8-E7
市光路	P39	C1-C2
市河街	P141	D1-D2
市河路	P211	E3-E4
市台路	P33	D3-D4
市西街	P223	F1
市兴路	P37	D7
市一东路	P141	C3

名称	页码	索引格
市一路	P141	D2-C3
市中路	P223	F1
市中路	P237	A1
柿子湾路	P83	F1
守仁桥街	P35	F4
守仁桥街	P43	A4
首善街	P215	B1
寿光路	P47	E7
寿宁路	P77	A5-A6
寿萱桥路	P165	F4
寿阳路	P35	F8
寿阳路	P43	A8
书成路	P215	C1
书海路	P183	B8-E8
书和路	P197	F7
书和路	P213	A7-B7
书和路向西路	P197	F6
书和路向西路	P213	A6-A7
书慧路	P183	C8
书慧路	P185	F1
书礼路	P215	E1-E2
书林路	P183	C8
书林路	P185	F1
书敏路	P183	D8
书敏路	P189	A1
书山路	P183	E8
书山路	P189	C1
书塘路	P215	F1-F2
书塘路	P231	A2
书文路	P231	A1
书孝路	P215	E1-E2
书谐路	P215	E1-E2
书崖路	P183	D8
书崖路	P189	B1
书院港路	P213	D7-E8
书院港路	P215	E1
书院中学西路	P213	E7-F8
舒华路	P237	E7-F7
舒兰路	P47	D2-C2
疏影路	P117	F3-E7
曙东路	P127	C4-D4
曙光路	P185	C2-F3
曙光路	P189	A3-C3
曙光路(白鹤)	P149	E2-E3
曙光路(川沙)	P169	F6
曙光路(川沙)	P171	A6-B6
曙光路(南桥)	P225	A1
曙光南路	P243	A3-A5
曙宏路	P227	A3-B3
曙建路	P127	D3-C4
曙启路	P167	C2-B2
曙中路	P237	F4
曙中路	P243	A4
树德街	P31	F7
树屏东路	P139	D6-C6
树屏路	P139	D4-D5,E3
竖河镇路	P257	F5
竖强路	P155	C3
竖桥公路	P257	B5-F4
竖桥公路	P259	A4-C4
竖西村路	P257	F4
竖西中心路	P257	F4
竖新环路	P259	A4-B5
竖中东路	P255	E8-F7
竖中中路	P255	E7
墅沟路	P139	F5-F6
墅沟路	P147	A5
双柏路	P127	E4-D8
双柏路	P129	D1-C1
双浜路	P155	D5-C5
双城路	P143	E3-D6
双单路	P147	D4-C6
双店路	P197	F6
双店路	P213	A6
双丁路	P147	D4-C6
双丰路	P203	A7-B7
双峰北路	P83	F5
双峰路	P91	B6-C6
双海路	P245	F6
双海路	P249	A6-B6
双和路	P153	C1,C1-D1
双河路	P51	A7-B7
双华路	P187	A5
双汇路	P205	D1-D2
双惠路	P231	E3-F2
双江路	P31	A2-D2
双江沙路	P31	D1-E2
双金公路	P203	A7-B7
双联路	P155	C5,C5-C6
双辽路	P45	E7-E8
双辽支路	P45	E7-E8
双流路	P53	A7-C7
双坪路	P139	D5

名称	页码	索引格
双浦路	P151	A1
双桥公路	P203	A6-A8
双桥路	P47	C8
双桥路	P49	C1-D3
双庆路	P143	C3-E4
双泉路	P141	C7
双山路	P43	F4
双山路	P57	A8-B8
双颂公路	P255	A3-A4
双同路	P197	F5
双湾公路	P251	E3-F4
双溪路	P127	F6-F7
双祥路	P157	B7-C7
双祥支路	P157	B6-B7
双阳北路	P45	A8-B8
双阳北路	P47	B1-C1
双阳路	P47	C1-E2
双阳支路	P47	E2-D2
双叶路	P167	F1
双盈路	P153	E4
霜竹公路	P133	E3-D8,F1
霜竹公路	P137	A7-A8
霜竹公路	P139	A1
水产公路	P203	E5-F5
水产路	P143	D5-E5,D6,F2-E5
水产路	P27	C5-A8
水产路	P29	A1-A2
水产西路	P27	D2-D3,D3-C5
水厂东路	P251	D1
水厂路	P153	D5
水厂路(崇明)	P251	A7-B7
水厂路(桃浦)	P41	E5
水厂西路	P249	C8-D8
水厂西路	P251	D1
水城路	P53	B8-D8
水城路	P73	C1-D1
水城路	P81	B1-C1
水城南路	P81	C1-E1
水电路	P37	F2
水电路	P45	A2-E2
水洞港路	P167	A1
水丰路	P47	B2-D2
水果弄	P141	C2
水华路	P231	B2-C2
水泾路	P237	B5-E5
水晶路	P229	B4-B5
水库路	P237	C4-C5
水门路	P175	D3-E3,E3
水琪路	P225	B3-B4,B4
水清路	P117	C6-F7
水清南路	P117	F7,F7-F8
水清南路	P125	A7-A8
水泉路	P43	E2-F2
水泉南路	P43	F2
水杉路	P41	B3,D3-D4
水松路	P231	B4
水秀路	P179	A3
水芸路	P231	B4,B4-C4,C4
水闸北路	P173	F2
水闸河路	P177	F2-E3
水闸路	P211	F6
水闸路	P227	A6
水闸路(金泽)	P157	B2
水闸路(浦江)	P129	D3-E4
水闸南路	P173	F2-F3
水闸南路(浦江)	P129	E3
顺昌路	P77	B4-B5,B5-E5
顺达路	P147	E8
顺达路	P33	C1-B2
顺德路	P67	C8-B8
顺德路	P69	B1
顺丰路	P33	B1-B2
顺福路	P225	B3
顺航路	P177	E5
顺和路	P111	F4,F5
顺和路	P115	A4-A5
顺凌路	P31	B1-C2
顺宁路	P139	D6
顺平路	P47	C4
顺庆路	P125	B1
顺庆路	P163	E8-D8
顺通路	P231	D2
顺翔路	P231	D2-E1
顺义路	P65	E6-D8
顺运路	P231	E2-E1
顺洲路	P245	C8
舜工路	P239	D1-C2
硕川路	P169	E3-D3
硕放路	P177	A3-B3
硕丰路	P151	A1
思诚路	P147	C8,D7-C8
思诚路	P25	F1
思古弄	P217	C6

S

T

名称	页码	索引格
思南路	P77	B2-F3
思浦路	P101	D8
思浦路	P103	D1-C1
思其路	P183	D3
思贤路	P181	E5-E6,E6-D8
思贤路	P183	D1-D3
思星路	P33	B1-A1
思学路	P47	A6-A7
思业路	P237	B1-B2
思义路	P147	D7-D8
思义路	P25	F1-F2
思义路	P33	A1
思涌路	P181	C8-D8
思源路	P139	B7
思源路	P205	D8-E8
四川北路	P45	E3-F3,F3
四川北路	P61	A6-F7
四川南路	P69	D8-E8
四川中路	P69	A7,A7-D8
四达路	P45	F3-F4,F4
四方路	P105	E3-F4
四海路	P227	E4-F4
四海路	P51	A4-B4
四号桥路	P245	F3-F4
四合路	P203	C2
四季路	P203	F6
四季路	P219	A6
四联路	P179	F6-F7
四联路	P201	A6
四美路	P209	D3
四牌楼路	P71	F1
四牌楼路	P79	A1-B1
四平公路	P211	E8-F8
四平公路	P227	A8-B8
四平公路	P229	B1-D1
四平路	P45	A7-F4
四平路	P61	A8-C7
四新街	P211	E8
四新南街	P211	E8-F8
四溆东路	P259	D7
四溆路	P259	D8
四溆一路	P259	D8
四元路	P141	D6-D7
寺胡路	P223	E8-F7
寺胡路	P237	A7-B7
寺平北路	P221	B8-C8,C8-D8,D8
寺平南路	P221	D8
寺前街	P57	E3
寺中路	P225	E1
寺嘴角路	P193	E2
泗宝路	P163	C4-C5
泗滨路	P163	D4-D5
泗博路	P163	B6
泗陈公路	P161	D8
泗陈公路	P163	D1-C6
泗东路	P29	B3
泗凤公路	P163	D3-C5
泗泾路	P69	D7
泗景园路	P161	D1
泗凯路	P163	D3-C4
泗沙路	P155	B5,C4-C5,C5-B5
泗塘路	P143	D1-C2
泗通路	P163	B4-C4
泗祥路	P163	C4
泗砖公路	P163	D6-E6
泗砖南路	P163	E6-F6
泗砖南路	P183	A6
松驳公路	P221	C3
松驳路	P221	C3-E4
松翠路	P255	C5-D5
松东路	P183	D4-F4
松鹤路	P227	A3
松花江路	P45	A5-B5,C8
松花江路	P47	C1-A3
松汇东路	P183	F4-F5
松汇西路	P181	F8
松汇西路	P183	F1-F2
松汇中路	P183	F2-F4
松吉路	P183	F1
松吉路	P203	A8
松吉路	P205	A1
松吉园路	P203	A8
松吉园路	P205	A1
松金公路	P183	F4
松金公路	P205	A4-C3,D3-F3
松金公路	P221	A3-C4,C7-F7
松金公路	P235	A7-F7
松金公路	P241	A7-B8
松旧路	P235	F8
松凯路	P221	C5
松兰路	P141	F7-F8
松兰路	P27	A7-B8
松乐路	P183	F3-F4
松林路	P105	D1-E1,F1-F2
松闵路	P183	D7-D8
松闵路	P189	B1
松南支路	P241	E8
松南支路	P243	E1
松牌路	P221	C5-D5,D5-E5,E4-D5
松潘路	P105	A2
松前路	P221	C4-F5
松胜路	P183	E5-D6
松涛路	P109	C7-E8
松腾路	P221	C5
松卫北路	P183	D5-F5
松卫北路	P205	A5-F5
松卫北路	P221	A5-C6
松卫南路	P221	C6-F6
松卫南路	P235	A6-D8
松溪路	P221	C3,C3-C4
松下路	P69	E7
松轩路	P221	C5
松雪街	P77	A7-B7
松盐路	P183	F5
松益路	P221	C4-C5
松隐大街	P221	C3-C4
松育路	P221	C3
松蒸公路	P181	F6-F8
松蒸公路	P203	A1-A6
松资路	P205	C3-C4
崧春路	P153	F7
崧春路	P161	A7
崧达路	P153	E8-F8,F8
崧达路	P161	A8
崧淀二路	P161	A6-A7
崧淀一路	P161	A6
崧复路	P153	C7-F7
崧古路	P153	F6-F7
崧海路	P153	F7
崧涵路	P153	F6
崧涵路	P161	A6
崧华路	P153	C7-F7
崧华路	P161	A7
崧煌路	P153	E7-E8
崧辉路	P153	F7-F8
崧辉路	P155	F1
崧建路	P155	B1-D1
崧锦路	P161	A7-A8
崧涟二路	P161	A7
崧秋路	P153	F8
崧泉路	P153	E7-F7,F7
崧泉路	P161	A7
崧瑞路	P153	D7
崧瑞南路	P153	D7
崧润路	P153	E7-F7,F7
崧润路	P161	A7
崧文路	P153	F6
崧文南路	P153	F6
崧文南路	P161	A6
崧伍路	P161	A7-C8
崧秀路	P153	F7-F8
崧秀路	P155	F1
崧绣路	P153	F7
崧雅路	P153	E6,F6
崧漪二路	P161	A7
崧漪一路	P161	A6
崧盈路	P153	C8-E8,E8-F8
崧盈路	P161	A8
崧泽大道	P153	D2-D8
崧泽大道	P155	D1-C7
崧泽高架路	P155	C7-B8,D5-C7
崧泽支二路	P161	A7
崧泽支路	P161	A7
崧子浦路	P161	A2
淞宝路	P143	C5-F5
淞滨路	P29	B4-A5
淞滨支路	P29	A4-B4
淞发路	P29	F3-F5
淞发路	P37	A3
淞行路	P29	E6-E7,F5-E6
淞虹路	P51	F5
淞虹路	P53	A5-D5
淞沪路	P29	F7
淞沪路	P37	A7-F7
淞沪路	P45	A7
淞军路	P29	E7-F7
淞良路	P29	E4-F4
淞良路	P37	A4
淞南路	P149	D1
淞南路	P29	E4-F4
淞南路	P37	A4
淞浦路	P29	B3-A5
淞桥东路	P29	A4-B5
淞桥西路	P29	A4-B4
淞青路	P143	E5-D5
淞顺路	P29	F4-F5
淞塘路	P37	A4
淞兴路	P29	A4-A5,A5
淞兴西路	P29	B4-A4
淞阳路	P151	A3-B3
淞阳南路	P151	C3
淞肇路	P29	E3-F3
淞肇路	P37	A3
嵩日路	P221	B2
嵩山路	P77	A4-B4
宋家宅路	P155	E5
宋园路	P81	D6-F6,F6
宋园路	P89	A6
苏虹路	P155	C8
苏家浜路	P25	C8
苏家浜路	P27	C1
苏家屯路	P45	D6-E6
苏近路	P123	F1
苏近路	P129	A7-A8,C2-C3
苏近路	P131	A1
苏木路	P231	B4
苏召路	P131	A1-F3
苏州东路	P133	B1-A2
苏州西路	P137	A1-A2
素馨路	P231	D2-C2
速航路	P173	E4-F5
绥德路	P41	F5-F7
绥化路	P141	D7
绥宁路	P53	A3-D3
绥一路	P51	C6
绥中路	P37	B6
随塘公路	P143	F8
随塘公路	P165	C1-C2
随塘公路	P31	A4
随塘河路	P225	F8
随塘河路	P227	F1-E8
随塘河路	P239	A7-A8
孙东路	P111	E8-F8
孙弘路	P111	F7
孙弘路	P115	A7-B7
孙环路	P111	F5
孙环路	P115	A5-D7,D7-E7
孙家沟路	P165	F3-F4,F4
孙家弄	P79	A1-A2
孙建路	P115	A4-A6
孙农路	P115	A4-B4
孙浦路	P111	F8
孙浦路	P115	A8-B8
孙桥路	P115	A5-D5
孙新路	P111	F7-F8
孙新路	P115	A8
孙杨路	P111	F7
孙杨路	P115	A7
孙耀路	P115	A5-B5
孙长公路	P221	B6
笋辉路	P195	F4
笋金路	P195	D5
笋立路	P195	C4-C5
笋南路	P195	E3-E4
笋王路	P195	D4-F5
笋王路	P211	A5
笋西路	P195	E3
笋心路	P195	E3
笋中路	P195	D3-E3

T

名称	页码	索引格
塌石桥路	P235	B3
塔城东路	P139	F5-E6
塔城路	P139	F4-F5
塔城路	P147	A3-A4
塔东路	P235	F2-F3,F3-F4
塔虹路	P141	B5-C6
塔汇公路	P203	B8-C8
塔汇街	P203	C8
塔南公路	P257	F2
塔南公路	P259	A2-B2
塔桥一路	P139	B3-A4
塔山路	P145	F8
塔山路	P149	A8-B8
塔新东路	P139	E7-E8
塔新路	P139	E6-E7
塔秀路	P147	C4-B5
塔源路	P135	F5
塔源路	P141	A5
塔中公路	P203	C7-C8
台北东路	P165	E1
台北西路	P165	E1
台儿庄路	P105	A8
台儿庄路	P107	A1-B1
台儿庄路	P47	F8
台南东路	P165	E1-F1
台南西路	P165	E1-F1
台桥路	P107	C4-C5
台湾路	P69	C5-B5
台中北路	P165	E1
台中南路	P165	E1
太仓路	P77	B3-A6
太联路	P149	F2
太联路	P153	A2
太平街	P255	C4
太平路	P169	F7
太平路	P63	F1
太平路(崇明)	P247	F2
太平路(崇明)	P249	D8-E7
太平路(崇明)	P251	A2-D1,D1
太平桥支路	P63	A1
太浦河路	P179	E2-D8
太浦河路	P181	D1-D2
太阳山路	P59	E8
太阳山路	P61	E1
太原路	P75	E7-F7
太原路	P83	A7-B8
泰安路	P83	A2-A4
泰波路	P147	F3-E4
泰丰路	P147	E1-F1
泰富路	P147	E2-E3
泰谷路	P165	D1
泰海路	P147	E4
泰和路	P143	F5
泰和路	P27	C5-C8,E6-C8
泰和路	P29	C1-A5
泰和西路	P27	E1-C5,E1-E5
泰和支路	P29	C1
泰恒路	P211	A2-B2
泰虹路	P155	B7-B8
泰华路	P167	F1-F2
泰华路	P169	A3-B3
泰环路	P121	B8
泰环路	P123	A1-B1
泰金路	P139	A8
泰康路	P77	F2-F3
泰利路	P211	A1-B1
泰联路	P27	D6-E6
泰陇路	P169	B2-C2
泰梅路	P209	A7-A8
泰梅路	P211	A1
泰宁路	P169	C3-D3
泰青公路	P209	A7-F7
泰日路	P221	B2-B3
泰顺路	P147	F1-E2
泰涛路	P147	F4-E4
泰西路	P209	B6
泰西南路	P209	B6
泰兴路	P67	B7-E8,E8
泰兴桥路	P29	A3,A3-B3
泰裕路	P147	F1-F2
泰云路	P147	F3-E4
泰众路	P147	F1
泰州路	P67	C2-D2,D3-E3
谈北路	P197	D5-E5
谈店路	P197	F5
谈店路	P213	A5
谈家渡路	P65	D7-C8
谈家桥路	P59	A6-A7
谈家桥支路	P59	B6-B7
谈家塘路	P187	F6
谈家塘路	P191	A6
谈连路	P193	A5
谈龙路	P193	B6
谈中路	P193	A4-A5
坦南路	P195	A4
坦仁路	P195	B3,B3-A5
坦直路	P195	A4
探索路	P171	F1-F2
唐安路	P111	A7-E8
唐陈路	P135	F3
唐丰路	P111	A6-E7
唐港路	P213	B8
唐港路	P215	B1
唐沪路	P133	E8-D8
唐沪路	P135	D1
唐黄路	P171	D2-F3
唐黄路	P175	A6-B6
唐家老弄	P139	F3
唐家路	P211	F1
唐家路	P227	A1
唐家弄(罗店)	P141	C2-D2
唐家湾路	P257	F1
唐家湾路	P259	A1-A2
唐家湾路(黄浦)	P77	C6-D6
唐康路	P175	B8-C8
唐龙路	P111	B6,B6-A8
唐龙路	P169	A1-A2
唐陆公路	P107	A3-F6,F6-F7
唐陆公路	P111	A7-E8

名称	页码	索引格
唐明路	P203	C7-C8
唐明路	P205	C1
唐念路	P111	E8
唐山路	P45	F7
唐山路	P63	D1-A5
唐兴路	P111	D7-C8
唐兴路	P169	C1-B1
唐窑路	P133	E2-F4
唐镇路	P111	C7-C8
唐众路	P211	A4-A5
堂富路	P211	B1
棠浦路	P65	A4-B4
塘北路	P229	A8
塘北路	P231	A1
塘北中心路	P159	E3-F3
塘驰路	P229	A8
塘驰路	P231	A1
塘川路	P187	F7
塘川路	P191	A7
塘东街	P141	D2
塘东路	P169	B8
塘东路	P173	A1
塘沽路	P61	F4-F6,F6-F8
塘沽路	P63	F1
塘和路	P215	F1
塘和路	P231	A1
塘红路	P197	A3
塘后路	P143	C6-E6
塘后支路	P143	D6-D7
塘角北路	P229	A8
塘角北路	P231	A1-B1
塘角中路	P229	A8
塘角中路	P231	A1-B1
塘泾路	P187	E7-E8
塘口路	P205	D3
塘联中心路	P159	F3
塘陆路	P197	A4-B4
塘明路	P229	A8
塘明路	P231	A1
塘南路	P87	B4
塘浦路	P129	A2-D3
塘祁路	P33	B7-B8,C6,C6-B7
塘祁路	P35	B1,B1-A2
塘桥路	P79	E5-E6,E6-E7
塘桥路(洞泾)	P163	E3
塘桥新路	P79	D5-E6
塘润路	P229	A8
塘润路	P231	A1
塘为路	P229	A8
塘为路	P231	A1
塘西街	P141	C1-D2
塘西中心路	P167	F4
塘西中心路	P169	A7-B7
塘下公路	P199	F1-F2
塘下公路	P215	A2-F2
塘下公路	P231	A2-D1
塘园路	P219	C7-D7
塘砖路	P163	E4-E5
塘子泾路	P93	A5-C5
糖坊北弄	P79	D1-D2
糖坊弄	P79	D1
桃红路	P139	C6
桃花园路	P195	D2
桃花源路	P177	B3-B4
桃江路	P75	F6-F7
桃林路	P105	C1-F2,F2
桃林路	P109	A2
桃浦路	P41	F5-F6
桃浦路	P51	A6-A8
桃浦路	P57	B1-A3
桃浦西路	P41	C8-E8
桃浦西路	P43	E1
桃溪街	P139	B2
桃仙路	P177	A3
桃贤路	P221	D8
桃园路	P215	C2-D2
桃源路	P77	A5-A6
桃源路(佘山)	P161	E7-D8
桃源路(佘山)	P163	D1
桃苑路	P41	B5-C5
陶安路	P105	A4
陶干路	P161	A8-C8
陶干路	P163	C1-D1
陶家港路	P195	F4
陶家港路	P211	A4
陶桥路	P195	C8-D8
腾北路	P149	C3-D4
腾冲路	P125	B8,C8-B8
腾冲路	P127	B1,B1-C1
腾飞路	P171	C3
腾飞路	P209	E3-E4
腾富路	P149	D3-D4
腾行路	P223	B4-B5
腾克路	P45	B4
腾新路	P149	D4
腾越路	P47	E3,F4
腾庄路	P223	C4-C5
藤花路	P119	C2-C3
体育场北环路	P235	E8
体育场北环路	P237	E1
体育场东环路	P235	D8-E8
体育场东环路	P237	E1-F1
体育场路	P153	F4-F5
体育场路(南桥)	P223	A8
体育场南环路	P237	F1
体育路	P255	C4
体育路(山阳)	P243	A3
天宝路	P45	D5-F5
天宝路	P63	A1
天宝西路	P45	E4-E5
天辰路	P153	C2-C6
天池路	P147	A4
天窗公路	P221	A6
天创路	P51	D1-E1
天灯弄	P79	B1-C1
天等路	P119	B4-C5
天淀路	P161	F3
天淀路	P181	A3-A5
天峨路	P241	D7-D8
天恩桥二路	P153	E2
天恩桥路	P153	D2-F2
天恩桥路	P161	A2
天峰路	P161	F5
天高路	P229	D5-E5
天工路	P235	B8
天工路	P237	B1-B3
天工路(漕泾)	P237	F7-E7
天河路	P125	B8
天横公路	P181	B6
天虹路	P45	F5
天虹路	P63	A2
天华路	P237	D7-F8
天鸡路	P161	E6-F6
天鸡路	P181	A6
天家路	P141	F1-F2
天骄路	P229	D7-E7,F7
天杰路	P135	F2
天津路	P69	C4-B7
天九路	P161	F5
天九路	P181	A5
天陆路	P181	A6
天目东路	P61	E4-E5
天目西路	P59	F6-F8
天目西路	P61	F1
天目中路	P61	F1-F2,F2-E4
天南公路	P161	F5
天南公路	P181	A5
天南路	P181	A5-A6
天宁路	P189	E5-F5
天牛路	P175	C2
天鹏街	P211	E8
天鹏路	P211	E8
天平路	P83	A3-D4
天启路	P51	D1
天瑞路	P153	C4-C6
天山路	P53	B7-B8
天山路	P73	D1-F6
天山西路	P155	B7-A8
天山西路	P53	B1-B4,B4-B7
天山支路	P73	D1-D2
天水路	P61	A7-B8
天台路	P203	D2-D3
天通庵路	P45	F2,F2-F3
天通庵路	P61	A4-B4,B2-B3,C2-A4
天潼路	P61	F6-F8,F8
天潼路	P69	A4-A6
天为路	P185	C6-B6
天西公路	P181	A7
天仙河路	P255	A4-A5
天仙南路	P255	A4-A5
天翔路	P181	D8
天翔路	P183	D1
天新北路	P255	D8-E8
天新北路	P257	E1
天新路	P181	A5-A6
天新路(崇明)	P255	E8
天新路(崇明)	P257	E1
天星路	P189	D5-F6
天星路	P207	A3
天雄路	P175	D1-E1
天雪路	P229	D6-E6
天钥桥路	P83	D4-F4
天钥桥路	P91	A4-E6
天钥桥南路	P91	F6
天钥桥南路	P99	A6,B7,D7-F8
天一路	P153	C3-C5
天盈路	P153	C3-C4
天宇路	P231	E1-E2
天云路	P161	F5-F6
天云路	P181	A5
天宅路	P161	F6
天宅路	P181	A6
天长路	P201	C6
天镇路	P45	F5-F6
天中路	P53	B8
天竹路	P177	C2
天主堂街	P55	F4
天柱山路	P77	E8
天柱山路	P79	E1
天祝路	P147	B5-B6,C4-B5
田川路	P91	D1-E2
田东路	P91	E3-F4
田富路	P117	F1-E1
田富路	P163	C8
田欢路	P235	A1-B1
田黄公路	P203	D6-E6
田黄路	P203	E6
田林东路	P89	E8
田林东路	P91	E1-E3
田林路	P55	E7-D8
田林路	P89	F4-E8
田林路	P97	B1-A4
田旺路	P151	B6-A7
田新路	P235	B1-B2
田阳路	P233	B8-E8
田叶路	P203	E6
田园路	P127	C1-F3
田园路	P187	A3-C3
田园路(山阳)	P237	E2
田园南路	P237	E2
田州路	P97	B1-B2
田莊路	P163	D8
甜爱路	P45	E3-F3
甜爱支路	P45	F3
挑皮港路	P257	D1-E2
铁城路	P27	D7-C8
铁道路	P85	C7-B7
铁店埭路	P161	E4
铁峰路	P141	E8
铁峰路	P143	E1-F1
铁峰路	P29	A1,A2-B2
铁富街	P137	F6
铁力路	P141	D8
铁力路	P143	B1-F2
铁力路	P29	A2-B3,B3
铁岭路	P45	D7
铁山路	P141	E8-F8
铁山路	P143	F1
铁山路	P29	A1-B1,B1-C2
铁通路	P141	E8
铁杨路	P27	C7-D7
铁谊路	P27	C8-D8
铁印路	P141	D7-E7
铁云路	P141	F8
铁云路	P143	F1
厅东街	P55	F6
厅西路	P77	E7-F7
汀南路	P243	B4
听潮二路	P197	B1
听潮路	P197	A1-C1
听潮南路	P197	C1-E1
听悦路	P197	A1-B1,B1-C1
亭北路	P221	B7-C8
亭场路	P125	A3-C4
亭枫公路	P217	D6-E8
亭枫公路	P219	E1-C8
亭枫公路	P221	C1-C8
亭枫公路	P223	C1
亭虹路	P223	C1,C1-D1
亭华路	P223	C2-D2
亭九路	P221	D6-D8
亭联路	P183	F7
亭联路	P205	A7-B8
亭前街	P141	D1-D2
亭桥街	P77	B8
亭全路	P221	C7-E7
亭泉路	P223	C2-D3
亭升路	P221	C8-D8
亭塔路	P223	C1-D1
亭塘路	P173	D1-D2,D2-C3
亭卫公路	P223	C1-F2
亭卫公路	P237	A2-F2
亭卫公路	P243	A2-B2
亭卫南路	P243	B2-D3
亭西路	P221	C6-D7
亭学路	P221	C8
亭耀路	P223	B1
亭谊路	P223	C2-D2
亭知路	P155	F8
亭知路	P163	A7-A8
亭中路	P163	B8
亭中路(祝桥)	P177	E2-D4
亭朱公路	P221	D8
亭朱公路	P223	D1-F1
亭朱公路	P237	A1
庭安路	P165	E1
庭安路	P39	C6-C8
停车场街	P55	F6-F7
通北路	P45	F7
通北路	P63	A6-B7,B7-D8
通波路	P183	C3-D3
通波塘东街	P153	B8-C8
通波塘西街	P153	B8,B8-C8
通达路	P141	F8
通达路	P27	A8
通富路	P259	C6
通阁路	P61	A3-B3
通海路	P193	C1
通河路	P27	F6-F7
通河路	P35	A7-C8
通虹路	P155	C8
通济路	P197	B1-C1
通济路(崇明)	P251	C2-D3
通镜路	P221	F2
通巨路	P183	C7
通南路	P37	A1-A3
通商路	P197	A2-A3
通协路	P51	F3-F5
通欣路	P183	C3-D3
通阳路	P223	B8-C8
通耀路	P93	E3-D5
通业路	P237	B1-B2
通裕路	P245	D2-E1
通裕路	P259	C6
通源东路	P199	F1-F4
通源西路	P199	F1
通跃路	P183	C3-D3
通运支路	P259	D6
通闸路	P269	C3
通站路	P151	C7,C7-D6
通州路	P61	B8
通州路	P63	B1-C2
同创路	P197	A7-B7
同发路	P197	A7-C8
同丰路	P45	E1
同港路	P31	D6-E6
同煌路	P45	E3
同汇路	P231	C1-D1,D1-D2
同济路	P135	C7
同济路	P143	A1-F4
同济路	P29	A4,A4-B5
同济支路	P143	F4-F5
同嘉路	P61	B8
同建公路	P221	A7-A8
同建路	P261	C3-C4
同进路	P211	D3-E3
同凯路	P243	C2-D3,D3
同乐路	P119	D4-E4
同乐路(洞泾)	P163	E5-F5
同乐南路	P163	F5
同利路	P163	D7-D8
同良路	P251	C8
同鸣路	P45	E2-F3
同普路	P51	E4-F8
同普路	P65	F1-E1
同强路	P197	A6-C7
同庆街	P77	A6
同盛路	P163	F5
同顺大道	P229	B7-C8
同顺大道	P231	C1-F3
同顺路	P163	F4
同泰北路	P143	E4-F5
同泰北路	P29	A5
同泰路	P29	A5
同望路	P231	D2-E2,E2,E3-F3
同心公路	P261	B2-C2
同心路	P45	D1-F3
同心南路	P261	B2-C2
同心弄	P255	C4
同欣二路	P273	B3-C3
同欣三路	P273	B3
同欣一路	P273	B3-C3
同兴路	P177	E5
同谊路	P207	D8
同迎路	P225	B3
同治路	P197	F4-F5
同治路	P213	A5
同治支路	P197	E5-F4
桐柏路	P65	C3-D4
桐桥路	P229	A1-B1,B1
桐晚路	P101	F2
桐晚路	P121	A1-A2

名称	页码	索引格
铜川路	P51	B5-B8
铜川路	P57	D1-C8
铜都街	P137	F6
铜仁路	P67	F6
铜仁路	P75	A6
铜山街	P105	C1-D1
童南路	P181	A1-A2
潼关路	P51	A5
头坝路	P61	F7
头桥东老街	P211	E3-E4
头桥东路	P211	E3-E4
头桥西老街	P211	E3
头桥西路	P211	D2-D3
头桥中路	P211	D3-E3
图们路	P47	B3-C3
图翔路	P195	E6-E7
屠家村路	P203	F1
屠家村路	P219	A1
屠家支路	P209	C2
土地所路	P179	A3
团北路	P213	B1
团部支路	P271	D6
团城公路	P255	C5-E8
团城公路	P257	E1-F2
团城公路	P259	A2-A7
团东港路	P213	C2-C3,C3-D4
团汇公路	P209	D3-C4
团结北路	P261	B2-C3
团结二路	P269	C4
团结六路	P269	C4
团结路	P143	A3-B4
团结路	P269	C4
团结路(长兴)	P269	B4-C4
团结南路	P261	B2-C3
团结三路	P269	C4-B5
团结四路	P269	C4
团结五路	P269	C4
团金路	P213	D4-E3
团林路	P105	A6
团林路	P47	F5-F6
团南路	P177	F2
团青公路	P209	F5-F8
团青公路	P211	F1-E8
团厅路	P211	A8-B8
团厅路	P213	B1
团旺北路	P263	D4-F4
团旺北路	P267	A4
团旺南路	P267	D3
团旺中路	P267	A4-D3
推虾港路	P255	E8-F8
推虾港南路	P255	F7-F8
推虾港中路	P255	E8-F7
屯溪路	P149	D2
屯中路	P149	D2
托云路	P151	C1-C2
鸵鸟路	P145	F5-F6
拓青路	P153	D4

W

名称	页码	索引格
瓦洪公路	P211	E6-F6
瓦洪公路	P227	A6-E7
瓦南路	P175	D4
瓦屑街	P175	D4
袜子弄	P183	E4-F4
外浜街	P183	B4
外仓桥街	P79	C2-D2
外冈路	P145	B8-A8
外环北路	P147	C2-C3
外环东路	P147	C3-D3
外环东路	P217	F1-E2
外环路	P125	A5-B5
外环西路	P147	C2-D2
外巨路	P203	B4-C4
外郎家桥街	P79	B2-C2
外马路	P79	A3-F3,F2-F3
外马路	P87	A3
外钱公路	P145	A5-B8
外青松公路	P145	B8,C8-D7,D7-F6
外青松公路	P149	B6-F5
外青松公路	P153	A5-F5
外青松公路	P161	A5-D8,D8-E8
外青松公路	P163	E1-E2
外下洋路	P181	A7-A8
外咸瓜街	P71	F2
外咸瓜街	P79	A2-B2
湾工路	P225	A5
湾里公路	P221	A8
湾塘路	P179	F8
湾巷公路	P203	D8-E8
宛虹路	P177	D5-E5
宛平路	P83	A4-C5,C5
宛平南路	P83	C5-F6
宛平南路	P91	A6-D8
晚霞路	P173	D1-D2
畹町路	P119	F1
畹町路	P127	A1-B2
万安北路	P255	A1-B2
万安仓街	P255	D4
万安街	P49	A2-A4
万安街(朱泾)	P219	C6-C8
万安路	P255	A1-B2
万安路	P37	F1-F2,F3-F4
万安路	P45	A1,A2-A3
万安桥路	P251	D1
万北北路	P255	A2
万北公路	P255	A2
万北南路	P255	B2
万宾路	P225	B3
万步路	P161	F1
万春街	P67	E3-F3
万春路	P235	D2-E2
万达路	P213	A5-A6
万德路	P105	B4-C4
万芳路	P131	B1-F2
万芳路	P193	A5
万芳南路	P193	A5
万丰路	P209	E4
万枫东路	P217	C8-B8
万枫东路	P219	B1
万枫路	P219	B1-C6
万枫西路	P217	D7-C8
万佛阁路	P211	F4
万佛阁路	P227	A4
万福路	P45	D8
万福路	P47	D1
万航渡路	P65	E8-F7
万航渡路	P67	E1-F3,F3,F3-F4
万航渡路	P73	C4-A7
万航渡路	P75	A3,A4-A5
万航路	P213	A5
万和路	P213	B6-C5
万华路	P237	A8-B8
万建路	P213	A5-A6
万金路	P213	C3-D4
万灵路	P213	A5-A6
万龙公路	P261	F3
万龙南路	P261	F3
万龙南路	P265	A3
万明路	P225	A3
万牧路	P213	A6-D6
万农路	P213	D5-E6
万勤路	P235	D2-E2
万泉路	P43	E1-F1
万荣二路	P43	A7
万荣路	P43	A6-D7,E7-F7
万荣一路	P43	A7,A6-A7
万山路	P81	A3-B3
万寿二路	P153	F4
万寿街	P37	F3
万寿街	P45	A3
万寿路	P153	F4
万寿一路	P153	F4
万水路	P229	E2-E3,E6-E7
万顺路	P209	C4-D4,E4-F4
万四路	P213	B4-C4
万松路	P213	A8-B8
万祥街	P213	C6
万新路	P195	E7
万新路	P219	A6-C6
万勇路	P235	C1-E1
万源路	P119	A1-C1
万源路	P55	B8-D8,E8-F8
万源路	P97	E1-F1
万源南路	P119	C1-D1
万耘路	P213	C6
万镇路	P51	A7-E6
万众路	P225	B3
万竹街	P77	A6
王港老街	P167	F1-F2
王港路	P167	E1-F1
王港路(商榻)	P157	C8
王港支路	P157	B8-C8
王家浜路	P175	C5
王家车路	P167	D3,D3-D4
王家车西路	P167	D3
王家街	P31	E7
王家路	P209	D6
王家码头路	P79	C2-C3
王家弄	P195	E4
王家桥路	P107	C5-B6
王家宅路	P61	E3,E3-D4
王家宅支路	P61	E3
王桥街	P169	D5
王桥路	P169	C3-C5
王圩东路	P217	C8
王圩东路	P219	C1
王圩西路	P217	D7-C8
王仙村路	P161	C6-D6
王新街	P31	E7-F7
王兴路	P219	C1-E2
王医马弄	P69	F8
王医马弄	P77	A8
王长浜路	P219	A8
旺泾公路	P137	D8
旺泾公路	P139	D1
旺乐路	P151	A6
旺梅北路	P127	E5-F5
旺梅南路	P127	F5
旺梅南路	P187	A5
旺盛路	P205	B7
旺兴路	P203	E2,E2-F2
望安公路	P145	C6-D7
望春花路	P175	D2-C3
望达路	P87	B1-C1
望东北路	P163	B7
望东南路	P163	C6-C7
望东中路	P163	C7
望民路	P225	B3-B4
望钱路	P225	B3
望亭路	P77	A4
望园路	P209	B1-F2
望园南路	P209	F2
望园南路	P225	A2
望月路	P119	F8
望月路	P121	E1-F1
望月路	P127	A8
望云路	P77	B8
威海路	P67	F8
威海路	P69	F1-E3
威海路	P75	A8-A7
威和路	P203	A1-A2
威华路	P143	B2-C2
威乐路	P163	C7
威宁路	P53	B8-D7
威斯路	P269	F1
威斯路	P31	C8
微捷路	P111	E8
微捷路	P169	E1-F1
微捷路	P171	A1
微山路	P79	F5-F6
微山路(崇明)	P259	C6
为民街	P171	D1
为民路	P197	B2
为民路(崇明)	P259	B6
为民路(庙镇)	P249	E7-E8
为民路(新河)	P257	E1-F2
为群路	P255	F8
为群路	P257	F1
为永路	P257	C3-C4
圩晨路	P173	D3
圩华路	P173	D3
围场河路	P177	D5-D8
围河路	P183	B7-C7
维丰路	P211	E3-E4
维勤路	P197	B2
维园道	P125	B4
潍坊路	P105	F1-F2
潍坊路	P71	F8
潍坊路	P79	A6-A8
潍坊西路	P79	B5-A6
伟成路	P37	F6-F7
伟德路	P37	F6
伟都路	P187	C3
伟康路	P37	F6
伟业路	P119	F2
伟业路	P127	A2-B2
苇香路	P255	C5
纬八路	P253	D1
纬地路	P35	C1-B2
纬二东路	P141	C8-D8
纬二路	P141	A7-B7
纬二路	P253	C1-D2
纬九路	P253	C1-D1
纬三路	P135	F6
纬三路	P141	A6-C8
纬三路	P251	B8-C8
纬三路	P253	C1
纬十路	P251	C8
纬十路	P253	C1-D2
纬四路	P141	A7-C8
纬四路	P251	C8
纬四路	P253	C1
纬五路	P135	C6-C7
纬五路	P141	A7-C8
纬五路	P33	E1-D3
纬一路	P135	F6
纬一路	P141	A6-D8
卫八路	P241	D6-F6,F6
卫八西路	P241	F6
卫北路	P257	B2-C2
卫昌路	P243	A3-B3,B3-C3,C3
卫东路	P257	C2-D2
卫二路	P243	E1-F1
卫付路	P245	B4-B5,B6-B8,B8
卫付路	P247	B1-D4
卫岗路	P33	C6-D6
卫行路	P113	D7-E7
卫行西路	P113	E6-E7
卫宏路	P241	C7-D7
卫季路	P227	B1
卫家河路	P251	F7
卫家河路	P255	A7
卫九路	P241	F5
卫九南路	P241	F6
卫零北路	P243	B1-C1
卫零路	P243	C1-E1
卫六路	P241	D7-F7
卫门路	P227	C1-D2
卫南路	P241	E6,E7
卫南路(崇明)	P257	C2
卫七路	P241	F7
卫七南路	P241	F6-F7
卫七支路	P241	F7-F6
卫勤路	P235	D3
卫清东路	P243	D2-C3
卫清西路	P241	D8
卫清西路	P243	D1-D2
卫三路	P243	E1-F1
卫生科路	P29	E3-F4
卫生路	P219	C7
卫四路	P241	E8-F8
卫亭路	P177	D2,D2-D3,D3,E1-D2
卫通村路	P241	A8
卫通村路	P243	A1
卫通路	P241	A7-A8
卫通路	P243	A1
卫五北路	P241	D7-E8
卫五路	P241	F8
卫西路	P241	E6-F7
卫新路	P243	D1
卫星2号路	P261	F3
卫星东路	P197	C2
卫星西路	P197	C2
卫星一路	P261	F3
卫阳南路	P243	C2-D3
卫一路	P243	E1
卫一路(崇明)	P265	A2
卫永一路	P261	F2-F3
卫永一路	P265	A3
卫中路	P153	F4
卫中路	P161	A4-A3
卫中路(金山)	P241	B7-C7,D7-C7
卫洲支路	P245	A6-B6
位育路	P119	E7-F7
渭南路	P105	A1-A2
渭南路	P47	F1
温虹路	P55	A1
温泉路	P147	C3-D4,D4-E5
温宿路	P139	F4-E4
温州路	P69	B3-C3
文安路	P69	A3-A4,A4
文兵路	P203	E3-E4
文采路	P229	A4
文昌路	P69	F8
文超路	P203	E4
文诚路	P181	D8
文诚路	P183	D1-D3
文定路	P83	E2-F2
文定路	P91	A2-B2
文工路	P203	D3-E3
文海路	P35	E1
文涵路	P181	C8-D8
文涵路	P183	D1
文胡路	P203	E3-E4
文化街	P151	D2
文化街(塘外)	P227	B2
文化街(新农)	P221	C2
文化路	P197	B2
文化路(川沙)	P169	F4
文化路(胡桥)	P237	B7
文化路(练塘)	P179	E8-F8
文化路(马桥)	P189	B5-A6
文化路(泗泾)	P163	C6
文化西路	P197	B1-B2
文汇路	P183	B1-B2
文吉路	P181	D7-E7
文井路	P189	D7-F7
文井路	P207	A4
文俊路	P181	C6-C7
文康路	P123	E7,E7-F7

名称	页码	索引格
文乐路	P101	C4-D5
文良街	P197	B3
文贸路	P183	C2
文庙路	P77	C7-B8
文明东街	P209	D4
文明街	P209	D3-D4
文南路	P181	D6
文鹏路	P211	E8
文浦路	P117	F2
文浦路	P125	A2-A3
文迁路	P37	F3
文曲路	P239	A1,A2-A3
文商路	P219	C7
文师街	P197	B3
文腾路	P101	C5-D5
文体路	P197	C2
文通路	P259	A6
文卫路	P197	D3
文翔东路	P183	C5
文翔路	P181	D4-C8
文翔路	P183	C1-C5
文心路	P215	F1
文新路	P225	E5
文耀路	P225	A3
文益街	P197	B3
文逸路	P183	C1-C2
文友街	P197	B3
文宇路	P181	C8
文院街	P175	F4
文院街	P195	A4
文治路	P45	A3
文中路	P217	C6
闻居路	P177	B2-B3
闻居西路	P175	C8
闻居西路	P177	C1-B2
闻六路	P173	F1
闻六路	P177	A1-B1
闻喜路	P35	E6-E8
闻喜路	P37	E1
闻竹路	P49	A1
问涵路	P205	E1-E2
汶水东路	P45	B1-B4
汶水路	P43	B5-A8,C1-C4,C4-B5
汶水路	P45	A1-B1
蕰北路	P147	E7-E8
蕰北路	P33	C1-B3
蕰川路	P135	E4-F5
蕰川路	P141	A5-F7
蕰川路	P27	A5-C5,E5-E6
蕰杨路	P133	C7-C8
蕰藻南路	P29	D1-D2
翁家弄	P77	B6-B7
翁家支弄	P77	B6-B7
卧龙路	P151	C8
乌鲁木齐北路	P67	F4
乌鲁木齐北路	P75	A4-C5
乌鲁木齐南路	P75	E5-F6
乌鲁木齐南路	P83	A6-C6
乌鲁木齐中路	P75	C5-E5
乌镇路	P61	F2
乌镇路	P69	A2-B2
吾园街	P77	C8
吴宝路	P55	C2-E4
吴北路	P53	A2-B2,B1
吴店路	P171	F7
吴店路	P175	A8
吴店支路	P175	A8
吴河路	P187	E5-F5
吴家浜路	P117	A7-B7
吴家弄	P69	F7
吴家弄(崇明)	P255	D3
吴家湾路	P45	A3-B4
吴家宅中路	P169	B7-C8
吴江路	P67	E8
吴江路	P69	E1
吴孟路	P149	A8
吴孟路	P151	A1
吴七路	P175	A8
吴起镇路	P247	E4-F4
吴起镇路	P251	A4
吴桥路	P123	D6,D6-D7
吴淞口路	P143	A4-B5,B5,B5-B6
吴淞路	P61	C7,C7-F7
吴塘路	P207	D8-C8
吴兴路	P75	F4
吴兴路	P83	A4-C5
吴杨东路	P151	C7
吴杨路	P151	C7
吴杨路	P205	F6
吴窑路	P209	C8,D8-C8
吴窑路	P211	C1
吴中东路	P81	F7-E8
吴中路	P55	C5-B8,E3-C5
吴中路	P81	F6-F7
吴中路	P89	C1-A6
梧桐路	P69	F8
梧桐路	P71	F1
梧州路	P61	B8-D8
五村路	P203	B4
五墩中心路	P213	E1
五丰公路	P203	E8
五丰路	P175	F6-F7
五丰路	P195	A6
五福弄	P69	B5-C6
五昆路	P183	D4
五里桥路	P85	A5-A6,A6
五莲路	P47	D6-E8
五莲路	P49	C1-E1
五角公路	P203	C3-C4
五浦路	P161	A2
五库浜路	P161	A4
五库大街	P203	D6
五四公路	P227	D5-E8
五四公路	P229	D1-E1
五四支路	P227	D8
五四支路	P229	D1
五四中心村路	P211	F8
五四中心村路	P227	A8-B8
五四中心路	P227	A8
五台路	P61	B7-C8
五星路	P113	C4-B6
五星路(枫泾)	P217	D2-C4,F8
五星支路	P113	B5
五星中心路	P223	B7-D7
五溆林荫路	P261	F1
五溆林荫路	P265	A1
五原路	P75	E4-D6
五宅路	P193	F2
五洲大道	P165	F1-F3,F2
五洲大道	P39	F5-F8
五朱公路	P203	F5
五朱公路	P219	A5-B5
武昌路	P61	F6,F6-F8,F8
武川路	P37	E5-F5
武川路	P45	A5
武德路	P229	A4
武定路	P67	E4-C8,F3-E4
武定西路	P67	F2-F3
武定西路	P75	A1-A2
武东路	P37	F4-F5
武东路	P45	A5
武都路	P151	D7-D8
武进路	P61	E5-C8
武康路	P75	D4-F4
武康路	P83	A4-A3
武宁路	P51	C8
武宁路	P57	F1-F6
武宁路	P65	A6-C8
武宁路	P67	C1-D1
武宁南路	P67	D1-F3
武宁支路	P65	B8-C8,C8
武宁支路	P67	C1
武胜路	P69	E5-F4,F3-F4
武双路	P133	C7-E8
武威东路	P41	D7-D8
武威东路	P43	D1-D3
武威路	P151	B8
武威路	P41	D1-D2,D2-D5,D5-D7
武乡路	P139	C5-D5
武宣路	P99	B4-B5
武夷路	P73	E5-D8
武夷路	P75	D1-D2
武夷山路	P177	B3
务实路	P237	D6
物华路	P61	A7-A8
物华路	P63	A1-B1
物流大道	P173	D2-E3

X

名称	页码	索引格
西安路	P61	E8
西安路	P63	E1-D1
西安路(泗泾)	P163	C5,C5-D5
西畚南路	P273	B3
西宝兴路	P45	E1-F2
西仓桥街	P77	B7-B8
西藏北路	P45	F1
西藏北路	P61	A2-F3
西藏北路	P69	A3-B3
西藏南路	P69	E5-F5
西藏南路	P77	A5-F7
西藏南路	P85	A7-D8,B8-C8
西藏中路	P69	B3-E5
西岑支路	P159	F4
西岑支路	P179	A4
西潮路	P255	C3-D3
西城河北街	P139	F4
西城河南街	P139	F4
西城河南街	P147	A4
西城路	P255	C3-D3
西畴路	P207	A2-B2
西大街	P139	F3-F4
西大街	P147	A3
西大街(叶榭)	P207	D1
西大街(周浦)	P123	F6
西大盈港一路	P161	A3-B3
西堆场路	P205	C7-B8
西防汛路	P249	B6-D6
西飞路	P163	D7-D8
西干路	P163	D1
西冈身路	P137	F7
西冈身路	P145	A7
西港路	P29	D7-D8
西港路	P31	D1
西耕路	P259	B8
西钩玉弄	P79	D2
西官路	P139	F3
西官路	P147	A3
西韩路	P207	D8
西韩路	P209	D1
西合六路	P245	E2-E3
西合三路	P245	E1-E2
西合四路	P245	E1
西河浜路	P169	E5
西河路	P237	F7
西河路	P243	A7
西河沿	P143	A4-B4
西河沿路	P235	D6
西河沿路(崇明)	P257	F2
西河沿路(崇明)	P259	A2-A1
西横浜路	P45	F2
西虹街	P179	A3-A4
西后街	P257	F2
西湖街	P159	D8
西湖街	P161	D1
西湖路	P105	A1-B1
西护弄	P161	A4
西华路	P61	D5
西华美路	P53	A1
西华弄	P77	D8
西环路	P117	F5
西环路	P125	A5-B6
西环路(大昆)	P181	E5-F5
西环路(鲁汇)	P193	D5-E5
西环路(青浦)	P153	C6
西黄潼港路	P31	E5
西江湾路	P45	D3-E3,E3-F3
西街	P61	E7
西街(北桥)	P187	F2-E3
西街(奉城)	P227	A3-A4
西街(高桥)	P31	E7-F7
西街(江镇)	P173	E1
西街(金汇)	P209	A3
西街(青村)	P209	F8
西街(四团)	P211	E8
西街(外冈)	P145	B8
西街(杨行)	P27	A5-A6
西街(庄行)	P223	B5
西街路	P165	F4
西津公路	P251	D4-E4,E3-F3,E4-E3
西津公路	P255	A3
西泾港公路	P181	B4-D4
西经二路	P207	E5-F5
西井街	P161	C1
西井街漕港滩	P159	D8-C8
西井街漕港滩	P161	C1
西静路	P241	B8-D8
西康路	P59	F2-F3
西康路	P67	A3-F7
西来路	P249	B3
西里路	P269	F1
西里路	P31	C8-D8
西粮库路	P219	C6
西林北路	P183	C2-F2
西林街	P219	C6-C7
西林街(三林)	P121	C5
西林南路	P183	F2-F3
西凌家宅路	P85	A6-A7
西凌江路	P31	B2
西刘家弄	P79	A1
西马街	P77	A6-B7
西泖泾路	P183	E6
西门大街	P197	C2
西门港路	P227	A3
西门街	P143	B3,B3-A4
西门路(崇明)	P255	C4-D3
西门路(惠南)	P197	C1-C2
西民立路	P77	E6-E7
西南路	P255	A8-C7,C7,C7-D7
西南弄	P175	D4
西泥路	P169	E5
西浦路	P193	E2-F2,F2-F3
西庆路	P161	B6-C6
西茹路	P203	D5
西三里桥路	P87	C3-C4
西沙路	P197	B6
西厍公路	P203	E5-F5
西胜路	P149	D6-D7
西市街	P169	E5
西市街(航头)	P193	D8-E8
西市街(祝桥)	P177	C2
西市泾路	P221	C3
西司弄	P183	F4
西苏州路	P59	F6
西苏州路	P67	A6-B7
西泰林路	P113	F2-F1
西泰林路	P123	A1-A2
西唐家弄	P77	B8
西唐家弄	P79	B1
西塘路	P149	D8-E8
西陶浜路	P53	A5
西体育会路	P45	D3-E3
西推张路	P255	D6-E7
西纬三路	P207	F4-E5
西纬四路	P207	E4-E5
西纬中路	P207	E4-E6
西西巷街	P141	C1-D1
西霞路	P161	D8
西霞路	P163	D1
西乡路	P43	E5-F5
西向阳河路	P155	F5
西小港	P255	C4
西校路	P207	F5-E5
西新北路	P245	F5-F6
西新大道	P31	D1-E1
西新东路	P245	E6-F5
西新东路	P249	A5
西新街	P189	B6
西新路	P193	E4-F4
西新桥路	P183	F2
西新沙路	P31	D1-E1
西新西路	P245	F5
西新西路	P249	A5
西新中路	P245	F5
西新中路	P249	A5
西兴公路	P203	D5-E5
西兴路	P271	D6-D7
西徐联路	P155	E6-F6
西巡逻通道	P207	D6-E7
西洋淀东路	P159	B8
西洋淀路	P159	B7-B8
西姚家弄	P79	A1
西引路	P255	B4-D3
西营路	P101	A6-B6
西营路	P93	E6-F6
西营南路	P101	B7-F7
西油墩港路	P153	F7
西俞家弄	P77	C8
西俞家弄	P79	C1
西园路	P125	B6-B7
西园路(崇明)	P255	C3-D3
西闸公路	P191	F6-F7,F8
西闸公路	P193	F1-F2
西闸公路	P207	A7,A8,B5-A7
西闸路	P193	F2-F3
西闸支路	P207	A7-A8
西栅桥路	P51	B4-C3
西张泾路	P163	E6
西中路	P113	B5-D6
西中路	P265	F8
西诸安浜路	P75	C1
希合环路	P245	F1-F2,F2
希合环路	P249	A2
希合十七路	P245	F1-E1
希望路	P147	D4-C6
希望路(崇明)	P245	F3
希望路(崇明)	P249	A3
希雅路	P165	E2
奚八北路	P265	C6-D6
奚北路	P261	F8
奚北路	P263	F1
奚阳公路	P167	F4,E4-D5
奚阳支路	P167	D5-E5
奚渔路	P265	D6
锡虹路	P155	C7-C8
锡瑞街	P137	F6
溪北路	P233	B8
溪口路	P69	D7-E8
溪兰路	P39	A6-B7
溪联路	P233	B6-B8
溪南路	P233	B8

X

名称	页码	索引格
溪平路	P167	C2-D2
溪宇路	P139	D8
溪宇路	P141	D1
熙成路	P193	F8
习勤路	P99	A1-B1
洗帚弄	P79	C2
喜泉路	P145	A7
喜泰北路	P99	C6-E7
喜泰路	P119	A7-B7
喜泰路	P99	E7-F6
喜泰支路	P119	A7-A8
细林路	P161	D8-E8
峡海路	P197	E8
峡海路	P199	E1
霞光路	P229	B5
厦门路	P69	B4-B5
下坊路	P219	F4
下关路	P207	A4
下南路	P109	F1
下南路	P113	A1-D3
下沙老街	P193	B8
下沙老街	P195	B1
下沙路	P195	B1-B2
下沙西街	P193	B7-B8
下沙新街	P193	B8
下沙新街	P195	B1
下塘街	P179	C1-D1
下塘街(练塘)	P179	F8
下新路	P177	F2
下盐公路	P177	F2
下盐公路	P195	A7-A8
下盐公路	P197	A2
下盐路	P177	F2-F3,F4-F7
下盐路	P193	B6,B6-A8
下盐路	P195	A1-A8
下盐路	P197	A1-A2,A3-A4
夏碧路	P31	F8
夏碧路	P39	A8-A7
夏城路	P99	E5-F5
夏华路	P51	E2-F2
夏惠路	P177	F2
夏家浜路	P183	B5
夏家埭路	P181	F4-F5
夏家宅路	P153	E6
夏兰路	P197	B5-C5
夏乐路	P177	E2-F2
夏栎路	P231	A3-A4
夏宁路	P235	A8-B8
夏盛路	P241	D6-E6
夏耘路	P149	C6
夏洲路	P169	D7-F7
仙安路	P221	B1-C1
仙凤路	P163	E8
仙鹤路	P207	A1
仙居路	P219	A8-C8
仙居弄	P145	C6
仙乐路	P219	B8-C8
仙桥北路	P257	C5-C6
仙桥路	P145	C6-C7
仙桥南路	P257	C5-C6
仙桥西路	P145	C6
仙桥中路	P257	C5-C6
仙霞路	P53	C6-D8
仙霞路	P81	A1-A4
仙霞西路	P53	C1,C3-C4,C4-C6
仙业路	P219	C8
先晨路	P265	A6-C8
先锋八路	P269	D6
先锋北路	P265	C8-B8
先锋北路	P267	C1
先锋街	P55	B6-B7
先锋六路	P269	D6-E6
先锋路	P147	F2
先锋南路	P265	C8
先锋中路	P267	C1
先凤路	P269	C6-D8
先棉祠北弄	P77	C8
先棉祠街	P77	C8
先棉祠南弄	P77	C8
先新路	P193	C3-C6
贤百路	P209	D4
贤工路	P237	B6-C7
贤光路	P225	A4
贤明路	P223	B6
贤农路	P209	A5-A6
贤瑞路	P225	A4
贤政路	P225	A2
咸阳路	P177	A3-B3
县东街	P197	B2
县前街	P161	A4
县前街(宝山)	P143	A4
县佑街	P143	A4-B4
县左街	P79	A1
乡思东路	P151	C7
乡思路	P151	C7
香车路	P183	F6-F7
香大东路	P153	B5
香大路	P153	B3-B5,B5
香粉弄	P69	C5
香港路	P69	A6-A7
香格里拉路	P177	A3-B4
香光路	P197	C2
香规路	P183	E5-E6
香花桥东路	P153	D6
香花桥路	P81	A8
香花桥中路	P153	D5
香家弄	P183	E3
香泾路	P183	F6
香泾路	P205	A6-B6
香丽路	P201	B7
香泖路	P183	F6
香泖路	P205	A6
香闵路	P183	F7
香闵路	P205	A7
香楠路	P111	A3-B3
香泉路	P43	F3
香泉路	P57	A5
香山路	P77	D2-C2
香水路	P161	D8
香亭路	P183	F6-F7
香榭丽大道	P149	A4-B3
香兴路	P229	B6
香烟桥路	P45	F4
香烟桥路	P61	A8
香益路	P229	B6
香园路	P195	D3-E3
香樟路	P51	D4-F5
香樟路(书院)	P215	E1-E2
香长路	P217	A7-A8
香长路	P219	A1-A3
香竹路	P231	C4
湘东路	P257	A5-C4
襄臣路	P153	A3
襄阳北路	P75	B7-C8
襄阳南路	P75	C8-F8
襄阳南路	P83	A8-B8
祥安路	P213	C4-C5,C5-C6
祥德路	P45	E3-E4
祥福路	P213	C5-C6
祥和路	P213	C6
祥和路	P27	D2,E1-D2
祥凯路	P213	B6-D5
祥科路	P115	B2-A3
祥隆路	P213	C5-D5
祥凝浜路	P159	D8
祥凝浜路	P161	D1
祥严路	P163	B4-B5
祥跃路	P213	C6-D5
祥云路	P207	A3-B3
祥泽路	P163	B4,B4-C4
翔陈路	P33	C2-B2
翔川路	P171	A4-A5
翔方路	P147	F2-F5
翔封路	P151	B7-C7
翔黄公路	P151	B7-B8,B7-C7
翔江公路	P151	A7-D6
翔昆路	P181	D4
翔乐路	P151	A7
翔铁东路	P41	E1-E3
翔铁西路	P151	B7-B8
翔铁中路	P151	B8-C8
翔铁中路	P41	E1
翔殷路	P37	F7-F8
翔殷路	P39	E3-E4,F1-E3
翔殷路	P45	A7
翔殷支路	P39	E2-F2
响北公路	P257	C6
响椿公路	P257	D4-D6
响椿支路	P257	D5
响大公路	P257	C6-F5
响南二路	P257	D6
响哃路	P257	C6-D7
响哃中路	P257	C6-E6
响哃中心路	P257	D5-D4
响新路	P149	D4-E4
响新支路	P149	E4-E5
向堡公路	P259	C6-D8
向堡公路	P265	A1-A3
向北3号路	P265	A3
向北机耕路	P261	F2
向北机耕路	P265	A2-A3
向北中路	P261	F3
向城路	P105	F1
向城路	P109	A1
向东路	P141	E4-F4
向东路(崇明)	P265	A3-B4
向东中心路	P167	F5
向工路	P265	A3
向华路	P133	F6-F7
向华中路	P115	C3-D3
向化9号路	P265	A3
向化大街	P265	A3
向化公路	P261	B5-F3
向化公路	P265	A2-B2,A3
向化老街	P265	A3
向化路	P233	C7-D7
向贸路	P265	A3
向民路	P265	A3
向蟠公路	P255	D8
向蟠公路	P257	D1-E4,E4-F8
向蟠公路	P259	A8
向蟠公路	P261	D1-E2,E2-F4
向荣路	P119	F2
向卫路	P265	A3
向学街	P175	C6-C7
向阳北路	P167	D4-D5
向阳东路	P243	A3
向阳河北路	P261	C1-C2
向阳河路	P153	A5-D5,E5
向阳河路(航头)	P193	B8
向阳河路(航头)	P195	B1-B2
向阳路	P127	F5-F6
向阳路	P187	A5,B2-B3,B3-A5
向阳路(崇明)	P259	C6-D6
向阳路(崇明)	P261	C1-C2
向阳路(惠南)	P197	C2
向阳路(山阳)	P243	A3-B3
向阳路(头桥)	P211	C2-E2
向阳南路	P167	D5
向阳西路	P243	A3
向友路	P233	D6-C8
向友支路	P233	C7-D8
向渔路	P265	B2
向中路	P265	A2-A3
项泾西街	P139	F3-F4
项文路	P195	C7-C8
巷居路	P155	F1
巷崧路	P155	E1-F1
巷许路	P161	F3
巷业路	P155	F1
象州路	P243	E2
肖玻路	P207	C7-C8
肖南路	P207	C7-F8,F8
肖南路	P223	A8
肖塘街	P207	C7
肖塘路	P207	C7
肖湾路	P207	C8
肖业路	P207	D6-D7
萧山路	P177	B3
萧月路	P135	D1
萧云路	P135	F1
萧云路	P141	A1
硝皮弄	P69	F8
小桉路	P231	C6-C7
小白路	P167	F2-F4
小城子山路	P273	B3
小荡中心路	P211	B7-D6
小东街	P139	B2
小河港路	P251	D3-E4
小洪桥路	P269	B5-C4
小华江路	P167	B2-B3
小康路	P221	C4-C3
小马港路	P205	F3
小木桥路	P83	B8-D8
小木桥路	P85	D1-F2
小农场路	P211	E7-F7
小普陀路	P235	B3
小茜泾路	P205	A3-B3
小石桥街	P79	C2-D2
小石桥路	P71	C5
小石桥弄	P79	C2-D2
小竖河路	P251	C4-F3
小塔前	P183	F3
小桃园街	P77	B7-B8
小湾村北街	P167	F2
小湾村南街	P167	F2
小西门街	P153	F4
小西门街	P161	A4
小西泯沟	P255	C4-C3
小星公路	P249	A8-B8
小星公路	P251	B1-C4
小星西路	P245	F6-F7
小学路	P237	B7
小学桥路	P139	F4-F5
小岩礁路	P273	D6-E5
小漾二路	P259	C8
小漾二路	P261	F1
小漾公路	P259	A8-B8
小漾公路	P261	B2-D1
小漾西支路	P259	B8
小园浜路	P31	D7
小云台街	P123	E6-E7,E7
小闸镇街	P89	C8
小闸镇街	P91	C1-B2
小赵屯路	P153	A3
晓翰路	P265	A6-B5
晓会路	P101	F3
晓会路	P121	A1-A2
校西路	P251	D1
歇浦路	P105	B3-C3
协北公路	P251	C4-D5
协定公路	P251	D3-D5
协东路	P249	A5-A6
协和路	P51	E4-F4
协和路	P53	A4-D4
协洪路	P227	A5
协津公路	P251	C4-F3
协津公路	P255	A3
协进北路	P249	A6-A7
协隆北路	P265	D5-C6
协通路	P251	D3-E5
协同路	P227	A5
协新路	P227	A5-D6
协兴河路	P251	D4-E5
协一路	P227	C5-C6
斜泾路	P205	D5
斜桥北路	P255	A6-A7
斜桥路	P183	F3
斜桥路(崇明)	P255	A6-A7
斜桥支路	P271	F7
斜塔路	P161	F6
斜塔路	P181	A6
斜塘公路	P181	F5
斜土东路	P77	F6-F8
斜土路	P77	F6
斜土路	P83	E5-C8,E5-F5
斜土路	P85	C1-A6
斜土路	P91	A5-B4
斜土支路	P77	F6
斜土支路	P85	A6
斜徐路	P77	F3-F4
斜徐路	P85	A4
谐安路	P39	C8
谐华路	P239	C1
谢春路	P151	A2-B3
谢界路	P145	B4
谢泾二路	P151	A2-A1
谢泾一路	P151	A2
谢卫路	P155	E7-D8
辛耕路	P83	E4-D5
欣达路	P223	E4-E5
欣奉路	P225	F3
欣奉路	P239	A3
欣河路	P197	D6-D7
欣河一路	P197	D6-D7
欣浪路	P205	A6-B6
欣铁路	P197	D6-F6
欣玉路	P205	A2-A3
欣运路	P203	D6-E6
莘浜路	P125	B6-A7
莘北路	P117	F6-F7
莘北路	P125	A4-A6
莘东路	P117	F6
莘东路	P125	A6-A7,A7-B7
莘福路	P117	F4
莘福路	P125	A4-B5,B5-C5
莘吉路	P119	F1
莘吉路	P127	A1
莘建东路	P117	F8
莘建东路	P125	A7-A8
莘建路	P125	B6-A7
莘建支路	P125	A6-B6,B6-B7
莘沥路	P117	F6-F7
莘沥路	P125	A5-A6
莘凌路	P117	F6
莘凌路	P125	A6
莘南路	P125	B7
莘松路	P125	D1-A7
莘谭路	P125	B5-A7
莘西路	P125	A6-B7
莘西南路	P125	B7-C7
莘中路	P125	A7-B7
莘朱东路	P119	D5-D6
莘朱路	P119	E3-D5,F1-E3
莘朱路	P125	A7-A8
莘朱路	P127	A1
莘砖公路	P125	D1
莘砖公路	P163	E5-E8
新安街	P219	C7
新八路	P261	D6-D7
新浜北路	P247	B1-C1
新浜东路	P247	C1

名称	页码	索引格
新浜路	P177	B1
新浜西路	P247	C1
新浜支路	P177	B1-C1
新浜中路	P247	C1
新宝路	P139	D1-E1
新保路	P249	B8
新保路	P251	B1
新堡路	P249	B4
新北街	P183	A8
新北街(张堰)	P235	D6
新北路	P223	E8
新北路	P225	E1
新北路(崇明)	P249	B5-B6
新宾路	P203	F8
新宾路	P205	F1-F2
新宾路(新农)	P221	C2
新波路	P203	F8
新波路	P205	F1-F2
新菜场路	P69	B5
新仓路	P249	A8
新仓路	P251	A1
新草路	P257	C2-D2
新昌路	P69	B2-C3,C2-E3
新场大街	P195	D4-E4
新朝路	P211	B5-E5
新潮路	P53	D4-D5
新车公路	P183	B7-E7
新辰公路	P181	A8-B8
新陈路	P113	A6-A7,B4-A6
新晨路	P257	D2
新成路	P139	D5-F5
新成路	P147	A5
新成路(南桥)	P223	A8
新城东路	P229	B6
新城路	P243	E1-F2
新城路(崇明)	P247	C2
新城西路	P229	B6
新崇北路	P255	D3-D4
新崇东路	P255	D4
新崇南路	P255	D3-D4
新崇西路	P255	C3-D3
新崇中路	P255	D3-D4
新出港路	P261	E8-F8
新出港路	P265	A8-A7
新川路	P169	F3-E6
新川沙路	P135	F1-D3
新川沙西路	P133	F8
新川沙西路	P135	F1
新春二路	P271	D5-D6
新春路	P187	F3
新春路	P191	A1-A3
新春路(川沙)	P171	E3-D5
新春路(三林)	P121	C2
新春一路	P271	D6
新村北一路	P247	B1
新村公路	P203	B7-C7
新村河路	P197	B4-B5
新村路	P43	F1-F6
新村路(白鹤)	P149	C3
新村路(惠南)	P197	B4-B5
新村路(廊下)	P235	D1-E1
新村路(杨思)	P103	B1
新村一路	P149	C3
新达路	P153	E4,E4-E5
新丹路	P153	D7-D8
新德路	P169	E3-E5
新德西路	P169	F1-E2
新德支路	P169	D5-E5
新甸路	P137	A8-C8
新甸路	P139	C1
新东公路	P205	D4-D5
新东街	P233	B8
新东路	P221	C2
新东路(崇明)	P261	D5
新东路(浦东)	P173	C1-C2,C2
新多路	P113	E8
新二路	P37	A2-C2
新飞路	P183	B8-E8
新飞路	P189	D1
新丰路	P67	A6,C4-B5
新丰路(横沙)	P271	C7-E7
新丰支二路	P149	F8
新丰支二路	P153	A8
新丰支路	P149	F7-F8
新丰支三路	P149	F8
新丰支三路	P153	A8
新风东路	P257	C3
新风路	P161	C1-D1
新风路(廊下)	P233	E8-F8
新风路(廊下)	P235	E1
新风弄	P223	A8
新风弄	P225	A1
新风西路	P257	D3-E3,E3
新枫路	P217	C6
新凤北路	P151	D2-F3
新凤南路	P155	B3-C3
新凤山路	P241	E7-E8
新凤中路	P151	F3
新凤中路	P155	A3-B3
新奉公路	P195	D3-F4
新奉公路	P211	A4-F3
新奉公路	P227	A3-B3
新奉路	P223	A8
新福路	P51	B2-D3
新府北路	P151	E3
新府路	P213	A8-B8,B8
新府路	P215	B1
新府中路	P151	E3-F3
新府中路	P155	A3
新港八路	P269	E7
新港村路	P179	B2
新港河路	P193	D3,D3-D4
新港路	P45	E5-F6
新港路(崇明)	P259	D5-D6
新港路(大昆)	P181	F6-F7
新港一路	P165	A8
新港一路	P269	E7-F8
新港一路	P271	A1
新高路	P153	D4-D5,D5-D6
新格路	P183	A6-C6
新工北路	P203	E2
新工南路	P203	E2-F2
新共路	P171	B8-C8
新共路	P173	E1
新冠路	P139	C2-D2
新光村路	P253	D2-E3
新光东支路	P107	A8-B8
新广路	P61	C5-C6
新国路北段	P245	A7-B7
新海街	P239	B4-B5
新海路	P153	F4
新海路	P225	E3-F3
新瀚路	P175	F3
新瀚路	P195	A3
新行路	P165	F1
新行路	P49	A2-B2
新浩路	P175	F3
新浩路	P195	A3
新和路	P137	A8
新和路	P139	A1-C1
新河公路	P257	F1-F2
新河公路	P259	A2
新河路	P201	D6-E6
新鸿路	P203	E1-F1
新侯路	P51	C5
新沪路	P43	C4-F4
新华东路	P235	D6
新华路	P81	A5-A8
新华路	P83	A1-B2
新华路(曹路)	P107	A8
新华路(曹路)	P49	F8
新华路(惠南)	P197	B2-C2
新华西路	P235	D6
新华中路	P235	D6
新环北路	P195	D3,D4-D5
新环东路	P195	D4-E4
新环路	P271	C6-D6
新环南路	P195	E3-E4
新环西路	P195	D3-E3
新黄路	P151	B2-C2
新辉东路	P167	D3
新辉西路	P167	D3
新汇街	P219	C7
新会路	P67	C2-C3,C3-A5
新会路(川沙)	P175	D8
新惠路	P271	C5-C6
新慧路	P221	D2-F2
新慧支路	P221	E2-E3
新技路	P153	D5-E5
新加路	P183	D7-D8
新家园路	P163	C3-D3
新嘉路	P61	B7
新建北街	P221	D8
新建东路	P225	A1-A2
新建二路	P139	C5
新建公路	P245	F3-F6
新建公路	P249	A3-B3
新建街	P259	C6
新建街(泰日)	P209	B7
新建路	P63	C1-E2
新建路(北桥)	P187	F2-E3
新建路(江镇)	P173	E1
新建路(张堰)	P235	D6
新建西街	P221	D8
新建西路	P223	A7-A8
新建西路	P257	C2-D2
新建一路	P139	C4-B8
新建中路	P223	A8
新建中路	P225	A1
新江路	P253	D3-E3,E3-F3
新江路	P257	F2
新疆路	P69	A2
新街	P189	B6
新街(罗店)	P141	C2-D2
新街弄	P217	C6
新界路	P183	C7-C8
新金路	P153	B3-B4
新金桥路	P105	D8-C8
新金桥路	P107	C1-A5
新金山路	P219	E2
新进公路	P257	D1-E1
新泾路	P53	D4-D5
新泾路(枫泾)	P217	C6
新泾路(青浦)	P153	F4
新泾路(青浦)	P161	A4
新九路	P205	D4
新骏环路	P129	D8
新骏环路	P131	D1
新开河路	P269	D6
新开河路	P71	E1
新开泾路	P149	C6
新凯路	P163	F7-F8,F8
新凯路	P183	A8
新康路	P153	E7-E8
新科路	P153	D4-D5
新徕路	P139	D2
新兰路	P31	D8-E8
新乐路	P75	C7-C8
新乐路(崇明)	P247	B2-C2
新乐路(泖港)	P205	F2
新乐路(新农)	P221	C2
新磊路	P129	C8
新力支路	P155	B1-C1
新利路	P221	C2-D2
新联路	P271	D5-F7
新粮路	P225	E1
新烈公路	P257	F4
新烈公路	P259	A4,A4-B4,B4-C3
新林公路	P223	E8
新林公路	P225	E1-D5
新林路	P223	F4
新灵路	P165	E1-E2
新龙路	P55	E2-E4
新龙路(杨园)	P165	E2-F3,F3
新隆路	P257	C1-D2
新隆中路	P257	C1-D2
新陆路(白鹤)	P149	B4-C5
新陆路(佘山)	P161	D4-E5
新路	P61	E2
新伦路	P165	F1
新绿公路	P245	E1-F4
新绿街	P203	F1-F2
新马路	P61	F2-E3
新码头街	P79	C3-C4
新贸路	P27	E1
新梅路	P255	F8
新梅路	P257	F1
新梅路(崇明)	P257	E2-F3
新梅路(三林)	P121	C2-C3
新盟路	P271	A4-D5
新苗泾路	P145	C6-C8
新苗路	P151	E3
新苗路	P187	F2-F3
新庙路	P151	B4-C4
新庙三路	P183	A6-C7
新民路	P237	E6
新民路(崇明)	P255	C4
新民路(新河)	P257	D2-D3,D3-E4
新民弄	P223	A8
新民弄	P225	A1
新民支路	P61	F1
新民支路	P69	A1
新闵路	P191	F4-E5
新明路	P205	F1-F2
新牧路	P205	F2-F3
新牧路	P221	A2-B2,B2-C2
新南欢路	P223	E2-E3
新南街	P183	A8
新南路	P125	D1-C5
新南路(崇明)	P257	B3-B4
新南路(惠南)	P197	D5-E5
新泥路	P213	C7-F6,F6
新泥路	P229	A6
新农村大道	P193	B6
新农河路	P163	E7-F7
新弄	P79	A1
新潘路	P223	C6-C7
新蟠路	P183	A6-B7
新培路	P139	C2-D2
新彭路	P203	D2-E2
新鹏路	P213	B8
新鹏路	P215	B1
新鹏支路	P213	B8
新浦路	P103	A8
新浦路	P113	C1,C1-D2
新浦路	P95	F8
新前路	P111	B6-E6
新钱路	P235	E3-F4,F3
新钱路	P241	A3-B3
新强路	P209	A5-C4
新桥北路	P149	A7
新桥街	P141	D1
新桥路	P69	B2
新桥路(青浦)	P153	A3-A4
新桥支路	P55	C8,D8-C8
新勤路	P147	E7-D7
新泉路	P43	F4
新泉路	P57	A7-A6
新群路	P209	F8
新仁路	P129	C8-D8
新日路	P221	B3
新茸路	P183	B6
新如路	P177	F5-F6
新润路	P183	A7-B6
新三路(川沙)	P175	D7,D8-C8
新三路(泖港)	P203	F7-F8
新尚路	P235	D6
新库路	P153	D2
新申公路	P257	F1
新申公路	P259	A1
新申路	P225	D2
新胜路	P149	D3-F3
新胜路	P153	A3-C4
新盛路	P159	B7-C7
新石路	P257	F3
新石路	P259	A3
新市北路	P37	E3-F3
新市路	P45	B3-D3
新市路(华新)	P151	E2
新市路(头桥)	P211	C3-C5
新市南路	P37	F3
新市南路	P45	A3-B3
新书路	P213	E7-F8
新书路	P215	F1
新水路	P153	D6-E5
新顺路	P221	C2
新四路	P203	F8
新四平公路	P211	D8-F8
新四平公路	P213	C1-D1,F1
新四平公路	P229	A1-D1
新寺中街	P223	E8
新寺中街	P225	E1
新松公路	P181	F5
新松公路	P203	A5-B5
新松江路	P181	C8
新松江路	P183	C1-C3
新嵩路	P155	A3-B4
新泰路	P27	E1
新塘港路	P161	A2
新塘路	P223	E8
新塘路	P225	E1-D2
新塘中路	P225	E1
新涛路	P153	D5-D6
新腾路	P183	B6
新天路	P183	A7
新同心路	P45	D1-E1
新团路	P153	D6-D7
新湾北路	P255	A3
新湾路	P255	A3-B3,B3
新王路	P181	A3-B5
新望路	P145	C6-C7
新微路	P163	B7-C7
新薇路	P257	F1
新薇路	P259	A1
新圩北路	P261	D5,D5-D6
新卫公路	P241	C7-D7
新卫路	P215	B1
新卫路	P247	C3
新沃路	P175	F3
新五公路	P203	D6-F5
新西街	P233	B7-B8
新西路	P261	D5,D5-D6
新溪街	P235	B3-B4
新溪路	P161	D1
新贤路	P223	B8
新巷路	P221	E8-F7
新效路	P183	B7
新效支路	P183	B7
新协路	P151	E2,E2-F2
新协路	P155	A2
新欣东路	P215	B1
新欣西路	P213	A8

名称	页码	索引格
新欣西路	P215	A1-B1
新新街	P79	B2
新新路	P257	D4-E3,F2
新兴路	P165	A7-A8,A8
新兴路	P269	F7-F8
新兴路	P271	A1
新兴支路	P165	A8
新兴支路	P269	E8-F8
新兴支路	P271	A1-B1
新秀路	P183	A7
新许路	P203	F1
新旭路	P205	F2
新萱路	P257	F1
新雅东路	P167	F2-E2
新雅路	P167	F1-F2
新亚路	P211	E5
新艳路	P203	F8
新艳路	P205	F1-F2
新阳村路	P161	D7
新杨公路	P213	F2
新杨公路	P229	A2-F2
新杨路	P183	C7
新杨路(金泽)	P157	D2-E2
新姚蔚路	P179	A1
新窑路	P271	B7,D5-D6
新窑西路	P271	D5
新窑西路南北段	P271	E7-F7
新业路	P153	E5-E6
新叶路	P205	E2
新叶路	P211	B4-C4
新义路	P217	D8-F7
新艺公路	P257	E1
新艺路	P195	E3
新益二号桥路	P29	D8
新益路	P151	E3
新寅路	P163	A6-A7
新盈路	P181	F1-E1
新颖路	P203	E1-F2
新影路	P257	F2-F1
新影路	P259	A1
新永安路	P69	E8
新永安路	P71	E1
新永二路	P271	D7
新永路	P271	D6-D7
新永一路	P271	C7
新渔东路	P53	B7-C8
新渔东路	P73	E1
新渔路	P53	B4-B7
新郁路	P51	B5-D4
新郁支路	P51	B5
新育路	P183	A8-B8
新元路	P201	E5-E7
新元南路	P229	B7-F6
新园路	P165	E2-F3
新园路(川沙)	P177	B1-B2
新园路(横沙)	P271	D6-C6
新园路(青浦)	P153	B5-C5,D5,D5-E5
新源公路	P205	F8
新源路	P145	E6-F6
新源路	P149	A6-A7
新源路(曹路)	P167	D3
新源路(川沙)	P169	F4-E5
新源路(闵行)	P187	C1-E1
新跃路	P165	E3
新泽路	P175	F3
新泽路	P195	A3
新增圩路	P269	A1
新闸路	P67	F4-C8
新闸路	P69	C1-C4
新闸路	P75	A3-A4
新闸路(崇明)	P255	C2
新宅路	P161	F5-F6
新宅路	P181	A6
新站路	P183	B7-B8
新张路	P207	B3-D3
新张桥路	P241	B5
新长北路	P251	A7
新长公路	P251	C5-C7
新长路	P269	E8
新长路	P271	A1
新长南路	P251	A7-C5
新赵路	P149	C2-D3
新柘东路	P239	B1-B2
新柘西路	P239	B1
新柘中路	P239	B1
新镇街	P183	A8-B7
新镇路	P117	A5-C6
新镇路	P55	D4-F5
新征公路	P253	C6
新征公路	P261	A1-B3
新征横路	P253	C6-C7
新征横路	P261	A2-A3
新支路	P261	D5
新中浜公路	P203	D1-E1,E1-F1,F1
新中北路	P245	B8
新中东路	P245	B8-C8
新中街	P183	A8
新中路	P245	B8-C8
新中路	P257	F2-F1
新中路	P259	A1
新中路(青浦)	P153	D5
新中路(新农)	P221	C2
新重安路	P149	F5-F7
新洲路	P221	C2-C1
新砖路	P257	F2-F3
新庄路	P201	E6-D7
新庄路	P245	A7-B7
鑫都路	P185	D8
鑫都路	P187	D1-C1
鑫盛路	P197	C7
鑫旺路	P197	C7
信诺路	P225	D2
信奇路	P239	A4
星安路	P225	E7,F7
星宝东街	P55	F7
星宝路	P249	A3
星北街	P55	F6,F6-F7
星彩路	P249	B6
星村公路	P245	B6-C8
星村公路	P247	C1-E2
星村街	P55	F6
星东路	P117	A7-B7
星东路	P55	E6-F7
星丰路	P167	D2
星风路	P55	F6-F7
星富街	P55	E5-F5
星富支街	P55	E5
星港街	P117	A7
星高街	P117	A6-A7
星光大道	P175	B5
星光路	P219	E2
星光路	P245	F3-F2
星光路	P249	A2
星合路	P249	B4
星红路	P177	E3
星虹路	P249	B5-B6
星华公路	P151	C5-C7,C7-E7
星华路	P151	C8-C7
星华路	P245	F4
星华路	P249	C5-B6
星环街	P55	F6-F7
星火公路	P225	E6-E7
星火路	P255	C4
星疆路	P227	D1-F2
星兰路	P55	F7
星乐路	P193	D1-E2
星乐路	P225	E7-F7
星良路	P249	D7-E7
星绿路	P245	F3
星绿路	P249	A3
星贸路	P245	F3
星南街	P117	B7
星南路	P249	B6-C6
星强街	P55	E5-F6
星勤路	P177	F2-F4
星升路	P169	A8
星升路	P173	A1,A1-A2
星水路	P249	A4-A3
星塔路	P151	A3-C3
星耀路	P249	A4
星友路	P117	A6-A7
星俞路	P185	F7
星渔路	P245	F4
星宇路	P245	F3
星宇路	P249	B6-B7
星月路	P249	B6
星站路	P55	E1-D3
星中路	P117	A6-B7
星中路	P249	A4
星中路	P55	E6-F6
星中路(海湾)	P225	E7-F7
行政路	P193	D8
行知路	P43	C2-C4
邢家桥北路	P61	B6-A7
邢家桥南路	P61	B6-C6,C6
兴安路	P77	B3-A4
兴邦路	P139	C1-B2
兴北路	P203	F3
兴北路	P219	A3-B3,B4-D4
兴北支路	P219	B3-A4
兴奔路	P271	A2-B2
兴滨路	P177	B2-B3
兴灿路	P269	F8
兴灿路	P271	A2-A1
兴仓路	P183	F1-F2
兴城路	P193	D8
兴城路	P195	D1
兴达路	P193	A4-B4
兴代路	P269	F8
兴代路	P271	A2-B1
兴德路	P271	A2,A2-B2
兴东公路	P205	E5-F5
兴东路	P265	B4
兴东中路	P265	B4
兴坊路	P219	D3-F4
兴福利路	P219	E1-E2
兴甘路	P165	A8
兴甘路	P269	E8-F8
兴甘路	P271	A2-B1
兴工东路	P223	C1
兴工路	P265	A5-A4
兴工路(亭林)	P221	D8-C8
兴工路(亭林)	P223	C1
兴谷路	P245	C7
兴冠路	P165	A8
兴冠路	P269	E8-F8
兴冠路	P271	A1
兴桂路	P219	D4-E4
兴国路	P75	E3-F3
兴国路	P83	A3
兴寒路	P217	C4-D5,F8
兴寒路	P219	F1-E2
兴寒支路	P217	F8
兴豪路	P219	C3-F3
兴虹路	P155	B7-B8
兴家路	P255	C6,C6-C7
兴家南路	P255	C6
兴垦路	P245	C7
兴宽路	P245	C7
兴坤路	P271	B3-C2
兴阔路	P245	C7
兴乐街	P237	A1
兴利路	P149	C2-D3
兴隆二路	P271	F7
兴隆路	P261	E6
兴隆圩路	P271	F7
兴隆一路	P271	F6-E7
兴隆支路	P261	E6
兴隆中心路	P271	E7-F7
兴茂路	P227	A3
兴梅路	P127	A4-A5,B3-A3
兴绵路	P245	E8
兴绵路	P247	D1-E1
兴纳路	P271	B2
兴南大道	P219	E2
兴南路	P119	D5-E5,E5-F6
兴能路	P271	B2
兴农路	P239	B4-B5
兴平路	P139	F6-F7
兴平路	P147	A7
兴浦南路	P153	A1-C1
兴浦中路	P149	D1-E1,E1-F1
兴浦中路	P153	A1
兴庆路	P137	B8
兴庆路	P139	B1-A2
兴鹊路	P271	A2-B2
兴荣路	P137	C8
兴荣路	P139	C1-B2
兴荣路(长兴)	P269	D5-C5
兴商路	P159	C1
兴胜六路	P271	E7-F7
兴胜四路	P271	E7-E8
兴胜圩路	P271	F7
兴胜五路	P271	E7-E8
兴胜一路	P271	E7
兴胜中心路	P271	E7
兴盛街	P147	D6
兴顺路	P137	B8-A8
兴顺路	P139	A1
兴硕路	P245	D8-E8
兴亭路	P147	F4
兴亭路	P151	A4
兴团路	P223	C1
兴团路	P223	F4
兴团路	P237	A4
兴旺北路	P265	A6-A7
兴旺路	P215	D3
兴旺路(宝山)	P135	D4-E4
兴旺路(五厍)	P203	D5-D6
兴旺南路	P265	A6-B7
兴文路	P137	C8
兴文路	P139	C1-B2
兴西5队老横路	P261	D6
兴西路	P261	E6
兴贤街	P255	D4
兴贤路	P137	B8
兴贤路	P139	B1
兴新公路	P219	E2-F2
兴新路	P219	B1-C1,D2-E2
兴羊路	P261	D5-E6
兴业大道	P161	A4-B4
兴业路	P77	B3-B4
兴业支路	P161	B3-B4
兴一路	P271	C3
兴移路	P265	A4-B3
兴义路	P81	B2-A4
兴英路	P225	C2-C3
兴裕路	P225	F3-E3
兴运路	P47	C7
兴中路	P207	A7-B7
兴中路(长兴)	P269	E8
兴中路(长兴)	P271	A2
兴竹路	P139	F2-F3
杏山路	P65	B3-D5
杏坛路	P51	B2
幸福路	P75	F2
幸福路	P83	A2-B2
幸福新街	P197	D3
幸乐路	P155	B5-B6,B6
幸新路	P197	D3-D6
雄华路	P237	F6-F7
雄华路	P243	A7
休闲街	P195	A7
秀北街	P183	F2
秀波路	P117	C5-E5
秀城路	P227	A2-A3
秀淳路	P153	E6-E7
秀丰路	P175	F4
秀丰路	P195	A4
秀福路	P153	F7
秀海路	P123	E4-E5
秀禾路	P153	F6-F7
秀横公路	P153	A3
秀横路	P153	A7-A8
秀横路	P155	A1
秀江路	P219	A8-C8
秀泾村中心路	P219	D4-D5
秀涓路	P161	A6-A7
秀康路	P123	B3-A6
秀涟路	P117	D5-E5
秀林街	P243	D1-D2
秀林路	P251	F8
秀林路	P255	A8
秀龙路	P123	D2-D3,D4,D4-C4
秀龙路(南桥)	P223	B8
秀龙路(南桥)	P225	B1
秀明路	P209	F4-E4
秀南二路	P223	A8-B8
秀南街	P183	F2
秀南路	P223	A8-B8
秀南一路	P223	A8-B8
秀南中心路	P223	B7
秀浦路	P123	E2-D8
秀浦路	P175	B1-B3,B4
秀沁路	P161	A6-A7
秀泉路	P153	F6
秀泉路	P161	A6
秀山路	P83	D1-D2
秀山路(崇明)	P255	B3-C3
秀山支路	P83	D1
秀沈路	P123	C4-B6
秀水路	P255	A7-A8
秀水新路	P183	F3
秀文路	P117	E5-D7
秀沿路	P123	C2-B8
秀沿路	P175	A1-A3
秀沿西路	P123	D1-C2
秀源路	P153	E6-E7
秀泽路	P153	F6,F6-F7
秀州街	P219	B7-B8
秀州路	P219	B7-C7
绣川路	P171	B4-A6
胥保路	P235	B7-D8
胥沟路	P149	F3-F4
徐北路	P139	D7-D8
徐曹路	P139	C6-B8
徐诚路	P155	E5
徐德路	P155	C5
徐公桥路	P145	E5-F5
徐公桥路	P149	A5,A5-B5
徐虹北路	P81	F8
徐虹北路	P83	D2-F1
徐虹路	P83	E2-F1
徐虹中路	P81	F8
徐虹中路	P89	A8
徐家浜路	P179	A8
徐家浜路	P181	A1
徐家汇北路	P261	F6-F7
徐家汇北路	P265	A7
徐家汇路	P77	F3-E6
徐家汇路	P85	A2-A3
徐家弄(七宝)	P55	F4

名称	页码	索引格
徐家宅路	P61	E2
徐介路	P135	D1
徐乐北路	P155	C3-D4
徐乐路	P155	D4-E4
徐李路	P179	E2
徐灵路	P155	C7-B7
徐龙路	P155	C5
徐梅路	P119	E6-D8
徐梅路	P121	D1-E1
徐民东路	P155	D7-C7
徐民路	P155	D5-D7
徐南东路	P155	F8-E8
徐南路	P155	F5-F8
徐南路	P163	A4-A5
徐南路(嘉定)	P139	D8-E8
徐潘路	P139	A7-A8,B6-A7
徐潘路	P141	A1
徐蟠路	P155	E6-D6
徐浦路	P139	D6,D6-C8
徐泉路	P249	C6-C8
徐山路	P149	F7
徐山路	P153	A7-C7
徐邵路	P197	D1-E1,E1-F1
徐厍公路	P203	D6
徐双路	P147	B1
徐塘路	P183	C5-C6
徐旺路	P155	C5
徐祥路	P155	C5
徐星路	P133	E5,E5-F6
徐星路	P139	A6
徐兴公路	P207	F2
徐耀路	P155	E3-E4
徐晔路	P163	A5-B5
徐盈路	P155	D4-F5
徐踊路	P165	E4-F4
徐源路	P155	F4
徐源路	P163	A4
许昌路	P45	E7-F8
许昌路	P63	A7-D8
许村公路	P201	C8-F8
许家村路	P151	C2-C3
许力路	P51	F2-F3
许旺路	P51	F2
许业路	P51	F2
栩妙路	P195	D8
旭日路	P229	D6-E6
旭升路	P255	A6
旭升南路	P255	B5-B6
旭阳路	P133	E8
旭阳路	P167	F2
叙北路	P155	A2-B3
叙中路	P155	A2-B2
宣春路	P175	F7-F8
宣春路	P177	F1
宣大路	P211	A8,B8
宣大路	P213	A1,A1-B1
宣冬路	P175	F7
宣化路	P73	C8
宣化路	P75	C1-C2
宣黄公路	P195	D7-D8
宣黄公路	P197	D1-E3
宣兰路	P175	E8-F8
宣梅路	P175	E8-F8
宣梅路	P177	F1
宣桥大街	P195	E7
宣秋路	P175	E7-E8
宣夏路	P175	F7-E8
宣新路	P195	E5-D7
宣镇东路	P195	C7-E7,E7
宣中路	P195	C7-E7
宣中支路	P195	E7
宣竹路	P175	E8-F8
宣祝路	P195	B5-B6
煊州路	P265	A5
薛村路	P163	E4-F4
薛家浜路	P79	D2-E3
薛间村路	P157	C8-D8
薛间村路	P159	C1
薛间路	P159	D6-D7
薛弄底街	P77	A8
薛亭路	P205	B6-B7
薛玉路	P205	B1-B2
学北路	P169	F5-F6
学诚路	P193	D8
学德路	P37	B5-B6
学殿街	P139	F4
学府街	P37	F4-F5
学府街	P45	A5
学府路	P241	B8-E8
学府路	P243	E1
学府路(石湖荡)	P203	A3-B5
学宫街	P77	B7-C7
学宫路	P255	D4
学海路	P197	B4-C4
学后街	P31	E7
学乐路	P209	D1
学前街	P77	C7-D8
学前街(高桥)	P31	E7
学前街(青浦)	P161	A4
学西街	P77	C7
学院路	P77	A8
学院路	P79	A1
学子路	P153	A3-B3
学子南路	P153	B3-C3
雪家桥路	P125	B2-A4
雪莲路	P175	F4-F5
雪龙路	P165	F5-F6
雪米路	P157	D7-E8
雪南路	P213	D7-E7,E8-F7
雪绒花路	P231	B4-A4
雪松路	P41	B3-D4,D4
雪新路	P213	F8
雪雁路	P265	C7
雪野二路	P93	D3-C8
雪野二路	P95	C1-B1
雪野路	P87	C3-F2
雪野路	P95	B1-A2
勋业东路	P163	C1-B2
勋业路	P161	C8
勋业路	P163	C1
旬阳路	P57	C8-D8
旬阳路	P59	D1
巡道街	P79	B1-C1
巡环北路	P181	F7-F8
巡环东路	P181	F8
巡环南路	P181	F7-F8
巡环西路	P181	F7

Y

名称	页码	索引格
雅安路	P85	A2-B2
雅丹路	P151	B1-A1
雅多路	P117	E1
雅多路	P163	C8
雅枫路	P173	C2-C3
雅乐路	P155	A6-A7
雅鹏路	P265	C7
雅清路	P117	F7-F8
雅翔路	P147	E8-F8
雅怡路	P117	F7
雅致路	P117	F7-F8
亚钢路	P147	E6-E7
亚苗公路	P253	C1
亚通路	P255	A7
烟漕路	P223	D3-F4
烟墩路	P197	D6-E6
烟墩中心路	P197	E6-D7
淹浜路	P181	F8
延安东路	P69	F3-D8
延安东路	P77	A2-A3
延安高架路	P53	F6-E8
延安高架路	P55	A4-A6
延安高架路	P69	F3-D7
延安高架路	P73	F5-E8
延安高架路	P75	E1-A8
延安高架路	P77	A1-A3
延安高架路	P81	D1-A5
延安路	P251	A4
延安三组路	P223	B6-C7
延安西路	P53	F6-E8
延安西路	P55	A5-A6,A6
延安西路	P73	F5-E8
延安西路	P75	E1-B5
延安西路	P81	D1-A5
延安中路	P75	B5-A8
延安中路	P77	A1-A2
延安中心路	P223	D7-D8
延川路	P51	C6-D6
延吉东路	P47	A2-C1
延吉西路	P45	D7-D8
延吉中路	P45	D8-C8
延吉中路	P47	C1
延平路	P67	C3-F4
延庆路	P75	D6-C7
延寿路	P203	C8
延长路	P43	E8
延长路	P45	E1
延长西路	P43	F6-F7
延长西路	P57	B8
延长西路	P59	B1-A4
延长中路	P43	F7-E8
严丰路	P109	F1-E1
严丰路	P87	E8
严家港路	P29	B8-C8
严家港路	P31	C1
严民路	P109	E1-F1,F1
严木桥路	P213	D5
严桥路	P109	F1
严桥路	P113	A1
严桥路	P87	E8-F8
严杨路	P109	E1
严杨路	P87	E8-D8
严镇路	P109	F1
严镇路	P87	E8
严中路	P109	E1-F1
炎虹路	P85	B2
沿村路	P239	C1-A3
沿港河路	P209	C3-C4
沿河泾北路	P197	B2-C2
沿河泾南路	P197	C2
沿河路	P175	D4
沿河路(南翔)	P147	F8
沿沪大道	P137	F3
沿沪大道	P145	A3-F4
沿沪大道	P149	A4
沿江公路	P121	A1-D2
沿江路(南桥)	P223	B8
沿江路(西渡)	P191	F7-F8
沿江路(西渡)	P207	A7
沿江塘路	P165	F6-F7
沿江塘路	P167	A3-B4
沿绿路	P147	F8
沿浦公路	P193	E5-F5
沿浦公路	P209	A5-B5
沿浦路	P207	A6-A7
沿钱公路	P209	B5-F6
沿钱公路	P225	A6-D7
沿泰路	P209	E6-E7
研发路	P225	A1
研展路	P125	B1-C1
研展路	P163	D8
盐廒路	P207	D1
盐北路	P177	E2-E3
盐仓老街	P177	F2
盐仓路	P205	A3-B3
盐朝公路	P177	E2-E7
盐城路	P77	C6-C7
盐大路	P197	A5-C5
盐光路	P175	F8
盐光路	P195	A8
盐码头街	P79	B2-A2
盐平路	P205	A3,B3-C3
盐平支路	P205	C2-C3
盐青路	P225	A8-C8
盐山路	P105	A1
盐铁路	P193	C4-C5
盐铁塘路	P193	D3-D4
堰东路	P207	C1-D1
雁荡路	P77	B3-C3
滟东路	P205	F6
燕园路	P209	E1-E2
扬帆路	P231	F2-F3
扬虹路	P155	C7-B8
扬州路	P105	A1
扬州路	P63	C7-B8
扬子江路	P61	F8
扬子江路	P63	F1
扬子江路	P69	A8
阳城路	P43	C4-C5
阳川路	P147	A4-B4
阳春路	P225	F6
阳达路	P237	E3-F3
阳汏路	P243	A3
阳光大道	P175	A5-A6
阳康路	P237	F2
阳乐路	P237	F2
阳乐路	P243	A2
阳明路	P239	A5
阳曲路	P35	B8-E8
阳曲路	P37	E1-F1
阳泉路	P37	B1-F1
杨北路	P141	E5-E6
杨存路	P207	F3
杨存路	P223	A3-C3
杨典公路	P207	C1-D1
杨东路	P167	A1
杨高北路	P107	A2-B1
杨高北路	P165	D1-F1
杨高北路	P31	D7-F8
杨高北路	P39	A8
杨高北路	P49	A2-F2
杨高北一路	P269	F1
杨高北一路	P31	C8-D7
杨高南路	P103	A7-E8
杨高南路	P109	A2-E1
杨高南路	P113	F1
杨高南路	P123	A1-B2,B2-C2
杨高南路	P87	C8-F8
杨高南路	P95	A8-F7
杨高中路	P105	F2-B8
杨高中路	P107	B1
杨高中路	P109	A2
杨海路	P225	C2-C3
杨家港路	P171	B3
杨家沟路	P49	C6,C6-B8
杨家南路	P175	C5-D5
杨家庄路	P155	C2-D2
杨莲路	P113	D3-C4
杨林路	P151	A3-B3
杨林南路	P151	B4-C4
杨柳桥路	P151	C7
杨柳青路	P57	F2
杨柳青路	P65	A2-D3
杨柳一街	P151	C7
杨溇路	P223	B4-C4
杨溇支路	P223	B3-C3,C3
杨甪路	P203	C3-D3
杨木桥二路	P151	A1
杨木桥路	P151	A1-B1
杨木桥三路	P151	A1
杨木桥一路	P151	A1
杨木桥支路	P151	A1
杨南路	P101	F8
杨南路	P103	F1-D7
杨南路(宝山)	P141	E3-E4,E5-D6,F1-E3
杨南支路	P103	E2-F2
杨牌路	P225	B2-C2
杨盛路	P27	A6
杨树浦路	P105	B1-A3
杨树浦路	P47	F3-E4
杨树浦路	P63	D5-D8
杨思路	P101	D6-C8
杨思路	P103	C1-B5
杨思西路	P101	D6-F5
杨思西路	P121	A3
杨泰路	P141	F7
杨泰路	P27	A6-C7
杨桃路	P27	A6
杨通路	P225	C2
杨王二路	P225	C2
杨王路	P225	B3-C3
杨文路	P27	A7
杨像路	P225	B3-C3
杨新东路	P103	B1-A4
杨新港路	P117	A3
杨新路	P101	C7-B8
杨新路	P103	B1
杨鑫路	P27	B5-A7
杨叶坟路	P201	D8-E8
杨源路	P105	F2
杨源路	P109	A2
杨跃路	P225	B3
杨宅路	P73	F7
杨宅路	P81	A7-B6
杨镇路	P109	B8
杨宗路	P141	E5-F6
杨宗路辅道	P141	E5
杨宗支路	P141	E6-F6
洋浩路	P229	C7-D8
洋浩路	P231	D1,E1-F2
洋河浜路	P163	A6-A7
洋泾镇路	P105	D3
洋来荡路	P157	C2-B2
洋来荡路	P179	B1
洋桥村路	P133	C8
洋桥路	P133	C7-C8
洋山河路	P251	F3-F4
洋山河路	P255	A4
洋新路	P133	C7-C8
洋新路	P135	C1
洋溢港北路	P213	E7
洋溢港路	P213	E7-E8
洋溢港路	P215	E1
洋溢中久分界河路	P215	E1-F2
仰古路	P227	E8-F8
养石公路	P203	B4
养殖北路	P261	C8-D8
养殖北路	P263	D1-D2
养殖场东路	P245	F2
养殖场路	P253	E3-F4
养殖场南路	P249	A4
养殖场中路	P249	A4
养殖南路	P261	D8
养殖南路	P263	D1-D2
漾滨中路	P261	D1-E1
漾东公路	P261	B2-E1
漾平路	P221	F2-F3
漾西路	P261	B2
腰泾公路	P203	E8,E8-F8,F8
腰泾公路	P205	F1
腰里路	P203	F8

X

Y

Y

名称	页码	索引格
腰里路	P219	A8
腰南公路	P219	A8
姚北路	P117	F3
姚北路	P125	B1-A3
姚北路	P163	D8,E7-D8
姚存路	P207	F3-F4
姚虹路	P81	D5-F4
姚虹路	P89	A4
姚虹西路	P81	C4-D4
姚家浜街	P117	A7
姚家浜路	P149	E6-E7
姚家浜路(松江)	P205	B3
姚家村路	P225	A8
姚家路	P219	F8-F7
姚家路	P233	A7
姚家小庙路	P197	A5-A6
姚家宅路	P223	B7-B8
姚库路	P205	E3-E4
姚王公路	P205	D6-E7
姚奚路	P149	F6
姚奚路	P153	A6
姚新路	P207	E4-F4
姚新路	P223	A4-B4
姚章路	P149	F6-F7
姚章路	P153	A6,A7
窑厂路	P159	F4
窑厂路	P179	A4-A5
窑厂路	P257	F7
窑厂路	P261	F6
窑厂路	P265	A6
窑厂桥路	P193	E4
窑墩路	P175	D3-C4
窑港大道一支路	P175	E5
窑港路	P175	D5-E5
窑港南路	P175	E5
窑港南支一路	P175	E5
窑桥中心路	P237	A7-B7
窑湾里	P139	B2
窑小迁一路	P271	D6
窑闸路	P133	F1-E2
遥墙路	P177	A3
滧边路	P261	D2-E2
滧东中路	P251	E6,E6-F6
滧南闸路	P265	C4-D4
滧七路	P265	C4-C5
滧星北路	P251	E6-F6
滧星南路	P255	A6-B6
滧星中路	P251	F6
滧星中路	P255	A6
滧中北路	P265	B4-C5
药局弄	P79	C1
耀川路	P101	B4-B5
耀光路	P225	A4
耀华路	P101	A3-A4
耀华路	P93	F4-C8
耀华路	P95	C1
耀江路	P101	A3-B4
耀江路	P93	E3-F3
耀龙路	P101	A4-F4
耀龙路	P121	A2
耀龙路	P93	D3-F4
耀体路	P101	E3-E5
耀杨路	P225	C2-C3
耀元路	P93	F3-E5
耀洲路	P245	B8-D8
耀洲路	P247	B1
也是园弄	P77	C8
业东路	P183	F7
业煌路	P163	B2-B3
业辉路	P163	A2-A3
业绩路	P33	E4-F4
业绩路	P41	A4
业锦路	P163	B3,C2
业前路	P163	A2-A3
业盛路	P231	E2-F2
业途路	P163	A2-A3
业文路	P163	C3
业西路	P183	F7
业祥路	P119	E5-D6
叶昌公路	P205	F7,F7-F8
叶车路	P205	D8-E8
叶城路	P147	B3-A6
叶达公路	P205	E7-F7
叶达公路	P221	A7
叶发公路	P205	E7-F7
叶繁公路	P205	E7-F7
叶家公路	P163	C6-C7
叶家角路	P29	A8-B8
叶家桥路	P193	A4-A6
叶家台路	P155	F5
叶家宅路	P67	B1-C2
叶家宅南路	P67	C2
叶联路	P155	E5-F6
叶良公路	P223	D4-F4
叶粮路	P207	E1-D1
叶茂路	P205	D8
叶梅路	P207	B8
叶梅路	P209	B1
叶南路	P249	B5-A5
叶权路	P205	E8
叶荣公路	P205	E7,E7-E8
叶恕路	P205	E5-F5
叶亭路	P163	E8
叶旺公路	P205	E7-F7
叶校路	P205	E8-F8
叶新公路	P201	E7-F8
叶新公路	P203	F1-E8
叶新公路	P205	E1-D8
叶新支路	P203	E4-E6
叶兴公路	P205	E8-F8
叶轩路	P205	F5-F6
叶辕路	P205	E6-F6
叶张公路	P205	E6-E7,F6
叶张路	P207	B3-D4
叶政路	P205	E7-E8
叶政路	P207	E1
叶庄公路	P223	B4-C4
一队果园路	P269	B5
一二八纪念东路	P37	B2-B3
一二八纪念路	P35	C7-B8
一二八纪念路	P37	B1
一号桥路	P169	F6
一号桥路	P171	A5-A6
一江山路	P255	D4
一六路	P113	C7-E8
一龙路	P235	A3-B4
一粟街	P77	C8
一线街	P161	A4
一新路	P223	B5
伊犁路	P81	A4-C4
伊犁南路	P81	C4-F3
伊敏河路	P45	B5-C4
伊宁路	P147	D2-C6
医学院路	P83	C7-B8
医学院路	P85	B1
医院路	P153	F4
医院路	P161	A4
医院弄	P259	C6
依安路	P27	B5
依兰路	P27	C4
仪表路	P257	E2-F2,F2
仪表路	P259	A2
仪凤弄	P77	B6-C7
沂林路	P87	F3,F4
沂林路	P95	A3-A4
沂南路	P87	C3-C4
怡华苑路	P43	E4
宜昌路	P59	F2,F3-E5
宜昌路	P67	A2
宜川路	P43	E7-F6
宜川路	P59	A3-C4
宜君路	P43	F4-F5
宜乐路	P137	F7
宜民路	P135	F1
宜民路	P141	A1
宜山北路	P83	D2-E2
宜山路	P55	D7-C8
宜山路	P83	E2-F1
宜山路	P89	F1-B8
宜山路	P91	A1-B1
宜州路	P89	E4-F4
宜州路	P97	A4
贻庆街	P77	A7-B7
移东路	P265	B4
倚大路	P229	D6-F6
亿松路	P207	B8
义王路	P31	E7
艺博路	P227	B4
艺华路	P229	B4
易富路	P117	F1-F2
易富路	P163	D7-C8
益北路	P193	F2
益北路	P209	A2-B2
益丰路	P111	D4
益华路	P169	A6-D6
益江路	P111	E4-D5
益梅路	P119	C2-C3
益民路	P175	D4
益民路(川沙)	P169	E5
益民路(廊下)	P235	E1
益文路	P119	B3-C3
谊盛路	P229	B1-C1
谊西路	P251	E6-E8
逸仙高架路	P29	A4-F5
逸仙高架路	P37	A5-F4
逸仙高架路	P45	A4-C3
逸仙路	P29	B5-F5
逸仙路	P37	A5-F4
逸仙路	P45	A4-B4
逸政路	P225	A2
意威路	P165	E1-D2
懿德路	P121	F6-E8
懿行路	P121	E5-E7
殷北路	P115	B4-B5
殷高东路	P37	C5-D7
殷高路	P37	C4-C5
殷高西路	P37	D1-C4
殷行路	P37	B5-B8
殷行路	P39	B1-B3
殷家浜路	P115	D2-C3
殷军路	P115	D3-C3
银城路	P71	A4-A6
银城中路	P71	A4-E3
银春路	P189	C5-B8
银春路	P191	B1-B2,B2-A3
银翠路	P163	F8
银冬路	P111	C4-C6
银都路	P125	E6-D8
银都路	P127	A8,C2-A8,D1-C1
银都西路	P125	F4-E6
银峰路	P167	C2
银工路	P237	C7-B8
银行弄	P259	C6
银河路	P229	B4
银环路	P123	B1
银聚街	P137	F6
银康路	P189	C6-C8
银莲路	P231	C2-D2
银林路	P189	D6-C8
银柳路	P111	A1-A2
银龙路	P145	B8-C8
银龙路	P147	C1
银鸥路	P265	C7
银鸥西路	P265	C7
银品路	P229	B6
银秋路	P189	C5-A8
银融路	P109	C1
银山路	P105	D6-C7
银石路	P135	E3
银亭路	P55	C6-C7
银翔路	P151	B8-A8
银翔路	P41	B1-B2
银霄路	P109	B4-D4
银欣路	P45	F4
银欣路	P61	A8
银杏路	P41	C2-C3,C3
银杏树路	P259	D7-C8
银杏园路	P169	A7-A8
银裕路	P147	F5
银裕路	P151	A5
银泽北路	P183	A1
银泽路	P183	A2-A4
银洲街	P71	B4-B5,C4-B4
银珠路	P81	C3-E2
银樽路	P111	B7,B7-B8
寅青路	P163	A6-B7
寅西路	P163	B6-B7
尹家弄	P151	B8-A8
尹塘路	P173	F1-F2
引河路	P255	D8
引水路	P205	B7-B8
引线弄	P79	B1
隐沙路	P39	B3
印长路	P139	B6-C6
英墩路	P197	C2-F2
英墩路	P213	A2
英伦路	P165	F1-F2
英曼路	P49	A4-A5
英雄路	P197	C2
樱花街	P147	D6
樱花路	P109	D2-C5
樱桃河路	P187	E7-F7
迎宾八路	P55	B3-A3
迎宾北侧联络道	P171	A8
迎宾北侧联络道	P173	D1-C1
迎宾二路	P53	F4
迎宾二路	P55	A3-A4,A4
迎宾六路	P53	F3-F4
迎宾路	P215	D3
迎宾路(嘉定)	P139	F5
迎宾路(松江)	P183	F4
迎宾南侧联络道	P171	B8
迎宾南侧联络道	P173	D1
迎宾七路	P53	F3
迎宾七路	P55	A3
迎宾三路	P55	A3-A5
迎宾五路	P53	F3-F4
迎宾一路	P53	F4
迎春街	P171	D1-D2
迎春路	P105	F4-F5
迎春路	P109	B2-A4
迎金路	P209	A3-A4
迎乐路	P53	C3-D3
迎立路	P223	E6-F6
迎立路	P237	A6-B6
迎祥街	P179	C1
迎勋北路	P77	C8-D8
迎勋路	P77	D8-E8
迎勋支路	P77	C7-C8
迎薰路	P197	C1,D2-D3
迎阳路	P145	F5-E6
迎园北路	P139	F5
迎园路	P139	F6-F5
迎园路	P147	A5
迎园南路	P139	F5
迎园西路	P139	F5
迎园中路	P139	F5
盈淀路	P153	D2
盈福路	P153	F3-F4
盈港东路	P153	F5-F6,F7-F8
盈港东路	P155	E3-D8,F1-E2
盈港路	P153	F2-F5
盈浩路	P161	A3
盈贺路	P153	F4
盈联路	P149	D6-E6
盈绿路	P161	A3
盈米路	P161	A3
盈清路	P161	A3
盈顺路	P153	D3-E3
盈文路	P153	F4
盈秀路	P153	E3-E4
盈中西路	P153	F4
盈中西路	P161	A4
盈朱路	P153	F2-F3
盈朱路	P159	A8
盈朱路	P161	A1-A2
营堡北路	P259	B8-C7
营堡南路	P259	C7-D6
营堡中路	P259	C7
营房路	P259	C6
营房一路	P259	B7
营房支路	P271	D3-E3
营凯中路	P259	B7-B8
营口路	P39	F1
营口路	P47	A1-C1
营前路	P173	D1-C2
瀛北八号路	P261	E2
瀛北七号路	P261	E1-E2
瀛北十号路	P261	E1
瀛陈公路	P265	C7-E8
瀛陈公路	P267	E1
瀛岛路	P255	C2-C3
瀛东路	P265	E8
瀛东路	P267	E1
瀛东南路	P265	F8-E8
瀛东南路	P267	E1
瀛江路	P255	C3
瀛南东二路	P265	A1-B1
瀛南二路	P259	D8
瀛南二路	P265	A1-B1
瀛南路	P259	D8-E8
瀛南路	P265	A1
瀛洲中路	P261	F1-F2
影城路	P183	E8
影佳路	P183	F7-F8
影前路	P31	B2-C2
影视路	P183	E8
影维路	P183	E8-F8
影业街	P91	A3-A4
影园路	P27	A6-A7
影振路	P183	F7-F8
拥军团墩路	P227	C1-D1
永爱路	P213	C2
永安街	P149	A6-A7
永安路	P69	D8-E8
永安路(崇明)	P245	F8
永安路(崇明)	P247	F1
永安路(川沙)	P111	E8
永安路(川沙)	P169	E1-D1
永北北路	P261	C6-D8
永北路	P261	C5-D7
永晨路	P213	B2
永川路	P99	E4-F4
永春北路	P213	B1
永春东路	P213	B1-C2
永春南路	P213	C1
永春西二路	P213	B1
永春西一路	P213	B1
永春中路	P213	B1-C1
永达路	P213	B2-C2
永达路(合庆)	P167	E2-E3
永德路	P187	F7-F8

名称	页码	索引格
永德路	P193	C1
永登路	P41	D5-E7
永定北路	P213	C1
永定南路	P213	C1
永东路	P261	F7
永东中路	P261	F7
永恩路	P193	D3-E3
永发路	P199	D2-E2
永发三路	P271	C5-B6
永发支路	P271	B5-C5
永丰东路	P257	C4-D3
永丰公路	P181	D3-C5
永丰路	P183	E2-F2
永丰路(浦江)	P193	F2-E3
永丰路(长兴)	P271	A3-B4
永丰南路	P257	D3-D4
永福路	P75	E5-F4
永富支路南段	P271	D8
永高路	P193	D3
永光路	P233	D8
永光路	P235	D1-C3
永海路	P245	E8-F8
永海路	P247	F1
永航路	P183	F2
永航路	P205	A2,A2-B2
永和东路	P43	B7-B8
永和路	P43	C4-B7
永和路(曹路)	P167	C2,C2-C3
永和南路	P259	C7-D7
永恒路	P193	D4-E4
永红中心路	P167	F3
永华路	P227	D3-E3
永吉路	P45	D8
永吉路	P47	B1-D1
永嘉路	P75	F7-E8
永嘉路	P77	E1-E2
永嘉路	P83	A5-A7
永建路	P49	F3
永江路	P271	B6-B7
永杰路	P193	C3-E3
永进路	P195	A4
永进路(崇明)	P257	F2-F3
永靖路	P139	C5-E5
永康路	P75	E7-E8
永康路(崇明)	P261	D5-E6
永昆公路	P181	B2-B5
永乐北路	P251	A3
永乐路	P143	D4-C6
永利路	P203	D1-C2
永利路	P257	E3-F2
永陵路	P213	A4,A4-B3
永隆路	P183	F1
永隆路	P261	E6-E7
永盟路	P271	B5
永民路	P257	C1-C2,C2-C4
永南路	P193	F3-F6
永南路(三星)	P245	E8
永南路(中兴)	P261	F6
永年路	P77	E5-E6
永宁东路	P213	C1,C1-C2
永宁街	P77	D7-C7
永宁路	P49	D3-F2
永宁西路	P213	C1
永平路	P191	C5-D5
永平路(崇明)	P245	E8-F8
永平路(崇明)	P249	A8-B7
永平南路	P191	D5-E5
永浦路	P193	E3-E4
永前路	P257	C3-D3
永强路	P163	E7
永清路	P143	C4-F5
永胜北路	P261	E5-F6
永胜二路	P271	B6
永胜六路	P271	B6-B7
永胜路	P69	E7-E8
永胜路(崇明)	P261	E5-F6
永胜三路	P271	B6
永胜四路	P271	B6
永胜五路	P271	B6-B7
永胜一路	P271	A6
永胜支路	P271	A6-B6,B6
永胜中路	P261	F5-F6
永盛路	P147	A4-E5
永盛南路	P147	E5-E6
永寿路	P69	E5-F6
永顺路	P141	D2
永颂路	P193	D3
永泰街	P79	C1-D1
永泰路	P121	C5-A8
永泰路	P123	A1-A3
永潭路	P213	C2-C3
永旺路	P213	B2
永西北路	P261	D6-E7
永西路	P261	E6-F7
永西南路	P261	E6-F7
永西中路	P261	D6-E7,E7
永贤路	P193	E3-F3
永新路	P139	C5-E5
永新路(曹路)	P167	D3
永新路(崇明)	P249	A8
永新路(崇明)	P251	A1-B3
永新中心路	P223	F7
永星路	P271	C6,C6-B6
永兴路	P245	F2
永兴路	P59	D8
永兴路	P61	D1-C5
永兴路(崇明)	P261	D6-E7
永兴小马路	P61	D2-E2
永兴支路	P61	D2
永秀路	P117	D7,E6-D6
永杨路	P225	C2-C3
永业路	P49	F3-F2
永益东西路	P227	C4
永源路	P75	B3-B4
永跃路	P193	C3-E3
永寨路	P193	D4
永中路	P245	E8-F8
永中路	P247	F1
甬虹路	P155	C8
咏沙路	P269	A2
泳耀路	P101	D4-C6
优化路	P225	B3-B4
邮电路	P259	C6
邮电路(奉城)	P227	A3-B3
邮电路(泰日)	P209	B7-A7
邮电路(新浜)	P203	F1
邮电支路	P259	C6
邮佳环路	P175	F6-E7
邮佳迎宾大道	P175	E6-F6
油车浜路	P161	D1
油车码头街	P79	E3-F3
油车湾	P255	C4
油管路	P31	A4
油桥公路	P259	B2-C5
油桥路	P133	F3
油桥路	P139	A3-A4
油桥南路	P259	B3-C5
游中路	P195	A8
友爱东路	P153	A4
友爱路	P153	A3,A3-A4
友诚路	P93	F3-F4
友东路	P117	D4-E4
友东支路	P117	D4
友好上塘街	P217	C6
友好下塘街	P217	C6
友菊路	P147	C2
友乐路	P53	D4-F4
友林路	P105	A5
友青路	P167	F5
友情路	P125	A8
友谊路	P141	F7-E8
友谊路	P143	B4-A4,C1-B4
友谊路(漕泾)	P237	E6-E7
友谊路(崇明)	P255	B3-B4
友谊路(亭林)	P223	B2-C2
友谊路(邬桥)	P207	B4-D4
友谊支路	P143	A3-C4
友谊中心路	P225	B4
友云路	P141	E8-F8
幼学弄	P139	F4
于塘路	P145	E8-F8
于塘路	P147	F1
于塘路	P149	A8
于塘路	P151	A1
于塘南路	P151	A1
于田路	P145	F8
于田路	P149	A8-B8
于田南路	P149	B8
于庄路	P209	E5-F5
余杭路	P61	E7-D8
余环河路	P197	F6
余环河路	P213	A6-A7
余庆路	P83	A3-C4
余姚路	P67	E2-C5
鱼场公路	P203	B3
鱼尾狮大道	P209	D1-E1
俞家弄	P79	C1-C2
俞泾港路	P45	F1
俞塘路	P183	E4-E5
俞湾路	P139	A6-A7
渔傲路	P271	B3
渔场公路	P203	F5
渔场路	P271	E7-E8
渔港环路	P271	B4-C4
渔港路	P229	D8-F8
渔歌路	P271	B3
渔汇路	P207	B4-C5
渔家乐路	P271	B4-C4
渔乐路	P269	D6-E6
渔翔路	P271	B3-C3,C3-C4
榆林路	P105	A1
榆林路	P63	D5-A8
榆树头	P183	F3
榆中路	P51	A1-B1
虞姬墩路	P51	A3-C3,C3
愚园东路	P67	F6
愚园路	P67	F6
愚园路	P73	C7-C8
愚园路	P75	C1-A6
愚园支路	P75	A4-A5
羽山路	P105	F2-C6
玉朝路	P205	B2
玉川路	P145	A7-B7
玉桂路	P147	D6
玉函路	P183	B3
玉华路	P183	D1
玉环路	P255	C4
玉佳路	P183	F1-F2
玉佳西路	P183	F1
玉佳西路	P205	A1
玉佳支路	P183	F1
玉佳支路	P205	A1
玉昆路	P181	D4-D5
玉兰路	P109	C3-D3
玉兰路(滨海)	P199	E2,E2-F2
玉麦路	P151	B2
玉门路	P41	C6-D6
玉盘北路	P167	F1
玉盘北路	P169	A2
玉屏南路	P73	D2-D3,D3-E5
玉泉街	P101	B8
玉泉街	P103	B1
玉树北路	P183	D1-E2
玉树路	P183	E2-F2
玉树路	P205	A2-B2,B2-C2
玉穗路	P225	C3
玉田路	P45	D3-D5
玉田支路	P45	C4-D4
玉亭路	P147	F3
玉秀路	P205	A1-A2
玉阳路	P205	A2-A3
玉宇路	P229	C5-E5,F5
芋秋路	P101	F3
芋秋路	P121	A2
郁江巷路	P29	F2-F3
郁江巷路	P37	A3
郁金香路	P265	D7-C7
郁李路	P41	C3-D3
育才街	P223	F1
育才路(崇明)	P255	C4
育才路(洞泾)	P163	F5
育才路(海湾)	P227	E3
育才路(竖新)	P257	C5
育才路(徐泾)	P155	E5-E6
育才路(长江)	P257	A2
育才支路	P155	E5
育椿公路	P257	C4-D5
育德北路	P245	F5
育德南路	P249	A5
育东路	P245	F5
育东路	P249	A5
育工路	P237	D8
育工路	P239	D1-C1
育海路	P197	C3
育建路	P229	B6
育兰路	P147	D6
育兰支路	P147	D6
育林路	P261	F5
育林路	P265	A5
育麟桥路	P255	C4-C5
育绿东路	P147	B8
育绿路	P147	C6-B8
育苗路	P197	C3
育贤北路	P271	B6-C6
育贤南路	P271	C6-E7
育新路	P203	C8
育新路	P205	C1
育新路	P245	F4
育新路	P249	A4-A5
育秀东路	P225	A1-A2
育秀路	P223	B8
育秀路	P225	B1-A1
育英街	P147	D6-E6
育英路	P259	C6
育婴堂路	P61	C2-E2
育中路	P147	D6
浴堂街	P55	F4
御北路	P113	E4-E5
御衡路	P113	F7
御桥路	P113	E6,F1-F2,F3-E6
御桥路	P123	A1
御桥印家路	P113	D4-C4
御青路	P113	D6-F6
御山路	P113	E5-F6
御水路	P113	D6-F6
御霞路	P113	E7-F7
御秀路	P113	E7-F7
御秀路	P123	A7
御叶路	P113	E7
御云路	P113	F6-F7
裕安路	P265	A8
裕安南路	P265	A7-A8
裕安西路	P261	F7-F8
裕安西路	P265	A8
裕安中路	P261	F8
裕北东路	P265	B6
裕北南路	P263	F1
裕北南路	P267	A1-A2
裕北中路	P263	F1
裕北中路	P267	A1
裕陈路	P265	B7-C6
裕德路	P91	A2-A3
裕东北路	P261	F8
裕东路	P265	A8
裕飞路	P265	A8
裕丰北路	P265	B8
裕丰路	P151	A7-A8
裕丰南路	P265	B7-C8
裕福路	P265	A8
裕国路	P265	A8
裕国路	P267	A1
裕鸿路	P265	A8-B8
裕鸿路	P267	B1
裕军路	P265	A8
裕民路	P147	A3-B5
裕民南路	P147	B5-D6
裕南中路	P265	B7-B8,B7-C8
裕前南路	P265	C5-C6
裕盛路	P265	A8
裕通路	P59	F7
裕通路	P67	A7
裕西北路	P261	E7-F8
裕西中路	P261	E7-F7,F7
裕展路	P263	F1
裕展路	P267	A1
裕政路	P265	A8
裕政路	P267	A1
裕中北路	P265	A7-B7
裕中南路	P265	B6-B7
裕洲路	P267	A1
豫春路	P69	F8
豫园老街	P69	F8
豫园新路	P69	F8
鸳鸯路	P261	C1-D1
鸳鸯厅弄	P79	B1-C1
元安路	P185	F6-E6
元宝弄	P255	D4
元电路	P185	E5-D7
元芳弄	P69	D7-C8
元和路	P185	D7-D8
元江路	P185	F4-E8
元江路	P187	E1-B8
元江路	P189	A3-A4
元江路	P193	A1
元科路	P185	F8
元科路	P187	F1
元六北路	P255	B2-A3
元六南路	P255	B2-B3
元六中路	P255	B2-B3
元明路	P185	D7
元山路	P185	E6-E7
元松路	P185	F6
元松路	P189	A6
元阳路	P189	F8
元阳路	P207	A4
园百路	P197	C1
园春路	P197	D1
园大路	P145	D8-E8
园大路	P147	E1-F1
园德路	P195	E7-E8
园迪路	P195	E7-E8,E8
园丁路	P145	C6
园二路	P165	E3
园丰路	P33	F2-F3
园锋路	P245	F2
园福路	P147	E1-D1
园高路	P147	F3
园工路	P145	E8-F8
园工路	P147	F1
园光路	P41	A2-A3
园国东路	P147	D1-C2
园国路	P145	E7-D8

Y
Z

名称	页码	索引格
园国路	P147	D1
园海路	P147	E1-F1
园和路	P141	D4-D5,D5-C6
园恒路	P165	E3-F3
园胡路	P203	E3
园辉路	P33	F2
园辉路	P41	A2
园际路	P145	E7-D8
园康路	P33	D3-E3
园林东路	P29	D8
园林路	P175	C7
园林西路	P29	D8
园贸路	P147	D1-E1
园美路	P187	F5,F6
园民路	P145	D8-E8
园宁路	P197	C1
园汽路	P147	D1-E2,E2-F2
园庆路	P33	D3-E3
园区北路	P187	F5-E5
园区路	P145	E8
园区路	P147	E1-D2
园区路	P265	C4-C5
园三路	P165	F3-E3
园顺路	P195	E8
园四路	P165	F3
园泰北路	P33	D3-E2
园泰路	P33	F2
园泰路	P41	A2-A3
园亭路	P145	F8
园通路	P195	E8
园外东一路	P203	F7
园外路	P227	F8
园文路	P117	D5-E6
园西路	P195	C7-D7
园峡路	P245	F2
园峡路	P249	A2
园新路	P33	E4-F4
园秀路	P117	D5-E5
园耀路	P147	E1-D1
园业路	P147	F1
园一路	P165	E2-E3
园艺北路	P261	C3-D3
园艺场路(横沙)	P271	D5
园艺场路(祝桥)	P173	F1-F2
园盈路	P197	C1-D1
园跃路	P197	C1
园照路	P101	F2
园照路	P121	A1-A2
园中路	P195	C8-E8
园中路(松江)	P183	D3
园洲路	P165	E3
袁家宅路	P207	C7-B7
袁友路	P197	D3-D4
原平路	P43	A5-D5
圆东二路	P271	C3
圆东三路	P271	C3-C4
圆芳路	P271	B3
圆明园路	P69	A7-B7,B7
圆瑞路	P271	B3
圆展路	P271	B3
源驰路	P145	C8
源华路	P49	C2-C3
源泉路	P47	D1
源深路	P105	D1-F2
源深路	P109	A2
源深路	P71	A8
辕门路	P205	F5-F7,F7
远东村东路	P197	C5-D5
远东联络北段	P173	C2
远东路	P207	D8
远东路	P209	D1-E1,F1
远东路	P225	A1-A2
远东路(惠南)	P197	D5
远航路	P177	A2-A3
远景村路	P141	D2-E2
远景路	P59	C4-C5,C5-D6,E2-C4
远联路	P197	C5-D5
远陆路	P197	B4
远通路	P169	C6
远望路	P241	E7
远香湖路	P147	B5-C5
远洋路	P171	D6-C7
远征路	P229	E7-E8
月城路	P141	E7-F7
月川路	P141	A5
月春路	P141	C4-D4
月丰路	P141	C4-D5
月富路	P141	B6-C6
月工路	P235	D8
月工路	P237	D1-C3
月华路	P239	C1
月罗公路	P139	E8
月罗公路	P141	E1-C7
月明路	P141	E7-F8
月宁路	P141	B5-B6
月泉路	P141	C5-C6
月盛路	P141	B5-B6
月台路	P125	F1
月台路	P185	A1-B1
月塘路	P141	C6
月巷路	P141	B5-C5,C5-C6
月新北路	P141	C5
月新南路	P141	C5-D5
月牙港路	P269	E7
月牙路	P139	B2-B3
岳麓道	P215	B1
岳阳路	P75	F7
岳阳路	P83	A7-B7
岳州路	P63	C1-A3
悦达路	P173	C2
悦来街	P79	B2
悦目路	P177	E5-F5
悦目路	P197	A5
悦盈路	P153	F4
跃东路	P169	C5-B8
跃东路	P245	E2-F2
跃东路	P249	A2
跃丰路	P167	F3-F4
跃丰路	P169	A4-A6
跃富公路	P257	D8-F7
跃富公路	P259	A7
跃进公路	P245	B4-D4
跃进河路	P193	D3-E4
跃进路	P197	B2-C2
跃进路(宝山)	P27	A3-B3
跃进路(崇明)	P261	D2-E3
跃进路(康桥)	P123	B8-C8
跃进路(山阳)	P237	E2-F2
跃进南路	P261	D2-E3
跃进支路	P123	C8
跃进中路	P257	E5-F5
跃进中心路	P257	D5
跃马东路	P259	A7
跃西路	P245	E2-F2
跃西路	P249	A2
跃新公路	P245	D4-F4
跃益路	P169	A5-A6
跃征路	P245	D2-D4
越海路	P165	E4
越联路	P163	A7-A8
粤秀北路	P37	F1
粤秀北路	P45	A1
粤秀路	P43	B8
粤秀路	P45	A1-B1,B1-C1
云安路	P147	E8-F8
云安路	P33	E1-F1
云淡路	P229	D5-E5
云端路	P229	C6
云恩路	P183	A2
云飞东路	P43	A8
云飞东路	P45	A1
云峰路	P181	A6
云港路	P257	C3-E3
云工路	P237	B6-B7
云谷路	P147	B4-C4,C4-E5
云汉路	P229	A4-B6
云皓路	P231	A4
云湖路	P181	F1
云锦路	P101	D1-E1
云锦路	P91	D8-F8
云锦路	P99	A8-D8
云鹊路	P231	A4-B4,B4,B4-C4,C4
云凯路	P125	C1
云昆路	P181	A6
云莲路	P95	A3-E4
云林路	P141	A5
云岭东路	P51	F7
云岭东路	P53	A7-A8
云岭东路	P73	A1
云岭西路	P51	F5-F7
云南北路	P69	C4
云南南路	P69	E5-F6
云南南路	P77	A6
云南中路	P69	D4-E5
云牛路	P207	E3-E5
云屏路	P147	C4,C4-E4
云桥路	P107	C1-B4
云清路	P183	B2-B3
云山路	P105	A5-F7
云水路	P229	A4-C4
云顺路	P107	D1-F4
云台路	P103	A4-F5
云台路	P121	A7
云台路	P95	A1-F3
云天路	P135	E4-F5
云雾山路	P73	C3-D4
云西路	P37	D2-D3,D3
云夏路	P229	A5-B5,B5-C5
云欣路	P35	F7-F8
云雅路	P167	E1
云阳路	P75	F2
云逸路	P183	F1
云振路	P125	C1-B1
云振路	P163	E8
云洲路	P135	F2
芸香路	P213	F8
芸香路	P215	F1
运北路	P249	A2-A3
运城路	P43	D5-F7
运光路	P45	B4-B5
运河北路(南桥)	P207	F8
运河北路(南桥)	P209	F1
运河北路(南桥)	P223	A7-A8
运河路	P197	B2-C2,C2
运河路(崇明)	P257	F2-F3
运河路(崇明)	P259	A3
运河路(南桥)	P209	F1
运河路(南桥)	P223	A7-A8,A8
运河路(南桥)	P225	A1
运乐路	P155	B6
运粮河路	P255	A4-A5,A5,A6-A7
运南中路	P255	A7-B7
运石路	P237	E6
运通路	P169	B5-D5
韵浦路	P123	F6-F7
韵浦路	P131	A6
韵元路	P47	B8
韵元路	P49	B1

Z

名称	页码	索引格
藏东路	P61	B6
枣阳路	P65	B4-F3
枣阳路	P73	A3-B3
枣庄路	P105	A6-C8
迮庵路	P155	E4-D5
泽丰路	P209	F2
泽普路	P149	A7
泽叶路	P205	E5-E6,E6
泽园路	P209	F2
泽悦路	P163	D4-E4
泽州路	P43	F8
增产二路	P271	E6-E7
增产南北路	P271	E6
增产一路	P271	E6
增丰路(漕泾)	P237	E5-F5
增丰路(漕泾)	P243	A5
增丰路(横沙)	P271	E6
增九路	P243	A4-B5
增联路	P271	E6
增通路	P237	F5
增通路	P243	A5
增新路	P271	E6
增由路	P225	A3
闸东北路	P265	B3-B4
闸东公路	P265	B3-B4
闸东路	P261	B3-C3,B3-C4,C4
闸航公路	P193	E2-E8
闸联路	P193	D2-D3
闸南路	P249	B5-B6
闸南路	P259	D5
闸拾壹路	P249	A2
闸西北路	P265	A2-B2
闸西公路	P253	C6
闸西公路	P257	B7 C8
闸西路	P261	B2-B3
闸西路	P269	B2
闸殷路	P31	F1
闸殷路	P37	B8-E6
闸殷路	P39	A1-B1
闸裕路	P251	C4
闸园路	P207	A7
乍浦路	P61	C6-D7,D7-F7
宅兴路	P225	D2
展晨北路	P261	F7
展晨北路	P265	A7-A8
展晨公路	P261	F6
展晨公路	P265	A6-A8
展发二支路	P207	C7
展发路	P207	C7
展发一支路	P207	C7
展工路	P237	A7
展凌路	P31	C1-C2
展阳路	P145	F5
展业路	P237	D2-D3
展园路	P209	F2
战斗港路	P243	D2
战斗公路	P139	C3
战斗路	P261	C3-D4
战斗南路	P261	C3
站南路	P125	D5-E5
站前路	P125	D5-E4
站前路	P185	B1-A2
张漕路	P235	D6-E7
张店路	P139	A4-A5
张东路	P107	D5-F5
张东路	P111	A5-E6,F6
张东路	P115	A6
张东路(嘉定)	P139	F8
张发路	P29	E5-F5
张芳路	P161	D2-C2
张奉路	P225	C3-F3
张港北路	P255	D5-E6
张港路	P255	D5-E5,E5-E6
张港南路	P255	E5-E6
张顾路	P139	F8
张行路	P193	B3-B4
张衡路	P109	F8
张衡路	P111	F1-E6
张衡路	P113	A7-A8
张虹路	P81	E5-F5
张虹路	P89	A5
张华路	P29	E5
张家浜路(金桥)	P105	F7-F8
张家浜路(金桥)	P107	F1-F2
张家浜路(浦东)	P79	D6
张家浜路(青浦)	P201	B7-B8
张家港公路	P203	B4
张家街	P31	E7
张家里路	P187	F7
张家里路	P191	A6-A7
张家弄	P77	A8
张家桥路	P195	C6
张家圩路	P159	C7-C8
张家宅路	P197	F5
张江路	P111	A2-F5
张江路	P115	A5
张介路	P151	C4
张泾街	P163	C6
张泾路	P163	D6-F6
张泾路(吕巷)	P235	B4
张旧路	P235	D7-F7
张旧支路	P235	F8-E8
张旧支路	P237	E1
张林路	P159	F3
张马路	P139	F4
张米公路	P205	D3-F5
张民路	P165	E3
张闵路	P203	B6-B7
张牛路	P207	D3-F4
张弄中心路	P225	A4
张桥街	P141	D2
张桥路	P45	F5
张桥路(金山)	P241	B4-B5
张沈路	P195	E1-E2
张墅村路	P141	E1
张墅二路	P141	E1
张墅三路	P141	F1
张墅一路	P141	E1-F1
张塘公路	P205	F4-F6
张塘公路	P221	A4
张桃公路	P221	A6-A7
张网港东路	P255	D7-E6
张网港西路	P255	D7-E6
张翁庙路	P207	F7-E8
张溪路	P235	D6-E6
张巷小港路	P161	F2
张肖路	P139	F1-F2
张星公路	P205	F7-F8,F8
张堰大街	P235	D6
张堰东大街	P235	D7-D6
张堰西大街	P235	D6
张杨北路	P105	A7
张杨北路	P269	F1
张杨北路	P31	C6,C6-F7
张杨北路	P39	A7-F8
张杨北路	P47	A8-F7
张杨路	P105	F1-A7
张杨路	P71	F5-E8
张杨路	P79	A4-A5
张掖路	P51	A2-B2
张叶路	P207	D4
张泽路	P205	E6-F6
张涨港西路	P257	C6-E5
张庄公路	P203	A6-B7
章浜路	P161	A4
章练塘路	P179	F8
章练塘路	P181	F1-F2,F2-F3
彰武路	P45	C6-C7
漳浦路	P147	C2-B2

名称	页码	索引格
漳翔路	P147	D4-E4
樟岭路	P143	A2-B3
招贤东路	P147	A5
招贤路	P147	B3-A5
招远路	P71	C5-C6
昭化东路	P75	D2-D3,D3
昭化路	P73	E7-E8
昭化路	P75	E1-D2
昭通路	P69	D6-D7
召楼路	P129	D8
召楼路	P131	D1-F1
召楼路	P193	A5-C5
召泰路	P193	C6-E6
兆丰路	P149	A7-B7
兆南路	P35	F1
兆南路	P43	A1
赵庵路	P133	E2-F2
赵庵路	P139	A2
赵非公路	P163	B5-C5
赵高公路	P165	E2-F3
赵高公路	P49	A6
赵华路	P155	F1-F2
赵环路	P49	A6-B7,B7-C7
赵家泾路	P183	D7
赵家路	P151	D5-E5
赵家桥路	P67	F5
赵家湾街	P79	D2
赵家宅路	P79	B1
赵江路	P149	C2-D2
赵龙路	P155	F4
赵塔路	P151	A3-B3
赵屯浦路	P161	A2
赵王路	P219	A1
赵巷村路	P155	F1
赵巷村路	P163	A1
赵巷街	P141	C2
赵巷路	P155	F1
赵巷路	P163	A1
赵兴路	P155	F1
赵兴路	P163	A1
赵中路	P155	F1
赵中路	P163	A1
赵重公路	P149	E8-F8
赵重公路	P153	A8-E8
赵重公路	P155	E1-F1
赵重公路	P163	A1
肇方弄	P77	B6
肇嘉浜路	P83	B8,C5-C6
肇嘉浜路	P85	B1
肇周路	P77	C6-E6
柘皋路	P61	C8
柘南路	P225	D2
浙江北路	P61	E4-F4
浙江北路	P69	A4
浙江南路	P69	E6-F6
浙江中路	P69	A4-E6
浙钱路	P241	A3
浙桥路	P107	C1-B1
贞溪北路	P203	A2
贞溪南路	P203	A2-C2
真北路	P43	B2-F1
真北路	P51	B8-F7
真北路	P53	A7
真北路	P57	A1-C1
真北支路	P43	F1
真北支路	P51	B8
真北支路	P57	A1-C1
真陈路	P33	D4-F3
真陈路	P41	A3-B4
真大路	P41	D8
真大路	P43	B2-A3,B2-D1,D1
真光路	P51	A8-F6
真华路	P43	B3-F3
真华路	P57	A5
真华南路	P57	A5-D5
真金路	P43	C2-F2
真金路	P57	A4
真南路	P147	F7-F8
真南路	P151	A7,A8
真南路	P41	A1-F8
真南路	P43	F1
真朋路	P43	B1
真沃路	P41	D3
真武路	P207	D1
真玉路	P183	F2
榛岭街	P77	A7
振东路	P215	D3-E3
振帆路	P235	E4
振工路	P223	B4
振辉路	P235	D5-E5
振泾路	P155	E5-E6
振凯路	P235	D5-E5
振康路	P235	D4-D5
振钱路	P225	D5-E5
振水路	P225	D5
振泰路	P209	B6-B7
振庭路	P39	C8
振万路	P213	C5-C6
振贤路	P225	A1
振贤三支路	P225	A1
振贤一支路	P225	A1
振欣路	P197	D3-D4
振兴东路	P103	B1
振兴街	P177	C2
振兴路	P183	E8
振兴路	P193	F4
振兴路	P245	E2
振兴路(彭镇)	P229	B4
振兴路(青村)	P209	F7-F8
振兴路(头桥)	P211	D3-D4
振兴路(周浦)	P175	D4
振堰路	P235	D5-E5
振业路	P163	E5-E6
振业路(崇明)	P265	A5-A4
振盈路	P153	C4
振园路	P33	E2-E3
震川路	P145	F7
镇北路	P175	C4
镇北路(龚路)	P167	C1
镇北路(青村)	P209	F8
镇北路(青村)	P211	F1
镇东路	P141	F8
镇东路(罗店)	P141	C2-D2
镇东路(叶榭)	P205	F6
镇工一路	P227	A6-B6
镇乐路	P155	F1
镇南路	P255	B6
镇南路(漕泾)	P237	E6-E5
镇南路(施湾)	P177	B3
镇南路(杨园)	P165	F3
镇南路(叶榭)	P205	F5-F6
镇宁路	P75	A3-D4
镇坪路	P59	D1-E2,E2-F2
镇坪路	P67	A2
镇企路	P55	F4
镇泰路	P141	F7-F8
镇西路	P119	C3-D3
镇西路(叶榭)	P205	F5
镇新路	P141	F7-F8
镇阳路	P213	C1
镇泽路	P155	F1
镇长路	P211	D7-E8
镇长西路	P211	D6
镇中东路	P155	F2-F3
镇中路	P255	A5-B8
镇中路(莲盛)	P179	B4-B5
镇中路(赵巷)	P155	F1-F2
镇中心路	P181	F5-E6
镇中心路(北蔡)	P109	F5
镇中心路(北蔡)	P113	A5-B6,C6-D6
征红路	P247	D3-F4
征红路	P251	A4
蒸昌路	P201	B7
蒸发路	P201	B7
蒸富路	P201	B7
蒸南路	P203	A2-B2
蒸浦路	P203	A2-C2
蒸浦支路	P203	B1-B3
蒸文路	P201	B7
蒸夏路	P181	E1-F1
蒸夏路	P203	A1-B1
蒸兴路	P201	B7,B7-C7
蒸俞公路	P201	B5-C7
蒸裕路	P201	B7
蒸庄路	P181	E2-F2
蒸庄路	P203	A2
拯安路	P175	A2
正博路	P229	C2-F2
正大街	P259	C6
正定路	P177	A3
正环路	P225	A1-B1,A2-B1
正嘉路	P229	D3,E3-F3
正琅路	P229	C2-D2
正茂路	P229	C6
正旭路	P229	D2
正阳路	P85	B1-B2
正义路	P193	E4-F5
政安弄	P235	D6
政本路	P45	B7-C7
政澄路	P37	B6-C6
政旦东路	P37	F7-F8
政德东路	P37	E7,E7-E8
政法路	P45	B7
政芳路	P37	C5-D5
政府路	P37	E7-E8
政高路	P37	E6
政海路	P197	B3-C3
政和路	P29	F7
政和路	P37	A7-C7
政恒路	P37	E6
政化路	P45	A7-B6
政立路	P37	E4-E7,E7-E8,E8,F6,F6-F7
政民路	P45	A5-A6
政青路	P37	B5,C5-E5
政仁路	P45	B7-C7
政肃路	P45	B5-A6
政通路	P37	F6-F8
政熙路	P45	B6
政修路	P45	B5-A6
政学路	P37	F6-F7
政益路	P37	F7-F8
政苑路	P227	A4-B4
政悦路	P37	A8-C8
政云路	P37	E5-E6
政治路	P37	E7-E8
政衷路	P37	E8
支家路	P161	A4
支流河路	P251	F4-F5
芝川路	P57	C2-B4
芝罘路	P69	B4
芝江路	P207	E6-E7
芝云路	P207	E6
芝泽路	P207	E6
知仁路	P135	E4
栀子花路	P143	D4
职校路	P269	E8
职校路	P271	A1
职校支路	P269	E8
职校支路	P271	A1-A2
止园路	P45	F1
止园路	P61	A2-C3
芷江西路	P59	C7-B8
芷江西路	P61	B1-B2
芷江支路	P45	F2
芷江支路	P61	A4
芷江中路	P61	B2-A4
志诚路	P235	A7-B8
志丹路	P43	E5-F5
志丹路	P59	A2-B2
志伟路	P235	A8-B8
志伟路	P49	A5-B5
志喜路	P203	A2
制革路	P33	F6
制革路	P41	A6
制衣厂路	P157	C2
制衣厂路	P179	C1
制造局路	P77	E6-F6
制造局路	P85	A6-D7
致富路	P153	E7-E8
致富路	P237	E6
致和路	P217	C6-D6
智翔路	P147	F8
智星路	P37	F7
置达路	P163	A2
置鼎路	P163	A3-B3
置发路	P163	A2-A3
置旺路	P163	B3-C3
置业路	P169	D3-C4
中滨路	P265	B8-E7
中滨路	P267	A1-B1
中漕路	P91	A3-B2
中辰路	P183	B5-C5
中创路	P183	B6-C5
中春路	P117	A2-E5,E5-F5
中春路	P125	B6-F7
中春路	P185	A7-D8
中春路	P187	D1-F1
中春路	P191	A1-C2
中春路	P55	D1-F2
中达路	P219	B8
中达路	P221	B1
中大东街	P123	F7
中大街	P123	F6-F7
中大街(枫泾)	P217	C6
中大街(康桥)	P115	F6
中大街(娄塘)	P139	B2
中大街(泖港)	P205	F2
中德路	P181	D5-F5
中甸路	P237	F1
中甸路	P243	A1
中二路	P203	E8-F8
中二路	P219	A8
中发路	P219	B8
中发路	P221	B1-B2
中丰路	P233	D5-E6
中港水闸路	P229	E1-F1
中高公路	P31	F3-E4
中工路	P203	E8-F8
中沟路	P187	A1-B1
中和路	P189	F6-E7
中横港北路	P173	B1-C2
中横港路	P173	D2-E2,E2-F2,F2-F3
中横港路	P177	A3
中横港路(青村)	P225	D4-C7
中横港支路	P173	B1
中洪路	P201	F5-F6
中华路	P71	F1
中华路	P77	B6-D8
中华路	P79	A1-D1
中华美路	P53	A1-B1
中华新路	P59	C6-C7,C7-C8
中华新路	P61	C1-B4
中淮路	P155	A1
中环公路	P203	E4-F6
中环路	P103	F5-E8
中环路	P105	A6-C8
中环路	P107	C1-F4
中环路	P111	A4-F4
中环路	P113	F1-C8
中环路	P115	C1-A4
中环路	P119	A2-A8
中环路	P121	A1-A7
中环路	P37	F7-F8
中环路	P39	F1-F3
中环路	P43	F1-A8
中环路	P45	A1-A7
中环路	P47	A3-F6
中环路	P51	B8-F7
中环路	P53	A7-F8
中环路	P57	A1-C1
中环路	P81	F1
中环路	P89	A1-D1,D1,D1-F2
中环路	P97	A2-F4
中辉路	P189	C4-D4
中集路	P141	E2
中佳路	P151	A8
中江路	P51	E8-F8
中江路	P65	A1-C1,E1-F1
中江路	P73	A1-B1
中街(北桥)	P187	E3
中街(金汇)	P209	A3
中街(青村)	P209	F8
中街(四团)	P211	E8
中街山路	P255	C3
中界路	P171	A1
中津桥路	P255	C3-C4
中泾村路	P145	C4-C6
中泾路	P53	D5-E5
中久路	P213	B8
中凯路	P183	B5-C5
中康路	P189	C3-D4
中科路	P111	F4-F5,F5-F6
中科路	P115	B1-A3
中昆路	P181	D5
中连路	P189	D3
中联路(廊下)	P233	B6-D5
中联路(桃浦)	P41	D3-E3
中林街	P121	C5-B5
中民路	P205	E1-F1
中民路	P221	A1
中南路	P205	E2-F2
中南路	P261	F5
中南路(松江)	P183	F4
中南路(新浜)	P201	D8
中南路(新浜)	P203	D1
中宁路	P57	E6-F5
中宁路	P65	A5
中屏路	P189	E6-E7
中强路	P205	E1-F1,F1
中强路	P221	A1
中桥路	P205	B3-A3
中青路	P185	E4-F4
中青路	P189	B4-D5
中区路	P205	E1-F1
中区路	P221	A1
中泉路	P145	A7-B7
中山北二路	P45	C3-C8
中山北路	P45	F1-F2
中山北路	P57	F8
中山北路	P59	F1-A8
中山北路	P61	A1-A2
中山北路	P65	A8-F5
中山北路	P73	A5
中山北一路	P45	B4-F2
中山东二路	P69	D8-E8
中山东二路	P71	E1-F2
中山东路	P197	C2
中山东路(松江)	P183	F4-E5
中山东一路	P69	A8-D8
中山二路	P183	F2-F3
中山街	P221	D8

Z

名称	页码	索引格
中山路	P197	C2
中山南二路	P83	F8
中山南二路	P85	F1-D3
中山南二路	P91	C3-A8
中山南路	P71	F2
中山南路	P79	A2-F1
中山南路	P85	B8-A8
中山南路	P87	A1
中山南一路	P85	D3-B8
中山西路	P73	A5-F5
中山西路	P81	A5-F8
中山西路	P89	A8-B8
中山西路	P91	B1-C3
中山西路(松江)	P183	F2
中山支路	P65	F5
中山支路	P73	A5
中山中路	P183	F2-F4
中市街	P169	E5-E6
中市路	P193	E8-D8
中市路	P195	D1
中四路	P203	E7-F7
中四路	P219	A7
中潭路	P59	C4-E5
中涛路	P219	B8
中涛路	P221	B1-B2
中天路	P205	E2-F2
中王医马弄	P69	F8
中旺东路	P221	C1-B2
中旺西路	P219	C8
中旺西路	P221	C1
中圩路	P173	F1-F2
中下塘街	P139	F4
中心村大道	P175	D4
中心东街	P237	E6
中心东路	P197	A4-B4
中心公路	P207	E1-F1
中心河路	P225	C5-D5
中心街	P203	F1
中心路	P117	F1
中心路	P125	A1-C2
中心路	P163	C8
中心路(洞泾)	P163	F5
中心路(洞泾)	P183	A5
中心路(高桥)	P29	D8
中心路(高桥)	P31	D1
中心路(海湾)	P225	E6-F7
中心路(金汇)	P209	A3-B3
中心路(闵行)	P189	F3-E4
中心路(青浦)	P153	C6-D6
中心路(松隐)	P221	C3
中心路(颛桥)	P125	F8
中心路(颛桥)	P185	A8
中心西街	P237	E6
中心西路	P197	A4-B4
中心西路(惠南)	P197	C5-D5
中新支路	P155	A1-B1
中兴路	P45	F3
中兴路	P59	D6-D8
中兴路	P61	A5,D1-A5
中兴路(泖港)	P205	E2-F2
中学路	P223	B5
中学路(金汇)	P209	A3
中学路(新浜)	P203	E1-F1
中亚路	P261	D3
中杨路	P243	A1
中业路	P205	E1-F1
中一东路	P237	E6-E7
中一西路	P237	D5-E6
中谊路	P117	C3-A5
中原公路	P205	D7-D8
中原路	P39	B1-F1
中泽路	P161	A7-B8
中治路	P205	E2-F2
中州路	P61	C6-D6
钟联路	P179	F7-F8,F8
种德桥路	P73	E7-F7
种业公路	P203	E4
种子场南北路	P271	B7-C8
仲秋路	P147	F8
众安街	P219	C7-C8
众安路	P195	C4-E4
众百路	P147	E4-F4
众百南路	P147	F4
众百南路	P151	A4
众川路	P147	E3-F4
众芳路	P147	B5-C6
众济街	P177	C2
众乐路	P151	A6-A7
众仁路	P151	A8
众仁路	P41	B1-C1
众仁南路	P41	C1-D1
众贤路	P125	A8-A7
众益街	P219	D7-D8
舟虹路	P155	C8
舟乐路	P227	A1
舟山路	P63	A2-C4,C4
州工路	P237	F7-E8
州工路	P239	E1
周达路	P175	D1-E1
周邓公路	P123	F8
周邓公路	P175	C1-B6
周东路	P123	D7-F8
周东路	P131	A8
周东南路	P131	A8-E8
周果路	P147	C1
周家浜公路	P181	D4-E4
周家浜路	P163	E5
周家店路	P257	E3
周家渡路	P93	A8-C8
周家港路	P159	E8
周家溇路	P203	D2-D3
周家路	P211	A2
周家弄	P223	A8
周家弄	P225	A1
周家弄(崇明)	P255	C4
周家牌路	P105	A2
周家牌路	P47	F3-F2
周家嘴路	P45	F6-E8
周家嘴路	P47	E1-C4
周家嘴路	P61	D8
周家嘴路	P63	D1-A4
周建路	P131	D8
周泾公路	P145	D5-D6
周泾路	P151	E5
周康路	P123	E6-F6
周康路	P131	A6-B6
周市路	P123	E6-F7
周市路	P131	A7
周泰路	P175	D1
周潼路	P203	A2
周新路	P269	F1
周新路	P31	C5-C6,C6
周星路	P131	A6-C7
周秀路	P175	D1-E1
周阳路	P175	D1-E1
周谊路	P121	E8
周谊路	P123	E1
周园路	P123	B7-F8
周园路	P175	C1-F1
周赵路	P139	F6
周赵路	P147	A6,B6
周祝公路	P131	B5-B8
周祝公路	P175	C8,D1-D3,D3-C8
周祝公路	P177	C1-C2
洲海路	P165	D3-E3,E1-E3
洲海路	P39	D6-D8
昼锦路	P77	A7-A8
昼锦路	P79	A1
朱宝路	P147	D7
朱漕公路	P223	F4
朱漕公路	P237	A4-E5
朱戴路	P137	F7-E8
朱戴路	P139	E1-D1
朱店路	P225	A6
朱店南北路	P209	F6
朱店南北路	P225	A6
朱定公路	P203	E6-F6
朱定公路	P219	A6
朱枫公路	P159	D8-F8
朱枫公路	P179	A8-E8
朱枫公路	P181	E1-F1
朱枫公路	P201	B8-F6
朱枫公路	P203	A1-B1
朱枫公路	P217	A6-D6
朱枫连接线	P179	E8
朱枫连接线	P181	E1
朱阜路	P137	E8
朱行路	P119	D4-E5
朱家浜路	P181	E5
朱家村路	P151	C1-C2
朱家老弄	P139	F3
朱家老弄	P147	A3
朱家宅路	P175	D5
朱建路	P155	A5-A6
朱蒋中心路	P225	C7-D8
朱金路	P117	F1-F2
朱金路	P125	A1
朱金路	P163	D8
朱金路(周浦)	P175	D5-D6
朱连路	P175	E6-E7
朱连路南路	P175	E6-E7
朱林路	P235	A7-A8
朱林路	P237	A1
朱吕公路	P233	A6-B8
朱吕公路	P235	B1-B6
朱马路	P221	F2
朱马路	P235	A1-A2,A2,A2-B3
朱梅路	P119	E4-E6
朱倪路	P139	E1
朱平公路	P219	C6-F6
朱平公路	P233	A6-F6
朱桥路	P225	A7-B7
朱桥中横路	P259	A3-A4
朱雀路	P265	C7-C8
朱山路	P237	F3
朱山路	P243	A3-C4
朱天路	P159	E5-F7
朱天路	P179	A7-B8
朱协路	P227	C6
朱新路	P175	E7-E8
朱增路	P219	D7,D7-F6
朱中路	P219	A6
洙港公路	P203	C3
珠安路	P159	D8
珠城路	P125	A8-B8
珠港街	P223	F1-F2
珠港街	P237	A2
珠湖路	P159	B8-D8
珠溪路	P159	B8-D8
珠扬路	P159	D8
株洲路	P45	D1
诸光路	P155	C7-F8
诸陆西路	P155	D4-D6
诸新路	P155	B6-B7
诸翟镇西街	P155	B7
竹柏路	P231	B2-B4
竹笛路	P147	A3
竹奉路	P225	D6-D7
竹林路	P109	A1
竹柳路	P41	B3
竹亭北路	P205	D6-E6
竹亭南路	P205	F6
竹亭南路	P221	A6-B6,B6-C6
竹巷街	P141	D2
竹窑路	P137	A6-A7
竹艺路	P141	F8-F7
竹盈路	P153	E3-E4
竹园路	P193	A3-A4
竹园西路	P193	A2-A3
竹韵路	P27	B6-C7
主岸路	P271	A2-A3
祝城路	P177	D2,D3
祝川路	P177	C2-C3
祝航路	P195	A5-B5
祝和路	P177	F4
祝和路	P197	A4-A5
祝惠路	P177	C1-E1,E1-F2
祝家港路	P131	A7-A8
祝家港路	P175	D1
祝景路	P177	C1
祝潘公路	P177	C2-B3
祝钦路	P177	C3-B3
祝西新村路	P177	D1,D1-D2
祝星路	P177	C2
祝悦路	P177	F5-F6,F6
筑波路	P153	E3
砖厂路	P227	C2-C3
砖桥东路	P175	C7-B8
砖桥街	P31	F7
砖桥路	P175	C6-C7
颛建路	P185	B8-A8
颛建路	P187	A1
颛乐路	P185	B8-C8
颛盛路	P185	C8-B8
颛盛路	P187	B1 B2
颛卫路	P187	A1-B1
颛兴东路	P127	F3-F4
颛兴东路	P187	A2-A3
颛兴路	P185	C5-B8
颛兴路	P187	B1-A2
转河路	P255	F8
转河路	P257	F1
庄北路	P223	B4-B5
庄行光明路	P207	F6
庄行光明路	P223	A3-A6
庄行路	P207	F5
庄行路	P223	A5-B5
庄河路	P45	F7-F8
庄胡公路	P237	C7-D7
庄胡支路	P237	B7
庄技路	P223	B4-B5
庄家街	P77	B7
庄家宅路	P197	D5
庄利路	P223	B5
庄良公路	P223	B5-F4
庄南路	P223	B5
庄邬路	P207	F6
庄邬路	P223	A6
庄五路	P149	F3
庄兴路	P223	B4
状元东路	P227	A3
状元路	P227	A3
追阳路	P133	F7
追阳路	P139	A7
卓青路	P153	D3
卓耀路	P173	C2-C3
资福路	P211	B1
子青路	P143	B5
子长路	P43	F5
子长路	P59	A2-A3
子洲路	P51	A8-B8
梓康路	P123	E4-E6
梓营路	P123	E6
紫堤路	P155	B7
紫甸路	P225	C4
紫东路	P189	E2-D5
紫凤路	P191	B8
紫凤路	P193	D1
紫光路	P191	D7-D8
紫光路	P193	E1
紫海路	P191	C8-B8
紫海路	P193	D1
紫航路	P227	B1-B2
紫华路	P69	F7
紫槐路	P105	F4-F5
紫槐路	P109	A5
紫慧路	P193	D1
紫金路	P69	E7
紫荆花路	P231	B4-C4
紫琅路	P55	E6
紫乐路	P55	B7-A7
紫磊环路	P185	A6-C6
紫龙路	P191	A8
紫龙路	P193	D1
紫明路	P177	E4
紫萍路	P175	E1-E3
紫泉路	P185	B7-C7
紫日路	P191	C8-D8
紫檀路	P255	C5-D5
紫藤路	P55	B5-C5
紫薇路	P111	E3-C4
紫霞路	P79	C2-C3
紫星路	P191	D6-C8
紫星路	P193	E1
紫秀路	P55	B7-B8
紫旭路	P189	D3-D4,D4-C4
紫雅路	P107	C7-D7
紫燕路	P185	B7-C8
紫阳路	P83	E3
紫叶路	P113	A3-B4
紫衣路	P39	E7-E8
紫苑街	P227	B2
紫苑路	P155	B7
紫月路	P191	D6-C8
紫月路	P193	D1-E1
紫云路	P73	F4,F4-F5
紫云路	P81	A4-A5
紫云西路	P73	F2-F4
紫竹路	P107	F1
紫竹路	P111	A1-A2
自由街	P251	D1
自忠路	P77	C3-B6
棕榈路	P51	D5-E5
邹平路	P95	D5-F6
祖冲之路	P109	D6-D7,D7-D8
祖冲之路	P111	D1-C6
嘴角路	P47	F5-F6
遵义路	P73	C4-F4
遵义路	P81	A4
遵义南路	P81	A4-B4